中國古代史學叢書

天下郡國利病書

陸

［清］顧炎武 撰　黄珅等 校點

上海古籍出版社

集于儀真。遇軍民商旅船北上，該衙門給帖附運于清源，于通津。至隆慶四年，總河工部准咨爲設處錢糧以濟工程，始以磚廠衙門兼榷徵關税之務。凡客船上河下江過壩者，分别長短載抽税。至萬曆九年，埠頭蔣烝等具告漕撫尚書凌，咨南京工部，題革磚廠分司，并關税革免，其由閘關税歸併南河郎中。諸分委抽税官所在相望，初至，民大駭，商旅至委貨自亡匿，而瓜洲民多逐末，倚負販自給，驟若奪其所爲命，罷市鼓噪者累日，賴有司調停安輯之。顧商旅出途者日寡，勢不能取盈，乃令坐賈包税。又輒以事株逮諸富人，動稱匿税，必盡没其家貲乃已。諸奸徒附從爲羽翼者，驟起家鉅萬，輸内帑什一而已。其後又以山東礦税使兼理淮揚船料，因盡括郡縣庫藏以輸大内，而委官馳傳横行，動挾阻撓明旨爲恐喝，人情益洶洶焉。時巡撫都御史李公𨱔、巡按御史安公文璧俱疏争甚力，李公尋以忤旨罷去。而諸宿猾亡賴益自恣無所憚。又疏言加增沿江船料可八萬，江中洲田增課可二十萬，上俱可其奏。以儀真税使兼榷船料，勑南守備監專督洲田事。洲田者，沿江州縣田坍没者，沙土委積日久，漲江中爲沙洲。江、儀、泰興去海遠，洲長茭蘆，其高阜或可田。其在通州、海門、如皋者，近海，水鹹鹵，多積沙，或築埂以禦外潮，而稍樹藝其中，唯殖穀，不長蘆，故自泰興而上以洲名，自如皋而下以沙名。舊制，蘆田俱輸課工部，以供袍服御器及修城陵諸費，以主事一員專董蘆政。厥後民田坍没數多，附洲民乞于蘆課正供之外，佃餘地以納坍糧。漕撫臣業允其議，而蘆政以職掌争之力，且南北争訟，民至相賊殺不顧。而海門自四遷後，沙地悉委江中，爲崇明所侵據，縣士民至詣闕奏勘，未能復。及是而奸徒因以爲利焉。會有旨詰責中使，督洲田價急于星火，諸佃沙洲田者，所費墾培工本既不貲，且當頹流奔逸之中，此崩彼漲，消長不常，而責每頃多者價百金，民間即捐貲産不甚惜，世爲子孫無窮之害矣。當是之時，中貴人搜括利孔無遺算。而太倉錢穀不滿三十萬，勢不能供邊儲，乃嚴檄郡縣有司，民間積逋、京庫舊賦自六年以内及馬價未完者，限一歲内併完，以濟邊儲緩急。郡縣吏待罪帶徵，慮不能復恤民，顧詔書猶以不忍加派細民及誡中使毋擾害地方爲諄諄云。時都御史李公三才巡撫江北，所上疏尤懇切。略言：「自礦税煩興，萬民失業，朝野囂然，莫知爲計。閣部、九卿、臺省、百執事無不剖心極言，而皇上莫之省也。徵榷之使，急于星火；搜括之令，密如牛毛。今日開某礦，明日增某税，怠玩者褫職，阻撓者逮罪，上下相争，唯利是聞，遠邇震駭，怨讟載道。如臣境内千里之區，抽税理鹽蘆政之使棊置星列，如捕亂亡，加以無賴亡命附翼于虎狼，不逞奸徒託名于城社，假旨詐財，動以萬數，破産傾家，十人而九。至如楚中掘墳得財，生者含寃，死者被雪，毒施人鬼，莫敢誰何。然此輩固不足責也，獨念陛下天托以司牧之任，而乃甘爲此棓尅之舉，祖宗傳以赤子之衆，而使罹此流亡之慘，清宫静夜，試一思之，臣知其决不忍且安矣。且一人之心，千萬人之心。上愛珠玉，人亦愛温飽。上憂萬世，人亦愛妻孥。奈何陛下欲黄金高于北斗之儲，而不使百姓有糠粃升斗之儲？陛下欲爲子孫千萬年之計，而不使百姓有一朝一夕之計？試觀往籍，朝廷有如此政令，天下有如此景象，而有不亂者哉？元政不綱，黷貨無厭，群小擅命，横徵暴求，是以萬民不忍，共託命于太祖。太祖是以奮其一劍，掃清穢濁，受天大寶，是以得擕而傳之陛下。詩云：『殷鑒不遠，在夏后之世。』此善鏡者也。」疏凡三上，俱中寢不報。蓋是時開採榷税之使徧天下，而楚中被禍尤酷，不獨淮以南然矣。

蘆洲

揚郡濱江之有蘆洲者，惟通州、江都、儀真、泰興、如皋五州縣。在通州之洲十有六：曰蘆涇沙，曰煙墩港，曰任港沙，曰破圍沙，曰蘆潭港，曰桃花港，曰牛路，曰韓家港，曰暫港，曰姚港，曰澉港，曰周家港，曰灰港，曰葛家港，曰潘竈港，曰劉家沙，又名青草沙。江都之洲十有五：曰花園港，曰新興洲，曰卞家洲，曰裕民洲，曰保固洲，曰永豐洲，曰後寧洲，曰復業洲，曰永興洲，曰小新洲，曰順洪洲，曰家家洲，曰鞋底洲，曰自陞洲，曰復業砥柱洲。儀真之洲有十：曰青山嘴，曰一戧港，曰朱輝港，曰舊江口，曰鐵錠港，曰馬家港，曰黄連港，曰新港，曰何家港，曰儀真衛東溝洲場。如皋之洲十有四：曰北沙，曰南草灘，曰錢家圩，曰短脚圩，曰北草灘，曰南扒頭，曰東北扒頭，曰北扒頭，曰三角沙，曰張家圩，曰楊家圩，曰薛家圩，曰吴家圩，曰駱駝沙。泰興之洲十有一：曰蔣家洲，曰新河口洲，曰新王洲，曰華光洲，曰煙墩洲，曰姜溪西洲，曰姜溪東洲，曰永生老洲，曰永生南官洲，曰永生三洲，曰永生四洲。

河渠志

昔者禹抑洪水，平九州，任土作貢。揚州沿于江海，浮于淮、泗，于時江、淮各自爲瀆，貢道未通，沿江入海而入淮，達于河也。治古國用簡賦，取足于王畿，無所事漕，雖江海險阻，不爲害。春秋之際，吴王夫差將北伐齊，霸中國，於邗江注一。築城穿溝，其東北通射陽，西北至末口，江淮注二。之通自此始。或云，北神堰亦夫差所築也。注：北神堰在楚州城北五十里〔二〕，吴于此築堰者，蓋淮水底低，溝水高，防其泄也。是後吴王濞開邗溝，自揚州茱萸灣通海陵倉及如皋蟠谿。濞以諸侯專煮海爲利，鑿河通道，運海鹽而已。三國以後，道湮塞。水經注所載淮陰縣有中瀆水，謂之邗江，亦曰韓溟溝，自江東北通射陽，固已略焉弗詳。隋既平陳，煬帝幸江都，乃命尚書左丞皇甫大發淮南諸州丁夫十餘萬開邗溝，自山陽至揚子江，徑三百餘里。自是始自揚子達六合，由山陽瀆入淮矣。唐都關中，漕江南粟，每以歲二月至揚州斗門，四月始渡淮入汴。置巡院發運使于揚子。於是刺史齊澣以潤州北距瓜步沙尾淤塞者六十里，舟多敗，徙由京口埭，治伊婁渠，達揚子，即今瓜洲河。以歲無敗舟，減運錢數十萬。先是，漢陳登守廣陵，治山陽，築塘爲田，號陳公塘。謝安鎮廣陵之步丘，今邵伯鎮。亦築埭溉田，民以比于邵伯甘棠，曰邵伯埭。其後杜佑決雷陂，李襲譽築句城塘。及元和中，李吉甫爲淮南節度使，復大修陂塘，築堰于高郵，泄有餘，防不足，以通利漕輓，旁灌田千餘頃，今所謂平津堰者也。宋都汴梁，歲漕東南粟六百萬斛，於是江淮漕最重。太宗時，發運使喬惟嶽于建安軍創斗門二，築三堰，設懸門積水，潮平，乃洩之以便漕。天禧中，發運使賈宗言：「諸路歲漕自真揚入淮汴，歷堰者五，糧載煩于盤剥，船艦速壞。請開揚州古河，繚城南，接運渠，毁龍舟、新興、茱萸三堰，鑿近堰漕路，以均水勢，歲可省官費數十萬。」詔從之。明年，役成，水注新河，與三堰平，漕大便利。其後漕規寖弛，河淺涸日甚。宣和中，詔發運使以車畝水運舟。尋遣中使按視，欲浚運河，與江淮鈇平。或議于盱眙鑿渠，出宣化鎮口，下發運使陳亨伯議。亨伯遣其屬向子諲視之，子諲曰：「運河高江淮數丈，自江至淮數百里，人力難濬。昔李吉甫廢閘置堰，曾孝藴嚴三日一啓之制，復作歸水澳河，惜水如金。比年行直達之法，走茶鹽之利，且應奉權倖，朝夕經由，或啓或閉，不暇歸水。又頃毁朝宗閘，自洪澤至邵伯數百里不爲之節，故山陽上下不通。欲捄其弊，宜于真州太子港築壩一，以復懷子河故道；於瓜州河口作壩一，以復龍舟堰；於海陵河口作壩一，以復茱萸待賢堰，使諸塘水不爲瓜洲、真、泰三河所分；於北神相近作壩，權閉滿浦閘，復朝宗閘，在淮安界。則上下無壅矣。」亨伯用其言，于是運舟復通利。紹興初，以金兵蹂躪内地，詔毁拆真揚閘堰及真州陳公塘，無令走運河以資敵用。於是揚州灣頭口閘及通泰、白蒲諸堰並決毁。顧勢不能遏敵騎，徒廢堰以浸民田，于禦虜之策末矣。紹熙中，淮東提舉陳損之始言楚州、高郵之間，陂湖渺漫，茭葑彌滿，宜創立隄堰以爲瀦泄。乃築堰，自江都經高郵、楚州、寶應，北至淮陰，達於淮；鑿新河，自高郵入興化，東至鹽城，極于海。又于揚州墟鎮創斗門，引水由泰州海陵，南至泰興，徹于江。所經畫甚具，溉澤鹵田以百萬頃，近日議入江入海水道，當以此爲據。兩淮之民賴焉。自春秋邗溝之役，迄于宋千有餘年，河或通或塞，諸隄堰或時廢置不常。大較廣陵地高阜，西自盱、泗、壽春諸汊澗泉潦之水，越十四塘，注於高、寶之三十六湖，東北趨射陽、鹽城入海，東南入江，水順流徑直易泄。宋胡宿所謂江習下而河踞高，若隄防一決，涸可立而待，爲運道梗。故以塘瀦水，以壩止水，以澳歸水，以堰平水，以涵泄水，以閘時其縱閉，使水深廣可容舟，有餘則用浸灌，以無閡運道而止矣。且于時黃河未徙而南。宋咸平、熙寧中，一決鄆州入淮、泗，再大決澶州，合南清河入于淮，俱遣使者捍築而塞。淮水自楚州以北，倚高家堰爲捍蔽，淮獨趨雲梯關下海，不闌入于諸湖，故淮南河雖時有泛溢，不爲災，乃今昔之利害殊焉。元置海道轉運使，凡東南漕俱仰海運，淮揚河復湮廢。明興，高皇帝定鼎金陵，引江帶湖，運艘尾銜鱗次進，江以北不事漕。洪武九年，用寶應老人栢叢貴言，發淮揚丁夫五萬，令有司督甃高寶湖隄六十餘里，以捍風浪。已，栢叢貴又言：「寶應自槐樓抵界首，沿湖隄屢修屢圮，民苦役無已時，開寶應直渠便。」從之。繇是就湖外直南北穿渠四十里，築長堤一，長與渠等，期月而成。引水于内行舟，蓋以休息民力，且令舟行者免湛溺之患，于憂人至矣。成祖擇天下形勝，都北平。京師百司庶府，衛士編泯，仰東南漕粟爲最急。永樂中，用濟寧州同知潘叔正言，罷海運，復元會通河故道。又徙河故道，自開封北循魚臺塌場口入會通河，南與淮會，於是運河跨江絶淮，經河越濟，兼四瀆之水爲漕用。而邗溝爲其員官，視唐宋時益重矣。先是，平江伯陳瑄督海運，及會通河成，命瑄理漕河事。瑄既疏清江浦，遂浚瓜洲、儀真二壩，袪潮港之湮。築高郵、寶應、范光、白馬諸湖長隄，於高郵湖内鑿渠四十里，搆梁以便牽道。後康濟河因此。開揚州白塔河以通大江，置江口四閘。江南漕舟由常州西北孟瀆河渡江，自運鹽河至灣頭入漕，以省瓜洲盤壩之費。後以分泄漕水及私鹽船盛行，遂廢。又倣宋平水法，于運河東岸爲減水閘洞，以限則水勢。七尺以下，畜以濟漕，水長，則減入諸湖，會于射陽湖以入海。用水有節，灌溉尤便，岸東西之田皆利焉。初治邗溝時，有欲由滁州、六合縣鑿河通運，瑄以六合多石阻，涸輒損舟，漲則尤險，易爲敗，乃決復唐宋故河，自淮南抵北通州數千里漕渠，皆瑄所經理〔三〕，至詳悉，迄于今是賴。自是以後，黄入淮，沙泥墊淤，勢漸高于裏河。淮入海，滋不利，時破高家堰而南，又挾黄入新莊閘，黄水内灌，而揚州陳公、句城諸塘久寖廢。附塘民或盗決防，種蒔其中，諸水悉奔注高、寶、邵伯三湖，漭瀁三百餘里，粘天無畔。每伏秋水發，西風駕浪，砰訇若雷鼓，舟觸隄輒碎。又勢不能無決隄，隄決而迆東之田没焉，甚則衝城郭，漂室廬，其爲害已劇。弘治中，黄河大決原武，瀰漫四出。命户部侍郎白昂往治之。昂既防塞諸決口，分黄河使南入淮，患稍寧。乃奏以會通河餘貲開複河于高郵堤之東，自州北之杭家嘴至張家溝、長竟湖，兩岸擁土爲隄，樁木磚石之固如湖岸，引舟内行，以避甓社諸湖之險。功成，賜名曰康濟河，蓋即平江伯瑄所鑿故河也。是時，洪武中栢叢貴所議開寶應越河亦湮廢日久。正德十六年，提河郎中楊最言寶應湖極險，當倣高郵康濟河例，築越河。嘉靖中，御史聞人詮、員外郎范韶、按察使仲本屢以爲言，事因循不果行，而五塘或修或廢，大較不能發長策，復舊制，爲國計長遠之慮，僅補苴隄閘，爲文具已耳。嘉靖末，塘益廢，民請輸官租爲田，然湖積水愈多，引而入江，不虞涸，故運道亦通。隆慶四年，黄河決崔鎮，淮大潰高家堰，水洚洞東注，溢山陽、高郵、寶應、興、鹽諸州縣，漂室廬人民無數，淮、揚墊焉。淮既東，黄水亦躡其後，決黄浦八淺沙，隨水入射陽湖中，膠泥填閼，入海路大阻。久之，乃東漫鹽城之石礎口及姜家堰，破范公堤而出，入于海。自邵伯湖南奔瓜、儀入江，又旁奪芒稻、白塔河以去。每歲夏秋之交，諸郡縣實土楗城門，城不没者數尺，蓋災甚矣。萬曆六年，上遣督河都御史潘季馴行相視，乃申平江伯故畫，築堤起武家墩，經大小澗，至阜寧湖，以捍淮東侵；築堤清江浦，沿柳浦灣迤東，以制河南溢；自淮至徐，築遥、縷隄亘六百里，以束水歸漕，河暫安。唯寶應越河議尚寢。十年，湖益汹湧溺舟，撫按臣相繼題請，給事中陳大科上疏極言利害，議始決。以十二年築新堤一道，西仍舊堤，加高厚，南北建二石閘。其明年，役成奏聞，賜名弘濟隄。於是運船入高郵、寶應，經兩越河，不復苦漂損如異時，然後知建言者之爲利也。其後黄勢强，奪淮入海，清口阻，淮水浸泗州城，浸祖陵樹木。事聞，上震怒，爲譴罷督河大臣。於是議者洶洶，有欲撤高堰，復引淮入湖。淮揚民大震恐，曰：往年潰堰事可鑒，今以二十年積瀦之水，令建瓴而下，朝廷即以泗爲重，顧可使運道決裂，且忍二郡億萬生靈盡爲魚鱉耶？於是上再遣科臣與漕撫臣共勘議，始奏言分黄導淮事矣。分黄者，自黄家嘴導河，分爲一支，趨五港、灌口，徑入海，以殺黄勢，毋盡入淮。導淮，則自清口闢積沙數十里，又于堰旁若周家橋、武家墩稍引淮支流入于湖，爲豫浚入江入海路，以分洩之，而若山陽之涇河、寶應之子嬰溝皆可達廟灣。在鹽城，則開石䃂口，興化以東，開丁溪河，爲入海路。鑿江都淳家灣，即金家灣，二十一年新開，以護湖隄。是年，復加浚深廣。橫絶運鹽河，入芒稻河，徑達江。其射陽湖淤已久，濬罔功，則就歐陽東鳳所開神臺河，爲深廣之，畫逾年始定。二十三年，奏括帑金五十萬，役山東、河南、江北丁夫二十萬計，諸役畢大舉。其明秋，工告成，淮果大出清河口，祖陵水寖退，而泗患寧焉。已，叙諸臣勞，咸賞賚進秩有差。時河漕臣各分主一議，總河主分黄議，總漕主導淮議。然淮實以黄力分，及闢淤沙而出，不以周家橋通塞爲增減。異時潘中丞季馴所力持毋輕議高堰，意深遠矣。邵伯湖故無越河，其險如高寶湖，隄數敗。及是督河科臣請之，業有旨允行，而分導工大舉未遑。二十八年，總河漕尚書劉公東星申前畫。明年，邵伯越河亦成。自唐宋通運以來，治河策凡屢變，然蓄水惟恐不足。至國初猶未甚遠，故於瓜、儀，則復攔潮、通江諸閘；于通、泰、泰興、海門，則修江海諸堰：于高、寶，則倣平津之法。而興化爲秔稻區，乃百餘年而獨苦水害。環三百餘里巨浸，以漫衍于腹心，其受無涯，其歸無所。遏上流而無所洄瀦，導下流而無所輸瀉，若病蠱然，失今不治，勢將日深。昔害一而利什，今利什而害百，不可同年而語矣。諸發治水議，不可殫記。其大者無如固高堰，復諸塘，疏海口，撈淺積，修石隄。李少師春芳嘗主固堤復塘之議，興化志載復五塘初議，非文定筆。其序高堰定議曰：「甚哉！前人之制，不可輕變。高堰創自漢陳元龍，唐宋以來，莫之有改。國朝陳恭襄經畫尤詳，所恃以障淮、泗而翰漕渠者，關係尤重。或以爲無益而廢之。近則黄河南徙，協淮内灌，無論衝決湖隄，淹没下邑，其勢必至慓悍難制，漕輓艱阻，所憂不獨在民，則變法之過也。高堰築矣，十四塘不復，猶之無堰，蓋西來諸水，由天長、六合而下，有諸塘以畜之，旱則瀉入漕渠以濟運，潦則南注之江。一經隳壞，西水徑迫三湖，漲湖潰堤，爲運道憂，烏可不復？是隄堰塘閘，皆相成以爲運河之利。舊法具在，行之在人，惟揚之憂，其少釋矣乎？」海口議，則興化令歐陽東鳳建言：「射陽湖葑泥淤塞，撈濬爲難，宜于射陽之旁二十餘里開神臺河，自披絲綱以至神臺莊，迤北由葫蘆港，迤西出朦朧喻口，直走廟灣，爲入海要道。」其後祝給事世禄又疏言：「興化起大宗湖，由舊官河，歷岡門鎮，至石𥗒，五十餘里，宜展開數十丈，濬深丈餘，則釜底盡傾，而附𥗒者不苦淺渴，可以常俾通流，滔滔赴海。諸郡縣之昏墊，庶有起乎？」事勘議未報。撈淺積，則高郵人王儆之議，以爲國初平江伯理漕運時，置平水閘，以三尺五寸爲制，仍置淺船，編審淺夫，以時撈淺，俾無壅塞。夫何邇年以來，法久寖敝，閘故猶在，制不如前，而淺夫有名無實矣。夫以客土培岸，岸日益高，河日益壅，將以爲漕之利，而不知爲漕之害也。蓋河底高，則塘岸轉或弗固；蓄水盛，則輸洩時或不及。一值久陰，水勢騰湧，上河先没，下河繼之，遂使膏腴沃壤盡爲魚鼈之區，漕舟阻險，亦增損壞。宜倣先年規格，添修平水閘座，酌爲定制，恒存六尺之水，水但過格，自然下流，漸長漸洩，永無淹漫。責令淺夫專務撈濬，艤棹攬泥，令幫岸益厚，不許加高。河底日益浚深，縱遇旱亢，亦不虞塞。俟運舟過盡，乃放閘洞之水，灌下河之田，利之大者也。而郭參政光復守揚時，爲砌石隄議曰：「揚屬河道，延袤二百餘里，諸湖所匯，巨浪排空，所恃者，一線之土隄耳。往年潰決之患，可爲寒心。已議包砌磚石，以河工多事，災沴相仍，所包砌無幾，其餘止用樁板蘆笆，易于朽爛，日遭衝刷，鮮不崩裂。是歲修之，功無寧日，而潰決之患無時已也。與其歲歲修守，費工力于不貲，孰若一勞永逸，以保萬全之安？除已完石工，其餘應議險要，約萬七百餘丈，宜行治河官覈實，盡行甃砌。計歲過運船七千餘艘，議令減裝土宜，量帶磚石，其磚議於近河適中處所燒造，應用價值，即于輕齎處給。計歲可帶磚百十萬，不數年而工可通完，長河屹然成金湯之固，此百世利也。」如數君子言皆良畫，或格不行，或行而未盡，主河渠事者亟留意焉。贊曰：昔司馬遷從負薪宣房，悲瓠子之詩，而歎之曰「甚矣！水之爲利害也」，而作河渠書。舊郡志列河渠于山川，蓋其事難言之。余在淮南時，所聞分黄導淮議頗詳，懼久而湮没，乃次昔人治水之變，庶言淮南河者知所折衷，乃今天下所隱憂而不可測，莫大于黄盡徙而南。倘蝕歸仁隄，亂淮、泗而下，湯湯懷山襄陵，將見于他日，余未敢深言之也。

附議。按五塘蓄水之説，歷觀前代興革，復之爲利必矣。然近亦有言其不當復者，附載其説：潘中丞治水，或問：「有云五塘蓄水濟運，先年設有堤閘，今皆圮矣，可不復舉乎？」應之曰：「某初至時，亦嘗鋭意求復，反覆行勘，查得小新塘與上下雷塘相接，西去揚州郡城十餘里，水由淮子河入漕河。句城塘西去揚郡幾三十里，水徑奔儀真，由響水閘出江。四塘皆隸江都縣，唐長史李襲譽所築也。陳公塘隸儀真縣，其水亦奔響水閘出江，漢廣陵太守陳登所築也。句城、陳公二塘地形高阜，水俱無源，惟藉雨積。小新、上下雷三塘受觀音閣後及上方寺後并本地高田所下之水，而局面窄小，蓄水無多，故漢唐二臣築塘積水以爲溉田之計，非以資運也。今若慮漕渠淺涸，借此水濟之，則不宜築塘以障其流，縱有閘座，宣洩無幾，且冬春運河水淺，彼先涸矣。若慮湖水漲漫，借此塘以障，則諸水皆從揚、儀徑奔出江，與諸湖了不干涉也。如欲復前人之故業，蓄水以溉高亢之田，於民未必無益。但民間承佃爲田，輸價不貲，歲納之課亦不貲，必須盡行償貸，築隄建閘，費尤不貲，必須大爲處分。矧田高之民欲積，田窪之民欲洩，築堤建閘之後，盜決者多，必須添設官夫防守，當此勞費災傷，種種難于措辦，故馴謂其是尚可緩也。」又近江都志所載張知縣寧五塘議曰：「五塘之議，薦紳士民每重之，然議復矣，旋且議罷，議罷矣，旋且議復，迄今無成説焉。余每詢士大夫及濱塘之父老商之，有議復者，謂塘之復有五利焉：一曰溉田。蓋揚之田，西北土高而脈瘠，稍亢陽，則禾易焦，築塘蓄水，則旱魃不災，利一。一曰濟運。揚當南北咽喉，江南數千糧艘北涉揚子津，其地水淺而舟澀，復塘蓄水，或遇淺澀，則决以灌漕，可飛輓而北，利二。一曰形勢。蓋五塘蜿蜒崗阜，其高可以眺遠，而其甌窶又可以伏奇，昔趙葵之破李全，高駢之禦黄巢，皆此地也。塘復設，有不虞，必不敢西向而窺我右臂，利三。一曰疏漕。蓋淮水由漕南下，至淮子河口，與五塘之水遇。淮水南來，塘水東合，塘之水大，横遏爲敵，則淮不得遂其就下之性，其勢不得不壅激而逆走邵、寶諸湖，湖隄漲決，在所不免。惟塘復水蓄，則淮順流而下，湖腹常枵，而隄不復決矣，利四。一曰風氣。蓋五塘依迴于蜀岡之麓，營衛相附，脈絡相連，塘復，則風氣有所鍾而不外洩，葆靈毓秀，必有豪雋挺生其間者，利五。有此五利，故曰復之便。其議不復者曰：塘之復不復，可不可，余不敢知。姑以子之五利言，似皆耳食爾。且以句城一塘，膏壤九千六百畝，四圍皆山起，高可二里許，止東南一蹊可通烏塔溝入官河，且中又無宿水可蓄，不過候時雨暴集耳。夫雨多，則田已先潤，何藉于塘？雨缺，塘亦焦釜，民田何賴焉？即如説者有可蓄，亦不過灌烏塔兩岸耳，其餘固不能以長綆汲而上也。以溝岸之田灌溉無幾，而先没九千六百之膏沃，孰爲勝算乎？上雷、下雷大抵若此，惟有小新一塘，差可蓄水。蓋此塘僅二百畝，身處其高，有婆邏墩之水，汩汩不絶，穿中而過。倘設一減水閘，少蓄多洩，可以灌數千畝，余故不敢概論也。其曰濟運者，則又爲不睹時務。蓋昔之時，患在水少；今之時，患在水多。即二十四年一歲中，開涇河，開子嬰，開金灣，唯慮洩水之不速，而又何假于塘耶？即昔者諸大夫建議甚悉，然後先不同時，故不得以膠柱也。況濟運之説，以臆度之，竟不可曉。蓋漕艘之渡，惟始于正月，終於三月。五塘即有宿水，一決即潰，潰則竭，安能潺潺三月耶？其曰形勢，尤不可知。夫山川設險，有國之利，孰不賴之？但揚南襟長江，北枕三湖，茲二險者，詎直揚爲稱首，即海内號要害焉。彼崛强氐虜，且哆口投鞭，矧茲彈凡泥淖乎？如必藉口李全、黄巢之事，奚啻守株矣。乃至疏漕之説，益爲無稽。夫淮子河去邵伯四十里而遥，亦安能遽壅之而北，使其潰隄敗岸耶？且淮爲四瀆之一，使塘水果能與敵，是爲巨浸，又安能築隄斷流，使横遏而不得出耶？爲此説者，抑且自相矛盾，況淳灣之決，非塘復之年乎？風氣之論，斯形家言，余所未習，不敢緩頰。但此塘每歲國租二百金，昔之歲，曾榷民佃價二千，租不可已，則必撒派于不塘之民佃，不能償，則又負棄業之家。一意圖復，計必經歲，且非千金不能供閘費，俱所謂不便也。夫奪民之田而棄之，又竭民之力而爲之，捐已成之業，爲必不可常之功，故曰不復便。余聞之，逡巡以謝諸大夫父老，其所議復不復，可不可，各據一方，並有良畫，余不能去取其間也，姑存之，以俟有識者。」按二議非不甚辯，但復塘五利之説，亦必不可易，至區區先年佃價及歲租二百金，抑末也。

今天下不經諸費何限？五塘歲入，如大海涓滴，所濟寧幾？但非常之事，得人而任，豈直五塘，自茱城以下迤西諸塘，皆當修治，必毋恡小費，毋虞掣肘，毋限歲月，嚴立規制，決臻成効。如苟且塞責，旋作旋廢而已，則不如因循舊貫，無輕勞人。

江都

運河。在城東南邗溝也。漕運志作漕河。一統志作官河，又名運河。西南自儀真江際東行四十里，至石人頭，入江都界，又十五里至揚子橋南。自江都縣瓜洲鎮北行三十里，亦至揚子橋。二河始合，東折北行六十里，入邵伯湖，又北行六十里，入高郵界。又北行四十里，至界首，入寶應湖。又北行至黄浦，接淮之山陽界，由清江浦入於淮。

沙河。城東十里。宋雍熙初，淮南轉運使喬惟岳開沙河四十里，以蓄洩水利。自運河通揚子江，今廢，舊基猶存。

七里港河。城東北十里。唐長慶間節度使王播開，長十九里，以便漕運。

淮子河注三。東北十二里。方輿勝覽亦云儀真有懷子河，但不考其處。按疆域圖，蓋界乎句城、陳公二塘間，會東湫之水，以入運河者也。

槐家河。東北十五里。自陳公塘接雷塘，引水至灣頭入運河。

運鹽河。東北二十里。漢吴王濞開邗溝，自揚州茱萸灣通海陵倉及如皋蟠谿，此即運鹽河之始。諸隄壩具通泰志。河自灣頭起東行七十里，至斗門，入泰州界。又東行一百六十里，至海安，入如皋界。又東南行一百一十里，至白蒲，入通州界。又東行七十里，至新塞，入海門界。又東行八十里，達吕四場，其支派通各鹽場，皆爲運鹽河。

白塔河。東北六十里。宣德間，平江伯陳瑄所穿，南入揚子江，北際官河。建新開、大橋、潘家、江口四閘，以蓄洩水，漕後廢。嘉靖三十年，郡守吴公桂芳開浚故道，置巡檢司，屬兩淮運使，以防興販。

新河。在城南二里。萬曆二十五年，巡鹽御史楊公光訓題請發貲七千緡，檄揚州知府郭光復開浚，自南門二里橋入西向，折而南，又折而東，周迴共六七里，從姚家溝入舊官河。

伊婁河注四。南十五里。唐開元間，潤州刺史齊澣疏請穿伊婁河通運。

邵伯新河。北三十五里。邵伯南五里許，曰金家灣，下通江。先河臣奏准發淮揚帑金三萬有奇，募工挑浚，自金灣至運鹽河十四里，入芒稻河，又十八里入江。由山陽南淮水入江之道莫捷於此。

邵伯越河。萬曆二十八年，總河劉公東星檄中河郎中顧雲鳳於運河東築越隄，引河行舟，以避湖險。是年工成。

隄　運河隄。又名漕河隄，北逕高郵、寶應，西逕儀真，南逕瓜洲，紆迴二百餘里。

閘、磋、壩　減水閘。凡十一處，俱在城北。朝宗上、下二閘。在灣頭鎮注五，今廢。新開閘。在宜陵鎮注六。白塔河口。大同閘。城東。留潮閘注七。在瓜洲鎮，後改瓜口閘。通江閘。亦在瓜洲鎮。自唐以來引漕入汴，閘一巨石注八。存焉。邵伯上下閘。在本鎮注九，今廢。揚子橋新閘。舊爲壩。萬曆二十五年，易以閘，伏秋啓閘洩水，春冬閉以濟運。其水十里，南入大江。減水磋。在瓜洲鎮，今廢。揚子橋古壩。今廢。黄金壩在城東北，今廢。

邵伯小壩。在城北四十里。又邵伯壩。在本鎮下閘西岸。瓜洲十壩。俱在本鎮。漕河高江水數尺，各壩爲河限，使不洩於江。漕河至此分爲三支，如瓜字形。中一支阻隄隔江；東一支通江，名曰東港；西一支通江，名曰西港。内中一支入東西二港築壩，隨南北爲壩。東西二港以通江潮之來往，各壩以限漕河之水。洪武三年，設東港八壩、西港七壩〔四〕。永樂九年，平治東港八壩爲楠木廠。正統二年，修復八壩、九壩。十四年，巡撫都御史周公忱爲重築修復十壩。成化六年，工部主事吴公英移置十壩於壩東一里許。

涵、洞、淺　新廟淺。浪蕩湖淺。以上各置涵洞一座。頭潭淺。宋家淺。柳青湖淺。東西灣淺。以上各置涵洞三座。花家園淺。李家莊淺。姚家潭淺。吉祥莊淺。江家莊淺。南北共十一淺，每淺各置老人、淺長各一名，夫役四十名，歲椿木四百株，草四萬餘束。凡有挑濬，專責前項淺老人役爲之。萬曆二十三年，奉工部裁革，共用淺夫二百一十四名。淺夫之設，昔以挑濬，今以修堤，蓋時勢變遷，水有浩縮也。

湖　邵伯湖。東北四十五里。每春夏湖水漲没民田。晉太傅謝安出鎮廣陵，築隄，民以比召伯甘棠，因名湖與埭焉。黄子湖。北六十里。東通官河，西至末口。赤岸湖。在湖際。新城湖。西北四十五里。東通官河，西抵民田。艾陵湖。東北四十五里。在邵伯鎮，東通渌洋湖，西接官河，齊高帝建武五年立裘塘屯，即此。民以灌田。大石湖。東北四十五里。白茆湖。東北四十五里。在邵伯西，舊建斗門橋，官河水涸，則引湖水濟漕。葑塞湖。東北五十里注十。朱家湖。東北五十里注十一。渌洋湖。東北六十五里。甕子湖。東北六十五里。

塘　雷塘。城西北十五里注十二。上塘注水長廣共六里餘，下塘注水長廣共七里，今皆佃爲田。小新塘注十三。在上雷塘東北，長廣共二里餘，今佃爲田。句城塘。城西三十五里，水由烏塔溝東南流入漕注十四，長廣共十八里，今佃爲田。鴛鴦塘。北四十里。横塘、東四十里。

港　第二港。城東南二十里，在永貞沙。第四港。東南三十里。第八港。東南三十五里。華家洋港。東南十五里。倒流港。東南四十五里。雙港。西南一十五里。蜆子港。東四十五里。深港。南一十五里。馬泊港注十五。南接深港，北接三里溝，洪武二十六年，工部遣人材官劉子玉浚。十里港。王播鎮揚州日浚，以便漕引。進水深港。東北四十七里，與上十港俱通揚子江。

溝　古邗溝。詳見前注十六。官溝。城東南三十里。張綱溝。東三十里。薔薇溝。東六十里。山陽溝注十七。東北三十里。張家溝。東北四十五里。七里溝。南三里。煬帝溝。西北十五里。

津灣　揚子津。城南一十五里。即揚子橋，一名揚子渡，舊揚子縣治也。茱萸灣。今名灣頭，漢吴王濞開，通海陵倉。又隋仁壽四年開以通漕。金家灣。即邵伯東西港。

按江都地多陵阜，故名廣陵。苦水害者，惟邵伯濱湖爲甚。自邇鑿金家灣，開越河，輸洩既易，隄坊亦固，而伏秋可無慮矣。前守郭公光復力復小新、上下雷三塘，建閘，費千餘金。未幾，奸民復盗決防，種蒔其中。細民難與慮始，然亦伺上意所嚮，倘成畫已定，申令惟嚴，設塘夫、塘長如舊制，或令附塘田高亢者佃灌溉，即令防守，安在其不可復乎哉注十八？

儀真

河　運河。即官河，自縣治西南迤東行四十里，過烏塔溝，入江都界。有南北兩汊：一通靈潮堰，一通揚子江。大横河。在鑑遠亭沙洲上，紹興初，郡守左昌詩始開浚，以便江船艤泊者。按圖又有小横河者，距大横稍東，蓋與之對。今湮，水皆入江。獅子河。在靈潮堰東南，故運河也，後湮。堰南爲龍舌灘，其西北爲西洲。十字河。狀如十字，其水四達注十九，今爲上下口出江。堰河注二十。舊傳在宋翼城外，與蓮花池通，今文山祠前河水闊處。北有歸水河，一名澳河。靖安河。舊在七都，即沙河。江濤之險，惟樂官山李家港與黃天蕩爲最。宋宣和六年，發運使盧宗原請開此河，舟人遂免覆溺之患。新河。相接有二：一下新河，由黃沙潭入，盧宗原開；一上新河，自董家渡入，郡守吴洪開。葫蘆套河。在潮閘西，其水潮至則盈，潮落則減。鑰匙河。分二派：一派西北行六七里，至胥浦，直接銅山源；一派折而南行里餘，爲上口，入于江。懷子河。方輿勝覽云，真州有懷子河，即今帶子港以北闊處。宋向子諲欲于帶子港作一壩，以復懷子河故道者，此也。河西爲盧家堰，前爲安撫司壩。伊婁河。見江都。新壩河。在縣東十里新城，景泰五年工。

塘　北山塘注二十一、茆家山塘注二十二。二塘俱北城濠外一里許，左爲宋方運判所築，右爲袁知郡所築。長亘北山下，東西分引水港入濠，潛爲水櫃，以遏截金虜，州城亦保而免焚掠〔五〕。兩塘舊有石壩瀦水，可溉田五百頃，今俱堙廢。陳公塘在縣東三十里，漢廣陵太守陳登鑿以資溉，縈紆九十餘里，散爲三十六汊。考其塘西北依山注二十三，東南面水，漢魏間已設隄障，唐宋轉運時嘗修築八百九十餘丈，置斗門、石䃮各一。塘溢則引之濟運。宋開禧丙寅，北虜將犯儀真，總轄唐璟決塘水被真之東北境，莽爲巨浸。金虜登焦家山望之，知不可越，遂退，真民賴免焚蕩。嘉定間，運判方信孺爲璟建祠塘側。國朝嘉靖間，漕臣建白請修復陂障，廣瀦蓄，備漕河，然塘久爲軍民占佃萬餘畝，前代石䃮悉爲民家砧礎砌甃之具，凡諸建白，悉罷議矣。按唐書號敬愛陂，縣志謂百姓受此塘之利，愛而敬之，因名。句城塘。縣東北四十里，半屬江都，闊三百四十丈，南北長一千一百六十丈〔六〕。其水南流至烏塔溝，南入于漕河。凡五都河北畝澮之水皆會焉。劉塘。在縣西北五十里，方山之西，靈岩山之東。舊志謂本劉氏胭脂莊，初塞横塘堰，新安以東諸水遂陷爲塘。今俱軍民佃墾，界六合、儀真二縣。

溝　烏塔溝注二十四。見句城塘下。帶（泰）子溝。在縣東北二十五里注二十五，有石䃮一。蔣家溝注二十六。即五里舖減水小閘。利善溝。縣東南十里，舊通運河，有橋，今廢。張家溝。縣東二十里，有水䃮。官河側置淺舖于上。

東溝。縣西南四十里，其源自劉塘而入江。

港

戴(帶)子港。縣東二十里，舊傳陳登嘗役五龍以開此港，爲陳公塘之下流。有二灣：一曰望兒，一曰相見。凡五都、六都河北畝澮之水皆會焉，南入于河注二十七。麻線港在縣東三十五里，運河南境。何家港縣東南二十里，接運河南境，其下口一名塕港。黄連港。縣東南二十五里，有橋，道通新城。鐵釘港。縣東南二十五里，即宋珠金沙邊地。一戧港。縣西南二十五里，與青山港並爲神山、青山諸水所經，南入于江。朱輝港。先是，漕舟鱗次江外，風濤漂損，萬曆八年間，當事疏請開濬，邑人云濬之無益。

閘

羅泗閘。通濟閘。東關閘。攔潮閘。以上四閘先是洪武十六年兵部尚書單安仁請因宋張頫石閘故址重建清江閘一、廣惠腰閘一、南門潮閘一，以分濟漕輓，後廢。成化十年，提河郎中郭昇建議置儀真外河羅泗、通濟、響水、東關四閘，一時稱便，後復廢。弘治中，撤去響水閘，仍復三閘，舟頗通利。成化十四年，漕運都御史張敷華建創攔潮閘。十八年，漕運都御史張縉、工部員外郎何垕重建通濟、東關二閘。正德年，主事楊廷用重修，凡四閘。萬曆二十八年〔七〕，知縣蘇守一甃砌攔潮閘迤東至羅泗閘石堤六十餘丈，以便挽運。

堰壩

蓮花堰。在縣東，舊與官河通。今城南塘子水通運河。宋紹熙五年郡守趙尚之以蓮池水至堰而止，故以名堰。舊有腰閘、潮閘，俱南渡後撤廢，今但有東關閘。靈潮堰。在南門外官河西，與新河接。大中祥符間，鑄金像成，將迎之京，舟至此潮涸忽溢，遂名靈潮，即今清江閘前古漕河也。五壩。縣南門一里曰一壩注二十八，稍南曰二壩，又南曰三壩，迤東一里曰四壩、五壩。各疏支渠數十步，與外閘河相表裏。

津渡　揚子津。在縣東。東津。在縣東南舊江口。滁河口渡。新巷口渡。潮閘渡。姜家嘴渡。

關廟前渡。三壇廟渡。俱在縣南。薛公渡。在縣北。新城渡。瓦廟渡。朴樹灣渡。石人頭渡。俱在縣東。花園渡。在縣西。瓜步渡。在縣西六十里。五馬渡注二十九、在縣西二十里。黄泥灘渡。在縣西南。建安渡。在縣西南，舊志，宋太祖斬南塘叛臣杖著于此。

沙洲　豬釣沙。在三都，與鐵釘港相聯。珠金沙。在珠金里。元將張弘範以兵船掠珠金沙及宋將馮都統與阿木戰處。長風沙。在二都。按歐陽文忠集錢鏐傳載，周世宗征淮南，詔錢俶攻取李璟。俶治國中兵以待璟，聞周師將大舉，乃遣使安撫境上，皆戒嚴。周師渡江，俶乃益兵，使邵可遷以舟兵出瓜步迎鑾鎮長風沙，與周師會。白沙洲。城外，濱江地多白沙，故名。按南史，南齊於白沙置一軍，即此。新洲。在縣東南五里江中。舊志云，按南史及建康實録所載，宋武帝微時伐荻于此。天寧洲。在縣南十里江中。按儀真水利無大于諸塘，運道莫要于諸閘。四閘之制，前人創建備矣。江潮侵刷，日漸傾徙，及時而繕緝之，存乎其人。陳公塘久廢爲田，膏壤萬畝，議者或云殆不可復。果爾，則恭愛之名，不著于建安，水櫃之製，無聞于宋代。前哲已試，非無良規。且西來諸水，可引用溉灌者甚多。今之大夫，豈無史起、孫叔敖其人，顧坐令地利弗盡？豈滄桑更變，今昔迥異，抑事掣肘，固不易爲耶？

泰興

河　龍開河。在城東，達永豐鎮。印莊河。城東南三十里。新河。城西南三十里。小新河。城西南十五里注三十，一名磨垛河。

堰　江堰注三十一。成化十八年，揚州府同知李紱至縣，聞知縣蔡暹言江水爲害，議於西南沿江一帶築堰以捍之，起保全鄉九都，止順得鄉廟港，長一萬六千九百餘丈，廣三丈五尺，高一丈。御史方岳記之。嘉靖十二年，朱篪增築，自廟港至過船港，計七千六百三十丈。田賴以衛，民甚利之。今圮廢，舊址猶存。按泰興江堰以捍禦江潮爲利，與捍海堰等〔八〕。且堰成而田故存者不得混爲已灘，新漲者不得據爲故有，非平賦一策乎？舊志議開新河爲漕河，由泰達揚以避圌山漲之險，頃遂題改水次。蓋河通不直通運，而商舶經行，爲縣民利。然上河之水滔滔不禁，而通、泰運鹽河病矣。舉事者務在萬全，或預建閘于口岸，以時啓閉，庶幾兩利。如憚繁費而圖快目前，則毋如仍舊之爲便也。

高郵州

河　運河。詳見江都。康濟河注三十二。在城北，亘四十餘里，本朝侍郎白公昂築。孝宗敬皇帝賜名。閘河。舊名運鹽河，在州治北遐觀橋下，東抵興化縣，西通新開湖，即今東河也。淤溪河。在州治東南，東通淥洋湖，西抵運鹽河堤。白塔河。在嶽廟東南，北通運鹽河。城子河。自南門館驛起，東抵各鹽場，宋文丞相序云行城子河，即此。北城子河。在州治東，起自南河頭，至十里尖與城子河合。山陽河。在州治東四十五里三垛鎮，南通樊汊鎮，接江都山陽河界，北自三垛橋子口入射陽湖，達淮安山陽縣界。山陽瀆即此也。橫京河。在州治東北七十里注三十三，注射陽湖。秦蘭河。在州治西六十里，西自天長野山發源，東入武安、新開等湖。

湖　新開湖注三十四。在州治西北三里。甓社湖。在州治西三十里，通鵞兒白湖。平阿湖。在州治西八十里，通天長縣銅城河。三湖。在州治西五里注三十五，按高郵舊志有三湖，新志不載。考一統志，三湖大率即新開、甓社，而樊良據其中耳。五湖。在州治西六十里平阿東村，通天長縣銅城河。珠湖。在州西七十里，通五湖。張良湖。在州北二十里，通七里湖。石丘(臼)湖。在州治西北五十里，通甓社湖。淥洋湖注三十六。在州治南三十里。姜里湖。在州西五十里，通塘下湖。七里湖。在州治北十七里，東抵運河。鵞兒白湖。在州治西二十里。武安湖。在州治西南三十里〔九〕，通露筋河。塘下湖。在州治西四十里，通甓社湖。仲村湖。在州治東北六十里。鼉潭湖。在州治東北九十里，通海陵溪注三十七。郭真湖在州治東北一百四十里中臨村，通鹽城縣河。按東漢郡國志，射陽故屬臨淮，有博支湖，恐「博支」誤爲「郭真」也。

溪　石梁溪。在州治西北，自天長縣發源，入新開湖。平阿溪。在州治西北，自天長縣發源，入五湖。樊良溪。在州治北注三十八，自天長石梁河流入州界，即古樊良湖也。

灣　父子灣。在州治西五十里，通珠湖。丁家灣。在州治東門外一里。落帆灣。在州治北二十五里。白水灣。在州東北八十里。

溝　張家溝。在州治北三十里，上有巡檢司。一在州東二十八里，通淥洋湖。陸漫溝。在州治北三十里。子嬰溝。在州治北九十里，東南注射陽湖。二十四年題請開濬，入興化大宗湖。子涇溝。在州治東北一百里，東注射陽湖。

小京溝。在州治東南六十里，南通渌洋湖。觀溝。在州治東北五十里。官溝。在州治東五十里，通運鹽河。第一溝。在州治東二十里。第二溝。在州東三十里。第三溝。在州治東四十里。俱通運鹽河。拗溝。在州治西北一十三里。展溝。在州西北九十里。戴家溝。在州西南四里。新溝。在州西十里。夾溝。在州治西二十里，昔人開築以避武安湖曹莊嘴風浪之險。香溝。在州東南六里。菱絲溝。在州東二十五里。葑蕩溝。在州東三十里。大涇溝。在州東四十里。小涇溝。在州東四十五里。斗門溝。在州東北十五里。郁家溝。在州東北十里。

港　燒香港。一在州治西北十里，通鵞兒白湖。一在州東二里，南接城子河，北抵運鹽河，西入廟橋，以便東嶽行宫燒香，故名。賣菜港。在州治北九十里。吴城頭港。在州治西北四十里。馬踏港。在州東北七十里。茅塘港。在州西十五里。羅家港。城西二里。五汊港。在城西十里。楊絲港。在州西七十里。洋洋港。在州西。黄白港。在州西北四十里。大師港。在州治西南三十里。小堰港。在城西北三十里。曹車港。在州北七十五里。

蕩　馬家蕩。在州西北三十里。黄林蕩。在州西北三十五里。羊馬兒蕩。在州東北一十五里故縣村。聶里蕩。在州西三十里沛城村。扠兒蕩。在城西三里新溝口。沙母蕩。在城東北四十五里。井子蕩。在城東北三十五里。南陽蕩。在城東北。按高郵有三十六湖，受西山衆流，爲諸水之匯，浩蕩二三百里。其河堤曰平津堰注三十九，凡田地在堰之西者曰西上河，堰之東者曰南下河、北下河，以南稍高于北，又曰南上河。水則西河藉南、北河以爲之洩，旱則南、北河藉西河以爲之溉。比來水患頻仍，皆由下流紓緩，秋水驟至，輸瀉不及，田地淹没，職此其故。然諸水皆無源易涸，三時不雨，又不免旱憂。議者謂治西上河，宜撈淺固隄，俾無衝決；治北下河，宜開子嬰溝。今子嬰已濬而郵水不減，則海口壅塞故耳。大抵高郵諸水，盡入于興化諸湖，治興即所以治郵。或議于東河塘三垛鎮置閘，以防旱涸；修圈子田堤岸，以保固康濟河。斯亦治標之一術，以餘力兼而舉之可也。圈子田，乃開康濟河時於民田中鑿渠，其田越在河外，遂爲越河圈子田。中皆膏壤，額糧四百餘石。若堤岸弗治，久之將河復爲湖，而新開湖之險惡如故矣。

興化

河　運河注四十。即運鹽河。車路河注四十一。縣東三十里。和尚河注四十二。縣北五里。海溝河。縣東北二十五里注四十三。仲家河注四十四。縣西北十五里。山子河注四十五。縣西四里。蒯墩河注四十六。縣南十里。白塗河注四十七。縣東北亘一百二十里。孟家河注四十八。縣西南二十七里。義亭河注四十九。縣東三十五里。院莊河注五十。縣南十七里。橫涇河注五十一。縣東北九十里。劉家河注五十二。縣北七十二里。鳳凰河注五十三。縣北三十五里。梓新河。縣東南十五里，自塘港西出入得勝湖。蔣家河注五十四。縣北十二里。蘆洲河注五十五。縣東十三里。滑莊河注五十六。縣北二十五里。新溝河注五十七。縣西北一里。孫家河注五十八。縣北十二里。捵鹽河注五十九。縣東一百二十里。趙家河注六十。縣北二十七里。莫家河。縣西惠政橋下，通滄浪溪。韓家河注六十一。縣北三十里。王瓊河注六十二。縣北三十五里。既濟河注六十三。縣北四十九里。盧家河注六十四。縣北四十五里。

陳圖河注六十五。縣北四十五里。博真河注六十六。縣東一百里。蚌沿河注六十七。縣南三十五里。

湖　得勝湖注六十八。縣東十里，古名率頭。平望湖注六十九。縣北二十里，四望平。大縱湖注七十。縣西北四十五里，中心與鹽城縣分界。吴翁湖注七十一。縣北二十三里。白沙湖。縣東南十里，多白沙。千人湖。縣東一百二十里，昔千人避亂于此。鯽魚湖。縣東北二十三里，湖多産鯽魚。

溪　海陵溪。縣西北十五里注七十二。東溪。縣東一里。褚文汉溪。縣西十里。武陵溪。縣西北四十里。南溪。縣南半里。精陽溪。縣東北四十五里。

港　龍澍港注七十三。澇水泓西。新莊港。縣南十里。王家港。縣南一里。北昌家港。縣南五里。沙家港。縣南十二里。土橋港。縣北十八里。南昌家港。縣南四里。何垛港。縣南三里。賈莊港。縣南二十里。竹泓港。縣東二十里。塘港。縣東六十里。

浦蕩　蓮塘浦。縣南半里許，接得勝湖，西接海陵溪，共十里，其間植蓮。烏巾蕩。縣西半里。蓮花六十四蕩。自蘆州入得勝湖，紅蓮十里，邑之奇觀。旗干蕩。縣東十三里。

溝　瓦子溝。縣北一里。杜家溝。縣西南二十五里。吴家溝。縣北十三里。千步溝。縣北三里。丁溝。縣北二十一里。

灣泓　鶴兒灣。縣西北七里。仇家灣。縣北四十里。澇水泓。南通海陵溪，北抵平望湖，在新溝西。

磋　石磋。賈莊鋪、平望鋪、火燒鋪、蘭溪壩、芙蓉鎮、盧家壩、界首鎮，共七處。

堤　劉堤。宋建炎間，邑宰黄萬頃創，即宋史名紹興堰，曰盤塘，曰運鹽河，曰新堰，俗稱河塘者是也。南接高郵界，北抵鹽城縣界，南北亘一百五里，縣治當其中。成化間，知縣劉廷瓚甫下車，即修治，三載俱稔，因名劉堤，學士錢溥記。

堰　捍海堰注七十四。縣東一百二十里，詳見范文正公傳。西堰。縣治西，舊係舟楫往來要處，上接市河，下通海陵溪，今廢。汊溪堰。縣治西北四里，宋開寶中建，今廢。

閘壩　減水閘。一在城南滄浪亭之南，一在城北玄武廟之北。蘭溪壩。縣北三十里。盧家壩。縣北五十里。

海口　丁家沙河口。小海閘。草堰閘。白駒南、北二閘。下通牛灣河。

近議興化洩水要道，第一廟灣場，次石磋口，次白駒場。廟灣今雖通行，但地勢迴遠，水行甚緩，自射陽九里淤淺。萬曆八年，曾發帑金八千兩濬之，顧任者匪人，用罔成効。迄今遂以射陽爲必不可復，非一隅之論乎？石磋口隸鹽城縣，初議開濬，士民譁然，蓋以水涸而灌溉無所資，海溢而風潮無所避，揆諸人情，良所甚難。然誠如近議，濬舊官河，通岡門鎮，俾水通流，滔滔不絶，何虞内涸？海溢有時，多建閘座以隄防之，何虞潮患？探本之畫，宜莫逾此，在舉事者善成之耳。白駒閘近雖增置，但興邑東高西下，形如側釜，諸場海口，僅可以洩浮漫之水，欲令釜底盡傾，勢必不能。凡此皆得之目擊，匪云虚談，有饑溺由已之思者，盍加意焉。

寶應

河　運河。詳見前。弘濟河。汜光湖東，西係舊堤，東爲新堤，延袤三十六里。萬曆十三年開築，次年工成，賜名弘濟，俗呼爲越河。濟河。縣西南八十五里，北入衡陽河。成子河。縣東南十八里。衡陽河。縣西南六十里，西連衡陽鎮，東入灑火湖。涇河。縣治東四十里，入射陽湖。蜆墟河縣東北六十里，東西皆入射陽湖。漳河。縣東南六十里，西南六十里，西南接子嬰溝，東北入廣洋湖。鹽河。在湖東，今南鹽巷具在。支河。在湖東。陰鷺河。在湖西，萬曆十九年知縣耿隨龍新開。

湖　清水湖。縣治城南，東西長十二里，南北闊十八里，西南連汜光湖，東會運河。汜光湖。縣治西南十五里，東西長三十里，南北闊十里。灑火湖。縣治西南四十里，入汜光湖。津湖。縣治南六十里，東通運河，西北會汜光湖，魏書作精湖，文帝伐吳滯舟處。白馬湖。縣治北十五里，東西長十五里，南北闊三里，會運河。廣洋湖。縣治東南五十里，東西長十五里，南北闊三里。射陽湖。縣治東六十里，寰宇記云闊三十丈，長三百里。漢書：廣陵王有過，其相勝之奏奪其射陂。即此湖也，今俗呼爲射陽湖。縈迴可三百里，南北淺狹，自固晉至喻口白沙入海。湖之東屬鹽城。西至固晉，屬山陽。固晉而上至射陽，屬寶應。唐大曆三年，與洪澤並置官屯，後以所收歲減，並廢。博支湖。縣東南九十里，西北通廣洋湖。梁湖。在射陽湖北。

塘　白水塘。在縣治西八十五里，舊名白水陂，一曰射陂。宋武帝元嘉末，決水灌魏軍，即此陂也。陂闊三十里，魏將軍鄧艾所築，屯田積穀以制吴人。與盱眙、蘆蒲、山破釜塘注七十五。相通〔一〇〕，溉田一萬二千頃，後廢。羨塘。唐地理志：在縣西南與白水塘合。

溪　海陵溪。俗呼琵琶頭，在縣東九十里，西北通射陽湖。瓦溝溪。縣東南十五里，東北入望直港，南通澗溝。黄浦溪。縣北二十里，黄浦鎮西，南通運河，東入海陵溪注七十六。安宜溪。縣西南六十里，東北入灑火湖，西南接高郵界。凌溪。縣東八十里，注七十七。入射陽湖注七十八。閶丘溪注七十九。縣治城南，東通清水湖注八十。

港溝　望直港。縣東十五里，東南通成子河。宋嘉定八年，港湮塞，知縣賈涉曰：「望直港與射陽湖通，商旅輻輳，入市百物盡通，居民繁夥。今既塞，舟航阻絶，大爲民病。」因濬之。劉家港。縣東北四十里，入射陽湖。七里溝。縣北七里。界淘溝。縣東四十里，俗呼蛤拖溝。長沙溝。縣東三十里，東入廣洋湖，西通運河。澗溝。縣東南二十里，通子嬰溝。蒲塘溝。縣西五里，接白馬湖。楊家溝。縣東八十里，接射陽湖。三王溝。縣東六十里，入射陽湖。新溝。縣東五十里，通廣洋湖。子嬰溝。縣東南六十里，子嬰舖北，西通運河，北接潼河。張大夫溝。在縣治西北十里。三里溝。在縣西三里，通運河。

澗汀　金釵澗。縣西南七十里，入衡陽河。赤水澗。縣治西南七十里，入灑火湖。魚池澗。縣西南八十里，入衡陽河。忠心澗。縣南八十里，入衡陽河。馬長汀。縣東九十里，東北通鹽城界，南接博支湖，北會射陽湖，西連海陵溪。

堰堤　黄浦堰注八十一。相傳吴王濞置白浦，至黄浦五百餘里，捍鹽通商，今廢。姜家堰。縣東八十里，宋祥符間置，聽民視水旱從便啓閉，有姜姓者主之，故名。南門堰。在南門外，洪武間，知縣李恢修築注八十二。運河堤。自黄浦至界首，長八十里，即唐李吉甫新築平津堰也。

淺　九淺。子嬰溝、氾水注八十三、瓦淀、槐樓、白田、潭灣、七里溝、白馬湖口、黄浦各淺，俱有涵洞。

閘　滚水閘四，子嬰溝、三里溝、黄浦、五里舖。減水閘七注八十四。江橋、氾水、瓦淀、朱馬灣、劉家堡、七里溝、十里舖。新置瓦窑通湖閘、九淺通湖閘。二閘知縣陳煃議建，蓋因弘濟河上接黄流，閘口水溜難以挽拽，故建二閘洩水入湖，水勢賴以平緩，湖水大則閉。

按寶應越河之議，遷延築舍，歷數十年而後定。第年以來，黄水從淮北入者，挾沙而來，河身日高，運道日窄。有如當事者思此河經始之難，以時爲濬治，且令清江通濟閘非漕貢不啓，俾流沙不積，漕渠不壅，庶曩時十二萬帑金之費，不至付之波臣無益矣。界首故未有越河，當湖心極險，摧舟甚易。蓋當時草創，未圖全利。今總理河漕劉公議興兹役，新舊接築，俾舟行者安于遵陸，八邑士民其亦尚有永利哉〔一一〕。

泰州

河　南運河。州治南，東抵通州及各鹽場入海，西通西運河。西運河。州治西南，舊稱吴王濞開以通運，至海陵倉。按阮勝之記云，即灣頭至城下運河是也。北運河。州治北，自北關廂東西二壩迤東，至西溪鎮一百二十里，分爲二河：

一去東二十里，至梁垛場止；一去東北至東臺〔一二〕、何垛、丁溪等場，又□過鹽城縣，至新興場。東河。州治東三里，通北運河。舊志云其水旱亦不□，歲久湮塞。成化年彭福開浚。濟川河。州治南注八十五，通揚子江，賈舶商帆多由此入。浦

汀河注八十六。州治北，自魚行壩直抵興化、高郵、寶應，即海陵溪也。

溪　海陵溪。州北八十里，入興化境，合高郵河注八十七，西北通射陽湖，東接馬長河。

堰　北堰。州治城北四里，瀦運河水。建炎中，移在北門外。紹興二十五年，守王楊英於清化橋南創開運河支流，直近城北。嘉祐二年，守王純臣欲固裏濠，別爲堰于下灤巡檢司前。姜堰州治東四十五里天目山前，瀦運河水，北至西溪，通運鹽以達上河。宋嘉祐二年守王純臣移堰近南宋莊側。宣和二年，大水移羅塘港近運河口，即今姜堰。

閘　丁溪閘。州治東北一百四十里。白駒閘。州治東北一百七十八里。以上二口萬曆壬午巡按御史姚士觀、海防兵備舒大猷、郡守李裕建。

按泰州運鹽河以南爲上鄉，田地無幾，其十七皆在東北下鄉。每霖潦暴集，下鄉輒受淹漫，乃漸由諸鹽場出海口。水之所趨，誰能强之？而興化民以爲曲防病鄰，悖矣！詢之土人，水自運鹽河東來，每遇霪雨，宜決白塔、芒稻二壩以分洩之，固閉下河涵洞，無令横溢，則猶可救濟下鄉。或當旱年，則宜築塞二河，塞上河諸涵洞，庶無爲鹽運之梗，在相時均節之而已。

如皋

河　運河。成化間，知縣胡昂濬。西北從楊泰來，繞縣治向東至丁堰鎮分流入海，南折至白蒲鎮入通州。九十九

灣河。去縣東南六十里，相傳龍過成河，一名龍遊河，北接運河，南通揚子江，又名通江河，近坍。小溪河。縣西北隅，東接運河，西通泰興。

港　天生港。舊去縣南九十里，今江漱囓，止六十里通江。掘港。縣東一百三十里。石莊港。在石莊[注八十八]，江海寇盜要害。

灘　鄭公灘。在豐利塲。宋治平二年，富鄭公以使相判揚州，備海寇戰船每壞于海濤，公因鑿灘以泊，避之，習水戰其中。

按縣志謂通江河當濬以引江潮，入水關，風氣增勝。且蘇松商販所往來，洵民利也。或虞鹽盜出没爲害。要以利多而害少，亦何憚焉？又小溪河旁田卑下易澇，然亦易涸，故難以秧種，惟濬之使通運河，則旱澇兩便，禾稼可登，而茭荷、魚蝦、蒲葦之利亦易致云。

通州

河　運河。即運鹽河，自郡城茱萸灣東南走四百里，至州治。西亭河。在州東北二十一里，通運鹽河，入西亭塲。金沙河。在州東二十里[注八十九]，入金沙塲。宋兩淮制置使李庭芝鑿。成化間重濬。石港河。在石港塲[注九十]。串塲河。隆慶間開，謂串通吕四、餘東西中及金沙、石港諸塲也。

港　狼山港。在州狼山下。

堤　范公堤。即捍海堰，事見前。任公堤。在州城西五里。宋寶元間，通判任建中築，長二十里。

閘注九十一。便民閘。在州西唐家壩上，成化間重建。通濟閘。在州南狼山西，下通揚子江，今廢。白蒲閘。在州白蒲鎮，今廢，其石猶存。板閘。在州撇港一，界港一，今廢。鹽倉閘。在州西門外鹽倉壩上。業家閘。在州南七里任家港口業家壩上。陸洪閘。州南十里陸洪壩上。以上三閘皆嘉靖十六年巡鹽御史陳蕙建。唐家閘。舊是唐家港壩，後改爲閘。去城十五里，隆慶元年知州鄭舜臣築。

按通州有新舊二河，舊河自揚泰西來，遶城爲隍，東南入江，東北過海門，經諸鹽場入海，並河田數百萬頃資灌浸，百姓利之。新河鑿於隆慶二年，串呂四至石港諸場，直通丁堰，便鹽運，不復經通州。顧州士民以鑿河洩風氣，且鹵潮内灌，傷禾稼，望舉濬故河，然弗能奪也。郡故有六閘以興水利，然通地勢高，異于他州縣，恒憂旱不憂澇，往以壩之爲利。惟西成北、永興二鄉地窪下，全洩，則數百里之水盡注于江；全閉，則水潦驟發，二鄉墊焉。故陳司寇謂唐家閘治則利十，不治則害十，若白蒲、鹽倉諸閘，固可廢矣。捍海堰創于張、范，而任、沈繼之，乃歲久傾圮，卒颶潮大作，即漂没民竈殆盡。包檉芳運判嘗力任增築新堤，至今人猶稱包公隄。司牧者易不深惟民瘼而以泄泄從事，何哉？

海門注九十二

河　運河。縣治西南至通州四十里，東止呂四場。嘉靖辛卯，縣東河没于江，知縣趙九思濬，自儒學東北入，十里東入餘東便倉，四十里海門縣，凡三建，江河亦屢變矣。舊運河。在縣城東南，龍王廟壩起至利和鎮西壩止，南通大江。

堰堤　捍海堰。在縣治西北，即范公堤，詳見范公本傳。沈公堤。在縣治東北，西接范堤，宋沈興宗築。新堰。在舊縣北，宋元豐間築，積水以通鹽舟。新堤。萬曆十六年，運司判官李瀾、知縣姜天麒督造，堤外有非字港、二樣口、大横口、夾港，俱通海。

閘　西清閘。在舊縣西清橋南，成化二十年，巡鹽御史李旼造。減水閘。在舊縣西北，弘治三年知縣徐英造。

張先登曰：「海門新以州土割隸，地多與州壤相錯，水利大率相類。蓋縣南濱江，北爲鹽河，東西運河，襟帶瞿、竈等港，經緯交錯。旱則南引江潮，北引河水，以灌沿江河之田；潦則仍各洩于江河，水不患無歸。乃州縣民自相秦越，而長民者彼此觀望，是以濬治未遑，蓄洩不時，烏能盡地利乎？今誠于縣城南及州城西東二十里各建一閘，而運河北通鹽河，舊有港址，責令開濬，勿使湮塞，則方百餘里盡爲膏腴，水利之大，無逾於此者矣。」

鹽法考

管子曰：「海王之國，謹正其鹽筴。」萬乘之國，終月率男女所食千萬鍾，使君施令，計其鍾釜而給之，則百倍歸于上。於是齊有渠展之鹽，國用富强，後世言鹽利者昉焉。漢初弛山海之禁，不領于縣官經費。而吴王濞招致天下亡命，東煮海水爲鹽，以故國無賦而用饒，其後卒以謀逆敗。元狩中，以東郭咸陽、孔僅言，置鹽鐵官，募民因官器作鬻鹽，官爲牢盆。今有煎鹽官廠，即其制。敢私鬻鹽者，釱左趾，没其器物。已罷行無常。唐乾元初，第五琦變鹽法，就山海井近利之地置鹽院，籍游民業鹽者爲亭户，免雜徭煮鹽，盗鬻者論辜。今煎鹽竈户因此。其後海東鹽劉晏主之，晏上鹽法輕重之宜，以爲官多則民擾，宜但于出鹽之鄉爲置吏，置亭户，收鹽轉鬻商，任其所之。其去鹽鄉遠者，轉官鹽于所在貯之，商絶鹽貴，則減價以糶，曰常平鹽，官獲其利而民不知貴。而諸道故有榷鹽錢，商舟所過，復有税錢，晏奏罷之，商民均利，歲鹽利至六百餘萬緡，居天下賦税之半，國用給焉。宋制諸鹽聽州縣給賣，歲課所入，申尚書省，而轉運使操其贏，佐一路之費。兩淮鹽行江浙、荆湖諸路，所謂末鹽者也。鹽出于海，役竈户烹熬煎煉而成，謂之末鹽，即周官散鹽也。若解州出鹽池者，得南風水化而成，謂之顆鹽，即周官盬鹽也。末鹽在楚州鹽城監歲煮四十一萬七千餘石，通州豐利監四十八萬九千餘石，泰州海陵監如皋倉小海場六十五萬六千餘石，海州板浦、惠澤、潞要三場歲煮鹽四十七萬七千餘石，漣水軍口海場十一萬五千餘石。久之，軍吏困于轉輸，舟卒侵盗，雜沙土，鹽惡不可食，坐鞭笞徙配相繼，莫能止。而積鹽多露積，無屋貯，至生合抱木其上，其數莫可較。天聖中，用翰林學士盛度言，於是詔罷官自鬻，聽入金錢京師榷貨務，而以江淮若兩池鹽給之，歲增課十五萬。其後西事劇，募商人輸芻粟塞下，又置折中倉，聽商人以金銀若輸粟輸他貨于京師入中者，優其直，予券，以所在鹽給償。後世召商中鹽之法自此始也。自唐始榷鹽，歲天下鹽利裁四十萬緡，劉晏增之至六百餘萬緡。迨宋紹興末，泰州海陵一監支鹽三十餘萬席，爲錢幾七百萬緡。區區一州，當晏時天下徵榷之數，而尤浮之，于鹽利籠取盡矣。國朝以鹽課給諸邊糧餉，而水旱凶荒，亦時藉以振民。于天下設都轉運使司者六，而兩淮居其一，歲課百二十萬餘，幾與漕運米直等。國初制沿海竈丁，俱以附近有丁産者充之，免雜泛徭，給草蕩。其犯罪自遷徙以下，刑止杖，仍發煎鹽。其煎辦以丁爲率，初制，引四百斤，尋改辦小引半之。每丁歲辦小引鹽一十六引。計兩淮鹽歲額引七十萬五千有奇，歲終轉運司具所辦出給課如目上以待會，虧額者追理。凡竈丁所煎鹽一引，給工本鈔二貫，時鈔一貫直錢千，優之。合用引目運司官以時請于户部，請内府印造給付，乃召商納粟中鹽，量所在米價高下、道里遠近爲之則。中已，出給引，詣場行支鹽如目。鹽出場，經批驗所依數驗掣，而所過官司辨驗放行。其轉賣各照上所定行鹽地，毋過界，若引與鹽離及越境賣者，同私鹽追斷。商賣鹽已，即所在退引還官。僞造引者斬，諸監臨勢要令家僕行商中鹽侵民利者，罪如律，蓋法令嚴具如此。然于時商中鹽者引輸銀八分，上所榷利甚微，而商利甚厚，以總利權，抑專擅，贍民食而已。永樂中，令商于各邊納米二斗五升，或粟四斗，准鹽一引。於是富商大賈自出財力，招遊民墾田，田日就熟，而年穀屢豐，甘肅、寧夏粟石直銀二錢，而邊以大裕。宣德中，施大惠于天下，歲遣御史督視鹽法，令各運司查中鹽商年遠事故，無子孫支給者，行原籍官司每引給資本鈔二十定，優卹之。正統初，令淮浙貧竈有餘鹽，官給米麥收之。竈丁逃移者，鹽課司覈實，停其徵。又令客商守支年深不得鹽者，聽以十分爲率，支淮鹽四分，其六兑于山東運司。不願兑者聽守支，諸所爲隱恤商竈甚厚。其後始分爲常股、存積。常股者，商人中納依次守支之鹽。存積者，積鹽在塲，遇邊餉急，增價開中，越次而放支之鹽也。存積行而常股益艱滯，商人有守候數十年老死不得支，而兄弟妻子代之支者矣。正統十三年以前，令兩淮鹽課以十分爲率，存積二分，常股八分，以後存積增至四分。景泰元年，又增至六分。天順中，御史李宏請照正統十四年例，先儘派完存積，商人撥派，到塲即支，不拘資次。常股依次支給，不許攙越。成化七年以後，減存積二分，仍作四分。正德七年，御史朱冠題准七分爲常股，邊方開中；三分爲存積，收貯在倉。非遇緊急，不許開中。成化中，户部尚書葉淇言商人輸粟二斗五升，是以銀五分得鹽一引也。請更其法，課輸銀于運司，銀四錢，支鹽一引，可得粟二石，是以一引之鹽，坐致八倍之利。且商人銀納運司，道近而便安，是上下交利之道。奏可。於是商人引鹽，悉輸銀于運司，類解户部，鹽銀歲驟增至百萬餘兩。諸商墾田塞下者，悉撤業歸，西北商或徙家于淮以便鹽，而邊地爲墟，粟踊貴，石至值五兩。時議者屢言虚邊儲而實太倉非計，顧歲所增入，當數十郡一歲錢穀之數，而縣官經費日繁，即緩急可以支應，慮不能捐目前厚利以深惟邊計，欲復如祖宗時盡輸粟塞下，及薄取八分之利，必不可得矣。弘治中，御史馮允中奏言開中邊方引鹽，莫肯趨納，皆由運司開賣，故商人舍遠就近。下户部議，令自今各邊召商，上納本色糧草如舊制。未幾復廢。時天子加意于國家盈縮之變，召閣學士計屯田茶馬之故甚悉。已及鹽，大學士東陽言，今者鹽法壞盡，各邊開中徒有名，而商賈失利，類不肯中納。上問何也，諸臣因極言皇親王府及内臣奏討之弊：奏討者一，夾帶者十，弊尤甚。因言國初茶馬法行，有歐陽駙馬者爲夾販，高祖大震怒曰：「我纔一行法，即欲首壞之耶？」遂寘極典。此事今皆不敢言。上慨然曰：「非不敢言，乃不肯言耳！」於是下詔，言鹽，國用所需，近年欽賞數多，又内外勢要人奏討奏買，乃遂攙越支賣，夾帶私販，以致上損國課，下奪民財，此遵何義哉？其悉住支還官，自今各邊開中引鹽及糴買糧草，勢要無得求討窩占，巡撫糧儲官毋阿狥受囑，違者聽巡按御史糾劾。亡何，上賓。至正德中，用事者悉託名討鹽，徑自奏中，增價發賣，不復遵舊制，而鹽法決裂盡矣。嘉靖初，上方申飭鹽法之政令，議者紛紛言利，事析秋毫，而法復一變。五年，用御史戴金言，每正鹽一引，許帶餘鹽一引，正引于各邊納糧草，餘鹽納銀運司解部，其夾帶多餘者，割没入官，歲增餘鹽銀六十萬。正德中，御史秦鉞亦言餘鹽，至是始爲定制。其後鹽法都御史王紳、御史黄國用復請以割没銀給竈户，人給二錢有差，取鹽一引，例開邊報中，名工本鹽，歲復增課銀三十萬。餘鹽題准，每包五百五十斤，内正鹽二百五十斤，加以酬商鹽五十斤，并包索三十斤，共二百八十五斤，爲正引。在邊上納糧草外，餘鹽准帶二百六十五斤，赴運司納銀。淮南原定價八錢，後減七錢。淮北原定六錢，後減五錢。割没鹽，十七年，鹽法都御史王臣題准，淮南每一百六十斤，淮北每一百六十斤，各納銀一兩。近時割没外多餘者，每斤納銀一分。是時商人於邊中鹽者，引納銀七錢，已漸減五錢，視初制不啻倍蓰。而各邊穀踊貴不易糴，勢要或占中賣窩，若斗頭加耗，官科罰而吏侵漁之弊，諸爲費不貲。及給引下場，或官吏留難，或竈丁額課不辦，動經年而不得掣。且商業輸餉于邊矣，安所得贏羨？攜重資往返數千里外，復輸納于運司，而有司奉令甲嚴，非徵完餘鹽，即正引不得下場。即已支鹽上堆，而挨單守候，非五六年鹽不得行。諸行鹽地遼遠，涉長江，排風浪，時有漂損，而數十萬之貲本，擲之烏有，又不能盡防攬載户之無盜賣耗竊也。蓋商憊至是而甚，於是商遂分而爲三：曰邊商，曰内商，曰水商。邊商多沿邊土著，專輸納米豆草束中鹽，中已，所在出給倉鈔，填勘合，以齎投運司，給鹽引，官爲平引價，聽受直于内商而賣之。内商多徽、歙及山、陝之寓籍淮揚者，專買邊引，下場支鹽，過橋壩上堆候掣，亦官爲定鹽價，以轉賣于水商。水商係内商自解綑者什一，餘皆江湖行商，以内商不能自致，爲買引鹽代行，官爲總其鹽數、船數，給水程于行鹽地而販鬻焉。國初時嚴商人代支之禁，及是而諸商名目不一，以調停而均逐末利，舊制有所不行者，勢使之也。引價，淮南定例，每引官價八錢五分，淮北七錢五分。鹽價，每銀一兩，買鹽一百七十八斤。引約銀三兩二錢。邊商以賣引得利微，復自支鹽出場，名河鹽。而鹽法都御史鄢懋卿爲請將河鹽、淮鹽相兼掣秤。懋卿又奏各場未掣引鹽百五十餘萬引，宜責令通行解綑，約可得銀百餘萬。奏下，兩淮大擾，徵斂督逼無虚日。會御史徐爌上言：「商人者，挾貲萬里，出百艱，爲國足邊。今正引之外，既徵餘鹽，又加以工本割没，可謂厄矣。乃一歲之間，必取盈百五十萬，前鹽有掣無售，一時督逼，計何從出？至于借下單，質引目，甚則鬻産回籍，剜肉醫創，其困苦已甚。夫商人患無貲耳，有貲，則百貨可通，豈能强之必趨于鹽，官府出令，唯除奸革弊，不願鬻鹽，非奸弊也，則亦莫知之何矣。」隆慶中，御史孫以仁又言：「鹽引之滯塞，價之減削，始由于工本之加帶而致也。今欲以河鹽、堆鹽兼掣疏通〔一三〕，則内商堆鹽日漸壅塞，邊商引目日益阻滯。蓋邊商之引，必得内商接買而後行，緣以内而國課，外而軍餉，一旦未能兼供，接年報中，數年守支，顧此未免失彼。是以盡西北之旅，報中以籌邊；聚東南之商，分撥以供課。視國初鹽法，迥然不同。今以河鹽隨到隨掣，内商守支日久，不得趨利，或别圖改業。況夫堆鹽山積，其誰肯收邊商之餘引，以候數年之挨掣？又老商隻影于淮上，而爲國課之争先者乎？宜停止兼掣爲便。」於是工本河鹽及都御史所奏清理鹽悉議罷，而商困稍蘇。今上初即位，鹽法如世廟時制，毋紛更，商人亦便習安之。然行鹽額地，自正德、嘉靖後，割江西五府（南安、贛州、袁州、臨安、吉安。）及湖廣一府（永州）行廣鹽，臺臣至累疏力争，不能復。顧課日增，行鹽地日蹙，勢不能速售，且廣鹽既通，諸越境私販者不可遏，民間亡慮皆賤買私鹽，而淮鹽大阻。故水商船往返，勢不能無愆期，而淮南鹽歲掣減舊額四之一，乃部解餘鹽銀六十萬。歲兩解毋容緩，則預徵于内商以取盈其數。至二十年以後，所預徵商銀百五十餘萬。始以鹽上堆而徵，堆鹽徵盡，則徵在倉鹽，久之，將商未買引而徵也。其後寧夏叛及島夷内訌，以客兵餉費鉅無所出，始議增寧夏引鹽八萬，東征引鹽四萬有奇，名加增鹽，附單搭掣，以佐軍興旦夕之費。而諸宿猾巧爲奸利者，往往營部劄付援爲例，於是有加罰違没引鹽。違没者，商人領引年遠及印號不明弊引，或鹽爲火燬船沉消折，鹽去而引存，皆没官引；或引遺落燒毁，引去鹽存，雖有鹽不得行，爲没官鹽，俱禁無得買補。及是而商赴部，請加罰如中納之數，或買新引配鹽，或領故引支鹽，俱越次超掣，大率如河鹽及新增鹽類。以舊鹽舊引而告加罰，故許令搭掣，射利者趨焉。而運司黠猾吏受重賄，因得主使官私加罰而盜賣之，諸領部劄者反不與，繇是衆大銜憤。會上方大榷海内商貨，因奏言兩淮没犯引鹽歲久山積，遣内臣賣之，可得銀數十萬，爲大工費。二十七年，始遣内臣查積鹽，勅所駐爲鹽政府焉。既至而没官鹽歲久消折盡，先是，亦有給火票許商徑賣者，故啓事端。乃括藏中積餘銀五萬上之。所分委查鹽官四出，探巨商積鏹累巨萬者，捕鞫治，籍其貲以獻。即沿海竈户稍殷實，無得免。久之，乃疏掣賣兩淮犯没八萬餘引，附單搭掣，歲輸銀十二萬兩入内帑。先後鹽法御史累疏諫極懇切，不報。然鹽政内臣歲欲取嬴于商，猶時時羈縻之，而水商行販楚中者，受榷税使禍尤憯急，則鳥舉獸散，無復有願買新鹽者矣。嗚呼！自代有鹽法以來，未有若我國家九邊軍實半仰給于鹽課。兩淮歲課百餘萬，安所取之？取之商也。商安所出？出于竈也。以區區海濱荒蕩莽蒼之壤，民穴民露處，魑魅之與群，而歲供國家百餘萬金之課，自鈔法壞而優卹爲虚，所恃供課之外，商收其餘鹽，得錢易粟以糊其口。若商不得利則徙業海上，饑無所得粟，寒無所得衣，是坐斃耳。將强者冒禁公行，集衆私販，因而椎劫，甚則盗弄潢池，震動城邑，若唐末黄巢、王仙芝之類是矣。故商不得利之禍淺，而竈不得食之禍深。即如邇者中使一出，海上驚惶，焚刈草蕩，不顧煎辦，官雖多方撫諭，亦若之何？且商人皇皇爲利，今令破家折産，備受窘辱，富者以貧，貧者以死。彼所戀舊堆之鹽、預徵之課，未忍割而徙業，若束縛之急，使至一無所顧，今天下安得歲增民間百餘萬粟，輸九邊以爲兵食者乎？即令晏、弘羊畫策，恐無捄于蕭牆之變矣。大都鹽法之本在恤竈，在通商，在慎任人。先朝忠公遠慮之臣其成言具在，彭侍郎韶云：「天下小民無慮皆窮苦，而竈户獨甚。臣行視海濱，目擊其苦，爲之涕下。破屋缺椽，不蔽風日，脱粟糲飯，不得一飽，此居食之苦也。山蕩渺漫，人偷物踐，欲守無人，不守無薪，此積薪之苦也。曬淋之時，舉家登場，刮泥吸海，隆寒砭骨，亦必爲之，此淋滷之苦也。煎者燒灼，蓬頭垢面，人形盡變，酷暑如湯，不敢暫離，此煮辦之苦也。寒暑陰晴，日有程課，煎辦不前，鞭撻隨至，此徵鹽之苦也。客商至場，無鹽抵償，備極逼辱，舉家憂惶，此賠鹽之苦也。逃亡則身口飄零，住業則家計蕩盡，所宜加意矜念，遇事寬恤，宜莫如竈户矣。」霍僉事韜云：「國初召商中鹽，官之徵至薄，而商之利至厚，故鹽價平賤，民亦受賜。今則每引納銀七錢五分矣，權勢賣窩，復取利錢，復以長蘆、兩浙搭配兼支，商人一身，三路支鹽，勞費不貲，及其轉販，不得不增價以市利，而鹽益踊貴。夫正鹽踊貴，則私鹽盛行，私鹽愈行，則正鹽愈滯，亦其所由也。爲救時之策，宜莫若令商多買餘鹽，正鹽一引，許帶餘鹽二三引，悉輸粟于邊，如永樂時納糧二斗五升之例，其非官引而輒買餘鹽者，置重辟。蓋官價減，則商旅樂趨；餘鹽盡收，則竈户可得贏利，而土民亦無淡食。行之數年，即邊儲可足，乃以餘積召募游民墾邊地，課農畝。邊地愈闢，邊防愈固，此百年之利也。」中餘鹽于邊策甚善，然今益難行矣。李户部夢陽云：「國初建轉運司以來，嘗差監察御史分督鹽課，此于鹽甚重。然御史者，以法治，而所與奉法者，則運司提舉等官，今其官非盡慎選。夫人情莫不有欲，導之以潔，然且慮污，況導之以污，又奚所不至乎？且歲一遣御史，初至于法多不甚解，聰察多紛更，恬静多避嫌，及少得次第，已復更代矣，竊未見其可也。誠選貞茂通明御史，清鹽如清軍，三易歲乃代。仍簡風憲重臣一人，付便宜之權，略倣漢桑弘羊、唐劉晏、本朝周忱故事，令其綆墜剔蠹，濬源決流，一切不得阻撓，運鹽提舉官悉選補廉吏，如此而利不興，國不足，芻餉供億之費不給，未之有也！語曰『智者不襲常』，此之謂乎？」自後言人人殊，弗具載。乃今所急，惟是亟召還諸内使，罷勿遣，然後天下事可得而言矣。

贊曰：鹽筴之利，所從來矣。漢以前，擅自郡國，言者不甚著。唐宋以還，置吏畫令而守之，幾無遺算，而網亦少密焉。然要亦整齊均調，使爲國賴而不爲民病，則義固所以利。國朝法令數變，寖失其初，然未有天子自以爲利者。近世爲加罰之説者，因計奪于豪右，適逢世而得售其奸，遂使鹺政旁出，公私困擾，事勢之流，相激使然，殆謂是乎？今大農無終朝計，而九邊所仰給安在?法蠹利詘而國隨之,不待智者知之矣。

額鹽數

通州分司駐劄石港場,所屬豐利、馬塘、掘港注九十三、石港、西亭、金沙、餘西、餘東、餘中、呂四注九十四爲上十場。

泰州分司駐劄東臺場,所屬富安、安豐、梁垛、東臺、何垛、丁溪、草堰、小海、角斜、拼茶注九十五爲中十場。

淮安分司駐劄安東縣,所屬白駒、劉莊注九十六、伍祐、新興注九十七、廟灣注九十八、莞瀆、板浦、臨洪、徐瀆注九十九、興莊注一百爲下十場。

行鹽地:江北廬州、鳳陽二府,滁、和二州,俱行單鹽;淮、揚二府行食鹽。唯徐州所屬及宿州食長蘆鹽,不行淮鹽。

江南行單鹽地:應天、寧國、池州、太平、安慶共五府。

湖廣鹽法道所屬行鹽地:武昌、黄州、漢陽、長沙、德安、辰州、岳州、常德、承天、荊州、襄陽、鄖陽十二府,靖州一州。

江西鹽法道所屬行鹽地:南昌、九江、南康、饒州、瑞州、臨江、建昌、撫州、袁州共九府。

河南鹽法道所屬行鹽地：開封、南陽、汝寧，共三府。

行鹽事宜注百一　近日通行事宜，總論中未備者載之。

關引。每年夏冬二季起紙，運司查算勘合若干道，中鹽若干引，正紙銀三釐，加耗銀三毫，差吏解赴南京户部，關領引目、紙價，赴部掛號，轉給應天府買紙刷引，完日領回，收貯架閣庫，挨次榜派。近議四季起紙，四季榜派，見今遵行。

榜派。正德七年，御史朱冠奏准，分三十場爲上、中、下三等，均勻挨次榜派，以富安、安豐、梁垛、東臺、何垛、草堰、角斜〔一四〕、拼茶、豐利、石港、金沙、餘西、吕四爲上場，馬塘、西亭、新興、餘東、餘中、廟灣、掘港、伍祐、劉莊、白駒、小海、丁溪爲中場，莞瀆、臨洪、興莊、徐瀆、板浦爲下場。每遇投到勘合，發付榜派。單年，上等自吕四，中等自丁溪，下等自板浦逆派起；雙年，上等自富安，中等自馬塘，下等自莞瀆順派起。仍分派本折逃亡，本色商人赴場支鹽，折色商人在司領價，逃亡聽商自行買補。

撥引。先因淮南引鹽壅滞，以致邊引不售。御史蔡時鼎設法，凡遇堆鹽臨掣，如一單堆鹽一千引，限買邊引八百，方准赴掣，名謂二八搭派。今遵行，淮北引目疏通，無庸限賣。

鹽單。商人執引下場支鹽，淮南運至白塔河過橋，將引投入該巡司，積至八萬五千爲一單，造册二本送院，一發掣鹽委官，一發該司收貯備照，謂之真單。淮北運至安東過壩，將引投安東縣，積至五萬五千爲一單，造真單如前。淮南歲行鹽八單，淮北四單，謂之單鹽。

秤掣。每據運司呈掣之時，將院存真單委就近府佐縣正等官秤掣。其秤掣事規，每引各認色號，插旗一面，至二十號而止。委官親手掣簽對號，提上一引，執旗人役帶領上秤，即以一引輕重之數，例十九引，二十引完，以後照前周而復始。

割没。臨掣時，淮南每引以五百五十斤，淮北每引以五百六十斤爲則，如一引之外，多餘鹽五斤以内，通將原掣引鹽積算。淮南每一百六十斤納銀一兩；淮北每二百斤納銀一兩，是爲舊割没。若多出五斤以外，即照違例夾帶問罪，每斤納銀一分，是爲新割没。餘銀不足額數，即以割没湊完補解。

解綑。專委運司佐貳官，將掣過單鹽，四單一次開價解綑，蓋内商之鹽綑大，賣與水商，改小以便裝運，謂之解綑。

京掣。水商已買過解綑之鹽，抵石灰山關，舊聽鹽院移牒南道，復掣放行，謂之牒掣。萬曆二十二年題革。後水商告復，今改于浦子口，鹽院歲兩次親赴驗掣放行。

食鹽。食鹽者，乃於單鹽内過橋壩之時，抽點另堆，候舖户執引票支買，謂之食鹽。

恤竈事宜

編審。每五年一次編審，竈户定上、中、下三户則，各場總催俱照原額選其殷實僉充，亦五年一换。各總下竈户多寡不一，或編二十名，或編三十名，務使竈舍相近，草蕩接連，事畢造册備照。殘疾年老不堪煎辦者，俱開除。寡婦守節子未成立者，其夫遺課免辦。見任官以禮致仕者、舉人、監生及經科舉生員，俱照例優免。

折課。舊規：水鄉竈户不諳煎鹽者，每引納工本銀三錢五分，解送運司，給散竈丁，或年終類解户部。正德七年，御史朱冠題准，水鄉竈户，每引折銀二錢。鹽課司年終解送運司，類解赴部。又莞瀆一場，地不産鹽，每引折收價銀五分，白駒、西亭俱辦本色鹽七分，折色三分。

官鐵。嘉靖六年，御史戴金題准，行委運司估計，每角用鐵三千斤，連鑄造工價，約用銀二十六兩，即於運司贓罰扣數動支，照依時製鑄造四方鐵盤，共三百二十一角，給與各場貧竈朋丁煎辦。歷年漸久損壞，仍補造給發。賑濟。商人每引上納銀五分，存留司庫，遇年歲災傷，以爲賑竈之用。後該蔡御史議，將應納銀每引扣銀三釐，給竈勇工食，餘四分七釐准抵折色給商。夫折色者，係竈户應納之銀，以應賑之銀抵應辦之課，商竈兩便，今遵行之。

清理鹽法都御史。按會典，正統初，嘗以户部侍郎同御史巡視兩淮，旋復取回。自後差都御史或以侍郎兼都御史理之。至嘉靖，凡五六遣焉。其後户科請罷清理，極論不便三事，於是都御史罷不復遣。巡鹽監察御史。按會典，以監察御史巡鹽，自宣德始，然間數歲一遣，旋復取回。其後復以巡河御史兼理鹽法，而巡鹽之差遂省。至正統三年，始歲差御史巡視淮、浙、長蘆諸司。而河渠由濟寧迤北抵張家灣，長蘆御史兼理之；由濟寧抵南京，兩淮御史兼理之。遂爲定制。

按鹽課莫多于兩淮，而法制屢變，徵納愈艱。嘉靖十五年，户部尚書梁材博訪酌行，以還中邊之舊，兼疏通餘鹽，題准正鹽例有引日，餘鹽總在正鹽包中，不得另立照票與引目相背。除河東聽其仍舊外，其兩淮鹽斤每包計五百五十斤，内二百八十五斤連包索爲正引，定價五錢；内二百六十三斤爲餘鹽，淮南定價銀六錢五分，淮北定價銀五錢。兩浙每正鹽一引，連包索共二百五十斤，定價銀三錢五分；餘鹽通融二百五十斤爲一引，嘉興批驗所銀五錢，杭州、紹興批驗二所各銀四錢，温州批驗所銀二錢。山東、長蘆共計四百三十斤，内二百五斤爲正引，長蘆定價二錢，山東一錢五分；内二百二十五斤連包索爲餘鹽，長蘆南掣鹽所銀三錢，北掣鹽所三錢五分，山東定銀三錢五分。以上正鹽俱各開邊報中，兩淮、兩浙俱令上納本色糧草，長蘆、山東聽其上納折價。至如餘鹽價銀所在各别，照舊運司收銀解部，轉發各邊。續題准開中引鹽，無論常股、存積，不分淮、浙、山東、長蘆，俱照原定價則上納本色糧草。

兵防考 注百二

揚州，故春秋時吴越兵争之地。秦置郡國，銷天下兵。漢都關中，江淮之間爲藩服，故兵制略焉。晉氏南渡，謝玄鎮廣陵，統北府兵，玄嘗以五千衆破秦師十萬于淝水上，以揚州爲江左外郛，稱重鎮。唐時制府兵在淮南者，折爲四屯，儀真方山屯、揚州邗江屯、泰州新林屯、泰興平江屯。每府列爲三等：兵千二百人爲上，千人爲中，八百人爲下。無事則散兵歸農，有事則遣將戍守，制最善。貞觀後，變爲方鎮，又變爲彍騎。兵最强。其後吴、南唐所竊據。迨宋南渡，復以揚爲邊鎮，有禁、廂軍、强勇、武鋒、敢勇、雄勝軍之屬，而淮南軍爲諸路最。金虜數犯揚州，韓世忠一敗之江中，再敗之大儀鎮；劉琦敗之瓜洲、皂角林。于時阻淮爲守，自廣陵而抵淮陰，爲全淮右臂，京口、秣陵藉捍蔽，故戰守諸策，往往急淮泗而緩江海者，亦其勢也。宋制，樞密所統凡有四：隸侍衛者爲班直，隸邊防者爲屯駐，隸諸司者爲役兵，隸諸州者爲鄉兵。崔與之節度淮南，選廂禁軍有材藝者充親軍額，親軍，即班直也。揚之禁軍有四：曰効忠軍、威果軍、忠節軍、武鋒軍；廂軍有三：曰寧淮軍、裝發軍、牢城軍。各軍俱有指揮統之。其屯駐曰强勇軍，以流亡盜賊充役；武鋒軍，以他州軍調撥；敢勇軍，以敢勇茶客充隸；雄勝軍，遷駐寶佑城者；武定軍，嘉熙間移屯揚州者；遊擊水軍，乃御筆立額屯駐揚州者；神武軍，乃湯東野出戍揚州者；護聖馬軍，錢端禮出戍揚州者；雄邊軍，趙范以雄邊民兵招充者。其他又有水軍、忠節軍、保勝軍、忠勇軍、寧淮軍，並隸屯駐大軍，各有統制官一以鈐其屬。其役兵，有淮東司、江淮司、馬軍司、左軍殿前司、左軍步軍司、郭振步軍司、選鋒軍、神武庫軍，俱看守城堡者。其鄉兵，有制勝全軍、客軍、民船部南船部水軍、澳河水軍，俱於諸州招充總戍揚州者。其他如圍子部、簇帳部、親弩部，皆趙范立額，不相統攝。又江都有巡檢七，泰興、如皋巡檢各一，以分巡要害，以司兵柄于上，州兵運于下。此宋揚州路兵制之大略也。明興，高皇帝都金陵，以維揚輔畿近郡，丁酉，置淮海翼元帥府，命大元帥繆大亨、元帥張德林鎮之。庚子，改淮海翼元帥府爲江南諸處樞密院，仍命繆大亨同僉樞密院事。乙巳，以大都督府經歷陳瓘總制真州軍事。自後行樞密院總制官皆罷，而揚州、高郵、儀真三衛徑屬中軍都督府焉。其衛所之制，曰揚州衛指揮使司一，其屬經歷鎮撫司，爲千户所者五，五千户所各統百户所十、鎮撫所一。高郵、儀真衛制如揚州，于通、泰、興化、鹽城置守禦千户所者四，統吏目鎮撫及十百户所，與諸郡縣犬牙錯處。以軍爲民衛，而軍有從征，有歸附，有謫發，著籍各衛，俱以十分爲率，八屯種，二守城，更迭番休，均勞逸，且耕且守，蓋倣古屯營法，爲固圉策甚具。然于時方國珍、張士誠甫禽滅，其逋賊皆濱海郡人，習兵，悉航海附倭，數引倭寇並海郡縣，始由山東、淮北，轉掠浙、閩、粤諸郡，至遣使詔諭，彼國不爲止。於是上命信國公和行視師，築海上備倭城，籍民四丁調一爲戍兵，而如皋掘港始設備倭軍，營堡斥堠與通泰諸所並列矣。永樂中，左都督劉江大破賊于望海堝，倭稍戢。然夷終猾獰，時時拏舟載方物戎器以來，遇防守嚴，輒陳方物，云入貢，得宴賜市易去。後再至，亦如之。伺無備，持戎器出剽掠殺擄，亦滿載去。無問得間不得間，無不得意去者，故沿海所在防倭嚴。而揚子江上自九江，下至通州、海門數千里，江南北遠者數十里，近亦拾餘里，中隔洲渚港汊叢雜，諸奸俠亡徒竄其中，伺間爲劫，商旅船往來輒被掠，甚則賊殺公吏不顧。在揚州境者，黄天蕩、孟瀆河其要害也。海濱故饒魚鹽，其豪不逞者規私販爲厚利，張高桅巨舶，出没怒濤駭浪中，什伯相聚，爲越境興販，船迴則因而劫客，或黨與自相凌暴剽攻于海嶼中，有司者莫可如何。蓋利之所集而害生，若山礦徒、海鹽徒所從來矣。自文皇帝遷都北平，念留京根本重地，于新江設水操軍以萬計，而都御史督之。自九江以抵蘇、松、通、泰，凡地方緩急，寇盗、鹽徒出没，聽調兵禽捕。蓋督臣兼綜江海諸務，于事權至重。是時衛所軍已有城守、操江、備倭諸役。永樂末，始令民運糧儲于瓜洲，給軍船脚價爲兑運，於是有運糧軍，歲一轉輸京師以爲常。正統十四年，虜犯順，又調揚州各衛所軍分春秋兩班更番入戍，名京操軍，而卒伍疲甚。其後軍政日益廢圮，丁壯困誅求，屯田苦兼併，諸隸衛尺籍者率逋逃亡耗居半，其僅存着伍，亡慮皆枵腹窶人，倚月糧以糊其口，又不能以時給，即力稍自贍，又不能當轉餉更戍無已之役。而武弁婪者之日朘月削也，雖歲有清軍勾補及屯政、倉政，諸令甲甚嚴，而弊蠹萌生無繇詰。衛所軍之不可復驅以即戎，無論淮以南，即天下猶是矣。正統末，令府州縣招募丁壯爲民兵，或名快手，或名會手。而巡司故有弓兵，俱有司率領操練。然民壯祇供公門役使，弓兵所緝里閈鳴吠及負擔興販而已。正德中，薊盜劉六、劉七、齊彦明寇齊魯間，轉掠河南、襄陽，所過屠城破邑，殺撫臣，遂率衆浮江東下，泊狼山，欲自通泰登岸還山東。時總漕尚書張縉督兵扼淮口，賊不敢渡，乃自通州泝流至九江，又下南京，往返者三，操江兵愕眙無敢近。而兵侍郎陸完調沿邊諸鎮健卒討之，尾賊行，駐福山，隔江而陳，僅移檄往來，通州城危甚。忽夜半，海颶風大作，賊舟覆溺，死無算。完遣裨將襲其餘黨，盡殲之，以捷聞，遂奏凱獻俘，勒碑銘狼山上，州人恧焉。嘉靖初，倭貢使相挺起爲變，蹂寧、紹諸郡縣，已倭市舶據海洋不去。而中國大猾旺直、毛海峯等以財物役屬倭惡少，行海上爲亂。壬子，破黄岩、象山諸邑，浙東騷動，遂蔓延蘇、松間。其黨徐海者，屯松江柘林，始分掠江北。甲寅，犯如皋、通州、海門。時承平久，揚俗日漸于紛華，上下巽愞偷安，沿海備不復設，猝聞變，皆望風奔潰。賊率不過數百人，所至焚燒斬戮，荼毒不可道。每戰，倭輒赤體提三尺刀舞而前，善設伏，能以寡擊衆，反勞逸客主而用之。遠近傳相恐，言賊有神，不可與戰，率蒲伏受戮，而縣無城守者毒尤慘。先是，操江臣以倭患棘，勢不能兼理海防軍務，朝議于江南、北設二巡撫，與提督操江畫地而守。揚州三江會口以上，操江統之；周家橋以下，江北撫臣統之。而都御史鄭公曉始以巡撫兼海防，知府吴桂芳爲言：「自倭犯並海郡縣，有城則守，無城則殘，城之爲利必矣。使寇逾廖角而漂北海，犯鹽場而南，則如皋弗城爲可虞。道南江而西，舍舟而北犯口岸，則泰興弗城爲可虞。風帆西下，直抵西市，則瓜洲弗城爲可虞。況海門僻處東偏，爲海寇必由之所，弗城安恃乎？」撫臣然其議，始奏築如皋、海門、泰興、瓜洲四城。逾年，城成，民稍恃無恐。乙卯，倭猝薄揚州城，民斂避不及，被殺及溺死者數千人，屍斷流，焚掠大東門外，盡燒毁鹽堆而去。府同知朱裒及高郵衛經歷以率兵禦賊死焉，淮南北大震。于時衛所軍無所用，而各州縣鄉團民兵或時時扼殺倭，及嬰城，時擊却之，始築東關新城。其明年，參將王完伯率所部徐、兖精鋭兵守揚州，設伏于鐵盤廠，引弱兵轉戰，至伏所，麾騎兵衝擊倭，大破之，賊稍戢。又劉顯擊破之泗州而遁。明年，都御史李公遂撫江北，以土兵、客兵俱脆弱，疏調山西邊兵三千戍如皋。明年，賊大舉萬衆分道入，遂與海防副使暨諸將佐約曰：「賊業入海門，必集如皋，夫江淮根本在鳳泗，賊若越泰宜陵窺江都，則天長以北震。是惟予自督禦，咎弗在將吏。瓜儀漕輓津會，南北襟吭，抑又陪都之屏輔焉，賊若壓黄橋，奔泰興西擾，即諸重地危，海道遊擊任之。二路既抗，賊宜却出富安，並海岸東馳，我振旅淮安，出其不意，賊成禽矣。」畫既定，部署諸將，令聲援相犄角。於是倭入丁堰鎮，趨如皋，遊擊丘陞擊敗之。已又犯海安鎮，副使劉景韶率丘陞兵追勦，盡殲之。賊果不敢西掠，而折循富安，並海堤東出，撫臣夜提師至淮城，適所調青、沂、曹、邳兵並集，賊猝見兵衆盛，大愕，麾突騎橫搏賊，斬首千餘級，賊退據廟灣，夜乘風竊舟去。亡何而江南倭據三沙者千五百餘輩忽北犯通州，參將丘陞戰歿，民悼痛甚。會副總兵劉顯以禦江南倭失利，乃渡江赴援，請自贖。諸將欲拒弗納，撫臣令予卒助攻。顯感奮，首礫入賊壘，壯士乘之，賊潰圍走，追攻之白駒塲，又追及之七竈、茅家墩，先後俘斬六百餘，奪器物無數。賊逸竄海堧，爲士兵格殺殆盡，於是三沙賊並散殄無遺類，而江淮靖焉。自甲寅以至己未，五六年間，江北橫罹倭禍，未有甚于此時。以督撫、道臣、將佐僇力劻攘而定，然負海千里，焚蕩蕭然，民被殺戮，僵屍如積，諸將吏士卒捍禦死者，亦復不數，以僅無陷城屠邑，至今言倭事者，猶憯慄云。自是沿海益增置營戍，設將領，通州有副總兵及水營把總，掘港有守備，大河、周橋有把總，揚州有參將，而儀真守備及三江口把總、瓜洲營衛總隸操江如故。所統兵或招募土著，或以義烏、東陽習水戰者充之，自江達海，分信地，列戰艦，嚴會哨，所在緜屬棊布。而倭以入犯鮮生還，寂不窺海者幾三十年。其後營兵制復浸壞，凡土著兵率豪有力者所詭寄，以勢要挾，將領無敢詰。臨閱期，則傭丁壯習技者虛應。或多蓄傭奴，居恒爲作百役使，時囑免其操戍，當散餉，則盡括以肥己，而什三給之。其力能修艙官船及以私船應募者，爲耆民、捕盜諸水兵，皆聽役屬，率没其月餉之半，爲治船費，稍違咈，則擅榜掠驅逐，或更爲募補，弗以白于主將，弗敢問也。浙兵性驕悍，與土著不相能，時時擾閭左細民，急之則亡匿去，難控馭。蓋自戎政有圮，而將官非納賄夤緣無繇進，多者費千餘金，勢不得不取之營伍以償借貸。語云「債帥」。又歲有賂遺交際，諸當道主文胥役有常例，偏裨將月廩幾何，勢不得不尅取之兵人。尅取則懼叢怨，則又于隊伍中逃亡闕者詭寓其十之一，藉虛兵糧爲用度。而自哨隊伍長以下，轉相倣傚，以彼此挾恐，相制毋敢發。其有律已嚴厚，繩下以法，則衆喙蠭涌，爲蜚語以聞于廉訪者，無何而掛彈劾。若影響，甚則連名牘具愬，衆爲證而互訐之，將官或坐褫職及以飛贓抵罪。後來者益蓄縮畏慪，以營伍爲傳舍，苟得利以圖復爲夤緣，安望桓桓不二心之臣，緩急爲國家出死力者乎？江海故多劇盗，其黠猾者以所掠餘貲厚賂諸哨船，輒故縱。諸鹽徒亡慮皆其親戚子弟，或耆捕竄入其中，倚兵船爲盗販，遇詰責嚴，則時緝其盗之被勾誘爲役使者、私鹽之勢單弱及弗輸月錢者，以邀爲功，得厚賞。沿江海所在皆然，而淮南北其著者矣。今上之二十年，倭酋關白專其國，山城君不能制，遣二將清正、衡長以兵襲朝鮮之釜山，據之，屬國告急。上遣帥督兵征之，師少挫，遼左戒嚴，而倭僞乞封貢，爲緩師計，比遣使而悖驁益甚。於是天子震怒，令大集郡國兵，若江南北、浙東、福建俱募兵船赴援。議者謂倭不得志于朝鮮，必分兵内寇，若天津、登萊、淮揚將無所不犯，于是所在增兵置堡，嚴戍守如異時。然營伍兵皆恇怯甚，與衛所卒無異。幸倭不來，來即先亡魄委甲而遁耳。知府郭光復迺申防倭十二議，曰修城池，繕軍器，僉門夫，嚴保甲，復副役，凡里甲壯、快等正役外，許幫副役一名，分工食之半，演習操備。補額兵，練鄉兵，厲竈勇，復沙船，留糧餉，議召買，阻險要。諸建議皆奉文舉行。而撫按臣復疏請于江中永生洲添水兵遊擊一員，統南北水兵共千人，以上下應援，無南北彼此之委，疏報可。二十五年，上復用言官言，以總河臣兼漕務，而江北專設督撫臣，治軍務，蓋武備稍振焉。會關白死，倭將狼狽内顧，戰不利，遂燔釜山柵寨，移輜重而去。而東征兵漸撤，諸所題留馬價鹽課備餉銀，户部以帑藏詘乏，催徵解嚴于星火，而新增餉科派民間者，業有旨停免。顧諸營兵枵腹以待，東征兵撤回者猝未易散，團聚海上，慮爲變，當事者益難之矣。嗚呼！時平而養兵，兵易集而餉不得繼。及時急而募兵，餉易辦而兵不得精。不經挫刃敗衂城陷邑破之後，未有能先事預防者也。善夫盱郡鄧元錫之論兵制，蓋傷之矣。鄧論不爲揚州而發，然近事有類，故引以示鑒。以爲國家分軍民籍而來，民力農養兵，兵戍守衛民。天下久平，衛所軍日耗而變劇，於衛兵外復取民財，購民而爲兵，其後天下益多故，財耗兵脆，衛軍僅名額，而機快徒虛文，力不能有所捍禦。每腹裏盜發，輒請調土漢狼達兵以已難。調且至，盜輒鼠伏，去復横放。而所調兵性狼戾多暴，又覊旅怨曠，所過騷動敓劫，有司不敢詰，將領莫能制，故諺有「盜來放火，軍來殺我」之謡，而縻費不貲。近日征東兵類此。故召外兵以除内寇，寇未平而民已大受其禍矣。其又後申嚴保甲，自相維轄，而要害地諸選兵結寨，立墩臺，備器械，共追胥，一專之于民。國有事，總兵者懼喪師難諱而見短，其將領又憚失伍當坐而受誅，且營伍空，久不任調。於是諸大盗起，額軍不復遣，獨遣州郡所僉民兵以行，即卒積死，得不報也。其最後國儲殫乏，適有故則名增兵餉兵銀，取之民，急練募以已難。事稍靖，則又名革兵減兵銀，籍之以上供，而費出于民者，一增而不復減也。嗚呼！國家養兵二百年，此其費安出？出于民也！養兵以衛民，曾不得一旅一卒之用，又益之以機快民壯。機快民壯者，朋户醵金而充之者也。不足，又益之以保甲，於是乎盡民而爲兵。既盡民爲兵矣，乃其初畝徵税斂以養衛兵，户醵金以充民兵者如故，曾一不少貸也。是爲官兵者，既已養之，又從而驕之；爲民者，既仇斂之，又驅使爲兵，又驅而代之死也。豈不泰甚，泰甚也哉！則知古寓兵于農，因地爲守，固自然之符，地水之象，終百世不與易也。其議惋切深至，然或緩難行。爲方今計，若夫有能之將，有制之兵，得數千人焉，督撫重臣日置標下而訓督之，率有警可調發，諸要害地，則姑仍其舊。慎汰羸弱，嚴哨探，使不逞知有所懾，亦無負國家所以養兵衛民之意。轉弱爲强，存乎其人。若其守成説以言方略，按地名以求要害者，不可以言知兵，故無載焉。

贊曰：維揚倭患，至嘉靖甲寅以後極矣，聞之士人，官兵所俘斬倭大率皆脅從華人，其魋結者無幾。豈直脅從其造謀而導嚮之者，皆吾人也！近時或言海上鹽徒可禦倭，異乎所聞。彼皆奸盗之魁，悍而無義，復怯死。若邇所募應援趨朝鮮者，皆圖餉爲利，人與船不相離，遇敵則先逃，調沙船兵以禦敵者靡不敗，識微者慎之焉！至若釜山之倭，以内難自歸，非我力能制其死命，而業爲獻俘宣捷，沿海備且漸撤，雖齊民猶知寒心，況司樞畫者乎？余所述兵防事不能詳，志其大者，後之君子亦足以知其意之所存。

營寨

標營，即軍門中軍營也。舊以鳳陽巡撫兼總督漕運，駐劄淮安府，而中軍大營，則以都司領之。萬曆二十六年，併漕運于總河，分設巡撫于泰州，而中軍營仍留于淮，因置標營于泰州，又謂之内中軍，擇廢閑將領統其衆。原設官兵七百員名，近增一千餘員名。

泰州營，即海防道中軍營。嘉靖三十三年，以倭入寇，題設海防兵備道，駐劄泰州。原設官兵一千二百員名，擇各衛指揮賢能者爲中軍，後減至四百九十員名。萬曆二十五年，新增三百名。二十八年，復裁去八十名，止存七百餘員名。

通州副總兵府，在州城。嘉靖三十三年，以倭寇故，巡撫都御史鄭曉奏設按察副使爲海防道及參將爲分守通泰海防。至三十七年，倭益甚，乃改參將爲提督狼山等處副總兵，與海防道相策應，統狼山、掘港、周橋大河守備、把總等官。舊額設水陸營兵八千餘人，今裁減。

揚州參將府。初制揚州有守城坐營指揮一員，操習馬步隊正軍，其教場在小東門外。嘉靖間，以倭變增築新城，遂包隸城内，于教場右置參將府，設署參將一人。近多以遊擊代署，又名遊擊府，用操演水陸軍馬以防禦外寇，凡衛所等官，皆以軍法節制之。原額官兵一千名，近照舊。

儀真守備府。洪武初，議者以地當要害，大軍甫經，宜建統帥一秩以臨轄軍衛，始權置守備員御于儀真。初以都督，自後或以都指揮，或署都指揮，咸授勑諭。宣德間，嘗裁之。成化初，復置。寄寓于天寧禪寺。弘治初，始以馬廠改守備署焉。守備一人，于浙江都司列銜。舊額官捕者兵共六百六十八員名，近增減不常。

三江會口把總司。嘉靖四十二年，南京兵科給事中范宗吴題議，上自九江，下至江南圌山，江北三江會口，每年防春，調取各府州縣健勇二千餘名，徵銀雇募水兵防守。至四十三年，兵部覆水兵内揀選精壯者四百名，分爲二班，一班專守江南，一班坐委指揮協守江口。隆慶三年，都御史吴時來題請三江會口兵務設欽依把總一員統領之，額兵七百五員名。

瓜洲營衛總。舊設陸兵與常操民壯各一百七十五名，水兵四百八十六名，巡江軍舍八十名，大小戰船五十餘隻。萬曆二十六年，議增水兵三百名，沙船十隻，選指揮一員統領，共爲三大哨：一駐沙河港，一駐花園港，一駐馬頭，爲犄角應援之勢。其昔年所謂脚斛二行驍勇，則前已一切罷去，令其納銀以充兵餉。近改儀真守備爲瓜儀守備，督率操防。

周家橋把總，在泰興周家橋。原因兑糧於此，每年撥泰州兵快一百名，與彼處民兵一百名防守。後因倭變，籌海圖篇云，泰興周家橋乃沿海衝要之區，據守所當先，須添設把總，堵截海寇。遂設把總一員，領兵三百，復增百餘，又添福兵船四十餘隻。

掘港守備，在掘港場東迤海洋五十里，爲倭寇首登要地，舊惟揚州衛遣指揮千户防禦。嘉靖三十四年，倭夷大舉，巡撫都御史鄭曉奏易把總。三十八年，巡撫都御史李遂復奏易守備，統東西二營。

大河營把總司，在海門縣境内。初無城堡，倭難後，巡鹽御史崔棟題准，遂築正場及盧便倉二堡，東西相望，俗名爲東、西場。東場堡内，嘉靖間設大河把總官一人，領兵千人鎮守。萬曆間裁減。

狼山把總司。把總一人，駐通州，亦設于嘉靖中。副總兵中軍所統陸兵爲陸營，而守備則專管水寨操演水兵之事。

永生洲遊兵把總。萬曆二十五年，因倭警及江海寇盜出没，知府郭光復議以永生洲中踞大江，置遊兵把總，統船兵一千人，爲南北應援。督撫都御史褚公鈇題准以江南北各兵五百名，餉亦均出。近復題革鎮江參將，併爲永生洲參將。

城池論

郡東南新城基磽易摧，西北阜高于城，可俯而瞰，識者慮焉。通州江海要害，邇雖增築石城，然止于東南一隅，因資于民，勞悴已甚。且慮左腋之擁腫，忘右脇之偏枯，非完策也。若沿海鹺場及海安諸城，舊所創建，今悉隳壞，時平則以爲不急之役，有事而圖則已晚，使前人所殫心畢力，以幾得成爲幸者，而委之榛莽沙礫，不亦惜乎？

禹貢曰，「淮海惟揚州」，其貢道「沿于江海，達于淮泗」。蓋兼後世吳越之地而爲言也。春秋南爲越，北爲吳。哀公九年，周敬王之三十四年。吳城邗溝，通江淮。按是時江水由六合流入揚城，故曰邗江。北則上下雷塘、邵伯、武安、高郵、甓社、寶應、范光諸湖以連淮壤，故夫差欲霸中國，乃於邗江築城穿溝，東北通射陽湖入淮，西北至末口達六合，遂爲後世運河之祖。漢吳王濞開邗溝，自揚州茱萸灣抵海陵、如皋蟠溪，以通煮海之利。隋煬帝幸江都，發兵丁十萬餘開邗溝。是時揚子鎮尚臨江，蓋前此邗溝於揚州西北自末口達六合入江，東北自射陽湖入淮，至是乃自揚子達六合，自山陽瀆入淮矣。唐開元二十五年，開伊婁河。今瓜洲至揚子鎮運河是也。時以潤州北距瓜步沙尾，紆匯六十里〔一五〕，舟多敗溺，乃徙漕路由京口渡江，開河二十五里，以達揚子。蓋前此揚子臨江，至是江徙已遠，而瓜洲遂與揚子接壤，故開此河及作伊婁埭，爲後世由瓜洲渡江之始。宋太宗雍熙初，淮南轉運使喬惟岳開沙河四十里。創二斗門于西河，設懸門以蓄洩水利，即今江都縣東自運河通江一路也。真宗時江淮發運使薛奎疏真揚漕河，廢三堰以便餉運。轉運副使吳遵路於真、楚、泰州、高郵軍置斗門九十，以蓄泄水利。神宗熙寧七年，詔濬真州運河。元豐二年，詔濬淮南運河。自邵伯堰至儀真，凡十四節。按邗溝舊達六合入江，今六合江口已堙爲平沙，而邗溝入江，則一由揚子橋南入伊婁河至瓜洲，一由揚子橋西過石人頭至儀真。其揚子橋之北，則經府城南門，東過鈔關，復北至灣頭，以達邵伯諸湖，至黃浦入山陽。故自雍熙而後，所開濬者皆此河也。徽宗宣和二年九月，以真揚運河淺澀，委發運使陳亨伯措置。三年春，詔發運使趙億以車畎水運河。亨伯於真州、瓜洲、海陵河口作三壩。向子諲議於真州太子溝作一壩，以復懷子河故道；於瓜洲河作一壩，以復龍舟堰；於海陵河口作一壩，以復茱萸待賢堰，使諸塘水不爲瓜洲、真、泰所分。又於牝神相近作一壩〔一六〕，權閉滿浦閘，復朝宗閘，則上下無壅矣。亨伯用其言。是後滯舟皆通利云。孝宗淳熙十年，開真州大橫河。以便江舟艤泊。元都于燕，軍國之需悉仰給於東南，糧道自浙西涉江，入淮而上，故大德、泰定之間，屢濬真揚漕河，取鈔於鹽商以爲傭直。國朝設工部都水司官，掌天下陂池川瀆之政令。洪武九年，甃湖隄以捍風濤。十六年，重建儀真五壩與清江、惠橋、南門裏潮之諸閘，以蓄洩河水。成祖遷都，講求河政，日益精詳，歲漕東南米四百萬石，皆由江入邗溝，亂淮而渡，上清口，經徐、吕二洪，泝沁、泗，順流而過漳、御，至直沽，泝白河，抵潞以達于京師。命大臣以總理其事。永樂七年，平江伯陳瑄開揚州白塔河，尋廢。在府城東七十里，置閘凡四，江南糧船由常州府西北過江，自白塔河至茱萸灣入漕河，以省瓜洲盤壩之費。成化十三年，因徙鈔關於灣頭鎮。其後河道淤淺，反洩漕水，且私鹽從此入江，莫可防禦，遂廢弗濬，鈔關復舊。正統間，重築瓜洲十壩。成化三年，定濬儀真、瓜洲二港之例，先是，儀真壩下黃泥灘、直河口二港，瓜洲壩下東、西二港，江潮往來，通沙填淤，潮不登壩，船不能行。是年始定，每三年冬月江涸之時，發軍民人夫挑濬一次。復建江都朝宗上、下二閘，儀真、羅泗、響水、裏河減水諸閘。弘治間，復修通濟新閘、濱江攔潮諸閘，始盡復宋人之舊，而以主事監之。嘉靖四年，改脩瓜洲之留潮閘曰瓜口閘。其邗溝支流，則通、泰諸州，如臯、泰興、海門、興化、鹽城諸縣，餘西、吕四、安豐、石港、白駒、梁垛、劉莊諸場，皆有運鹽河。蓋自劉濞以至今日，其來久矣。累朝鹽法御史兼巡河道，故由吴公哲、李公孟晊而來，遞加疏濬焉。

儀瓜工部分司志

洪武十六年，建儀真五壩及清江閘、廣惠橋腰閘、南門潮閘。

蓋自伯禹疏川導滯，居水豐物，於是有陂唐污庳以鍾其美，今之隄壩水門是也。若曰治水有決河深川而無隄防壅塞之文，亦見其固矣。邗溝故南北衝渠，水勢邪直，填淤反壞之害，自其宜也。周漢來唯是爲務，深從便宜以相極難。大抵江承河下流，河高湍悍，苟不準高下，下無外閘，上無壩堰，何以使水絶壤斷，功施不窮哉？任土作貢，揚州則沿於江海，達於淮泗。當是時，江淮未通，諸貢賦沿江入海，沿海入淮，自淮入泗，而因以達河。迄春秋時，吴始穿邗溝，則揚之東北通射陽湖，西北至末口。漢以淮南封諸王，吴王濞開邗溝，則通運於海陵。是時賈誼言漢以淮南爲奉地，然未漕江淮。正始四年，鄧艾言於司馬懿，開廣漕渠，大便利。東南有事，興衆汎舟，下達於江淮，資食有儲而可避水害。後魏自徐、揚内附，是後經略於兹，不廢轉運，中州百姓，咸被其勞。至隋大業元年，引河通於淮海，廣開邗溝，則自山陽至揚子三百餘里，水面闊四十步，入江以便轉輸，而行幸作矣。唐因之，置巡院發運使於揚子，屬淮南道，而江南租庸皆由揚子入水門以渡淮入汴。開元十八年，宣州刺史裴耀卿朝集京師，帝訪以漕事，耀卿條上便宜曰：「江南户口多而無征防之役，然送租庸調物以歲二月至揚州，入斗門。四月已後，始渡淮入汴，常苦水淺。六七月乃至河口，而河水方漲，須八九月水落，始得上河入洛，而漕路多梗，船檣阻隘。江南之人，不習河事，轉僱河師水手，重爲勞費，其得行日少，阻滯日多。今漢隋漕路，瀕河倉稟，遺跡可尋，可於河口置武牢倉，鞏縣置洛口倉，使江南之舟不入黄河，黄河之舟不入洛口，而河陽、柏崖、太原、永豐、渭南諸倉節級轉運，水通則舟行，水淺則寓於倉以待，則舟無停留而物不耗失，此甚利也。」貞元四年，李泌言於德宗曰：「江淮漕運自淮入汴，以甬橋爲咽喉，其地屬徐州。」是時劉晏領東都諸道，法益詳密，江南之運積揚州不入汴，不從渭中入太倉者，惟渭河漕不涸，歲轉粟無升斗溺者。自晏後江淮米至渭橋寖減矣。先是，揚州疏太子港、陳登塘凡三十四陂，以益漕河，輒復湮塞。淮南節度使杜亞乃濬渠蜀國，疏句城胡愛敬陂，起隄貢城以通大舟。河益庳，水下走淮，夏則舟不得前。節度使李吉甫築平津堰以防不足，猥盛則洩之。發運使嚴三日一啓之禁，始作歸水澳河，時有惜水如金之諺。杜亞、王播諸人引陂穿渠以灌河，皆可以行舟，然漕亦少矣。宋太宗朝，淮南轉運使喬惟嶽以建安軍創斗門二，於西河築三堰以通漕船，設懸門積水，潮平乃泄之真州。乾興中，左監門衛大將軍陶鑑掌真州水利，始易堰爲通江木閘二。天禧間，范仲淹領江淮發運使，以真州江大折，水波所遊盪險甚，乃率水工鑿長蘆西河以避其患。魯宗道爲發運使，通浚真揚漕河，乃發三堰。徽宗崇寧元年，詔江南開遇明河，自真州宣化鎮口至泗之淮口。宣和二年，真揚漕河涸，車輓畝水以濟運舟，歲漕多梗，尋詔中使按視，欲濬運河與江淮概平。會方臘寇兩浙，内侍童貫議爲海運陸輦。内寺譚稹議於泗之盱眙鑿渠出宣化鎮口。向子諲曰：「運河高江淮數丈，自真至淮且數百里，民力爲難。宜於淮之帶子港築壩一，以復懷子河故道；於瓜州河築壩一，以復龍舟堰；於海陵河口築壩一，以復茱萸待賢堰。使真州諸塘之水，不爲他河股引而分。」措置使陳亨伯行其議，由是滯輓皆通。六年，發運使盧宗原建議於州西五十里開靖安河八十里，通江徑易以避黄天蕩之險，國家饗其利。又於江壖鑿渠，由何家穴築石堰，自黄沙潭以達於州。孝宗淳熙十年，知州事左昌時開大横河以便江舟艤泊。寧宗慶元五年，知州吴洪於董家渡至黄池山對境開新河二十里，州人稱便矣。元大德十年，浚真揚漕河。泰定元年，珠金沙河淤堙，詔發民丁浚之。明興，設工部都水司官，掌天下陂池川瀆之政令。洪武九年，甃湖隄以捍風濤。十六年，兵部尚書單安仁請浚開河道，於儀真城南重建五壩，清江、惠橋、南門裏潮諸閘，以畜洩河水。成祖遷都金臺，講求河政，日益詳密。歲漕東南米四百萬石皆由江入邗溝，亂淮而渡，上清口，經徐、吕二洪，泝密、泗，迎流而過漳、御，至直沽，泝白河抵潞，以達于京師。命大臣總理河事，亦云重矣。

顧説者以漕河之患與北虜埒，以此言便宜者甚衆，然方略疏闊，莫得其要領。蓋今之河道，非昔河道，昔所患在河南、山東，今則移之徐、邳、淮、揚；昔所患惟河，今則併淮患之；昔所理惟河，今併淮理之。官有定守而勢無常，事相關而權不合，其當更易變置明甚。猶然泥建設之舊，忽通變之宜，執拘攣之談，責平成之券，何以異乎按商絃以索羽調，言適於越而轅乃北之也？欲求必效，難矣！適漕臣有開草灣濬海口之役，於溢者有容，壅者有歸，似爲有得。詎意河身之墊，已非一日，及其開也，水勢如軼，則泥沙愈甚，所謂「善渠者水囓之，善防者水淫之」，非誣也。乃併引五港口、雲梯關二道以入海，而淮爲河阨，沙壅如隄，水無所從出，盡傾注山陽、高、寶間，而清河口故道無復全淮之涓滴，此可預睹也。於是有請開老黄河故道，使河自爲河，淮自爲淮，各有經行，曲爲接濟者。有欲引河從崔鎮入漁溝，取平望河以入海者。有謂河決崔頭勢已盡東行，不復西向，當由通濟閘外馬頭巡檢司別穿一渠，令漕舟入成子河、谷莊湖，出孫家灣，會黄河於崔鎮之上，而中建一閘，以時其蓄洩者。有謂引河由三議鎮出魚溝，至大河口，與淮水會者。數家之論，互有短長，宜詳考驗，皆可豫見。顧漁溝去海二百餘里，地形參差而土疏惡，即費鉅萬萬，功難必成。出孫家灣會黄河爲近，第河身日墊，内地或卑，壤接泗州，祖陵在焉，草蕩湖窪，牽連百里，無一岡阜之隔，而開渠置閘，引之相通，萬一木石不支，黄流内注，勢若瓴建，莫可前遮，其爲國家之憂，不止於淮揚之魚鱉已。夫河辟北虜，遠之不暇，可招之使來邪？或者從盱眙之龜山蛇浦口，經寶應天長縣界，至六合瓜埠出江，隋唐以來行之，河跡尚存，但地當祖陵朝岡，迄今東放淮南瀉不宜，即形家之説，無足盡信，而望氣用數者亦以爲然。或謂原隰江壖連瓜埠，穿瓜埠渠，水自充足，北行抵六合，引六合入天長，由天長出新溝、七里湖入高寶，於祖陵朝岡闊遠，此渠一成，道理便宜，尤稱徑易。轉運多而以其餘溉，百姓饗其利，瓜、儀二壩閘可亡事事，此亦一説也。又有爲復諸塘之説者，當漢陳元龍開塘，唐李襲譽築句城塘暨北山茅家山塘，本用以溉，然水污畜，亦可濟瓜儀運舟，今舊迹俱在，而佃民畊藝輸賦有定額，卒難急復，姑存其説俟考焉。

作瓜洲土壩。舊志瓜州車船土壩十條，洪武間，平江伯陳瑄開築。

永樂五年，詔平江伯陳瑄督濬儀真運河。

七年開揚州白塔河，尋廢。白塔河亦平江伯開也。河自儀正東至揚七十餘里，自揚東南至白塔河十五里許，蓋古運河也。

成化三年，定濬儀、瓜二港之例。先是，儀真壩下黄泥灘、直河口二港，瓜洲壩下東、西二港，江潮往來，通沙填淤，潮不登壩，船不能行。是年，始定每三年冬月江涸之時，發軍民人夫挑濬一次。

十年春二月，撤羅泗橋，建通江通濟注百三、嚮水、裏河口四閘。六月，四閘成，尋廢。吏部左侍郎錢溥記曰："事有出於昔人之所難而成於今人之獨易者，在力辨浮議之非，堅持公道之正，故能利今而益後。若提河工部郎中郭君昇奏揚州、儀真置造羅泗等閘，下總督漕運兼巡撫都御史李公裕議而成之是也。儀真面江背淮，爲一都會，凡南京供應江西、川、廣、雲、貴等處糧貨及並海諸番貢獻，悉從江車壩入淮以達京師。其各船至壩，經旬需次，起若凌空，投若入井，財廢船壞，不可勝算。唯羅泗橋舊有通江河港，距裏河僅四里許，宜開通置閘，乘潮啓閉，以便往來，船可免患。於是都憲公檄知府周君源會勘皆宜，訪及故老亦便，遂不惑群議，俾從厥事，給軍民夫五千，濬通河面闊十二丈，下闊五丈，高一丈，撤羅泗橋石爲閘身及兩翅，共長二十二丈，中通濟閘長一十八丈，響水閘長二十二丈，各高一丈二尺，裏河口閘長十二丈，其閘底兩旁各用油灰蔴絲艌縫，牢不可壞。其興工于成化十年甲午二月，而訖于其年六月。是月涓吉開閘，其船鱗次矢往，無復盤費損壞之虞，而軍民驩震若雷。其奈市户膠於壩利，往往啗管河官興言鼓惑，意在塞隳。郭君乃復條陳置閘有五利以聞：『其一，船昔至壩，雖遇水平，其糧貨亦雇挑堆囤，過則復挑，其費不一，今乘潮罔費；其二，昔各壩設法日不過百船，一遇風雨，又不及半，今開閘即過，豈下千數；其三，昔船過必損，須辦灰麻備艌，今泛安流亡慮；其四，往年遇旱，甚至掘壩接潮以救糧運，今閘開以濟；其五，往年裏河水溢，決岸倒壩，修費樁草動輒千萬，今遇漲開洩，不傷田稼。以此五利，可利天下，豈浮言洩水過鹽之足慮哉？宜禁革以厲將來。』

上可其奏，得夏潮開運，冬涸封閉以爲常。府倅鮑克寬由地官主事來，恐泯其興造歲月，乃伐石遣史過金陵請記。昔晉謝安鎮廣陵築埭，北人思如召公，名召伯埭。唐李吉甫節鎮淮南，築平津堰。宋吴遵路轉運淮南，於真等州置斗門十九。是皆有功於揚，然止蓄洩如壩，不免旱澇潰決之患，豈若郭君置閘啓閉以時，不亦昔人所難者，而能不憚其所難而成之爲獨易乎？然非都憲公舍己從義，力扶公道，則郭君何以成利民衛穡之閎休偉績哉？皆可記也，故書注百四。」

二十一年，塞通江閘。

二十二年，開通江閘注百五，復羅泗橋，改名曰濟民。自攔潮至此計長二百八十三丈，廳三間，北向閘板九塊，麻繩十八條，鐵鐶十八箇，空地二尺五寸，守閘夫六十八名，閘耳等用如攔潮閘之高下長短，詳錢侍郎溥記中。主事夏英記曰：「儀真縣治東南隅五里許，舊有橋曰羅泗橋，橋上有港，抵漕河二里餘。港兩岸多民田，田以潮灌，潮以橋入。成化壬辰，郎中郭昇建議廢橋置閘，名曰通江閘。比因權貴者不顧漕水盈縮，舟一艤閘，輒欲開放，遂使水利走泄。而軍士因於漕運啓閉不時，而民田困於旱暵。乙巳，少司空杜公奉命理河道，訪知其弊，用閘堅築以土，雖可以禦權貴之勢，而潮以不通，民之田愈困焉。丙午春三月，予以部牒來司儀真，不數日民有包濬若歲旱，乃率數十人詣予，告請開閘通潮以濟田。詢之衛縣，俱難其請。越數日，告者又至，辭甚切。予遂躬詣其地爲之區畫，乃率包濬等至前籲曰：『汝輩能各出所資以自理乎？』

舉稽顙應曰：『某有田數畝，以半鬻而爲費，則半可獲，否則并數畝而俱喪矣。』乃計其費而以田之多寡爲出，擇其中公勤者三四人掌其事，命耆老陳榮者總督之，予日稽其成功。乃於是閘去其所築之土以通潮，潮通則田有灌溉之益矣。閘上置板而樹以亭，亭樹則人無擅開之念矣。一日予視廳事，見有蓬頭跣足者十數輩荷鋤執鍤跪拜于前曰：『我輩得生矣！』問其故，則曰：『田得潮水而來謝。』予曰：『是不過因汝輩所利而利之，於我何與而以謝爲？』麾之而去。橋將成，告者曰，欲得一楡木横置閘口，以防舟楫傷橋之患。其木遍求缺市，一夜潮起，閘内有木，旦視之，即楡木也。時閘下之舟首尾相銜，不知此木從何而入，衆皆以爲某之積誠所致。始工於是年夏六月，畢工於冬十有一月。因其橋有利於民，易其名曰濟民。」

二十三年，建東關閘。東關閘，即裏河口閘也。坐落城以東，嚮水以西，北扼漕河之上流，南通五壩之江脈。凡舟之自河而下、由江而上者，悉于是乎統會之。舊名蓮花池，兹其地也。浮橋一座，以時啓閉，儀真縣審編橋夫二名。翰林院檢討定山莊泉記曰：「儀真東關閘，工部主事夏公育才所建也。公以上命來督儀真，謂儀真，京師喉襟之地，轉輸漕運之所必由，朝覲商賈之所必涉，有京師，不能無儀真也。然儀真五壩，又非取給於東關不可。五壩盈，則蓄東關以待其涸；五壩涸，則洩東關以濟其急。有五壩，又不能無東關也。是五壩者用於儀真，東關者用於五壩也。公之汲汲於此，豈爲儀真計哉？京師計也，天下計也。公之用心朝廷，可謂至矣。公既聞，人有謂公於某者曰：『儀真五壩之地，一窪沼也，以京師之大，賴其力于此尋丈之濟，豈不可深慮哉？然欲爲京師計，使儀真五壩不費餘力而國用自充，豈有難者？昔虞文靖公送祠天妃二使者，謂國家之東，萑葦之澤，濱海而南者，廣袤相乘，淤沮可稻之地，何啻千數百里。使東南之人隄圩而田之，給牛種農具爲之屯種，寬其賦之入，可省江南漕運之半，而儀真五壩之力，當亦不可費也。余謂儀真距急水河之地〔一七〕，高下不下數丈，使塞瓜埠，決六合野浦橋之淤塞，乃自急水河以達於儀真，長江大河，風帆浪舶，瞬息千里，孰之能禦？而儀真五壩，又將可以併省矣。公之所以爲朝廷計者，乃不於此而於彼，何哉？』某曰：『不然，子將以己之所涉者以料公也，公豈不知乎此哉？某以病廢，所謂國家濱海而南之地，足跡未嘗一至，不知果可以屯田否也，又不知虞文靖公之説行於古者而亦可以行於今也？使其可行從前之説，則屯田之入但可以省夫江南漕運之半，而其半又果能不藉夫五壩之力哉？從後之説，其策雖無可議，然水之高下，亦未可遽以口舌而争，使果如是，則江空水落之時而視夏潦瀰漫之日，又不知其能同否也。苟有不同，而五壩又可廢哉？而東關之閘不可廢也。蓋公之學有本末，故其政有緩急，緩者效大而用力常難，急者效速而用力常易。公知三者皆善，故先其易而後其難。而若所謂以急水河達于儀真，公之友夏官主事、婁君元善已上聞矣。元善之論而公成之，公之功也。至若文靖之説真不甚易，非有回天倒海之力不可。以某觀之，公可辭乎？使公不以爲難而又極其力焉，則國用尚何不充之有？公殆將以是三者次第行之。而謂公不知出乎此者，不知公也。不然，則善與人同，不求不忮者，又豈無一道乎？知急水河之論，儀真之水未可遽達，使併五壩而遽廢之，則往來京師者以救於目前。閘東關者，急水河地也。知屯田之說，以天下之事能無齟齬，使急水河之舉苟有不善，則爲迂談，何以取信于上？成急水河者，屯田地也。此裁成左右之精經綸造化之妙，人不及知，而公獨知之，而某竊窺見之者，公必居其一於此矣。嗟乎！天下之治使皆結繩，使皆野鹿則已，如欲酬酢乎其他，則計之大者亦無以過於此也。而若公者，尚可爲之訾哉？』是役也，巡撫都憲李公、周公寔可其謀，管河御史姜公、郎中曹公寔贊其成，守備都指揮昌公寔同其事，而管理則有指揮張旺、知縣陳吉、千户郭真、縣丞謝賓、主簿李俊、劉興、典史史述，而奔走執事，吏則丘紀，老人則潘宣、鍾鎮、俞悌、陳滄，而吉則尤爲勤事者也。公求記，某於公非汎愛者，遂與公以商榷天下事如此，公其以某爲迂闊否哉？公名英，世家吉水，育才其字云。」

弘治十四年二月，建攔潮閘。總漕都御史張題爲添設攔潮閘座，便益糧運事。據南京工部主事鄒韶呈：「照得本職奉本部委來儀、瓜二廠收放磚料，兼管河道閘壩。切見儀真設有羅泗橋等閘三座，舊例夏秋江漲，則啓閘以納潮，冬月潦盡，則閉閘以瀦水，固爲便益。但方春糧運上京，閉閘過壩，則利歸埸房，窮軍受疲；冬糧船回還過壩，船多損折。況水涸冰凍，淺阻河道，經月不得盡絶，是閘便於夏秋，不便於春冬。然以春冬不可開閘者，以上河爲有限之水，而下江無抵壩之潮。考訪圖志，儀真東北二十里，漢建安中鑿有陳公塘，築堤造磋，蓄聚山水，灌濟運河。近年以來，磋座廢弛，多被軍民占爲田産，以致水道不通，賴有高郵、寶應、邵伯湖水支分接續。遞年冬月回空糧船到來，必須大江口闞王廟前打築土壩，開溝放水，方得車絞船隻，過畢未免拆卸，一年一次，勞民傷財，不能經久常便。爲今之計，合將闞王廟前土壩基址置造石閘一座，上接三壩、四壩、五壩至羅泗橋閘口，下通黄泥港口并直河口，俱通揚子大江。每年春月潮信速來速去時候，如赴京重載糧米到來，乘潮放進，將此閘下板闞閉。水滿則開羅泗橋等閘打放，省免塌房挑擔脚力之費。若冬月回空船到來，正值潮涸之時，將闞王廟前一閘下板堰閉，後開羅泗橋等閘放下，待潮來相接，方開闞王廟前閘放出大江。縱使春冬水涸，閘不可開。若得闞王廟前一閘闞閉，則潮水積聚，赴京糧船得以抵挑盤，免被閣淺；回空之日，亦得藉水絞車過壩，不致虚費土壩椿木人力。一閘之添，四時之便。其造閘石椿之類，挑濬河港項下見存餘剩僱工銀兩，取給於斯，亦甚爲便。人夫於附近府衛州縣起取。椿草纜銀照舊收貯，以便每年修閘之用，一勞永逸。」據揚州府同知葉元呈：「照得南北軍民船隻運糧載貨，俱從儀真各壩車放，闞王廟鷄心觜乃各壩會流之所，設造流潮一閘，其實便益軍民。即今挑濬河道工程已完，見有餘剩工食銀二千餘兩，趁時選委廉幹官員督造前閘。事干便益糧運重務，已經行據鎮守淮安漕運總兵官都督同知郭鋐，議得儀真閘壩上高下卑，潮大時月，水與壩閘相平，往來船隻易於車放。冬月潮小，江水不接，勢頗陡峻，回空糧船不無守候遲悞。今主事鄒韶等各呈，要於關王廟鷄心嘴閘壩會流去處，設閘留潮放船一節，既已會勘，官民甚便，糧運有益，應合准令添設。且濬河餘銀積有二千餘兩，儘彀資造，不費官庫財物。」除行直隸揚州府轉行委官同知葉元，就於原報挑河餘銀内查照估定料數動支，委官分投領齎買辦，并將該用大石，着令直隸徐州掌印官公同收買，量派順便軍民船隻，帶至造閘處所交收，雇倩匠作，量起附近人夫，擇日起工，如法砌造，具本順差舍賽禮親賫，謹具題知，竟如議建注百六。

吏部尚書楊一清記曰：「弘治辛酉春二月二十四日，儀真縣新建攔潮閘成，便漕事也。儀真爲漕河，自前代已然。我國家定都北方，歲漕東南粟以供京師，多此焉道，蓋喉襟最要地也。顧漕河之水至是當入江，高卑勢殊，河易泄且涸。宋嘉定間，守臣建白置三閘爲蓄水計，尋廢。再廢，再舉。國家洪武辛亥，始即其地築而壩之。舟下上必車壩乃達，不盡剥載，則不敢以舉，力稍不濟，舟輒壞。由是儀真之地，舸艦雲委，販鬻喧闐，罔利之徒萃聚而蟻附，居貨食功，成壩是便，閘不復講矣。成化甲午，巡河郎中郭君昇建議置閘，爲東關，爲嚮水，爲中閘，爲羅泗橋，以通于江，一時稱便。獨妨罔利者，煽爲泄水之説，任耳者和之，閘遂不用。弘治戊申，朝廷用言者下工部，檄郎中施君恕相所宜，復東關、羅泗二閘，廢嚮水，拓中閘而新之，舟復通利焉。然江濱無閘，潮無所瀦，上閘既啓，注不可遏，於是復起泄水之議。漕運總戎郭公鋐嘗欲增置濱江攔潮閘，或謂江濱多浮沙，不果。弘治己未冬，都察院右都御史張公敷華奉勑爲巡撫總漕事，有以攔潮之策獻者，公訪于衆，揚州府同知葉君元進曰：『元嘗承檄董濬及江濱，深七尺，土黄壤無沙，閘必可置。』公曰：『然。』遂具疏以聞。既得旨，乃會郭公檄葉君任其事。君受命惟謹，會藉程物，卜以庚申十月八日始事，屬儀真主簿謝聰董工役，耆民許晟輩七人分董之。度地勢，定造閘之規：高一丈八尺，廣二丈八尺，袤三丈，翼兩東西亘加袤之二。爰琢爰甃，犬牙相入，磨礱剷礎，厓削底平，又疊石數重以固其涯，松椿櫛比以固其底(一八)。凡用物以段計者，石八千九百九十；以株計者，木五千四百七十；以片計，楠板四百九十；以斤計，鐵二千九百八十，蔴一千六百七十，篾六百七十，桐油一百；以擔計，石灰二千一百三十，糯米四百八十，秫三十三。諸傭售所取直，得先年濬河羡餘銀千兩有奇，不責辦有司，故工鉅而官不知費。方役之興，監察御史馮君允中行河至，顧瞻稱善，爲之指畫，俾急圖厥成。巡河郎中劉君浩繼至，偕工部主事鄒君韶亦胥督勸。群僚嚮風，百工子來，故事集而人不告勞，距經始之期纔四閱月耳。馮君謂閘啓閉宜有定規，乃會劉君議，當河溢潮漲，則四閘晝夜啓勿閉；如江勢平，河水未溢，則以潮之長落爲啓閉。放舟瀦水，兩無所失。至冬寒水枯落，則閘閉勿啓。傳檄有司遵行之。是歲，江河會通，舟無留行，揚旗伐鼓，數千百艘于飲食談笑之頃，視車壩之勞，固有不待較者。比秋霖潦浹旬，潮水大漲，則以時泄，不橫決爲堤堰害，亦惟是閘賴焉。所省漕士之費，歲當若何？民船賈舶所省又當若何？以歲繼歲，吁，其不可量已。於乎！天下無難爲之事，顧爲之何如耳。其始也存乎志，而其成也決，書曰『功崇惟志，惟克果斷』是也。安常習怠者不能爲，瞻前顧後者不敢爲。若是，夫孰與有爲者？昔虞文靖公嘗言：『善爲政者，當爲其所不可不爲，而不敢擅爲其所不得爲與輕爲其所不必爲，斯可矣。』是閘爲漕運計，爲天下計，在公誠不可不爲者。然非志之崇，則曰曷仍舊貫；非力之斷，則曰曷爲斂怨。欲其果於有爲，難矣！不然，自有閘議以來，凡歷數政，終以異議者衆，莫適任責，故亟舉亟罷，迄無成功。公始至而即圖之，謀定而身任之，擇人而委之勞，群咻衆鬨，屹不爲變，其志與斷有過人者，不於是乎徵耶？然我每見世之仕者有所舉動，輒爲異議所沮，其同事者謂功不己出，從而媒蘖之，唯恐弗甚焉。況奉行其下又無良有司，虛文取辦，徒勞無益，以增兹多口者，皆是也。坐是以隳厥成者多矣。公興是役，馮君諸賢既贊其決於上，又爲之規議以圖其永于下，未嘗有所沮撓，而奉以周旋。又有若葉君，心計目揣，舉無遺力，經營結搆，無一弗當。異者暫費而大蠲，百十年來所當爲而未及爲者，一旦從容爲之，騰口之徒，屏息不敢復出一語，是雖公之忠信所孚，風聲所動，而諸君協謀宣力，其功顧可誣哉？故併書之石告來者，俾嗣守之，勿復惑於浮言以隳前人之功也。張公名敷華，江西安福縣人。」

十八年春正月，復建通濟閘。兵部侍郎黄瓚記曰：「儀真縣城東南，自成化甲午，提河工部郎中郭君昇疏言于朝，置閘曰臨江，曰通濟，曰嚮水，曰裏河口，而通濟當其中。方其置閘也，閭閻駔儈之家狃于壟利，往往浮言喧騰，謂有洩水過鹽之患，若無事于置閘然者。及閘成，僅踰兩紀，而通濟遂廢。蓋置之既不協於其心，則廢之適墮其計，雖有訏謀遠識知其不可廢者，亦漫無諫正，聽其廢焉而已矣。夫通濟之所以不可廢者，何也？潮之至也，不踰時而遽退。船之群次於閘也，銜艫接舳，無慮二三百數。以無慮二三百之船而當倏退之潮，苟無通濟紆匯瀦蓄，有以逗其勢，遏其衝，將使跬步隔於千里，頃刻淹於旦暮，前嚮水而弗及，後臨江而已遠，其不貽淺涸損壞之患也者幾希。癸亥之厄可鑒也。故臨江諸閘不可無，而通濟尤不可無。尤不可無，則尤不可廢也。廢之者，私智也；縱其廢之者，私意也。夫事不更變，曷見其的？於是南京工部分司署員外郎事何君白于總督漕運兼巡撫都察院右副都御史張公，公韙其議，檄通判揚州府事韓侯、知儀真縣事馬侯協力起廢，而主簿唐侯暹，義官許成、夏麟，耆民柳瓚、夏儐、盛清、臧恕、張倫共涖厥事。肇事於弘治乙丑正月朏，未四閱月訖工。雖址仍舊，而規制加壯。適提河工部郎中張君至，捐吉啓閘，飛艘舞艦，與潮下上，烝徒稱便，無復淺涸損壞之溷其慮。馬侯以余縣人也，請書前賢置閘之難，後人廢閘之易，而復之者之有光於置之者焉，且俾嗣今修飭，毋騖私効尤，貽患於無窮。余謂柳子有言：『賢者之興，而愚者之廢。廢而復之爲是，習而循之爲非。恒人且猶知之，不足列也。然而復其事，必由乎賢者。』斯今之所以復通濟之意乎？歐陽子有言：『作者未始不欲其久存，而繼者常至於怠廢。自古賢智之士，爲其民捍患興利，其遺跡往往而在。使其繼者皆如始作之心，則民到于今受其賜，天下豈有遺利？』斯今之所以鑱石昭後之意乎？張公名縉，字朝用，陽曲人。成化己丑進士，歷總臺憲，式惠淮士，尋入爲工部右侍郎。何君名垕，建昌人。張君名瑋，吴人。韓侯名琚，河南人。馬侯名論，遼陽人注百七。」

正德十三年，復建響水閘注百八。

嘉靖五年，建瓜口閘。瓜洲通江上閘一座，成化年間添造。通江下閘一座，宋徽宗修建，花園石崗，軸轤于淮汴，尉遲公監造。減水石磋一座，弘治年間添造。瓜洲閘一座，嘉靖五年漕運參將張奎奏准添造。

六年四月，詔每歲以春三月開儀真閘。嘉靖六年四月，欽奉詔書，内一欵：「糧運船隻經由儀真、瓜洲二壩，盤剥雇脚，所費不貲。儀真設有攔潮閘座，春三月以後潮長之時可以通舡。近年工部委官偏聽脚夫、店家之言，指以泄水爲由，不肯開放。管河官查照建閘初意，上河水小，自難開閘，若潮長河溢，軍糧、民糧、官民船隻一體循次開放，無故阻當者罪之。欽此。」

論曰：肅皇帝詔限以三月開儀真閘座，甚合天道，誕章恢恢，豈不大哉！在萬世所尊守，詎容留焉。後漕臣乃爲疏請開閘，率以冬杪春初，以避夏月淮洪之漲，誠爲上計，然冬月楚舟溺揚子間有焉。隆慶以前，不得記之矣。萬曆四年十二月，颶風作，江西、湖廣運船薄儀真江口，沉溺者三十餘艘，壞民舟不可勝計。今年正月元日注百九，所壞溺運船至四十有四，皆以冬月來閘河水淺，運舟不能進，而江壖一帶邪直，無灣港可藏舟故也。每計蘇浙之舟從瓜閘入，全楚之舟從儀閘入，不得相溷以杜爭端，善矣。顧當初春時舳艫鱗湊，一遇風濤，全楚之舟壞於江口，由舟多路少故也。無如爲之限列：蘇浙之舟以十二月至，度正月過訖；全楚舟以二月至，度三月過訖。如遇水盈，從二閘俱入，儀淺則從瓜入，瓜淺則從儀入，何至停泊大江，爲風濤摧擊乎？且也，揚子江間惟北風最烈，季冬運船入江，正當其鋒，少避之以俟春深，則南風必多，閘水必盈。俱以四月過淮，則淮漲率在五月，可無慮也。若今況儀真有開壩薄舟之筴，筴果行，又萬年利也。爲附于篇。

儀真縣知縣況于梧陳議運漕一事，關國大計。縣控扼大江，爲南北咽喉。地最下，水勢易涸，故自江口抵東關，建閘四座，蓄水通艘。惟夏秋江潮獨盛，通閘可行。冬春潮落，必蓄濟而後舟楫可通。往歲江西、湖廣并南京等處兑運糧米計叁千餘艘，每以四月渡江，正潮盛時，隨到進閘，無俟停止。迄今改運冬春之交，江潮正落，運艘輻輳，至必停泊江干，挨幫候進。每日夜乘潮至，開一閘，進一度，隨閉閘以俟前閘之開，緩則潮落而不及進。計一月朔望前後，潮頗盛大，一日一夜可進百餘艘，其他日雖拾數艘，亦必挑盤殆輕而後能入。此群艘鱗集外江，逗遛經月，而風濤之患所不免也。備查萬曆肆年拾貳月內，風壞運船叁拾餘號。今年正月初一日，風壞肆拾餘號。上虧國課，下斃旗軍。緣以灣泊無所，狂風易摧。某歷覽沿江處所，可開成河，便於灣泊進閘，足避風濤之險，有裨漕務者，謹條陳陸事：一曰開新河以便進泊。上、下江雖有二口進閘，然以咫尺之地，數尺之水，舟可以泳行，不可以停泊。是閘外之艘拾壹，而江上之艘拾玖，風濤時作，卒難退避。今查得上江迤西地名鄧家窩至冷家灣，相去地計長貳百柒拾丈，合用開挑成河，徑闊十丈，兩堤岸各貳丈，底闊陸丈，長與闊共計貳千壹百陸拾丈，約銀叁千肆百餘兩。於中民田陸拾叁畝，相干開没，查照原價每畝肆兩，共合給價銀貳百伍拾貳兩，以還各主另置。額糧例難蠲除，仍分派概縣替納。則田雖廢，不至於損民；糧雖攤，不至於害衆。此一勞永利之道也。一曰因舊港以加淪拓。查得鄧家窩水既入冷家灣，則自冷家灣起至新濟橋止，係流水小澗，計長柒百伍拾陸丈，用挑河心闊陸丈，長與闊共計肆千伍百叁拾陸丈，約共用工銀壹千捌百壹拾肆兩肆錢。自新濟橋至鑰匙河口止，亦係澗流，長叁百壹拾丈伍尺，用挑河心闊陸丈，長與闊共計壹千捌百陸拾叁丈，約用工銀伍百貳拾壹兩陸錢肆分。鑰匙河口與奶奶廟河合流，自奶奶廟起至九龍廟止，長肆百壹拾丈，水雖通江，亦多淤淺，仍用挑河心闊陸丈，長與闊共貳千肆百陸拾丈，約共用工銀肆百玖拾貳兩。自下江口起至攔潮閘止，計壹百肆拾丈，久未撈濬，壅滯日積，合用挑河心陸丈，長與闊共捌百肆拾丈，挑深伍尺，計肆千貳百丈，共用工銀壹百陸拾捌兩。已上肆處，通該工銀貳千玖百玖拾陸兩肆分。如是，則大江水自鄧家窩入冷家灣，達新濟橋，蹈鑰匙河，會上江口奶奶廟，抵九龍廟河。而下江口水亦流入，交會於閘口，迢遞拾餘里，可容貳千餘艘，魚貫進泊，漸次入閘，庶幾避險道，泛安流，而風濤不足虞矣。一曰設板橋以利攸往。鄧家窩一帶既挑，則新濟港爲運艘必由之處，而石橋間阻，殊爲不便。合將前橋中圈拆開，仍設板木拖橋壹座〔一九〕，船到掣去，船過搭行，上不妨商民之往來，下不阻運艘之出入。一曰去淤塞以遄漕行。看得攔潮閘起至東關，嚮水閘止一路漕河，并各閘底久未撈濬，日甚淤滯。又看得東關起以及梅家溝、梁家灣、太子溝至石人頭止，計長肆拾伍里，隆慶肆年雖經修濬，今復寖淤，通流水深不過貳尺餘。至於梅家溝約壹里許，太子溝約里半許，水不踰尺，淤淺尤甚。但查合用工費不下叁千餘兩，而數千艘賴以永濟，亦非小補。一曰修舊閘底以免盤剥。閘板宜高，用以障水而不洩。閘底宜低，便於進艘而無礙。看得嚮水閘外潮鮮至，内流愈澀，船艘經過，必須挑盤罄空方可挽拽而進。緣以閘底高昂，水不滿尺五，無惑乎度越之艱也。且逐壹挑盤，前艘既滯，後艘益壅，不惟糜費軍需，抑且稽遲運務。合無將本閘拆開，重加濬鑿，閘底深下貳尺，磚石板木添新换舊，量加修理，其工價亦俟臨時修舉估用，庶蓄濟深，艘行無阻，下便商民，上益軍國，其利溥矣。一曰建新石閘以裕蓄濟。湖水至叁汊河口分流，一去瓜洲，一來儀真。瓜地下，水去峻急；儀地稍平，流來迂緩。備查東南運艘，由瓜閘進；西南運艘，由儀閘進。瓜閘壹開，水易奔赴，不惟儀閘之流枯澀，而揚子橋壹帶河身亦致淺涸，艘行至彼，輻輳鱗疊，又成壅阻。揆厥所由，蓋水直洩於瓜故爾。合無將叁汉河通瓜洲口上建石閘一座，糧艘至則開此閘以導其入，糧艘過則隨閉此閘以待其停蓄，則水不泛行，流可長逝，縱群艘紛至，而行道九達，又豈有排擠不前之患也？

隆慶四年七月，始榷儀真船税。隆慶四年七月初六日，總河右副都御史翁爲設處錢糧以濟工程事，疏略曰：「漕河之工，在寶應，則當開越河以避湖險；在瓜洲，則當建閘座以通漕船；在清河，則當疏魚溝以殺河勢；在豐沛，則當築華山以遏横流。臣又欲在徐、邳、滕、嶧之間，開鑿新河以遠河横之患，通計所費約數拾萬金，而堪動錢糧則百無一二。顧成大事者不惜費，圖永逸者不辭勞，敢謂錢糧難繼，不思區處乎？臣查得淮安設有東壩者，平江伯陳瑄恐新莊閘口淤塞，即令糧運與官民船隻車壩往來，未嘗曰民船由壩，官船由閘也。正德年間，奸民射利，曲稟漕司，於靖江浦别建仁義壩一座，烏沙河又建方家閘一座，市井雖遂車盤之利，而商旅受困矣。去年漕河既阻，盤剥愈難，煩費益多，商旅益困，每央士夫囑放，輒費銀七八兩。乃知黄水壞漕，皆從新壩漫入，是設新壩之害也。通濟閘内外每每淤澱，是不通船之害也。臣今先挑東壩，以便車輓。又於新壩之上，築有大堤，以防決溢。若明著條例，除夏月糧船盛行，商船民座俱不許由閘外，其餘月分，梁頭一丈六尺以上者，税銀五兩；一丈四尺以上者，税銀三兩；一丈以上者，税銀一兩；由儀真閘者，遞減税之。民座船雖有私批，一體徵税。聽管閘主事監督淮、揚二府查收。一丈以下者，俱令由閘。大約一年可銀數萬兩，且商船利涉，户部鈔税愈多。若以洩水爲言，則江潮淮水皆從外河進入，湖水患其太盈。臣所親視，商旅願出於途，在此舉也。」疏奏，下工部覆議，上如部議，遂定船税。翁公名大立，浙江餘姚縣人，今官南京兵部尚書。

六年八月，建瓜洲二閘。始榷瓜洲過閘船税。總河侍郎兼右僉都御史萬題：「爲恭報瓜閘告成，速濟新運事。據南河工部郎中吴自新、管漕參政潘允端、揚州府知府賈應元會勘得瓜洲花園港、猪市二處皆可通江，但猪市臨江最近，河水直洩，中無盤旋之勢，不無可慮。花園港至時家洲相去六里，河身宛轉，水不直下，再將河道開闢，以便停泊。相應於此創建二座。具呈詳允。隨督率揚州府知府賈應元、同知陳可大等各督役催工，採石運料，濬河開渠，分投任事，群力畢集，於隆慶六年八月二十六日興工，至本年十二月十二日，二閘河渠俱告完，理合呈報。臣惟國家漕運四百萬石，而過瓜洲壩者獨二百萬石。百七十年挑掣車盤，軍民勞苦，船泊江岸，累患風濤，湖水瀰漫，隄岸衝决，科道諸臣屢經條議建閘，竟成道謀。仰荷我先皇聖謨獨斷，成二百年未成之功；廟堂主持，決五十年不決之論。一時在工諸臣，或議於始，或成於終。惟早運以爲期，乘冬融以敏事，不百日而二閘之功屹屹，踰六里而新河之水滔滔。吴浙方舟之粟，直達于灣；高寶巨浸之流，建瓴而下。既免挑盤雇剥之苦，又無風波險流之虞。新河所占，雖失之民田；運隄償還，又得之鋪店。糧運方竣，商舶由之，遠近喧騰，上下感激。此成我皇上萬世之圖，軍民百姓之利也。先是，臣等慮恐江北瓜洲之閘既已速建，而江南京口之閘不能早開，未免滯運，已經案委潘允端將蘇、松、常、鎮一帶河道大加開濬。又慮瓜、儀分水三汊河，水勢大趨瓜洲，未免分奪儀真河流，以致淺阻，又經牌委賈應元於三汊河創建弔橋一座，東流水勢務令平分，是從浙江以至張家灣，水路三千餘里，冬間亦可直達，即吴浙之運，十一二月亦可開幫。自此與江西、湖廣徵發相同，皆由新皇御極，地道變遷，血脈通貫。臣等目擊其盛，惟有感荷福澤而已。再照儀真之閘抽分船税，河道大工，全賴于此。今建瓜閘，辦料雇夫，費及萬金，悉取諸宫中而用之，全不累民，工得速就。今瓜閘既成，相應比照儀真事例，使昔之由壩者許之由閘，一體抽分，則儀真無走船走税之虞，瓜洲得修河修閘之利。在商舶就安而去險，歡呼樂從；在編氓取盈以濟虚，分毫無累。其瓜閘船税，就令儀真主事帶管。該閘應設閘官、閘夫，即以本鎮原有閘壩官夫改用，不必另行銓選編僉，此尤全利而至便者也。伏乞勅下該部，覆議施行，國計幸甚，河漕幸甚，民生幸甚！」疏入，下工部覆議，上如所請。

九月，革瓜洲添設關税。論曰：罷瓜關税，善矣！然以儀東關視之，猶所謂甲乙陂也。在原題俱所未載，在詔書俱所宜裁。論税者乃一彼一此，是言二五而不及十，政之平宣者若是與？或曰，詹弋陽請之而不果，徐宣城革之而未竟，子何不遂竟之？嗟乎！難言矣。

萬曆元年八月，築閉瓜洲閘，罷過閘船税。議者以閘開水數爲洩，每歲運船及白糧船過時，度可三月而盡，於是僅開三週月，運船過訖，即塞之，遂罷過閘船税。

正統八年三月癸未，濬瓜洲壩東港。洪武間，瓜洲壩有東、西二港。永樂間，廢東港壩爲廠以貯材木。正統初，廷臣議徙木濬港，未果。至是督漕總兵官都督僉事武興言壩廢港塞，惟舟往來遲延，且艤泊大江有風濤之虞，請俟秋成於鎮江、揚州二府僉夫七千餘人修復。從之。

寶應縣志

吴敏道新開弘濟河記

國家歲漕東南粟四百萬石於京師，率自瓜、儀閘進，歷高、寶而北出清口。高郵則有甓社湖，寶應則有氾光湖，皆險要，能害漕。弘治二年，侍郎白康敏公業已開高郵康濟河，避甓社之險。萬曆五年，工部尚書吴公重修築之，乃氾光湖，則眎甓社爲尤險。蓋其西接天長、盱眙，泗水從雲山、白水、衡陽而下，勢若建瓴，直注氾光，溯湃洶湧，浮空無際。而槐角樓當湖中央，其形如箕，兩翼夾擊，不風而波。更值西風暴起，則驚濤捲雪，怒浪如山，萬斛巨艦觸石立碎，舟中之人盡爲魚鱉矣。嗟乎！所爲越河者，顧可緩頰而譚哉！越河之議，蓋肇於嘉靖間工部侍郎陳公堯。其後河臣屢議屢停，未聞有奮膺而決筴者。蓋謂東地窪下，取土難；工費繁鉅，計財難；奏工非積歲不可，而競進者方蓬心蒿目以覬速遷，則任事難；言人人殊，堅白不肯相下，則同心難。夫是數者，所繇以沮格不行也。南河郎中許公力主越河之筴，白於督府李公，李公以爲便計，與部使者馬公偕言于上。而所請資，則南大司農帑金十萬，鹺使者蔡公亦樂以贖鍰羨鹽十萬佐之，及撫巡贖鍰五萬。時大司空猶援康濟河圈田故蹟，持近堤、遠堤二議以求永利。會給事中陳公，郡人也，先工部侍郎子，爲上極陳開越河之便，且言圈田之必不可留，於是部議始決，蒙上俞允。而李公復擢南兵部侍郎以行，代之者王公也。於是徵材徒，計河三十六里三分，其工屬諸大夫分董之：董其北，則許公暨海防參政舒公；董其中，則中河郎中陳公、徐州兵備副使莫公；董其南，則刑部主事羅公、漕儲參政馮公。諸大夫軿力協心，宿留河上，部署丁卒，日程督之。築其東新土堤，培其西舊土堤，凡爲潭者四，皆甃以石，餘皆護以樁笆。南北建石閘二以通舟航出入，而南閘外又築攔河壩，北閘外又築東水堤，中建滚水石壩以疏洩水勢。而壩之東，則又開濬支河，令其水得從射陽廣洋走而入海。河之中夾植茭葦，亦藉之爲堤衛，而堤之上遍植柳，蔭牽夫，蓋縷縷稱備善矣。肇工於萬曆甲申九月二十一日，明年四月二十六日奏成。上大嘉悦，賜名曰弘濟河，在事諸臣爵賞有差。

運河隄自黄浦至界首長八十里，即唐李吉甫所築平津堰也。一統志云，宋天禧中，發運使張綸築。重和元年，發運使楊廷俊言真、揚、楚、泗、高郵運隄舊有斗門閘十七座，詔檢修復。國朝洪武九年，詔揚州修高郵、寶應湖隄六十餘里，以捍風濤。復以老人柏叢貴奏請發淮揚丁夫五萬六千人，令知州趙原督甃磚隄。永樂七年，平江伯陳瑄築高郵、寶應、汜光、白馬諸湖長隄以度牽道。弘治間，揚州府同知葉元又多積土以廣之。萬曆七年，奉旨修石隄，自南門至槐樓二十里，營田道僉事史邦直督修。

淺：

一爲子嬰淺，離城六十里，由界首往北至江橋鎮止；

二爲汜水淺，離城四十里，南接江橋，北至新鎮止；

三爲瓦淀淺，離城三十里，南接新鎮，北至朱馬灣；

四爲槐樓淺，離城二十里，南接朱馬灣，北至龍王廟；

五爲白田淺，離城十里，南接龍王廟，北至四潭灣；

六爲潭灣淺，離城五里，南接四潭，北至西馬頭止；

七爲七里溝淺，離城五里，由西馬頭至五里舖止；

八爲白馬淺，離城十里，南接五里舖，北至越潭中；

九爲黄浦淺，離城二十里，南接越潭，北至山陽界。

按國初沿河一帶分置淺舖，每淺淺老一人，淺夫數十人，淺船四隻。蓋令日事撈濬，俾無湮閼，此置淺命名意也。迺今淮、黄並灌，挾沙而來，河身日墊，深谷爲陵，而所設淺夫日事隄築矣。

閘：子嬰滚水閘、江橋減水閘、汜水減水閘、瓦淀減水閘、朱馬灣減水閘、劉家堡減水閘、泰山殿後滚水閘、三里溝閘、五里舖小閘、民置。七里溝減水閘、十里舖減水閘、民置。黄浦滚水閘、新置窑溝通湖閘、九淺通湖閘、二閘知縣陳煃議建，蓋因弘濟河上接黄流，閘口水溜，每糧船非三百夫不能挽拽，故建二閘洩水入湖，弘濟閘口水勢賴以平緩，湖水大則閉之。

按嘉靖十七年，都御史周金奏請置平水閘五座，測量湖水七尺，以容行舟，即平所測水則，鋪築閘底，以石甃之，不施金門，隨水高下，任其行止，堤可保其永固，誠善制也。往年黄河厥淤，糧運阻絶，河道諸公惜水如金，移檄寶應悉加固閉，必待湖溢方開。驟難宣洩，隄岸屢崩，因噎廢食，其蔽固如是乎？迺邇年運河之水，又多患有餘，當事者每以開閘洩水繩下，鄉農苦之，相率而告塞焉。附知縣陳煃復工部閘壩議：夫閘壩以減水設也，下支河入湖蕩而歸海，故上河之水，苟濟重運而有餘，則啓而洩焉，俾湖河常虚腹以待。即有暴漲，不至潰運堤而没民田，法至善也。頃年支河淤墊，多不深廣，閘壩洞開，水勢肆漫，不待隄防既決，而民田之陸沉者，鮮不訾閘洞爲禍源矣，無怪其紛紛而告塞也。及查支河僅可濬上流四十里許，迨入廣洋、射陽諸湖與火盆、章思等蕩，又茫無畔岸，隄築實難。水行至此，仍淤漫散溢爲民田病者如故也。爲今日計，莫若多開海口而以海爲壑，斯上流可疏，而閘壩不爲虚設矣。按舊任知縣李淶取入户科，條上高、寶河道便宜五事。其一，欲多建閘洞以洩水。蓋李令公在任最久，誠見壅泉激水之爲害。吴敏道論曰：「善治水者，導之使下，未聞壅之使溢也。今者率以增堤障遏爲上策，欲堤無潰，得乎？隄潰欲無害田，不可得矣。督河諸公倘能仰求國初置淺之意，浚之使深，不培之使高，考復陳恭襄平水閘之制，聽其宣洩，不待其羨溢，而又多建涵洞，開濬海口，以海爲壑，而不以民田爲壑，即大禹之故智而漢臣之良筴也。此議行，河事其有濟乎。」附治水或問八條：或問：治八寶之水次第何如？曰：欲開閘洞，先濬支河；欲濬支河，先通海口。其勢固然也。八寶古稱沃壤，弘正時猶爲江淮望縣，户口繁盛，盈八萬焉。嘉靖辛亥後，歲多水沴，饑饉仍之。迨隆、萬之間，十室而空其九矣。前後蒞兹土者，非不蒿目刺心，切切然下勸農之令，而民弗勸者，何歟？謂不治水而治田，無益也。譬之盗處堂奥中，吾集主人而語之曰：「爾葺爾牆垣，備爾門户，可高枕卧矣。」其誰信之？如頃年淮水泛濫，漫高堰而潰運堤，此猶曰異常之水耳。至道其常，則周橋入淮，通濟納黄，源源而來者，不得不分洩東鄉。爲運道計，則上河之水由若干閘洞而下注者，涓滴瀦之支河，遡其出口，不過東洩牛灣河，北洩葫蘆港已耳。而上口鯨吸不止，奈何不患腹漲之病乎？故閘洞之水，非支河不洩；支河之水，非海口無歸。誠多開海口，指示便門，俾分頭走逸，而後積水消，民田出矣。今石磋一口耳，而且不加闢，即腹中擾擾，胡益哉？此無異驅盗者不洞開四門而欲逐之走也，亦惑已。或問：開周家橋有無貽害高、寶并爲運道之虞？曰：周橋與高堰固一帶耳，總在泗之東南，周橋可開，是高堰亦可毀也。節年淮水暴漲，從堰溢出，輒漫諸湖，而去秋尤甚。惟時西風連作，鼓浪決隄，高、寶、興、鹽之田茫然巨浸，此猶漫溢之水，貽害已如是矣。假令大開周橋，縱洩淮水，又何異開門而揖盜，救焚而益薪也哉！蓋周橋較寶應地勢高下懸絶，淮水建瓴而下，卒然不能入江達海。西風駕濤，狂瀾東擊，一線之堤，非屹然金城之固也，動決三五十丈，或百十餘丈，遂令粒食之地胥爲魚鱉之鄉，而運道從此大壞矣。是時急議修築，無論工費不貲，歲月難計，即人民離散，不得而役之，此其咎將誰歸歟？故有謂開周橋而不害鄰壤妨運道者，非所知也。按泗人因淮水有淹泗城祖陵之患，奏請於寶應西北界周家橋開十餘丈以洩泗水。前任知縣耿隨龍取入户科，愕曰：如是則以高、寶爲壑，即棄高、寶也，如漕渠何？亟上疏陳其非便。于時遣工科給事中張貞觀視河，知縣陳煃圖盡地形，力言其害。時南河工部黄曰謹、鹽院王皆言之上，於是開周橋之議始寢。附知縣陳煃會勘議稿：「竊惟寶應彫疲，全因水沴。國家命脈，實藉漕渠。故計根本，則祖陵誠重而運河兼重；論墊溺，則泗民可憂而高、寶亦可憂。爲今日計，固不得後祖陵而先民瘼，亦豈以病泗州者病高、寶哉？夫寶應濱湖小邑耳，爲運艘必經之區，固所稱咽喉地也。運堤迤西有汜光、白馬諸湖，四時受水，一望連天，每遇水溢，湖不能容，小則淹田蕩舍，大則決堤溺民。故修築高堰，無非障淮水、全運道而衛民生也。堰南四十餘里，即周家橋，舊有小溝闊丈餘，深二三尺，伏秋時水從此溢出，寶民嘗請障之。今欲開闊十餘丈而深一丈五尺，不幾以高、寶爲壑哉？夫淮出清口，與黄交會，而能拒黄之不内灌者，以全力勝也。且借淮之清滅黄之濁，用能并黄入海而不甚淤焉。若周橋一開，淮從中洩，勢分力弱，黄必乘之〔二〇〕，濁流日淤清口，而全淮之水將注之湖矣。彼其浮天撼地沃日蕩雲之勢，豈復綫堤所能障乎？況周橋地勢峻聳，踰高、寶遠甚，而興、鹽及各場灶，則下而又下者也。水擊隄齧，潰敗四出，即欲力堵，安所措手哉？恐諸州治之困不減泗城，而運道鹽場從此大壞矣。江南糧儲何由轉輸，百萬鹽課何由煎辦，九邊軍餉何由取給？此周橋之萬萬不可開也。近議張福口堤長口隘，弛二百丈而縱令出水，是亦洩淮之一術哉。如謂開周橋十丈而水洩，裁張福堤二百丈而水不洩者，無是理也。但洩之遲速，全視河之高下，今黄河底高，一遇水發，淮、黄相映，欲洩淮流而不分殺黄水，豈能驟銷淮漲哉？故所稱老黄河者，今日所宜亟開也。當事者誠察于淮水受病之源，由河强而淮弱，於淮、黄未會之處務分河而殺黄，强河既分，弱淮稍振，不必治淮於淮而治河於淮，庶幾黄不外遏，淮不内漲，泗城可保，祖陵可安，而運道民生各有攸賴矣。或謂河不兩行，自古記之。支河一開，正河必奪，是矣。然以今日計之，特患其不奪耳。使河自河而淮自淮，豈復爲祖陵之患耶？至論泗城故趾原屬卑窪，城中積水頃難涸洩，假令異時霪雨如昨，即開周橋，未必能減泗民之困也。夫利一州而害數州縣，仁者弗爲，況利者未必利而害者立見乎？故職謂周橋不可開，亦不必開也。」或問：支河幾路當濬？曰：按嘉靖五年御史戴金請開支河疏略云，弘治、正德間，寶應湖隄屢決，費銀數萬餘兩。欲建閘座，修濬下河，勘得堤下河道，若子嬰溝接潼河，下廣洋湖；長沙溝接官莊注百十，亦入廣洋湖；劉家浦通瓦溝溪、望直港；宋涇河接官河注百十一；三里溝注百十二通七里溝注百十三，出蛤拖溝。本縣東門外起至流星港，軍師廟注百十四起至章思蕩，蛤拖溝起至射陽湖，各處挑濬，計募夫六千以上，每夫四十餘工，方能集事，每日該銀三分，官藉民力以成工，民賴官錢以度日，則河堤免衝決之患，民田無旱澇之苦，商鹽有運載之便，附近居民免頻年修築之煩，一舉而四善備矣。至萬曆壬午，知縣韓介言於督府淩公雲翼疏請大開支河，于是督工浚治，鹽船多由此行。數年之後，而河復閼矣。迨萬曆二十一年，六淺潭注百十五堤決，流沙積澱，上流不通。次年春，復加開濬，稍可通舟楫云。或問：濬射陽湖以瀦水，何如？曰：水有所歸，始不爲害。夫海，水所歸也。寶應之水北從河、淮來，西從諸山來，悉由諸閘洞東下，停滀射陽湖，不得趨海，以至泥沙淤積，湖淺不能容水，則泛溢四出，東田輒爲所苦，歲旱湖水易涸，不得資以灌田。議者屢言濬射陽湖，是矣。先鹽城令楊君瑞雲嘗請發帑金數千，興人徒至萬濬之，然無所取土，安能使兩岸隆起？僅僅用箭從水中取油泥置兩崖，稍以茭草護之，曾未經時，水波蕩之，尋復灘淤，且海口數處仍塞而不開，即濬射陽湖，何益哉？或問：撈淺與築隄孰得？曰：治河之略，撈淺爲長。議者謂河深則岸自高，河濬則堤自固，於理誠然。然不可謂修□□□□，蓋使伏秋霪潦，一運河果足以容之，即專務□□而不復以隄爲事，奚不可者，頃見淮水橫來，高堰□□，順流東注，海倒山移，高寶、邵伯縷隄，一時衝決者□□餘口，注及興、泰、鹽城之區，靡不淹溺，是其泛濫之□□數州縣尚不能容，而謂濬河遂足以容之耶？竊嘗□□□湖猶甕也，運河猶甌也，甌以內閼無所容矣。吾□□□閼而以甕水注之，甌輒盈而減甕之水能幾何？□□□湖水盈而河水亦盈，河可濬而湖不能濬。設非□□□河彼驟漲驟決，水漫則東田陸沉，迨水涸則運□□□□，故河之不可不深濬者，爲容受之地，備尋常□□也；隄之不得不高厚者，防漫決之患，禦非常之水，□□兼舉而始得焉。或者又云：

昔賈讓以繕完故隄增卑倍薄謂之下策，今奈何棄上、中策而用下策乎？曰：用下策非得已也，勢也。或問：築堤用土工、板工與石工孰得？曰：運河有堤，所從□□□第工不皆石，經久爲難，西風撼濤，破决甚易。近□□□猶以歲計，若樁笆工一歲再易焉。每議甃石，當□□難之，必謂工鉅費繁錢糧靡措也，不知一勞永□□□□然，今欲盡爲易石，事勢誠難，合於歲修工内□□□□若干丈，務較往年規制加深幾層，地𣠞樁□□幾尺，使根脚不爲湖浪所汕，庶隄防可固，修築可省，而國家之襟喉有永賴矣。然督之匪人，則有疏率侵漁之患。往嘉靖間，有主簿徐志高督修某淺石堤，鑿石六面見方，灰縫細密，物料工食，毫無尅落，迄今工獨完固，父老稱之。然價之不敷，則又有苟且搪塞之患。查上年開挑越河，估用龍潭等山青荒面石，每丈山價二錢九分，今減二錢四分矣；舊時石工鏨砌面石一丈，工銀一錢三分，今減一錢一分矣。以故石塊尖斜，鏨砌粗率，甚至裏石尤爲不堪，而灰料汁米各從裁削，欲其堅固，得乎？故使修隄者黜節省之虚名，圖經久之實際，不惜小費，不任匪人，何至屢修屢決，廑廟堂南顧之憂耶？或問：寶應越河淤泥日高，不能瀦水，何也？今議大挑，何如？曰：按越河於萬曆甲申歲開挑，迨五六年後而沙墊底高，由通濟等閘黄水内灌，沙壅之耳。節年河官急爲治標之計，束河使窄，夫亦有深意焉。蓋河寬則流緩，流緩則沙停，沙停則河塞，理固然哉！惟窄則流駛而沙隨水刷，故束水衝沙，以水治水之道也。頃當事者眎河身日高，圖爲挑濬之計，估用工費三萬餘金。及癸巳秋，六淺隄決，南閘之水北趨，北閘之水南趨，越河積淤衝刷殆盡，至計塞決之費僅七百一十餘兩。事固有因敗以爲功者，此亦見東水刷沙之一驗也，奚必議大挑以靡費擾民爲哉？但令清口通濟閘非漕貢不啓，而官民商旅之舟盡復車壩，庶幾黄水不入而淤沙不至日增矣。或問：治寶應之水，宜濬下流，固矣，然必何途之從而濬之？曰：石礎之開，近有成議矣。又蛤蜊港之東南爲野潮洋，而内水之出，見有河形者，名廖家港，在范公堤外舊有閘，衝決無存，隄内一河，自鐵屎灣至石橋頭約長三十餘里，河身淺窄，若開闊十餘丈，深十丈，則汊河溼溝之水一派而行，寶應東鄉之水消矣。至若洩水南下，則挑金灣，濬芒稻，是所稱南工也。無已，則灣頭閘傍添設一座，令縱洩泰通鹽河，而又加濬三汊河口及儀真西門拖船埠港，另開一閘，較舊閘更深之，則入江之口既多，而南河之腹不漲，倘行之，未有不利者也。

越河

寶應越河之議，始於宋陳損之之疏。繼以國朝白康敏公有高郵越河之築，屢議屢停，迄無成績。迨萬曆十年，狂飈覆舟，溺死人不計其數，然後督撫李公世達、王公廷瞻相繼題請，而按院馬公允登、鹽院蔡公時鼎、南河郎中許公應逵悉心贊成。又圈田靠堤，兩論不決，賴吏科給事中陳公大科上疏力陳利害，大司空楊兆亦力主靠堤之議，於是上盡允所請，發留都計部帑金十萬兩、撫按二院贓罰五萬兩。於是以萬曆十二年九月興工，東築新堤一道，西仍舊堤，特加高厚，兩堤俱護以樁板，實以剛土，闊者八丈許，高者三丈許。中有先年衝決倒潭八處，積水深廣，則甃以石。兩堤又皆築滚水壩三座，以時疏洩。南北建二石閘以出入。明年五月奏績，上賜名曰弘濟。堤上植柳萬株以蔭牽夫，兩閘之上各建闕王廟，以資神力護河於萬萬禩。北閘建亭樹碑以紀河工。是河之開數十年而後定，鉅工之興，若此囏矣。乃一時草創，未及經久之圖。即以南、北二閘言之，北閘門稍東向，水勢北來如矢，舟難徐轉，損壞無算，非知縣陳烇建議改令徑直，易於出入，幾何不爲三峽、吕梁之險乎？又頻年以來，從淮安至寶應，築西長隄一道，黄水從通濟閘入者挾沙而來，河身日高，運道日窄，有如當事者思此河經始之難，慮此河淤塞之易，咨訪濬治良筴，俾流沙不積，漕渠不壅，又三十六里之隄盡用石砌，即有異常風雨，不令衝決，則漕其永賴，而朝廷十二萬帑金之費不至付之波臣無益矣。

正統三年八月己未，築高郵湖堤，堤長四百二十五丈。舊用土築，遇風浪撞激輒敗，間用木橛葦束蔽護，亦不經久。至是甃以磚石，復以糯米糊和灰固之，始堅緻可久矣。

泰州志

論漕河建置

圖所列，南起大江，北抵山陽，漕河形勢大略也。漕河惟揚州城迄揚子灣一帶，可四十里，地勢高阜，延袤至邵伯鎮而北。内外東西，則皆諸水所滙，而外自高、寶，内迄興、泰、鹽城，地形窪下，共一沮洳之區也。自宋天禧中，江淮轉運使張綸因漢陳登故迹經畫，就中築隄界水，俾隄以西滙而爲湖，以受天長、鳳陽諸水，由瓜、儀以達於江，爲南北通衢；隄以東，畫疆爲田，因田爲溝，高、泰、寶、興、鹽五州縣聯絡千餘里而遥，而五州縣之水有廣洋、射陽等各湖以瀦之，有廟灣、石𡋯等海口以洩之，不爲田潦，具稱沃壤矣。此前代之所疆理，而歷世因之不能易者也。至國朝，復大治隄以通轉漕，是爲咽喉要害，而鹺利民生，胥於此焉依，顧不重歟！夫湖藉以資漕，則隄以外不使水得出，而後漕之通利也，無壅遏淺澀之虞。不然，滔滔東注，其有不決隄梗運者乎？因田以定賦，則隄以内不使水得入，而後田之菑畬也，無淹没漂溺之患。不然，混混西來，其有不傷禾廢耕者乎？何也？以五州縣之水，溉五州縣之田，其瀦也有限，其洩也亦有限。

一遇霪雨，尚爾泛濫，湖決而下，勢若排山，四望汪洋，總成一海。當斯時也，豬不勝豬，洩不及洩，數千里之内，幾何其不載胥及溺也，而漕計且壞不可支矣。是縷縷一線之隄者，四百萬之軍需所藉以灌輸，而國脈繫焉；百億萬之生靈所藉以待命，而國本關焉。故隄固，則漕無害，而淮南賴以平成；隄壞，則漕事阻，而淮南胥爲魚鼈。此其利害，不啻燭照數計而龜卜也，所從來矣。

論地方形勢

圖所列，距揚州二十里許，至揚子灣漕河東爲鹽河，專爲鹺運而鑿之渠。由江都歷宜陵鎮一百二十里，是爲泰州州治。州治而北，不二里許，則泰州之水田也。從東、西二壩而下，入新城河港、白口、寧鄉司凌亭閣，而北一百四十里爲興化，稍折而西南八十里爲高郵，再折而西北一百二十里爲寶應，又再折而東北九十里爲鹽城。是起自泰州以及興、高、寶、鹽，紆迴雖共四百三十里，然阡陌連壤，東漸於海，西濱於湖，而鹽場、草場、河泊、湖港則周遭不下數千里而盈矣。千里之内，往來者止憑舟楫之通，略無牽挽之路，其形共類一釜底，古所爲號澤國也。然所由稱沃壤者，徒以湖隄固而水利興耳。隄一決，則千里者壑矣。沃則俱沃，壑則俱壑，未有一州被水而一州獨異，一縣被水而一縣獨存者也。故言其合也，則五州縣者，其利害、其豐約鈞者也，無彼此一也。言其分也，則泰州田於邵伯湖爲近，邵伯隄決，先泰州而興、高、寶、鹽次之；

高郵、興化田於高郵湖爲近，高郵隄決，先高、興而泰、寶、鹽次之；寶應、鹽城田於氾光湖爲近，氾光隄決，先寶、鹽而高、興、泰次之。水至有先後，水害無淺深，蓋射陽等湖所不勝豬，而廟灣等口所不及宣者也。譬之人然，諸湖皆喉也，五州縣田皆腹也，海口一尾閭也。水自喉入，必腹滿而後從尾閭以出，而謂腹以内有一之不受者乎？況大於喉，小於尾閭，多其入，少其出，而謂不漲滿于腹也，有是理耶？

論廣陵田賦

圖所列田高下，下者宜稻，上者宜菽麥。然而大江之濱，湖西之坂，漕渠鹽河之間，往往引水鑿渠，以資灌溉，此所謂甚美高腴之地也，不特宜菽麥而已。廣陵之屬，爲州者三，爲縣者七。南有儀真、有泰興，東有如皐，又東有通州，有海門，厥土皐而且厚，多前所稱引水鑿渠者是已。湖決而東，不相及也，可勿論，論其在圖者。江都之賦，米三萬有奇，豆麥稱是。其在邵伯以下，與泰州水田比鄰而界邵伯，隄決江都，此地亦嘗被災矣。然以通縣計之，不十分之一。而由瓜渚以接泰興，則濱江也；由揚子橋以至高廟，則漕渠也；由揚子灣以至宜陵斗門，則鹽河也；由黄子湖以至諸塘及西山等處，則蓄洩無不利也。故不得以邵伯一隅之害，而并議四境膏腴之利。然而邵伯之民猶然觖望，一夫不獲，時予之辜，得不希當塗者一區別乎？高郵西對天長、寶應，相與連壤，高阜腴地，多亦有之，第最重者在下河，自不應議及耳。人亦有言，江都美矣，雖有邵伯之災，不以蔽其美，何也？美之地百而災之地一，其數不勝也。高、寶災矣，雖有湖西之美，不以蔽其災，何也？災之地百而美之地一，其數亦不勝也。若泰與興，則異是，維揚之賦二十萬，泰與興一州一縣者居其半，彼三州六縣者居其半，夫非以其地多水田，偏宜稻也，而特重之歟？今田化爲沮洳，而稻且屬烏有矣，十萬重賦，胡以供之？然興化之不能供也，當塗者蠲恤之疏屢上，而逋負之誅常寬。興化災民，猶得延旦夕以冀將來平成之望，而泰州則覆盆不白矣。豈以興化不有旱地，故以躋於高、寶，而泰州不止水田，可以比於江都耶？不然矣，夫亦未酌其分數耶？論事者當考其原，恤民者必關其痛，泰州之痛不啻剥牀以膚矣。試窮其源，一相提而論，上、下二河，足相當否？滔滔汪洋，止若邵伯之一隅否？膴膴原野，能如江都之四郊否？以不耕之田，共有常之賦，將終不得擬於高、寶、興化三州縣否？分數多寡，可較而知也，語具在後論中。儻誠有若推之趾、由溺之思，懇懇然赤子其民，不以秦越視之，請一虚心詳察，當不吝引手投足，而必求所以援之者矣。

論田賦分數

圖所列，南界泰興，西界斗門，東界如皋，此三面故泰州所稱高阜者。其中惟鹽河一帶引水，而田足稱腴，壤可稻，計科米三千九百石有奇。而自兩岸入内，則高亢無水，不可禾矣，計科麥六千石有奇，豆八千石有奇。再内則仰瓦而下，不三里盡下河矣，比界興化，則科米五萬二千石有奇。此夏秋兩税，上、下二河田賦之大端也。麥豆不論，夫秋米者，上河止三千，視江都之三萬，同乎？下河至五萬，視邵伯之一隅，同乎？其不可共日而論也明甚。夫江都不得以一隅掩三萬，泰州奈何以三千掩五萬也？甚矣！論災者不考於分數之多寡，以困此一方，而令不得其平也。吁嗟乎，冤哉！若又謂興化無上河，泰州尚賴有此三千石也，即大水爲患，猶可藉手，而豆麥所産，亦足易米而輸之官耶，則又誤矣。上、下二河，截然兩地之民也；夏秋兩税，判然二時之賦也。漕糧兑運，此三千石足乎？豆與麥可充漕乎？上河之民能代下河輸米乎？譬之一家然，兄弟分爨久矣，户役各自以身任之。其後一人富，一人貧，而貧者役又獨重，自非友愛之至，欲强令富者代貧者而受重役也，必不能矣。又譬之兩邑然，井疆區以别矣，錢糧各就地所産者派之，假令一邑豐，一邑歉，邑賦又獨多，自非父子之親，欲强令豐者代歉者而輸多賦也，必不可矣。嘗考歷代沿革，泰州唐初爲海陵縣，後又分爲一州一縣，州名吴州，縣名吴陵，其時未有如皋，未有興化也。至元始專爲泰州，而以一州一縣之地，於内稍析爲如皋，又稍析爲興化，以故上、下兩河，泰州兼有之，而其有下河也又偏獨多。今維揚諸屬，編户定賦，未有若泰州之兼有上、下河者。今如皋盡以上河論矣，興化盡以下河論矣，兼有如泰州，乃不酌其分數，顧令同類於如皋，而不得比災於興化，豈不冤哉？予特爲論著其事，而又以錢糧額數分列於下，覬當路者考鏡焉。

論勘災異同

圖所列，五州縣水患詳矣，然被水無彼此，而論災有異同，豈當塗厚薄其間，而泰州之民，夫獨非當塗赤子哉？必不然矣。此何以故？則多所聞，鮮所見，而見之者有所見，又有所不見云耳。何謂多所聞，鮮所見？高、寶當南北孔道，使節之往來如織，濱湖苦水，孰不流傳？而興即高郵屬邑，言高郵，則必言興化矣。此三方者，固世所指名也。而泰州僻在東偏，誰則見之，而誰則聞之？何謂有所見，又有所不見？泰州之僻，往來者獨二三上司也。上司以樓船從揚子灣入，徒見兩岸禾黍穰穰，洵美且都，嘆賞不容口，而安見江都、泰州之分界也？又安見下河之一望成湖也？其有行縣入興化者，故道又不由泰州往也，而泰州之水，安從見之？然間亦有勘災之委官矣，委官之入境，未嘗一遍歷也，上、下河多寡之數，未嘗一通考也。其以災報者，往往雜於上下之間，未嘗一分疏爲區別之也。而興、泰一體之義，又何自而得轉聞於當路乎？當路且不聞矣，況廟堂乎？雖然，顧當路加意何如耳。請以已事明之：登城而嘆，隆慶三年，有衡水傳後川公矣；刻篆而鳴，萬曆二十一年，有烏程吴平山公矣。以故兩年大水，泰州得與興化共蒙蠲折之請，民之仰之，若嘉穀之有時雨也。萬曆十四年，嘗大水矣，勢更洶于上兩歲者。偶有當路從上河來，父老群聚而控之，反逢其怒曰：「吾親聞兩岸栽秧，歌聲不絶於耳，若曹何自言水災也？是誑我！」爲首者榜笞三十。及如皋尹奉檄來勘，而尹故善諛當路風旨，州又適同知署事，時届端陽，方駕龍舟戲水上爲樂，屬視如皋不爲禮，尹怒而去，報如前當路言。是歲也，水盡滔天，興則改折，泰則全徵，漕舟抵河下，至鬻妻兒以供，而民不堪命矣。此見與不見之明驗已。嘗謂名實者，論之辨也；利害者，事之審也。五州縣一爾，高、寶、興有災之實，而亦有災之名；有災之害，而亦有災之利，不幸之幸也。泰州同有災之實，而獨不有災之名；同有災之害，而獨不有災之利，不幸之不幸也。下河水爲祟，上河掩下河水亦爲祟，何也？當路爲泰州之幸有上河也，而不理其災；百姓怨泰州之不幸有上河也，而概覆其災。民隱若是，苟一權於名實利害之辨，尚其有痌瘝之思乎？

論正改漕兑

圖所列，五州縣歷年之水顛末，業已備具論中矣。洚洞之警，平成無日；賦役之數，一定不移。萬姓所日夜延頸而待者，獨望有朝廷浩蕩之恩而已。顧錢糧額派，於縣官爲維正之供，於百姓爲有常之賦，則起運存留兩端耳。起運如内庫上用及京邊軍需是已，存留如官生俸廩及地方經費是已，數者有一之可缺乎？缺一不可，奈何得輕言蠲。大司農於四方奏報災傷，往往急起運而緩存留，而不知存留之於地方，即起運之於京邊，無得而緩焉者也。故急起運者，實徵也；緩存留者，虛文也。然則所望浩蕩之恩者何由？漕糧之改兑改折是已。何言乎改折也？漕糧正兑以石爲律，有補閏二六等費，計納銀一兩二錢有奇，而改折重則七錢，輕則五錢，止矣。何言乎改兑也？漕糧正兑以石爲律，有水脚過湖等費，計納米一石七斗三升有奇，而改兑則加耗米二斗五升，又加變易米二升，止矣。改折之數，年例若干，漕司留以待四方不時之災。而改兑之數，均派各省，聽其臨時自相酌量調劑而已，故改折非撫按勘實，災至九分五釐以上者，不得輕許。然大司農猶有嚴禁之請，改兑聽之司府，就地之原額，爲派單之多寡，大都不相上下。予不識漕計，此其大略之數如是也。今興化以頻年被水，漕糧盡從改兑矣；改兑未已，并改兑盡從折色矣；折色未已，并折色又盡從永折矣。浩蕩之恩，廣被于興化者如此！頃當路又因興化以及地方同有是災者，俾高、寶漕糧亦盡從永折之例矣。是浩蕩之恩推廣於高、寶者又如此，而獨泰州一不與也。士民思之，不得其故，相聚而扼腕曰：「使州田而異於興化也，無怨也；使州糧而輕於高、寶也，無怨也。今田之沉於水也，於興化非有疆界之别；糧之出於田也，於高、寶且有輕重之殊。何乃見棄當路，不蒙體勘？豈不沉冤於覆盆而號泣於向隅也乎哉？」矧復使爲興化代糧，抑又冤之冤矣。請得肆言之：維揚一郡三州七縣，秋米共二十一萬八千八百九十六石二斗二升，於内額坐起運正兑米六萬石，改兑米三萬七千石，以均平之法言，三州七縣視額糧爲例，每糧一萬，當得正兑若干，改兑若干石，此一定自然之數也。以通融之法言，三州七縣年視豐歉爲例，豐者加正兑，減改兑；歉者增改兑，減正兑。此臨時劑量之數也。於徵輸之内，寓輕重之權，要以不失維揚九萬七千起運之額，以足國家漕運四百萬之儲而已。漕規立法之善，所從來矣。故泰州額糧五萬二千有奇，當得正兑，不過一萬五千，改兑不過九千二百而已。嘉靖三十年以前，此數未之或爽。雖准通融之法，臨時微有增減，計於均平之法，成數無不脗合。各年派單由票、府州見存卷案歷歷可稽也。其後正兑忽派至二萬九千六百，視原額驟增一萬四千石而奇矣；改兑忽派止一千九百五十，視原額驟減七千石而奇矣。懸絶已甚，奉單之日，靡不駭而且疑，然竟莫知其所自起。聊一具訴，而當路輒不報也。嗣是年年因仍，遂爲常例，而不聞有所更訂者。夫以一郡正兑六萬石，而泰州止二萬九千，是十分而五也；一郡改兑三萬七千石，而泰州止一千九百，不十分而一也。增正兑一萬五千石，歲計多徵銀一萬六千兩，多徵米九千五百石，則十分而又加七也。民之重困，不啻塗炭而倒懸矣。顧不知漕規於各省，果如是偏重而不均否耶？假曰奉旨，則必有題奏章疏可據也；假曰額例，則三十年以前不應有異同也；假曰應增，則維揚總賦未見部文奉有事例續派也。三州七縣，一也，此既有所加，彼必有所減；此既蒙其害，彼必蒙其利。蓋嘗得其故矣。先是，興化政府及第，篤厚桑梓，維時水災，尚不似今時之困，然已力爲之地。而當路因以一郡改兑漕額，盡三萬二千派於興化，餘五千有奇派於三州六縣爾。夫興化既以改兑易正兑，則應得正兑原額，仍就三州六縣公分之可也。三州六縣既通減改兑，則應得改兑原額，仍就起運正兑内遞加之可也。乃不一衡量，而徑以興化一萬五千正兑，舉而盡栽之泰州，彼兩州六縣者，正兑未嘗一失故物，而起運驟反遞減有差，此何以説也？對興化言，是泰州爲興化全代正兑也；對各州縣言，是泰州爲各州縣分代起運也。揆之天理則不通，質之事體則大謬，不知當路何以會計也。抑有由也，蓋衆怒難犯，加糧於衆邑，則羣起而噪者必多，殊費居解，不如一邑之可欺也。編户之遠，無如泰州也；額數之重，無如泰州也；絜而與之，足可掩覆，不如各邑之難敵也。故興化宣言曰：「泰州有上河，富郡也，非興化所得望也。」當路信之，謂泰州真富郡也，果興化所不得望也。噫！何其冤之甚也！蚩蚩之民，亦將何所控告哉？當是時，下河猶未沉水也，民力尚未殫竭也，躭燕雀處堂之安，而無鴻鴈集澤之感，則亦因循已爾。今則沉爾田矣，傾爾家矣，叫閽無自，泣路堪憐，誰生厲階，至今爲梗，能不追怨當時之首事者乎？糧非洪武之舊，强代興化之賠，興化政府所以爲興化則得矣，其如貽怨於鄰境何？勢窮數極，返本還原，不當復泰州之故物耶？若終念興化之不能復也，破格題請，令兩有所存，不亦無偏無黨之政乎？如不其然，則請當路親舉玉趾，特詣泰州、興化之境，履畝而勘，周詢而咨度焉：地之高下同否？田之被水同否？正兑之獨加於泰州順否？改兑之獨存於興化安否？起運之并代於兩州六縣是否？然後以先年具題之疏及所以攤派之由，的然示以當加當減之故，毋使不知而暗賠，曉然諭以公平正大之理，務令心悅而誠服，即雖不蒙一體蠲恤，而亦可免退而後言矣。

外史氏曰：泰自昔號澤國，與高、寶、興化天水相連，風颿直達，非有涯涘，可施牽挽，余數問渡於此，是以知之。而州治南面獨據上游，外鑿漕渠，以一衣帶水通輩輓之利，即巡方直指從上河來，入茱萸灣，東走如皋、通州者是，而不知其賜履西迄江都，僅二十五里而止，南迄泰興，僅二十里而止，其爲上河析壤幾何？自守土者傳舍其官，泰越相視，有習覩萸灣以東兩岸禾黍芃芃，黄雲被畮，而忘其非泰州者矣，況可責之輶軒過化者乎？今下河歲歲苦陽侯，高寶歲歲蒙蠲折，而泰州題災獨不與，撫按之責乎？抑監司之責乎？甚至最剥膚者，金家灣一堤，歲被土著盜決，激水罔利，而一切莫之省憂。沉璧無能，高岸爲谷，竟棄下河五萬三千之漕糧於沮洳一壑，而猶不能與三州縣均望復租之惠，尚可諉曰非距心之罪耶？試令冏卿而在，不知又如何痛哭流涕而長太息也。余故閱水鄉圖，而并論次其説，三復低留，以志其咨昏墊之慨云。

泰州志河渠考

海陵水利，來自淮、泗，其自高郵、邵伯灌入下鄉者爲下河，田土居多而海爲之洩；其自灣頭東折者爲上河，田土無幾而江爲之洩。此其大較也。上、下河俱爲鹽運故道，蓋不獨民田藉其灌溉，而鹽場萬艘往來如織，實爲國家命脈之所繫云。顧海陵雖號爲澤國乎，然河腹甚淺，易盈易涸。聞萬曆二十二年以前，鹽官三年一大開，一歲一撩淺，故因勢利導而飛輓裕如，此其成効之彰明最著者也。今則挑濬絶響矣，以故一遇暴雨，亘畒皆盈，若數月不雨，而焦原鑠金，又赤地千里矣。考之府志，謂泰之水自運鹽河東來，旱則宜築塞白塔、芒稻二河，庶無爲運鹽之梗。夫非獨爲鹽病也，漕運轉輸，祇争此一衣帶水，而芒稻河奔江不息，蚤已決之於上流，況潦時少而旱時多，其可不爲留心豬蓄之計哉？余故將上、下河并市河三欵臚列于左：

一、下河，計水道有三：其自新城殿折而東北者，爲通場運鹽河，經於溪、秦潼鎮、西溪巡檢司以抵場下，東漸於海。鹽場萬艘自串場河裝運，直達泰州西壩而止。前此鹽官動費金錢，歲歲挑挖，不爲無見。蓋泰形前高後低，故州治北有東、西二壩，所以界限上下，則十場轉運，惟取給於淮流矣。頃自牙橋閉塞，則長淮斷隔，别無支河可通，惟寄命于下河如綫之帶水而已。況此緩弱之水，又一洩而盡。數年以來，則陸海揚塵，運鹽通津，且輪蹄相錯矣。蒿目國計者，計將安出乎？其自新城殿折而直北者，爲興、泰往來官河，經魚行北去十八里，爲港口鎮，過此，則爲港口白矣。此澤茫無涯涘，似百川灌河，平時深不可測，雖枯旱，水亦以數尺計，爲海陵一古蹟云。踞白之東北者，爲董家潭、上溪、下溪、靳家潭數處，其水雖旱不竭，獨饒秔稻之利。至於蓮沼參差，菱芡歷亂，在旱時亦然，此亦一武陵源也。過此，則寧鄉巡檢司矣。迤北十數里，則興化所築長堤一道在焉。堤由興化至高郵，計延袤百餘里，昔以曲防遏泰之流者，今則陸海塵飛，亦不獲沾泰九里之潤，惜哉！過此，則凌亭閣矣。是爲興化之分界，高、寶之通津，世相傳爲海陵溪者，其在斯歟。自新城殿折而西北者，田近膏腴，多富人之稼，不可以里數計也。西北直盡乎泰之樊汊，通江都之永安鎮，與邗江接壤焉。

一、上河，此河始吴王濞開邗溝，自揚州茱萸灣通海陵倉及如皋磻溪。時濞以諸侯擅煮海爲利，鑿河通道運海鹽，今其故道也。考諸芒稻河未設之先，鹽官猶歲募丁夫，日以挑濬爲事。嗣後芒稻河設矣，湖淮之水洩之於大江，雖治河使者日下閉塞之令，而地豪貪竹木商販之利，盜決如故也。山洋河壩之在宜陵鎮者，亦有名無實，泰州之歲徵看壩夫銀，至今不廢，而地豪之緣爲姦利者，亡從詰也。甚至借竹木便民，反告官給帖付照，公然身充牙儈，至私鹽夜行，商船徑渡，而江都有司不知其有憲禁也。山洋河而上，其直達下河者，一曰赤蓮港，一曰戴家壩，一曰徐家邗子。徐家涵坐宜陵西二十里鋪，汪洋大河，地豪擁爲通津，首爲上流害。各據爲利窟，而不顧泰之肥瘠也，然俱在江都境内者也。蓋泰州西界最褊小，起自斗門鎮，僅僅二十五里，爲海陵賜履地。今專以境内言之，而潑綽港之通江者，已洩之于斗門鎮；海子溝之通江者，以新鑿一渠，又決之于九里溝。此不獨憂在鹽漕，而憂在農家之水利；不獨憂在水利，而并憂在風氣矣。夫城西負郭，居水之上流，業已濫觴，不可禁止。又按父老盧惟寶所條陳，一爲壇埸西首之通江港，逕入寶帶橋口岸大河，略無限隔，據稱于此通行商販，決水入江，此尤其遺害之最先者也。一爲凌家閘，在高橋東，坐落夏家橋，據稱司啓閉者鬻水爲利，若此閘不塞，則茫無底止，又何怪遠在東偏者，不獲沾上流之潤，一遇歲旱，三農坐困哉？

興化

先是，興化東南一維之地，國初以欺隱遷三百户，復徙蔡玄等鹽徒五百户于良鄉、涿州，以致土曠人稀，田地無主。而南北接界之民，今年芻牧，明年樵採，或竊取而耕種之，泰州侵占花勝等四十三莊田四千餘頃。潘、楊兩汊南北深入十餘里，東西八十餘里，而鹽城越界侵占又萬有餘畝。于是巡按直隸監察御史洪垣據實具奏，略言：「該縣地土廣狹，賦税輕重，止以疆界爲主，郡志爲稽，原額爲規，田土有定，法本中制，豈容變亂？該臣弔取揚州府郡志，查得興化縣東至丁溪場一百三里，西至高郵州河口四十五里，南至泰州蚌沿河三十五里，北至淮安府鹽城界首地名沙溝六十里，其廣一百六十里，袤九十五里，額辦税糧麥米豆五萬二千餘石，馬草九萬餘包，外派編水馬站米二萬一千餘石，并桑株魚課等項解京錢鈔糧差，委爲重大。及查志内開載泰州并淮安府志，鹽城縣疆界四至，俱與興化縣相同。臣親詣泰州等地方詢訪查勘，興化東至丁溪場，西至河口，南至蚌沿河，俱各倚河爲主。若捨蚌沿河而北，則田地混雜，實無可擬。況今泰州民竈開種河北，人户包賠注百十六。臣奉命前往地方按臨該縣，目擊斯患，因而訪諸士民，始知前弊，止因邊鄰泰州鹽城地方，人民乘機稽阻，未得均除，伏望皇上俯念該縣疲民疾苦，乞勅都察院轉行巡按，會同接管巡鹽衙門，按諸郡志，公同委官，親詣泰州蚌沿河迤北、鹽城縣沙溝等興化縣界内田地，逐一踏勘頃畝數目明白，將該縣原額糧站等項通議均派，照畝科徵，仍將欺隱豪民徐蘭、劉椿等照例究治，庶小民數十年積弊得以盡祛，朝廷億萬載貢賦易於完集，蒼生幸甚！」

蚌沿河　此與泰州分界之河，在縣治之南三十五里。先鹽院洪公垣批略曰：「按郡志，興化縣南至蚌沿河三十五里，泰州北至陵亭鎮八十里，河鎮相接，非異地也。其河東至運鹽河一百二十里，非小港也。」今泰州僞指梓新河爲界，不知梓新河乃興化腹裏之河，非邦界也。梓新河，按郡志在興化東南十五里，自塘港西出得勝湖，此尤可徵者。況泰州、興化界限南北，而此則東西者也。蚌沿河直通鹽場，而此則一路不通者也。豈有界分南北，而以腹裏橫斜半截之小河以定疆界者乎？

梓新河　按舊志去縣治東十五里，自塘港西入得勝湖，河形自西北而入東南，鄰境指爲界河，豈有偏斜半截之河可以界南北者乎？

大縱湖分心　按維揚郡誌，大縱湖在興化縣西北四十五里，西南至九都，自湖心與鹽城縣分界，西入射陽湖。淮安志亦云：湖中分爲界，其源自魚鯮湖，由馬長汀達射陽湖，注于海。夫觀二志皆同，靡所疑貳，況湖心分界，其形闊，其勢直，其流遠，本不可踰越者也。自興化凋殘，人户稀少，而鹽民乃越境侵攘，靡顧天理，大河通射陽湖者不以爲界，而以小溝田埂爲界矣。或者云，沙溝鎮原隷鹽城，似有可疑者，而不知沙溝鎮中心有河，所以分界，其北鹽城，其南興化，明甚者也。若郝昆所占田土，則在旱河之内，蒲龍河之東，況左右前後皆興化民田，而有本所軍屯在焉，是又不足辯者矣。

水利一：南北閘礎。縣西南接高郵，北通鹽城，相距百有餘里，有堰堤以障水，有南北二閘以司啓閉，于是東高西窪，兩得其平，雖有旱澇而民不爲患。

閘，南塘自滄浪亭至河口鎮豐樂橋四十五里，北塘自玄武臺至鹽城界首六十里。

礎，南十里亭，賈莊鋪二十里，孟家壋三十里，河口通海陵溪四十五里。北平望鋪十里，土橋口十八里，火燒鋪三十里，盧家壩四十里，界首口六十里。

水利二：自嘉靖三十年間漕堤北決，高阜之水擁淮流而東注，則自大縱、吴公諸湖逆漲而上，塘閘不足恃矣。水天上下，一望無際。乃至慶曆間而高堰決，淮漲愈甚，于是始有海口之議。海口遠在廟灣場名。而新豐、射陽皆其故道。新豐便則議開新豐，射陽淤則議濬射陽，惕時玩日，迄無成績，事在萬曆三年。徒廢帑金，適充私槖。不得已，則北議開石䃫口。石䃫口在鹽城之東南，逼近城郭，新鑿之口，不任奔流，土崩水駛，鹽人稱病。開已旋塞，固其所也。不得已，議開姜家堰。姜家堰在鹽城之西北，舊有海口，自岡門鎮一十八里至登瀛橋天妃廟下新洋港，入于海。若使畚鍤具，工力敷，人心和，地利得矣。失此兩便，無已則東議之沿海。

水利三：丁溪沙河口，小海、草堰二海口，白駒南北二閘，下牛灣河。

蓋昔者泰州鄉宦凌公儒遵海上議開白駒、小海、草堰、丁溪諸場海口，而互有得失。事在萬曆十六年。夫潮汛往來，貴審氣勢之强弱，相地里之遠近，視河道之紆直而消殺之。若使河直而地近，則潮方怒生，加以風力，其勢必至于澎湃奔騰而不可禦；道遠而紆，則强弩之末，勢不能穿魯縞。今之鑿河者，往往棄紆而取直，舍遠而趨近，非算也。又新鑿之土，骨脈未堅，一有衝突，則排闥而入不難矣。是以諸口須防潮汛之虞，而丁溪尤甚。丁溪舊有龍開大港，道遠而紆，永無潮患。今闢沙河一十八里，直通大洋，是以求利未得而禍不旋踵。今雖實以堅土，亡羊補牢，計亦晚哉！若使河盈而海縮，其勢足以相敵，以時闢之，可暫而不可久。此水自車路河直抵丁溪馮家壩，至姚家口一帶，萬曆十二年，知縣凌公登瀛濬之。一水自白駒場西下北芙蓉注百十七，通楊勝河，直透大縱，下射陽，西北入于海，此河故道也。頃淤淺，知縣凌公登瀛濬之，引腹心之水，下白駒場南北二閘，趨牛灣河，東入于海。牛灣以紆曲，故無潮患。草堰、小海二海口，亦洩水要地。萬曆十六年，凌公儒議開魯河口苦水洋，去場六十里，而勢連大洋，潮汛易達，宜堅置板閘以守之，酌其盈縮而啓閉之。

水利四：射陽、神臺。夫興邑卑下，夙爲受水之地。自郵、泰合襟之水東南來者，則開丁溪諸場海口，挽而東注，是已。其如東高西下，地勢傾仄，水聚釜底，口開釜上，所洩者不過浮面之水而已，而觴深之淵，固自若也。故急議之鹽城，而鹽城數以病鄰爲辭。故莫若議之射陽，射陽則入海故道也。自寶應屢決，黄浦濁沙隨水墊湖中，而陽且淤矣。諸流壅塞，遂穿支渠而下。往者鹽尹楊瑞雲公奏捐帑金九千餘兩濬之，而隨濬隨淤，迄無成功。事在萬曆八年。不知射陽有不可濬者二：一者河闊，四無畔岸，如一望湖；二者河紆，盤旋曲折，如九迴腸。曲則流緩，疏瀹不前；四無畔岸，則聚沙無地。雖有知者，無所用其謀。往者之役，徒充墨吏之囊橐，而無補絲毫，今勿論矣。近則議闢神臺，神臺者，亦射陽東北之支流，起自沙溝、黄土溝、披絲網、唐橋、胡垛至于神臺，二十餘里。有三汊口，分西由南唐河經建陽河、瓦子莊、戛糧河下朦朧口，入于海；分東由姜家莊，對高作寺、油葫蘆港下朦朧口，入于海；分中一河亦對姜莊、高作下朦朧口，入于海。此則河有故道，地有剛土，濬之可使深，闢之可使闊，導之可使下也。萬曆二十年，知縣歐陽東鳳濬治，工完，民甚賴之，計用帑金一萬四千六百餘兩。

水利五：內閣李文定公復塘初議：治水之法，濬海口，要矣；固高、寶漕隄，要矣；築高堰，要之要矣。築高堰者，使西水之不入；固漕堤者，使中水之不洩；濬海口者，使東水之不留。雖然，十四塘不復，終非十全之利，而所謂三要者不能久也。何也？蓋高堰者，本于山陽之高阜，爲堰以排黄淮之水而入海也。自堰之既廢，北水注而南走，勢不可遏，連年堰成，北水之害稍息矣。然邇者萬曆八年堰成之後，水復漲而入湖，漕堤潰決，高堰之功何在哉？則又由堰而南，自葉城而下也。葉城者，寶應之西塘，乃十四塘之首地也。儀真之塘四，江都之塘五，高郵之塘三，寶應之塘二，而其中五塘爲大：在江都者，曰上雷、下雷、小新，凡三也；在儀真者，曰句城、陳公，凡二也。故舉其大者，但曰五焉。塘之始制，起于漢唐之年，其間興廢利弊備諸維揚乘志，今不繁叙。至我國初，陳恭襄公瑄洞悉水利，稽倣古法，造爲十四塘壩閘，上濟漕運而下利民田。蓋地之形勢，自壽州、盱眙、天長、六合一帶，其地高，高則水注而東之，使衆湖爲之壑也，故于界水之處，爲塘閘以防之。各塘之東，爲甓、射、珠湖、新開、邵伯、白馬、黄寺、朱家、赤岸等湖，其勢中，中則亦洩而東下，使興、鹽爲之壑也，故于湖畔之東築漕堤以蓄之。方其水年，則西山之水高不過閘，而南浮于江；及其旱也，塘水不洩，山澗俱通，而西田得熟；至于大旱，漕輓不通，乃東塞茱萸灣，閉漕堤閘磋，決塘水而灌，則水道不阻而國運以濟。古人之制善矣，每塘甃石以爲斗門，而塘長、塘夫是設。故洪武、永樂間，軍器、商鹽、皇木三資故塘之便。及弘治以來，日漸倒塌。正、嘉之際，奸民盜種之矣，屢被告訐，屢罪不悛。先有薛釗，繼有仇隆，用財仗勢，佃官承領。時值倭寇之變，築造瓜城，管工官高守一受私議，將各塘之石移運修城，而塘之故址不復存矣。遂有衙門猾吏、土豪勢家蜂起效尤，佃塘爲田，官派其租，民獲其利，而不復再議興復之計。是以連年以來，西山之水無塘可蓄，稍遇天旱，則赤地千里，水漲則泛濫盈湖，不得已，乃增堤以防之。不知堤愈高，則水愈漲，堤高則東空而下危，水漲則勢湧而易決。且新培客土日洗于河，堤崖日高，河底日積，一朝決潰，無不上阻運道，下没民田者，豈爲政者經遠之計哉？故計求十全，以復塘爲本。一時錢糧浩大，不能甃石，姑於塘口去處倣其舊迹，仍于閘基暫取兩崖之土，實而築之，以觀有益與否。又不然，如小新、二雷由淮子河而洩，則實淮子之上流；句城、陳公由烏塔灣、帶子灣而洩，則實烏塔、帶子之上流。他如北山水櫃、茅家、劉塘、茅柘、白水、羨塘、東塘、柳横塘、鴨塘亦皆如是，尋其水口以便築塞，相其隘阜，易于成功。俟有盈財，加石制閘如舊。是以成功之序也，此其爲費，比之高、寶每年之錢糧，當不及十分之一，而較高家堰之利，則已倍十分之三。不惟運道之輓輸有資，而湖堤之防守亦固，更加撈淺瀊以深河底，疏海口以平水勢，則湖之沮洳四出，民田益增，堤之衝決無虞，興鹽攸賴，國家之利莫此大者。但恐豪奸之盤據在下者多阻撓于間，而復塘則蠲租；在上者託事爲不便，則狗小而悞大。難以計成功矣。

概縣士大夫條陳水利總論：「竊見維揚枕江傍海，郡縣有十，而興化僻近東海，處其下流；賦米起運歲十有八萬，而興化五萬七千，最爲偏重。居下流，則水患頻仍；賦偏重，則民力滋竭。

是以告災告賑，歲無寧日，凋敝滋已極矣。欲恤民隱，當除水患，當察地形。鄙邑東高西下，形如側釜。高者濱于鹽場，地多斥鹵，蓬蒿萑葦，荒瘠不堪；下者分爲下河，田多淤洳，湖泊茭葑，汙萊無用，間有一二可耕之田，漸爲洪水衝蝕，岸埂低塌，無土可培。大雨時行，則東有鹽場之水，南有泰州之水，西南有高郵、邵伯之水，浩然而來，注于敝邑。時或淮黄漲溢，潰決運堤，則西自寶應，北自鹽城，逆流而上，浸淫灌注，飄蕩我廬舍，汩沉我稼穡，溺死我牛馬，禍水作櫃，經歲不回。雖有諸設海口，而針喉瓮腹，宣洩幾何？以故議水利者，鹽城則有石䃮河之議，白駒則有牛灣河之議，丁溪則有大龍港之議，草堰則有北新河之議，伍祐則有瓦龍港之議〔二二〕，沙溝則有洋麻港之議，新興則有匣子港之議，廟灣則有射陽湖、神臺、新豐市之議，是皆足以下海而緩急不同。顧惟廟灣去縣差遠，獨爲洩水故道，水利要害，獨此爲最。萬曆八年，奏請捐銀九千餘兩撈濬射陽湖，直開新豐市，又爲鹽城貪墨正官利己病鄰，侵漁冒破，是以開而未開，濬而未濬，以致積水未退，年復一年，貽禍至今，傷哉未艾。夫欲興水利，先究水源，以上諸議，皆水之委也。若究其源，又論維揚大勢，其地則江淮之交，西北皆高，東南皆下，諸山之水自高來者，勢必趨卑。古人急治諸塘以蓄之，平時用之以溉田，水涸決之以通運。江都則有五塘：曰句城，曰小新，曰大雷，曰小雷，曰鴛鴦。儀真則有四塘：曰陳公，曰北山水櫃，曰茅家山，曰劉塘。高郵則有三塘，曰□□□〔二三〕。寶應則有二塘：曰白水，曰羨塘。當夫山水時發，則盱眙破釜、山陽諸水由雲山、衡陽諸澗洩于寶應，而應以二塘蓄之；天長、銅城諸水東洩高郵，而郵以三塘蓄之；西連、大儀、甘泉、盤古山澗諸水又盡洩于東南，而江都以五塘、儀真以四塘蓄之。此諸塘者，明興百八十年，名卿碩輔留心經濟，未有不謀繕治者。自島夷東犯，諸塘閘䃮磚石取城瓜洲，塘無蓄水，于是始有私耕公佃，投獻鬻賣，豪鄰貴族，各售己私，專爲世業，遂使國家大計、經略遠猷蕩焉不存。于是上游山澗之水盡以諸湖爲壑，充滿汎濫，浩渺千里，漕河一線之堤，焉能捍禦？不得已多設洞閘以洩之，共計減水三十八座，則爲口三十八丈，日夜灌注于高、寶、興化，又三百里，始由射陽、新豐以入于海。今則新豐闢而射陽淤，求之神臺，殊爲切要。若非盡復諸塘以蓄其源，廣闢神臺以洩其委，保無後患，庸可得乎？論水利者既知復諸塘以蓄其源矣，蓄而洩之諸湖，灌之漕隄，則由漕隄閘䃮經高、寶，旋興化，直抵新豐而入于海。由漕隄順而導之東南，則自鳳凰橋出仙女廟口，趨芒稻、白塔二河，濬而深之，亦可以入于江，而東關之沙垻亦當深濬以爲入江之支道。如是，則漕隄無漲決之虞，而下流諸縣亦可以免西上河之患矣。鄙見若此，惟經國者擇焉。」

揚州府推官李春開海口議：「興化爲受水之壑，射陽湖爲豬水之鄉，今射陽湖淤塞，故興化受害爲甚。獨取道于廟灣一口，其中所歷河道曲拂邅迴，流更迂緩，又加以海水潮汐從而梗之，故今議多開海口以分其勢；減水諸閘日夜東注，故今議啓揚、瓜閘壩以殺其流。總之淮堤之范家口等處最爲上流要害，一有潰決，即百海口亦無如之何矣。今范家口修築未固，尤可寒心。職遍閱各閘，惟白駒場之北閘波流湍急，下水最爲順利。即拿小舟從而探之，閘上口水深六尺五寸，閘口相同，下口則深一丈二尺五寸矣，漸遠漸深。蓋此閘建在牛灣河，去海僅三十里，地勢以漸而下，水若建瓴，故其流爲最利，此地形使然，非人力所能爲也。夫淮南屬邑，如山、鹽、高、寶、興、泰等六州縣，廟灣、東臺等十五場，民灶雜處乎其間，計歲所輸納錢糧鹽課出自高壤者什一，出自卑壤者什九。先年河湖順軌，歲歲有秋，頗稱沃壤。近自隆慶三年以來，湖堤屢決，然猶旋消。至萬曆二年決青水潭，三年決黃浦口，四年決八淺，五年決寶應湖，決腰舖；河水瀰漫而下，滙爲巨浸。又加以高寶湖隄四十八座減水閘晝夜東流，以田爲壑，囓運隄，淹没禾稼。上年霪雨爲災，范家口隄決，民竈田廬盡行漂没，州縣禀申，里老呈告，致廑各院之憂，議蠲議賑，至煩奏請聖天子出内帑之金，遣部臣賑濟之，民亦稍稍荷更生矣。但饑民之待哺者無窮，而賑濟之所及者有限，若不亟爲區處，使民有可耕之田，即歲遣使，日議賑，民惟有散而之四方耳，田賦鹽課何從辦納也？該職遍歷各州縣及各場田地，周環六百餘里，在在成湖，深者丈餘，淺者亦不下五七尺，波流浩蕩，一望無涯。廣求宣洩之路，在北則廟灣、新豐市二口最大，爲山、鹽、高、寶、興、泰六州縣出水之門；在東則牛灣河、苦水洋次之，爲泰州、興化出水之門。俱稱要害，均宜開濬。其間經過河道，又應逐節疏通以便行水。北如唐橋、神臺莊、西唐河、油葫蘆港，東如草堰之北壩、小海之南壩、丁溪之煙墩，一處不通，衆派皆阻。職相度地勢高下，河身廣狹，應濬應開，應否建閘，眼同運司、州縣判官等丈量估計，用杉木樁編成天地玄黄字號，用二十一丈篾籄一條，各從河心丈起，插樁引籄，籄盡復續，每一百一十丈下一樁，將河身長短廣狹細書其上，復具册與樁同，使長短不得那移，淺深因之有準。其在新豐市口，先經鹽城縣陞任楊知縣見得廟灣口地本環曲，水流遲緩，從下灘開鑿一河僅十丈，近衝開二十五丈，水激崖傾，尚稱口小，除廟灣舊口八十餘丈仍聽通流，今合于新豐灘南空地再開闊二十五丈，長一百五丈，庶水不掃灣，可免灘北居民内徙。中口寬闊，直與沙兒頭同，射陽諸水一瀉而北矣。此處河闊水深，無從建閘。其在西唐河由神臺至建陽河、瓦子莊、戛糧河，濬此一路，則南水挽而西，又轉而北，出朦朧下海矣。其在油葫蘆港内神臺經姜家莊至高作寺對面止，濬此一路，則水從北入東唐河下口，出朦朧矣。其在唐橋爲西唐河、油葫蘆港咽喉，由披絲網起至神臺止，濬此一路，則南水北可至油葫蘆港，西可至西唐河。此惟求洩水順利，俱不必建閘。其在草堰由北壩至大東河、鴨兒港西北，取一直路開濬，至牛灣河尾，復由西團口接滷河，開濬至牛灣河腰，各出海大洋。應于壩口建一鷄心閘。但外河既挑深，南團十三里内溝之水必流歸深處，水去溝乾，竈運自苦，仍宜加濬三尺，斯南團各竈裝載鹽草便利。其在小海由南壩濬至古窯頭、萬盈團至新河口、茅墩港尾，復由中路東口，取一直路開至兩汊港口，出茅墩港腰，各下苦水大洋。應于壩口建一鷄心閘。其丁溪河係新開，見深五尺，無容再濬。止從馮家壩迤北，取一直路由烟墩起開至合洋港，入苦水大洋，其舊洩水支河仍留通茅墩港新河口，入苦水大洋。除原有新閘一座，止一口，仍幫一口。新口既開，舊河復濬，瀦積在田之水亦可漸次入海。耕者得畢力于布種，煎者得一意于煎熬，國計民生兩有利賴，而運河長隄免嚙足之虞矣。先該海門姜知縣、興化饒知縣勘議，射陽湖南淤塞一段，欲篙泥撈淺，歲以爲常，計亦似便。但此湖原係長灣大折，闊五六十丈，一河亘三百餘里，屢遭黄河口決，濁沙隨水入墊湖中，今雖淤塞，其田面與湖面之水尚深三尺，見俱北流，勢頗湍急。該職從射陽莊入湖口，由蔣家堡直抵清溝灌舖，凡七十餘里，周遭探視，量得湖下浮泥或六七尺，或八九尺，或一丈有餘，沙泥凑合膠粘，篙插不能頃拔，即欲撈置他所，泥淖如飴，無岸爲障，一經雨水風浪，淋漓坍卸，勢必復淤，太倉以上，已難爲工。此三十里水色渾黄，蒼茫接天，無維舟住足之地，何處措手？近年鹽城縣亦嘗挑淺撈泥，費銀九千餘兩，夫萬人，舡千隻。今訪撈泥特置之草筏之上，深僅三尺，闊僅容舟，不數旬泥塞如故，今偏尋所挑處，曾無一線可覩。委九千金而歸之壑，前事足鑒也！況開濬西唐注百十八、湖蘆二河，可代爲用。前項篙泥撈淺之議，相應報罷。先年所開丁溪、海河、老竈、馮逮等當河中路，創建一閘，名馮家閘，口小束水，不能疏通。此輩因以爲利，下板阻船，每隻索銀三分始放，往來苦之。相應拆卸，取石别用。乃若東唐河見在行水注百十九，夏胥溝、何垛場、烟墩港俱路遠費多，開之無益，應置而不講矣。職又查得萬曆五年，高家堰大壞，淮水南徙，諸湖泛漲，蒙前漕撫部院吴移文本府，開瓜洲、儀真二閘，挖郡城東之沙壩及芒稻河壩，不數日而河水減二尺許，湖水減一尺許，自此芒稻河之名始著。又慮私鹽從此入江，於河中釘品字樁，止令通水，不令通船，至今賴以洩水。而沙壩則旋即築塞，瓜閘則糧運過盡例不復開。爲今若開沙壩，釘木樁，如芒稻河通水而不通船。再開瓜閘，亦釘以樁，視湖水之增減爲啓閉，則湖水南流愈多，減閘之水自殺，此不費一錢而得兩洩水之捷徑，是亦一時之權宜也。淮安北隄如范家口，建議柳浦灣等處係上流要害，上年范家口決，直灌射陽湖中，四散漫衍，六州縣田廬俱没。若使修築不堅，當必衝決，沙隨水入，恐射陽淤塞，又不止南一段之難通矣。是修築范家等口尤爲喫緊而不可緩也。」

興化縣知縣歐陽東鳳議濬神臺水利申文：「本職遵依憲牌，于本年十一月十七日離任，親詣鹽城縣會同楊知縣隨歷東工，查勘得丁溪、草堰、小海三河三閘濬建已完通利外，又經同詣北工，徧勘得水以就下爲性，以生物爲功，雖非全利，亦非全害。故善治水者因勢而利導之，俾水無壅閼則可，洩之而至于涓滴斷流則不可；劑量而容蓄之使水由地行則可，蓄之而至于瀰漫肆溢，亦不可。往者射陽未淤，汜光湖、白馬湖諸水從寶應至界首諸閘通洩東流，由流星港、紫嬰溝至南壖、太倉，直抵射陽以入海，至便也。甓社湖、新開湖諸水從界首至高郵諸閘通洩東流，由界首河、兔皮港、清水潭入興化海陵溪，轉往北流，歷平望湖、崔垛鎮、沙溝，直抵射陽以入海，至順也。泰、鹽暨諸場之水由車路、海溝、白塗、梓新會歸運鹽河，西抵射陽以入海，亦至通利也。自萬曆三年衝決黃浦口，濁沙隨水入墊湖中，以致射陽淤塞，沙泥湊合，不可撈濬，故于射陽之旁二十餘里而遥，議開神臺等處以洩積水。而議者乃謂神臺支河不必開濬，其說有二：一則謂運堤既固，水不東潰，何爲復捐數萬而爲可已不已之費？一則謂連年旱乾，上流已竭，稍存餘水，灌溉攸賴，何爲復竭下流而爲無益有損之役？是則然矣。第論水患于昔年，患在漕堤難固也；論水患于今日，患在減閘東注也。減水諸閘共計三十八座，每閘闊九尺，合之則水口共計三十四丈，日夜東流，夫非以高、寶、興、鹽爲壑而焉往也？若謂運堤既固，無水可泄，則萬曆八年以後，十六年以前，高堰固無虞也，而何以水若滔天，興、鹽陸沉乎？則以減閘之分流太多，而宣洩無路耳。欲求宣洩之路，射陽不可爲矣。雖竭力撈濬，而積沙難去，終當復塞，安能舍神臺等處而他闢耶？何者？在東則丁溪、草堰、小海爲泰州出水之門，在北則廟灣、新豐市口爲高、寶、興、鹽、山、泰六州縣出水之門，即旱乾之年，披絲網而下至夏家樓、胡垛等處猶有汪洋之勢，一遇水溢，又當何如？而可不預爲宣洩之計耶？相應照前議興工挑濬，則汜光、白馬湖水從閘東流，由流星港、紫嬰溝至南塲、太倉四十里，直入黃土溝、披絲網，歷西唐河、神臺莊、建陽河，出朦朧，趨廟灣、新豐市下海矣。甓社、新開湖水從閘東流，由界首河、兔皮港、清水潭入興化海陵溪一百二十里，轉北歷平望、崔垛鎮、沙溝，直抵黃土溝，入披絲網、神臺、建陽等，出朦朧，趨廟灣、新豐下海矣。高郵迤南至邵伯六十六里諸閘通洩邵伯湖、董家湖之水，由成子河、菱絲溝、燒香港流至興化河口鎮八十里，一入海陵溪，一轉北入平望湖，至崔垛、沙溝二鎮，直抵黄土溝、披絲網等處，出朦朧，趨廟灣、新豐下海矣。邵伯迤南至揚州灣頭四十里高阜之水，由樊汊河、艾陵湖、六洋湖經興化陵亭鎮注百二十轉閣灣入平望，至崔垛、沙溝，直抵黄土溝、披絲網、神臺等處，出朦朧下海矣。揚州灣頭起至泰州海安鎮止二百四十里南運鹽河之水，由儀寧涵、戴家涵、徐家涵、韓家涵、界首、赤練港入大官河、秦潼河、淤溪河、蚌沿河復往北流入平望湖、崔垛鎮，直抵黄土溝、披絲網等處，出朦朧下海矣。海安鎮迤北富安安豐注百廿一、梁垛、東臺、何垛、丁溪、草堰、小海、白駒諸場之水，由海溝河、白塗河、車路河、梓新河西流入新河，直抵崔垛、沙溝，歷黄土溝、披絲網等處，出朦朧下海矣。劉莊場、伍祐場迤北至鹽城縣東西二鄉之水，由串場河至崗門鎮，注百廿二。一半分往南流，經石𥖄口、入界河，直抵沙溝鎮，一半分往西流，由新河廟、古基寺、東唐河直抵胡垛口，經神臺等處，趨朦朧下海矣。水本下流而俾之中阻，其爲患何可勝道耶？又查得前卷，自披絲網起至夏家樓、唐橋、胡垛神臺莊共長五千二百八十丈，自神臺迤北至陳家堡、姜家莊、高作寺、油葫蘆港共長四千二百九十丈，神臺迤西至季家堰、建陽河、瓦子莊、戛糧河、朦朧口計長五千七百二十丈，原議俱濬闊七丈，深六尺。今闊有二三丈者，有十丈餘者，深皆二三四尺不等。闊一丈，則可省一丈之工矣。深一尺，則可省一尺之工矣。且自披絲網至神臺莊，水流一河，自神臺而下，水分兩途。一河則其勢盛而流易溢，面底俱七丈，似猶爲狹也，合無濬爲面闊十丈，底闊七丈，深六尺，則容受有地而可保無泛溢之虞；兩途則其勢分，一河七丈，合之則爲十四丈，恐流緩而易淤也，合無兩河各濬面闊六丈，底闊四丈，深六尺，則水流湍急而可保無淤塞之患。及勘朦朧至廟灣，河道深廣，固無容議濬，其新豐市原議開濬二十五丈，今已有闊三十餘丈，似亦不必虚糜財力也。議者又以海潮爲患，其慮誠深。然丁溪龍開港、草堰苦水洋、小海滷河口去海僅六十餘里，故潮或内灌；自廟灣至海凡二百餘里，地勢以漸而下，且各灣曲折紆迴，潮汐至此漸平，水勢自殺。必欲爲善後之圖，則神臺莊、三汊河口固兩河分流之咽喉也，合無于此處建閘一座，澇則啓以洩内水，旱則閉以防外潮，庶蓄洩惟其所宜，而水旱皆有所備矣。」

如皋志

本縣南沙孤懸江中，爲逋逃藪。初有大盜薛良金等肆行劫殺，知縣李衷純設方略殲旃。又有奸民楊元等獻沙勛貴，以致烏集格殺官兵，令單車輕舸渡江往諭之，亂民鳥鼠散，而善良復業。隨請立安民營于北沙，募沙兵百人，以鎮撫官一員統之，而産家歲備餉餉焉。領沙船四隻，游徼江中，乃無禦人貨于江沙者。

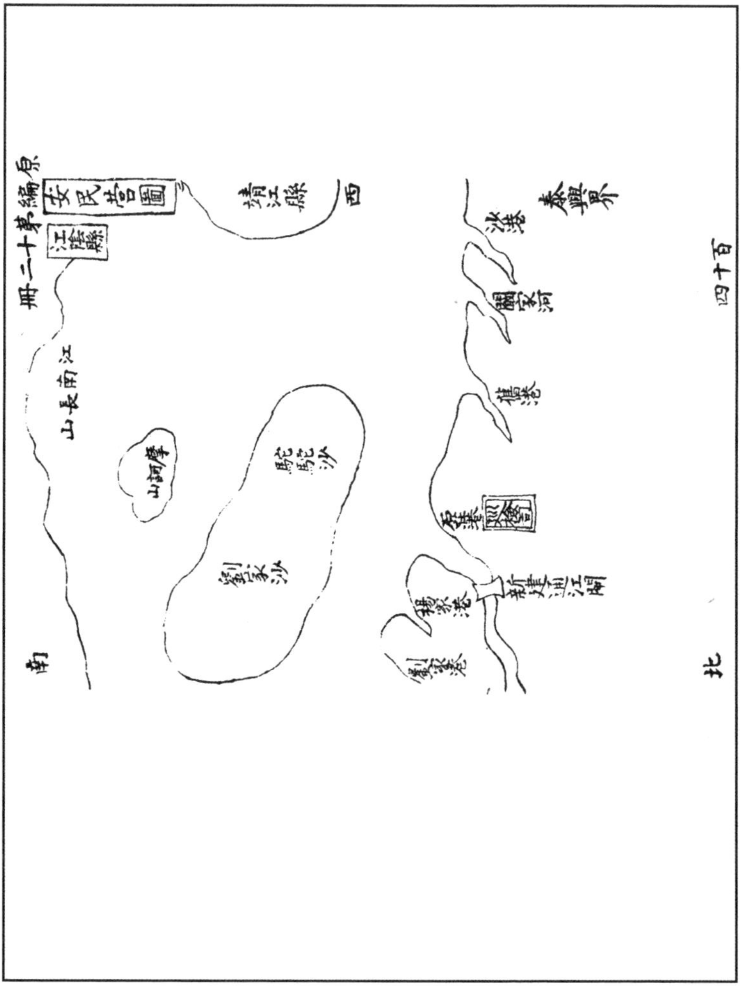
原編第十二冊
安民營圖
江陰縣
靖江縣
西
江南長山
摩訶山
劉家沙
南
北
泰興界
關家河
新建江閘
楊家港
劉家港

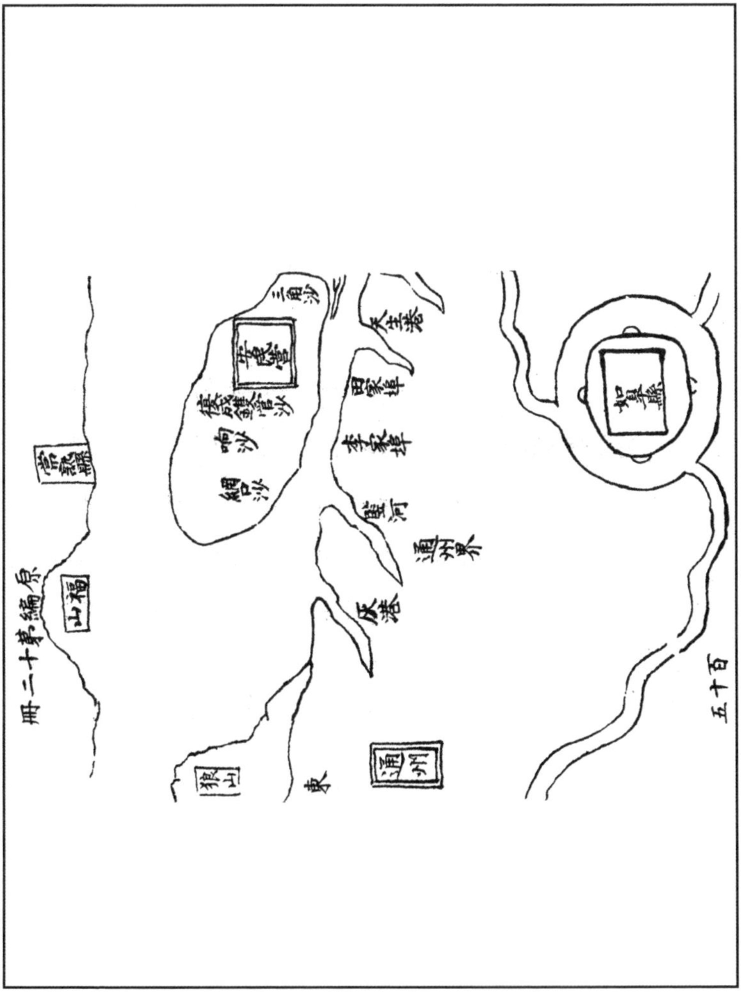
原編第十二冊
福山
常熟縣
狼山
東
通州
通州界
李家橋
田家橋
天生港
三角沙
如臯縣

外史氏曰：皋壤鹵莽而埠，粒食爲艱，僅藉南江新、舊兩沙，築堰成畬，差堪稙稌。而孤懸江滸，復爲逋逃藪。甚且奸民援盗借糧，逆我顔行，幾詭入勳貴。業主者惟數券而藏之，有望洋歎耳。兹營之設，迺用沙田餉以募沙兵，因以守護沙田歲輸之額，匪直爲一時靖亂萌，寔爲萬世垂利賴焉。後之司民牧者，留意江防，慎毋輕議變更爲也。

舊志江距縣七十里，今止六十里，漱囓日廣，江寧一鄉，蕩析過半。自嘉靖季年，黎侯堯勳具奏均派，始甦浮糧之困。隆、萬以來，沙漲漸出。近摩訶者，則江陰、靖江扼其咽；近天生者，則通州掣其肘。往往爲豪有力所争占，而瀕江之民無可愬告，於是沙田始爲訟府矣。自皇莊之議興，衆虞釀患，願輸蘆課以佐司空，故沙田今悉隸於工部。凡占佃者，先請部符，符下，迺得附籍稱業户云。余聞之，皋土鹵瘠，不宜稻，任旱則唯沙田，歲皆仰給其入，以故争訟日紛，非獨利藪，亦云釁囮。第沙土坍漲不嘗，賦額漸增，司空之符漸峻，而土著姦民或有獻利規便，如皇莊故事者，未必不貽地方之憂也。今者訟牒日繁，紛紜伊始，在坍民欲求補額，在業户欲據扒頭，相怨一方，築舍未定。不知坍民之糧，既屬概縣均攤，則坍户安得獨争舊額？業户之田，雖由歷年增築，而數姓豈容盡擅新沙？總出貪心，都無定據，當事者極力焦思，如止沸益薪，吾未能究其終已。

運鹽河自漢吴王濞始開邗溝，起揚州茱萸灣，通海陵及如皋蟠溪。其在縣界者，北接海安，東抵丁堰，分流入海。東南止白蒲，入通州，凡一百一十里。自宋迄元，中間增置堰閘，以資蓄洩，爲利甚溥。歲久法弛，日益頹廢，一值旱暵，稼土咸焦，民患苦之，匪朝夕已。自頃富安奸竈，妄呈巡鹽御史康丕揚，奏請開濬，竈土日闢，河流日梗，牙橋之害，今乃獨中於皐。且皐居通、泰間，地最亢，僅此一綫，民倚爲命，若牙橋不塞，其害未有極也，即歲加疏治，何益？

冒日乾揭：查得運河自高、寶至灣頭，分支入閘，經泰州，至海安，歷如皐、通州、海門上十鹽塲、中二鹽塲入海，此上河也。高、寶以東，泰州、海安以北，興化、鹽城二縣，東臺、富安等中下十鹽塲，地勢窪下，形若釜底，衆水所注，汪洋停滙，此下河也。上河較下河高踰數丈，高卑懸殊，隔絶不通，此上、下河之分也。上河爲上十等十二鹽塲運鹽之路，由灣頭出閘。而下河各塲則一路由秦潼河，一路由西溪河，一路由車垛河，或至泰州北門過壩，或至高郵北門過壩，惟富安一塲則間由闊河四十里至海安中壩過壩。若上河淺涸，仍由安豐至高郵、泰州二處過壩，而安豐各塲則絶不至海安。此上、下河運鹽之路也。至於牙橋一河，乃元末僞吴張士誠原係白駒塲鹽徒，竊據安豐，逕開此河，部運私鹽，直至通州入江，轉鬻吴會，此牙橋之所由開也。國初以牙橋直通上河，而海安城南有焦港，西有白米鎮港，東有孫公舖、高港，俱南通江，每遇水發，大艦小艇群載私鹽，悉由牙橋出口，逕至三港入江，千百成聚，莫敢譙呵，恐釀亂萌，洊至猖獗，故塞之。又慮其盗決也，故填土數里以永絶之，此牙橋之所由塞也。牙橋之塞，雖經二百五十餘年，而不逞之徒，眈眈私販，未嘗一日不欲開。先年吳希堯誑告縻院，蒙枷責究罪，立碑嚴禁。近年丁珠復誑康院，蒙委勘議，而奉委者未悉源委，建議未確，遂爾誤開。蓋私鹽由各垻盤運，則譏察有人，勢難飛越。惟由牙橋出口，則乘流潛渡，莫爲稽查，此各奸所以必欲開此河也。牙橋開而上、下河通矣，上、下河通而上河洩矣。一線之源，不勝尾閭之注；建瓴之勢，難施隄防之工。故三時雨集，始可通行；一月不雨，其涸立見。上河涸而上十等十二塲運鹽之路阻矣〔一三〕，於是三年兩施挑濬，鹽商猶告河淺，而不知上河雖濬及泉，猶比下河高踰數丈，豈能使水停蓄而不涸哉？雖一月一濬無益也。夫牙橋未開之先，上河十餘年一濬而猶深；牙橋既開之後，上河三年兩濬而即淺。其故可思矣。故私鹺滿載，四出于水溢之時，其害一；引鹽壅底，坐困於河涸之日，其害二；挑濬頻數，委帑金于無盡之壑，其害三。此三害者，鹺政之大蠹，皆牙橋爲之也注百廿三。

掘港營在如皋城東一百三十里，距海大洋五十里，東南北三面環海，唯西一路接如皋，爲倭寇首犯要地。舊設土堡，每歲汛期，委揚州衛提督指揮一員領軍一千三百名守堡防禦。天順間，挑選精壯入衛京師，止存軍五百五十名。嘉靖三十三年，倭夷大舉入寇，再被蹂躪，巡撫都御史鄭曉奏設把總。三十八年，巡撫都御史李遂奏改守備，統東西二營，召募民兵三千餘名，設戰船一百餘隻。後經承平，漸加減汰，尚存水陸官兵六百餘名。萬曆十九年，倭犯朝鮮，沿海增備，復召精勇千餘，設戰舡六十隻，增置馬步軍五百六十有奇。事平，旋罷。見水陸營兵四百名，沙舡八隻，戰馬二十二匹，所轄信地，南至石港，北接丁美舍，西達如皋，東抵大海洋。土堡一座，周圍二百七十五丈五尺。

本營舊制，南援石港、狼山，北救拼茶、角斜、李家堡，西應馬塘、丁堰、如皋。但石港有港之名，而岸高潮小，港口悉爲淤沙泛漲，船不可泊，人亦不可登，間於七八月風急潮高，或乘勢可入。若拼茶、角斜、李家堡三寨，雖地居肘腋，而實出掘港之背，俱非安營善地。欲議安營以便堵絶，唯有本港中方前舊址。此地水草兩便，置砦無難。循港而前，陳家丫、川腰等港十餘處，俱係津頭丫角，亦應設兵防汛。若舉其最險者，又有東淩港、埃沙横、南坎、北坎，此尤獨占大洋之兩頰也〔二四〕。坎中有小市民居，可以聚衆蓄威，乘機夾擊。至於拼茶、角斜、李家堡，止堪後應，難委前鋒。度勢相形，臨時制變，是在當局者勝算謂何，未可以膠柱論也。

通州志

通蓋澤國云。江海爲郡，潮之利害恒相半。蓋江潮淡，利灌溉，而海潮鹹鹵甚害。大要水利以閘爲命，范文正公與任建中、沈興宗皆築捍海隄，至今民饗其利，廟食不衰。腹裏漕渠爲運鹽河，運取轉餉注百廿四，鹽取轉鹽，其源所從來高遠矣。蓋自桐柏而淮泗，而從郡城之茱萸灣東南走四百里，至州治，繞城四匝爲隍，東西貫城中，支南北爲市河，西南者入江，東北者皆入海，入海過海門及諸鹽場。城東北走西亭場者爲西亭河，東走金沙場者爲金沙河，宋兩淮制置使李庭芝鑿，成化間知州鄭重濬。西北二十里由許家環走石港場七十里者爲石港河，又爲新河，新河東七里爲仇家河，皆與海通。而各場有諸港，亦東北通海，南通江，乃今利害相懸絶，何以故？大都東北逼海，地瀉鹵出鹽，而諸鹽場在極東北。隆慶二年，颶作海溢，餘西、餘中江蝕河徙，而馬塘鄉之射利者與船户謀，謂北鑿河通丁堰，則燒草私鹽得奸闌出入，便利十倍。乃説鹽賈人鑿串場河，謂串吕四注百廿五、餘東、西、中及金沙、石港諸場也，而不由故道近。由故道，則回遠，且必經通州，州與所察捕不便。乃鹽賈人善詭，用偏辭鼓鹺部使者，給取都轉運司羨金萬兩鑿串場河矣，凡爲丈者亦萬，害始波及不淺。始開時，諸父老茫昧不睹利害，或亦有爲便者。已而五六年來，西城永興鄉田數千百頃盡爲鹹潮殺，歲不收，衆始驚詫。國賦連年大耗不登數，民户、亭户俱病，來言不便者紛紛矣。議改濬故河，塞新河，故屈知州采諸生父老言，上之監司與鹺使者，監司與鹺使者皆可之。會奸賈人羅永、黄正、吴良等復以偏辭奪議，鹺使者聽之，遂報罷。而屈知州不能争，隨亦罷官去，事乃已。而州之人日夜望舉濬故河事甚亟，謂昔命縣諸天，而今之命縣諸河矣。始范公隄捍海古岸，歲久不敗，雖颶濤不能破。岸内爲草蕩，潮入則草蕩隔，雖潮不能侵故河，故田無恙。串場甃而地削薄，隄敗，鹹潮大入，故害田。新河不能塞，無已，閘宣家壩乎？

金沙場鹽課司在州治東三十里，西亭場鹽課司在州治東北二十里，餘中場鹽課司在州治東七十里，餘西場鹽課司在州治東五十里，餘東場鹽課司在州治東九十三里，石港場鹽課司在州治北七十里。

海門縣　呂四場鹽課司在縣東七十里注百廿六。通地邊江海，自昔無入衛之軍，而京操之制起自正統己巳之變。二百年來，頽敝已極，日有清勾撥補之制。矧他方頻年水患災傷，民窮財盡，故近日有司追徵錢糧，以京邊之外，視爲緩賦，以此軍士月糧鮮有及期者，勉給春班，而秋班又至矣。夫補軍則本所難堪，支糧則食運難給，故京操啓行，不但額數不敷而已，班軍枵腹趨役，去至中途，尋復逃回，武臣坐是黜罰，亦何益于事哉？聞之近年京操稱能辦者，至京師往往借貸，招募壯勇之夫，補班軍虧欠之數，盡額補給赴工，比其返也，查扣在所月糧陪補。故官無欠軍之罪，而軍無勾攝之擾，此或一策也。又有司追徵月糧，卒難輳辦，而班軍戒行，促迫無給，間有借支別項者，頗稱權宜。此在賢有司專之耳，此又或一策也。今若于五年考選之日，擇武臣之賢而才者爲領操官，不使蹋茸竛竮輩參于其內，每京班赴操仍三令而督責之，缺伍之軍，隨宜而招募之，回班日聽其查扣月糧補選亦無不可。蓋京營得盡人之役，而本兵無掛班之檄耳，操官亦何憚于扣除之嫌哉？或曰：班軍缺伍，招募非制也。今邊關新軍，不奉詔行之乎？月糧借支，非法也。今邊糧起解，不那移倉口乎？此又調停緩急，不可以膠柱爲也。審能行之數年，則軍士知無月糧之虧，咸有樂行向往之念，不必清勾補撥，而行伍得休養充實之資，操官免降調之苦，而國家獲拱衛之益矣。如是論之，京操之制固盡善也，殊不知正統年來京操兩番更代，蓋緣江海寧謐故耳。邇者嘉靖甲寅以後，倭夷數犯，戎伍銷耗，又募客兵，餉費不貲，況番戍者止應在京工役，而本所備倭四寨僅存老稚軍餘百人，力何以支乎？今日切務莫大於此，復舊制以拯時難，當路者幸深長思之。

嘉靖三十三年，以倭故，故巡撫都御史鄭公曉奏設按察副使爲海防道及參將爲分守通、泰海防。至二十七年，倭益甚，乃改參將爲提督狼山等處副總兵，與海防道相策應，治通州，下統狼山、掘港、周橋、大河口守備、把總等官，皆欽依。

狼五山志

狼山東西所轄信地，如任家港、姚港、毛港、桃花港、生水港、蘆潭港、瀲港、王竈港、清水港、小海口、大横港、掘頭港、爛泥港、夾港、趙港、犁稍港、小張港、大張港、新港、王竈河、新竈港、裘如唐港、天竈港、竪河港，東接大河營，與江南崇明、劉河、吴淞等營往來會哨，此皆舊制者也。天生港、石莊港、闞家河，又江中一帶劉家沙，西接周橋營，與福山、楊舍、永生等營往來會哨，此皆新制者也。

壬子倭寇浙江，其支黨至州江家場。甲寅四月二日，衆三千寇州，大肆攻劫，縱火焚關外民居，殺男婦數千人。揚州千户洪岱、文昌齡，泰州千户王烈赴援，死之。參將解明道、通判唐維乘城拒戰注百廿七，賊被創死者百餘人，始退走狼山。二十八日，徐、宿、邳援兵至，合城中兵追之，賊從數十艘遁去。徐州兵備副使李公天寵赴援，至如臯，遇倭接戰，斬首九級，生擒一人。是年八月十六日，倭又至。九月内，兵備張公景賢督兵殲之。乙卯夏四月，倭衆五百寇州，由單家店趨狼山，殺巡檢尹鼎。官軍截其後舸於軍山，殲二十餘人，生擒二人。丙辰夏四月，倭衆三千餘栖狼山，官兵勦之，斬首四十餘級，衆遁去。己未夏四月二日，倭數百艘乘汛大至，志圖西上，狼山總兵以舟師往遏之，賊乃焚舟登岸注百廿八。

自大河營而東至廖角嘴，中間若秦家營舊地，直對日本，揚帆僅數日可至，實江北一大門户。兵道豫章熊公尚文特立新營注百廿九，設官兵以扼其要，且與狼、大互爲聲援。

正統戊辰春，監察御史蔣誠奉命視鹺於通州，以通擅私鹽之利，又亭户逃亡數多，乃爲奏竈丁辦正額外，有羨餘，許令每鹽一引易姑蘇糧米一石，上從之。於是蘇歲航糧數萬至狼山巡檢司兑易，遂以爲常。自是私販路絶而逃亡悉復。

永樂二年，倭犯通州。成化五年三月，鹽賊錢厚作亂，稱江海上公，備倭都督僉事董寬禽之。正德七年秋七月，薊盜劉七、齊彦明等浮江東下舟狼山港，總督都御史陸完提兵征之，賊爲海潮所没。嘉靖三十三年三月，倭入掘港，犯如皐，主簿閻士奇率鄉兵迎敵於曹家莊，擊敗之。四月，倭困通州城，參將解明道守卻之。倭屯掘港肆掠，守備張壽松、楊縉先後禦之，敗績。五月注百三十，倭犯如皐，主簿閻士奇率鄉兵迎至東陳鎮，敗之。已又犯縣治，值潁州甲兵至，擊敗之。城如皐、海門、泰興、瓜洲。三十四年四月，倭犯海門，知縣趙卿率兵敗之。五月，參將喬基等擊倭於吕四場，敗之。三十五年四月，千百户戚繼爵等提兵戍通州狼山，遇倭，死之。揚州衛千户洪岱、文昌齡領軍至通州，遇倭，死之。倭薄揚州城，都指揮張恒，千户羅大爵、曾沂禦之于教場，兵潰，死之。五月，倭犯瓜洲，民夫擊走之。倭復犯揚州府，同知朱裒、高郵衛經歷晏鋭死之。無爲州同知齊恩與倭戰于圌山之北江中，死之。副使馬慎追倭于狼山，敗之。都指揮鄧城又敗之。增建揚州東關城成。三十六年四月，倭攻海門縣，應襲百户俞憲章死之注百卅一，倭入寶應縣。倭見揚州東關及瓜洲俱設添城堡，不得肆掠，乃從高郵至寶應縣，縣舊無城，焚掠殆盡。後始建城。六月注百卅二，副使于德昌，參將王介、劉顯擊泗洲倭，破之。倭遁出海，追至安東廟灣，又敗之。三十八年四月，倭犯海門、通州，副總兵鄧城敗績。倭犯丁堰，毛兵敗績，千户王良、吕忠戰没，參將丘陞擊却之。倭犯如皋城，丘陞背城擊敗之。鄧城再戰，敗績。陞復追擊〔注百卌三〕，敗之。倭犯盧家塲，千户汪時中擊却之。參將胡宗義與倭戰于海安，兵潰，千户趙世勳、鎮撫韓徹死之。六月〔注百卌四〕，副使劉景韶統兵追倭于劉莊塲等處，盡殲之，參將丘陞戰殁。八月，巡撫都御史李遂督副總兵劉顯、曹克新等擊倭于白駒塲，大破之，倭悉平。

【原注】

注一　西北自末口達六合入江，東北自射陽湖入淮。

注二　舊志，按江都縣西北六十里有末口，近黄子湖，與六合相值，邗溝皆自城下起，東北穿至射陽湖，西北穿至末口，而江淮始可通矣。

注三　淮子河，一名懷子河，在縣東北。其源自儀真陳公塘來，西北分派，直接雷塘，次接槐家河。

注四　伊婁河，自隋以前，揚子鎮尚臨江，至唐時江濱始積沙，與瓜洲連，故穿此河。

注五　城東，成化九年建。

注六　東北六十里。

注七　留潮閘，天順間巡撫江南都御史周忱建，以閘留潮水，接車運船，久廢。嘉靖四年，巡撫江北都御史高友璣、總兵官楊洪以參將張奎圖議奏行移建于南，改名瓜口閘。

注八　門二石甚鉅，入國朝始不行舟，今閘崩頹。

注九　洪武初建。

注十　東通官河，西至末口。

注十一　西南接艾陵湖，東北半屬高郵州界。

注十二　有上、下二塘，漢書江都王建游雷陂，即此。

注十三　其水注上雷塘，轉入下雷塘，由懷子河東流入官河。

注十四　官河其塘東半屬江都縣，西半屬儀真縣。

注十五　南十五里。

注十六　南通大江，北抵馬牆，春溢秋淺。

注十七　山陽溝，又名山陽瀆，南接官河，北與山陽河相通，入射陽湖。隋文帝開皇七年，揚州開山陽瀆以通漕，即此。

注十八　公路浦，按伏滔北征記云，廣陵西一里，水名公路浦。袁術自九江來奔袁譚于下邳，由此路。今莫究其處。東塘，按通鑑淮南節度使高駢檄四方兵討黄巢，出屯東塘。又秦彦在廣陵與楊行密戰不利，自開化門出奔東塘，今莫究其處。

注十九　即今關王廟前通上下口者。

注二十　裏河即今東關内西抵蓮花堰者。外河水自裏河口閘下通濟諸閘，會大横河，入于江。汊河在縣東一十里，其水出山澗，通官河。舊志：宗原于真州西五十里七都開河八十里，通于江，以避黄天蕩之險。又于江岸鑿河，由何家穴築石堰黄沙潭，以達于州。寧完慶元五年，知真州吴洪重開新河，自董家渡至黄池山，相對江口二十里，舟人便之。

注二十一　縣北三里。宋嘉定十年，發運判兼知真州方信孺築北山塘爲水匱。十一年，金人南侵，都守袁中儒決北山塘之水匱，金人遂退。十二年，中儒復開茅家山塘。

注二十二　縣西北三里二百六十步。

注二十三　西北倚山爲形，獨東南一面爲堤，八百九十餘丈，每山水發時，凡三十六水口皆聚于此。

注二十四　東四十里。

注二十五　東二十里。

注二十六　東六十里。

注二十七　出陳公塘，通官河。

注二十八　一壩、二壩在縣治東南半里，共一港。三壩在縣東南二里，獨一港。四壩、五壩在縣東南三里，共一港。俱洪武十六年兵部尚書單安仁議設。新壩在縣東十里，景泰五年工部主事鄭靈建。淺：麻線港淺、張家溝淺、蔣家溝淺。

注二十九　往來南京之要路。

注三十　得勝河在縣西北四十五里，即盛大港。

注三十一　在縣西南。

注三十二　弘治七年六月，高郵康濟河成。初，南京兵部左侍郎白昂奏，凡高郵湖行船，最忌西北風，往來舟楫多致覆溺，若於甎塘内開複河一道，引水行舟，可免風濤之患。於是巡河監察御史孫衍、管河郎中吳瑞因共挑濬，并置閘堰，築堤岸以利牽挽，往來稱便焉。

注三十三　東通興化縣西。

注三十四　即高郵湖，其水南北俱通官河，凡天長以東諸水盡匯此湖入淮，久雨則漲，旱亦不涸。

注三十五　繫年録云，承楚相距有樊良等三湖，綿亘三百里。宋紹興初，有張榮者聚衆于此，擊敗金人。金人陷揚州，榮駐鼉潭湖，積茭爲城。

注三十六　通小京河，西南屬江都縣界。

注三十七　海陵溪在州東，北通興化縣，西抵新開湖堤。興化、寶應二縣亦俱有海陵溪。

注三十八　北二十里。

注三十九　平津堰在州西，唐李吉甫築，溉田數千頃，即今官河岸。王琴淺、車邏淺、五里壩淺、丁家灣淺、小北門淺、九里廠淺、十里橋淺、張家溝淺、丁志淺、永定港淺、界首淺。

注四十　南接高郵，北接鹽城縣。

注四十一　自丁溪場入得勝湖。

注四十二　入新溝。

注四十三　自白駒場入運鹽河。

注四十四　入平望湖。

注四十五　西通海陵溪，轉入射陽湖。

注四十六　自得勝湖入運鹽河。

注四十七　十里，自小海場入運鹽河。

注四十八　入海陵溪。
注四十九　自塘港西出得勝湖。
注五十　入海陵溪。
注五十一　自車路河入白塗河。
注五十二　入平望湖。
注五十三　自長安河流入大縱湖。
注五十四　入平望湖。
注五十五　入南溪。
注五十六　自海陵溪入精陽溪。
注五十七　自莫家河入平望湖。
注五十八　入平望湖。
注五十九　南循捍海堰入運鹽河。
注六十　入平望湖。
注六十一　入吴翁湖。
注六十二　入大縱湖。
注六十三　入大縱湖。
注六十四　入大縱湖。

注六十五　入大縱湖。

注六十六　自泰州界入運鹽河。

注六十七　起陵亭鎮口，東下一百三十里入運鹽河。

注六十八　得勝湖，廣袤皆二十里，東南通泰州丁溪場，西北通運鹽河。宋紹興初，張榮、賈虎等率山東義軍擊敗金撻懶于此，金人棄泰州遁去，因名。

注六十九　南通新溝，北接丁溝。

注七十　西入射陽湖。

注七十一　一名蜈蚣湖，其流西入海陵，通寶應縣。

注七十二　發源泰州。

注七十三　縣南。

注七十四　與泰州相連，唐大曆中，黜陟使李承式創築。宋開寶間，知泰州事王文祐加葺。天聖初，范仲淹監西漢鹽倉，力贊發運使張綸疊石固築，長一百四十三里，海患以寧。元詹士龍宰興化，請發九郡人夫併築，延亘三百餘里，民賴其澤焉。

注七十五　隋大業末，破釜塘壞，水北入淮，此塘亦涸。宋嘉定中，復修之，周一百二十里，地涉山陽、盱眙兩縣。

注七十六　會射陽湖。

注七十七　東北四十五。

注七十八　北接黄浦溪東北。

注七十九　西十五里西通白水塘。

注八十　東南會清水湖。

注八十一　縣北二十里。

注八十二　今並廢。

注八十三　舊志無汜水潭灣，而有丁家潭淺、五里淺。

注八十四　減水橋二十二座，古名石磋，今名減水橋，俱在官河堤上。

注八十五　入如皋縣境。

注八十六　浦汀河在州北鱼行壩，一百二十里抵興化縣。

注八十七　入寶應。

注八十八　西通大江，東通白蒲汊。

注八十九　通運鹽河北。

注九十　分司北二十里通。

注九十一　平福堰在州西門外，以遏上流水勢，東通海門，西通泰州。白蒲堰在州西北六十里，與如皋界。

注九十二　料角嘴爲江海之會，水分鹹淡。陶九成云：通州海門東，中有積沙，其長無際，浮海者以竿料淺深。此淺生角，故名料角，明不可度越云。

注九十三　並在如皋縣。

注九十四　並在通州。

注九十五　並在泰州。

注九十六　並在泰州。

注九十七　並在鹽城縣。

注九十八　在山陽縣。

注九十九　並在海州。

注一百　在贛榆縣。

注百一　嘉靖維揚志第九卷鹽政可互觀。

注百二　維揚志有丘密弩庫記可參。

注百三　亦名中閘。

注百四　成化十一年八月，置儀真縣河港三閘。先是，工部郎中郭昇奏、江南進貢運糧等船至儀真壩，雖夏月潮盛，亦須人力絞挽，方能達河，少有錯失，船即損壞。而裏河壩岸恐爲潮水衝決，多開缺口，以殺其勢，水退復修，爲費甚大。儀真縣羅泗橋舊有通江河港，上至裏河幾四百里許，潮大之時，内外水勢相等。此港可置三閘，潮來先啓臨江閘，使船隨潮而進。俟潮既平仍啓中二閘放之。如此，不惟往來舟船利便，而裏河水勢亦即蹺洩，不待決口重費也。詔可之。昇會總督漕運都御史李裕勘議修立，而儀真店户惡其奪己利，賄囑所司假以走洩水利閉之。至是，昇復條陳開閘之利、不開之患，工部復奏以昇言誠有益經久之策，宜允所請，從之。

注百五　亦名羅泗閘。

注百六　自江至此閘，計長二百丈，扁曰「江北第一閘」。

注百七　自羅泗至此，計長二百零九丈。

注百八　自通濟至此，計長二百七十丈五尺。

注百九　萬曆六年。

注百十　縣東二十五里。

注百十一　城中。

注百十二　縣西三里。

注百十三　縣北七里。

注百十四　縣西十八里軍師莊。

注百十五　六淺潭在縣南二里，運河堤東。

注百十六　人户俱是田多糧少，如徐蘭、劉春等號稱巨富，而在册糧米不及三石之數，據此之説，皆有可質。因委兩淮運司同知等官孫廷相等，該府同知孟雷等與該縣知縣傅佩等公同丈量去後，續據原委同知孫廷相等呈稱各該居民徐蘭、劉春已開種年久，恃爲己業，生情阻撓，不容踏勘等情，各另具情回報前來。又據該州越種興田民人徐斌等畏法，各將越種内有田無糧數目具首到臣，法當重究。緣臣巡歷一年爲滿，該縣徵收之期已迫，卒難歸結，從權行令各該委官公議，先儘本縣與泰州無争處踏過田地照科徵收，尚餘米一千餘石，待後踏明蚌沿河迤北等處地方另行派補，及將阻遏人犯徐蘭等拘禁外，切照有田則有糧，此一定之理不可易者。今泰州之民越界開種無糧之田，累及興化之民賠納無糧之税，及至差官踏勘，却又阻撓不服，法難輕貸，再照該縣地方自加糧之後，錢糧差役視諸江北州縣，輿獨爲繁重，人民逃竄，遺棄糧差盡累見在。

注百十七　芙蓉鎮在縣東北三十里。

注百十八　西塘港在縣東六十里，南北横亘，通梓新河，入得勝湖。

注百十九　東塘港在縣東六十里，南通泰州運鹽河，北通鹽城蒙喻。

注百二十　縣南三十五里。

注百廿一　縣東北七十里。

注百廿二　即拱鹽河。

注百廿三　天啓四年，知縣李衷純申請塞之。

注百廿四　陳大壯記曰：運者轉漕□而達之京師，鹽者轉七場之鹽而達之運司。

注百廿五　自揚州灣頭以東，南直抵吕四一帶，原係運鹽老河，其續開串場新河，因餘西、金沙、餘中三場江坍逼近而河移北遷，餘東、吕四二場仍行故道。至于西亭而至石港，由石港而至馬塘，此二新河不過爲串場之便，非出場必由之路也。故頻年海潮攻決，侵入内河，雖由堤穴衝突，亦由新河注引鹹水灌入之後，蕩草不茂而田禾受傷。

注百廿六　馬塘場在州東北九十里，豐利場在州西北四十里，掘港場在州北九十里。

注百廿七　揚州府。

注百廿八　知州李汝杜督民兵嬰城固守，賊退屯廟灣，兵備劉公景韶勦滅之，事詳吏部侍郎尹臺平倭碑。

注百廿九　萬曆四十年。

注百三十　徐州兵備李天寵率兵敗倭于如皋之蔣婆鋪。

注百卅一　兵備副使馬慎率兵敗倭于如皋之陳家莊。

注百卅二　五月，倭攻如皋。

注百卅三　于泰興縣之新沙。

注百卅四　四月二十九日，劉副使、丘參將窮追倭賊，丘死之，劉獨躡賊，盡殲之。

【校勘記】

〔一〕其餘多流寓　「其」原作「自」，據敷文閣本改。

〔二〕北神堰在楚州城北五十里　「十」字原脱，據敷文閣本、清抄本補。

〔三〕皆瑄所經理　「理」原作「綜」，據敷文閣本改。

〔四〕西港七壩　「港」原作「壩」，據上文改。

〔五〕州城亦保而免焚掠　「保」字，清抄本作「得」。

〔六〕南北長一千一百六十丈　「六」字，清抄本作「八」。

〔七〕萬曆二十八年　「二」字，清抄本作「三」。

〔八〕與捍海堰等　「海堰」二字原倒，據敷文閣本及下文乙正。

〔九〕在州治西南三十里　「三」字，清抄本作「二」。

〔一〇〕與盱眙蘆蒲山破釜塘相通　「釜」原作「金」，據清抄本及下文改。
〔一一〕八邑士民其亦尚有永利哉　「邑」字原脱，據敷文閣本補。
〔一二〕一去東北至東臺　「至」字原脱，據敷文閣本補。
〔一三〕今欲以河鹽堆鹽兼掣疏通　「堆」字，敷文閣本、清抄本均作「淮」。下同。
〔一四〕角斜　「斜」字原作「斛」，據敷文閣本、清抄本及下文改。
〔一五〕紆匯六十里　「紆」原作「圩」，據新唐書卷一二八齊澣傳及下文改。
〔一六〕又於牝神相近作一壩　「牝」，敷文閣本、清抄本均作「北」。
〔一七〕余謂儀真距急水河之地　「水河」原作「河水」，據敷文閣本、清抄本及下文乙正。
〔一八〕松椿櫛比以固其底　「椿」原作「樁」，據敷文閣本、清抄本改。
〔一九〕仍設板木拖橋壹座　「木」原作「水」，據敷文閣本、清抄本改。
〔二〇〕黄必乘之　「黄」原作「淮」，據清抄本及上文改。
〔二一〕伍祐則有瓦龍港之議　「祐」原作「佑」，據敷文閣本、清抄本改。
〔二二〕高郵則有三塘曰　清抄本「曰」字下有三字空格，據補。
〔二三〕上河涸而上十等十二場運鹽之路阻矣　上「十」字原作「千」，據敷文閣本、清抄本及上文改。
〔二四〕此尤獨占大洋之兩頰也　「占」原作「舌」，據敷文閣本改。

河南備録

疆域

天以河界豫，是分之也。舉河北三郡，合而屬之河南，襟帶相維，犬牙相錯，畫疆者固有深心歟？周書曰：「申畫郊圻，慎固封守，以康四海。」豫處平原，無險阨足恃，古今治亂之原，良可考鏡矣。噫！西跨崤、函，東連淮、泗，南絡荆、襄，北抗燕、趙，睇彼形勢，豈特「伊、洛蟠地脊，河內比秦關」而已哉！

形勢

河南布政使司

「居天下中。」鮑雲龍天原發微云：「中州居天下中，其次曰鶉火、大火、壽星、豕韋，神主嵩山，曰鎮星。」負險用武之國：于天象則弘農分陝，爲兩河之會。自陝而西爲秦、涼，北紀山河之曲爲晉、代，南紀山河之曲爲巴、蜀。四戰用文之國〔一〕：則陝東三川、中岳爲成周；西距外方、大伾，北濟南淮，東達鉅野，爲宋、鄭、陳、蔡；河内及濟水之陽爲邶、衛；漢東濱淮陰爲申、隨。負海貨殖所阜之國：則北紀東至北河北爲邢、趙；南紀東至南河南爲荆、楚；自北河下流，南距岱山爲三齊，夾右碣石爲北燕；自南河下流〔二〕，北距岱山爲鄒、魯，南涉江、淮爲吴、越。其用文、用武、貨殖所阜之國，皆所以育人民、成造化、開中國君臣父子仁義禮樂之區也。」「咽喉九州，闔域中夏。」唐賈至虎牢關銘。「鎖天中區，控地四鄙。」唐呂温成皋銘〔三〕。「居南北要衝，綿亘萬餘里。」白恪圓堂記：「汴居南北要衝，分地尤廣。河以南，左海而右洛；江以北，西楚而東淮，綿亘萬餘里，可謂重寄矣。」「北拒并、汾〔四〕，東至淮、海。」五代史梁帝記。

開封府

「天下要衝。」酈生説漢高祖云：「陳留，天下要衝。」「水陸都會。」唐李勉傳：「汴州〔五〕，水陸一都會。」「岡阜繚轉，龍盤虎伏。」李清臣汴都記。「分疆十同，提封萬井。」宋周邦彦汴都賦。「處四達之會。」宋史。「八方所凑，爲天下樞。」張洎封事。

歸德府

「帶以黍邱之野，包以閼伯之疆。孟豬出其右〔六〕，汳水更其旁〔七〕。」「備禦東南，則九州之奥區焉。廣衍沃壤，則天下之膏腴焉。」俱南都賦。「南控江淮，北臨大河。」「徐城距其東，汴國環于右。」舊志。

彰德府

「山林幽映，川澤回繚。」晉左思魏都賦。「其地平廣闊大，挾上黨，撫襄國，蹠澶掖衛，常爲天下要。」相臺志序〔八〕。「沃野千里，民物蕃阜。」「淇陽列其前，洹、漳繞其後。左挾衛河，兼挹萬金之奇；右阻太行〔九〕，實表天峯之險。」郡志。

衛輝府

「左孟門，右太行。大河經其南，常山在其北。」史記。「峯麓奇峻，泉甘水温。」元史。「北通燕、趙，南走京、洛，河山之間，一都會也。」元王惲記〔一〇〕。「左右山河，古稱重鎮。」文獻通考。

懷慶府

「帶河爲固，北連上黨，南迫洛陽。」漢書寇恂傳。「太行北峙，沁水東流。近帶黄河，遠挹伊、洛，舟車都會，號稱陸海。」舊郡志。「山川延袤，雄跨衛、孟。」舊圖經。「淶水出乎其西，淇水出乎其東。」書傳。

河南府

「南望三塗，北望嶽鄙。」史記載武王言。「三河若鼎足。」漢貨殖傳：「三河居天下之中，若鼎足。」「左據成皋，右阻澠池。前面嵩高，後介大河。」漢書。「沂、洛背河。」東京賦。「洛邑爲天下之中。」宋地里志。「崤、函有帝王之宅，河、洛爲王者之里。」文選。

南陽府

「西通武關，東受淮海。」史記。「滄浪爲隍，方城爲墉。」漢張衡南都賦：「武關瞰其西，桐柏控其東。疏滄浪而爲隍，廓方城而爲墉。湯谷涌其後，淯水盪其胸。推淮引湍，三方是通。」「襄漢藩籬。」宋虞允文奏議：「鄧爲襄漢之藩籬，古形勝之國也。」「用武之國。」宋熊剛大云：「南陽北連中原，東通吴會，西接巴蜀，南控蠻粤，故諸葛亮以爲用武之國。」

汝寧府

「汝水屈曲，形若垂瓠。」水經。「隱然巨屏，端若長城。」輿地紀勝。「四方最中。」元志：「豫州于四方最中，汝南于豫州又最中。」

汝州

「面環汝水，背負嵩山，左控襄、許之饒，右聯伊、洛之秀，乃中州名郡也」。州志。

豫譚

范守己

史記云：秦孝公合諸侯于逢澤。漢書曰：逢澤在開封東北。尉氏志乃謂逢澤在其縣北門外，非是。按：古開封縣在尉氏西，苑陵東。逢澤在其東北，當在尉氏西北數十里也。

春秋時，中牟爲晉地，故佛肸據之以叛。其圃澤屬鄭，不屬晉，不應在中牟郭外。然則今之中牟，非春秋之中牟矣。以穆天子傳考之，今中牟當是邴邑，井公所居之地也。廣輿圖謂中牟爲制，爲廣武，非是。鄭莊公曰：「制，巖邑也。虢叔死焉。」杜元凱釋爲：滎陽，鄭邑也。中牟非鄭地，何得爲制？廣武在滎、澤、河、陰間，去牟未遠。

左傳隱公五年四月：「衛人以燕師伐鄭」，「燕人畏鄭三軍，而不虞制人」。六月，「鄭二公子以制人敗燕師于北制」。註曰：「北制，鄭邑，今河南成皋縣。」宣公十年，「諸侯遷于制田」。註曰：苑陵縣東有制城〔一二〕，是爲南制。

洧水出密縣馬嶺山，東流受溱水，又東過新鄭，受黄水，南至于長葛，北至于洧川，東南至鄢陵。東至于扶溝，與鄭水合；南至于西華，與潁水合；東南至于潁上，與淮水合。自密至西華，其水春夏可褰裳涉也。三月水增，謂之「桃花水」。夏秋淫潦暴集，潰囓不常，居人謂之「小黄河」，以其岸善崩故也。或謂鄭水爲「小黄河」，誤，謂爲「賈魯河」亦誤。

漢書河南郡有京，有密。註云：「故國有大騩山，潩水所出，南至臨潁入潁。」潁川郡有陽城，註云：「陽城山，洧水所出，東南至長平入潁，過郡三，行五百里。陽干山，潁水所出，東至下蔡入淮，過郡三，行千五百里。」案陽城，今登封縣，潁水所出，是矣！當時自有密縣，豈割洧源之地屬之登封耶？

河南郡有滎陽。註云：「汴水、逢池〔一三〕，皆在西南。有狼湯渠，首受泲，東南至陳入潁，過郡四行七百八十里。」陳留郡有浚儀。註云：有「睢水首受狼湯水，東至取慮入泗，過郡四，行千三百六十里」。陳留郡有陳留。註云：「魯渠水首受狼湯渠，東至陽夏，入渦渠。」有封丘。註云：「濮渠水首受泲，東北至都關，入羊里水，過郡三，行六百三十里。」淮陽國有扶溝。註云：「渦水首受狼湯渠，東至向入淮。」案：泲即濟水，所謂濟水入河，南洪爲滎者也。卞即汴水，汴水即狼湯渠，亦作莨蕩。唐、宋以前，其水自滎、澤並河而東，經中牟浚儀，至彭城，與泗水合。至泗州入淮，蓋當時河自大伾東北入海，故汴得專流，若是長也。其後大河南徙，奪汴、泗之道以入于淮，則渠、汴遂没于河，不復專流南下矣。所可見者，唯滎水北流，不數十里入河耳。故至今徐州志猶以大河爲汴河。據此，則曰泲、曰滎、曰狼湯、曰汴，皆相流貫也。第所謂狼湯渠至陳入潁，睢水受狼湯至取慮入泗，魯渠受狼湯至陽夏入渦，濮渠受泲至都關入羊里水，渦水受狼湯至向入淮者，又何支離若是也。豈其正流合睢水入泗，其支流又各不同耶？今皆湮塞，莫可考據。

漢書云：「滎陽下引河東南爲鴻溝，以通宋、鄭、陳、蔡、曹、衛，與濟、汝、淮、泗會于楚。」是鴻溝在狼湯渠北，瀕河東南，下與濟、泗合流，南入于淮者也。其支派與宋、鄭、陳、蔡諸水，皆相流通。厥後河徙不常，故流遂絶。正統間，河自中牟南行，由開封西南，經通許、睢、陳，東流入淮。由是汴南諸水之故跡，俱没于河，已而河復北徙，止遺河形，瀰漫而已。古跡茫然，莫可復辨。今西華猶稱古鴻溝。

漢書：陳留郡有傿。應劭曰：「鄭伯克段于鄢是也。」潁川郡有傿陵。莽曰「左亭」，李奇曰「六國爲安陵」，則晉、楚戰于鄢陵是也。東漢、魏、晉俱因之，不知何者爲今鄢陵縣。至于苑陵，莽亦曰「左亭」，豈鄢陵與苑陵接壤？王莽俱廢之，以其地置左亭縣邪？大抵陽翟以東，新鄭以南，其地平壙，無名山，惟多岡陵，横亘曲屈，不下三二十許。故左傳所謂陽陵、大陵、魚陵、鄢陵，六國所謂安陵、馬陵，皆在其地，第今不能悉其所在耳。唯安陵爲尉氏地，漢爲富平縣者是。

左傳襄公十八年：「楚師伐鄭，次于魚陵。右師城上棘遂涉潁，次旃然。蔿子馮、公子格率鋭師侵費滑、胥靡、獻于、雍梁，右回梅山，侵鄭東北，至于蟲牢而反。子庚門于純門，信于城下而還，涉于魚齒之下。」註云：魚陵，魚齒山也，在南陽。旃然，水出滎陽成皋縣，東入汴。胥靡、獻于、雍梁皆鄭邑。河南陽翟縣東北有雍氏城。梅山在滎陽密縣東北。魚齒山之下有滍水，故言「涉」。案：上文言子庚帥師，治兵于汾，註云：「襄城縣東北有汾丘城。」兹乃謂魚陵爲魚齒山，在南陽，豈子庚治兵于襄城，及欲伐鄭，乃南還走南陽耶？然則魚陵之不爲魚齒山明甚。況下文又言「魚齒山」，何故于此言「魚陵」邪？至于梅山，若在密縣東北，則是新鄭西北矣。左氏何以云「右回梅山，侵鄭東北」也。元凱之癖多此類。

開封，六國時魏邑名。惠王都大梁，在開封東。秦屬三川郡，西漢置開封縣，屬河南郡。漢書註云：「逢池在縣東北。」又有浚儀縣，屬陳留郡。註云「惠王自安邑徙此」，所謂大梁也。東漢因之，開封屬河南尹，浚儀屬陳留郡。晉開封，屬滎陽郡，浚儀屬陳留國。東魏置開封郡，屬梁州。北齊廢開封郡，併入陳留郡。後周改梁州爲汴州。隋廢陳留郡。煬帝初，廢汴州。唐復置汴州，後改爲陳留郡。浚儀、開封二縣屬之。五代梁以爲東都，升開封爲府。後唐爲汴州，罷東都。後晉復爲開封府，號東京。宋因之，郭内分開封、祥符二縣，罷浚儀。金以爲南京。

案：此則古開封縣在今城西，中牟之南，尉氏之西矣。非今之祥符地也。

睢州，春秋時承筐地，宋襄公葬于此，因曰襄陵。秦併天下，置襄邑縣，屬碭郡。兩漢、晉、宋、北魏俱因之，改屬不常。北齊併入雍丘縣，隋復置之。宋崇寧間，置拱州，以襄邑爲附郭縣。金改爲睢州。洪武初，省襄邑縣，或謂即襄牛，非也。首止、大棘、曲棘、鄫、邲、小黄、滑亭俱在其地。漢時置服官，主織冕服，故後人名其池曰濯錦池。古語云：遊睢、渙者，工藻繢之妍。以此，睢、渙，二水名。睢水在城北六里，首受莨蕩渠，東至取慮入泗。渙水不可考。城北六十里有巴河，疑即渙也。今皆湮塞。

考城，古戴國，春秋時鄭取之爲穀城。秦置菑縣，東漢始名考城。以周封伯邑考之後于亳北，故名。其地有葵丘，齊桓會諸侯處。鄉有蒙澤，莊周故里。有外黄，有武安城也。

柘城，古朱襄氏之邑。春秋爲陳株野，毛詩所謂「株林」是已。漢置柘縣，以有柘溝，故名。

永城，春秋時名犬丘，亦爲芒縣地。西漢置犬丘、芒二縣。東漢改芒爲臨睢，改犬丘爲太丘。晉併入酇縣。「酇」音「嵯」，非南陽之「酇」也。南陽地音「贊」。隋置永城縣，金爲永州。碭山在城北八十里，漢高祖所隱處也。山下有石洞，曰夫子岩，相傳夫子避雨于此，今肖像事之。城西北三十里有太丘城，陳仲弓爲令地也。其鄉有邵平、陳平墓，疑假。

禹州，古夏地。大禹初封于此，徐廣云「夏居河南，初在陽城，後居陽翟」是也，受禪後都安邑。啓即鈞臺以享諸侯。春秋時屬鄭，曰櫟邑。周襄王取櫟、陽翟爲畿内地。韓景侯徙都陽翟，歷、烈、文三侯，垂三十年，爲秦所滅，遂置潁川郡，項羽封韓王成于此。漢高帝亦封韓王信于此，尋徙之，復爲潁川郡。晉遷潁川郡于許昌，罷故郡爲陽翟縣，屬河南郡。東晉置陽翟郡，東魏因之。隋開皇罷郡，以陽翟縣屬嵩州，大業間，改屬襄城郡。唐後改屬不常。劉豫置潁順軍，金大定間，置順州，尋改爲鈞州。萬曆三年，改爲禹州，其地有禹山、荆山、具茨山、九山、翟山、空同山，有潁水。

韓退之，南陽人。古今人物志略遂收退之于南陽府，不知南陽屬河内，今修武縣。左傳：僖公四年，晉文公圍南陽。史記：白起攻韓南陽太行道，絶之〔一三〕。豈今南陽府耶？修武故名南陽，秦始皇更今名，今有文公祠。山東濟寧之南亦有南陽，則魯欲使慎子伐齊以取者也。

河南、洛陽，漢二縣名，東西相距四十里。案文獻通考：河南，古郟鄏地，是爲王城。洛陽，古成周地，是爲下都，蓋武王克商，定鼎于郟鄏。至成王卜澗水東，瀍水西，而宅洛邑，王城是也。又于瀍水東卜之，亦吉，遷殷頑民居之，則下都是也。平王東遷，居王城。至敬王，與子朝争立，出奔晉。定公使魏舒率諸侯之大夫會于狄泉，城成周居王。時子朝在王城，故萇弘云：「西王天棄之，東王必大克。」蓋以成周在王城東故也。成周本王城、下都之總號，至是以下都爲成周，别于王城。云成周有狄泉在城中，有殷王冢，東北有芒山。王城西有穀城。至孝王，封其弟于河南，以續周公之職，是爲桓公。其孫惠公封少子于鞏，號東周君。至是又以成周爲西周矣。王赧立，又徙都王城，是爲東、西二周。秦滅二周，置三川郡。漢置河南郡，乃以成周爲洛陽縣附郡，王城爲河南縣，在郡西。東漢置河南尹，屬司隸。魏、晉改爲司州。後魏亦爲河南尹。北齊爲洛州，隋後改屬不常。二縣俱自若也。宋爲西京，二縣俱附郭。金省河南縣，至今因之。其地東有成皋、虎牢之險，西有函谷關，南阻伊闕、嵩少諸山，北帶大河，其間沃壤三百餘里。伊、洛諸水，縈帶周回，真帝王之都會也。惜其規模爲少隘耳。

嵩高山在偃師縣東南登封境内，緜延周二百里。其山之最高者，曰太室、少室，東西對峙，相距殆二十里。太室二十四峯，少室三十六峯，皆直立插雲表。而少室峯尤秀，如玉笋排空然。少室後有寺曰少林，魏孝文帝爲跋陀師建也。寺東北八里曰轘嶺口，在五乳峯東，其北即轘轅道一十二曲，古稱最險處。唐高宗欲幸少林，乃發徒鑿其嶺，可通輦騎云。寺負五乳峯，面少室，若玉屏。梵宫後有講堂，堂後左有立雪亭，惠可侍達磨處。西北山上有達磨菴，九年面壁處。菴後室中有達磨影石，高二尺許，其影宛然，乃面壁時精神所貫也。後有達磨洞。寺中有唐太宗爲秦王時賜寺僧教，鐫之豐碑，其辭云：「王世充叨竊非據，敢違天常。法師等並能深悟幾變，早識妙因，擒彼兇孽，廓茲淨土。聞以欣尚，不可思議。今東都危急，旦夕殄除。並宜勉終，茂功以垂令範。」蓋是時寺僧立功者十有三人，曇宗拜大將軍，餘不受官，賜地四十頃，故云云。至今寺僧以技擊聞，其由來久矣。俗傳錦那羅變形禦寇事，或因此附會之爾。嘉靖末，寺僧月空者，受檄禦倭于松江。其徒三十餘人，自爲部伍，持鐵棒，擊殺倭奴甚衆。卒以智屈被殲，亦可爲永戒云。太室黄蓋峯下有嶽神祠，祠後有盧、巖二寺。蓋唐盧鴻隱處，有廢嵩陽觀。觀内三古柏，大者圍三丈許，漢武帝封爲大將軍，次爲次將軍，輪囷怪甚。其東有崇福宫，亦廢。稍東有啓母石，塗山氏所化也。説見淮南子。

空同山在禹、汝二州境，上有大仙觀。盤旋以上，懸崖有瀑布水飛下，石澗淙淙振林木。崖巔有石洞，中有白犬，常遊洞外，因號其冢爲玉狗峯。上有廣成子廟及空同觀，下有廣成墓及城，即黄帝問道處。平涼、臨洮各有空同山，各云廣成子隱地。第莊子言黄帝問道空同，遂言見大隗，迷于襄城之野，其爲此山無疑。

閿鄉，古鼎湖地。黄帝採首山之銅，鑄鼎荊山之陽。鼎成，有龍下迎，乘之而去，因名其地曰鼎湖。案禹貢：「道岍及岐，至于荊山，逾于河；壺口、雷首，至于太嶽。」則荊山、鼎湖之地，固自不相遠也。衛水出共之百泉，東北至直沽，與潞水合。其源距河不五十里。沁水自山西，經懷孟，至武陟入河。其委距衛源不百里。沁有故道，由修武新鄉入于衛水，可爲□□國家通漕之一助。

開封府志　河防

洪武七年，河決開封堤。詔參政安然塞之。

十四年，河溢原武、祥符、中牟。

十五年，河決滎陽、陽武。

十六年秋八月戊辰，河決開封東月堤。自陳橋至陳留，潰流十餘里。是月復決杞縣，入巴河。上用惻然，乃命户部遣官，督所司塞之。

二十年，河決開封城。自安遠門入，淹没官民廨宇甚衆。

二十四年，河決原武之黑洋山。東經開封城北五里，又南行至項城，經潁州潁上，東至壽州正陽鎮，入于淮，而故道遂淤。

秋八月，河溢開封。時城三面皆受水，將浸及軍儲倉巨盈庫。詔令滎陽高阜處築倉庫以待之。

冬十一月，蔡河南徙入陳州。先是河決，由府城北而東行。至是下流淤塞，故又決而南之也。

永樂元年，饋運自陳州潁岐口北輸於京。時户部尚書郁新奏言：「近因淮河至黄河淤淺，以致饋運不通。請自淮安用輕舟運至沙河及陳州潁岐口，仍以大舟載入黄河，復陸運衛河，以轉輸北京。」上曰：「可。」

四年，詔修陽武、中牟及汴河北隄。

八年，河南守臣請修汴梁壞城。往河決汴梁，壞城二百餘丈，至是修築。上諭工部臣曰：「汴城延黄河〔一四〕，不免衝決之患。此國家藩屏之地，不可以緩。且聞黄河水增三尺，其急遣人往視之。」

九年三月壬午，命侍郎張信濬黄河故道。先因河水累歲爲患，修築堤防，民用困敝。至是河決，壞民田廬益甚。事聞，遣信來視。信至，詢訪故老，得祥符魚王口至中灤二十餘里，有舊黄河岸，與今河面平，浚而通之，俾循故道，則水勢可殺，遂繪圖以進。詔發河南民丁十萬，命興安伯徐亨、工部侍郎蔡廷瓚率運木夫，同侍郎金純相度治之。仍遣定國公徐景昌以太牢祠河神，户部侍郎古朴以太牢祭河南境内山川。時工部尚書宋禮督工開會通河，遂命禮兼董之。初朝議開會通河，及浚河南黄河，命户部凡開浚民丁，皆給米鈔，及蠲户内是年租税。于是河南、山東之人，聞風而自願効力者甚衆。因諭户部臣曰：「開河効力之人，賞蠲之惠，一如編役。」民由是益戴之。

秋八月庚戌，新港成，河復故道。是年六月丁未，勅尚書宋禮曰：「曩命卿等濬黄河故道，及築塞河港，以紓民患。今久未見成績，而河水泛溢日加，爲民患苦。卿等其協心併力，無懈夙夜，脱民墊溺，用副朕委任之意。」七月乙酉，浚河工告竣，凡役民丁十一萬四百有奇。自是河循故道，與會通河合，而河南之水患息矣。八月庚戌，禮等還京。皇太子遣人勞視，自是無水災者三十餘年。

正統十三年，河決滎澤。東過開封城之西南，又東南經陳留入渦口，又經蒙城，至懷遠東北，而達于淮焉。是時開封府城在河之北矣。時汴水出滎陽大周山，合京、索、須、鄭、汜水，東南至中牟而入於汴。尚書石璞、侍郎王永和、都御史王文相繼塞之，弗績。又六年，徐有貞治之，決口乃塞。

天順五年秋七月，河決開封城。鎮平王避水如尉氏。

上命工部侍郎薛遠塞之。

六年春二月，作石閘成。呂原有記，其略曰：維開封城周迴二十里，外則繚以隄。當宋時，近於城者，惟汴、蔡諸水，而黄河流經城之東北以達於海。至元時，河始南徙逼城，流合汴、泗入淮。國朝正統戊辰，亦嘗分決張秋口，東北入海，其後復東北入海如故。築隄護城，其來蓋已久矣。夫土疏固易遷徙，而流雜泥沙，又易淤澱。以故水載高地，堤日增而城益下也。天順五年秋七月四日，客水暴至，河溢踰防，土城遂決。越六日，猛風激浪，擁突北門，以入平地，水深丈餘。王府及官衛儒黌，廬井市廛，無慮數萬區，盡浸没摧圮。力能結筏者，僅以身免，而老弱者，往往溺死。事聞，上特命工部右侍郎瓊臺薛君遠往拯治之。璽書授以事宜，君星馳汴，敷宣帝德，綏援衆感，即移粟以賑其飢。躬率三司官僚，按視地形，商度工用，及以緩急詢之故老。乃命左布政使侯臣、按察使吴中，徵集丁夫，預調塞治之物於所屬。委開封府知府魚侃、通判蔡保等，管領應役。先令右布政使豐慶、副使項璁，於決口上流，督夫下椿捲埽，作截水堤二百四十餘丈。浹旬隄就，決口絶流，而水趨故道。又令副使張諫、參議王鉉，於土城東起獨巒岡，訖猫兒岡，督夫鑿渠二千二百七十八丈，引水東注，而城中積水日漸耗減。又命參議史敏、僉事高逵於土城東南曰揚州門〔一五〕，浚舊渠之湮塞者，起太平岡，直抵陳留渠，長一萬二千四百八十丈，以洩城中積水，使下流達于黄河。自是地稍高者，咸得修葺舍宇；凡王府官廨，亦漸可居；而居民蕩析流離者，接踵復業；野田堪乂者，俱播宿麥矣。顧城地低窪，積水莫能盡出，則令參議蕭儼、李浩，僉事王紹，督夫車戽。參議何陞又導而分之。閲月，水盡乾涸。初環城五門俱有潦水，河決後，水益瀰漫，無津畔。往來者必藉舟楫，一遇風濤，莫或敢濟。由是米薪之價，湧貴數倍。則又令項璁等築道路於大梁、仁和等三門以通車馬，内外莫不便之。且令李浩修補城垣缺處，及創築各門月隄。軍民有貧餒者，給以粟麥，凡八千餘石。有屋居漂蕩無存者，給以榱檁，共一萬三千餘株。事將竣，因念積水全賴開渠浚導，議即揚州門置閘，以限内外。倘後内水有積，啓而洩之，或外水欲入，閉而塞之，庶爲永久之利。適巡按御史梁君覿、董君廷圭至，議用克協，即委布政司照磨金景輝等，於鄭之賈峪山，採石煉灰，勸客舟如期輸至。就令景輝及開封推官劉錡董役。未幾，閘成。蓋首事於是年九月十二日，而以明年二月二十六日輟工。凡用丁夫三萬八千四百有奇；椿木三萬一百七十有奇；茭稍以束計者，一十二萬七千有奇；犍囤以件計者，三千二百有奇；麻以斤計者，九千七百八十有奇。而閘用石八百餘片，磚二萬餘塊，灰三萬餘斤。是役也，諸公開誠勸諭，人心咸悦，故勞雖久而無怨，費雖鉅而易完者。及薛君已還，闔城士庶咸謂其仰體朝廷之心，既拯民於昏墊，又防患於未然，其德宏，其慮遠，宜有述以告來者。而崇明訓導祥符艾俊爲書以求予記。嗟夫！中原水患，惟河爲甚。而禹之治河也，務多其委，以分其勢。故當大伾而下，析爲二渠，大陸而下，播爲九河。今河失禹道，治之固難。如能先事爲備，訪求遺瀆以爲委，則亦不至臨事而失措矣。穿渠置閘，蓋知從事於委者。然委弗多，而泛溢所當虞也。用記夫施工次第，並贅以是説云。

成化十四年春，黄河決祥符縣杏花營。

秋七月，河決延津縣西𦿆村。泛溢七十餘里，又明年，徙之縣南。

弘治六年夏，河決黄陵岡。

上遣都御史劉大夏、太監李興、平江伯陳鋭治之，功成。

命大學士劉健作記，勒石河上。記曰：弘治二年，河徙汴城，東北過沁水，溢流爲二。一自祥符于家店，經蘭陽歸德，至徐、邳入於淮〔一六〕；一自荆隆口黄陵岡，東經曹濮，入張秋運河。所至壞民田廬，且勢損南北運道。天子憂之，嘗命官往治。時運道尚未損也。六年夏，大霖雨，河流驟盛，而荆隆口一枝尤甚，遂決張秋運河東岸，併決水〔一七〕奔注於海。由是運道涔涸，漕舟阻絶。天子益以爲憂，復命都察院右副都御史臣劉大夏、太監臣李興、平江伯臣陳鋭治之。命下，三臣乃同心協力，以祇奉明詔。遂自張秋決口，視潰決之源，以西至河南廣武山涔涸之跡，以北至臨清衛河。地勢事宜既悉，然以時當夏半，水勢方盛，又漕舟鱗塞口南，因相與議曰：「治河之道，通漕爲急。」乃於決口兩岸，鑿月河三里許，屬之舊河以通漕。舟既通，又相與議曰：「黄陵岡在張秋之上，而荆隆等口，又黄陵岡潰決之源。築塞固有緩急，然治水之法，不可不先殺其勢。」遂鑿滎澤孫家渡口河道七十餘里，濬祥符四府營淤河二十餘里以達淮，疏賈魯舊河四十餘里，由漕縣糧進口出徐州運河。支流既分，水勢漸殺，於是乃議築塞諸口。其自黄陵岡已上，凡地屬河南者，悉用河南兵民夫匠，即以其方面官分統。臣大夏往來總督之，博采群議，晝夜計晝，殆忘寢食。故官屬夫匠等悉用命，築臺捲埽，齊心畢力，遂獲成功焉。初河南諸口之塞，惟黄陵岡屢合而屢決，爲最難。故既塞之後，特築隄三重以護之。其高各七丈，厚半之。又築長隄，荆隆口之東西各二百餘里，黄陵岡之東西各三百餘里，直抵徐州。俾河恒南行故道，而下流張秋可無潰決之患矣。是役也，用夫匠以名計五萬八千有奇，柴草以束計一千二百萬有奇，竹木大小以根計一萬二百有奇，鐵生熟以斤計一萬九百有奇，麻以斤計三十二萬有奇。其興功以弘治甲寅十月，而畢以次年二月，會張秋以南至徐州工程俱畢，臣興等遂具功完始末以聞。天子嘉之，特易張秋鎮名爲安平，賜臣興禄米歲二十四石，加臣鋭太保兼太子太傅，禄米歲二百石，進臣大夏左副都御史理院事，及諸方面官屬，進秩贈俸有差。仍從臣興等請，於塞口各賜額立廟，以祀水神。安平鎮曰「顯惠」，黄陵岡曰「昭應」。已而又命翰林院儒臣各以功完之跡文之碑石，昭示永久。臣健以次撰黄陵岡。臣惟前代於河之決而塞之，若漢瓠子，宋澶、濮、曹、濟之間，皆積久而後成功，或至臨塞，躬勞萬乘。今黄陵岡諸口，潰決已歷數年，且其勢洪闊奔放，若不可爲。而築塞之功，顧未盈二時。此固諸臣協心，夫匠用命之所致。然非我聖天子至德格天，水靈効職，及宸斷之明，委任之專，豈能成功若是速哉？臣職在文字，覩其惠政，誠不可以無紀，乃謹摭其事，撰次如右，且繫之以詩曰：「中州之水，河其最大。龍門砥柱，猶未爲害。大行既北，平壤是趨。奔放潰決，遂無寧區。粤稽前代，築修數起。瓠子宣房，實肇其始。皇明啓運，亦屢有聞。安平黄陵，奏決紛紜。壞我民廬，損我運道。帝心憂之，成功欲蚤。乃命憲臣，乃弘廟謨。諄諄戒諭，冀効勤劬。功不且上，復遣近侍。繼以勳臣，俾同往治。三臣協力，兼采羣謀。晝夜焦勞，罔或暫休。既分别支，以殺其勢。遂遏洪流，永堅其閉。水由故道，河患斯平。運渠無損，舟楫通行。工畢來聞，帝心嘉悦。加禄與官，恩典昭赫。惟兹大役，不日告成。感格之由，天子聖明。天子聖明，化行德布。匪直河水，萬靈咸附。殊方異域，靡不來王。以漕以貢，億世無疆。」

七年，都御史徐恪上修河疏。其略曰：去歲孫家渡口、賈魯舊河，使之南注以殺水勢，功雖成矣，不意夏秋水盛，而滎澤之流遂淤，且水勢趨北，似難挽回。戚凌水發，而賈魯之河亦壅。今不亟力爲之以續前修，則不惟隳黄陵岡之功，實以速張秋之患耳。然黄陵岡口既塞，河必南決陽武，以至考城，俱當下衝，城郭人民，必爲墊溺。若止保全運道，不及地方生靈，恐非朝廷以仁治天下之本意也。今南北兩岸隄防決口，皆當修築，夫匠糧料之費，動以萬計。近歲河南洊罹災傷，人民失業。雖安閑優養，尚不聊生。若加之科差，必難堪命。請假九江、淮揚等處鈔關折銀，及荆州、蕪湖等處抽分料銀，各數萬兩，以備修河之需。庶水患可除，而國計民生兩無所損矣。疏上，不報。

正德四年，河決楊家口。侍郎崔巖乃於祥符董盆口、寧陵五里舖，各開地四十里，接黄河故道，引水由鳳陽達亳州。又濬孫家渡故道十餘里，引水由朱僊鎮至壽州，而合入于淮。疏賈魯舊河四十餘里以殺水勢，築梁靖口，下埽以防衝決。會霪雨暴漲，新築臺埽遂蕩然無遺矣。

八年，侍郎趙璜疏分水、濵水二河。先因崔巖功弗就，河遂衝決益甚。至是，璜乃於滎澤東濬分水河，鄭州西鑿濵水河，疏亳州河渠，自是水勢漸殺不爲害。

嘉靖五年，都御史盛應期疏趙皮寨河，弗就。應期，吴江人，以薦起都御史，總理河道。時工部郎中柯維熊與之偕。維熊言於應期曰：「皇上勵精中興，明公起自閑廢，宜大有樹立，以答休命。」應期曰「諾」，乃謀疏。趙皮寨支河綿亘數百里，以濟運道。是時趙皮寨爲上流，其地視河高數尺，而其土又皆沙也，隨疏隨淤。久之，功弗成。應期憂之，乃日夜止宿水次，復益夫數萬治之，益弗就。百姓怨咨，於是應期坐論免歸。

七年，學士霍韜上治河疏。其略曰：臣前過徐州，聞議者欲引河自蘭陽注于宿遷，以爲可殺河勢，庶徐、沛不致泛溢，運道不致沙淤也。夫水溢徐、沛，猶有呂、梁二洪爲之束捍，東北諸山爲之防垣。水患所及，尚有底極。若引河自蘭陽注宿遷，則歸德諸處河溢奔潰，將數郡一壑，其患不止於徐、沛二州縣而已也。莫若自河陰、原武、孟津、懷慶之間，擇地形便，導河入衛河。冬春水平，則漕舟由江入海，泝流至于河陰，順流至于衛河，沿流至于天津。夏秋水迅，則仍由徐、沛以達天津，庶可以獲運舟兼濟之便矣。

三十二年夏四月注一。上遣刑部侍郎吳鵬來視趙皮寨、孫家渡二支河。初河決曹縣，都御史詹翰欲殺水勢，乃上疏請開趙皮寨之支河，計役夫八萬有奇。明年，都御史胡松上疏請開孫家渡之支河，計役夫六萬有奇。二疏俱下河南、山東撫按藩臬臣會議之。二十五年，都御史方純乃采僉論上疏，其略曰：趙皮寨一開，河性叵測，不可限量。設使全流南徙，不惟二洪涸竭，有干運道，而勢趨鳳、泗，則又憂在皇陵矣。若疏孫家渡，雖云省易，而壽春王寢園密邇，淮河衝決之患，亦不可不慮。況弘治迄今，凡十有五濬矣，卒莫有成。今皇上聖德格天，川瀆效靈，舟楫通利，生民奠安，似宜罷爲便。三十二年，漕渠稍滯，議者復申前說。上命侍郎鵬來視，鵬自蘭陽而南，抵泗上，相其地形水勢，乃上奏曰：「竊見黄河上流，開濬趙皮寨，約三百九十餘里，計役夫一十八萬六千有奇。工費鉅大，寔難遽圖。孫家渡所淤塞者，僅六里八十丈，計役夫九萬有奇。其費省而爲力頗易，取之河道，亦自足用，不煩別爲措辦。宜行司河者，祇除淤土四尺七寸，照舊不必開濬。其高阜陂陀之處，盡爲挑治，一概使平，水小則聽其歸槽順流，水大則任其泛溢平漫。其河北隄障，劉獸醫口、張家灣、筒瓦厢、崔家壩等處，俱應隨宜修築。」疏上，制曰：「可。」自是開濬之議遂寢。

三十八年，河決判官村。七月，河決原武縣判官村八百餘丈。由中牟經府城西南直至教場，距南熏門百武而近，居民驚惶。巡撫都御史章焕率司道府縣治河等官悉詣堤口經營塞之，三晝夜始免於患。

隆慶四年秋七月，決陶家店，斷月堤。明年復決，壞民田廬。

萬曆五年秋八月，決劉獸醫口。

九年夏六月，溢。

十五年，夏秋淫雨，瀍、雒、沁水泛漲，決劉獸醫口、銅瓦廂、荆隆口，南浸城堤，東北虞張秋運道，東至茶城，河逆而上，淮、黄合流。以河臣權分，乃使工科都給事中常居敬視事疏塞之。

論曰：古云「治河無常策」，非謂水性流動變不可以預圖哉，要在治之以不治而已。治之以不治者，順水之性而利導之。孟子所謂「行其所無事」是已。近見一遇衝決，不審水勢，輒議開支河以殺之。賈魯河之變，可不爲前車哉！夫黄河之爲中州患，固矣！然而有利存焉，則人自棄之耳。諺有之曰「北人水旱，聽命于天」。使近河之民，效南方水車以掣之，而又分區築港，可通百里之遠，則未必不爲利也。或謂黄河急湍，未易輕引，而不有慢流別出之渚乎？且四境之内，豈無別河曲澗可溉者乎？無已，則倣古井田之制，每田百畝，四隅及中各穿一井，每井可灌田二十畝。四圍築以長溝，深闊各丈餘，旱則掣井之水以灌田，潦則放田之水以入溝，不庶幾有備哉？余嘗試爲之計，穿井築溝之費不踰百金，即百金所謂一勞永逸者此也。矧其利更有大焉者乎？

衛輝府志

欽差管理河道副使曹，爲查勘黄河上源支流以免併患事，蒙欽差總理河道右僉都御史萬批：據本道呈即便會同大名、潁川各兵備道，及轉行所屬、瀕河州縣各掌印官，公同委官潁州同知鄒元明細加查勘，要見汾、沁、丹、漳、伊、洛、瀍、澗等水，各於某處發源，由某處經流，至某處併於黄河。如汾、沁、丹、漳等水，相距衛河里數若干；伊、洛、瀍、澗等水，相距淮河里數若干；南北地形，孰高孰下，開渠導水有無通利。如前各河可改，要見河以北者，由某處地方可以開渠，至某處入衛河；河以南者，由某某處地方可以開渠，至某處入淮河。中間但可支開，不論多寡，即爲黄河便利。逐一踏勘明白，畫圖貼説，具由通詳，以憑施行。蒙此，即便轉行開封府管河同知張親詣黄河、沁水上源，公同各州縣掌印正官，率同瀕河知因耆民，南自大樊口起至新鄉縣，直抵衛河，正偏來歷，開渠一帶，細加相看，博采民情，要見引沁入衛，有無後患。如或沁水洶湧，衛河難容，上自新鄉，下至臨清，作何捍禦，可免後艱。但恐該縣地方官民畏懼大工，即便明示，占過土田，悉與重價，後用夫役，悉給厚顧。所謂以河道之全力，治此河道，決不偏累一縣一民。逐一覆勘明白，計慮周悉，務求永利。畫圖貼説，具由呈報。蒙此，八月十三日，據本官呈於七月二十一日，親詣武陟縣西北沁河，自大樊口堤壩起，由修武縣西獲嘉縣北，直抵新鄉縣西北，至衛河止，相去一百二十里，并沿河直至衛輝府迤東接直隸濬縣界止，約百里，會同多官看得沁河北岸大樊口，先年原有決開堤壩故道一處。詢問居民，執稱先年秋水漲大，溢過堤岸，以致此處決開，隨將修武、獲嘉、新鄉等處一帶城郭田舍，盡被淹衝，官民受害。彼時即令官夫併力築堵，增加堤壩，見今遺有河形。及至修武縣西北，有回馬泉流來清水河一道，經流獲嘉縣北六里，直至新鄉縣西北地方侯家橋入衛河。隨據本地居民，齊口稱苦，皆曰：此處原有山河數處，每年秋水泛漲，平地出水，淹没民田，以致小民逃竄，生命難堪。若再開沁河，則滔天之勢，入於衛河，相接高湧，則本縣城郭、鄉村盡皆飄流。及相度地形，委的西南大高，東北卑下，以修武縣較之大樊口，地下約十五餘丈，水平備照至。衛輝府府志：至元間議通沁水以漕運，總管董文用言：「衛地最下。」會遣使相地形，上言：「衛城浮圖最高，纔與沁水平，勢不可開也。」爲照衛河自輝縣衛源發源，經流過新鄉，歷衛輝府，直抵直隸大名、山東等處，會流入海。在新鄉，則河流城牆下，兩岸居民千餘家。在衛輝府西北一面，離城雖有半里，兩岸係商貨之藪，居民稠密，公署驛遞俱建於此。若欲開濬兩岸各數十丈，則新鄉縣、衛輝府城郭居民、公署驛遞，俱當改移數里，方可動工。況沁水猛漲，勢比黄河，稍有一線之決，溢入衛河，則鄰河居民城池，受害不支。若將沁水引入衛河，則大小之勢不敵，容受之量難料。在平常之時，猶或可也，若遇漲發，總有隄防，恐排山倒海之勢，信非衛河一脈所能納者。且衛河水清無沙，又無掃灣衝崩之勢，以故臨清、張秋、裏河等處，藉之以爲漕運之便。及查沁水與黄河一様，俱係流沙，性復掃灣，倘水緩沙停，致使下流墊高。決臨清，則淤張秋，萬一漕運窒礙，則是疏徐、邳之南流以殺黄河狂瀾之勢，反塞上源之咽喉以遺漕渠乾涸之患。其利害即較然矣。據此，本月十八日，又據衛輝府呈准張同知關蒙本道案驗。蒙本院案驗，據同知鄒元明揭開沁水出沁州沁源縣，經流至懷慶府武陟縣，南頓入黄河。今欲令其北歸於衛，合於武陟縣西北，地名大樊口決開堤壩，引修武縣西，直抵新鄉縣西北，灌入衛河，相去一百二十里。迢迢直達，並無阻滯，從下勢若建瓴，深爲便益。但沁河水面約寬一里，衛河水面不滿五尺，所出者大，則洶湧之勢可知，所納者小，則決溢之患不免。若欲一舉兩全，上自新鄉，下至臨清，於衛河兩岸各闢十餘丈，將所闢之土，沿河築堤，則河身之既廣，翕受之量必弘。隄護之既長，澎湃之勢可禦。若然，則一吞一吐，上下各得其平，在衛在沁，彼此穩流無患矣。第以道里計之，陸路則三百餘里，水程則八站有奇，勞力孔多，費財不少。然事可必其就緒，功可要其有成，不爲虛費無益等情揭報本部院。相應覆勘，轉委張同知親詣黄河沁河上源，公同各州縣掌印正官，率同濱河知因耆民，細加相勘行府。卷查嘉靖十六年間准懷慶府關蒙前道副使張案驗，蒙巡按河南監察御史王批：據鄭州管河判官姚熙呈稱黄河水漲，欲將沁河不容入黄河，要自大樊口開洩北行流入衛河。隨據武陟、修武等縣人民致仕鄉宦人等告稱：若因黄河泛漲南決，輒挑大樊口三十丈，使沁水北流，不惟勞民傷財，兼恐衛河狹淺，若此水入之，則衝決淹没，小民不免俱爲魚鱉。據由停止。訖隆慶二年十二月内，本府抄蒙欽差總理河道都察院右副都御史翁鈞票爲改丹、沁疏上游以防河患事，仰府即查沁河木欒店至新鄉入衛河地里若干？有無故道？伏秋之後水勢若何？春夏之交，水勢若何？作速查明申報。蒙委新鄉縣知縣張範，親詣勘得木欒店至新鄉入衛河地里一百二十里，原無故道。先年曾開大樊口，淹没新鄉、獲嘉、衛輝，平地水深二三丈餘，地方受害，後修完無碍。具由申報，蒙批非常之舉，黎民懼焉。今據該府所申，似亦未可輕舉，仰管河道不必再行查勘。此繳，案行本府遵依訖。至隆慶五年九月二十六日，又抄蒙守巡河北道參議徐僉事晉會案：蒙巡按河南監察御史楊批，據懷慶府蔡同知帖稟前事，仰府即查本官所請開丹、沁兩河，決之北行以分黄河水勢，果否？地方有益，百家蒙利，作速查議呈報。依蒙行據汲、新、獲、淇等縣申稱大概：查得嘉靖初年曾蒙議自武陟縣沁河經由之處，下水平線，至衛輝地下三十餘丈，若開以分黄河之水，恐就下之勢，不可挽遏，盡導黄河，亦未可知。各申到府，轉呈停止訖。則導沁入衛以殺河勢，蓋有先之者，而卒阻於勢之難行，此事準之今而可見者也。再考諸衛志，至正年間，董文用爲衛輝路總管，郡當衝要，會勘得江南圖籍，金帛之運，不絶於道。時議通沁水東北合衛河以便漕運。文用曰：「衛地最下，今每大雨，沁輒溢出。今若通之，則與大名俱没矣。」會遣使相度地形，上言：「衛地浮圖最高，纔與沁水平，勢不可開也。」事遂寢。則導沁入衛以濟漕運，蓋亦有先之者，而卒止於勢之難行，此其酌之古而可見者也。今蒙本部院欲將沁河來入衛河以殺河勢，超今邁古，誠盛心也。但本府城池，建置低下，四面平衍，無有岡巒遮蔽，且西拱太行之麓，東通大名之區，一望斥鹵，時常卑濕。伏秋水發，衛河輒溢，平地水高數丈。城門之外，闤市撑舟，臨河一帶居民、房屋、田禾，俱遭淹没。若再將沁水決入衛河，則本府所屬城池及鎮店村落，難免衝没，數萬生靈，付命于天。此其後患，不可不預爲慮者。而大名、山東、滄州以下，則又非本府所與知也。若謂利在天下，一郡不足惜，則改城郭，徙人民，虚其地以避水衝，北亦所當併議者。及考漕運通志徐州洪碑文言：昔者水淺洪險，萬夫努舟不能進，必賴沁水南達黄河，接濟二洪，然後無虞，是沁水亦大造於漕者。今以其助河爲患而遽決之北，則一患也，亦運之而已矣。衛輝、大名以下之民，亦本部院之所兼愛而不忍置之於昏墊者也。且河北人民，自縉紳以下，悉皆恟恟然，似若不適有居者。且將來衝決淹没，勢所不免，于此不言，有厥咎矣等因。據此，已經本道駁勘去後，至本月二十日，該本道親詣衛輝府新鄉縣查勘間，又據該府呈蒙本道憲牌，仰王知府督同該縣及會同士夫鄉民及懷慶府再加查議，毋曰「前有成論」，主於先入之見而遂已也。依蒙會同懷慶府知府王督同知縣于應昌眼同士夫鄉民郜孟陽等，覆勘得衛之與沁小大懸絶，一以里計，一以丈計，於勢委難吞納。縱使充拓，亦不過止於丈數之間，終無益於翕受盈虛之數。如欲廣衛如沁，則衛輝、大名以東，俱當改闢，窮天下之力，竭天下之財，而功有難成者。且沁水性甚狂急，夾帶流沙，果使通之，自臨清以北，亦屬河運衝決淤塞，勢所必至。欲殺南河之患，而因以重北河之憂，所關不小等因，復呈到道，據此查議。間蒙本部院批：據開封府管河同知張　呈前事，蒙批仰管河道親一勘之。俟九月河防報寧，周流審視，毋信有司百姓之言，此乃爲滅河南、山東、徐、邳、黄河大害而言耳。大約圖大事者，酌彼此利害多寡謀之可乎，此不可意必也，勘完可一面議焉。文移不能盡之，此繳。又蒙本部院批：據衛輝府申前事，蒙批所云「以沁入衛者，原無意必」，蓋云闢廣衛河，直入天津乃可耳。若下流不闢，則上流誠有如該府所慮者。下流一闢，是爲上流去水患者，在此舉也，而又何患焉？若衛之民，將恐不速爲之矣。但云闢地事體重大，則可耳；若云沁河濟二洪，此指黄河由河南行時言也。今全河灌二洪，曹、單、豐、沛、徐、邳，盡爲魚鱉，焉用濟之？又沁河發源處，本部院知之，此暴水耳，消長不常。凡治水必先下流，仰河南管河道會同河北守巡道詳勘下流，國計及河南、山東徐、邳、衛地民瘼所關，勿得草草。朝廷事體多方窮究，如衛河下流不可開，則沁水上源未可決也，繳。又蒙欽差巡撫河南等處地方都察院右副都御史梁批：據衛輝府申前事，批仰管河道查報。又蒙巡按河南監察御史楊　批：據衛輝府經歷司呈前事，批仰管河道會同守巡河北道查議，詳報繳。蒙此，又抄蒙欽差總理河道右僉都御史萬釣票前事，照得潁州同知鄒元明，先該本部院坐委前去查勘黄河上源，續據本官呈稱勘得沁水堪以導入衛河以殺黄河之勢緣由，盡圖貼説呈報前來，似有條理。但事體重大，又經案行河南管河道覆勘去後，及行同知鄒元明前赴該道聽其委勘外，爲此票仰本道官吏照票事理，如遇本官到彼，徑自委用，隨同覆勘施行。蒙此，該本職於本年十一月十九日，會同分守河北道參議朱、分巡河北道僉事徐督同衛輝府知府王、懷慶府知府王，親詣新鄉等處，查得嘉靖三十五、六、七等年，節蒙總理河道都察院、河南撫按兩院批：據懷慶、衛輝二府申，據汲、新等縣民李鐸等告稱，衛河水發淹没兩府汀比受害等情；又蒙撫按兩院咨牒，據管河工部汪郎中呈牒及准工部咨准黄總兵手本，并臨清張副使分守、河北道陰參議及兖州、東昌二府管河同知等管黎天啓等呈，河南沁河衝開木欒店，相隣大樊口三百餘丈，決水横流，突入衛河，水半泥沙，瀰漫異常，至臨清逆流上壅運河板閘至磚閘七十餘里，舟行閘面，不由啓閉，兩月有餘。至九月二十五日，水始退消，泥沙沉積，頓將南板新開二閘河洪淤塞二千餘丈，河底與閘面相平，阻妨糧運，不能前進。應行河南管河道作速修築，以保來年糧運等因，節該前道副使胡議允修築訖。今議照黄河掃灣壅沙，徐、邳、河南、山東首被其害，論者謂其甚於防虜，是矣！若沁河消長非常，雖不及黄河洶湧之萬一，然據其方長以來，流猛沙多，亦能助其勢而搏激之，以致經年爲患。本部院欲將沁河之大樊口決開堤壩，引修武縣西直抵新鄉縣西北，灌入衛河，一則由高就下，委若建瓴；一則引險入易，永殺河勢。且地去一百二十餘里，又非隔壤，而所占民産且有償矣，所用夫役且倍值矣。國計生靈大有所利，即古所稱「平成之績」，何以加此。職等親勘河形，詳閲圖卷，博訪民情，恐有兩難，不敢不先議之。其一議較河身。衛河僅寬五丈而勢緩，沁河奚啻一里而勢急，以一里之急流引入五丈之緩且狹者，翕受不廣，其何以容？縱如鄒同知所見將衛河兩岸各闢十餘丈，毋論輝縣等處，即新鄉一縣欲闢河身，以南則該縣北門去河僅有二丈，其城牆城樓并内外官民廬舍，則將置之水中乎？抑將移於高阜之所乎？又衛輝府西北離城亦止半里，其驛遞、公署并該岸大小軍民，則將任其以水爲家歟？抑將以手援之歟？且兩岸各增十丈，連本身五丈，僅足二十五丈，而望其納一里之水，其可得哉？此河身之難於充拓也。其一議濬河。蓋臨清一帶運河雖藉汶水，實與衛河通流，是臨清譬之堂奥，而衛河則門户也。臨清譬之形體，而衛河則羽翼也。其勢俱並行，其源俱無沙。若引沁入衛，是以沙之濁流，投之清河，則三十五等年如汪郎中等所呈，沁河突入衛河，水半泥沙，瀰漫異常，至臨清逆流上壅運河七十餘里者，其患不專在衛輝而貽患於漕矣。門户傾者必逮堂奥，羽翼折者不爲形體，一大病哉！況十五年及三十五年祇因衛水泛漲，淹懷慶、衛輝二府民田，以致河北洶洶，經年陳告。及今隆慶六年七月内，衛水又泛，不減先年之災，本道所目擊其害者，茲又加以沁流，毋論他時恐防漫溢，而伏水之交，不至於横流已乎？此下流之難於疏濬也。況自新鄉至臨清，於衛河兩岸，陸則三百餘里，水則八站有奇，毋論民廬民田，動以萬計，即欲闢丈數，非千萬丈數不周；欲築堤壩，不備；以工計之，恐非數千萬兩不完；以年計之，亦非數年日期不就。雖大舉不恤小費，亦不可不先籌算而漫爲之也。職等才非通方，徒竊道聽之言，敢爲塗説，伏乞本部院撫臨地方，會同撫按兩院臨河親加查勘施行等因，通呈照詳，蒙批引沁入衛，蓋以河南、山東、南直隸沿河運道利害言耳。據呈，沁河之身難拓，下流之道難疏，是利害相等也。姑罷之以俟再議，此繳。蒙此擬合就行，爲此仰抄案回府着落當官吏照依案驗備蒙詳允事理遵照施行。

衛輝府新鄉縣爲全河之患孔殷，善後之計當預，冒披愚慮以裨採擇事。萬曆貳拾壹年陸月貳拾陸日，承奉懷慶府同知鄭帖文准，本府關蒙分守道參議杜劄付咨蒙欽差總河舒批：據管河道會呈前事，又蒙欽差巡撫趙并巡按陳案驗俱同前事，奉此遵依，隨行本縣知縣盧即於本月貳拾捌日親詣懷慶府北地方考究丹河來歷。查得丹河其源出於山西，穿太行山，由圪垣坡、狄家嶺南注而下，中間分散，有十八道小溝渠，民間引爲灌田。總流南經張店至劉村入沁水，首尾三十餘里。冬春水小，果不爲害，及至夏秋，波濤洶湧，與沁無異，此丹河之全身也。其名爲與衛相通者，係上小溝渠内東流第一道者，由清化鎮西稍東流，水涸不通。惟至清化鎮南有金鎗、狗跑泉等水相聚，迤邐而東，經修武縣治南，北轉緊扣城東門外，又東經獲嘉縣治北，相去百餘里許，又東，俗名爲蔣河，至新鄉縣西北，名合河店，西入小清河，而因以入于衛，相沿凡幾百幾十里。名爲丹之支流，而實非丹水矣。夫欲改丹併流入衛，若將丹之全身，由張店改折而東，過狗跑泉，因以達衛，奈丹至張店，地勢傾下，入沁甚易，勢不能挽。若從上面東流第一道小溝渠挖決成河以達衛，第丹在彼處，方自山嶺而下，奔潰傾跌，横截不住，何由東流？且稍東南，有定王、簡王墓在焉。乃議者謂，衛不能容沁矣，改丹併流以殺沁勢，是一策也。夫此亦息肩之説耳。天下事惟親見者爲真。丹水秋漲洶湧，與沁無異，衛不能容沁矣，獨能容丹乎？審地勢，衛地下懷慶三十餘丈，由高而下，勢若建瓴，奔騰澎湃，勢難吞受，必將開拓河身，兩岸築堤遮護。夫此一開築也，中間無論小民田産國課所出，且逼近城隅，勢有難於開築者。新鄉北門外緊坐衛水，亦置勿論。以衛輝府言之，城西北隅外即爲衛河，兩岸驛遞公宇、商賈居民湊集，勢極難於開築。將移河於府治南十餘里外，遠遶而東，其地爲黄河故身，淤沙堆積，開即湮没；將移河向北，其地爲黄土岡、沙石高阜，益覺難開。倘朦朧苟且，以衛水而加之全丹，勢必張大。

潞府親藩在焉，脱城不保，罪將誰歸？此尤事體重大，不能不慮者也。且衛水清流，丹河濁流，以濁投清，由高而下，衝沙必多。在新鄉、衛輝，猶曰水去疾，沙未停。自大名而下臨清、張秋等處，地勢平衍，水去緩行，淤沙必多，運道阻塞，其爲裏河之患，不孔亟乎？夫改丹改沁，爲救徐、邳以南漕運計耳。而北地運道，爲山東、河南等處全糧所繫，務非渺小，療腸内而塞咽喉，此所謂救一河患增一河患者也。聞河以南亦議將伊、洛、瀍、澗四水改入淮矣。曾聞淮至清河縣爲河水所漾，反上壅，即今洪澤湖洚洞無涯，泗臨城郭半在水，祖陵、皇陵不可不慮，然此猶爲無與于地方，未敢深議。惟引丹入衛，誠見其不可者。假使開數百里之河，築數百里之堤，於地方無隱憂，於徐、邳以南之河患有成效，即捐數城之生靈，動萬億貲費，爲國家圖大事，奚不可者？第河患未必除，徐、邳以南未必救，而衛堤難築，親藩宜慮，大名以下運道不可保，以天下爲任者，可無萬全之慮乎？以上末議，非敢勦襲陳言，漫爲阻調。考之輿圖，審之地勢，稽之者論，參之事情，的見其如此者，謹冒昧以申。至若開河築堤，歲月工程錢糧夫役，惟准諸河工歲費常額一推步可知者，若果引丹入衛，容另申報。

漢河渠考

宋王應麟

美哉禹功，萬世永賴。云何漢世，河決爲害？蓋自戰國，壅川壑鄰，決通隄防，重以暴秦水失其行，故瀆遂改，碣石九河，皆淪於海。微禹其魚，遺黎之思，披圖案諜，用綴軼遺。

孝文十二年，河決酸棗，東潰金隄。

陳留郡酸棗縣，今屬開封府。秦拔魏置縣。地多酸棗，因以爲名。金隄，河隄，在東郡白馬界。括地志：「一名千里隄，在滑州白馬縣東五里。」郡縣志：「在酸棗縣南二十三里。」輿地廣記：酸棗縣有金隄，「漢文時，河決金隄」，即此。王遵爲東郡太守，請以身填金隄。程子曰：「漢火德，多水災；唐土德，少河患。」

孝武元光三年，河水徙，從頓丘東南流入勃海，復決濮陽瓠子，注鉅野，通淮、泗。鄃居河北。鄃音「輸」，後漢注：音「俞」。

東郡頓丘縣，今澶州開德府濮陽、清豐兩縣。漢勃海郡，在勃海之濱。今滄、棣、霸、濱諸州之地。水經注：「禹貢曰：『夾右碣石，入于河。』山海經：『碣石之山，繩水出焉，東流注於河。』河之入海，舊在碣石，今川流所導，非禹瀆也。周定王五年，河徙故瀆。班固曰：『商竭周移。』」瓠子，今開德府濮陽縣西有瓠子口。瓠子，河名也。濟州鉅野縣東北有大野澤，即鉅野也。禹貢：「大野既瀦。」清河郡鄃縣，通典：鄃故城在德州平原縣西南。大名府夏津縣，本鄃縣。程氏曰：周時河徙砱礫，至漢又改向頓丘東南流。

元封二年，自泰山還，至瓠子，自臨塞決河，築宣防宫。水經：「瓠子河出東郡濮陽縣北河。」注：「縣北十里爲瓠河口，亦謂瓠子堰、宣房堰。」括地志：「故龍淵宫，俗名瓠子宫，亦名宣房宫，在濮陽縣北十里。」決河，在鄄城以南，濮陽以北，廣百步，深五丈。通典：「秦始皇二十二年，攻魏，決河，灌其都。決處遂大，不可復補。」漢王橫云。九域志：「濮州雷澤縣有瓠子河。」澶州濮陽縣有瓠子口。萬里沙在萊州掖縣。濟州東阿縣有魚山，一名吾山。瓠子歌曰：「吾山平，鉅野溢。」東阿，今屬鄆州。

導河北行二渠，復禹舊迹。

河渠書：「禹乃釃二渠以引其河，北載之高地，過降水，至于大陸，播爲九河，同爲逆河，入于勃海。」孟康曰：「二渠，其一出貝丘西南南折者也，其一則漯川者也。」臣瓚曰：「河入海乃在碣石，元光二年，更注勃海，禹時不注也。」貝丘，貝州清陽縣。熙寧四年，省入清河縣。漯水出東郡東武陽。省入大名府莘縣、澶州朝城縣。至千乘青州千乘縣。入海。降水故瀆，在冀州南宮縣東南六里。大事記：「周威烈王十三年，晉河岸傾，壅龍門，至于底柱。」春秋後，河患見史傳始於此。

自塞宣房後，河復北決於館陶，分爲屯氏河。地理志：「魏郡館陶縣，河水別出爲屯氏河，東北至章武入海。」館陶，今屬大名府。通典：「魏州貴鄉縣有屯氏河，大河故瀆，俗曰王莽河。章武縣，滄州魯城縣，周省入清池縣。」九域志：「大名府館陶縣夏津縣有屯氏河。南樂縣有大河故瀆。」

元帝永光五年，河決清河靈鳴犢口，而屯氏河絕。清河之靈縣鳴犢河口。地理志：「清河郡靈縣河水別出爲鳴犢河，東北至蓨，入屯氏河。」靈縣，隋省入博州博平縣。「蓨」音「條」，縣屬德州，後屬冀州。

成帝建始四年，河決東郡金隄。河隄成，以五年爲河平元年。三年，河復決平原，流入濟南、千乘。平原，德、棣州。濟南，齊、淄州〔一八〕。千乘故城在淄州高苑縣北。

鴻嘉四年，勃海、清河、信都河水溢。李尋等言：「議者常欲求索九河故迹而穿之，今因其自決，可且勿塞，以觀水勢。」

信都，冀州。信都縣，禹導河北過降水，即此。亦曰「枯降渠」，西南自南宮縣界入。禹貢「九河既道」，爾雅：「一曰徒駭、二曰太史、三曰馬頰、四曰覆鬴、五曰胡蘇、六曰簡絜、七曰鉤盤、八曰鬲津，其一河之經流。」先儒不知「河之經流」，遂分簡絜爲二。徒駭，寰宇記：在滄州清池。許商云在成平。馬頰，郡縣志：在德州安德。寰宇記在棣州滳河北。輿地記：即篤馬河也。覆鬴，通典：在德州安德。胡蘇，寰宇記：在滄州饒安、臨津、無棣三縣。許商云在東光。簡絜，輿地記：在臨津。鉤盤，通典、寰宇記：在滄州樂陵東南，從德州平昌來。輿地記：在樂陵。鬲津，寰宇記：在樂陵東，西北流入饒安。通典：在饒安。許商云在鬲縣。輿地記在無棣。太史。不知所在。漢世近古，止得其三，唐人遂得其六，歐陽忞輿地記又得其一。或新河載以舊名，或一河互爲兩説，皆似是而非，無所依據。鄭氏以爲齊桓塞其八流以自廣。夫曲防，齊之所禁，塞河非桓公所爲也。程氏以爲九河之地，已淪於海，謂今滄州之地，北與平州接境，相去五百餘里，禹之九河，當在其地。酈道元亦謂：「九河碣石，苞淪於海。」篤馬河在平原縣，今德州。樂史以爲馬頰，誤矣。

平當使領河隄，奏：「按經義治水，有決河深川，無隄防壅塞之文。」程子曰：「河北見鯀隄，無禹隄。鯀堙洪水，故無功，禹則導之而已。」

賈讓言：「禹鑿龍門，辟伊闕，析底柱，破碣石。」

水經：「河水南過河東北屈縣唐慈州吉昌。西，注：吕氏春秋曰：「龍門未闢，吕梁未鑿，河出孟門，大溢逆流，名曰鴻水。大禹疏通，謂之孟門。孟門即龍門之上口也。」河水又南過皮氏縣河中府龍門。西，又南出龍門口。」注：「大禹導河積石，疏決梁山，即經所謂龍門也。」「崩浪萬尋〔一九〕，懸流萬丈，迄于下口。慎子曰：下龍門，非駟馬之追〔二〇〕也。濡水李氏曰：「同州韓城北有安國嶺，東臨大河，有禹廟，在山斷河出處。禹鑿龍門，起於唐張仁願所築東受降城之東，自北而南，至此山盡。兩岸石壁峭立〔二一〕，大河盤束於山峽間，至此山開岸闊，豁然奔放〔二二〕，聲如萬雷。」通典：「絳州龍門縣，今屬河中府。有龍門山，即大禹所鑿。三秦記云：『魚鼈上之即爲龍，否則點額而還。』」黄河北去縣二十五里，乃龍門口。輿地記：「同州韓城縣有龍門山。顏氏曰：『龍門山，其東在龍門縣北，其西在今韓城縣北，而河從其中下流。』」水經注：「砥柱，山名。禹治洪水，破山以通河，河水分流，包山而過，山見水中，若柱然，故曰『砥柱』。三穿既決，水流疏分，亦謂之三門山。」伊闕、碣石，見前。

淇口以東。

通典：「淇水出共山，東至衛州衛縣界入河，謂之淇水口。」

新莽始建國三年，河決魏郡，泛清河以東數郡。魏郡，相州大明府。清河，恩州。

明帝永平十三年，王景修汴渠成。

詔曰：「自汴渠決敗，六十餘歲。平帝時。今既築隄理渠，絶水立門，河、汴分流，復其舊迹。」

郡縣志：「汴渠在河南府河陰縣漢滎陽縣，唐屬孟州。南二百五十步，亦名莨蕩渠。禹塞滎澤，開渠以通淮、泗。漢命王景修渠。漢書有滎陽漕渠，如淳曰：「砱礫溪口是也。」水經注：「王景即樂水故瀆，東注浚儀，謂之浚儀渠。」

章帝建初三年，罷虖沱石臼河。

虖沱出代州繁峙縣東南，流經五臺山北，東南流過定州入海。鄧訓治虖沱、石臼河，從都慮至羊腸倉。石臼河在定州，唐昌縣東北。本漢苦陘縣，今省入安喜縣。通典：「嵐州宜芳縣，即漢汾陽縣。積粟所在，謂之羊腸倉，石磴縈委，若羊腸焉。」水經注：按郡國志，常山南行唐縣有石臼谷。

張騫傳：「天子案古圖書，名河所出山曰崑崙」。漢武帝以于闐山出玉，因名河所出曰崑崙。博雅曰：「崑崙虛，赤水出其東南陬，河水出其東北陬，洋水出其西北陬，弱水出其南陬。河水入東海，三水入南海。」後漢書注云：「崑崙山在肅州酒泉縣西南。山有崑崙之體，故名之。」朱文公曰：「二書之語，似得其實。水經言崑崙去嵩高五萬里，恐不能若是之遠。」通典：「今吐蕃中河，從西南數千里向北流〔二三〕，見與積石山下河相連。聘使涉歷，無不言之。吐蕃自云：『崑崙山在國中西南，則河之所出也。』尚書云：『織皮崑崙、析支、渠搜，西戎即敘。』後漢書云：『西羌在漢金城郡之西南，濱于賜支。』續漢書：『河關縣，屬金城郡今積石軍。西可千餘里，有羌，謂之賜支，蓋析支也。』然則析支在積石之西，是河之上流明矣。崑崙在吐蕃中，當亦非謬。」楚辭注：「爾雅：『河出崑崙虚，色白，所渠并千七百一川[二四]，色黄。百里一小曲，千里一曲一直。』」離騷：「邅吾道夫崑崙。」九歌：「登崑崙兮四望。」

靈帝光和六年，金城河溢。

金城郡，今蘭會西寧湟州積石軍。

南豐集　汴水

昔禹于滎澤下分大河爲陰溝，出之淮、泗，至浚儀西北，復分二渠。其後或曰鴻溝，始皇疏之以灌魏郡者是也。或曰浪宕渠，自滎陽五池口來注鴻溝者是也。或曰浚儀渠，漢明帝時循河流故瀆作渠，渠成流注浚儀者是也。或曰石門渠，靈帝時，於敖城西北，累石爲門以遏渠口者是也。石門渠東合濟水，與河渠東注，至敖山之北而兼汴水，又東至滎陽之北。而旃然之水，東流入汴。滎陽之西有廣武二城，汴水自二城間小澗中東流而出，濟水至此乃絶。桓温將通之而不果者，晉太和之中也。劉裕浚之，始有湍流奔注，而岸善潰塞。裕更疏鑿以漕運者，義熙之間也。皇甫誼發河南丁夫百萬開之，起滎澤入淮千有餘里，更名之曰通濟渠者，隋大業之初也。裴耀卿言江南租船，自淮西北泝鴻溝，轉相輸納於河陰、含嘉、太原等倉，凡三年，運米七百萬石者，唐開元之際也。後世因其利焉。太宗嘗命張洎論著其興鑿漕運之本末如此，宋至道之間也。

大學衍義補

臣按天地間爲民害者，在天有旱潦之災，在地有河海之患。然雨暘之爲旱潦也有時，而人猶可先事以爲之備。若夫河海之患，則有非人力所能爲者矣。雖非人力所能爲，而人君有志於爲民者，其忍坐視而付之無可奈何哉。中國之水非一，而黄河爲大，其源遠而高，其流大而疾，其質渾而濁，其爲患於中國也，視諸水爲甚焉。自禹疏九河之後，遷史河渠書述之詳矣。臣請探厥本原。自張騫使西域之後，説者咸謂河出崑崙。至元世祖，始命其臣篤實者，西窮河源，得其源於吐蕃朵思甘之南，曰「星宿海」。四山之間，有泉近百泓，匯而爲澤。登高望之，若星宿然。胡言所謂「火敦腦兒」也。其地在中國西南，直四川馬湖府之正西三千餘里。雲南麗江府之西北一千五百里。較之崑崙，殆爲近焉。自西而東，合諸河水，其流寖大。東北流分爲九渡。行二十日至大雪山，名「騰乞里塔」，即崑崙也。繞崑崙之南，折而東，而北，而西，復繞崑崙之北，又轉而東北，行約二十餘日，始入中國。自貴德西寧之境，至積石，經河州東北，流至蘭州北，繞朔方上郡，又東出境外，經三受降城，東勝等州，又折東南，出龍門，過河中，抵潼關。東出三門析津，爲孟津，過虎牢，而後奔放平壤，吞納小水以百數，勢益雄放，無崇山巨磯以防閑之。旁激奔潰，不遵禹跡。故虎牢迤東，距海口二三千里，恒被其害。方禹之導河，其河蓋自西而東，又轉而北，之東，以入海焉。周定王五年，河徙已非禹之故道。漢元光三年，河徙東郡，更注渤海，繼決於瓠子，又決館陶，遂分爲屯氏河。二河相並而行。元帝永光中，河水始分流於博州。屯氏河始塞。後二年，又決於平原，則東入濟入青以達於海。下流與漯川爲一。宋熙寧十年，河又分爲二派。一合南清河入淮；一合北清河入海。是時，淮僅受河之少半耳。金之亡也，河始自開封北衛州，決入渦河以合於淮。舊河在開封城北四十里，東至虞城，下達濟寧州界。

本朝洪武二十四年，河決原武之黑陽山，東經開封城北五里，又南行至項城。經潁州潁上，東至壽州正陽鎮，全入於淮。而故道遂淤。永樂九年，復疏入故道。正統十三年，又決滎陽，東過開封城之西南。自是，汴城在河之北矣。又東南經陳留，自亳入渦口，又經蒙城至懷遠，東北而入于淮焉。抑通論之，周以前，河之勢自西而東，而北。漢以後，河之勢，自西而北，而東。宋以後，迄于今，則自西而東，而又之南矣。河之所至，害亦隨之。卹民患者，烏可不隨其所在而除之哉？禮曰「四瀆視諸侯」，謂之「瀆」者，「獨」也。以其獨入於海，故江、河、淮、濟皆名以「瀆」焉。今以一淮而受夫黃河之全，蓋合二瀆而爲一也。自宋以前，河自入海，尚能爲並河州郡之害，況今河淮合一，而清口又合沁、泗、沂三水，以同歸於淮也哉？曩時，河水猶有所豬，如鉅野、梁山等處。猶有所分，如屯氏、赤河之類。雖以元人排河入淮，而東北入海之道，猶微有存焉者。今則以一淮而受衆水之歸，而無涓滴之滲漏矣。且我朝建國幽、燕，漕東南之粟以實京師，必由濟、博之境，則河決不可使之東行。一決而東，則漕渠乾涸，歲運不繼，其害非獨在民生，且移之國計矣。今日河南之境，自滎陽、原武，由西迤東，歷睢陽、亳、潁，以迄於濠、淮之境。民之受害而不聊生也甚矣。坐視而不顧歟，則河患日大，民生日困。失今不理，則日甚一日，或至於生他變。設欲興工動衆，疏塞並舉，則又恐費用不貲，功未必成而坐成困斃。然則爲今之計奈何？孟子曰：「禹之治水，水之道也。」又曰：「禹之治水也，行其所無事也。」古今治水者，要當以大禹爲法，禹之導河既分一爲九，以分殺其洶湧之勢，復合九爲一，以迎合其奔放之衝。萬世治水之法，此其準則也。後世言治河者，莫備於賈讓之三策。然歷代所用者，不出其下策。而於上中二策，蓋罕用焉。往往違水之性，逆水之勢，而與水爭利。其欲行也，强而塞之。其欲止也，强而通之。惜微眇之費，而忘其所損之大；護已成之業，而興大難就之功。捐民力於無用，糜民財於不貲，苟顧目前，遑恤其後。非徒無利，而反有以致其害。因之以召禍亂，亦或有之。顧又不如聽其自然，而不治之之爲愈也。臣愚以爲，今日河勢與前代不同。前代只是治河，今則兼治淮矣。前代只是欲除其害，今則兼資其用矣。況今河流所經之處，根本之所在，財賦之所出，聲名文物之所會，所謂中國之脊者也。有非偏方僻邑所可比，焉可置之度外，而不預有以講究其利害哉。臣願明詔有司，博求能浚川疏河者，徵赴公車，使各陳所見，詳加考驗，預見計定，必須十全，然後用之。夫計策雖出於衆，而剛斷則在於獨擇之審。信之篤而用之專，然後能成功耳。不然，作舍道傍，甲是乙非，又豈能有所成就哉。臣觀宋儒朱熹有曰：「禹之治水，只是從低處下手。下面之水盡殺，則上面之水漸淺。」臣因朱氏之言，而求大禹之故，深信賈讓上中二策，以爲可行。蓋今日河流所以泛溢，以爲河南、淮右無窮之害者，良以兩瀆之水，既合爲一，衆山之水，又併以歸，加以連年霖潦，歲歲增益，去冬之沮洳未乾，嗣歲之潢潦繼至。疏之，則無所於歸；塞之，則未易防遏。遂使平原匯爲巨浸，桑麻菽粟之場，變爲波浪魚鱉之區。可嘆也已！伊欲得上流之消洩，必先使下流之疏通。國家誠能不惜棄地，不惜動民，舍小以成其大，棄少以就夫多，權度其得失之孰急，乘除其利害之孰甚，毅然必行，不惑浮議，擇任心膂之臣，委以便宜之權，俾其沿河流，相地勢，於其下流迤東之地，擇其便利之所，就其汙下之處，條爲數河，以分水勢。又於所條支河之旁，地堪種稻之處，依江南法，創爲圩田，多作水門，引水以資灌漑，河既分疏之後，水勢自然消減。然後從下流而上於河身之中，去其淤沙。或推而盪滌之，或挑而開通之，使河身益深，足以容水。如是，則中有所受不至於溢出，而河之波不及於陸，下有所納，不至於束隘，而河之委，易達於海。如是而又委任得人，規置有法，積以歲月，因時制宜，隨見長智，則害日除，而利日興。河南、淮右之民，庶其有瘳乎。或曰，若行此策，是無故捐數百里膏腴之地，其間破民廬舍，壞民田園，發人墳墓，不止一處。其如人怨何？嗚呼！天子以天下爲家，一視同仁。在此猶在彼也。普天之下，何者而非王土？顧其利害之乘除，孰多孰寡爾。爲萬世計，不顧一時；爲天下計，不徇一方；爲萬民計，不卹一人。賈讓有言，瀕河十郡，治隄歲費萬萬，及其大決，所殘無數。如出數年治河之費，足以業其所徙之民。大漢方制萬里，豈與河争咫尺之地哉。臣亦以謂，開封以南，至于鳳陽，每歲河水淹没中原膏腴之田，何止數十萬頃？今縱於迤東之地，開爲數河，所費近海斥鹵之地，多不過數萬頃而已。兩相比論，果孰多孰少哉？請於所開之河，偶值民居，則官給以地，而償其室廬。偶損民業，則官倍其償，而免其租税。或與之價值，或助之工作，或徙之寬閑之鄉，或撥與新墾之田。民知上之所以勞動乎我者，非爲私也，亦何怨之有哉？矧今鳳陽，帝鄉園陵所在，其所關繫尤大。伏惟聖明留意萬一，臣言可采，或見之施行，不勝幸甚。

王家口河工説

黄河源出西蕃星宿海，貫山中，出至西戎，名細黄河。繞崑崙，至積石，經陝西、山西境界，至河中潼關，經流河南之閿鄉、靈寶、沔池、新安、濟源，至武陟受沁水，鞏縣受伊、瀍諸水。經滎澤、原武、陽武、中牟、祥符、蘭陽、儀封、考城、曹、單、豐、沛、碭、蕭，至徐州鎮口，接閘河濟運，經邳州宿遷，纏祖陵之左，至清口，與淮河相合，下雲梯關入海。淮河之源，出桐柏縣，由五河繞祖陵之右，至清口與黄河相合。故祖陵二河環遶，風氣完固，運道亦藉資焉。萬曆二十一年，河決黄堌口，徙向永城宿州白洋河小河口，浸逼祖陵歸仁堤下。曩歲，上躬静攝，命下，奪楊大司空職，且削籍以爲不塞黄堌，傷我祖陵所致。且連年徐、邳運河不沾黄流涓滴，每桃李吉口，趙家圈、毛成鋪，藉升斗之餘潤不可得。二十九年，塞黄堌口，强水東行。河性不暢，遂上壅決歸德之蒙牆口。一由夏邑永城宿州，仍出白洋河小河口。一由沙崗、固鎮、五河與淮河合流。至三十年，盡數入淮。祖陵二陳溝、沙河等處，一望瀰漫，岌岌有侵陵之患矣。上遣總臺汲泉李公治之。甫謁陵，四顧皆水，驚憂不食，病卒。惟時河南撫臺景默曾公，以蒙牆，河南地也，萬一患陵責焉辭，因博訪士人，僉謂開王家口。便遂商謀於山東〔二五〕，持議久之，會推總河。上允，仍請遣御史臺崔公會省直撫按司道，公議於曹之明倫堂，無異議者。先是鳳陽撫按疏上黄河盡數入淮，係干陵園，亟賜議處，以圖永賴。上命首護陵寢，次理運道，至是議定。於是發丁夫二十萬，動帑金五十餘萬，興工於壬寅十月之九日，放水於癸卯四月之八日，塞河於七月之二十二日。築騎河大堤十二里，以阻中歸之路；築東西堤二百里，以防旁逸之虞。沿河周咨相度，水乘舟，陸乘車，勘議屢更，筆舌幾敝者年餘。今改河後，保守又二年矣。斯役也，陵園爽亢，佳氣籠葱。十載沮洳之虞，一旦盡去；萬年基運之地，于兹永培。可謂稱上之旨矣。徐、吕二洪，久無黄水之至，今奔流冲刷最深，萬艘往來如織。歲癸卯〔二六〕，泇、黄並運，乙巳春，商舶漕粟通行，年年回空，率由於此。使不棄而不修，將所爲國家資運者，百年猶故也。歸德泗、宿之區，鳳陽潁、亳之地，百姓無地可耕，農人以漁爲業，今數千里膏腴，桑麻遍野，民居錯繡，人始知有平土之樂矣。商丘、永夏、會亭、石榴堌諸縣驛，盡在水中，今輪蹄不絶，冠蓋相望，城廓依然，人民安堵，儼然再造景象矣。開河之日，馳報朝紳，人心胥悦。適前總臺曾勞瘁没舟中，後以爲省下流工竣，方聞於上。予因而筆之，以俟後之覩河工而採擇者。時萬曆三十三年歲次乙巳重九日，賜進士出身中大夫河南等處承宣布政使司管河兼管水利右參政兼按察司僉事昆明朱思明書。

永夏勘河呈稿

邇者河徙蒙牆，溯湃南下，千里滙爲巨津，無所容其分别者也。自徂冬消落之後，始於文家集之上，平臺集之下，分爲三四股。西南一股，經石榴堌、馬腸河、龍焕集、固鎮驛入會河，至五河縣地歸淮。餘旁溢者，仍入永城，所謂汎溢甚闊者也。其東南一股，即爲白河，狹可三四丈，深可二三丈，經桑堌集、何家營，離夏邑城西南七八里，至胡家橋、永城，出白洋河。查嘉靖六年間，黄河衝決，致傷沛縣漕渠，迺開濬趙皮寨白河一帶，分殺水勢，非正河也。東北一股爲响水河，至桑堌集，與白河合。白河至何家營之下無河身，從而散漫，與前水併歸永城者也。何家營之上，約七八里，爲苗家橋，其湍急若趨西南，可引入司家道口。然一派沮洳，距岸八九里，中深旁溢，阻塞未能，挑濬未能，且直射縣城，欲委蛇避之未能者也。夫苗家橋果可以收，散漫之水則可開。第水自八十里上平臺集已分流矣，欲於此八十里下全而收之，恐約束之難。春日看水淺澀尚多，轉盼洪濤大發，杳無涯際。東南一帶長堤，不築則水仍南下，築之，則畚鍤難施，淤沙難纍，恐砥柱之難。响水河自白河之東北來苗家橋，雖急溜向東，不能達岸，勢亦隨歸東南。今仍欲引向東北而去，非其性也，恐搏激之難。水自黄堌口決後，水向南行，至楊家口，遂向東行，至趙家圈，復向東北行。南行者順，東行者强，北行者逆，是以趙圈方塞，則決何家集，何集方塞，則決申家營一馬家溜。多方塞之未能，必待水徙蒙牆，方能成功。今欲引之，仍由此河，則徙有南下而已。雖議加築長堤，其如傍南衝刷，防禦不及何，恐蹈覆轍之難。李吉口正對司家道口，則何家營之開，較之王家口誠近。第苗家橋生地開三十里，未爲大費，而七八里淤水中，功力之費，有十倍於此者。且又自蕭家口北築大堤，至朱家集、平臺集、侯家窪，斷其南溢會亭之水，又過文家集、桑堌集，至何家營，轉築而北，斷其東出任禮，析出夏邑城南等口。又築司家道口一帶長堤，計費數百萬金，尚然不可成功，況草橋之下，又未可量乎？恐計費之難。凡此非姑息夏邑一邑而曲爲之解也。艤舟苗家橋之上，極目西南北之水，雖有人力，誠無如之何也。兩道自蒙牆東下，循蕭口，經靈臺，望馬牧，汎白河，登岸膠舟者數，夜船者二。詢問委曲，略探其端，未嘗不嘆服議河者之苦心，而稍慮其惜費反費，言近猶遠也。迺若王家口，又可以易言哉？假道隣封，似居己於逸；剗及廬舍，似居己於忍。司牧者各爲其民，今强其所不欲，似居己於專，夫可易言哉？雖然，普天之下，莫非王土，況此十二里一線之地，迺堤外之地，倘因此可以護陵園，濟漕粟，亦必其所不吝也。然果可因是而成功乎？甲可乙否，吾不敢必。第蒙牆徙其曲，而此則取其直，較昔日爲順矣。難易趨避，吾不敢必第平陸易爲開深，棄土即爲堤岸，較水工爲易矣。至徐家口，生開十二里，至孫家灣，量疏三十六里。孫家灣至張禮口、李吉口，清瀝猶存。趙運使、許運同、褚同知見在疏濬，引入堅城鎮口以濟運，較黄堌之下流爲便矣。自王家口以下，開濬工程，費不滿叁拾萬金。而李吉口之下，不過擴充之而止，且兩岸堤壩見存，無庸創築，較之何營之築塞爲省矣。王家口急溜有赴壑之勢，此流則彼涸，首可以護陵寢，次可以濟運道，而亦可以拯商、永諸邑昏墊之災，一舉而三善可冀。較之苗家橋之開，恐不足以收全河之水，則爲便矣。此非妄覬山東之地而必爲之辭也。良以陵寢漕運，非兩事也。漕不患鎮口之易淤，而患黄水之不至；陵不患永夏之汎濫，而患横流之無歸。今王家口扼其吭而導之，挈其瓶而傾之，一徹百徹，舍此而旁求散漫之區，則權非我握矣。倘築舍之議未同，遷延伏秋，洪濤將至，貽患陵園，誰執其咎？則必以我有泲堤爲辭，不知議泲堤非得已也。況巧婦無無米之炊，亦必以患出河南爲辭，不知保陵園非獨中州事也。況同舟有共濟之義，至於舍新棄之故河，倣百十年未成之舊道，又非本道之所能知也。

曹縣會議呈稿

稽諸往牒，有河決而塞之者，有河徙而分之者，未聞全河之彼，可以仍挽而之此者。挽河之説，起於王家口有套灣迎溜之勢而言。夫河深叁丈，闊有百餘丈。新開之地，深不過壹丈伍尺，闊不過伍陸拾丈，其數不勝也，何以奪全河而東向？此勢也，新河迎懷之勢順，舊河灣環之勢逆。惟順，則新河一開，得水之分數常多，多則日衝刷，日深闊，安知新河非洪流也？惟逆，則舊河一洩，得水之分數自減，減則日緩漫，日停蓄，安知舊河非平陸也？因其日深之勢，高築一帶堤岸，以防南逸。因其日淤之勢，堅築截河埽壩，逼向東流。而又於旁溢者塞之，疏漏者補之，築塞未盡者導而歸之，似亦可爲。要在口開之地深闊，而徐家口李吉口堅城集以下，一一開挑，無梗隘不平之處，庶可成功。近議堅城以下開闊叁拾丈，似未足多。即如東省目擊李吉口以下之水，漸放漸淺。又如中州蕭家口以下，至今未有河漕，皆左券也。至於河挑肆拾丈，當置土於離岸伍拾丈之外；河挑叁拾丈，當置土於離岸陸拾丈之外。不然，河身狹矣，既不容其縱横自如，又不容其衝刷得去，尚可冀全河乎？所謂水平者，取河底之平，而不取土面之平，則節縮之計，即在於此。惟臨期逐段酌之而已。若夫放水之日，必在清明前後。水稍漲，則借水之力以殺沙；水入口，則因河之淺以堵塞。人力可施，樁埽易下。及至伏秋水發，而此根基已實矣。倘云工程難完，姑待五六月間放水，夫伏水暴漲，五六日即退，或十餘日而止，不數日又漲如前。漲則河狹不勝其溢，退則河淺不勝其淤。如此至再，則新河日墊，乃欲於下流處方堵方塞。未幾洪濤又至，駴目驚心，人將束手河濱，敢與之相抗衡也？何也？新舊河深淺闊狹，原自懸絶，不可與蒙牆南下之勢同日語也。故善治河者，因天時，順地利，和人心，一有未備，寧需物力以固根本。今據該廳，任築汴堤以保陵，兩閱歲以竣事，未爲無見。第恐欲速則南工未竟，遲久則河勢變遷。倘令他年費盡工完而無溜可奪，咎固無所執耳。

河工繳册稿

河之難治也，自古記之，而尤難於今。商以前，有遷都避者，遠害也；元以前有資之轉漕者，資利也。我朝不欲侵陵，既以遠害，又欲轉漕，兼以資利。不南不北之間，獨有自西自東之路，必使萬里奔流，就我約束，較之往代誠難。弘治間，河決荆隆口，由黄陵崗經曹濮，入張秋運道。上遣都御史劉大夏、平江伯陳鋭、司禮監太監李興及省直撫按董役治之。開河七道，分洩水勢，築堤三重，荆隆口東西各堤二百里護之。功成，上命大學士劉健作記，勒石河上，今見在碑文可考已。是回河之役，聖朝重之，往無論已。萬曆十九年以前，河由河南之開、歸，山東之曹、單，南直隸之碭、蕭、徐、邳至清口，與淮河相合，下雲梯關入海，此正道也。但祖陵淮水遶其前，黄水纏其後。至清口，淮弱黄强，阻淮不得出，而祖陵受淮水之傷。前總院楊議有黄家壩之開，遂分黄之勢，導淮之流，而祖陵以安。萬曆二十一年，河決單縣之黄堌口，漸由符離橋出白洋河小河口，而徐、邳、宿遷三百里運道淤竭，水浸祖陵。歸仁堤下，一望瀰漫，人言輒至。致廑皇上切責大臣，不塞黄堌，冲我祖陵。然則陵之所繫誠重矣。萬曆二十九年，前總院劉鑑乎黄堌當塞，命官塞之，其功將半，但下流未暢，上流自潰，於是有蒙牆寺之徙。其始也，尚由符離橋與黄堌下流相合，其繼也，盡由沙崗、渦泡、澮河與淮河合而爲一矣。節奉聖旨，有云：「河工宜先護陵寢，次理運道。」有云：「黄河横決，恐侵泗州祖陵，且妨運道。」有云：「這河患在河南的，着該巡撫上緊極力堵塞挑挖，毋得遷延滋患。」有云：「清口淤淺，及王家口等工程，俱着總河上緊從宜挑濬。」于是一時河臣，驚措無地，周咨相度，日夕不遑。有議築汴堤者，有議開小股河者，有議開楊先口、郭劉口者，然皆嘗試難行。前總院曾躬率司道府縣，詢之士人，采之衆議，會之各省撫按公議決之，廷遣臺臣，無如開王家口爲正。遂興工於三十年之十月初九日，開河於次年四月初八日，塞舊河於三十一年之正月二日，閉龍口於七月之二十二日。其加築大壩，創築長堤，塞柘、永之決口，而築騎河大堤，又二年而始成。其河之開也，河南首闢王家口生地拾貳里，挑徐家口以下舊河身拾貳里。山東挑下劉口以下至蘇家莊陸拾餘里。南直隸挑堅城集以下至鎮口百餘里。地有分疆，人有專責也。大壩有漕河道中河分司共督之。其塞河派料，兩省直協助。而築堤壩，調夫役，備所未備者，河南專力也。是役也，往來省直，會議踏看，輿不停肩，口不絶講，乘橇乘車，日與風濤相習，夜望村火爲歸。一年而後，議有定畫。身處數萬人之中，調停安插，立營堡，謹火盗，督畚鍤，戢變争；作何開挑，作何堆土，作何撤水，作何運沙；執丈尺，較長短，人無不平；歲時不知，寒暑不避，六閲月而後，河工始竣。覩洪水之滔天，執經營之不二，危疑不爲之懼，群言不爲之阻，疫癘不爲之避；日行五十里，夜渡三河；錢糧綜覈必明，夫料催提必至，築塞料理必周；卧不安枕，病不遑藥，手不停批；問疾扶傷，散錢掩骼；身處河干，櫛風沐雨，又二年而後，舊河始塞，大壩長堤始成。嘗考先年水行黄堌，運道乾涸，年年費萬數金錢，引一衣帶水入徐濟運而不可得。今李吉口、毛成鋪、趙家圈原挑河身見在淤澱，可查已。孰如此全河東注，故道盡復，無論祖陵千萬年無虞，運道已三年克濟矣。籌國者不當如是乎？惟願祖宗在天有靈，廟堂之上與本部院推見至隱，共圖國是，千萬年如一日焉。則國家幸甚！民生幸甚！

祥符縣志

河注二阮肆廠每年約用梢草陸拾餘萬，原在捌府屬縣辦納。萬曆拾柒年，知縣蕭重望招攬，大爲民害。至叁拾伍年，知縣王復興極力申豁，仍分派舊屬，民稍得蘇。邑人王惟儉記：夫古今之河患孔棘矣，然未有窮四海之物力，争勝於馮夷，如吾世之煩費者也。亦未有總一省之徵繕，責辦於百里，如吾邑之困累者也。無論往歲，比者朱旺口之役，公家之所徵求，私室之所餉輸，幾當縣官歲入之半。而悠悠之論，尚有異同乎？何容易也！昔宣防之築也，下淇園之竹以爲楗，故孝武歌之，謂：「搴長茭兮，沉美玉；河伯許兮，薪不屬。」彼其「薪」、「茭」，即今所賦之梢草也。當是時，河決瓠子。瓠子，今開州地也，去淇二百里，遥矣。天子親沉嘉玉良馬，公卿從官躬負土薪，可謂焦勞矣，而材僅取其故有，尚不能督之於一郡一邑也。無乃以事之難卒致，而役之難獨累乎？奈之何！今以八郡六十餘萬之梢草，而獨辦之都會之一邑耶！邑故額六萬，今十倍之矣。甚矣哉！變法之誤也。始嘗試於萬一之有利，旋隱忍於利害之不償，而終以大害貽之後人也。蓋始之射利者賈徵遂之資，操畚者賴緩急之便。若微見其利，未幾，歲匪恒稔，弊漸旁滋。即變法之人，未轉轂而已立睹其害矣。而業自誤之，不欲更也。卒之官賦有額，物直益湧，支納叢奸，監守重累，中人之資，役不畢歲，而家徒四壁立焉。數十年來，苦累蕭索，不知幾千百人。故每一役之更，小民之避之也，若淵塹虎狼之不可嚮邇。而官府之請謁，里胥之追呼，亦不勝其擾焉。會我邦君有慨往繆，因力陳其不支之狀。而當事者亦重念之，累議，累駁，累減，文移之往來，上下之參訂，凡七有閲月而始竟其説，以通融之於濱河之州縣。因地之腴瘠，酌數之多寡，西達陜虢，東盡梁宋，賦凡四十餘邑。而兹邑梢草之存者，止三萬矣。以故額論，則以十年敵一年之役；以今額論，則以二十年敵一年之役。自是而兹邑之民，其有瘳乎？或曰：邑都會之區也，力饒而易舉，地邇而取捷故也。夫正惟其都會也，輪蹄之輻凑，而凡仰給焉，悉索敝賦，不克是懼，而可復以諸郡之累累之乎？且河自分陜折而東北，委蛇河、洛之郊，崩騰懷、衛之墟，囓蝕幾邑？蕩析幾郡？豈其兹邑之獨虞也者？獨怪守土者據城府之見，分域之私，以致初議之艱也。吁！亦不恕矣。不佞因是而嘆復故法之不易也。由今而遡變法之日，垂十餘年耳，而遺老之口，不得要領，故牒之稽，復歸磨滅，豈其放軼以至於斯？無乃疆埸既殊，肝腸自易，而遂不欲出之以爲證耶？更數十年後，何所底止乎？且今之法亦稍稍非舊也。舊注三取給於諸郡，今取給於濱河。有如異日者復更其説，則一邑之孤，烏能勝多口之囂乎？故邑中士庶，僉議欲永其事，且以當事乃邦君之美也，爰樹貞珉於邑之側，不佞以是役也。始事之誤，流禍十載。此其義在桑柔之三章，所謂「誰生厲階，至今爲梗」者，非耶？今茲之減，民若更生，此其義在大東之三章，所謂「哀我憚人，亦可息也」者，非耶？然自當事之軫恤，暨我邦君極議而卒成之也。議豈築舍乎？此其義在泂酌之三章，所謂「豈弟君子，民之攸塈」者，非耶？邦君爲王諱復興，兗之鄆城人，善政具在輿誦，而茲特其一云。

汝陽志言中原有三耗：王禄一，河一，驛一。

杞乘〔二七〕

嘗考一統志，謂杞乃古雍國黄帝之後，非也。按雍國在河内山陽縣西，左傳所謂「郜、雍、曹、滕、文之昭也」，於杞無與。今邑西有高陽，乃黄帝之孫顓頊氏所興之地。張晏辨之詳矣。夫寓内有三高陽涿也，東莞也，杞也，而顓頊所興則杞之高陽，説在古聖傳。沈約又謂：顓頊生於若水，十年而佐少昊氏，二十而即帝位。路史又云：空桑氏，以地紀，高陽所居。今邑亦有空桑，去高陽甚近。地紀云：空桑南，杞而北陳留，各三十里，有伊尹村。羅泌則謂：高陽氏所居空桑乃廣桑之野，非伊尹所生之處，在今兗國。世紀又言：顓頊自窮桑遷于商丘。窮桑乃在西海之濱，又非兖矣。干寶又言：「魯有空桑，徵在所生之處，今名孔竇。」故孔廟禮器碑云：「顔育空桑。」野史又言：軒轅作于空桑之北。然則有四空桑矣。杞之空桑則伊尹所生之地。若吕氏春秋所謂空桑則伊、洛間樹名爾，非地也。至周武王時追思先聖王，乃褒封大禹之後于杞，號東樓公。杞之得名于斯始焉。或曰殷湯時已封于杞，然不經見。史記云：「殷時或封或絶。」理或然也。武公初年即遷淳于，淳于在敝邑安丘境内，至武公二十九年，爲魯隱公元年方入春秋。故春秋所載杞事，皆淳于杞也。即如「莒人伐杞，取牟婁」，牟婁亦在安丘東南。而舊志以婁堽當之，謬甚矣。嗣後莒牟夷以牟婁及防、兹來奔。蓋既取之後，又屬莒也。莒去安丘僅百餘里，故能取能奔，若雍丘則遠矣。莒，小國也，安能越千餘里伐人而取其邑哉？武公既遷之後，地屬鄭、宋，故魯惠公末年敗宋師于黄，今邑北外黄是也。成公十六年，衛侯伐鄭，至于鳴鴈，今邑北焦剌是也。昭公五年，晉韓宣如楚逆女。韓起反，鄭伯勞諸圉。今邑南圉鎮是也。哀公九年，宋皇瑗帥師取鄭師于雍丘，今邑治是也。三繫之鄭，一繫之宋，何嘗有所謂杞哉？迺舊志于「如楚逆女」下加「于杞」二字，豈以此逐可塗人之目乎？堪以捧腹已。至戰國時，雍丘、外黄分屬宋、魏，戰國策所謂「太子自將過宋外黄」是也。及考燕策：決白馬之口，魏無黄、濟陽，舊註以爲外黄。按括地志云：在今冠氏縣南，因黄溝爲名，非宋之外黄也。以此知秦策所稱「以臨小黄而魏氏服」，魏策所稱「太王之地東有沂黄」皆指「黄溝」而言，非今之外黄也。惟楚策所言：朝張弓而射魏之大梁，還射圉之東。則圉固屬魏耳。

河水源出星宿海，自入中國，逕秦、晉、衛、魯、趙地，北入于海，中間遷徙不常。自宋神宗熙寧十年南徙，分爲二派，一入淮一入海，故道遂失。自元太宗六年，河決又分爲三，俱在杞境，俗名「三叉口」，中流循城之北而東且南，即今縣治後是也。北流決汴北隄而且東，即今俗稱沙河是也。南流循城西而且南，其跡半隱半現，不復可識矣。至大德元年，決于縣之蒲口，明年復決。是後，水北徙，復河故道，不逕縣境。至我朝洪武二十四年，河決陽武三里山，東經汴城北五里，又南行至項城，逕潁州至壽州入淮，而故道遂淤。永樂九年，復疏入故道，皆不逕縣境。至正統十三年，又決滎陽東，過汴城之西南，由杏花營東南經陳留，自常家營入縣境。逕徙牆王堌、蘇家所、沙窩集、小堌、高陽、富家屯、鴉陵、蘇木、鄧家圈、咸岡、邢家口、郭家莊，東入柘城縣境合渦河，至亳合淮入海，此自西而東者也，逕縣内七十餘里。又一自祥符白墓子岡決入，流經通許，自五叉口入縣境。逕左家寨、翟陵、兔岡、竹林，入太康之馬廠集，又經柘城、鹿邑東北，合渦河至亳，仍入本河，合淮俱入海，此自西而南者也。逕縣内二十餘里，俱在縣南。其别支由朱仙鎮者，有二流，止逕尉氏、通許，至扶溝合流。又經商水、項城至壽州正陽鎮合淮，不經縣境，即洪武二十四年之故道也。弘治二年，又徙汴城東北，分爲二流，一自祥符于家莊經蘭陽及縣之白家口、外黄、秋樹營，下逕歸德，至徐、邳入淮。此去縣北五十餘里，去蘭陽、儀封甚近，止逕境内二十餘里而已。一自荆隆口、黄陵岡經曹濮，達張秋運河注海，不逕縣。至嘉靖二十六年，又決開封之西北，全河始逕蘭陽、儀封、考城、曹縣至亳合淮入海，而杞遂無河患矣。其支者俗名「鐵裹河」，自陳留縣南入縣境，五叉口東南流逕荆岡、楊家寨、胡備岡、常家營入太康縣境，東北合于大河，繞縣境七十餘里。汳水出蒗蕩渠，亦名丹水，即汴水也。經陳留之鉼鄉亭，東逕鳴鴈亭。鳴鴈即今焦刺一帶是也。水經言：汳水東逕雍丘縣故城北，逕陽樂城南，城在汳北一里許，雍丘縣界。南通睢水，又逕外黄縣南。又東逕考城縣故城南，由睢陽、蒙縣合淮水東入于泗，即今俗所謂「沙河」也。自祥符、陳留入縣楚家寨、焦家寨、花園鋪、潘家寨，逕城北五里許，東南逕小河裴村入睢州之榆廂、平岡，由柘城至亳，下達于淮，迤邐境内七十餘里，今涸流矣。睢水亦出蒗蕩渠，案水經稱：東北流逕高陽故亭北，又東逕雍丘縣故城北，又東逕襄邑、寧陵、亳城、睢陽、蕭縣，至睢陵會睢水，由下邳入泗，今俗名「堤河」。自陳留縣東北四十里入縣關屯寨、儀陽堌、七基、兔伯，至婁堽以東，淤平又東入睢州大東，由取慮入泗州，今涸，流俗亦以「小黄河」呼之。其支者自十八郎廟由儀陽堌南鐵岡、算墓，又東逕西肥、袁家潭、伯牛岡，至睢州入汴水，俗名「挑河」。睢水逕境内，其長亘與汴水等，支者不及三分之一。巴水源出覃懷，自儀封南八里，逕縣北烏岡、巴河崖、北辰寨入睢州之黑陽，過考城，下通徐州洪，今涸。流經境内僅二十餘里，或曰此亦黄河之支流。高陽，漢曰「亭」，亦曰「聚」、曰「鄉」，並未有「城」之名。

舊志誤在縣西南二十五里，顓頊氏所興之地。張晏云：「少昊之前，天下之號象其德。顓頊以來，天下之號因其名。高陽、高辛皆所興之地名。顓頊與嚳皆以字爲號，上古質故也。」按高陽乃黄帝之孫，黄帝披山通道，未常寧居，五帝三代皆其後裔。居軒轅則號爲軒轅氏，居青陽則號爲青陽氏，居高陽則號爲高陽氏，居高辛則號爲高辛氏。至于姬、酉、祁、己、滕、箴、任、荀、僖、佶、儇、依莫不皆然，則以顓頊爲高陽，蓋較然矣。乃沈約所謂「生于若水」，世紀所謂「遷自窮桑」，吾無取焉。

或問余：「所考古蹟確乎？」曰：「近之矣。」「于何考之？」「考之載籍。」「載籍信乎？」曰：「誤者不少也。」如漢書郡國志云「外黄有黄溝」，地理志云「有黄城」，非也。國策蘇代〔二八〕云：「決白馬之口，魏無黄、濟陽。」今考城是也。又謂趙「拔魏黄城」，此小黄也。大事記以爲外黄，誤矣。漢書又云「外黄有葵丘亭，齊桓公會此城」，杜預亦云「外黄東有葵丘」，亦非也。按葵丘在今考城，漢之外黄當不如是之大也。又言「外黄有曲棘里、繁陽城」，此則然爾。今非縣境，故所不志。它如水經注所言「科禀亭」、「小齊城」、「利望亭」，魏書地形志所載「沙城」、「廣陵城」、「少姜城」、「莘城」，亦猶是也。夫古之有據者，尚不足信如此，況舊志所載肥陽城、吴起城、飲馬池之剌謬亡據者乎？故斷然削之非過也。然則伊尹、伯牛、孟姜之墓亡據矣，曷存之曰「確然」？其非者去之可也，其兩疑者不害其兩存也，此慎之之意也。姑以孟姜女論之，其誤也，有自來矣。蓋杞梁者，乃春秋魯襄公二十三年齊侯襲莒，杞梁殖載甲夜入戰，死于莒，其妻哭之哀。列女傳載其事，既云赴淄水而死矣。又别載杞氏襲莒戰死，其妻無所歸，乃就夫尸于城下而哭之，七日城崩也。是以襲莒之事妄爲二人，而又以孟姜隳城事妄爲杞氏也，宜後世之紛紛莫辨也。夫博如劉向且不免傳聞之誤如此，後世之論，安足憑乎？杞固不得而削之矣，其陳平、婁敬、劉縯、夏侯惇之墓之削之也，以兩漢大臣法皆陪葬。西漢之墓多在三輔，東漢之墓多在伊、洛。故當其時有乞骸之事，蓋骸不乞則不得歸葬也。今陳平、婁敬墓皆在鄠縣之北，江淹之墓亦在考城之西，此而存之，是爲爽矣。夫陳平、江淹之誤，猶曰近東昏、考城而然。婁敬，齊人，夏侯惇，譙人，此風馬牛不相及者，邑何亦有其墓？邪甚矣！好事之妄也。況劉縯乃光武之兄，見害于更始，墓不在此，抑又明矣。一統志乃于夏侯惇附益之，曰爲文帝守將卒，葬于此，尤爲亡據。按惇督諸軍還壽春，徙屯召陵，文帝即位，拜大將軍，數月薨，平生足跡何常涉杞邪？甚矣！好事之妄，而一統志誤人不淺也。

杞之田賦凡幾變矣。愈搜之而愈以不明，愈争之而愈不可得。訟獄累年，文案山積，總之一言可盡：蓋泥于境界之説，而惑于二糧之奸也。國初蒙元之亂，地多曠野，杞之畇田僅九千二百九十九頃五十五畝九分陸釐五毫。洪武十八年、三十一年及永樂初年皆詔令河南、山東等處荒田，許民儘力開墾，永不起科。于是杞民開墾日多，除境内不計外，其境外之可考者，共二千八百九十八頃三畝有奇，而失其數者不與焉。外縣之民開杞地者，亦有一千四百八頃六十畝有奇，名爲無糧白地。宣德中，諸王府多請此地爲莊田，杞民不聽，甚至殺其校尉。朝廷乃收其地，照民田起科，定以黄糧，初令所在州縣徵解。景泰中，考城知縣劉鵬奏歸之，杞于是始附籍科糧矣。鵬奏爲濫占田地事，奉户部河字二百一號勘合，開送本縣税糧數多。景泰三年，黄册開載甚明縣册。嘉靖壬午，架閣庫火，止存安村保九册司册。成化年，河灌省城，淹没不存，是以奸民乘機妄告。

天順六年，又榜諭隱漏地土，定爲輕則糧地，于是考城復開送糧三百四十餘石。畝科米三升三合，考城關送糧三百四十二石七斗六升一合五勺。名考城餘地，此奉巡捕勘合之例也。奉都察院巡按河南一百三十六號勘合，爲巡捕等事丈量，照依今定則例起科。有天順五年黄册，在司可查。後變文稱「一則糧地」，即濫占田土，勘合之糧也。稱一則輕則黄糧，即榜例巡捕勘合之糧也。總之墾地起糧，景泰三年爲多，天順六年特其餘漏者。爾後至弘治、正德間，境外之田日多，轉易欺隱，又兼民間鬻田稱「白地」，則售民多詐稱「白地」，既鬻不復割糧。由此，地去糧存，而賦日以重矣。嘉靖八年，知縣段續始倡爲均地，以捄其弊，于是原額外得無糧地一萬一千七百四十頃四十六畝二分八釐七毫，不爲不多矣。先是河經縣南，據地數千頃，三護衛卒又占屯數千。其後河北徙，護衛卒撤去棄地，悉爲民業，故地加多一倍云。而境外地止得一千二十八頃一十八畝三分八釐而已，其餘俱欺隱。今考其可知者，一千八百六十九頃八十五畝有零，而其不可知者尚多也。段公以額外地多，不之深究，乃通融税額：畝爲麥八合四勺六抄六撮，米一升九合六勺三抄四撮，合之爲二升八合一勺，而桑棗之税，悉在其中矣。其後隣境不以開占爲斷，止以境界爲説，將杞人所墾之地，仍復洒派彼之二税。奸民吴朋等知杞賦重而考賦輕，利于去杞歸考，乃詐爲一地二糧之訟，嘉靖十二年，考城縣均糧，七尺爲步，四百八十步爲畝，畝不過數合。遂成大獄。後杞民劉持道等撿出天順六年黄册，執以對獄，奸始伏辜。時巡撫魏公判云：「循常泛論吴朋之説，簡直而理勝；杞衆之論，曲遠而難憑。至于查吊黄册，乃是研窮來歷。吴朋必謂其無存，杞衆亦慮其毁廢。今册之所載，與杞相符，更復何辨。于是將吴朋等前報杞地二百七頃九十四畝六分，仍歸杞縣遺糧。考城縣洒派仝瑶，原隱四頃二十九畝二分三釐，杞縣改正，入册納糧。仍行文考城：『今後有指此爲詞告争紊煩官府者，即係奸民，解赴撫按衙門，從重問擬。』」兩縣仍立石縣堂，永爲遵守，見有石碑存驗。此嘉靖二十一年事也。至三十九年，有安陽、靈寶、淇縣、汜水、洛陽等縣刁民魏璋等，偶因水旱之災，捏詞妄告，遂將伊等各縣額内重糧易去。杞縣輕則闊布二千四百八匹。方伯趙公署其牘云：「災傷有時，豐歉無常，難作經久定規，止以一年而言，後不爲例。」每闊布一匹，止值銀三錢。若准糧一石，則納銀八錢五分。安陽等縣，將御馬監菀豆、臨清倉小麥及本色兑軍等項推來杞縣，换去延綏、渤海、静海、京庫等闊布，約省銀三千一百餘兩，至今不易。此其説昭昭具在，今乃久假不歸，何也？隆慶六年，奸民王得林等又將原開墾儀封地五頃一十五畝六分告争辦納該縣糧差，當事者不察，遂行文杞縣，除去伊地，其糧均于概縣，則亦不覩其源矣。嗣是而商丘、寧陵踵此爲説。奸民郭天秩、劉進思等赴上妄告，挾我版民王讓等，情願地歸商、陵，糧留杞縣。此又吴朋之故智也。此萬曆十四年事。蓋商、寧以市尺八尺五寸爲步，四百八十步爲畝，名爲「大畝」。杞縣止鈔尺五尺爲步，二百四十步爲畝，故利于去杞歸商、寧也。所賴王衡等具狀赴訴，其事遂寢，然至今未結也。嗚呼！杞之額地日促，而額糧日重也有由哉。嘗考之宋紹興二十一年知臨江軍王伯淮奏曰：「清江縣有税錢四十餘貫，苗米四百餘石，人烟田産並在高安。經界既定，兩縣隨産認税，于是清江有税無田，高安有田無税。清江不免以無田之税增均于原額之田，高安即以無税之田減均于原額之税。是高安得偏輕之利，清江得偏重之害矣。」此與今日之事，若合符節。然則在上者，豈可執境界之説，以墮奸民之計哉？不然，他縣之民，墾杞地者亦多矣，未嘗見具一詞争一地者，何也？以杞賦重而他賦輕也。舍重就輕者有之，未有舍輕而就重者也。果若境界之説，則彼一千四百餘頃之地，亦不應科糧他縣之籍矣。雖然杞之所争者，非地也，糧也。使地去而糧隨之去，杞亦何利于境外之地而必争哉？在地則執境界之説，而争之在糧，則昧隨地之説，而推之公乎不公乎？嘗考半步爲武，二武爲步，鈔尺五尺。二百四十步爲畝，此通之天下皆然者，何獨在杞僅僅守之，而在它州縣不啻倍之又倍乎？有二畝折一畝者，有三四畝折一畝者。夫折畝者，爲其地瘠也。尺步之數，宜同矣，奈何大其畝又大其步乎？市尺八尺五寸，則鈔尺丈餘矣。輕科者，以其畝大也。徵税之數宜同矣，奈何大其畝又縮其税乎？杞縣小畝二升八合一勺，他州縣大畝止一升二合。既云地瘠則畝折矣，杞之在彼開墾者，獨非瘠土乎？何不折畝乎？既云折畝則糧輕矣，杞之在彼開墾者，糧不當輕乎？何亦徵至二升八合乎？此其輕重懸殊，公私利害，不待較而可知也。夫地之附籍者，既任其奪而不之争；税之輕則者，又任其易而不之返。是何杞民之醇樸守法，而它州縣之民雕巧亂軌一至此也？雖然，吾嘗究而論之：境界之説，情雖僞而事易明；懸屬之田，事本實而理難信。原其始，皆因濫占日多，各縣憚于收徵，故推之本縣，其來久矣！必欲爲畫一之規，似當改爲寄莊之名。其地畝之大小，税糧之輕重，一以所在州縣爲主。其有地浮于糧者，不妨徑割與之；糧浮于地者，不妨徑蠲除之。庶經界既定，永無越境之擾，税糧可均，亦免額外之徵矣。然此非一州一縣之力所能爲也，有世道之責者，所當亟爲釐正云。

尉氏

古亭城在縣東南大齊保。唐武德四年，安撫使任環於古亭城置康陰縣，至貞觀元年廢。蔡陂城在縣西南百堽保。隋開皇十六年，分長葛、許昌、鄢陵三縣，置蔡陂城，大業三年廢。向城在縣西北高寺莊保。按左傳：桓取向以與鄭者，亦名向城。在濟源縣西南，即周向國蘇忿生所隸之邑。又南陽府有二向城：一在本府東北，臨向渠，春秋時許國向邑之人遷此，今爲村聚；一在城北六十里，魏舊縣。宛陵城在縣南隗村保，即古山氏城。唐武德四年，安撫使任環移宛陵于尉氏縣界古山氏城以置縣，貞觀元年廢。蔡河故道，始兼閔水，自尉氏歷祥符，合于蔡，爲惠民河。又兼洧川，自許田注鄢陵、扶溝合于蔡，水自鄭之大隗山注臨潁，歷鄢陵、扶溝合于蔡。凡許、鄭諸水悉會，植木横棧及設斗門以爲節。其自尉氏北流，至汴城入戴樓、廣利門，名西蔡河。唐于此置臨蔡關，俱久廢。其出陳州普濟門，流經通許，接舊蔡河，名東蔡河。又經扶溝、陳州、蔡河口入沙河，以通陳、蔡、汝、潁漕運，屢經黄河南徙，淤爲平地。惟本府城南薫門内，東西有河，積水不通舟楫。

蘭陽志

凡鑿井有灸法，未及泉可以預知水味。其法先除去浮土二三尺，取平地，用艾如卵大，灼火灸之，視煙迹起地上者，其色黄則甘，黑則苦，白則淡，屢試不誣。如此可免無功之勞，不至及泉而悔也。

洧乘

没水即役水。山海經云：役山，役水出焉，北流注于河。水經注云：役水源出苑陵縣西，隟候亭東。中平陂，世名爲埿泉。東北流逕苑陵縣故城北，東流北逕焦城東，陽丘亭西，謂之焦溝水。東流逕山氏城北〔二九〕，爲高榆淵。又東北爲酢溝，又東北，魯溝水出焉。又東北，淫溝水出焉。又東北，爲八丈溝。又東逕曹公壘南，與沫水合。又東北逕中牟澤，東流北屈注于渠水。今故跡猶存。但其水南流入洧水矣，魯墳西之淫河是也。

魯溝水。水經注云：魯溝上承役水于苑陵縣，役水別出爲魯溝也。東南流逕開封縣故城北。南際富城，東南入百尺陂，即古逢澤。其水東北流爲新溝，又東北流逕牛首鄉北，又東北注于梁，梁即沙水也，音「蔡」，又音「沙」。予按：魯溝在酢溝東北，古開封縣西，則魯溝西南皆苑陵縣地也。魯溝過開封縣東，始入逢澤，爲尉氏地。漢書所謂「逢澤在開封東北」，良是。後人不知開封所在，以今之開封府城當之，而疑逢澤之有二，謬矣。

氾水。水經注云：氾水上承役水于苑陵縣。役水枝津東派爲氾水也，世謂之氾溝水〔三〇〕。左傳僖公三十年：晉侯、秦伯圍鄭，晉軍函陵，秦軍氾南。注云：東氾即此。今不可考。

康溝水。水經注云：康溝水首受洧水于長社縣東，東北逕向岡西。長明溝水注之，又東逕尉氏縣故城南。溝瀆三分，北分爲康溝，東逕平陸縣故城北，後爲尉氏陵樹鄉。又東逕扶溝縣之白亭北，又東逕少曲亭，又東南逕扶溝縣故城東，而東南注沙水。水經注又云：洧水至長社縣東南分爲二水。其枝水東北流注沙，即此一水。東逕許昌縣入汶倉城，東逕隱陵縣故城南，東逕桐丘，又東逕新汲縣故城北，又逕匡城南，又東南逕洧陽城，西南逕茅城東北，又東南逕辰亭東，又南逕長平縣故城西，又南分爲二水。枝水東出謂之五梁溝，洧水南出，謂之雞籠水。又東逕習陽城西，西南折入潁，此正洧水故道也。其五梁溝水逕習陽城北，又東逕赭丘南，又東逕長平城南，東注滂陂。龍淵泉。水經注云：出苑陵縣故城西北，平地流逕陵丘亭西，又西重泉水注之，又東南逕凡陽亭西，而南入白鴈陂。今不知所在，疑即清源河。重泉水。水經注云：出苑陵縣西城北，平地南流，逕陵立亭西，西南流注龍淵水。疑即槖駝河。長明溝。水經注云：長明溝首承白鴈陂水，東轉北屈，又東逕向城北，又東右迤爲梁二陂，而東注于蔡澤陂長明溝，又東至尉氏縣故城南三分。北分爲康溝，至扶溝縣故城南，注沙水。蔡澤陂水，出隱陵城西北陂，東西五里，南北十里，東逕匡城北，又東南至扶洛城北，又東南入沙水。予按，長明溝即今小清河，白鴈陂即楊家湖。當時導引陂水，南流至向城北即上城寺之北也。東流，而東南入蔡澤陂，在今鄢陵西北也。隱陵即隱陵，今鄢陵是已。今洧城小南門内見有溝瀆遺形，即長明溝故道也。梁二陂疑今空心陂，是在城北一里，去故溝不遠，故云「古迤」也。七虎澗水。水經注云：七虎澗水出畢城南岡，一源兩派，津川趣別。西入黄崖溝爲上水，東爲七虎谿，亦謂之爲華水也。又東北流，柴光溝水注之，又東逕棐城北，又東流，期水注之，謂之虎谿水也。亂流不注，逕期城北，東會清口水。司馬彪郡國志曰：「中牟有清口水。」清水出中牟西清陽亭，即故清人城，詩所謂「清人在彭」者也。東北流，注于渠水。予按，黄崖溝即黄水河。左傳襄公二十八年：「公過鄭，鄭伯不在，伯有延勞于黄崖，不敬。」杜預注云：苑陵縣西有黄水，西南至新鄭城西入洧。今黄水在新鄭東。而七虎澗水，一源二派，西出爲上水，西入黄崖溝；東出爲七虎谿，東逕棐城北，東北流，入清口，則流逕苑陵縣南，桑林之野矣。第其故跡，不可考耳。　紫光溝。　水經注云：紫光溝水出華陽城東北，東流，注七虎澗。　期水。　水經注云：期水出期城西南平地，世號龍淵水，東北流，與七虎澗會。

七里溝水。　水經注云：七里溝水出隟候亭東南平地，東注屈而南流，逕升城東，又南歷燭城西，又南流注于黄水。　濩陂水。　水經注云：濩陂水上承洧水于新汲縣，南逕新汲故城東，又南積而爲陂，陂之西北即長舍城。陂水東翼洧隄，西面茅邑。自城北門列築昆道，迄于此岡，世尚謂之「茅岡」。予按，此陂在新汲城東南，在今東由保地方茅家岡東也。　庚溝水。　水經注云：庚溝上承洧水，于大穴口東北，東經洧陽故城南，又東南爲鴨子陂，廣一十五里，又東北瀉沙。魏書、隋書各云「新汲縣有鴨子陂。」予按，庚溝在鴨子陂西北，其爲洧地亡疑，但不知其所在耳。　蔡水。　宋王應麟紀聞云：蔡水貫京師，兼閔水、洧水、濮水以通陳、潁之漕。鄢陵志云：蔡水自長葛東流，至鄢陵分爲二水。一經城西柏梁橋東南，流入西華，曰舊蔡河；一經城西乾明寺入尉氏，北流六十里，入都城復出，由通許東南流接舊蔡河。建隆三年所浚也。天聖二年，田承説獻議重修許州合流鎮斗門，開減水河通漕。熙寧四年，詔楊琰增置上下壩閘，蓄水以備淺涸。又云：蔡水即沙水。「沙」字音「蔡」，許慎正作「沙」音。予按，水經注「沙水即梁水」乃渠水之枝流也。渠水出滎陽北河，東過中牟縣北，東至浚儀縣分爲二水。汴東注沙南流，逕梁王吹臺東，有陰溝、鴻溝之稱。又東南逕牛首鄉東南，又逕陳留縣故城南，又南逕扶溝縣故城東，又東與康溝水合，又南與蔡澤陂水合，又東南逕大扶城西，渦水于是出焉。又東南逕東華城西，又東有枝瀆，西南達洧，謂之甲庚溝。又東逕陳城東，又東南注于潁。「沙」果音「蔡」，但其上源不由鄢陵北流逕尉氏入浚儀耳。其自鄢陵北流者，乃蔡澤陂水也。蔡澤陂上承長明溝水，積而爲陂，在鄢陵西北。其水東逕匡城北，又東南逕扶洛城北，又東南入于沙水，亦不北入浚儀。豈宋時因蔡澤故瀆而浚之以達都城乎？然所謂兼閔水、洧水、潩水者，言此三水下流俱達于沙耳，非鑿渠橫貫三水引入都城也。鄢志之不足憑，明甚！洧川故志又謂蔡河自鄭之大隗經洧川注鄢陵、扶溝，今湮塞不通，猶有溝渠形跡，在縣治前。尤爲謬妄，不知在縣治前小南門內者，正長明溝故跡也。長明溝上承白鴈陂，即楊家湖。白鴈陂上承龍淵泉，出苑陵故城西，不出大隗山。況蔡水即沙水，上承渠水，出滎陽北河，亦不出大隗也。

洧水故道。水經注云：洧水至長社東分爲二水，一水北流注沙，即康溝水；一水東逕許昌縣入汶倉城，東逕隱陵縣故城南，東逕桐丘，又東逕新汲故城北，又逕匡城南，又東南逕洧陽城西南，此洧水故道也。今自長葛縣東斗門東下迤邐，經洧南八里大隧山南，延秀岡之側，至故縣西南屈而南行，至瓦屋東又南屈而東行，經許田店後，東北迤邐入鄢陵界，與今洧河合，乃其故跡。父老不知，以爲古汴河，煬帝所開者。按，煬帝開河記所紀「汴道」，即古渠水故道也，在滎陽、中牟、陳留諸縣，不在洧南。其爲洧之故道亡疑矣。但所謂汶倉等城，不知的在何處耳。今有蓄糧城，在瓦屋西北，故河之西，疑即汶倉城。而隱陵、桐立二城則不可考矣。今洧水至長葛東屈而北流者，乃古康溝故跡。至向城東南，又出康溝南去爾。其自常家灣至石家橋、唐家橋、洧村、蔡家莊、彭祖店東入扶溝者，又宋、元時洧水故道也。弘治九年河決栗家口，乃始南行，逕南席東去矣。

固始志　户口

嘉靖壬寅，知縣張梯按舊册，百歲未除，嫁女尚造，乃令開舊報新，使流移歸編户，而脱漏者無容，死亡免造入，而成丁者咸在，以故户增而口減也。況民畏丁累，不敢盡報。是故觀户而知國運之盛，觀口而知藏富之仁。

羅山縣志

襄陽李公注四曰：隆慶以前，銀差以各項徵，力差以審户定也。想其時，今日催此項錢，明日催彼項錢，應差人又討工食，追呼無寧日也。且也，有一番追呼，則有追呼人一番科斂，而民坐困矣。知縣應存初立爲一條鞭法，一條鞭法云者：以各項銀差并力差、工食合爲一處，計銀若干數，然後照丁高下，糧多寡，以此銀派徵之。徵畢，則分此以爲銀差起解，及爲官覓力差人之工食也。百姓完此外無一事矣。法誠良哉！所願官是邑者，因而行之，不復分徵，不入庫寄，不使豪右人攬收侵欺，則國計民生，兩裨之矣。

又曰：會銀，昔未有也。以里甲供億，不才官費之不貲，乃酌一年應費之數，定銀有額，入一條鞭内徵收。在官用之，名之曰會銀。會銀設而費有限矣。此節愛之良法也。何近時又令十甲里長輪流支使？豈免包賠，而里長又焉得不派之各人户哉？抑且指一科十矣。是既有會銀，復用里甲也，爲小民之困，不滋甚乎！官是邑者，而恤民艱，省里甲歸農焉，庶不失設立會銀之意矣。

臨漳縣丈地記

張鳴南

普天之下，地有定分，賦有定額，曷以丈也？强者兼圻而糧少，弱者削地而糧多。部臣上其議，以查欺清浮請，故有丈地之命。既丈矣，何以復丈也？有司志立功者，以神速爲能，不丈而報完。志博名者，以核察爲能，僞增而報數。欺隱未必革，而浮糧益浮矣。部臣上其議，以民稱便者已之，不便者復丈請，故有復丈之命。有司者苦復丈之難，多假以稱便報罷。時邑侯新任至，以此而質諸父老，咸云漳地之丈不平也。侯毅然曰：「知丈之不平，以勞費而不爲之所，非牧也。」遂下復丈之令，擇土官趙時民等二十員，矢之以誓，諭之以法，授之以方略，相地里張村較中。自此分四隅，坵以千文編號，每坵限五頃四十畝，鱗次而丈之。立坵頭、坵副，分丈坵内之田，某若干，某若干，一坵一簿以備查。立公直老人，品田之高下而第其等。恐民田影於屯田也，先吊屯田之册以照其數。恐境内影於鄰境也，會鄰境之官以定其界。恐委用之誣慢也，不時巡行於郊間，量一坵，躬驗土脈，以勘其公私。恐書手造册因緣成弊也，令委官自相攢造，飛灑者無所用其策。可謂慮周義著矣。丈上地八千二百五十四頃七十七畝二分九釐七毫四絲七忽五微，照畝起科；下地三百七十三頃八十四畝二分七釐九毫九絲九忽，二畝准一起科；堆沙地一百八十二頃二十九畝二分三釐一毫九絲一忽，七畝准一起科。計每畝正糧雜差，徵銀四分六釐，河流免科，欺隱盡革，浮糧盡清。撫按兩臺大夫會疏薦之，百姓稱平矣。稱平者有四便焉：前者經界不正，兩鄰分寸是競，今清丈矣。彼疆我理，載在尺籍，孰敢奸度，息争訟之端，一便也；坵段既明，等則又定，地之高下，總數鐫石，一畝不得增減，絶那移之竇，二便也；每坵報地數，雖繫之户頭，必報其主名，照名派銀，令其自納，户免攢斂之擾，三便也；河糧固名減半，然一粒不登，鬻賣逃流，若何所控，一行免之，去包賠之累，四便也。豈不爲我漳民世世永賴哉！簿池君尉張君以事實年月，屬余記之，語云：「其身正，不令而行。侯端本執紀法於上，委官用命於下，不敢食人一菜，是以成功易易也。不則有治法，無治人，安能盡善？此人人之所耳目者，非余之諛言也。」是爲記。萬曆乙酉二月丈始，六月完之，册畢十月之交。侯王姓名良佑，字又忠，號柱峯，庚午舉順天禮經一人，金吾右衛，官籍山東壽光人。回隆鎮在縣東南五十里，南臨御河。始隋煬帝導衛輝、蘇門百泉水，東北引淇、淦、漳、洹之水爲大河，御以巡幸，賜名御河。鎮居臨漳、安陽、内黄、魏縣之交衝。嘉靖初年，奉旨立司塲，爲總兑河南糧儲之所。夫以河南之糧在河南交兑，軍民兩便。後乃移於小灘鎮兑，則屬直隸大名，今又移於館陶兑，則屬山東東昌矣。夫直隸無兑軍米，山東有兑軍米，兑於館陶宜也。河南之糧，胡爲亦館陶兑乎？司國計者，酌通變宜民之方，則回隆鎮交兑不可易矣。

崔文敏公新建回隆兑運分司記

初豫漕之運，兑於回隆，後以水涉不利而改小灘。正德庚辰，漳水決顯王，過東南，過永和符恩入於衛，出回隆之南五里，館陶故道塞矣。運事宜復，而議者未遑也。嘉靖庚寅，河南參政田登氏列小灘六害焉：商量之欺；斛減一分糶米之售，石償三斗；牙用十金而私一，役夫重賄而得進；狡奸取賈而逋；子婦入廠而竊；法格異省，償貸官銀。布政使陶諧氏、按察使林大輅氏議曰：「水利則運宜復，運復則害自去矣。」都御史徐公讚以御史王子舜耕、沈子奎上其議，得旨允行。明年辛卯，分守參政周忠氏領是事，命其屬徹小灘之署而改建焉。作户部分司、布政分司，堂寢各如制。作廠三居米，閲三月，工成。是歲，兑米先期兩月而畢，省米一萬三千石有奇，費省四萬金，餘金二萬兩還帑。於呼！政以宜民而已矣。俗所未厭，勿棘改也；俗所不安，勿憚作也。利與害因而生，法與弊角而立。夫而小灘失利運軍益徵，紾矣。物聚而民生心，利巨而强欲擅。漳水善徙，衛水淹淤，弊矣。以闖乎之弊當紾者之口，運復可害也。是故隨時勤浚，戒其濫役，先事明禁，決其必戢，尚亦永利哉。是舉也，恤民倡端，田參政之果；究源作政，二長之明；費省工堅，分守之嚴；采長器能，都御史之公。知府王天民及寮奉憲樂仁，刻石載成，而予銑附末議，垂後警云。

林縣險要圖説

張應登注五

此林縣西山之險要也。險隘處所，均屬太行之支節。其北由百餘里而入，有馬塔口、虹梯口，迤南則爲蟻尖寨。寨之南爲魯班壑，又南則有斷金橋、風門口、東峻岅、崔八口、關牆嶺，距邑七十餘里而上。總之南北相連，人跡可及。其險而當守者，首蟻尖寨，次斷金橋，其餘則崎嶇樵徑，車不得方軌，馬不得成行，上下爲難，無容慮已。何者？蟻尖寨西北距縣四十里，由姚村迤西五六里爲東寨門口，上有黄倉岩等泉十處，中有官廳三楹，營房二十楹，原爲官軍戍守而設也。北有教場，廣闊七十步，可容馬卒千餘。南有倉廒，遺址尚在，廣闊二十步，可貯粟穀萬石。自倉廒南，由小蟻尖寨、大蟻尖寨、百岩口、東蓋頭泉、小臨清水泉，至西蓋頭泉，還距營房，約二十五里餘。獨百巖口、東、西蓋頭泉各有樵徑，可攀緣而上，宜剗削之以絶蹊徑。又自教場北，由朱路岩至斷頭岩，距營房約十里餘。而朱路岩亦有樵徑，宜剗削也。其北柳樹水泉、百户水泉、磑臼焦水泉，俱營房正西。山西漆樹溝水泉、南柳樹水泉、蓮花水泉，俱大蟻尖寨山後西面。凡水泉皆可以資軍用。斷頭岩至西蓋頭泉，南北三十五里。東寨門至寨西後溝，東西闊十五里，總週八十里而多，俱屬官軍往來哨守。西寨後溝有通山西蹊徑，已經堵截，往來不通，而法久令廢，成路久矣。乃今剗削，費計石粟，止留一面上下，便于防守，足矣。其斷金橋[注六]去縣西南五十里，由桃園店西上，有水泉一道，與山西平順縣接壤，險峻，一橋可渡一人。倘一夫而當關，真萬夫之莫敵。東西咽喉，行者絡繹。萬曆十五年，因歲荒設官二員，領軍二十，分班守把，信爲有見。今既事寧，亦宜掣回。何者？冗食之足慮而騷擾之可虞也。夫蟻尖寨下險上平，水泉數十，可屯萬軍。此非不執者思藉以逞哉？曹魏、高齊注七倉屯，瓦礫猶有可辨，自古防之矣。官軍輪守，向議爲長，而未及因水開田之利。將使守軍操戈終日而不事一生計耶，此其所以困之也。合無守軍携家屯住，各因其泉之下流，隨宜開墾，布種自穫，不必起科。唯其數年大利之後，斟酌抵當行糧分數，則地利以興，險阻以固，而軍無困守之慮矣。

彰德府志

安陽在前代，水冶爲輔嵒縣，永和爲永和縣，一曰永定，今縣并之。然實要衝，長吏送迎貴官，或竟日不得視事。田附西城東城者，多爲圃。縣東夾洹水者，田皆填淤，宜麥宜藍，秋潦或連歲無成。民頗饒裕，田多者至三千畝，或四千。自善應西皆山田，中下，多種柿、梨、棗、核桃，宜菽、穀，又善牧羊。縣南田近岡阜，在縣北者土黑多沙，又其下也。軍校錯民而居，易犯法，逮之輒匿，頗稱難治。成化前，俗朴厚而民富，弘治間奢靡。自壬申盗起，歲入損少，乃更簡儉，多棄賈爲農。湯陰衝要與安陽同，田稍不及。周流蔡園，田皆淤漫，亦苦歲潦。西山接太行，産煤木，饒爲薪。民性平坦，近多豪猾，好以唇齒高下人，或陰籍大家過失，伺隙則發籍相脅。知府陳策辟其奸魁，稍知戢矣。湯陰、安陽士喜負氣，謝宦里居者，多能自守不干。林縣居太行下，北有蟻尖，亦地險也，今設兵守之。地僻止通晉貨，他商賈罕至。自水冶至縣，路隘不能行車。民健朴，亦喜争鬬。田多岡阜，有積石，惟南川平衍，宜桑、棗、黍、穀、麻、菽、木綿，喜潦惡旱。山産則甲於諸縣。臨漳居漳、衛之間，田皆填淤沃衍，無岡阜。近漳水，南決入安陽。臨漳田收，畝皆十斛或八斛，民占田多者至七八千畝。喜奢靡好博，然民性寬緩，罕健訟者。磁州西阻太行，漳、滏在前，居燕趙相、衛之間，巖郡也。衝要視湯陰。田多沙鹻罕收。民殊罷，然有陶冶之利，尚儉勤力。武安、涉皆並山作邑。民性健武喜訟，以財自雄，服室相高。武安最多商賈，廂房村虚，罔不居貨。西據十八盤，要害地也。東南北則沃衍，又産錫、煤及堊土。與涉田絶，宜木綿。涉則産鐵及自然銅。兩邑山多材木。俱尚鬼禱，賽淫祀，病惟事祈禳，死則舉尸瘞室中，篤修佛事。磁自趙周臣以文章爲金人師，至今多士也。

彰德府續志

先年驛傳，馬、驢、牛頭，審編上户應役，雖五年一更，非至傾産不已也。近年題准徵銀募應，民間甚稱便矣。蓋驛傳之利害，恒苦于冒濫之騷擾，行使之需索。省差遣，嚴查覈，此最驛傳興除之要領也。舊例州縣里甲輪役，十年一周。其該應者率計丁糧審編，靡費不訾，衝繁尤甚。萬曆六年郡守常公存仁酌量繁簡，議定會銀，例分爲三等：公費必用者，名曰「額支」，數最多；帶徵備用者，名曰「待支」，次之；其名曰「雜支」者，備額外不時之需，又次之。有餘抵作來歲正數。概縣通融徵銀，丁糧不滿百錢，官擇殷實人役主之，嚴爲稽查，銀有定額，用有常度。下之各屬通行，宿弊頓革，歲省數萬金，民賴以蘇。此法之最良，可行永久者也。

懷慶府志

田賦

孟子曰：「諸侯之寶三：土地、人民、政事。」今之守令，古之諸侯也。籍田畝以定土地之廣狹，而賦稅所由明；籍户口以知人民之多寡，而力役所由均。二者實惟政事之大者。懷慶三面限以山河，土地視諸郡爲少，而賦稅視諸郡爲多。因地定賦，大勢之不均，此則守令之不得以自專者。計賦派地，小數之不均，此則專于守令者。然必知之明而後處之當。因考舊志，以計田畝宗總會田糧文册以志原額、起運、存留之數，使爲民父母，一展卷間而大數宛然在目。田以頃計，止於畝而毫釐不計焉。糧以石計，止于升而圭撮不計焉。銀以兩計，止於分而絲忽不計焉。

吏書防細弊，册籍不得不詳。君子識大體，史志惟撮其要。

屯田論

屯田，軍士之所天也。欲全軍伍，先理屯田。兼併于豪强，私易于富室，其所由來者漸矣，然必處之有術，行之以漸。正德五年，遣京官清理屯田，意非不美，所用非人，急遽無漸，釀成寧夏之變，屯田遂廢不講。嘉靖七年，河南屯田憲臣革私易，歸本業，亦優恤之，善政也。處置無方，構訟至今未已。何者？勢所必至，情不可强也。譬如買賣奴婢之禁，仁政所當先也，犯者日衆，亂由所階。治家如治國，有爲者治萬畝而有餘，無爲者易百畝而不足。田荒蕪而賦税何出？此則典賣者，勢之所必至也。强奪富人納價之田而歸之本主，是以拂人情而訟繁興。且如人孰不愛其子，豈待君人者之禁？匪利其財，亦資其養也。又況懷慶屯田與東明雜處，軍民異省，會訟動必經年，而貧富俱困。山西諸衛屯田于直隸州縣，如其比者尚多。若兩省巡撫會文，立爲一定之法，凡民買軍田、軍買民田，每畝歲輸銀五分與本業主。大約每畝三分，在軍足以完兩税，所餘二分足以備軍裝。在民三分，足以備糧馬，所餘二分，足以供雜差。軍買軍田，則兩税隨輕重完于管業，外二分以資軍裝。而近年所加地畝差銀，一切革去。若然，則貧軍百畝之田，雖賣而歲得銀二兩以資行裝，田倍而所得亦倍之，又何至于逃哉？雖有憲臣，不在優免。雖有災傷，復其三；不復其二。此雖遷就之説，然亦足軍士省詞訟之要法也。

河南懷慶府知府臣紀誠謹奏：爲地糧偏重，懇乞通融，以一稅法，以蘇疲黎，以光聖治事。陛下惓惓，無非以周天下之利弊而興革之，甚盛心也。然政在宜民，法貴通變，使不審弊酌宜而徒沿迹以求通焉，其何以仰體陛下勵精圖治之萬一也哉。臣備員守職，待罪應朝，例得據見聞直言利弊。臣不敢妄越，特以事關民瘼之大者，敬爲陛下陳之。思惟國初定賦，止據一時土地之荒熟起科，初未嘗有所厚薄於其間也。彼開封、汝寧、歸德、南陽等府，先俱遭兵，其時地荒，故其糧頗少。獨懷慶一府，向未蒙亂，比其地方熟，故其糧頗多。糧之多少，不過以地之多寡爲率。苟如此其地，如此其糧，雖至今行之，亦何有不可者？但年久勢異，而各府之荒蕪皆盡開墾。如西華縣志，洪武二十四年，在册地止一千九百九十四頃有奇，嘉靖十一年，新丈地一萬九千七百七十頃有奇。永城縣原地一千五百三十頃有奇，至嘉靖十一年，新丈出二萬六千六百一十九頃有奇。在二縣如此，在他縣可知。是土地實增倍於其舊，則糧宜增而不增，而顧以其糧分洒之，此輕者益見其輕也。至於懷慶，北枕行山，南環黄河，中流丹、沁，年年衝壓，則膏腴變爲鹹荒者，不下百十餘頃。又且有封藩各墳址之開占，是以糧有包空之説，而人之逃者相繼。先河内縣原編户一百二十餘里，今併爲八十三里。修武縣原編户六十里，今併爲二十九里。凡他縣亦皆類是。人逃而地漸荒，則土地已非其舊。夫糧宜減而不減，而復以其糧包賠之，此重者益重，無怪乎懷慶之民日困徵輸而卒無以自安也。臣奉命守茲土，入其境，見其民，心竊恫焉。隨據河内等六縣民楊光、張相等連名告乞，俯念地糧偏累，曲賜多方均減以延餘民等事。因詢其故，乃查河南總賦文册，懷慶一府，共地四萬二千八百八十九頃，該糧三十三萬六百二十石。如歸德府七萬四百餘頃，止徵糧六萬七千六百七十餘石。計其地，懷慶不及開封等各府十之一二，而其糧多不止於十數倍。況懷慶之地，每二百四十步爲畝，每畝徵糧一斗，少亦不下八升五合。其他各府之地，每四百八十步爲畝，每畝徵糧二三合，多不過一升。甚者有數畝之地而無一撮之糧，以一役之微而免數畝之税。是懷慶一畝之地足當各府三四十畝之税。懷慶不免有徵賦包賠之苦，而在各府乃得以恣飛詭影射之奸。于此使不有以通融之，則苦樂不均，而懷慶偏重之累將何時已乎？伏望陛下俯察臣言，勅令户部弔查黄册與河南總會文册，一一對閲：各府原地若干，原糧若干；今增地若干，該糧若干。復查懷慶是否衝壓，有無開占，該餘若干。公視八府爲一體，惟計畝均糧，可增則增，可減則減，當統一之日，立畫一之法，則在在皆得以蒙其均平之澤也。若開封等各府猶堅忍偏護，不肯一體通融，必不得已，姑先調停。如糧數雖同，而起運、存留有輕重之互異；起運雖同，而本色、折色有省費之不倫。即于派糧之日，酌量輕重，定爲規則，將本府准改存留糧七分，起運糧三分，算每地一畝，仍改重糧二升三合四勺，輕糧五升四合六勺。較之他府，雖猶重數倍，比之往年，則略輕二升，所謂寬一分則民受一分之賜矣。若小灘兑軍，比之别項起運錢糧，又爲獨重。或將此項重糧，通行除免，或量免一半，另改起運、折色、錢糧以充其數。夫兑軍改而爲折色，則本色之費用可輕；起運改而爲存留，則輸納之艱勞可免。雖不能通融均洒于一省之中，而救偏補弊，亦得以減重從輕于一省之内。孑遺之民有更生之望，而守土待罪之官，亦得以勉修職業也。惟陛下留神，臣愚幸甚！生民幸甚！爲此除具本外，臣無任瞻天仰聖，激切屏營之至。

河内縣志　驛傳

按驛所協濟之規，起于萬曆二年驛傳道某公所議。在立法之初，已不免嘖有煩言。遵行洎今，沿而未革，動以「舊規」二字諉之，而其中有大不便者。如河内一邑，路衝民貧，固所宜濟。覃懷驛則有汝州、西華、襄城、臨潁、密縣驢二十三頭矣，河内遞運所則有濟源牛八隻半矣。查本縣驛傳銀内，則又有協濟開封、郭店驛銀一百一十兩。彰德、安陽所銀柒百二十兩。夫濟者，以彼有餘益此不足之謂也。業已望濟于人，而復濟乎人，于義何居？且各縣相距，近則二三百里，遠亦不下六七百里。轉解既多躭延，而有司之催徵者，則又以起運爲急，以站銀爲緩，尺一關提，弁髦視之，而此中軒輶一至，包賠應付，稱貸出息，種種苦累，有不可勝言者。額銀未到之先，已爲富家之二月絲而五月穀矣，如之何不貧困而逃亡者衆也。萬曆十八年，按臺毛公在題奏驛遞銀兩，先儘本府所屬徵派，如本處有餘，方許協濟鄰近驛遞，不得議及隔遠地方。其于前弊，蓋洞燭之。至於浙江水程無驛，派令協濟河南等處。覃懷驛有馬十三匹，名曰「南馬」，其解支之期，難于同省十倍。布政司坐委宣武衛百户守候催提，動經歲月。曾經按臺會議，以中省應解京班柴薪，抵南馬工食，數略相當。而以浙江協濟之銀，同起運錢糧徑解兵部。在浙中不得仍前視協濟爲不急之務，以容拖欠，而本驛赴領于布政司，亦不至令闕提者，跋涉于數千里之遥，應役者，待命于三五年之後也。事雖未行，其法殊便，儻執舊規而無變計，恐將來之累有不可勝言者矣。

武陟縣志

李日茂曰：「邑有黄河經其南，沁河繞其北，通舟楫，便商賈，可不謂百姓之利哉！顧黄性善崩淤，而沁易衝決。邑當其下流，倏忽巨浸化爲桑田，膏腴變爲沙坵。有糧無地，有地者反無糧。疆埸易淆，强弱相吞，質成者無虚日。奸民乘之，又往往虚除實糧，而盜種退灘空閑地者，若固有之。因是旋丈旋除，曾無一定之額。糧日增而地日減，吏書得以執其權，誠古今一大害也。

蓋由官遷轉無常，眎如傳舍，弊孔難以悉窺。或貪除糧之美名，惜革奸之實力，故日甚耳。近奉文清丈，築堆植樹，計長久也。由此而督修不廢，執簿驗區，即有坍塌沙壓，可以處補，而亦不至于虛除，庶額地不失而民不偏苦矣。此本邑第一事，特詳之。」又曰：「沁之由來，詢之士民，皆謂往歲溢而不決，故不隄防，所以十五年開決入衛，創及藩府。上持簡科臣督治。維時當事者日夜焦勞，調集懷、衛十縣人夫，疏濬堤塞，費金巨萬。歲且飢饉，百姓骨立，梢草夫役之供，刲脂剜膏，猶不克辦。乃秋水時發，沿河堤壩，春築秋防，而官民始多事矣。懷、衛諸邑，可不協力防守哉？或議石堤，顧沁岸沙多泥少，最易傾陷，惟豫物料，覓老土，捲埽築堤，則鑿鑿乎不可易矣。邑地多沙，易于植柳。近經清丈，曠田昭如，苟相繼種植，十年之後，不患無料而民可息肩矣。」

懷慶府志　藩封

論曰：「酌古準今，立法者本乎上；體情盡變，行法者存乎人。」近制宗藩條例，至詳至備矣。立法之始，而宗室猶稱不足，以行法者之未善而不能體乎人情也。前此有司支給不時，以致貧難宗室，踰年先賣。亦如貧民二月賣新絲，所得不及其半。雖有善處者，亦不過爲豪民繼富耳。請改歲支爲月支，而月不過五。蓋以聚多則易蕩，分少則易節，無期則難待，有期則可計日也。若三科定賦，先計封域，月支所有，歲補所缺，民不加賦而宗室自無不足矣。此百世之治法也。河南藩封七處，其六處本土存留米麥，足以供用。惟開封所入不足以給所出。計開封與舊屬歸德四十三州縣，夏秋糧幾八十萬，起運幾三十萬，存留幾五十萬。內除鈞州三萬六千五百石，以供徽府宗室及官吏師生之用。餘四十六萬，以六萬爲歲徵脱欠及别貯之數。其官吏師生一科歲用不過五萬，再以五萬補四衛軍伍屯糧之不足，尚餘三十萬以供藩府。分作十二月，每月二萬五千石。上自郡王，下及庶人各計其定分，足十分别皆十分，足五分則皆五分。大約中尉月得實米三石、銀一兩，折三石以供薪蔬。將軍以八，王以十，是爲月支所有。外六府惟彰德無餘，其五府藩封科計足本府。運其有餘以補周藩之不足，是爲歲補所缺。又今税糧一切折銀，若起運地遠猶可也，存留折銀，不過爲官省收盤，大户省搬運耳。殊不思民田産粟不産金，未免以粟易金；宗室及官吏軍士食粟不食金，未免以金易粟，此納者支者皆稱困也。若别府折銀，本府徵米，雖中尉亦月支實米三五石，又何有不足哉？

懷慶府志　京邊戍役論

承平日久，人耻爲軍。强壯富室家居，而老弱貧人應役。四方征調，臨期揀選。夫弱中選强，安得其强？與其臨期選徵調之軍于京營，孰若先時選應役之軍于衛所注八？衛所選軍，先比其年，年齊則比力，力齊則比家。比年者，二十以上，五十以下也；比力者，力有强弱兼之藝有短長也；比家者，業有貧富兼之兄弟有多寡也。若夫作其氣而不靡，則略舉漢家人賜一級之法，使正軍不與凡民齊，除去中唐主將困辱占役，等之奴隸之弊。操演之餘，一切雜役悉除。所可慮者，監司既不親細事，守令又不達軍情，不過取具册籍于衛所。而衛官夤緣之弊，一番選，又生一番害。此則原設清軍屯田與各道守巡官嚴法而善察，本兵授之以成規可也。昔魏選武卒，衣三屬之甲，操十二石之弩，贏三日之糧，日中而趨百里。□□式事軍士支糧自負，爲□□□顧，人減其十一。今亦不須別較，但依旗牌入倉，如伍按隊齊給，弗勝弗得，匪人連坐。選之精，則自無委靡之習待之厚，又有以作其敵愾之氣，未著伍而兵已强矣。我朝軍伍之制，每軍百名，統之以百户，千名統之以正副千户，五千六百，統之以指揮七員，漸增至二十餘員。使在衛則爲管軍之官，征操則爲領軍之將，豈使之食厚禄安坐于家，而付軍士于他人，置征戍于罔聞哉？今外衛指揮千百户勤事京邊者十一，安坐衛所者十九，是以營操之官，已非在衛之官。一旦出征，推選將官，又非管操之官，倉卒數易，軍不識將，將不識軍，豈兵法「晝戰目相視，夜戰聲相聞」之術乎？豈一體相待，如身之運臂臂之運指者乎？夫軍不離將，人人所知。軍既分爲春秋兩班，設官將欲何爲？乃不與偕行。請如舊例，每衛五所，分定春、秋、京、邊四班，且如前後二所春操，即二所之千百户盡數與俱，而指揮、都指揮中分其半。左右中三所秋操，即三所之千百户盡數與俱，而指揮、都指揮亦中分其半。營操得人，在比試覈真之後。自後弓馬器械嫻熟者，即管營、管隊，其不能者，照今京營事例編作什伍常班。管千軍者，即回衛管衛印者也。管隊者，即回衛分衛事管所印者也。常班者，即回衛閑住者也。患病緣事，即以舍人補伍。在京一班脱伍，即在衛一歲不得支俸，懲勸之道，激勵之方，在是矣。此皆軍官本等職分，不容假藉，不愈于今日撫按官推選軍政，別途訪求乎？軍有缺伍，即責問原來之官，不愈于今日在營缺伍，始申于部，部行都司，都司行衛所，比秋班將至而春班九轉，移文猶未周乎？

曲洧新聞

虎牢關在汜水縣西，其東近滎陽，皆坦夷。道入境地漸畾峻，至縣城下突起一山，如萬斛囷出，西郭則亂嶺紛糾，一道迂回。其間斷而復續，使一夫荷戈而立，百人自廢，信乎爲雒陽之門户矣。

雒陽西至新安，道路平曠。自新安西至潼門，殆四百里，重岡疊阜，連綿不絶，終日走硤中，亡方軌列騎處。其間硤石及靈寶閿鄉間，尤爲險要。古之崤、函在此，真所謂「百二重關」也。周在東，不能西禦秦；唐在西，不能東禦禄山，悲夫！

邵氏聞見録

洛中形勢，郟鄏山在西，邙山在北，成皐在東，以接嵩，闕塞直其南，屬女几，連荆、華，至終南山。洛水來自西南，伊水來自南，右澗水，左瀍水。隋文帝登邙山，對闕塞而歎曰：「真天闕也。」今之洛城也，周公所卜在其西北，郟、鄏二山相屬，定鼎於郟鄏是也。前臨澗、洛二水，故曰穀、洛鬭，將毀王宫也。洛誥曰：「我又卜瀍水東，亦惟洛食。」東漢洛陽是也，在今洛城之東十八里，跨洛水，前直轘轅，北屬邙山，極平遠。西晉、後魏皆都焉。晉又築金墉城在其西北。其山川秀潤有餘，形勢雄壯，差不逮長安。長安東崤、函，東南荆、華，以屬終南山，西南大白、雞足山，又西秦隴、岐山，北梁山，東北雷首、中條山，與平陽諸山相屬。涇、渭、滻、灃、滈、澇、潏之水在其後前左右，以入於河。故堯都平陽，舜都蒲坂，周都岐山，文王都豐，武王都鎬。秦初建國於秦，後遷岐山之陽，今寶雞是也。穆公羽陽宫故基三良墓尚存。至始皇都咸陽，跨渭水爲阿房宫。西漢都秦宫之東，今未央、長樂、章臺諸宫城闕尚存。隋文帝初都漢宫，後遷稍東，枕龍首渠山築長安新城，制度甚壯：南接華嚴川，以祝南山，北臨渭水，城南北三十餘里，東西二十餘里，漢未央宫在其苑囿中。唐因爲都，又起東内，今含元殿、太液池故基尚存。又起南内，謂之興慶宮，今池殿故基亦在。自東築夾城複道，南至興慶宮，又南至曲江，東跨灞、滻，以屬驪山。山上起羯鼓望京樓，山下起華清宮，宮有温泉，以白玉石爲芙蓉出水，爲御湯、蓮花湯、太子湯、百官湯。其宮闕北臨渭水，由華清宮東，離宮相望，以屬東都。自堯、舜、周、秦、漢、唐，都城皆相近，高山大河，平川沃野，形勢壓天下。洛陽民俗和平，土宜花竹。長安尚有秦、漢游俠之風，地多長楊、老槐〔三一〕，耕桑最盛，古稱陸海。前代英雄必得此然後可以有爲。洛城之東南午橋〔三二〕，距長夏門五里，蔡君謨爲記，蓋自唐以來爲游觀之地。裴晉公緑野莊今爲文定張公別墅，白樂天白蓮莊今爲少師任公別墅，池臺故基猶存。二莊雖隔城，高槐古柳，高下相連接。午橋西南二十里，分洛堰司洛水；正南十八里，龍門堰引伊水，以大石爲杠，互受二水。洛水一支自後載門入城，分諸園，復合一渠，繇天門街北天津、引龍二橋之南〔三三〕，東至羅門；伊水一支正北入城，又一支東南入城，皆北行，分諸園，復合一渠，由長夏門以東、以北至羅門，皆入于漕河。所以洛中公卿庶士園宅，多有水竹花木之勝。元豐初，開清、汴，禁伊、洛水入城，諸園爲廢，花木皆枯死，故都形勢遂減。四年，文潞公留守，以漕河故道湮塞，復引伊、洛水入城，入漕河，至偃師與伊、洛滙，以通漕運，隷白波輦運司，詔可之。自是由洛舟行可至京師，公私便之，洛城園圃復盛。公作亭河上，榜曰「漕河新亭」。元祐間，公還政歸第，以几杖罇俎臨是亭，士女從公游洛焉。

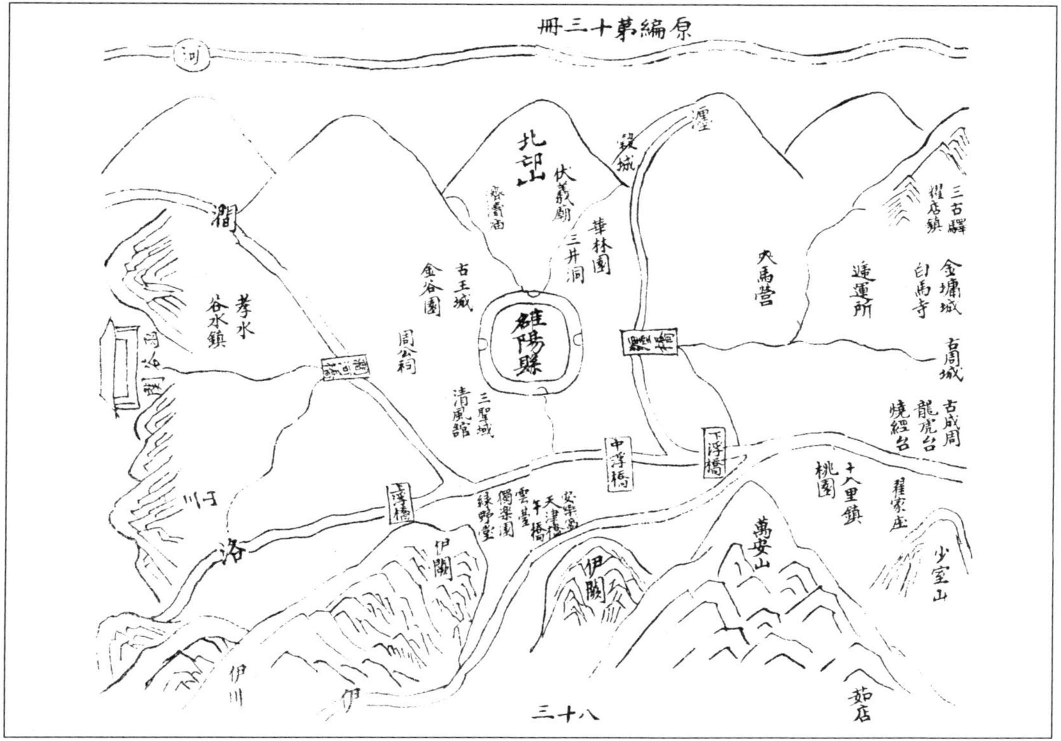
原編第十三冊
河
瀍
北邙山
伏羲廟
華林園
三井洞
古王城
金谷園
雒陽縣
孝水
谷水鎮
函谷關
周公祠
清風館
三聖城
澗
大禹營
通運所
白馬寺
金墉城
三古驛
古周城
古成周
龍虎台
燒經台
十八里鎮
桃園
翟家庄
少室山
萬安山
中浮橋
下浮橋
上浮橋
安樂窩
天津橋
午橋
雲臺
獨樂園
綠野堂
洛
伊闕
伊闕
伊川
伊
茹店
三十八

雒陽

故宮

承光宮竇后殯梁貴人於此。　洪範宮宣帝柳后居此。　南宮在縣東北廿五里故洛陽城中。在秦時已有南、北宮。漢高帝五年二月，西都洛陽，五月置酒南宮，問群臣：「吾所以有天下能用三傑。」六年，上從複道見諸將偶語，用張良計，封雍齒。更始，馬奔觸北宮鐵柱門。至光武幸南宮却非殿，遂定都焉。蓋自高帝迄于王莽，南、北宮武庫皆未嘗廢。秦雖都關中，猶倣東周之制，建宮闕於洛陽。按蔡質漢儀曰：南宮至北宮，中央作大屋，複道左右注九，十步一衛。兩宮相去七里。

永安宮獻帝皇太后居此注十。　通天宮鑄九鼎處。　永樂宮靈帝母居此。　青龍宮置九鼎處。　建康宮漢宮名。　長信宮　濯龍宮漢威帝宮。　邯鄲宮　長秋宮注十一　德陽宮　東平宮　胡桃宮以上四宮，后宮。　桐宮和帝陰后居此。　長樂宮　池陽宮　飛龍宮　含章宮　建禮宮　慶懷宮　明禮宮

司馬宮　閶闔宮　西華宮　雲龍宮以上俱漢宮。　太初宮在古皇城北，光宅元年建。　望春宮　凌波宮　宿羽宮俱在禁苑中。　洛陽宮　合璧宮洛水支渠穀、洛水會，故名。　翠微宮　冷泉宮　高山宮　龍鱗宮　明德宮　月城宮　青城宮　萬象神宮天授等年，武后常享此宮。　太極宮　弘義宮

太安宮　通義宮　躍龍宮　慶善宮　太和宮　大明宮　蓬萊宮　含元宮　迎仙宮東之斬張易之、昌宗於此廡下。　玉華宮　九成宮　萬年宮　奉天宮　三陽宮武后幸此。　興泰宮　上陽宮一名西宮，麟德二年建。南臨洛水，西距穀水，東即宮城，北連禁苑。宮内正門、正殿皆東向。正門曰提象〔三四〕，正殿曰觀風，其内別殿、亭、觀九所，虹梁跨穀，行幸往來。天寶五載以後，貴妃專寵，後宮人無復近幸矣。六宮有美色者，輒置別所，上陽是其一也。後武后失寵亦居此。　興慶宮　華清宮　温泉宮　仁智宮　萬全宮　紫桂宮　飛龍宮　望賢宮　九曲宮　魚藻宮　新沼宮　咸宜宮　積翠宮　青女宮　芳桂宮　積善宮　金城宮以上俱唐宮。　建昌宮注十二　上閤宮　正陽宮周主納司馬消難女爲正陽宮后。　興聖宮莊宗即位於魏州，以子繼岌、苗宇居此。　武成宮以上俱五代宮。　永安宮文帝獨孤后宮。　顯仁宮煬帝宮也。南接皂澗，北跨洛濱。發江南五嶺奇材異石及海内奇木、異草、珍禽、異獸以實其中。　天經宮大業元年建。四時致祭高祖。　避暑宮　飛仙宮煬帝建。以上俱隋宮。

故殿

嘉德殿孝仁后所居。　玉堂殿中光初建。　崇德殿　章德殿　承福殿　安福殿　千秋殿　温明殿　萬歲殿　宣明殿　黄龍殿　和權殿　華光殿劉寬、楊賜侍講於此。　含德殿　章臺殿　崇元殿　天禄殿　却非殿光武建武元年，車駕入洛陽，幸南宮却非殿，遂定都焉。　温飭殿　迎春殿　壽安殿　永寧殿　樂成殿　靈臺殿　北閤殿　嘉福殿文帝崩此。　陽安殿　長秋殿　德陽殿桓帝時有蛇見此。宣德殿梁氏寢疾于此。以上俱漢殿。顯陽殿明帝后正殿。觀德殿　太極殿明帝建，在南宮。昭陽殿　九龍殿　芙蓉殿　九華殿　建始殿文帝建于此朝群臣，近濯龍祠。式乾殿魏主爲諸僧及朝臣講維摩經于此。崇華殿青龍二年建。以上魏殿。百福殿　暉章殿　景福殿　崇賢殿　明光殿爾朱榮見帝于此。聽政殿以上六殿晉殿。建德殿後趙石勒擬太極殿建〔三五〕，遣從事中郎任汪工匠五千人採木。乾陽殿東都正殿。修文殿貯書之所。觀文殿以上隋殿。洛城殿載初元年，武后策問貢士於此。殿試貢士自此始也。麗春殿　觀風殿　麟趾殿在御內。武成殿光宅元年甲子，武后御此殿，皇帝帥王公以下上尊號。紫宸殿內朝也。在乾元殿後。自丁卯太后臨軒之後常御此殿。甘露殿　成象殿　永寧殿　崇勳殿昭宗時以洛陽宫前爲貞觀殿，後爲崇勳殿。貞觀殿高帝崩此。集賢殿　摇光殿　同明殿在億歲殿西，中宗常御此以見群臣。億歲殿在集賢之西。芬芳殿　嘉豫殿妃朝太后于此。乾元殿玄宗開元五年幸東都，將行大享之禮，以武太后所修明堂有乖典制，遂圻，依舊造乾元殿。每臨御依正殿，元日、冬至於此受朝賀。天興殿　文明殿　垂拱殿　廣壽殿　天和殿　崇微殿　思政殿　延春殿　武德殿　長生殿武后寢疾于此。時張柬之斬易之、昌宗，進逼于此殿。金鑾殿　壽昌殿　玉華殿　長壽殿　德昌殿在洛陽宫西門內。乾陽殿在洛陽宫中。嘉興殿　含樞殿在三陽宫。射殿　講武殿　長春殿　散甲殿　光明殿俱在大內，開寶年修。流杯殿　弘徽殿在麗春臺北，有東西廊，南有亭子，作渠九曲。以上俱唐殿。文明殿梁開平〔三六〕元年改貞觀殿爲文明殿。蓋洛陽宫外殿也。金鑾殿梁乾化元年以敬翔爲大學士。中興殿唐莊宗同光二年改崇勳殿爲中興殿。　正武殿周王於壬午大醮于此。以上五代殿。　神御殿宋景德四年，車駕朝陵，因幸西京。癸酉，詔以太祖誕生之地建爲應天院，中置此殿，圖繪聖容。　興先殿太祖殿。　帝華殿太宗殿。　昭考殿真宗殿。俱慶曆中建置。

三聖殿在齋宫，即上三宗也。以上宋殿。

故闕

朱雀闕　蒼龍闕　玄武闕　白虎闕　象魏闕東京賦云：建象魏之兩觀，旌六典之舊章。文選注云：立兩觀者，欲表明六典舊章之法，以垂於象魏。　凌霄闕魏明帝建。　閶闔闕西京記：東都城有閶闔闕，在映日堂東，隔城之上。闕北及南皆有觀象臺，唐所置也。

故署

嘉德署　丙署俱漢署。

故樓

周侯樓在古洛陽城，周公所制。城上百步有一樓。　慶雲樓　伺星樓　鳳凰樓　鳷鵲樓　儀鳳樓

翔鳳樓俱晉樓。　洛城南樓皇城之内，西南曰洛城門，門内即洛城樓。中宗嘗御此樓。　則天樓則天門樓也，武后

曾御此以赦天下。　浴日樓在上陽宫内。　廣達樓在御内。　太清樓　紫陽樓　日樓　月樓俱開寶年修。　龍門驛樓以上唐樓。　五鳳樓後梁太祖即位，羅紹威取魏良材爲之。　崇虛樓元魏建于禁中，齋戒則居之。

故閣

仁壽閣漢武帝篤好文雅，明帝繼軌，尤重經述。四方鴻生鉅儒負囊而至，石渠蘭室彌以充積，又以東觀及仁壽閣新集書，命校書郎班固、傅毅等掌管。　金光閣　崇禮閣晉惠帝。　文威閣　青陽閣　朱明閣　承休閣　安樂閣　白藏閣　顯仁閣　崇明閣　章德閣　飛雲閣　安性閣　長安閣　鳳閣光宅元年，武后改置。　延壽閣　右通閣　廣内閣　秘書閣　麒麟閣　石渠閣　天禄閣七閣在洛陽南室。　尊賢閣以上俱隋唐閣。

故臺

周公臺在縣東，周公輔成王，朝會諸侯之所。隋末李密據金墉築寢室於此臺之後。　雪臺周家所造，以貯圖書珍玩。　誃臺周景王築。　逃責臺周赧王雖居天子之位，爲諸侯所侵，與庶人無異，乃止臺逃避，因名。以上周臺。　觀象臺漢築於東都。　雲臺在水南保，漢明帝圖畫二十八功臣於此。　凌雲臺在舊寧陽門外。魏文帝築高二十三丈，登之可見孟津。臺上樓觀極精巧。　鬭鷄臺魏都洛陽，明帝築鬭雞臺。趙王石虎以芥羽、漆砂，鬭雞于此。　九華臺黄初七年壬子，駕還洛陽，三月築此臺。　靈臺高三丈，在平昌門外，南明堂北有靈臺。　鬪富臺晉石崇王愷鬪富于此，故名。　鹿苑臺　閲武臺　含章臺　麗春臺　麗日臺　麗青臺　建樂臺　日輪臺　雲光臺　黄龍臺　千秋臺　萬歲臺以上俱隋臺。　燒經臺在白馬寺前。　涼臺裴度緑野堂。　黄臺唐太子有潢臺種瓜詩。　宿羽臺武后宴此。　飲酒臺唐秦王築，李密曾飲酒于此，故名。　龍虎臺李密築此二臺以閲武，故名。　文昌臺　肅政臺　鸞臺　麟臺光宅元年，武后改置。以上唐臺。

故亭

都亭張綱埋輪處。　富壽亭縣北三十七里，明帝顯節陵葬此。　臨平亭　士卿亭馮異引軍渡河，與勃戰于此。　凌雲亭　凝碧亭　平亭縣東北四十里，原陵葬此。　宣德亭近郊地，光武立郊兆於此。　平城門亭　上西門亭　上東門亭　夏門亭　小苑門亭　雍門亭　廣陽門亭　開陽門亭　耗門亭　津陽門亭　穀門亭　中東門亭以上俱漢亭。　含蓮亭　芬芳亭　芙蓉亭　夕陽亭晉賈充出鎮，百僚餞送于此日西注十三。　曜亭在御内。　神和亭　含象亭開元中，拜張從等爲學士于此亭。

故堂

明堂漢中元元年建，唐武后重修。　玉堂在洛陽南宫，漢靈帝修建。　萬年堂漢孝文帝文明太后乃於永固陵東北十餘里營長壽宮，遂有終爲瞻望之志〔三七〕。及遷洛陽，乃自表瀍西以爲山陵之所，而方山虚宮號曰萬年堂。萬金堂漢靈帝中平二年造於西園。纂食堂在縣西南，即長壽宫。以上漢堂。天堂唐於明堂北築此五級以瞻天象。螽斯堂　休徵堂　延禄堂　仁壽堂　緩補堂　含芳堂　樂日堂　椒華堂　芳音堂　顯成堂　承光堂　五福堂　嘉寧堂　堯母堂　永光堂以上十五堂俱在晉宫中。光極堂　茅茨堂　長壽堂　宣極堂　星槎堂　清徽堂　凝閑堂　華休堂　九華堂　雲母堂以上十堂俱在後魏宫中。

故園

憲園在縣東北，冲帝母虞美人拜憲園貴人。敬園漢安帝祖母朱貴人園。逍遥園後漢園。濯龍園初名芳林苑，東漢時制。廣成園漢順帝永和中曾幸此。石初園魏明帝宫中園。平樂園漢、魏平樂觀之地，即今城東平樂保是也。西林園元魏主朝太后于此，文武侍坐，酒酣迭舞。春王園晉名園也。華林園晉武帝泰始四年二月，幸華林園，與群臣宴，賦詩。洛陽圖經曰：華林園在城内東北隅，魏明帝起名芳林園，齊王「芳」，改爲「華林」。藥園在宜人坊，唐有太常藥園。榆柳園亦曰西御園，與獅子園相對。新御園在崇德坊。富春園在城東，唐元、白題咏于此。獅子園謂之東御園，在修行坊。太平公主園在積善坊。會節園在會節坊。開寶中，車駕在西京幸此。景德初命帥臣内職飲射於此園。

故池

上林池　鴻池上林在縣東，鴻池在縣西，二池俱漢建初詔開。　九龍池　靈芝池　御龍池　白石池　濯龍池以上五池俱東漢開。　天閏池黄初五年鑿。　鴻鴈池　流化池　九州池　九江池在仁智殿之南，居地十頃，水深丈餘，魚鳥翔集，花卉羅植。　漢汜池明帝鑿種芙蓉于中。　碧海池　玄武池　流觴池　鴈池　神泉池　旋鴈池　天泉池　流杯池　香泉池　陰流池　鳴鶴池　天淵池黄初五年穿，有文帝九華叢殿。　洗頭池在清徽堂外。以上魏池。　舍利池　都亭池　芙蓉池　潛靈池　緑陂池以上五池西晉池。　凝碧池　芳夏池　九曲池　上林池　放生池在時泰坊。　櫻桃池在李仍叔園内。　積翠池太宗曾宴群臣以隋爲戒。　陂池水經注曰：「東西千步，南北一千步。」以上隋、唐池。

故橋

伊橋伊、洛水溢壞此橋。　富平津橋在洛北，晉杜元凱所立。　石橋魏建，在縣城東廣莫門外。　後唐明宗曾於此諭將。　野坂橋魏太宗南平孟津，命杜預編次大船作橋以濟六軍。　天津橋在縣南洛水上，隋煬帝使宇文愷營東都成，用大纜維舟，以鐵鎖鉤連。　南北夾路，對起四橋，爲日月表勝之象，以象天河，故曰「天津」。　唐貞觀十四年，更令石工累方石爲脚。　宋建隆二年四月，西京留守向拱修天津橋，咸甃石爲脚，高數丈，鋭其前以疏水勢。　石縫以鐵鼓絡之。　詔褒美。　即邵子聞鵑處，宋禮部員外郎謝祥撰記。歲久，碑字剥落不可讀，碑移府學櫺星門内。金橋唐吴融金橋感興詩。望僊橋在通濟坊。午橋在定鼎門外，唐裴晉公莊也。中橋利涉橋二橋唐咸亨三年建，俱在天津橋東。上元初，司農卿韋機移中橋於安象坊，向長夏門。永濟橋近天津橋。唐神龍初六月，大水壞此橋。通遠橋俱在時雍坊。七里橋鎮國橋唐端拱三年，洛水溢壞此二橋。□橋唐白居易與客十五人曾遊晏於此。黄道橋穀水橋分洛橋重津橋宋政和四年，宋鼎奏西京端門前。考唐洛陽圖籍，舊有四橋，曰穀水、曰黄道，在天津橋之北，曰重津，在南，並爲疏導洛水。又橋之西十里有石堰，曰分洛橋，自唐以來引水爲渠，東南入伊。洛陽橋架洛水上。

故苑

畢圭苑靈昆苑漢靈帝光和二年作二苑。苑惟畢圭苑有二：一則東，周一千五百步，中有魚梁；一在西，周一千二百步。俱在宣平門外。高望苑芳林苑長利苑陽德苑漢平苑廣成苑萬歲苑始昌苑顯陽苑濯龍苑上林苑漢質帝較獵于此。鴻德苑平樂苑以上俱漢苑。鹿子苑桑梓苑俱魏苑。會通苑河西苑芳華苑大業間置。西苑隋大業元年建，距上陽宮七里。苑牆周迴二十六里，北距邙山，西至孝水，南帶洛水支渠，穀、洛二水會於其間。故自苑引之爲渠，以連于河。上好以月夜從宮女數千騎遊苑中，作清夜遊曲，於馬上奏之。禁苑在皇都之西北，距北邙西至孝水，伊、洛水支渠二水會於其間。周迴一百二十六里，中有一宮。南京記：東都苑，隋曰會通苑，又改名芳萃神都苑。周迴一百一十六里，東面七里，南面三十九里，西面五十里，北面二十四里。

故門

宣鼎門帝王世紀曰：周成王定鼎郟鄏，其南門名定鼎，蓋九鼎所從入也。餘門無考。　平城門午。洛陽南宮城南門也。蔡邕曰：平城正陽之門與宮相連，郊祀法駕所從出者。　上西門戌　雍門酉　廣陽門甲　津陽門未　中東門丑。　上東門寅。　小苑門卯。　開陽門巳。　耗門辰。　穀門子。　夏門亥。以上洛陽城十二門名。　鴻都門靈帝時門。蔡邕立石經于此門外。　顯福門即明福門，避中宗諱改「顯」。　宜利門　神龍門

宣平門　司馬門　濯龍門　飛兔門　含章門　敬法門　廣德門　明禮門　望鍾門　神仙門

含德門　建禮門　郤非門　會福門　萬春門　千秋門　神獸門　銅龍門　金馬門　止車門

南端門　白虎門　蒼龍門　春興門　長秋門　威興門　金音門　泰夏門　閶闔門　西華門

東華門　丙福門　丙舍門　永巷門　金牙門　不老門　章臺門　玄武門　南掖門　朔平門

南端門闕南方正門。　應天門中南門。　崇賢門東門　金遙門西門。　盛饌門　神處門德陽殿西門。　九龍門嘉德殿門。　廣義門　神虎門　雲龍門以上三門洛陽宮門。　金商門　宜春門　青瑣門王允傳：呂布駐馬青瑣門外。以上俱東漢宮殿樓閣上門名。　津門城西門。　建城門　寧陽門　永樂門

喜德門　盛化門　青瑣門　鴻都門　承明門建始殿南門朝郡臣處。陳思王詩「謁帝承明廬」是也。　雲龍

門以上三國魏都洛門名。建春門　東陽門惠帝敗牽秀於此。清明門東門。廣陽門西面第一門。
西明門　閶闔門西門。開陽門　津陽門　宣陽門南門。大夏門　廣莫門北門。平昌門以上
十二城門名。千秋門　神武門宮西門。上東門宮東門，惠帝幸此。以上西晉都洛門名。建春門　東陽
門　清陽門　開陽門　西明門　西陽門　閶闔門　承明門　大夏門　廣莫門　朱明門　思
賢門　平昌門　宣陽門　朱華門　乾明門　千秋門　長夏門　光極門　仁壽門　啓夏門　上
秋門　招德門　厚載門　納義門　止車門　雲龍門　神虎門以上後魏都洛門名。端門大業二年
正月，東京成。夏四月庚戌，帝自伊闕陳法駕千乘萬騎入東京。辛亥御端門，遂定都焉。建國門　上春門　上東
門　建陽門　永通門　長夏門　定鼎門　厚載門　徽安門　嘉靖門以上都城十一門名。東西
門　太陽門　左掖門　右掖門　延福門　則天門　順天門　永泰門　建明門　宣仁門　東
明門　西明門　寶成門　由儀門　咸安門　興泰門　麗景門　永康門　光政門　凌度門　閶
闔門　玄武門　東華門　西華門　蒼龍門　金虎門　乾陽門　會昌門　章善門　景運門　顯
福門　光福門　乾元門　欽明門　重華門　羲和門　大業門　永巷門　永安門　莊敬門　宣
和門　昇得門　榮元門　緑波門　交泰門　隆業門　觀文門　正義門　麗日門　宣道門　至
静門　嘉蘭門　通善門　龍光門　明華門　雕綺門　嘉猷門　芳輝門　花光門　含光門　温
玉門　繁露門　花梁門　儀鸞門　芳音門　重壁門　光華門　懷芳門　壁月門　文綺門　輝

景門　臨華門　和義門　太和門　重光門　安寧門　承福門　嘉豫門　上陽門　望春門　遊義門　禦寒門　進食門　進馬門　和春門　春華門　懷風門　景陽門　白虎門　圓璧門　曦儀門　明福門　修文門　方諸門　成象門　廣陽門　金光門　顯陽門　含嘉門　興教門以上宮殿樓閣等名，皆隋煬帝都洛門名。　建春門　永通門　上東門東門。　麗景門　宣曜門西門。　定鼎門　長夏門　厚載門南門。　安喜門　徽安門北門。以上東都城門，周五十二里九十六步。　雲龍門

神虎門　端門皇城正門。　九龍門　順天門　承天門　則天門　昭陽門　雲霞門　金華門　神龍門　光順門　元英門　南風門　嘉禮門　東光門　弘禮門　嘉福門　重光門　宣明門　弘教門　崇教門　元化門　興安門　雲昭門　芳林門　日華門　月華門　通乾門　望先門　延喜門　宣仁門　重明門　長樂門　光範門　乾化門　宣政門　敷政門　延福門　萬壽門　興善門　含章門　膺福門　金清門　延義門　金鑾門　千秋門　延和門　章善門　安上門　門遠門　延興門　金明門　春明門　明德門　啓夏門　玄武門在北關外，薛思行等塹中宗至此，誅二張以副衆望。　安化門　通化門　金光門　延平門　朱雀門　光化門　廣運門　永春門　永安門

嘉德門　恭德門　安仁門　歸仁門　納義門　太極門　玄武門　安禮門　元德門　通明門

嘉猷門　延明門　永福門　嘉善門　丹鳳門　奉化門　延政門　建安門　興福門　應天門

興教門　光政門　明福門　崇賢門東都皇城南面三門：中曰應天，左曰興教，右曰光政。光政之北曰明福，明福

之西曰崇賢，其内曰集賢殿，集賢之東曰億歲殿。觀預門　崇明門　含曜門　昭訓門　紫宸門　昭慶門　太和門　嘉預門　安門　春門　會昌門　運門　提象門　星躔門　觀風門　垂豫門　上陽門　望春門　延秋門　靈光門　籠煙門　靈溪門　朝陽門　靈圃門　望冬門　賓曜門　承福門　含嘉門　宿章門　安福門　景福門　乾元門　德昌門　延慶門龍朔元年，帝晏群臣外戚于此。　韶華門　拱星門以上皇城宫殿門。皇城周十八里三百五十步，皆武后都洛門名。　延喜門　承福門以上後唐都洛門名。　啓明門　光政門以上後周都洛門名。

故室

温室　舒涼室　清暑室　冰室　延涼室以上漢室。　含章室晋室。

故觀

鼎中觀在洛水上，即成王定鼎處。　平樂觀漢靈帝大發四方兵講武於此觀。　承禄觀王慶居之。　承風觀　增善觀　千秋觀　鴻池觀　泉城觀　揚威觀　石樓觀以上九觀在南宫，俱漢觀。　凌霄觀明帝作。　都昌觀　百尺觀　總章觀　翔風觀　崇文觀　廣望觀　閬風觀　臨商觀　高樓觀　承雲觀以上俱魏觀，都水使者陳熙造。

花實之毛，金石之品，鱗介飛走，蠕動之屬，與隣邑同，惟稻視他邑爲多。然稻滋於水，水資於伊。伊能滋稻，亦能決田。雨澇水溢，由山走川，勢如建瓴，潰蕩土肉，搊爲沙石。數年以來，田日損，稻日寡，而民有逋賦，冤矣！則夫障岸堙決，損高實下，疏支分勢，取賈魯之三策而酌用之，使水不爲災，亦司土者責也。至語山川之産，則冶金之礦，爲利實巨。南召、内鄉、盧氏、永寧，與嵩同之。無事則封塞巡防，取民守之。一有竊發，則徵調攻伐，取民用之。礦之爲民害也，奚啻悍倭驕虜之擾攘哉？蓋嘗論其治之之法有二：曰塞與開而已。務塞之道者，嚴保甲，申儆守，據要害，禁爐冶，緝供給，移粟移民之近礦洞者，此塞之之術也。務開之道者，請命於上，厲禁乎下，約隣封，守分地，估民取之，而令廉能主之，此開之之術也。就二者而論之，則淺宜開，深宜塞，冶金寡宜塞，多宜開。蓋礦入既深，則鑿石成洞，曲折之間，動數十百丈。使含煙實土於一窟之中，即有竊伐，非假旬日之力，雖衆無所用之，其塞之也固宜。惟夫其初露也，淺在土石沙礫之際，彼取之者既無錐鑿之艱，而我又不得施其封塞之計。且當崇山峻嶺之間，風雨晝夜之晦明，林莽豺虎之出入，此彼亡命者之所樂聚，而我防禦者之所易奪也。即使守之，然抑豈能以持久哉？故塞不如開。冶金寡，則竊者衆費而薄入，利小而害大，人不樂取之矣，故塞之易。冶金多廣者，日千貫，次者日百貫，時刻穵鑿，則丐子暴富，人人將甘心焉。譬之聚腥在几，則群蠅攻之，撲之則去，撲已即來。以是務塞與撲蠅同矣。勢非官造公採，挖之既深，取之既竭，而其害不止也。故又宜開。究而言之，塞則治其標，開則攻其本。塞則資盗，開則資公。塞則免禍於暫而終有害於民，開則上利乎國而下亦利乎民矣。

南陽府志　田賦

論曰：「占田於民，則入賦於君，制也。」三代以上，賦民之法最善，遠莫尋矣。降而唐世，有租庸調法，猶爲近古，我國朝多用之者。有田則有租，有户則有調，今之税糧是已。有身則有庸，今之均徭是已。祖宗二百年來率用，未聞不便。近因均徭告困，更以一條鞭徵焉。夫役之一年，休之九年，成法於民甚佚，民猶至困，豈誠困在分年甲哉？弊在甲分有貧富，丁産有厚薄，優免有重復，人户有規避，而後財力有詘爾。里必十甲，甲必十户，其初貧富豈大懸者，惟優免爲數則有不齊。又有射利之徒，各家占籍以重免，由是無免之家，其役始重。役重而力不支，産必入於巨室。巨室得之復免，而小民之役愈重。中稍豪猾更擇輕所轉投之，而存者遂大困矣。

建議者不謂役之不均由前四弊，而謂不均在分年甲，迺類計而年徵之。弊非不稍革，役非不稍均，特無甲無徭，無年無輸，幾若昔人所云「一年强半在城中」也。即有司盡無擾，里正盡無需，鄉閭之民裹糧走州邑，伺輸納，身亦有費，况費不止乃身哉？是均年之法，殆不若均甲之當也。税糧之科起於地畝，則猶守之成法，而近又多告不均矣。南陽部中、南召爲甚，成賦率以則壤。南召雖磽瘠，困何此極，其至此極，則豈盡其墳埴步武間也。豪右兼并而寄之外邦，或假之屯禦，甚有與地貧民，不收其直，而令代納倍糧，身則藝無糧地，名曰「佃糧」。貧民不能給，則必棄捐，鞠爲茂草。富民或轉鬻，則轉承襲，終爲閑原。荒愈久愈不可耕，閑愈久愈不可考，而國之額糧不可少，斯追胥旁及取盈焉，且相率驅之捐瘠矣。計無所出，迺以丈地均之，意豈不善？顧主其事者，勢不能履畝而覈，必有托之乎人。其人或怠於事，或汨於利，鮮一一肯以實告，由是地雖丈而糧終不均，民且起嚻然訟。上之人見其訟，則爲更丈，丈至再三，版籍日繁，稽察日難，而奸蠹日廣。且每每爲公私擾，淹起徵期。今南召税糧不得派者，垂二年矣。與其徒勞若此，孰與明爲要束，嚴爲賞罰，使有士者各首其實，而後官爲覆覈，逸且有成哉。嗚呼！均年之法，時論方尚之也。均甲之事，畏而莫行者也。丈地之舉，知不易而不得不爲，爲之且難其人者也。然則祖宗畫一之規，易簡之政，果終不可復哉！果終不可復哉！

鄧州志

鄧州三縣諸[注十四]陂堰，漢南陽太守召信臣、杜詩相繼經營，視他郡邑爲盛。自漢以來代有修廢。國朝正德間知州程鵬清理，始復陂堰之舊。嘉靖三十一年，知州王道行重修。三十三年夏，鉗盧陂旱，三郎堰水決，堤盡壞，餘陂俱未耕穫。民各赴當道告行知州張僊勘議。議曰：僊至州，思昔人之偉績，爲今時之不利。因求其故，遍歷諸陂，知鄧水利之大者，無如鉗盧[注十五]、三郎二處。鉗盧昔引刁河之水以灌田，今河爲連歲陰雨澎湃衝擊，日就而下。陂地爲九岡八灣之浮土所積，日就而高。河既不可引之於田，惟築堤瀦水。盡堤之外，彌望皆丈量有糧之地。開退水渠於上，則水爲漲壅，普害於有糧之地。開退水渠於下，則蓄水不多，無補於春秋苗稼〔三八〕。民見害而不見利，已有明徵。三郎堰堰上既無硬石以起堤〔三九〕，門下亦無硬石以安堤脚，惟截河安樁。壅築浮土豈能牢固？況旁開水渠以灌上陽[注十六]、中陽[注十七]、下陽[注十八]之田，一時雖能壅之使流，然渠口亦非硬土不壞，就使能截正流，必即衝壞渠口。況鄧壤夾沙，非徒易涸，亦且易衝無已。則當昉閘河之制，伐石築堤，以松板鋪脚。則松性得水而耐久，以巨石壓板，則水頭着松而不衝。土兩旁高，用石護中，惟平開水門。水大則任其中流，水小則障之入田。擇地之高而築堤，隨水之及而爲田，則非徒刁河之可陂，鉗盧、三郎之可田已也。召、杜之業，其在斯乎？舍是惟欲平地築堤以防無源之水，以土截河而興必不可成之功，又不如聽其種旱田之愈。然民情難與慮始，而非財不能興工。苟徒括之民，是叢民怨也。在宜民者，相時量力而行之，知所以勞民而民不怨，知所以處財而財不歉，庶爲有補云。

汝陽志

汝水源出舞陽黑龍泉。下通黃龍泉入八里河。西平棠溪，源出龍泉。雲莊山諸澗溪，至儀封店北。三水合流，東逕西平縣，西轉而北，折而東，南入瀤。俗名洪河。一南行，今乾。受僊女池水，又南，留堰水自西注之。

留堰源出儀封店注十九，逕其縣南大堰、義亭注二十，又東逕重渠橋注二十一，在朱李橋北入汝。

又南受五花澗水注二十二，又南，濯水自西注之。俗名石羊河。

濯水源出嵢峰垛注二十三，受白羊淵及諸澗谿水，東逕遂平北，又東逕濯陽城西，轉而南受鬼灣河水，東入汝。

又南，潩水自西注之。俗名泥河。

瀙水源出舞陽西蘇寨山注二十四，東南逕象河關注二十五，又東南逕泌陽縣牛蹄寨注二十六，西受張橋鋪水，北受石河水，東過吳王塚注二十七文城柵注二十八，逕遂平城南，至狼家口。一東北過黄埠注二十九，西轉而東入汝。俗名沙河，今乾。一東南受傅家溝，至姚家灣入汝。

又南，黄西河自西注之。一名練江河，俗名李秀橋河。

黄西河源出樂山紫花澗。一名猛虎澗。東逕駐馬店注三十南，過黄龍邨，轉遇偃祠注三十一，南遶舊趙尚書墓。後又東過董邨，遶封趙尚書墓，又東八里遶趙尚書墓注三十二，左受寨河水。俗名陡河。寨河源出樂山白龍泉，東逕馬莊橋半截塔，東受鑼鼓河水，北入黄西河。鑼鼓河源出駐馬店，南逕黄練鋪白馬將軍廟注三十三，西北入寨河。黄西河北行，逕斷濟橋注三十四，西北受冷水河。冷水源同黄西，東分爲二，逕馬頭鋪注三十五，又東入黄西河。黄西河東逕李秀橋注三十六，遶九座塔，北轉而南折，而東至城西北隅入汝。元那顏倴盞攻金決練江，即此。

汝合黄西，上下如玦、如環、如蛾眉，數十餘折，由城西遶北而東，而南，形若垂瓠。過柴潭注三十七始東南去三里受練水，枝流七里，受泥橋水，又南，英水自西注之。

英水源出朱家林，南逕白馬橋注三十八，轉而東逕石羊橋注三十九，又東逕十二里橋，入汝。俗名半截河。

又南東受方良河注四十，又南，溱水自西注之。

溱水源出桐柏山，東逕朗陵城注四十一南，又東逕確山縣西，又折而南，俗名吳寨河。又東受吳衛河。吴衛河源出欒山，受楊邨河，又受三里河，又受韓莊河入溱。溱水又東，逕北宜春城注四十二北，南受淇河注四十三，又東逕官莊西，俗名魚子河。又東北逕溱口店，東入汝。俗名沙河。

又東南逕平輿縣城注四十四南，安成縣城北，又東南入真陽縣境，受固城港、塘下河。又寒涷注四十五，東受杭陂港注四十六、汶水，古稱汶口。又東南受涓水。又東入息縣境，受澗頭港注四十七、溪港注四十八、曲吕港注四十九諸水。又東北逕新蔡縣官津店北，爲三岔口，澺水自西北注之。

澺水源出郾城周家坡，逕西平東北受汝水。東逕五溝營，又東南逕上蔡北，又東南受泥河水。逕朱溝東，受杜溝水。又東南入汝陽境，北馬常河注五十自西注之。馬常河源出丘家坡，逕金鄉鋪南注五十一，過板橋店東入澺。澺水又南逕漢平輿注五十二故城南，又東南，荆河自西注之。荆河注五十三源出天中山，西逕石羊橋注五十四，滙爲懸瓠池。遶城北堤外，而東受穆家河。穆水源出黑龍潭，遶城東北入荆。荆水又東至注五十五射橋南入澺。

又東北逕潁州艾亭注五十六南，又東南逕固始縣朱皋鎮北入淮。

水利論曰：唐、虞首闢水土，禹畛溝洫，周家瀦畜水，防止水，溝蕩水，遂均水，列舍水，澮瀉水，以水殄艸，以涉揚芟。詳矣！鄧晨鴻郤陂，四百里殷饒它郡；鮑昱方梁石洫，歲省費三千餘萬金；何敞鮦陽舊渠，墾田三萬頃；召信臣開泉瀆、起提閼，作均水約，刻石田畔。此四君者，勳銘漢鼎，血食汝水，皆以陂之力。唐張柴陂、宋高黄陂，惜哉！伯顏以渦截寧、汝愚蔡人，蔡人因自愚。此其罪豈但敗我濯龍哉！帝殛之矣。余尋繹往牒，指畫長老，復陂策上，堤汝策中，闊汝策下。陂復徐議故道，上達汴、洛，下航吴、越，綰轂九州。四方輻湊，汝南一大都會乎。敕修汝堤，永樂八年。敕修陶陂等堰，弘治六年撫臺徐恪大參朱瑄。憲典具存，則唯是待其人而後行。

山堂考索

夫自大江以北漢水之側，三代之時，列國數十，楚人都於荆州。其在戰國最爲强大，外抗羣蠻，内禦秦、晉，常以其兵横於天下。計其所都，安肯用瘠鹵磽埆之地。而當今自楚之北，至於唐、鄧、汝、潁、陳、蔡、許、洛之間，平田萬里，農夫逃散，不生五穀，荆棘布野。而地至肥饒，原泉陂澤之迹，迤逦猶在。其民不知水耕之利，而長吏又不以爲意，一遇水旱，民乏菜茹。往者因其流亡，廢縣罷鎮者，蓋往往是矣。潁濱民政

汝州志　張維新改折漕糧疏略

臣惟人君創法，期於宜民而已。易曰「窮則變，變則通，通則久」，有味乎其言之也。方今譚

弊藪者，則歸漕糧，而莫甚於小灘，尤莫苦於大河以南。邇年汝、洛、梁、豫間，水旱爲災，冰雹示異，閭里成蕭條之景，民萌起愁嘆之聲。矧今漕弊若此，非所謂變通時哉。臣先任山東冠縣知縣，距小灘監兑衙門堇堇四十里而近，感時抱憤也久矣！敢不以耳目所睹記，列狀上聞。夫户部每歲題差司官一員駐劄小灘，監兑東土、中州兩省。其在東土，則收納本色，出入水次，固無糴買輓運之累。在中州、河北三府，則本色居多，交易甚少。臣不敢輕議。惟開封、河南、歸德、汝州相去小灘，遠則千里有餘，近亦不下五六百里，有河山之險，無舟車之便。大户一抵小灘，其害有不可勝言者。蓋河南三府一州，大户約有二千餘名，非官部運不可。故各令府判領之，而郡邑之中，又有佐貳部之。其中廉介罕覯，諸所費耗，率皆以大户爲魚肉。此部解之弊也。大户齎銀到灘，必投歇家，藉手斗户。節年歇斗之家，獲利得慣，營求充役。或父爲歇家而子爲斗行，或兄爲米户而弟爲店主，交通詐騙，騰踴價值。每米一石，歇家明除牙用五分，斗行三分，仍巧立大行市、小行市之名，裏討、外討之説，計所得約二萬餘金。而大户羈留三月，每名月費銀數兩，計所得又一萬餘金。即令元城縣歲派歇斗一千餘名，意何爲哉？詳察人情，若欲罄大户之囊而群然攫之者。此歇斗之弊也。先年大户買米，取足民間。米無糠碎，價無賠補。比有龍斷奸販，視漕糧如奇貨，以攙攪爲慣術。有濫收粗濕低米，浮以乾潔而勒價者，有以水拌米而希圖出息者。俟大户擁至，兑限迫期，始串同廠歇主，令大户增價糴買，抵數塞責。及查驗不堪，損折箠楚，大户當之。彼龍斷者，業已掉臂矣。此插和之弊也。語曰：「走兔在郊，衆人逐之；持金在市，衆人睨之。」志在利也。大户賠銀既多，勢必揭債。而小灘有力之家，又開一揭局。每揭一兩，償銀二兩，以致大户敗家蕩産，鬻妻賣子者，十户而九。此放揭之弊也。他如廠基之典賃，蘆蓆之搜求，人工之費用，旗甲之盤剥，門吏皂快之需索，諸弊難以縷數。臣原籍汝州，素號山澗荒凉之區，而近復凋瘵困弊之甚。視編一漕糧大户，不啻痌瘝乃身，而穴居草食者，類皆思負癭而他避矣。此臣之所目擊而心惻者。即汝州而開封等三府又可知矣。臣愚爲今之計有二：一曰改納折色，二曰互相代納。臣於去年十二月見户部一本，爲財賦歲入日少，歲出日多，亟賜集議爲請，奉旨漕糧准酌量改折，暫行一年。臣思漕糧既可改折，亦既暫行一年矣。而河南糴米之處，不過三府一州，漕糧之數，不過二十萬石。况久罹重困，民不堪命，其改折獨可後乎？且臣聞太倉貯粟，陳陳紅腐。京軍類多不食，賣於酒保，止得銀二三錢。視小灘糴價，減去四分之二，是民有重費而軍無實用也。合無將開封等府汝州所屬，每名大户，原徵銀九錢五分，只以八錢解納京邊。照例以五錢給散軍士，每名扣留銀三錢。二十萬石，可扣銀六萬兩，至起剥銀，又扣四千餘兩，非直救中州百萬生靈之害，而亦大有裨於軍國之需。此改納折色之當議也。臣又思大名一府，距灘密邇，陸運又便，每歲本府糧草解京邊者，十六萬有餘，皆本地粟米所變之價也。開封等處大户收銀，小灘買米，皆大名所出之米也。合無責令大名府以自有之粟，運納本色，開封等處以大户所收之銀，解納折色。倘大名一府不足，再加於附近景州所屬，量擬改納，此則銀數足以相當，而兩省各得其便。此互相代納之當議也。或者曰：改折所繫重大，代納嫌於紛更。臣則以爲器久而不滌則垢，絃久而不調則亂。河南、河北，皆皇上赤子，本色折色，皆小民膏脂。識其弊而調停之，或暫改數年，或間歲一改，或斷行代納，而兩利俱存。如之何不可也！再照法令行於所轄則易，而非其所轄則難。小灘地方，止大名一村落耳，而其住居民人，非我統屬。是以人不憚法，惟利是趨，每晝爭夜盗而無所忌憚。查得小灘鎮至臨清州陸路僅一日之程，臨清係山東部下，法行殊易。合無將監兑部臣移駐臨清，懲前戒後。縱有一二作梗壞事，即可下之郡守，嚴加究詰。而插和諸弊，自然洗刦，且可以停盤剥之徵。此又區區無已之計也。伏乞皇上俯從臣請，勑下該部，破格議處，以蘇一方重困。斯國計民生兩有利賴矣，臣不勝大願！

志言

國家歲輓天下粟實之京師，而不勝咽喉之慮，故于臨德要害處，分署司農領直隸、山東、河南方數百里之軍儲爲漕運。夫此方數百里郡縣，皆包衍原隰，非如江以南可以風檣艦致，則費且不貲，而汝又越在西南千里外，山阻谷隘，率二三鍾不能致一鍾。計汝漕四千有奇，中人産以上，力不能輓。百所没倍是，是一歲間立瑕中人產數十家，而況大祲累年，十室九罄，安所得中人產而歲瑕之。自公疏改，非獨汝人息肩而旁郡縣且與沾河潤已。公字憲周，萬曆丁丑進士，授冠縣知縣，以卓異拜給事中。歷禮、兵二科，諫止內操，發科塲奸弊。薦用言官鄒元標、孟一脈輩。遷天津兵備副使。

汝州疆域里至郵鋪

各州縣志里至郵鋪之紀，未有若汝州之詳核者，故書之以爲式。

疆域

州境在省治西南四百五十里。東抵開封府襄城縣界一百三十里，西抵河南府雒陽縣界六十里，南抵南陽府南召縣界一百八十里，北抵河南府登封縣界四十里。廣一百九十里，袤二百二十里。

里至

汝州　東至郟縣，界在長阜鋪四十里，又五十里抵縣。西至雒陽縣，界在臨汝鋪六十里，又一百二十里抵縣。

南至魯山縣，界在草店鋪四十里，又九十里抵縣。北至登封縣，界在仙林寺四十里，又五十里抵縣。東南至寶豐縣，界在草店鋪四十里，又五十里抵縣。西南至伊陽縣。界在温泉鋪四十里，又五十里抵縣。廣，一百里。袤。八十里。

郟縣　東至襄城縣，界在長橋鋪四十里，又三十里抵縣。西至汝州，界在長阜鋪五十里，又四十里抵州。南至寶豐縣，界在汝河十里，又二十五里抵縣。北至禹州。界在房村三十里，又四十里抵州。廣，九十里。袤。四十五里。

魯山　東至葉縣，界在任店六十里，又三十里抵縣。西至嵩縣，界在没大嶺一百五十里，又九十里抵縣。南至南召縣，界在白沙嶺五十里，又九十里抵縣。北至汝州，界在青條嶺三十里，又一百里抵州。西北至伊陽縣。界在歇馬嶺五十里，又一百里抵縣。廣，二百一十里。袤。八十里。

寶豐縣　東至襄城縣，界在扈家口五十里，又四十里抵縣。西至魯山縣，界在荆山鋪一十五里，又三十五里抵縣。西北至汝州，界在草店鋪五十里，又四十里抵州。東北至郟縣，界在汝河二十五里，又一十里抵縣。東南至葉縣，界在秋河七十里，又二十里抵縣。廣，六十五里。袤，一百二十里。

伊陽縣　東至汝州，界在温泉鋪五十里，又四十里抵州。西至嵩縣，界在分水嶺三十五里，又五十里抵縣。東南至魯山縣，界在歇馬嶺一百里，又五十里抵縣。西北至雒陽縣。界在夾馬鋪七十里，又一百里抵縣。廣，八十五里。袤。一百七十里。南京陸路一千七百里。北京陸路一千九百里。

鋪舍

汝州　總鋪在州治外西北後衛。東路四鋪至郟縣。仁義鋪、車渠鋪、趙落鋪、長阜鋪。接郟縣韓夏鋪。西路五鋪至雒陽縣。高崖鋪、春店鋪、廟下鋪、官莊鋪、臨汝鋪。接伊陽縣大安鋪。西南路一鋪至伊陽縣。温泉鋪。自春店分路接伊陽縣小店鋪。南路四鋪至魯山縣。夾河鋪，乾溝鋪，小屯鋪，草店鋪。接寶豐縣狐狼鋪，又接魯山縣桃花店鋪。東南路至寶豐縣，於雙酒務分路接土橋鋪。北路至登封縣。

郟縣　總鋪在縣治内東南。西路四鋪至汝州。半坡鋪、葦渠鋪、薛店鋪、韓夏鋪。接汝州長阜鋪。東路四鋪至襄城縣。塔兒鋪、侯公鋪、行陽鋪、長橋鋪。接襄城縣高橋鋪。南路一鋪至寶豐縣。桃園鋪。接寶豐縣卓君鋪。

魯山縣　總鋪在縣門外衛南。東北路二鋪至寶豐縣。向陽鋪、近水鋪。接寶豐縣荆山鋪。北路二鋪至汝州。王家莊鋪、桃花店鋪。接寶豐縣甘羅鋪。西南路二鋪至南召縣。穰河鋪〔四〇〕、恓惶店鋪。接南召縣板倒井鋪。

寶豐縣　總鋪在縣治西。東路二鋪至郟縣。院河鋪、卓君鋪。接郟縣桃園鋪。西路二鋪至魯山縣。姚店鋪、甘羅鋪。接魯山縣桃花店鋪。西北路三鋪至汝州。土橋鋪、雙酒務鋪、狐狼鋪。接汝州草店鋪。東南路六鋪至葉縣。馬跑泉鋪、火新鋪、宋村鋪、吉村鋪、曹鎮鋪、秋河鋪。接葉縣四莊鋪。西南路一鋪亦至魯山縣。荆山鋪。接近水鋪。

伊陽縣 總鋪在縣治前。東路一鋪至汝州。小店鋪。接汝州温泉鋪。北路一鋪至河南府。大安鋪。接雒陽縣夾馬鋪。

何柏齋文集

均徭私論

或問：近日有司審編均徭，以田土爲主，其法如何？曰：此非祖宗之法也，蓋流俗相傳之誤也。祖宗之法，具在諸司職掌。户部職掌田土項下云：凡各州縣田土，必須開豁各户若干，及條段、四至。係官田者，照依官田則例起科。係民田者，照依民田則例徵斂。務要編入黄册，以憑徵收税糧。如有出賣，其買者聽令增收，其賣者即當過割，不許洒派詭寄。犯者，律有常憲。户口項下云：凡各處户口，每十年各布政司、府、州、縣攢造黄册，編排里甲，分豁上中下三等人户。遇有差役，以憑點差。賦役項下云：凡各處有司，十年一造黄册，分豁上中下三等人户，仍分軍、民、匠、役等籍，除排年里甲依次充當外，其大小雜泛差役，各照所分上中下三等人户點差。由是觀之，則田土納税糧，户口當差徭，其不相混也明矣！今乃照田土當差，是豈祖宗之法哉！或曰人户有上中下三等，蓋以其貧富不同也。貧富難明，田土多者必富，少者必貧。則照田土編差，蓋法外意也，似無不可。曰：户有上中下三等，蓋通較其田宅貲畜而定之，非專指田土也。若專指田土，則施於農民可矣，工商之家及放債居積者，皆不及矣。古人立法，厚本抑末，今人立法，厚末抑本，豈知治道者哉！況差役以人丁爲主，以上中下三等較其貧富，以爲派差之重輕，此法意也。今舍人丁而論田土，蓋失其本矣。夫豈可哉！或者曰：田土不當起差，祖宗之法固然矣。近聞外縣有以寄莊人户不當差役申請於上者，巡撫批稱種田而不當差，有違於租庸調法。令其照田認差。然則計田當差，雖非國法，或古法乎？曰：此巡撫未考而誤批也。唐法有田則有租，即國朝田土納税糧之意也。有身則有庸，即國朝户丁當差役之意也。有户則有調，即國朝農桑絲絹之意也。種田而不納糧，謂之有違於租庸調法則可也。種田而不當差，謂之有違於租庸調法，則不可也。若田土既納税糧又當差役，是有田者不惟有租而又有庸，而有身者遂無所役矣，不亦誤之甚乎？曰：以田土當差，唐法知不然也。或者先王之法乎？曰：先王之法，其詳不可考矣。然孟子曰：「有粟米之徵，有力役之徵，有布縷之徵。」粟米取於田土，即租法也；力役取於人力民，庸法也；布縷取於園宅，即調法也。由是而觀，則計田土以當差役，既非古法又非國法。而有司乃有此行，不亦謬乎？曰：有司有此行何也？曰：此周文襄作俑之過也。宣德年間，周文襄巡撫南畿，患民間起運、税糧之不足也，乃令税糧正數之外，多加耗米以足之。除耕納税糧外，有餘剩者謂之餘米。復恐民以加耗之多怨已也，乃令凡民間户丁之差役、料物之科派，皆取諸餘米。此蓋朝四暮三之術也。本傳謂小民雖多出耗米，然耗米之外再無差科之擾，深以爲便，東南多遵用其法。後又自税糧變爲田畝，故東南有田差、糧差之説。南士仕西北者，漸推用其法，故西北近年亦有田土當差之説。此蓋不考祖宗之法而惑於流俗之傳者也。或者曰：文襄之法，雖非國法，既民以爲便則用之，似無不可，何必拘於舊法乎？曰：「民以爲便」，亦據文人之傳而言耳，實不然也。夫差役出於户丁，士農工商之家除例該優免外，其餘户丁蓋未有不當差者也。今止令取於耗米，則是士工商賈之差，農獨代當之矣。是豈均平之道哉！況驛遞馬、牛、車、船之役，俱出於田土。税糧，則農民已偏累矣，奈何復以雜差再累之乎？今論者皆知東南之民困於税糧，西北之民困於差役，而不知東南所以困於税糧者，以差役亦出於税糧之故，西北所以困於差役者，以既有丁差又有糧差之故。由是而觀，則周文襄輕變祖宗之法而開此累民之端，其罪安可逃也？

或者曰：審如此，則寄莊人户不當差役者，皆幸免矣。曰：此有司不知守法之過也。使有司知守祖宗之法，審定三等户則之時，不論士農工商，凡田土貲本市宅牲畜多者，俱定作上等，派與重差。則寄莊人户，雖買别州縣之田，而難逃本縣之差矣，何幸免之有？今惟不守祖宗之法，審編均徭，舍户丁而計田土，故寄莊人户有躲差之弊。欲革其弊，盍求其本乎？或曰：祖宗差役人法，今亦有行之者乎？曰：北畿州縣審編均徭，初止審三等九則户門，並不註定差銀多寡數目。審定户則，然後通算三等人户，除役占優免外，該當差者共有若干丁，却算本州縣銀、力差，該用銀共計若干兩，方令三等九則户丁差等出銀，期足供銀差、力差之用而已。此蓋遵祖宗之法而又通其變者也。蓋祖宗之法止令照三等户則點差，但差少子多，用之不盡，點差之時，不及差者幸免，見當差者偏累。今乃令丁皆出銀，差之重者，朋合應當，則人丁無有不差者矣。此蓋均徭之善法也。河南舊例審編均徭，雖未以田爲主，亦未以丁爲主，其人丁差銀增減，從審官之意，多寡無一定之法，少有不至兩者。多有三五兩者，有十餘兩者，甚有至四五十兩者。丁多之户銀多，亦不爲過。單丁之户銀多，則一差用之不盡，必須分爲數差，是一丁而數差也。豈照户點差之法哉！但上下習於聞見，不之覺耳。近聞巡撫吳公所定均徭則例，每地一頃，出銀四錢。每人一丁，上上户出銀一兩二錢，以次各照户則出銀不等。若該縣銀多差少，則遞減。銀少差多，則遞增。視舊法頗有定規，但偏累農民，未盡善耳。必改北直隸之法，上不失祖宗之法，下無偏累之弊，乃爲盡善。此蓋識者所深望也。或者曰：今之富家，或田連阡陌，或貲累鉅萬，較之小民，豈止十倍？若止照三等户則計丁當差，其丁多者出銀固多，其丁少者出銀甚少，豈不爲幸免乎？曰：古人爲國，藏富於民。蓋民之富者，官府之緩急資焉，小民之貧困資焉，時歲之凶荒、兵戈之忽起資焉，蓋所恃以立國者也。平時使之應上户重差，法如是足矣。必不得已，則准北畿事例，上户丁少者量出門銀亦可也，豈必盡取所有，使之僅與小民之貧者相若，然後爲快乎？於戲！時使薄斂，先聖格言。繭絲保障，後賢深慮。奈何今在位者之不思也！或者曰：「不在其位，不謀其政。」子林下人也，曉曉多言，無乃爲當道者所惡乎？曰：舍己從人，大舜之所以聖也。聞過則喜，子路之所以賢也。吾以聖賢望人，痛小民之受害，故私論之，蓋遵庶人傳言之訓而爲之也。蓋冀其或聞而改之也。若耻過作非，聞諫而怒，則小人也。當道諸公，其欲爲聖賢乎？欲爲小人乎？必有所擇矣。作均徭私論。

均糧私論

或問：丈地均糧之法如何？曰：此朝廷仁民之政也。第中間曲折，各有利害，行之不得其道，則反以害民，此不可不知也。或問其故，曰：田有上下，則糧有重輕，此自然之理也。禹貢之田，分爲九等，税糧之輕重，往往因之，蓋爲此耳。天下之田，吾未能知，河内之田則頗知之矣。上田歲收，畝不下兩石，多或至三四石。下田歲收，畝不及一石，少或至三四斗。大抵上田一畝之收抵下田五畝。國初定糧失於分别，一概定作每畝糧八升五合。後官府以下田人户辦納不前也，乃議令起運重糧多派於上田里分，存留輕糧多派於下田里分。蓋亦裒多益寡，稱物平施之意也。雖未盡得其宜，而民病亦少甦矣。近年上司患里書那移作弊也，乃令不分起運、存留，俱總定一價，則上田、下田無所分别。雖曰可以絶里書之弊，而下田民户固已不勝其害矣。然坐派之法，歲有變易，民之害猶有時而解也。若丈地均糧，初時不審上田、下田，一概均派糧額，一定不可復變，則下田之受害，蓋有不可勝言者矣。夫田地有上下，則税糧有輕重，與犯罪有大小，則受刑有重輕，其理一也。犯大罪者，雖絞斬而不爲苛；犯罪小者，雖笞杖而不爲縱。蓋各得宜故也。或者患吏書之舞文也，乃一概定爲徒流之刑，以爲可以絶弊，抑不思宜絞斬而得徒流者，固爲幸矣，宜笞杖而得徒流者，不亦寃哉！今不論田土上下，而一概均之以糧，何以異此〔四一〕。往嘗與巡撫徐公論之，徐公深以爲然。故令丈量田土分爲三等均糧之額。初則通以中田爲準，下田則少損之，上田則少增之。以一田所損之數爲上田所增之數，蓋亦所謂稱物平施之意也。傳聞近議不許田分三等，蓋亦未之思也。若他縣之田無甚上下，猶可言也。河内之田果不分上下，一概均糧，此則名雖均糧而實則不均之甚者也。此利害之大者也。而所聞又有可論者。聞巡撫公文謂除河路外，蓋謂河路非可耕之田，故除之也。而承行官吏不明其意，乃令河止除丹、沁二河，新開河道引水澆田者，不除其河身所占之田，俱令民田在兩岸者包納。或聞其故，則曰：引水澆田，人户得利，故不當除。竊謂引水澆田之利衆人之所同也，非獨兩岸有田〔四二〕之民也。而令其包納税糧，歲無休時，何理也？路止除驛遞大路，其餘通行古路俱不得除，其稅糧亦令民田在路兩傍者包納。竊謂民田在路兩傍者，人畜往來踐躁，固已受害多矣。古路衆人之所往來，與驛遞大路無以異也，乃復令其包納稅糧，此何理也？至於田内墳墓，雖上司未有明文，竊意丈地均糧亦不過丈實耕之田，而均以實有之糧耳。墳墓非可耕之田，其不當徵糧，蓋有不待言者矣。今乃令墳墓不除，有主者照地數均糧，無主者聽民納銀於官，平治爲田，照數均糧。竊先王有掩骸埋胔之令，國朝有漏澤園之設，而平治他人墳墓爲田園者，律有明禁。此蓋朝廷恩及死者之仁政也，而一切不顧，止曰「吾將以均糧也」。不知均糧之初意果若是乎？此三者亦利害之大端也。小民被害而不敢言，吾黨又以不在位而難顯言。故私論之，庶轉聞於當道之仁人君子，或有以處此也。夫變法本以利民，而反爲民害。仁人君子在當道者，不知則猶有所諉，知之而不爲一處，亦安忍哉！然此非吾事也，非吾責也，吾言止於此矣。或疑田之上下難定，曰：此不難，某鄉之田土，某翁之意竟有合否？

【原注】

注一　寧陵縣志言：趙皮寨之地高河數尺，寧陵西北視寨則山阜也。古者爲下，必因川澤，今闕高陂，勢必倍勞。糜國家億萬之資，役水土不習之衆，興歲月難計之功，勞民傷財，莫此爲甚。

注二　往歲科銀，輸于通省。祥符惟招商代置，尚不知擾。萬曆中，變而攤派于邑民，又不盡給價百姓。一應斯役，立致破産。

注三　寧陵縣志言：草梢之弊，曰方其檄郡邑也。曰銀若干，買草稍若干，共重若干，雖民間交易，不是過矣。計其終則視價五倍，猶不能謝譴怒焉。夫五權以十六兩爲觔，而今加十之五矣。交納以到日爲限，而貪狡之徒，待賄始議。不則遲以日月，使之乾折，又低昂其手，所費反倍于賄矣。

注四　弘道羅山知縣。

注五　内江人，彰德府推官。

注六　李盡記：橋在縣西，一平山之吕谷，絶崖爲之。西通潞安，爲山右徑道。宋征河東，嘗積糧草于此。

注七　黄華山有齊樂平倉基。

注八　軍伍之制，每軍十名，領之以小旗。五小旗一總旗，兩總旗一百户。十百户，一千户，五千户所爲一衛。全衛則軍五千名，小旗五百名，總旗一百名，共五千六百名爲一衛。

注九　天子行從中從官夾。

注十　見獻帝紀。隋亦有此宫。文帝、獨孤后居此。

注十一　見馬后傳。

注十二　當移在唐前。

注十三　自旦及夕方畢，故名。按董卓傳，卓爲何進召將兵入朝。何太后使諫議大夫种紹宣詔止之。卓還軍夕陽亭。是夕陽亭漢已有之，非始于賈充也。

注十四　鄧、新水勢平緩，陂堰易修。内淅泉流既清，築瀦不施，其利益加于鄧。

注十五　鉗盧陂在州東南五十里，内有東西中三渠，引刁河水，又接柳渠等諸水入陂。三郎堰在州北五十里，原接嚴陵河，下灌毛家陂，并上陽、中陽、下陽等四陂。

注十六　州東北三十里。

注十七　二十里。

注十八　二十五里。

注十九　西平西南六十里。

注二十　西平南二十。

注二十一　西平東南二十里。

注二十二　上蔡西南二十里。

注二十三　遂平西七十里。

注二十四　舞陽南七十里。

注二十五　泌陽東北一百二十里。

注二十六　泌陽東北九十里。

注二十七　泌陽東北九十里。

注二十八　遂平西南五十里。

注二十九　上蔡西南府西北六十里。

注三十　確山北四十五里。

注三十一　府西二十里。

注三十二　府西十二里。

注三十三　府西南十三里。

注三十四　府西十二里。

注三十五　府西三十里。

注三十六　府西北十二里。

注三十七　府南三里。

注三十八　府西南十五里。

注三十九　府北郭外。疑是雙石羊橋，在府西南十里。

注四十　方良橋府，東南十八里。

注四十一　確山南四十里。

注四十二　府西南九十里。

注四十三　在確山東南三十五里，出横山。

注四十四　府東南七十里。

注四十五　真陽東北五十里。

注四十六　真陽東六十里。

注四十七　息縣東一百六十里。

注四十八　息縣東一百五十里。

注四十九　息縣東北一百四十里。

注五十　馬常河橋在府北二十五里。

注五十一　府北。

注五十二　府東北六十里。

注五十三　荆河橋，府東五里。

注五十四　府北郭外。

注五十五　府東六十里。

注五十六　潁州南一百七十里。

校勘記

〔一〕四戰用文之國　「文」，原作「武」，據天原發微（明正統道藏本）卷一下、新唐書（中華書局校點本）卷三一天文志改。

〔二〕南河下流　「下」字原闕，據天原發微（明正統道藏本）卷一下、新唐書（中華書局校點本）卷三五天文志補。

〔三〕唐呂温成皋銘　「呂」，原作「李」，據濂溪堂本、敷文閣本、全唐文（中華書局影印原刊本）卷六百三成皋銘改。

〔四〕北拒并汾　「汾」原作「分」，誤，據舊五代史（中華書局校點本）卷八梁帝紀改。

〔五〕汴州水陸一都會　「州」，原作「川」，據濂溪堂本、新唐書（中華書局校點本）卷一四四李勉傳改。

〔六〕孟豬出其右　「豬」，原作「豬」，據四庫全書歷代賦彙本南都賦改。

〔七〕汳水更其旁　「汳」原作「汴」，「更」原作「經」，據上書改。

〔八〕相臺志序　「志」，原作「士」，據濂溪堂本改。

〔九〕右阻太行　「阻」，濂溪堂本作「祖」；「太」原作「大」，據四庫全書本河南通志卷六改。

〔一〇〕元王惲記　「惲」，原作「煇」，濂溪堂本作「輝」，均誤，據元王惲秋澗集（四庫全書本）卷四一汲郡圖志引改。

〔一一〕苑陵縣東有制城　「城」，春秋經傳集解（四部叢刊影宋本）成下第十三作「澤」。

〔一二〕逢池　「逢」，漢書（中華書局校點本）卷二八地理志作「馮」。

〔一三〕絶之　「之」字原闕，據史記（中華書局校點本）卷七三白起王翦列傳補。

〔一四〕汴城延黄河　「延」原作「迫」，濂溪堂本、敷文閣本改。

〔一五〕僉事高逵於土城東南曰揚州門　「逵」，濂溪堂本作「遠」。

〔一六〕至徐邳入於淮　「邳」，皇明經世文編（四庫禁毁書叢刊影印明崇禎間雲間平露堂刻本）卷五三黄陵崗塞河功完之碑作「汴」。

〔一七〕併決水　「決」，上書作「汶」。

〔一八〕淄州　「州」字原闕，據困學紀聞（上海古籍出版社校點本）卷十六漢河渠考補。

〔一九〕崩浪萬尋　「萬」，上書作「千」。

〔二〇〕非駟馬之追也　「追」，原作「迅」，據上書改。

〔二一〕石壁峭立　「壁」字原空一格，據上書補。

〔二二〕豁然奔放　「奔」字原空一格，據上書補。

〔二三〕向北流　「北」字上，上書有「東」字。

〔二四〕所渠并千七百一川　「所」字原空一格，據上書補。

〔二五〕商謀於山東　「於」，濂溪堂本作「與」。

〔二六〕歲癸卯　「卯」原作「甲」，據敷文閣本改。

〔二七〕杞乘　「乘」，濂溪堂本作「縣」。

〔二八〕國策蘇代云　「代」，原作「武」，據濂溪堂本及戰國策（中華書局校點本）燕策改。

〔二九〕山氏城北　「氏」，濂溪堂本作「民」。

〔三〇〕世謂之汜溝水　「汜」，水經注（上海古籍出版社 陳橋驛校點本）作「涅」。

〔三一〕地多長楊老槐　「老」上原有「花」字，據邵氏聞見録（中華書局本校點本）刪。

〔三二〕洛城之東南午橋　「東南」原作「南東」，據上書乙正。

〔三三〕天津引龍二橋　「二」原作「一」，據上書改。

〔三四〕正門曰提象　「正門曰」三字原闕，據濂溪堂本補。

〔三五〕擬太極殿建　晉書卷一百五作「擬洛陽之太極起建德殿」，此處刪略有誤。

〔三六〕梁開平元年　「開平」原作「開明」，誤，徑改。

〔三七〕瞻望之志　「志」原作「至」，據濂溪堂本及魏書（中華書局校點本）卷一三改。

〔三八〕無補於春秋苗稼　「春秋苗」三字原空闕，據敷文閣本補。

〔三九〕堰上既無硬石以起堤　「堰上既無硬」五字原空闕，據敷文閣本補。

〔四〇〕穰河鋪　「穰」字原缺筆，據濂溪堂本補。

〔四一〕何以異此　「何」原作「可」，據濂溪堂本改。

〔四二〕非獨兩岸有田　「田」原作「有」，據濂溪堂本改。

山東備録上

山東

山東，古青、兗、徐之地，視秦在太行山之東，故稱山東。然孟曰東夷，周曰河東，秦、漢以下，曰東秦、曰東郡，宋曰京東，其爲東方之國，舊矣。嘗觀古輿地圖，青州東距于海，西至于岱；兗州東南據濟，西北距河；徐州北連岱境，南通長淮，實今六郡之全境云。或曰：漢、晉以來，或稱山東爲兗、冀何？曰：先王疆域紊亂，史傳之訛也。禹貢：「冀州：既載壺口，治梁及岐。既修太原，至于岳陽，覃懷厎績[一]，至于衡、漳。」自今觀之，有一爲山東州縣否乎？又曰：「濟、河惟兗州：九河既道，雷夏既澤，灉、沮會同。桑土既蠶，是降丘宅土。」其貢賦則「浮于濟、漯，達于河」。今九河故道，多在濟南境，雷澤在濮，灉、沮在蒙、泗，桑間濮上，實惟桑土。濟、漯達河，斯爲達冀，兗、冀疆界，固自明也。而欲援冀爲山東，豈不謬哉！或曰：今兗州與古兗若何？曰：古之兗，兗也；今之兗，徐也，合徐、兗而治之也。禹貢：「海、岱及淮惟徐州。」爾雅曰：「濟東曰徐州。」蔡氏所謂岱陽濟東是已。故今之兗，合徐、兗而治之，非古兗也。周禮：河東惟兗州，山曰岱，藪曰大野，川曰河泲，浸曰盧濰。考其彊域，視禹分土之時，亦已不同。故禹佐舜治天下，兗、徐各置一牧，周併徐入屬青，又分青入兗，自濟以南，皆屬焉。及周公封於曲阜，伯禽爲魯侯，遂主泰山之祀。故夫合徐、兗而治之者，昉諸魯之受封也。或曰：今青州與古青州若何？曰：古青州合登、萊、濟南地，今青州特古青州之一隅耳。禹貢：「海、岱惟青州，嵎夷既略，濰、淄其道。」又曰「萊夷作牧」是已。周滅商，以營丘封太公望，爲齊國。齊務兼併，遂奄有青土。秦滅諸侯，置爲齊郡，青州尚未分析。至漢，始分青州西境爲濟南，東境爲北海、齊、瑯邪、千乘、東萊五郡，而古青州之域，不可復考矣。曰：青州何以謂之齊也？曰：通考云：齊在天中，猶腹臍也。漢志曰：「齊所以爲齊，以天齊也〔二〕。」然漢志之說近之矣。或曰：青、兗、徐三州風土何以異？曰：青，東方也，居少陽，其色爲青，生生不已也；兗之爲言端也，信也，陽精端，端故其氣殲殺也；徐之爲言舒也，有舒緩之義焉。是故觀青、徐、兗風土之異，而山東六郡之政理可圖矣。

余嘗考六郡封域，辨其物土民性之殊。西北曰濟南，其治爲州四、縣二十六；其域爲青、兗；其名山爲岱嶽，爲徂徠，爲梁父，爲華不注，爲長白，爲玉符，爲虆，爲宮，爲原；其巨浸爲濟，爲濼，爲汶，爲瀘，爲淯，爲巨合；其地濕沃，其民豐聚，其利金、銅，其穀多稻。正南曰兖州，其治爲州四、縣二十三；其域爲徐、兖；其名山爲龜，爲蒙，爲鳧，爲驛，爲嶧，爲陪尾；其巨浸爲沂，爲濟，爲洙，爲泗，爲汶，爲洸；其地厚衍，其民遜讓，其利絲、纊，其穀宜四種。正西曰東昌，其治爲州三、縣十五；其域爲兖；其名山爲茌，爲陶，爲歷；其巨浸爲漳，爲衛，爲濮，爲瓠子，爲鳴犢；其地平阜通津，其民饒庶，其利紬、纊，其穀多黍、麥。北曰青州，其治爲州一、縣十三；其域爲青；其名山爲沂，爲瑯邪，爲雲門，爲蒙陰，爲朐，爲艾；其巨浸爲淄，爲澠，爲沂，爲沭，爲時，爲巨洋；其地險阻，其民闊達，其利鐵、陶，其穀多稻、麥。東北曰登州，其治爲州一、縣七；其域爲青；其名山爲丹崖，爲石門，爲羽，爲成，爲之罘，爲岠嵎；其巨浸爲清洋，爲大沽，爲蜜，爲洚〔三〕，爲昌；其地僻遠，其民樸直，其利海錯，其穀多稷、菽。正東曰萊州，其治爲州二、縣五；其域爲青；其名山爲天柱，爲大澤，爲不其，爲勞；其巨浸爲沽，爲丹，爲膠，爲濰；其地剛鹵，其民敦本，其利鹽、鐵，其穀多稷、菽。是故以同貫利，以齊好惡，設牧各效其能，制貢各因其有，正俗各導其趨。齊之富强，魯之禮教，庶幾可復焉。其爲海、岱名邦，詎不信夫！

夫海者，百谷之王，而萬水之宗也。山東三面瀕海，登、萊二府，島嶼環抱。其在青、濟，則樂安、日照、濱州、利津、霑化、海豐諸境，皆抵海爲界，稱渤海云。說文曰：東海之別有渤澥。

故東海稱渤海。列子曰：渤海之東有大壑，名曰歸塘。歸塘者，即莊生所謂尾閭也。初學記曰：北海之别有瀚海，瀚海之南有渤𣽊海。則北海亦通稱渤海矣。夫東方之極，自碣石通朝鮮諸國，直抵扶桑。一望汪洋浩瀚，溟涬無際，外控夷落，内衛中夏，則山東形勢，實稱險絶。昔人謂齊得十二，又豈直爲兵車卒乘之富邪？博物志曰：海中有蓬萊、方丈，金銀宫闕，仙人所集。十洲記謂：東海中五百里有不死草、返魂樹。此固秦皇、漢武所以縱其侈心，求之而不得也。顧其説雖荒唐不經，然觀登、萊海市，樓臺、城郭、人物、旌旗之狀，成於瞬息，千態萬像，而不可摹寫，則海中靈鬱之氣，洩而爲奇怪瑰瑋之物，固亦理之所宜有也。至於禽魚木石之産，金錫鹽鐵之利，珠璣鱗甲之珍，民實資之，則海於東土，其利固甚博哉。

禹貢：冀州「夾右碣石入於河」，兖州「浮于濟、漯，達于河」；青州「浮于汶，達于濟」；徐州「浮于淮、泗，達於河」。山東漕運，其昉於兹乎？秦欲攻匈奴，「使天下蜚芻輓粟〔四〕，起于黄、腄、琅邪負海之郡，轉輸北河」。漢高祖運山東之粟以給中都，歲不過數十萬石〔五〕。至武帝通西南夷，滅朝鮮，擊匈奴，城朔方，轉漕甚遠，而山東咸被其勞矣。宋初都汴，京東之粟，歷曹、濟及鄆，入五丈渠至京師。真宗時，京東分廣濟河，由定陶至徐州入清河，歷吕梁灘磧之險。至理宗時，於堽城作斗門，以遏汶流，益泗漕以餉邊衆，而漕渠開矣。元初，開濟州泗河至新開河，由大清、利津諸河入海。既而海口沙壅，復從東阿陸輓至臨清入御河，又開膠萊新河以通海道，勞費不貲，少有成效。伯顔始創海運，與濟州河並行。未幾，又用韓仲暉等言，自安民山開河，北抵臨清，引汶絶濟，直屬漳、御，名會通河。夫汶水自古東北入海，以智力導引，使南接淮、泗，北通白、衛，實自元人始。然河渠淺澀，舟不負重，歲運不過數十萬石，終元之世，海運不能廢也。國朝初，給餉遼卒，海運如故。永樂徙都于北，亦嘗行之。後尚書宋禮等復濬會通河，於是漕利通而海運罷，膠、萊故道亦遂堙廢。夫河漕誠利矣，然泉源壅塞，有疏濬之勞；堰閘蓄洩，有供役之繁。徐、吕洪流之泛溢，淮、揚襟喉之扼塞，意外之患，有不可不防者，海運其可不講耶？是故漕河者，萬世之通利也；海運者，備不虞之變也；膠、萊故道者，翼海運以成功也，皆不可廢也。天下之事，居常者必慮變，擇利者必思害。輕重緩急，達乎其勢而已矣，獨漕政爲然哉！

形勢

論曰：夫古今之勢不同，强弱之形亦異。今之山東，視古東泰，拓地無慮數千里，長城巨防，穆陵、無棣，昔之所謂關隘者，今皆爲甸邑矣。然而潢地少警，望風瓦解，雖有險固，莫之或支，豈形勢之在今者，果不足恃哉？蓋嘗考之：春秋、戰國之時，承太公修政之餘，維以桓公主威定伯，民賴休息，行伍充盈，故齊地不下七十餘城，而臨淄一邑，帶甲已至二十餘萬。蘇秦所謂「連袵成帷」、「揮汗成雨」者是已。國勢如之何其弗强哉？楚、漢之際，齊猶稱伯，自王莽之亂，山東盗起，青、徐首難，既而黄巾煽禍，海、岱騷然，民塗兵革，重以石勒、慕容超之殺戮，金、元之竊據，齊地荒涼削弱，泊焉不振，固其宜也。國家承平百餘年，休養生息，濟南、東兖，頗稱殷庶，而登、萊二郡，沂、濟以南，土曠人稀，一望尚多荒落。萬一有如正德間流賊之警，豈非有國者之深慮哉？昔人有言：土地，軀幹也；人民，精魂也。精魂完而復軀幹固，此地利所以不如人和也。雖然，談形勢者必稱要害，山東要害之地凡五：臨清，南北之咽喉也；武定，燕、薊之門庭也；曹、濮、魯、衛之藩蔽也；沂州，徐、淮之鎖鑰也；登、萊，邊衛海東之保障也。守咽喉則齊右安，固門庭則渤海靖，謹藩蔽則河東固，嚴鎖鑰則南顧無憂，慎保障則倭奴殄患。五要守而山東可安枕也。山川險絶，又烏足道哉！

風俗

論曰：余觀齊俗敦厚闊達，其敝也，或失之舒而緩，侈而麗。魯俗忠信重禮，其敝也，或失之嗇而固，矯而競。曹、衛、楚、宋之間，剛武尚氣，其敝也，或失之勁悍而輕剽。載籍所傳，不可誣已。以今山東列郡觀之，迺不盡然。大較濟南省會之地，民物繁聚，兖、東二郡，瀕河招商，舟車輳集，民習奢華，其俗也文，若勝乎質。青、登、萊三郡，憑負山海，民殖魚鹽以自利，道里僻阻，商旅不通，其俗也質，若勝乎文。孔子所謂「齊變至魯，魯變至道」者，又不可執一以例今之俗也。乃若六郡所同者，士大夫率多懷義質直，侃侃明達，如班固所謂「好經術而矜功名」，杜牧所謂「多才力、重許可、能辛苦」者，其風至今不衰。其小民力于耕桑，不賤商賈，喪葬有序，不泥風水，鄉黨歲時舉社會，貧富相資，有藍田鄉約之遺風，此則山東風俗之近古者。文之以禮樂，豈不足以復齊、魯之舊哉！蓋嘗論之，風也者，相觀而化者也；俗也者，相習而成者也。化趨於善者難乎成，而習狃於惡者不易變，是故以康叔忠厚之貽，不能保叔世無桑濮之靡風；以晏子之弊車羸馬，不能使當時變綺麗之侈習。齊不嫁姑，而後乃有長女不嫁，立巫兒以主家祠者；魯焚巫尫，而後乃有裒棺曳尸，打旱骨以祈雨澤者，雖至于今尚有之。傳曰：「周之興也，商民後革〔六〕，百年化之而不足；周之衰也，衛風先變，一日移之而有餘。」言趨善之難也。又曰：「齊太史之守官，尚父之德遠矣；魯宗人之守禮，周、孔之澤深矣。」言遺化之當崇也。任理民之責，思易今俗而返之於古者，曷亦知所務哉！

物產

論曰：山東物產豐饒，甲于天下，其用之廣而利之博者，惟鹽、鐵乎？粤自管仲相齊，實興厥利。仲之言曰：利出一孔者，其國無敵；出二孔者，其兵不詘；出三孔者，不可舉兵。故當特鹽、鐵之徵，雖少男少女之所食，一鍼一刀之所用，無弗算及，卒能以一國兼二國之籍者六千萬人，而常籍不預焉。及觀其立法，不過稅之而已。鹽雖官常自煮，亦權時取利之計，鐵則官未嘗冶鑄也。自漢武帝用桑弘羊、孔僅領之，乃官自煮鹽鑄鐵，鹽官二十八郡，而山東居其七；鐵官四十郡，而山東居二十二。元鼎中，徐偃本使膠東魯國，聽民便宜鼓鑄，御史大夫遂以得矯制劾之。昭帝時，賢良文學之士請罷鹽、鐵，與大夫桑弘羊極論利害。大夫曰：鹽、鐵之利，佐百姓之急，奉軍旅之費。文學曰：王者不蓄，藏富於民〔七〕。大夫曰：豪人擅用專利，恐滋貪暴。文學曰：禍在蕭牆〔八〕，不在朐邴。於是屢罷屢復，卒未有能去之者。唐開元、天寶之間，劉彤請檢校鹽、鐵，諸州著爲課額，第五琦、劉晏之徒，法益詳密，綾絹、玳瑁、漆器許代鹽鐵。其後肅宗討淮西，皇甫鎛、程异又從而濬導之，諸道競以羨餘取寵，而其弊也，至立爲蠶鹽、食鹽等名，察民貧富，據口俵散，抑勒取錢。民受其擾，倍用輸徵。其鐵官則親爲鼓冶，民間農器不給，或至木耕手耨啖食，鐵官抑配逼迫，害與鹽同。宋人鹽利，多取諸河北解池，鐵官亦不嘗設。南渡以後，山東陷于金、元，不足言已。元人于青、齊諸郡，增置鹽場，開立洞冶，寶成、通和、昆吾、元國、富國之名立，而民困極矣。嗟乎！作法于涼，其弊猶貪；作法於貪，弊將安之？君子所以追恨夷吾之作俑也。國朝鐵器無禁，濟南、萊蕪、登、萊等處，前代鼓煽諸冶，今皆爲廢坑矣。惟鹽則分場置司，官自煮之而行之，商賈小民負販，亦置不問，豈非得中正之法乎！宋儒胡寅有言：「山澤之利，盡捐之民，則縱末作，資遊惰；盡屬之官，則奪民日用，而公室有近寶之害。惟官爲厲禁，俾民取之而裁其入税，則政平而害息。」此則行之今日而有驗者也。雖然，管仲立法苛重，然國勢實藉富强。漢、唐以來，咸佐軍需，計其所入，歲不下數十萬。今鹽鐵之税于山東者，曾不逮古十分之一〔九〕，而民不加饒，何哉？蓋嘗論之，古今地利盈縮不齊，禹貢：揚州田「下下」，今獨稱富饒；雍州田「上上」，今半爲墝壤。執富彊全勝之齊國，以例凋殘窮困之山東，又何怪乎其不類也！登州之金，三千九兩，萊州之金，四千一百五十兩，此宋皇祐中之貢額也，今果有是否乎？青、齊、鄆、濮、淄、濰、沂、密、登、萊諸郡，皆設平絁市，此宋太平興國之税法也，今果有是否乎？由是觀之，則山東物産之不逮往昔，又不特鹽鐵爲然矣。司國計者，酌古今之勢，度豐儉之宜，以定征税之則，勿過取而加賦焉，東人之凋瘵，庶其少瘳矣哉！

漕河

漕河自大江瓜洲埭、儀真堰埭俱入邗溝，經廣陵，至淮陰，渡淮入清河，經吕梁、彭城至沛，乃爲山東境。由疏鑿而成者，名會通河，凡七百一十里，入於衛河，又四百里，始出境，達于京。山東爲府者三，爲州者四，爲縣者六，由魚臺至臨清，得洸、汶、泗、沂四水，其泉百七十餘，會於四水而分流于漕渠，有水部郎一人以掌之。爲閘凡三十，有守津吏以啓閉，爲淺二百二十，各有津老以時疏治。又黄河常決張秋，決漕單、魚臺，其道非一，有司空兼御史臺一人、水部郎一人、按察副使一人，統州邑判官、主簿以分治其事。歲出夫役萬四千一百五十餘人，計銀三萬五千一百餘兩。漕河之有藉於山東者，煩重如此，可無載乎？乃作漕河志。

兖州府

魚臺縣　河之西南二十里，岸北自濟寧之界，南至沙河五十四里，置淺鋪二十有六。界牌淺、北林淺、南陽上淺、南陽下淺、大塌淺、小塌淺、擺渡口淺、馬溝淺、大龍淺、小龍淺、谷亭上淺、谷亭店上淺、谷亭店下淺、谷亭下淺、八里灣淺、三柳樹淺、壩子頭淺、孟陽上淺、孟陽下淺、徐家林淺、張家林淺、廣運淺、馬家淺、梅家淺、古家淺、張家淺二十六鋪，老人二十六人，夫二百六十人，守口夫二百五十人。縣設主簿一人。置閘四：孟陽泊閘、南接沛之湖陵城閘八里，閘官一人，夫三十人，溜夫一百五十人。八里灣閘、南至孟陽泊閘八里，閘官一人，夫三十人，溜夫一百五十人。谷亭閘、南至八里灣閘八里，閘官一人，夫二十人，溜夫三百人。南陽閘、南至谷亭閘十八里，閘官一人，夫三十人，溜夫一百五十人。積水閘三，硯瓦溝、陽城湖、泥河，夫三人。蘇家壩。在沙河北，遏大鳥河水入漕河，夫六人。

鄒縣　河之東北七十里東岸，北自濟寧之師家莊，南至魯橋閘三里，置淺鋪一，港里淺，鋪夫十人。港里積水閘。老人一人，夫十人。

濟寧州　河之北岸，西抵東六十八里，置淺鋪二十有七。趙村淺、楊灣淺、石佛淺、花家淺、新店淺、新閘淺、仲家莊淺、師家莊上淺、師家莊下淺、魯橋淺、枣林淺、硯瓦溝淺、永通淺、夾河淺、馮翟淺、河長口淺、大河淺、禮義淺、大留淺、夾灣淺、王貴淺、張家淺、牛頭河淺、王家淺、邢家上淺、邢家淺、談村淺二十七鋪，老人二十七人，夫二百七十人，守口夫五百人。置閘十四：棗林閘、南接魚臺之南陽閘十二里，閘官一人，夫三十人，溜夫一百五十人。魯橋閘、南至棗林閘六里，閘官一人，夫三十人，溜夫一百四十四人。師家莊閘、南至魯橋閘五里，閘官一人，夫三十人，溜夫一百四十四人。

仲家淺閘、南至師家莊閘六里，閘官一人，夫三十人，溜夫一百四十四人。

新閘、南至仲家淺閘五里，閘官一人，夫三十人，溜夫一百四十四人。新店閘、南至新閘八里，閘官一人，夫三十人，溜夫一百四十四人。石佛閘、南至新店閘十八里，閘官一人，夫二十人，溜夫一百四十四人。趙村閘、南至石佛閘七里，閘官一人，夫三十人，溜夫一百四十四人。在城閘、南至趙村閘六里，閘官一人，夫三十人，溜夫二百八十人。天井閘、東至在城閘二里，閘官一人，夫三十人，溜夫一百五十人。下新閘、在趙村閘西北。上新閘、在中新閘北。以上三閘，閘官一人，夫六十人，溜夫二百人。分水閘、在上新閘北，夫一十九人。中新閘、在下新閘西北。洸、沂、泗三河。鄒縣九泉：淵源泉、柳青泉、白莊泉、陳家泉、鱔眼泉、孟母泉、崗山泉、白馬泉、三角灣泉。泗水縣三十泉：泉林泉、卞莊泉、吴家泉、鮑村泉、蔣泉、東岩石縫泉、黿陰泉、響水泉、潘波泉、黄陰泉、杜家泉、雙眼泉、趙家泉、曹家泉、岳陵泉、黄溝泉、石河泉、拓溝泉、盧城泉、小玉泉、雍珠泉、淘米泉、碧溝泉、珍珠泉、白露泉、石岩石縫泉、大玉泉、三角灣泉、黑虎泉、虹口泉，以上三十泉俱入泗。蒙陰四泉：伏羊峪泉、順德泉、泉河泉、官橋泉，俱入沂。曲阜十八泉：逵泉、雙泉、柳青泉、新泉、曲水詠歸泉、温泉、清泥泉、車輞泉、茶泉、兩觀下泉、濯纓泉、潺聲泉、連珠泉、埠下泉、蜈蚣泉、新安泉、横溝泉、南新泉，以上十八泉俱入沂、泗，同達于天井閘泉，夫四百二十六人，州設判官一人。

鉅野縣　河之西八十里岸，北自嘉祥之大長溝，南至火頭灣，二十五里，原係濟寧左衛。景泰元年，衛調于臨清，鉅野代之。隄岸用石修砌，一十二里，置淺鋪五：小長溝淺、黄沙灣淺、白嘴兒淺、梁家口淺、大頭灣淺五鋪，老人五人，夫五十人，守口夫二百五十人，縣設主簿一人。蓬子山壩。築堰南旺孫村二湖，以濟漕河，夫一十五人。

嘉祥縣　河之西二十五里岸，北自汶上之界首，南至鉅野之大長溝，一十八里，原係濟寧左衛。景泰元年，衛調于臨清，嘉祥代之。隄岸用石修砌一十里，置淺鋪四。孫村淺、寺前淺、十字河淺、大長溝淺四鋪，老人四人，夫四十人，守口夫一百八十人，縣設主簿一人。

汶上縣　河之東北三十五里，自東平之靳家口，南至嘉祥之界首，七十二里，置淺鋪一十有四：靳家口淺、步家口淺、張八老口淺、闞家口淺、袁家口淺、劉家口淺、開河淺、闞城淺、田家口淺、鵝河口淺、南旺淺、柳隄淺、石口淺、界首淺十四鋪，老人十四人，夫一百四十人，守口夫五百五十人。置閘三。南旺南閘、南至濟寧之分水閘七十五里，閘官一人，夫二十人。南旺北閘、南至南旺南閘十一里，閘官一人，夫二十人。開河閘。南至南旺北閘十三里，閘官一人，夫三十人。界首積水閘、成化六年建。石口積水閘。成化四年建。南旺湖、距縣治西南四十五里，縈迴百五十餘里〔一〇〕，中爲三長堤，漕渠貫其中，西隄有斗門，上有橋以便挽外蓄水，號爲水櫃。成化四年，山東按察司僉事陳善因舊土隄易壞，始用石修砌西隄，又負土增築東隄，老人一人，夫三十人。汶河。東平九泉：獨山泉、鐵溝嘴泉、吴家泉、張胡郎泉、安圈泉、芭頭山泉、蓆橋泉、坎河泉、王老溝泉。汶上二泉：龍鬬泉、朴當山泉。滋陽五泉：闞黨泉、負瑕泉、蔣詡泉、城西新泉、城東新泉。沂水十泉：單家泉、大泉、小水泉、龍王堂泉、雷王臺泉、上泉、銅井泉、芙蓉泉、灰泉、盆泉。寧陽十二泉：蛇眼泉、古泉、三里溝泉、井泉、古城泉、張家泉、柳泉、龍港溝泉、龍魚泉、魯姑泉、坡當山泉。平陰一泉：柳溝泉。泰安三十二泉：狗跑泉、報恩泉、陷灣泉、胡家泉、馬黄溝泉、清泉、周家泉、鯉魚溝泉、張家泉、水磨泉、鐵佛寺泉、順河泉、羊舍泉、龍王泉、科溝泉、□□二柳泉、北滚泉、上泉、馬蹄溝泉、水波泉、濁河泉、水頭溝泉、朔港溝泉、臭泉、龍堂泉、龍灣泉、力溝泉、花家溝泉、梁家泉、顔謝泉、馬兒溝泉、皂泥泉。新泰十四泉：南師家泉、北鮑泉、西都泉、劉社泉、和莊泉、孫村泉、張家泉、五峯泉、南陳泉、占河泉、零查泉、公家莊泉、崖頭泉、西周泉。肥城六泉：鹽河泉、減家泉、黄家泉、董家泉、胡家泉、清泉。萊蕪十泉：郭娘泉、湖眼泉、朋山泉、烏江泉、鎮里泉、牛王泉、蓮花池泉、小龍灣泉、牛壁店泉、王家溝泉。以上一百一泉，同入於汶，泉夫八百餘人，掌於水部郎。

宋理宗寶祐五年，蒙古蒙哥七年。濟倅奉符畢輔國，於堽城作斗門，以遏汶水入洸，至任城，益泗漕，以餉宿蘄戍邊之衆，由是汶有南入泗、淮之派。此汶南流入淮之始。元世祖至元二十年，以江、淮水運不通，命兵部尚書奥魯赤等自任城今濟寧州。委曲開穿河渠，導洸、汶、泗水，北流至須城、今東平州地。安山，即安民山。入清濟故瀆，經東阿至利津河入海。今戴家廟鎮減水閘即引汶入利津故道。後因海口沙壅，又從東阿陸轉二百里，抵臨清，下漳、御，輸京師，此汶北流入衛之始。二十六年，以壽張縣尹韓仲暉暨大史院令史邊源言，復自須城縣安山西南，由壽張西北至東昌，又西北至臨清，開渠凡二百五十里，引汶絶濟，直屬漳、御，爲閘十六以節水，賜名會通河。國朝永樂九年，命工部尚書宋禮、都督周長等發山東濟、兖、東、青四府丁夫十五萬，登、萊二府願趨事赴工之人一萬五千，疏浚元會通河。引泰安、徂徠十八州縣諸泉水，自汶上縣過安山西南，經壽張城東門折回西北，由東昌新開河，乃自汶上縣袁家口徙左幾二十里，至壽張縣沙灣，復接舊河。又用汶上縣老人白英計，於東平州東六十里戴村舊汶河口築壩，遏汶水西南流，由黑馬溝至汶上縣鵝河口會通河南分流，遂通舟楫。縣設主簿一人。

東平州　河之東岸，北至壽張之戴家廟三十里，南至汶上之靳家口三十三里，置淺鋪一十有三。戴家廟淺、沙孤堆淺、邢家莊淺、蘇家莊淺、譚家莊淺、安山下淺、積水湖淺、馮家莊淺、王忠口淺、劉家莊淺、李家莊淺、栗家莊淺、靳家口淺十三鋪，老人十三人，夫一百三十人，守口夫二百人，戴村修壩老人二人，夫三百人。安山湖、距州治西南十五里，北臨漕河，縈迴百餘里，正統三年知州傅霖於湖口建閘以蓄水，州設判官一人。安山閘、南接汶上之開河閘三十里，閘官一人，夫二十人。戴家廟減水閘。元分汶水至安山入清濟，以疏水勢。

壽張縣　河之西三十里，北自東阿之沙灣，南至東平之戴家廟二十里，置淺鋪五。沙灣淺、張家莊淺、戴洋屯淺、劉家口淺、戴家廟淺五鋪，老人五人，夫五十人，守口夫一百人。沙灣積水閘、成化七年建。師家壩、遏黃河水，使入通源閘以分沙灣勢。野猪腦堰。縈迴三十里，用以瀦水，使不衝決漕河。

東阿縣　河之東岸，北自陽穀之荆門上閘，南至壽張之沙灣二十里。正統十三年，河決汴梁，東北趨漕河，至本縣，決沙灣東隄，以達于海。遣工部尚書石璞、侍郎王永和、都御史王文相繼塞之。景泰四年，左僉都御史徐有貞塞成。天順八年，僉事劉進用石修砌東隄，自大感應廟起，至沙灣淺止，長一百六十丈。成化年間，副使陳善用石修砌東隄，自沙灣淺至荆門驛，長一千九百三丈。弘治六年，河決汴梁，東北趨漕河，至本縣決張秋東隄，以達于海，遣右副都御史劉大夏治之。七年，復遣太監李興、平江伯陳鋭同治決河，塞成，復於黃陵岡築堤，以絶其流。詔：改張秋名安平鎮，置淺鋪八。新添淺、北灣淺、中渡口淺、掛劍淺、北浮橋淺、安家口淺、南浮橋淺、沙灣淺八鋪，老人八人，夫八十人，守口夫一百二十人，縣設主簿一人。

陽穀縣　河之西岸，北自聊城之官窰口，南至東阿之荆門上閘，四十里。黄河西南自開封之祥符縣金龍口，至本縣南入灣河，通塞不常，置鋪十：官窰口淺、擺渡口淺、劉家口淺、何家口西岸淺、舘驛灣西岸淺、汊河口淺、秦家口淺、張家道口淺、何家口東岸淺、舘驛灣東岸淺十鋪，老人十人，夫一百人，守口夫五百人。置閘六：荆門上閘、南接東平之安山閘七十里，閘官一人，夫二十人，壩夫五十人。荆門下閘、南至荆門上閘三里，閘夫二十人，壩夫五十人。阿城上閘、南至荆門下閘十里，閘官一人，夫二十人，壩夫五十人。阿城下閘、南至上閘三里，閘夫二十人，壩夫五十人。七級上閘、南至阿城下閘十二里，閘官一人，夫二十人，壩夫五十人。七級下閘。南至上閘三里，夫二十人，壩夫五十人。

東昌府

聊城縣　河之西岸，北至博平之梭隄兒三十里，西岸北自堂邑之南梁家鄉，南至陽穀之官窰口，三十五里，置淺鋪二十有三，北壩口淺、徐家口淺、柳行口淺、房家口淺、吕家灣淺、龍灣兒淺、宋家口淺、破閘口淺、林家口淺、于家口淺、周家店淺、北壩口淺、稍張閘淺、柳行口淺、白廟兒淺、雙隄兒淺、裴家口淺、方家口淺、李家口淺、米家口淺、耿家口淺、蔡家口淺、官窰口淺二十三鋪，老人二十三人，夫二百三十人。守口夫二百人。置閘三：周家店閘、南接陽穀之七級下閘十二里，閘官一人，夫三十人。李海務閘、南至周家店閘十二里，閘官一人，夫三十人。通濟橋閘、南至李家務閘二十里，閘官一人，夫三十人。窰官等五減水閘。水大則開以淺水，非通舟之閘也。

博平縣　河之東岸，北自清平之界，南至聊城之梭隄兒，三十七里，西岸北自清平之丁家口，南至魏家灣，四十里，置淺鋪六。朱家灣淺、減水閘淺、老隄頭淺、袁家灣淺、朱官屯淺、梭隄兒淺六鋪，老人六人，夫六十人，守口夫二百五十人。縣設主簿一人。老隄頭北減水閘。水大則開以淺水，非通舟之閘也。

堂邑縣　河之西岸，北自清平之魏家灣，南至聊城之吕家灣，三十五里，置淺鋪七，涵谷洞淺、新開口淺、土橋淺、中閘口淺、馬家灣淺、北梁家鄉淺、南梁家鄉淺七鋪，老人七人，夫七十人，守口夫二百人。置閘二：梁家鄉閘、南接聊城之通濟橋閘三十里，閘官一人，夫三十人。土橋閘。南至梁家鄉閘十五里，閘官一人，夫三十人。土城中減水閘二。

清平縣　河之東岸北自潘官屯，南至博平之減水閘，三十九里，西岸北自臨清之潘家橋，南至堂邑之涵谷洞，三十三里，置淺鋪九。潘家橋淺、張家口淺、左家橋淺、李家口淺、丁家口淺、趙家口淺、戴家灣淺、十里井淺、魏家灣淺九鋪，老人九人，夫九十人，守口夫二百人。

置閘一：戴家灣閘。南接堂邑之土橋閘四十八里，閘官一人，夫三十人。減水閘二。李家口、魏家灣。

臨清州　會通河之東岸，趙貨郎口南至板閘，三十四里，西岸北自清河之二哥營，南至板閘，三十一里，汶河北岸板閘口，東至潘家橋，二十里，南岸板閘，東至趙家口，二十二里，置淺鋪十，上仗柳圈淺、下仗柳圈淺、丁家馬頭淺、上口廠淺、北土門淺、破閘淺、潘家屯淺、陳家莊淺、沙灣淺、潘家橋淺十鋪，老人十人，夫一百人，守口夫九十人。置閘二：新開上閘、南接清平之戴家閘三十里，閘官一人，夫四十人，溜夫七十五人。南板閘。南至新開上閘五里四十八步，夫四十人，溜夫一百一十五人。治漕艎廠二十有八。臨清、平山、濟寧、東昌、兗州護衛、濮州所、天津、天津左、天津右、通州左、通州右、神武中、定邊、德州、德州左、應天、龍江左、龍江右、水軍左、水軍右、横海、江陰、廣洋、長淮、淮安、高郵、大河、揚州等衛廠，俱治州城西北，其事係於各衛官，總隸于督漕都御史焉。州設判官一人。

夏津縣　衛河之東岸，自桑園南至臨清之趙貨郎口，四十六里，西岸北自武城之劉家道口，南至清河之渡口，七里，置淺鋪八。黄河口淺、大口子淺、小口子淺、郝家圈淺、草廟兒淺、新開口淺、裴家圈淺、趙貨郎口淺八鋪，老人八人，夫八十人，守口夫六人，縣設主簿一人。

武城縣　衛河東一里，始恩縣之白馬廟，南至夏津之桑園，一百四十四里，西岸始故城之鄭家口，南至夏津之王家莊，一百十四里，置淺鋪二十有六。王家口淺、孟家莊淺、小流口淺、北鈎口淺、南鈎口淺、西關口淺、初家道口淺、周家道口淺、劉家道口淺、方遷口淺、陳家橋淺、何家隄口淺、陳家林淺、高家圈淺、大還河淺、耿家林淺、灣頭口淺、大隴頭口淺、白家圈口淺、白隴口淺、吕家道口淺、徐家道口淺、侯家道口淺、商家道口淺、桑園口淺二十六鋪，老人二十六人，夫二百六十人，守口夫二十五人，縣設主簿一人。

恩縣　衛河之東岸，自四女樹，至武城之白馬廟，七十里，置淺鋪五。新開淺、回龍廟淺、滕家口淺、高師姑淺、白馬廟淺五鋪，老人五人，夫五十人，守口夫七十五人。

濟南府

德州　自衛河東岸德州衛之張家口，至恩縣之四女樹，四十一里，又自西岸左衛之鄭家口，至德州衛之楊烏屯，二十里，置淺鋪六。下八里屯淺、四里屯淺、耿家灣淺、劉皮口淺、蔡張成口淺、上八里堂淺六鋪，老人六人，夫六十人，州設判官一人。

海運附

登、萊運道　一自南京龍江關，一自福建布政司長樂港，一自太倉州劉家港開船，俱經揚子江口，盤轉黄連沙嘴，望西北沿沙行使，約半月或一月餘，歷淮口，入山東界，過安東靈山，膠州浮山、望延真島、九峯山，向北一帶連去，有勞山、赤山，二處皆有島嶼，可以抛泊。勞山北望，有北茶山、白蓬頭石礁，一路横開百餘里，激浪如雪，即便開使。或復回望東北行使，北有馬鞍山、竹山島，南可入抛泊。北是旱門，亦有漫灘可抛泊。但東南風大，不可維繫。北向爲成山，如在北洋官緑水内，好風一日一夜，正北望見顯神山，西見赤山、九峯山，西南洋有北茶山、白蓬頭，即便復回望東北行使，好風半日，便見成山，轉過望正西行使，前有鷄鳴嶼，内有浮礁一片可避。往西有夫人嶼，不可在内使船。收到劉公島西小門，可進廟前抛泊。劉島開洋，正西行使，好風一日，到芝界島，東北有門可入，西北離有一百餘里，有黑礁一片，三四畝大，避之。收到八角島，東南有門可入。自芝罘島有好風半日，使過抹直口，有金嘴石衝出洋内，潮落可見，避之。至新河海口，到沙門島東南有淺，可挨深行使。南門可入，東邊有門，有暗礁二塊，日間可行。西北有門，可入廟前抛泊。沙門島開洋，望北徑過鼉磯山、欽島、没島、南半洋、北半洋，到鐵山洋，往東收旅順口。東收黄洋川，西南嘴有礁石一路，山東進口，過黄洋川，東收平島口，外有五箇饅頭山，進口内抛泊。南邊一路老岸，外洋有一孤望成兒嶺，盡東望有三山，正中進入，内有南北沙帶一條相連，陡岸深水，可以抛泊。三山西有南山，收進青泥窪，西有松樹島，北有孤山，東北望見鳳凰山，便是和尚島，烽墩下占西有礁石，西北有倉廟，外有淺灘亂礁，避之。三山北看青島一路山，望海駝，收黄島、使島。若鐵山往西收羊頭窪、雙島，有半邊山、艾子口、望塔山，看連雲島。東北看盖州一路山，看鹽場。西看寶塔臺，便是梁房口，進入三叉河，抵直沽交卸。

元至元二十年，克取江南，至元二十一年，起運海糧，擢用朱清、張瑄萬户之職，押運糧船三萬五千石，賜立海道萬户府、千户所、百户所，領虎符、金銀牌，各領品職，成造船隻，大者不過一千糧，小者三百石。海行兩箇月餘，抵直沽。至元二十六年，增蓋糧米八十萬，一歲兩運。至元二十七年，朱萬户躬請長興李福回朝奉押運，遠不過一月之程，近不過半月之限。以漕運利便，每歲專從此道至北京，將及二十餘年。至大德七年，蒙官司招顧兩浙上户，造船運糧，分撥春、夏二運。延祐以來，各造海船，大者八九千糧，小者二千餘石，是以海道富盛，歲運三百六十萬石，供給京師，甚爲易便。迤番海船，皆從此道貢獻，倣效其路矣。

國朝洪武三十年，海運糧七十萬石，給遼東軍餉。永樂初，海運七十萬石至北京。至十三年，會通河通利，始罷海運云。

膠萊新河

自淮河入河，北岸隔一里爲支家河，可開通。經新溝，至安東縣，有澳河、嚮水、三叉，俱臨淮可通。東則有東漣河、朱家河、白家溝、七里河，流入淮。又東有鹽塲河、平望河、界首河、白限河、牛洞河、車軸河，流入海，俱宜築塞。中有遏蠻河，在淮、海之交，可置閘以殺水勢。西則有沭陽水，瀦而爲大湖、傅湖，又有楊家溝、西漣河、崔家溝、古閘河，皆爲入漣河水道。自支家河至漣河海口，計三百八十里，入于海。由海州贛榆至山東界，歷安東衛、石舊所、夏河所、靈山衛、膠州瞭頭營，至麻灣海口，計二百八十里，隔馬家灣五里，可以開通。經把浪廟、新河口、店口社、陳村小閘、戴高劉家大閘、王朱杜家村，至平度州，又經窩鋪停口、大成昌渠、小閘、新河集、秦家莊、海倉口，至大海口，計三百七十五里，大海口至直沽四百里，通計一千四百三十五里。輿地志云：登、萊本海運故道，然勢險難圖，稽之往蹟，平度州東南有南北新河，水源出高密縣，至膠州分爲二流，北河西流至萊之海倉口入海，以其自膠抵萊，故名膠萊，蓋元時所濬，可避迤東海道數千里之險，世固未能舉其説也。嘉靖十一年，巡按御史方遠宜巡歷登、萊，訪兹遺跡，乃檄使采詢，直抵淮海，始得其詳，爲圖表之。於是水源之通塞、山川之險易、道路之遠近、閘壩之廢置，若指掌然。嗟乎！使漕運嘗通，無容議矣。萬一有梗塞焉，海運其容已耶？海運行，則膠、萊之故道不可不復矣。

穀山筆麈

隋煬帝開通濟渠，自東都西苑引穀、洛之水達於河，又自板渚引河水達於汴，又自大梁東引汴水入泗，達於淮，又自山陽至揚子達於江，於是江、淮、河、汴之水相屬而爲一矣。煬帝又開永濟渠，引沁水南達於河，北通涿郡，又穿江南河，自京國至杭州八百里〔一二〕，蓋今所用者，皆其舊迹也。夫會通河自濟、汶以下，江、河、淮、泗通流爲一，則通濟之遺也；滹沱、御、漳，則永濟之遺也；自京口閘通於浙河，則江南之遺也。煬帝此舉，爲其國促數年之祚，而爲後世開萬世之利〔一三〕，可謂不仁而有功者矣。秦皇亦然，今東起遼陽，北至上郡，延袤萬里，有邊城之利，皆非長城之墟耶？嗟夫！此未易與一二淺見者談也。

魏州御河，即隋煬帝所開永濟渠也，今在大名界中，東合汶、濟之水，會爲運河，猶稱御河。

石晉開運元年，滑州河決，侵汴、曹、濮、單、鄆五州之境，環梁山合於汶水，此全河南徙之始也。梁山在今壽張、東平之間，汶水自東北來，與濟水會於梁山之北，而決河之水，瀰浸潰溢，環梁山而會於汶，則宋之所謂梁山濼矣。

熙寧十年，河決澶州，北道斷絶，河流南徙，東滙於梁山張澤濼，分爲二派：一合南清河入於淮，一合北清河入於海。南清入淮，即今沂、泗南流，由徐、邳入淮之道，宋、元以來，未之有改也。北道自張秋決塞，河不復來，而入淮一水，遂受河之委，倏南倏北，去海數百里間，而竭國家之力不能制而一之也。

賈魯河自黃陵南達白茅，放於黃堌等口，即今賈魯河故道也。白茅在曹縣，黃堌在單縣。萬曆丙申，黃堌河決，由賈魯河故道出符離集等處，蓋即元人所挑矣。

通鑑：裴度討李師道，請令田弘正自楊劉渡河，直指鄆州，至陽穀置營。弘正奉命，自楊劉渡河，距鄆四十里築壘。師道遣劉悟屯於陽穀，夜半還兵，天未明抵城下。九域志：陽穀在州西一百三十里者。非也。去州百三十里者，乃今陽穀縣，在西北，楊劉在州正北，不應楊劉渡河迂至西，又轉而東，且悟以三鼓還師，安得未明即馳百三十里？此陽穀乃今陽穀店，在州北四十里，即度所令置營地也。又，弘正奏敗師道兵於東阿〔一三〕。注云：東阿，漢古縣，唐屬鄆州。九域志：在州西北六十里。與今舊縣相合。而舊志載宋時始由阿城遷於南谷。審如所紀，則唐時邑城方在故阿，去州百里而遥矣。然則南谷有城，不至宋始遷，可徵也。

梁、晉河上之師，德勝、楊劉各有南北二城，跨河而守，皆河津要地也。晉人初據德勝，爲梁人所敗，東守楊劉，王彦章、段凝以十萬之師百道進攻，迄不能拔，而大河之險，已入於晉矣。德勝在濮州境内，晉史云：德勝口，澶州地也。澶州舊治頓丘，天福中，徙州跨德勝津，已而又作浮梁於上，是爲澶州河橋矣。楊劉在東阿北境可六十里，黄河舊堤，隱隱可見，墟里人烟，久成聚落，而二城之迹則不可考矣。

安平鎮志序

于慎行

安平在勝國時爲景德鎮，嘗置都水分監，以居行河之使，蓋亦大聚落也。國朝開會通河，特遣水部大夫一人駐節其地，以總漕渠之政，南北幾二千里，輻輳而受成焉，則尤稱要重哉！乃其地籍東阿，而錯麗於陽穀、壽張之境，三邑鼎峙而有之。故其文獻故實，亦散見於三邑之志，而猝不能稽，則訓方之籍闕也。萬曆癸巳，水部大夫檇李黄公奉命分司，既著河漕通考以播鴻猷，復以其餘咨諏網羅，躬操觚翰，而鎮志亦成焉。謂于子邑人也，遣鄭生國熙奉書請序。于子中覽而嘆曰：「於都哉！體簡而明，文麗而則，信藝林之珍典，方輿之鉅觀也矣。夫志者，一郡一邑之史也，無郡邑之名而有其史，則所係有重於郡邑者焉。何者？漕渠出於齊、魯之郊，旋之若帶，張秋其襘結也。北二百里而爲清源，而得其賈之十二；南二百里而爲任城，而得其賈之十五；東且三百里而爲濼口，而鹽筴之賈於東兖者，十而出其六七，此亦遷史所稱陶宛、邯鄲都會之區也。而又當汶、濟之交，受濮、澶之委，河伯望海，假爲北道。景泰、弘治間，朝廷再遣重臣，大興人徒，臨塞決口，玄圭告成，乃賜名安平，而復號爲鎮，即宣房瓠子之築，不殷於是矣。奈何視非郡邑而弗之志也？志成而吏有法守，事有章程，文物有徵，貨食有紀，漕渠之要，亦因有考據焉。此豈一郡邑之所係也哉？繄猶有進於是。夫上之域民，猶制水也。水之爲道，固必濬爲溝澮，遏以隄防，而後翕猶順軌，以趨於下。然其旁出羨溢，亦必得巨藪大澤而瀦之，使其游波寬緩，有所休息，而後不至於潰。夫民亦然。居之郛郭，畫之經界，此大綱大紀，萬世不能易也。至於五方之遊軼、百賈之轉鬻，亦必就閑曠四通之地，以有所猗靡曼衍，而不束於有司之三尺，然後其志安焉，而利可久。故聖王體國經野，亦往往解其羅之一目，而有所不盡，則是地也，固亦民之藪澤乎哉！

自余少時覩記，生聚繁殖，廛闠充盈，比年以來，日益雕敝，文化爲陋，豐化爲嗇，若將有索然不足之心，其故安在？志所稱「時詘舉嬴，閭閻煩費」，及謂「新城改建，財力耗屈」，此不可歸之天數也。畫地而守者，其亦有永思乎？夫鎮者，重也，填之而使不弛；又鎮者，定也，奠之而使不撓，域民之道也。故夫無郡邑之名而有郡邑之政，有郡邑之政而不純用郡邑之法，則鎮之義居焉。而不然者，是峽藪澤而潰之也，其亦有係於漕渠，而非但一郡邑之故矣。黄公之職治水，而開府於鎮，討典稽常以告有土，意在斯乎？黄公當世英流，博物閎覽，嫻於文辭，而器度粹精，才猷瑋卓，有非文學所能概者，兹蓋其一班云。

蓋言張秋河政者，其利在汶，而其要害在黄河。夫古黄河自大伾而北，從信都、滄瀛北入於海，去鎮遠不相及也，即汶水故道，亦從東北合濟、濟以入海，與鎮無涉焉。時境上之水，惟汴渠及北濟之支瀆爾。自後河漸南徙，潰金隄；至漢元光中，決瓠子，注鉅野；建始中，決館陶，灌東郡，而害始左右波及於張秋矣。於時河、汴決裂，東浸瀰廣。

至永平中，乃詔樂浪王景修汴渠堤，自滎陽至千乘海口千餘里，此即金隄也。今南關外有隄墳隆起，綿亘鄆、濮，俗稱爲始皇隄，疑即景所修也。河、汴分流，復其故迹，而阿、鄄之間得免於河害者幾七百年。

至五代注一、北宋時，河復南決，百餘年中凡四決楊劉，七泛鄆、濮，而張秋非當其津口，則首受其下流，被害尤極。故後周遣宰相李穀監治隄，則起陽穀屬之張秋。宋設鄆州六埽，則張秋居其一，孑遺一鎮，何啻今日之徐、邳也！自南渡後，河益南徙，由渦入淮，而東流故道遂湮。至勝國至元二十六年，始用壽張尹韓仲暉議，自安民山西南開河，由壽張西北歷張秋至臨清，引汶絶濟，直屬御、漳，賜名會通，又特設都水分監於景德鎮，即張秋也。以飭渠閘之政令，而張秋始稱襟喉重地矣。

我國初北征，舟師饟道，俱逕此途，至洪武二十四年，河決原武黑洋山，由舊曹州、鄆城西河口漫安山湖，而會通河塞。永樂九年，復命尚書宋禮等濬其故道，自沙灣南暨袁家口，則稍北徙二十里，而又改壩戴村，遏汶水分流南旺，而運道復通。八百斛之舟，迅流無滯，歲漕東南數百萬石以給京師。蓋會通之業，自我朝收其全功，而利十倍於勝國矣。然是時猶堰黄河支流，自金龍口至沙河入運，以濟汶水之不足，既資其利，能盡祛其害乎？

故至正統十三年，河決滎陽，自開封北經曹、濮，衝張秋，潰沙灣東隄以達外海，遣侍郎王永和塞之，弗績。

景泰之二年，遣尚書石璞往治，兩年之中，再塞再決，迄無成功，迺復輟。侍從臣徐有貞以僉都御史往。貞至，則上言：「河自雍而豫，出險即夷，水勢奔放，又由豫而兗，土益疏而水益横，沙灣之東，所謂大洪口者，適當其衝，故決而奪濟、汶以入於海。今欲驟堙之不可，請先疏其水，水勢平乃治其決，決止乃濬其淤。」制曰：「可。」貞於是度地行水，濬廣濟渠，起張秋金隄達於大豬，踰范暨濮，經澶淵，上接河、沁，爲設九堰，以節其過而導其微，俾不東衝沙灣。更北出通源閘，以濟漕渠之涸，而又作大堰，即戴家廟三空橋，又名金線閘。殺以水門，入大清以達於海。水勢既平，乃濬漕渠四百餘里。貞先後臨治凡四載，工始成注二。先是，沙灣之決垂十年，時僥有天幸，河南徙入淮，勢少殺，故貞得竟其功。然猶踵前人故智，引河入漕，强半欲資其利也。故貞之言曰：「水勢大者宜分，小者宜合。今黄河勢大，故恒衝決；運河勢小，故恒乾澀。必分黄河，合運河，則可去其害而取其利。」嗟乎！河不兩行，事無兩利，見其利而遂忘其害，君子是以知役之不終矣。

至弘治之二年，河果復決金龍口，逕曹、濮，下趨張秋，命侍郎白昂治之。遂塞金龍口，於滎澤開渠導河，由陳、潁入淮，而張秋賴以稍寧注三。至六年，河復決張秋鎮，潰東隄，奪汶入海，咽喉幾絶。訛言沸騰，謂河不可治，宜復元海運，而朝議弗之是也。命都御史劉大夏及太監李興、平江伯陳鋭協治之。時河流湍悍甚，決口懸九十餘丈。大夏行視之曰：「張秋是下流襟喉，未可輒治，治上流，導之南行，候其循軌，而後決可塞也。」乃發丁夫，一濬賈魯河，出彭城入泗；一濬孫家渡，由潁、壽入淮；一濬四府營淤河，一由小河口，一由渦河入淮。於是沿張秋兩崖東西築臺立表，聯巨艦，實以土石，穴而沉之，壓以大埽，合且復決，隨決隨築，凡三晝夜迺成。又於上流黄陵岡築隄二百餘里，以斷其流，於決口迤南建減水石壩，即五空橋。以殺其勢，蓋不藉其利，而亦不被其害。河始全趨歸德、徐、淮以入海，而涓滴不及於會通，張秋遂無河患。工成，賜鎮名曰安平注四。

夫自國朝以來，張秋決者三，而弘治癸丑爲甚；諸臣塞決者三，而劉公大夏爲最，迄今百有餘年，遠祛河害〔一四〕，而獨資汶利，狂瀾不驚，歲運如期，伊誰之力哉？即聞河淤淺，固時有之，要之可人力爲者，非難也。然則守黄陵岡之舊隄，時泉湖之蓄洩，其張秋今日之急務矣。

宣德五年十月，平江伯陳瑄言：「自臨清至安山，漕河春夏水淺舟澀，張秋西南舊有汊河通汴，舊常遣官修治。遇水小時於金龍口堰水入河，下注臨清，以便漕運。比年缺官，遂失水利，漕運實難，乞仍其舊。」從之。

十年九月，廷臣會議漕運事宜，言：「沙灣、張秋運河舊引黄河支流，今歲久沙聚，河水壅塞，而運河幾絶，宜加疏鑿。」從之。

正統元年九月，漕臣會議，復言金龍口水接張秋，是引水通運之處，宜令工部委官一員巡視提督。遇有淤塞，會同河南三司鳩工疏濬。上命：「允行，其遴選公廉幹濟之人以往，毋使因而擾民，違者罪不宥。」

十三年七月，河決滎陽，從開封北經曹、濮，衝張秋，潰沙灣之東堤，決大洪口，諸水從之，以達於海。事聞，上命工部右侍郎王永和往理其事。十二月，給修築山東沙灣軍、匠、夫役口糧月三斗五升，從王永和請。是月，永和修沙灣等堤未成，以冬寒停工，且奏河決自衛輝八柳樹口，宜勅河南巡河及三司官修塞。上勅責之曰：「八柳樹河決，不由金龍口故道，東流徐州、呂梁以溢運河，致妨漕運，患及山東，特簡命爾往董其事，冀在急卹其患，預定其謀，躬詢其源，以副朕意。乃輒以天寒罷工，且以築塞之工諉之他人，不知朝廷所以委任、爾之所以盡職何在？

且治水有術，當先其源，先治八柳樹口，然後及沙灣，則易成功。苟治其末，不事其源，朕知春冬水小，暫能閉塞，夏秋水漲，必仍決溢。今正用工之時，其令山東三司築沙灣。爾即往河南督同三司等官，措置八柳樹上流如何修塞，金龍口等處如何疏通，務在河由故道，不爲民害〔一五〕。仍先以爾等經畫方略，及合用軍夫物料之數以聞。或爾不能獨理，宜添重臣，亦可奏來。」

十四年三月，永和奏：「黑洋山西灣已通，其水由泰黄寺資運河東昌之水，復置分水閘，設三空放水，自大清河入海，其八柳樹未宜用工，沙灣堤宜常啓分水閘二空，以洩上流之水，則不爲後患。」上從之。仍戒永和等速修完工，以休軍夫，毋令久憊，誤其生業。五月，上聞沙灣河修理略有成績，詔工部臣曰：「河道既通漕運，今農務方殷，其令軍夫休役。」

景泰元年四月，御史陳全上言：「初河決沙灣，隄已修其大半，止流二決口洩水。近者東阿縣以西大洪口鯉連河水落，河身漸露，與決口相去甚近，恐掣會通河水東去病漕，乞築二口便。」從之。

二年正月，陳全復奏：「運河沙灣嘗以衝決修置土壩，故今損壞，不能蓄水，致妨漕運，請以拆毀舊船，改造板閘二座。」從之。二月，勅山東左參政王驄、按察司僉事王琬督工濬沙灣運河，以河決水淺故也。八月，給事中張文質劾巡撫河南、山東都御史王暹、洪英治水無績，宜別命官，以責其成。質之奏曰：「沙灣之決，宜於潘家渡以北濬支流以減水勢，其沙灣浮橋以西開築河口閘座，引水以灌臨清。」詔不允，仍令暹、英調度，戒其毋偏執誤事。

三年正月，山東參議劉整、僉事王琬塞沙灣決河，績久弗成〔一六〕，人多逃逸，爲都御史王竑所劾，詔宥其罪，隨尚書石璞立功自效。自河決沙灣，水徑趨海，運河膠淺。或言沙灣以南地高，水不得南入運河；或言引耐牢坡水可灌運河，但不免復徑沙灣，宜別開河以避其衝決之勢；或言引耐牢坡水南去，則自此以北枯澀矣；或言沙灣水勢湍急，石鐵沉下若羽，非人力可爲，宜以戒行僧道設齋醮符咒。命工部尚書兼大理寺卿石璞治之，封河神爲朝宗順正惠通靈顯廣濟河伯之神。璞至，以決口未易築，濬自黑洋山至徐州，以通漕舟，而沙灣之決如故。乃命内官黎賢、阮落，御史彭誼往協，璞等於沙灣築石堤以禦決河，開月河二，引水以益運河，且殺其勢。至是水流漸細，始克築塞之。五月，堤成，修河官工部主事王竑等十一人進官有差。六月，大雨浹旬，河復決沙灣北馬頭七十餘丈，掣運河之水以東，旁近田地悉皆淹没。初，訓導陳晃以治沙灣河陞教職，至是沙灣復決，晃奏：「欲息斯患，在用臣言。」該部惡其詐妄，請遞發當事者責其成功，否則械至京師懲治。給事中陳嘉猷言：「朝廷嘗降旁求治河之略，然而未有言者。晃一言而工部嫉之，必欲置諸有罪之地，臣恐聖諭雖切，人皆緘口不言，其河道通行方略，終不得以上聞，而其他利病有甚於此者，孰肯復言哉？晃不足惜，而國體所關甚重，伏望令晃協同巡撫等官設法修築。爲巡撫者，毋賤其卑而自尊；爲晃者，亦毋是其言而自肆。在和同計議，以求成功，果有優績，量加賞擢。若然，臣將見凡有長策者，俱爲陛下言也，又何憂乎功之不成哉！」從之。先是，總兵官都督僉事徐恭奏沙灣北馬頭復決，乞勅有司修築，詔巡撫山東右都御史洪英督三司官理之。八月，英言：「水勢洶湧，未易用工，請俟冬月水消，量添夫料修築。」奏下，工部請如英言，從之。九月，命都御史王文以太牢祭朝宗順正惠通靈顯廣濟河伯之神。十二月，以沙灣河決久未成功，而運河膠淺，有阻漕運，復勅内官武艮、工部侍郎趙榮往理之。是月，遣榮祭河伯之神。

四年正月，河復決沙灣新塞口之南。二月，以沙灣累修累決，詔加封河神爲朝宗順正惠通靈顯廣濟大河之神，命巡撫山東刑部尚書薛希璉以太牢祭之。三月，趙榮言：「黄河之趨運河勢甚峻急，而沙灣抵張秋舊岸低薄，故此方築完，彼復決溢，不爲長計，恐其患終不息也。臣等議請於新決之處，用石置減水壩以殺其勢，使東入鹽河，則運河之水可畜，然後高厚其隄岸，填實其缺口，庶無後患。」從之。仍命原廠給鐵牛十八、鐵牌十二與之。四月，户部以山東東昌及直隸、鳳陽等府民饑，又沙灣修築河道夫匠衆多，糧儲當爲樽節，奏請移文山東巡撫薛希璉并布、按二司，各委官於濟南有糧官倉支糧一萬石，起倩遞年里長有丁夫户運赴沙灣備用。是月，復築沙灣決口，工畢，御史彭誼言：「河隄僅完，人力實罷，今民夫雖已疏放寧家，而原設看橋撈淺者尚在，貧且乏食，乞每人月給糧三斗。」從之。五月，山東布政司右參議陳雲鵬奏：「運河之水，偶爾泛漲，三月四日，敗沙灣減水壩，越七日，又敗南分水墩。抵五月，水溢浩瀚，埽岸橋梁皆被衝壞，而北馬頭決五丈有奇，漕舟今雖暫通，臣恐此後水勢益大，一帶隄岸皆未能保其無虞。宜預積工料，爲修築計，竹木之類已於浙江等處順帶，其石料柴草動億萬計，雖有山東諸司罪人折納，恐不足用。臣謂在京造作已息，請以山東、河南、直隸等處該班石鐵等匠量發前來，於附近山場採運，准其班次；其河南囚犯，亦如山東之例，運石於沙灣贖罪。」事下，工部言：「河南、北直隸旱澇，人民艱食，聽其於山東起取匠二萬人採運物料，務在修築堅完，漕運不阻。」從之。是月，沙灣大雷雨，復決北馬頭河岸四十餘丈，運河水掣入鹽河，漕運之舟悉阻。七月，户部奏：「比者集丁壯於沙灣濬治漕河，該給口糧，已令山東、河南及直隸、大名等府糧税，并山東因犯贖罪米及中納鹽、糧等米，俱於臨清、濟寧二處上納備用。然沙灣之去二處，動隔一二百里，支運誠有不便，請令山東布、按二司官於沙灣相視空閒房屋，收貯支用。」從之。是月，漕運總兵官徐恭奏：「沙灣河決，水皆東注，以致運河無水，舟不得進者過半，雖設法令漕運軍民挑濬月河，築壩遏水北流，然北高東下，時遇東南風，則水暫北上，舟可通行；設遇西北風，則水仍東注，舟不得動。況秋氣已深，西北風日競，行舟更難，誠恐天寒水凍，不敢必其得達京師，乞早爲定計。」事下，户部議：「宜敕恭與石璞、王竑計議，如舟可前進，則令運赴通州上納；如不得進，則令沙灣以北者於臨清上納，以南者於東昌及濟寧上納。漕輓軍民，令回本處運次年糧儲。」從之。復命太子太保兼工部尚書石璞往治沙灣決河，時有旨命工部司務吳福往治。已就道，給事中國盛等言：「沙灣之決，累勑大臣尚不能爲經久計，吳福庸下，豈能濟事？況決口頗大，費用、工料甚繁，亦不宜獨仗山東，其河南并南、北直隸人匠，淮安、臨清及龍江瓦屑壩諸抽分木料，亦宜許其取用。」詔是之。乃徵福還，而以璞往。時御史練綱言：「沙灣之決，昨見教諭彭塤請立閘以節制水勢，開河以分析上流，其言頗似近理。又往來舟人，淹留日久，必皆愁困躁急，但得設法前進，雖或稍傷財力，無不樂趨事功者，可因借用之。」詔是其言，令與尚書石璞措置。八月，命太監阮安治張秋決河，道卒。九月，沙灣復決，尚書石璞等鑿一新河，長三里，以避決口，上下與運河通，其決口亦築截，令新河、運河俱可行船。至是工畢，工部欲取璞回。上恐不能經久，令璞且留處置。十月，陞右春坊右諭德徐有貞爲都察院左僉都御史，往治沙灣。

五年五月，山東濟寧衛知事黃泰言：「沙灣決口，民壯夫匠及囚徒無慮十萬餘，多有持兵器者，恐官吏虐之，則爲變不小。」都察院謂：「泰言慮患於未形，宜令總督漕運副都御史王竑、僉都御史徐有貞等悉收其兵器。」從之。九月，總督漕運都督徐蕃、左副都王竑言：「運河膠淺，南北軍民糧船蟻聚臨清閘上下者，不下萬數，蓋因黃河上源水嗇，亦以沙灣闕口未塞，而修治者之弗克事也。臣惟治理之要，有經有權。以沙灣闕口不可合，留之以洩大水之勢，經也；姑塞沙灣闕口，引水注運河以通漕舟，權也。苟惟常道是執。臣見糧船淺凍，不惟有誤今歲之糧，來歲之計亦必誤矣。請勑有貞將闕口趁令水小，督工築塞，庶不敗事。」詔是之，勑有貞務博詢衆策，毋僻守己見。有貞言：「臨清河淺，自昔已然，非謂闕口未塞也，亦非臣僻守己見而固欲不塞也。竑等不察，而以塞闕口爲急，殊不知秋冬雖僅能閉，明年春夏亦必復決，勞費徒施而無用，此臣所以不敢邀近功也。如塞而無患，臣雖至愚，寧不蚤爲之？」詔從有貞議，糧運亦無阻焉。十一月，有貞言：「沙灣治河三策，一置造水門。臣聞水之性，可使之通流，不可使堙塞者，禹鑿龍門，闢伊闕，無非爲疏導計。故漢武之堙瓠子，終弗成功；漢明之疏汴渠，逾年著績。此其明驗也。世之言治水者雖多，然於沙灣獨樂浪王景所述制水門之法可取。蓋沙灣地，土皆沙，易致塌決，故作壩、作閘皆非善計。臣請依景法爲之，而加損益於其間，置門於水而實其底，令水常五尺爲準。水小則可拘之以濟運，水大則疏之使趨於海，如是，則有通流之利，無堙塞之患也。一開分水河。凡水勢大者宜分，小者宜合，分以去其害，合以取其利。今黄河之勢大，故恒衝決；運河之勢小，故恒乾淺。必分黄河，合運河，則可去其害而取其利。請相黄河地形、水勢，於可分之處開成廣濟河一道，下穿濮陽、博陵二泊及舊沙河二十餘里，上連東西影塘及小嶺等地，又數十餘里。其内則古大金堤可倚以爲固，其外則有八百里梁山泊可恃以爲洩。至於新置二閘，亦堅牢可以宣節之，使黄河水大不至泛溢爲害，小亦不至乾淺以阻漕運。一挑深運河。臣惟水行地中，避高趨卑，勢不能遏，故河道深則能蓄水，淺則勿能。今運河自永樂間尚書宋禮即會通河浚之，其深三丈，但以流沙，恒多淤塞。後平江伯陳瑄爲設淺鋪，又督軍丁兼挑，故常疏通，久乃廢弛，而河沙益淤不已，漸至淺狹，今之河底乃與昔之岸平。其視鹽河，上下固相懸絶，上比黄河來處，亦差丈餘，下比衛河接處，亦差數丈。所以取水則難，走水則易，誠宜浚之如舊。」

六年三月，諭工部臣曰：「國家重務在漕運，今裏河自沙灣抵臨清皆淤塞不通，其集文武共議疏治方略以聞。」於是工部尚書江淵會府部官議，言：「運河之阻，在疏濬之而已，但今山東、河南人力已罷，難起夫役。請將在京存操步隊官軍五萬人，勅内臣文武大臣各一人，往同徐有貞計度疏濬，期明年二月興工，四月畢工。其器具、量給銀兩令自置之，仍先勅河南、山東有司預積物料，蓄軍糧以俟。」

上遂勅有貞集河南、山東殷實餘夫民壯各一萬人，先治之。有貞言：「宜以漸疏濬工力相繼，若官軍一動，糧儲、銀兩輒有千萬之費，遇水漲，則復坐費，無所施功。今洩口已合，決隄已堅，挑河者已如命用工。臣請仍舊例，置撈淺夫，惟用沿河州縣之民，免其徭役牧養之事，使專事於此，付管河官督領。役小則量數起之，役大則舉户皆行，其非近河之人，皆休放使力農畝。如此，將遠者得安生業，近者樂趨河工，有不久利無弊者，臣未之信也。」

上以爲然，工部之議遂寢。五月，有貞奏運道疏濬功成。上謂工部曰：「河雖暫通，恐不能久，其移文有貞，尚宜督沿河夫役，以時挑濬，勿致沮滯舟船。」築沙灣之決垂十年，至是始克奏功。

上以河道雖完，恐未堅固，命有貞明年春仍往視之。七月，以治沙灣功，賞工部主事孔諤、山東參議陳雲鵬、僉事陳瀾及同知張方等一十五員各絹二匹，鈔三百貫。十二月，徐有貞復巡視沙灣。

七年四月，沙灣隄成。九月，有貞奏：「京畿及山東自七月大雨，至八月諸河水溢，雖高阜亦有丈餘隄岸衝決，田廬淹没，商船漂溺者無算，幸新造水門一帶隄堰無患。其衝決不甚害者，臣已率有司督工修理。惟感應祠舊堤所決既大，所係尤要，必置禦水埽，如水門埽堰之制，仍於濟寧抵臨清增置減水閘，始可經久。」

上是之，仍勑有貞等督軍衛有司措置物料，務在堅完，勿遺後患。十二月，陞主事孔諤，參議陳雲鵬，知府郭鑑，通判王叔、田懋、王禧，推官田畯、林琦，知州楊忠，知縣毛驥、徐思孝、彭述，府經歷霍璉，縣典史賴忠，俸俱一級，醫學典科劉瓚、辛寬，辦事官顧海等俱賞有差，從有貞修河有功故也。

天順元年正月，詔減沙灣巡河主事，從定襄伯郭登言也。

成化七年九月，户部會議漕運事宜，言：「壽張縣自沙灣至戴家廟僅一十八里，地岸平實，素無他患。今宜改壽張縣管河縣丞於鉅野，照舊管河。」從之。

十五年十月，陞工部郎中楊恭爲通政司右通政，仍管河道。恭管理北河直抵濟寧一帶河道。恭六年考滿，漕運總兵等官奏保陞職，仍任舊事。吏部議以通政司參議，詔曰：「恭既管河勤能，准陞右通政。」恭在河道承奉太監汪直，故有不次之擢也。

弘治二年，河決封丘金龍口，漫祥符，下曹、濮，衝張秋，命户部侍郎白昂塞之。

五年七月，河復決金龍口，潰黄陵岡，東北入漕河，遣工部左侍郎陳政兼僉都御史往治之，未幾政卒。

六年二月，陞浙江右布政劉大夏爲右副都御史，往治決河，時大夏議築黄陵岡及減水石壩，疏曰：「臣等議得河南、山東、兩直隸地方，西南高阜，東北低下，黄河大勢日漸東注。究其下流，俱妨運道。雖該上源分殺，終是勢力浩大，較之漕渠數十餘倍，縱有隄防，豈能容受？若不早圖，恐難善後。其河南所決孫家口、楊家口等處，勢若建瓴，皆無築塞之理，欲於下流修治，緣水勢已逼，尤難爲力。惟看得山東、河南與直隸大名府交界地方黄陵岡南北古堤，十存七八，賈魯舊河尚可洩水，必須修整前項隄防，築塞東注河口，盡將河流疏導南去，使下徐、沛，由淮入海。水經州縣禦患隄防，俱令隨處整理，庶幾漕河可保無虞，民患足爲有備。仍於南北各造滚水石壩一，俱長三四十丈，砌石堤一，擬長十四五里，雖有小費，可圖經久。若黄陵等處隄防委任得人，可以長遠。仍照舊疏導汶水，接濟運河，萬一河流東決，壩可以泄河流之漲，堤可以禦河流之衝。倘或夏秋水漲之時，南邊石壩逼近上流河口，船隻不便往來，則於賈魯河或雙河口徑達張秋北上，以免濟寧一帶閘河，尤爲便利。臣等仰知皇上洞見黄河遷徙之害，深爲國計民生之憂，凡智力所及，不敢不盡，但欲興舉此等工役，未免勞民傷財。今山東等處荒歉之餘，公私匱乏，人夫尚可請倩，財用無從取辦，況好逸惡勞者，怨謗易興；聽聲躡影者，議論難據。乞勅户、兵二部會同在廷群臣從長計處，斟酌前項工程於理應否興止。倘以臣言可採，則事宜速舉，其買辦木石等項，銀兩應於何處取用，匠作等項，口糧該於何處支給，或此外別有治河長策，可以不費財力，逐一處分，明白定奪，行令臣等遵守施行。」

七年二月，河復決張秋，從沙灣之下十里，潰東隄入海。運河水涸，盡入決口，漕舟不通。四月，復遣太監李興、平江伯陳鋭協同大夏督治張秋決河。十月，山東按察使司副使楊茂元奏：「張秋之役，官多而責任不專，供億甚鉅，乞取太監李興、總兵陳鋭回京，專任都御史劉大夏以責其成功。」又言：「黄河必濬上流，使復故道，則漕運可通。今欲作滚水壩，徒費工力。」又言：「河南之民，不欲黄河入境，但見山東委官往彼增築賈魯隄，即謀欲殺之，此非細故，乞令嚴加禁約。」且謂：「水，陰也。其應爲宫闈，爲夷狄，宜戒飭后戚，防禦邊患。」疏上，興等切齒之，誣奏茂元妖言，逮繫錦衣衛。科道交章論救，乃謫長沙。是月，李興、陳鋭、劉大夏奏河防糧運事宜，謂：「濟寧迤北南旺、開河，戴家廟一帶，比之他處最要。而安平鎮地方土脈疏薄，新築決口，尤須提調官員不時簡點。今自濟寧直抵通州，相去一千八百餘里，而天津北上，逆水尤難，若止責一人提調，恐致誤事。乞勅該部依臣等前奏，仍分其地爲三，南北各該工部郎中一員，中間增設通政一員提調。」工部覆奏，俱從之。十二月，築塞張秋決口功成，遣行人賫羊、酒往勞之。以張秋決口雖已塞完，但今天寒土凍，恐來春凍土融化，或雨水泛濫，復有後患。其黄陵岡在張秋上流，亦宜築塞，但水勢洶湧，隨築隨決，恐非一時所能成功。請仍留興等三人，來春量起丁夫，再培築張秋決口，及新、舊河岸，務令堅厚，以期永久。是月，陞山東布政司參議張縉爲通政司右通政，提調沙灣至德州河道。太監李興等言：「縉修河有功，今決河已塞，仍須令管理河道。」因命之。

八年二月，塞張秋決河功成，賜鎮名曰「安平」。九月，以修河工完，命太監李興歲加禄米二十四石，平江伯陳鋭加太子太傅，仍歲加禄米二百石，都察院右副都御史劉大夏陞左副都御史，各賞銀二十兩、紵絲二表裏。

十三年八月，陞南京通政司左參議韓鼎爲通政司右通政，提督沙灣河至德州河道。

十四年二月，修築安平鎮顯惠廟地基并瀕河堤岸，從韓鼎奏。

十七年五月〔一七〕，工部覆議御史何天衢裁革管河冗官之奏，謂：「先年安平鎮衝決，始則甚微，本處官司互相推調，遂成大患。朝廷特遣大臣修築，動費萬計，終年不已，今天衢所言，固節財省費之意，但管河郎中比別項官不同，專選主事止是分管洪閘，其餘河渠、壩堰、隄岸決口，或溢或涸，與夫樁草之徵需，官夫之代替，至如蓄少泄餘，興利除害，專管督理，尚恐有失。設若革去，萬一有如先年衝決，及今年旱乾，舟楫阻滯，誰任其責？況經廷臣議奏專設之數，未可裁革。」從之。

嘉靖三年十二月，總理河道侍郎李瓚言：「前年河決安平，故開北河以殺水勢，中建閘四、淺鋪二十，設閘官四員，閘夫二百二十名，淺鋪夫二百名。今河歸故漕，前項夫並宜裁省。」工部覆議，從之。

水利

嘗考安平以西諸州邑水利，其源自黑羊山、澶淵等坡而入濮者，爲魏河；其源自澶滑、青龍等坡而入濮之董家橋者，爲洪河；其源自曹州而入濮者，爲小流河。三河合流於濮之東南，出楊二莊橋，入范縣竹口，又東逕張秋城南，過道人橋，達月河，其溢出者，則由通源閘俱入運河。

又有源自曹、濮，逕范縣回龍廟而來者，爲清河，亦名水保河；有源自定陶，逕曹州新集而來者，爲天鵝坡之水；有源自鄆城，出五岔口而來者，爲廩丘坡之水，俱入西裏河，逕黑虎廟、楊家橋至沙灣小閘，入運河。方張秋之未決也，津流逕通，直抵運道，及張秋屢決，高築隄堰，阨其下流，而故渠亦往往湮廢，故開濮、曹、濟之間遂苦水患。溢之於東，則范縣、壽張、陽穀爲壑；溢之於北，則清豐、南樂、觀城、朝城、莘縣、聊城爲壑；溢之於南，則鄆城、定陶、曹縣、鉅野爲壑。蓋譬之身乎，曹、濮諸州邑，其腹也；張秋，其尾閭也，尾閭下壅，而欲腹無中滿，得乎？先是，司河者執拘攣，重爲運道慮，而不敢量爲疏通，諸州邑之患，遂計畫無復之矣。愚謂前此之決，河爲患耳，自黄陵岡一築，則河害永絶。而運河之東，又設有諸減水閘壩，可恃節宣，即使鄆、濮諸水溢而東出，由鹽河入海，豈遂有妨於運乎？奈之何懲噎而廢食也！余初承乏安平，值大澇後，鎮西諸水不得外瀉，率鍾爲汙澤。余爲盡啓沙灣諸堰，聽其常流，諸邑沮洳得見土可蓺，即漕河亦稍資其灌輸，此已事之一驗矣。今州邑長吏若能就故道準高下，開濬成渠，上下通利無阻，旱則塌流股引，資其灌溉；潦則疏湮導滯，任其東趨，下不病民，上不妨運，斯亦兩利之術也。姑爲諸州邑計其便宜如此。

泉河史　夫役志論

曰：余讀七月之篇，稱述農夫之苦備矣。顧三時勤動，卒乃就閒，而河渠徒役，防旱防溢，迄無休暇。袒裸從事，不罹蒸濕，則病皸瘃耳。且農夫不出其鄉，頻年大興，此曹荷鍤而走千里之外，風雨晦冥，安所得食？歸而不能持一錢。漕渠不見于詩、書，使風人聞之，又當何如稱述也？國初以天下之全力奉漕，令所餘之夫不及十之五，徵調不足，繼之雇募，雇募不給，繼之僉派。山以東，家鮮蓋藏，官無見糧，蓋公私困極矣。夫民罷其財以奉之，而又罷其力以代之，如之何不毆之盜也？殷鑒不遠，在彼元季，可懼哉！可懼哉！

漕河、即會通河，南自戴家廟入境，北至七級，共長七十里。自戴家廟至沙灣二十里屬壽張，自沙灣至荆門上閘二十里屬東阿，自荆門上閘至七級下閘三十八里屬陽穀。月河、鎮城迤南運河西岸。弘治中，河決東堤，決口奔猛，舟不敢越，劉公大夏開之，軼決口而屬之河，以便漕挽。長可三里，與運河僅隔一堤，相爲表裏。金線閘河、去鎮南三十里，亦黄河舊決之道也。由壽張集東北至戴家廟，洩而東出，貫漕以入於大清，作金線閘於上。小鹽河、鎮東岸。縣志云：「即古馬頰河故道也。」宋時黄河及國朝正統、弘治間決河皆由此。今源自黑龍潭東流，由決河故道至陳琦口，受五空橋水。又東逕魚山，南入於大清河，平時不通舟楫，雨水泛漲，則魚山鹽舟稍上，得至張秋，故俗謂之小鹽河云。沙灣裏河、即灘河下流，亦黄河決道也。由鄆城、壽張境而來，受廩丘諸坡之水，逕黑虎廟故范城，又名范城河。東至張秋南沙灣小閘入運，其水源頗盛，冬春不涸，夏秋水漲，商賈、舟楫逕通。土河、即黑陽山決河故道也。由范縣至壽張，東流入於張秋。沙河、去鎮西十五里，從范縣、壽張入陽穀，雨後則會水北流，至東昌龍灣入運。清水河、舊志：「即馬頰河分流也。」從壽張入陽穀，至張秋南減水閘入運。廣濟渠、景泰四年，都御史徐公有貞治沙灣決河，先疏其上流，起張秋金堤，通壽張之沙河，西南至竹口，踰范暨濮以達河、沁，導之至通源閘入運，名曰廣濟渠。自築黄陵崗遂廢。黑龍潭。一名平河泉，在張秋城北半里，故黄河決口也。東堤既塞，其地湧泉如線，南流百武，匯而爲淵，方數十畝，其深叵測，陰雨則有物如蛟龍狀，浮沉水面，人不敢蹤跡之，歲旱禱雨輒應。郎中楊旦欲涸其水，風雷大作，舟皆覆没，遂止。其水大旱不枯，即冬月猶時溢溢，從新閘口流入小鹽河。

故阿城、去城十八里，即齊阿大夫治邑也。阿井、在故阿城中，其水不盈數尺，色緑而重，禹貢傳曰：「濟水所經，清洌而甘，汲出日久味不變，煮黑驢皮爲膠，可療風疏痰。」寰宇記云：「東阿舊有大井，若車輪，深七八丈，汲以熬膠，每歲入貢。」即此。桃丘、在城東北十八里，春秋：「會衛侯于桃丘。」即此。今爲桃城舖，舖旁一丘，高可數仞，漢光武時，龐萌反，自號東平王，圍桃城急，帝乃輕兵夜馳，破桃城寇。始皇堤、在南關外，堤墳隆起，延亘鄆、濮，俗稱始皇堤。或又云即古金堤，或又云即漢王景所修汴渠堤。自滎陽至千乘海口千餘里，此即其古址歟？晉王城。在城東六里許，城址尚存，相傳李克用屯兵處。

漕河正閘七：荆門上閘去鎮北十里，元大德六年建，永樂九年重修。荆門下閘南距荆門上閘二里，元大德三年建，永樂九年重修。阿城上閘南距荆門下閘十里，元大德二年建，永樂、隆慶中重修。阿城下閘南距阿城上閘二里，元大德三年建，永樂九年重修。七級上閘、南距阿城下閘十二里，元元貞二年建，永樂、成化間重修。七級下閘、南距七級上閘二里，元大德元年建，永樂、嘉靖間重修。以上並屬陽穀縣。戴家廟閘。去鎮南三十里，嘉靖十九年建，屬東平州。小閘三：通源閘、在城南百武運河西岸舊廣濟渠口，黄河所出。景泰三年，僉事古鏞建。自黄陵岡築塞，久已斷流，每遇伏秋雨潦，范、濮一帶之水由此入運。積水閘、在沙灣運河西岸舊黄河口。成化七年，僉事陳善建。每歲伏秋，鄆、濮等處倒坡之水接流，至此入運，閉閘蓄水，俟春夏之交，運河水涸，放水濟漕。減水石閘。又名金線閘，在城南三十里戴家廟閘迤北運河東岸。景泰五年，左僉都御史徐有貞建，以殺水勢。弘治五年參政熊繡重修，每遇運河水溢，由此閘洩入鹽河，東入於海。壩三：減水石壩、在城南五里運河東岸。弘治十年，都御史劉公大夏既塞張秋決河，時於黄陵岡築兩長隄，蹙水南下，由徐、淮故道。又議以爲兩隄綿亘甚遠，河或失守，必復至張秋爲漕河憂，廼於舊決之南一里許，築爲減水石壩，廣袤各十五丈，又於其上甃石爲五竇，以洩漕渠溢溢之水入之小鹽河，東入於海。少師李東陽爲之記，別見藝文。師家壩、在沙灣西南二十五里，堨黄河水使入通源閘，以分沙灣水勢，今廢。李家壩。在沙灣東大洪口，今廢。

沿河者爲淺舖，凡二十有六，曰：戴家廟舖、在河東岸，去鎮南三十里。劉家口舖、在河東岸，去鎮南二十五里。大洋屯舖、在河東岸，去鎮南二十里。張家莊舖、在河東岸，去鎮南十五里。沙灣舖、在河東岸，去鎮南十里。以上屬壽張。沙灣舖、在河東岸，去鎮南九里。南浮橋舖、在河東岸，去鎮南七里。石壩舖、在河東岸，去鎮南五里。北浮橋舖、在河東岸，去鎮南四里。掛劍臺舖、在河東岸，去鎮南二里。新添舖、在河東岸，北水門内。蓮花池舖、在河東岸，去鎮北三里。北灣舖、在河東岸，去鎮北六里。荆門舖，在河東岸，去鎮北九里。以上屬東阿。河西岸鋪、在河西岸，去鎮北三里。下荆門鋪、在河西岸，去鎮北十三里。何家渡鋪、在河西岸，去鎮北十六里。張家渡鋪、在河西岸，去鎮北十九里。阿城中鋪、在河東岸，去鎮北二十三里。秦家渡鋪、在河東岸，去鎮北二十九里。姚洞橋鋪、在河東岸，去鎮北三十三里。周家堂鋪、在河東岸，去鎮北三十八里。坌河灣鋪、在河東岸，去鎮北四十二里。劉家渡鋪、在河西岸，去鎮北四十九里。王家渡鋪、在河西岸，去鎮北五十三里。官窑集鋪。在河西岸，去鎮北五十七里。以上屬陽穀。每鋪正房三間，圍牆、門樓、影壁全。鋪夫五人，什物全。旗二，銅鑼二，鈴一，夾板二副，號、雨衣、帽各一。

水次倉。凡傍近邑歲額轉漕京師者，則輸之安平水次以發兑，每歲冬有部使者監臨之。倉凡十有四，其在鎮者九，曰：曹州水次倉、曹縣水次倉、定陶水次倉、鄆城水次倉、壽張水次倉、范縣水次倉、濮州水次倉、朝城水次倉、觀城水次倉。在七級者五，曰：東阿水次倉、陽穀水次倉、平陰水次倉、肥城水次倉、莘縣水次倉。廠四：工部西窑廠、工部東窑廠、陽穀椿草廠、壽張椿草廠。

工部分司北河郎中一員，駐劄張秋，掌衛河、會通河漕政。北至天津，南至魚臺一帶，凡泉、湖、閘、壩、隄、淺之事，皆隸焉。永樂間，設員外郎主事二員分理。成化初，改命通政，旋以山東副使兼攝之。已設都水郎中，弘治間罷郎中，兩以通政任，至十八年，始定註選郎中一員，領勅行事，以三年爲期，滿則請代，著爲令。

郡佐　成化以前莫可詳。自弘治四年以後，張秋河廳始有專設，註以通判任。至嘉靖四十三年，添設捕盜通判一員於張秋。隆慶三年裁革，以捕務兼屬河廳。今著爲令，向無關防，自萬曆二十三年題請欽給，以杜奸僞。先是，河廳屬止東平、東阿、壽張、陽穀，北兼捕務，而曹州、曹縣、定陶、單縣、嘉祥、鉅野、城武、金鄉、平陰、鄆城皆屬焉。州縣凡十有四。

縣佐　景泰初，瀕河州縣各設主簿一員，故東阿、壽張、陽穀三縣主薄分署張秋如此。至嘉靖十年，裁革東阿一員，并屬之壽張主簿。

夏鎮漕渠志

沽頭舊河志略：舊運道北繇沙河橫截昭陽湖西南，經沛縣東抵赤龍潭，轉入秦溝，出茶城以通大浮橋，故黃泉自開歸而下，其北道之經曹、單者，常溢魚臺而衝其脇。中道之出儀封，由新集趙家圈經蕭縣者，又灌其口。自黃陵岡既築，而漕之患專在徐、沛矣。歷考嘉靖間河之入漕，爲梗者凡六，其決口歷歷，在谷亭、孟陽湖陵廟道口間，而惟庚寅北徙爲害大。漕之寄于河而受梗者屢見，亦惟辛亥房村之決爲害大。麻城劉公濬漕河上流之淤，使漫流就下，以濟二洪，其爲利賴垂十年。辛亥、壬子間，專治徐下流，爲漕利亦十餘年。而上流積漸受淤，迫而橫衝直射，如乙丑之逆行，爲從來河患之所未有矣。河之經流，自沙河至謝溝閘一百六里爲沛境，自謝溝閘南至雙溝一百二十五里爲徐境。而沽頭工部分司所轄，自湖陵城閘以上鷄鳴臺淺起，下至黄家閘止，共一百九十三里。分司駐沽頭上閘，蓋爲適當徐、沛之中也。建議由平江伯陳公鋭在成化十九年平陽陳公宣首拜命以出，始營公署，而是差之行止，河事之緩急，實主之一。罷于弘治戊申，而復于甲寅，再罷于正德丁卯，而復于辛未，嘉靖初復罷。不遣十三年，廟道口淤，遣都御史劉公天和總理河事，添設郎中二員，聽其委任，遂同時議復，永著爲令矣。沽頭有城，方四里，主事侯寧所築，欽拱極，甃之以磚。遡鷄鳴臺而上有三閘，曰谷亭，曰八里灣，曰孟陽泊，則隸南旺分司。黄家閘之下有境山閘，則隸中河分司。其自孟陽泊閘南十里爲湖陵城閘，又十八里爲廟道口閘，又五十二里爲沽頭上閘，又七里爲沽頭中閘，又八里爲沽頭下閘，又十八里爲新興閘，有留城積水、金溝淺減水二閘。

徐州淺一十有五，管河州判主之。謝溝淺，小閏村淺，滎家淺，泉水淺，留城上淺、中淺、下淺，賀家淺，皮溝上淺、下淺。

沛縣淺一十有九，管河主簿主之。湖陵城淺，鷄鳴臺淺，廟道口淺，張家莊淺，泗亭淺，金溝口淺，金溝上淺、中淺、下淺，魯村淺，上閘上淺、下淺，類家淺，馬家淺，破閘淺，下閘上淺、下淺，梁家淺，閻村淺。

湖堤　昭陽湖堤，嘉靖二十一年王少司馬以旂所築，以蓄湖水，四面建鋪，僉夫禁民耕種。周圍二十九里，北屬滕縣，南屬沛縣，共鋪四所。

運河長堤　嘉靖七年，盛中丞應期築，自沛縣起，至湖陵城淺鋪止，五十五里，屬沽頭分司；至南旺湖止，屬南旺分司。

黄河長堤　嘉靖八年潘中丞希魯築，以護運道。沛縣三十三里，設鋪十有一；豐縣五十一里，設鋪十有七，至單縣界止。

舊河利害　正德初，河決曹、單，衝沛，趨飛雲橋入運。少司空崔公巖役丁夫四萬二千有奇，弗能塞也。後都御史劉、趙二公相繼等堤捍之。嘉靖二年癸未決沛，淤運道，丙戌又決沛之老和尚寺築處，丁亥決曹，由鷄鳴臺入昭陽湖廟道口淤。盛中丞應期開趙皮寨白河一帶，分殺水勢，三月乃成。己丑，決溜溝，大港淤，赤龍潭飛雲橋水北徙魚臺谷亭。庚寅，由單縣侯家林決塌場口，衝谷亭，水不下洩者三年。癸巳冬，趙皮寨河流南向亳、泗歸宿者驟盛，東向南靖者漸微，梁靖岔河東出谷亭之流遂絶。自濟寧至徐、沛，運道悉淤，劉中丞天和濬南旺淤淺，築曹、單長堤，置閘築壩，役丁夫一十四萬二千九百餘，運道始復。庚子，河決野鷄岡，由渦入淮，二洪俱涸，特命兵部侍郎王公以旂同漕河兩都御史濬李景口，引水由蕭縣出小浮橋以濟洪，迄壬寅復淤。丁未，河決曹縣，衝谷亭。癸丑，決房村新集水淺，漕舟阻閣。上從閣臣言，遣刑部侍郎吴公鵬賑濟淮、徐十八州縣，并會同撫按河道，設法疏濬黄河下流，兩閲月功成。戊午秋，新集至小浮橋河道二百五十餘里悉淤，水從新集下段家口衝成大河，分爲七股，出大溜溝、秦溝、濁河、臙脂溝、飛雲橋凡六股，俱由運河奪泗水，至徐入洪。一股由碭山堅成集龎家屯分五小股，一由小浮橋會徐洪。甲子，上六股皆淤，而統會于秦溝。乙丑秋，黄水大漲，龎家屯沙淤斷流，水俱入北股，至曹縣棠林集以下，向東分流二股，又分一股向東南流至戚山以下，三水合爲一，向東北流，併入飛雲橋，趨沛，衝入運河，散漫湖陂，從沙河至徐、吕二洪，無復漕渠之跡。蓋下流龎家屯一淤，水遂逆行，實由新集正道先淤，水無所容，勢分力弱，遂以併淤而成其横流也。

漕政紀：其編年起嘉靖甲子者，以是時始有夏鎮漕也。其得稱紀者，以關國家大利害，是朝廷之政，而非一方之事也。嘉靖四十三年甲子，先嘉靖七年，河決沛縣，北入鷄鳴臺口，漫昭陽，淤塞運道。總河都御史盛公應期開渠，自南陽經三河口，過夏村，抵留城，百四十里，役夫九萬八千。閲四月，怨讟上聞，褫職停工，後無敢言改河者。

四十四年乙丑，河決塞漕。上命工部尚書兼都察院副都御史朱衡治之。是年秋七月，河決華山，出沛縣飛雲橋，横過漕渠，至湖陵城口，漫入昭陽湖，運道告塞。萬安朱公衡時爲南司寇，朝議共推以工部尚書兼都御史受是命。公尋盛舊蹟，謂黄水未消，工措手，而此地高土堅，黄水不侵，河路徑捷，可批濬備運道。兼采中丞潘公季馴議，濬留城口至白洋淺舊河，屬之新河。得旨興工，而言官有劾其誤事虐民者。

四十五年丙寅，新河功成。會何給諫起鳴勘議，上言：「舊河難復，新河宜開。」下部議覆，得旨開築。時南陽口至仲家口已通舟，惟夏村迤北十七里未與水接，亟爲深濬。石砌薛河口壩，創利建、珠梅、夏鎮、西柳莊四閘；砌馬家橋口石堤，遏河之出飛雲橋者入秦溝，復留城至赤龍潭舊河，六月工完。七月，黄水溢囓新堤幾盡，時言官復劾公誤河工，而公報糧艘已過南陽，得不問。九月，水南趨泰溝飛雲橋，始斷流。爲培築馬家橋西堤，留城迤境山東堤。而言官終以復舊河爲便，公言：「舊河在昭陽湖西，黄水自西來，横截舊河，以達于湖。水去沙停，數年一塞，正坐此耳。若新河則在湖東，相距漸遠，故黄水淤舊河而不及新河，則有之矣，未有至新河而不至舊河者也。」廷議，勉從之。移沽頭分司駐夏村。

隆慶元年丁卯，朱公衡復經理新河。五月，山水驟漲，衝薛河石壩，壞糧艘，議復紛然。吴給諫時來言：「舊河已不必議，惟新河所受上源諸水，宜亟爲疏濬。」部覆仍下公區畫，于薛河築王家口、豸里溝等壩，開支河，引水入郗山、微山，以達吕孟湖。于沙河築皇甫等壩，開支河，引水會趙溝等泉入滿家湖，出之南陽湖。又引牛溝之水，出之佃户屯。凡建閘九座、壩十三道，又薛河石壩一座。開支河六道，築南陽湖石堤三十餘里，減水閘一十四座。自是諸山之水皆有所歸，而新河無恙矣。

二年戊辰，添置滕管河主簿，署于戚城。沛改置泗亭驛于夏鎮。沛改置夫廠于夏鎮。沛改置水次倉于夏鎮。豐改置倉于夏鎮。

萬曆元年癸酉，總漕都御史傅公希摯建梁境閘于境山。

二年甲戌，河復淤茶城口。

七年己卯，築夏鎮護城堤。

九年辛巳，沛建營田倉于夏鎮。

十年壬午，總漕都御史淩公雲翼改茶城河口境山舊有閘屬中河，運舟從此遡濁河入茶城口。隆慶迄萬曆初，茶城口凡三淤，傅都御史即境山南建梁境閘，其下地崩，溝已連張莊湖至黄家、留城、馬家橋三閘，兩岸原俱在湖中，湖溢灌堤，堤數壞。是年，并秦溝亦淤，公迺改河口於茶城東八里千新渠出口處，建閘曰「古洪」，千羊山東建閘曰「内華」。

十五年丁亥，主事楊信築夏鎮城。所築土垣南、北、西三面，東藉民居爲城，甚便。余繼善嗣築東面，而怨讟起矣。

十六年戊子，總河都御史楊公一魁增建鎮口閘。

十九年辛卯，河道尚書潘季馴開李家口河。山東諸水悉以魚、沛爲下流，而魚、沛止以鎮口閘爲尾閭。黄流壅灌，水無從洩，以致匯爲巨浸。自夏鎮至留城四十里隄岸衝決，留城以南至姜家橋地勢愈下，舊堤十不存一，每歲用木爲梁，以資漕輓。公乃建濬河避湖之議，自夏鎮南李家口起，經閻村屯、豆腐店、于家集、牛角灣，開河七十餘里，仍由古洪入閘出口。移置徐州判官署于鎮口，專管上河。添設淮安府同知，管徐屬河務，屬夏鎮分司轄。

二十一年癸巳，河決灌沛，漕堤潰。總河都御史舒公應龍議開韓家莊。先，隆慶卯午間，徐、邳淤，翁都御史大立疏請開河，自馬家橋經利國監入泇口，出邳州，以避秦溝、徐、吕之險，引薛河洪溝水，使得通行。以科臣雒遵言，河跨馬家橋東諸湖，踰葛虛嶺。嶺高出河底五丈餘，歷侯家灣、梁城，多伏石，由泇口鎮涉鰻蛤、周柳諸湖，達直河口，須築堤水中，功費無算，議遂寢。是年，河決隄潰，公以堅築河隄，必先消導積水，博求洩水之途，於微湖東得韓家莊，其地在性義嶺南，斜直忠心溝，東北可引湖水，由彭河注泇，試鑿六井，度漕之租稅足辦之。廼疏請開支渠四十餘里，此開泇之權輿也。

二十二年甲午正月，興韓莊河工。西自湖邊，東至萬年莊，築堤兩岸，于湖口建石閘蓄水，加築土壩于外護閘。是年，湖面水減往歲三尺，然猶未能通漕也。

二十八年庚子，添設漕河道參政。

二十九年辛丑，總河都御史劉公東星濬韓莊河。公疏請竟前功，得旨修濬，倍加深闊，建鉅梁橋石閘，德勝、萬年、萬家莊各草閘。秋，漕運已有由泇行者。以言官議，功未成。

三十年壬寅，總河都御史鲁公如春濬黄河。

三十一年癸卯，河決，陷沛城。七月，河決黄莊北趣，潰單縣縷堤，浸豐、沛城邑，入昭陽湖，薄夏鎮，穿李家口，倒從鎮口出，于是長垣李公始定計開泇矣。

三十二年甲辰，總河都御史李公化龍濬黄河。總河李公大濬泇河。公以李家巻爲泇所從入，議挑郗山前，逕接劉同知所開新渠，覆驗泇口以南濬黄泥灣及沂河之議，棄王市以下三十里之泇河，逕以王市取直向柳林、直蒲亭而南，至王莊，向黑墩、張村，北直達紀家集，南至河深處，以避連、汪、周、柳四湖之險。再由嵎頭引水，經駱馬湖北岸，至于宿遷，以盡避黄河之險。計算道里生熟工程，共築堤建閘壩，費所從出，俱有成議。迺上疏言泇之四善，會滕人侯都諫慶遠贊決之，始得旨舉行。總河李公備陳河工議，言改挑直河之支渠，修砌王市之石壩，平治夫泛口之湍溜，撈濬彭口之淺沙。時公丁艱，侯代爲上之，皆舉行。總河都御史曹公時聘上泇河善後事宜。是年春，張村支渠告成。上年運行淺阻，已闢王市臺頓莊石閘、彭口石壩，次第畢舉，放水通行。乃上言建韓莊堤、減水閘，堵截伊家林地濱溝以蓄湖水，挑挖侯、孟、龍王三泉，改滄浪河水之出頓莊閘下者，由閘上針溝口入運，皆覆議行。是役也，郎中梅守相分工劉昌莊至郗山迤西舊河頭，有二尺下見水者，有三四尺下見石者，有礓土、白石、水相兼者，有大礓沙連結盤石到底者，相爲夫役別工價，使水工倍于土，石工倍于水。與滕令張鵬翼設方煅煉，荙鑿山三十里，於泇工特居六之一，而實通全漕之關鍵云。

三十三年乙巳，大濬黃河。添兗泇河通判，署嶧城，屬夏鎮分司轄。

三十七年己酉，巡撫李公三才復浚李家口河。公以泇河界郯、邳間多盜，又反塞礙舟，乃大典工，修復吳興之績。

三十八年庚戌，巡漕御史蘇惟霖仍行泇河。四月，黃水倒灌運河，大浮橋閘不得啓，漕艘泊而待過者以數千。蘇公盡驅回直河口，入泇北上。

三十九年辛亥，總河都御史劉公士忠疏請并用兩河，謂專用泇河以通運，兼用黃河以回空。卒不能行。

天啓二年壬戌　六月十一日，妖賊陷夏鎮。五月，白蓮會賊沈智、徐鴻儒據滕，聲言奪漕，郎中陸化熙請兵，得費從德之羸卒四百，止葛秉忠援遼兵五百，以市人烏合之衆附之得千餘人，爲守禦計。是日，賊大舉入寇，化熙以衆渡河與戰。費兵望風潰，化熙敗走徐。七月初十日，復夏鎮。淮、徐兵備施天德遣百户陳所學率兵援沛〔一八〕，繼以朱兆南督淮兵爲之應。所學二十四日夜襲嶧城軍，覆單騎馳賊，悉兵渡河追之。兆南兵奄至，戰於河之西灣。賊却，我兵追殺，水爲不流，賊遁去。化熙始引衆赴任，而夏鎮復有民居矣。七月二十四日，賊再犯夏鎮，時遊擊將軍焦續讀統南北兵，與朱兆南兵并屯夏鎮。化熙部令沿河防守，賊阻河，不得渡，我兵矢石俱發，殲其一怒馬鮮衣者，遂引去，殺驩城居民殆盡。

崇禎三年庚午，濬大泛口，濬彭口。山東諸泉流沙爲漕患最大。嘉靖間由鮎魚泉直射金溝，病舊河。隆慶初，射三河口，病新河，泇開彭口，當其衝，又爲今病。運至守候撥載，以致耽閣，郎中吴昌期濬之。

兗州府志

漕渠圖説

論曰：禹貢：「濟河惟兗州，浮於濟、漯，達於河。」「海、岱及淮惟徐州，浮於淮、泗，達於河。」九河南徙，淮、泗變遷，遐哉不可尋矣。國家定鼎燕京，仰給東南，歲漕四百萬石，以給京師。惟會通一渠爲咽喉，而兗以全郡受之，亦甚要矣。間嘗綜其大都，漕之行於郡境，其利在汶、泗，其要害在河，可坐策也。汶水由東平北流，合北濟故瀆，以入于海。泗水由曲阜南流，合南濟故瀆，以入於淮，此水經故道也。

自元憲宗七年，濟倅畢輔國始於汶水之陰、堽城之左，作斗門一所，遏汶南流，至任城入泗，以餉宿、蘄戍邊之衆，謂之引汶入濟。此堽城壩所由始也。

世祖至元二十年，以江、淮水運不通，自任城開渠，達於安山，爲一閘於奉符，以導汶水入洸；爲一閘於兗州，以遏泗水會洸，合而至任城會源閘，南北分流，此天井閘所由始也。

二十六年，又用壽張尹韓仲暉言，復自安山西南開河，由壽張西北至東昌、臨清，直屬御、漳，謂之引汶絶濟，此會通河所由始也。國初，河決原武，會通河塞。

永樂九年，命尚書宋禮等濬其故道，遏汶水全流，南出汶上之西，入於南旺，分而爲二，六分北流以達御、漳，四分南流以接沂、泗，此南旺所由分也。然當會通初開，未受河患，行之百年，安流無警。

至正統、景泰以後，河往往決祥符、黄陵諸口，横貫張秋運渠，東流入海，而運受河患於此。於是徐有貞、劉大夏相繼築塞，此張秋決河所由平也。

正德、嘉靖以後，河往往決曹、單諸口，直貫魚臺塌場口，東南入淮，而運受河患於南。於是盛應期、朱衡相繼治之，遂於昭陽湖東岸開渠百四十里，以避河水之險，而運道始安，此夏鎮新河所由成也。總之，漕在東省，出入郡境，十居其七，而沂、泗、汶、洸諸水，挾百八十泉之流，互相轉輸，以入於運。環千里之土，舉名山大川之利，以奉都水滴瀝之流，居民無敢私焉。兗之於國家，亦不輕矣哉！夫金口之堰修，而泗水盡入於漕；戴村之堰修，而汶水盡入於漕；張秋之功成，而河之北決塞；夏鎮之功成，而河之南道徙。故漕之利在汶與泗，其要害在河，可坐而策也。以漕渠爲經，以諸水爲緯，從其出入，志其源委，而河別紀焉。

黄河圖説

論曰：夫黄河爲中國患久矣，而究之爲河要害，古今一也。禹貢九河故迹，在平原、河間之境，非今郡界所及，無庸論矣。漢、唐以來，由大名而北，過郡之北境以入於海。五代以後，由大名而東，過郡之南境以入於淮，其常道也。正統、弘治之間，時決而北，則潰於張秋，而由濟之故瀆以趨於海。正德、嘉靖之間，時決而南，則出於魚臺，而由泗之故道以趨於淮，其所由與古不相遠矣。自飛雲之決，河益南徙，而魚、滕以北，不知有河，此萬世一時也。然河性無常，倏南倏北，自濟以北，決口雖塞，故道猶存，故鄆、定、陽、壽之間，無事之防，不可弛也。自濟以南，隄岸雖設，衝突甚危，故曹、單、城武之間，有事之備，不可忘也。紀其沿革，志其隄防，而故道亦列焉。

黄河正道

黄河自河南考城而東，至於曹縣入境，縣在河北七十里。又東至於城武縣，縣在河北五十里。又東至於單縣，縣在河北三十餘里。又東至於豐縣，入直隸境。列其隄岸於左：

舊老隄自東明白茅村起，至曹縣遥月隄止，長八十八里，每二里爲一鋪，隄鋪四十四座，俱屬曹縣。太行隄在舊老隄之內，自魏家灣起，至城武縣隄界止，長六十二里，每二里爲一鋪，隄鋪三十一座，屬曹縣。又自城武縣隄界起，至雙堌集止，長三十八里，每二里爲一鋪，隄鋪十九座，屬城武縣。縷隄在太行隄之內，自曹縣遥月隄起，至單縣隄界止，長四十九里，每二里爲一鋪，隄鋪十三座，屬曹縣。又自單縣隄界起，至碭山縣隄界止，長五十八里，屬單縣。南長隄自焦家壩起，至羅家壩隄界止，長八十里，每三里爲一鋪，隄鋪三十七座，屬曹縣。又自羅家壩起，東至豐縣隄界止，長七十里，每三里爲一鋪，隄鋪十三座，屬單縣。裏河隄自王經莊起，至考城縣隄界止，長三十里。又自李居莊起，至曹家集官廳止，長二十里，每三里爲一鋪，隄鋪二十五座。遥月隄在舊老隄之東，長十七里，每三里半爲一鋪，隄鋪七座俱，屬曹縣。月隄十有四。曰孔宣莊月隄，長十七里；曰娘娘廟壩月隄，長一里有奇；曰龍王廟月隄，長二里有奇；曰馮楨莊月隄，長四里有奇；曰孫家道口月隄，長四里有奇；曰牛市屯月隄，長七里；曰曹家集東月隄，長四里有奇；曰劉蒲莊月隄，長三里；曰清涼寺月隄，長三十里有奇；曰汪家廠月隄，長六里有奇；曰呂家廠月隄，長五里有奇；曰禹王廟月隄，長六里有奇；曰紀家店廢隄，長六里有奇。皆屬曹縣。壩有十四。曰武家壩，曰馬家壩，曰孫頂壩，曰趙璇壩，曰董來壩，曰崔家壩，曰焦家壩，曰陳士廉壩，曰新月壩，曰榮家壩，曰王家壩，曰曲家壩，曰高家壩，曰解家壩，皆屬曹縣。

包大爟曰：考工記匠人之職，「凡溝必因水勢，防必因地勢」，水之衝決，隄岸設焉，凡以防之也。距河二十餘里，有舊老隄、北大隄，屹如巨防，古人不與水争尺寸利，故隄防若此。後世居民，嗜水之利而忘其害，濱河而居，奄忽被其溺，識者憫之，於是當河之衝，築土而培之，謂之

「月隄」，於河甚迫，於勢甚危，懼其決也。於是又繞其外，培土以防之，有裏河隄，有縷水隄，隄有鋪，鋪有夫司守，猶懼其決也。又有南長隄，其鋪夫一如縷水之制，長隄之外，然後舊老隄、北大隄在焉。蓋距河雖遠，而隄防甚固矣。記謂「善防者水淫之」，淫液下流，隄防弗壞，民獲宅土之安，漕無衝突之患，隄之不可以已也如此夫！

黄河北決故道

由儀封縣而北，入曹縣境，縣在黄河故道東若干里。應管河岸，南自儀封，北至定陶，長四十里。自黄陵岡築成，水循正河，此道淤塞。黄河故道至縣境，分而爲二，其別爲賈魯河。賈魯河故元時所開道也，在縣西南，西起黄陵岡，東至陽青村，長若干里。黄河自金龍口北決，至此分一支東流，入徐州小浮橋，其一東北入曹州境。

由曹縣而北，入定陶縣境，縣在黄河故道東二十五里。應管河岸，南自曹縣夏侯淺，北至曹州程義淺，長十九里。今河歸正流，此道俱塞。

由定陶而北，左爲曹州境，州在黄河故道西岸五里。應管河岸，南自定陶，北至鄆城紅船口，長一百二十里，其名爲雙河口。

雙河口一曰灉河。黄河自曹縣入境，至州城東，折而北流，分爲二支：其一支入於雷澤，其一支入於鄆城，謂之雙河口。黄陵岡既塞，涸枯不常，雙河口水又東南流爲牛頭河，經嘉祥、濟寧，至魚臺塌場口入漕，是南北決道，皆於州境而分也。

由定陶而北，右爲鉅野縣境，縣在黄河故道東八十里。應管河岸，南自曹州寶珠寺，北至曹州子家口，長十二里，其名爲安興墓古河。

安興墓河亦黄河支流也，由曹州入境，逕城西北，又東入於張秋，舊爲估人往來之地，張秋決塞，此渠不通。由曹州而北，入鄆城縣境，縣在黄河故道東三十餘里。應管河岸，南自曹州沈家口，北至壽張黑虎廟，長一百九十七里，其名爲西裏河。

西裏河即灉河下流也。雙河口之水既分而二：其一支至縣西南紅船口入境，流逕縣西北四十里，出水保北，爲五岔河口，受冷莊河水北流；其一支出於雷澤，至白家河入境，繞金龍王廟後，逕縣西北，折而東流，又分其一爲冷莊河，西北流逕右廩丘城，至五岔河口入於灉河。

由鄆城而北，入壽張縣境，縣在黄河故道西北二十五里。應管河岸，南自鄆城之王亮口，北至東平之魚護口，長三十里，其名爲范城河，又爲土河。

范城河在縣南十八里，即灉河下流也。由鄆城來，至縣境黑虎廟，逕故范城東，至張秋南沙灣，衝漕東決。

土河在縣南十里。洪武二十四年，河決陽武之黑洋山，由范縣入境，東流入於張秋，今夏、秋水盛，猶可通舟。

由壽張而北，爲東平州境，州在黄河故道東七十里。西南自壽張之范城淺，東北至陽穀之高吾淺，長五里，其别爲金線閘支流。

金線閘河在戴家廟，弘治中建，洩漕渠之水，由西旺入大清閘，上有橋，曰三洞橋，屬壽張境，蓋古濟水道也。

由東平而北，爲陽穀縣境，縣在黄河故道西北六十里。應管河岸，西南自東平魚護口，長六十里。

由陽穀而東北，爲東阿縣境，縣在運河東岸。河決張秋沙灣，横衝漕渠而東，其名爲小鹽河。縣境之北，又有古黄河道。

小鹽河。在張秋東岸，右之馬頰故道也。馬頰，濟之支津，水經註曰：「濟水至壽張，分爲二水：其支津西北出，謂之馬頰。馬頰水首受濟，西北流，歷安民山北，又逕桃城東，東阿桃丘也。又東北逕魚山南，東注於濟，謂之馬頰口。」又曰：「濟水至魚山南，左與馬頰水合。」今小鹽河麗家口在魚山南，入大清，是其地也。正統、弘治之間，河決張秋，皆由小鹽河流入大清。張秋東隄既塞，其地湧泉如線，南流數百步，匯而爲淵，方數十畝，謂之黑龍潭。通政韓公築山其上，命曰「戊巳隄」。黑龍潭之水，絶之於渠，其稍東出，由大洪口故道東流至陳琦口，受五空橋水，北流至闞山，又東流至魚山，南入於大清河。其水涵浸瀲淡，平時不通舟楫，雨水泛漲，則魚山鹽舟稍上。至於張秋不能上，則至魚山而止，故謂之小鹽河。按宋河渠志，沿河州郡，各於要害下歸，鄆州有六埽，闞山、子路、張秋居其三，此三埽者，皆小鹽河所經，則小鹽河故宋時河道也。又按元時海運之法，自任城會源閘，導汶水北流，入清濟故瀆，由東阿舊城至於利津入海，已以海口沙壅，江淮糧運皆至東阿起陸運，至臨清，下御、漳北上，則小鹽河故元時運道也。正統河決，潰沙灣東隄，由大清入海；弘治河決，潰張秋東隄，由大清入海，皆於小鹽河假道，則小鹽河近代決口也。河決既塞，資以洩運渠之水，屬之大清矣。古黄河道。舊在縣北四十里，從西南陽穀界中，逕銅城之南，由清冷口東北，過楊劉之南，入於長清界内。考之水經，河水自范縣東北流，逕東阿縣故城西，歷碻磝、茌山、臨邑之境，東北流注。臨邑、碻磝，皆在今長清平陰界上，所謂東阿故城者，即今阿城閘也。自宋以前，河在今邑之北，楊劉爲津口，其後周顯德中，河決楊劉，離而爲赤河，不復故道。其溢者注梁山泊，東入於淮。鄆州部界凡爲六埽，以防其決。其在邑境者，有關山、子路二埽，皆在今小鹽河之側。其後河水又合永濟渠，北入於冀。仁宗至和元年，議者欲復故道，遣使行度，詣銅城海口，約其高下之勢，蓋欲返之使東，而歐陽修以爲非便，因罷不修。而楊劉之河絶銅城海口，即今清冷口也。本朝河決張秋，由小鹽河灌大清河入海，蓋猶與故道不相遠矣。

論曰：河之由金龍北決，有所因也。水經註：濟水自乘氏北分而爲二：其一爲北濟，入於鉅野，達於大清。五代顯德四年，疏五丈河，由汴達於曹、濟，以通青、鄆之漕。宋太祖建隆二年，亦浚五丈渠，北歷曹、濟及鄆，以通京東之漕，以此推之，由曹、單北上，至於壽陽，有故道矣。凡水之性皆就下，未有無所因者。今所稱黄河故道曰安興，曰灉河，名以時變，不可追原，要之非北濟故瀆，即五丈渠遺迹耳。五丈渠，亦曰廣濟河。

黄河南決故道

由曹縣而東，爲城武縣境，有支河三道。一在縣南三里，一在縣南二十里，達於單縣，一在縣北四十里，達於金鄉。正德十三年，河決霍家口，城武城壞。

由城武而東，爲金鄉縣境，有黄母河故道。黄母河。古黄河道也，在城北三十五里，元時河遷豐、沛，故渠遂湮。

由定陶而北，爲鉅野縣境，有八里河故道。八里河。亦黄河南道也，從定陶入境，匯爲天鵝坡，又北爲稻穭坡，又東爲雙碑坡，又東爲薊草坡，又東由北門外，匯爲蓮花池，至城東八里，入於新河，遂受今名。又東至於嘉祥，入於漕，歲久河塞，雨潦爲害，嘉祥、濟寧不肯疏導，鉅野之民病之。

由鉅野而東，爲嘉祥縣境，有塔章河故道。塔章河亦黄河南道也，在城北十里，西接鄆城，東入濟寧，出塔章口，故名。

由嘉祥而東南，爲魚臺縣境，有塌場口故道。塌場口即廣運閘下流也。黄陵岡決既塞，黄河由曹州雙河口東流經嘉祥、鉅野、魚臺，至塌場口入漕。嘉靖九年，河決上流，分爲三支：一自單縣曹馬集來，經城南入泥河達漕；一自金鄉南來，過丞相里，經塌場口入漕，今河南徙，其流俱涸。按塔章、塌場，字音相類，恐即一口。

論曰：夫河勢變遷，不可膠柱談也。弘治七年，沙灣既塞，河益南徙，由清河口入漕。十八年，又北徙三百里，由宿遷小河口入。正德三年，又北徙三百里，至徐州小浮橋入。其明年，又北徙，由魚臺塌場口入。嘉靖末年，又稍南徙，至飛雲橋入。飛雲橋決塞，新河既成，又稍南徙，至茶城口入。萬曆十六年，茶城口淤，又稍南徙，由内華三閘入。百年之間，倏南倏北，唯其所向，守隄之吏，奈何不戒哉！

黄河起自曹縣，距黄河南三十里，東七十里，該管河岸南至儀封界，北至定陶界，長四十里，自築黄陵岡及要害各堤，水循故道。城武縣，舊有支河，今淤。單縣，距黄河北三十餘里，自西南曹縣界入本縣境，東至豐縣七十餘里，波濤洶湧，常被水患。定陶縣，距黄河東二十五里，該管河岸南自曹縣夏侯淺，北至曹州程義淺，長一十九里。鉅野縣，距黄河東八十里，該管河岸南自曹州寶珠口，北至曹州訾家口，長十二里。曹州，距黄河西五里，該管河岸南自定陶彭家淺，北至鄆城紅船口，内除鉅野堤岸十二里外，長一百八里，黄河至本州雙河口，一支東流，經嘉祥，又經濟寧州西，東南至魚臺縣塌場口，入漕河。鄆城縣、距黄河東三十餘里，該管河岸南自曹縣沈家口，北至壽張黑虎廟，長一百九十七里。壽張縣、距黄河西北二十五里，該管河岸南自鄆城王亮口，北至東平魚護口，長三十里。東平州、距黄河東七十里，西南自壽張范城淺，東北至陽穀高吾淺，長五里。陽穀縣、距黄河西北六十里，該管河岸西南至東平魚護口淺，長六十里。汶上縣、黄河在運河西七十里，支流至張秋入西河。以上八州縣黄河故道，今因南徙，皆淤。嘉祥縣、縣北十里有舊黄河，今淤。金鄉縣、城北三十五里，有黄母河，今淤。魚臺縣。嘉靖九年河決，上流分爲三支，今河南徙，其流俱淤。

儲料廠

馮家廠。在黄河東岸武家壩東。王家廠。在舊老堤東，離前廠六里，每廠大户三名，專收椿草、蒜麻、錢糧等項，以備下埽之用。

淺鋪

小張家灣淺。新添鋪淺。安陵淺。夏侯淺。以上係曹縣。張政淺。彭家淺。團潭淺。以上係定陶縣。張大口淺。安興墓淺。以上係鉅野縣。程義淺。郭家淺。雙河口淺。張家道口淺。孫家淺。郝家淺。夾河灘淺。寶珠口淺。周家淺。新集淺。訾家口淺。以上係曹州。張勞口淺。紅船口淺。潘家渡淺。蕭皮口淺。秤鈎灣淺。五岔口淺。韓家道口淺。以上係鄆城縣。黑虎廟淺。

范城淺。以上係壽張縣。魚護口淺。係東平州。高吾淺。虎丘坡淺。以上係陽穀縣。諸淺俱舊黄河一帶淺處，

今自塞黄陵岡口，是河遂廢棄不用。

堤

北大堤。魏家灣東岔堤起，至城武縣堤界止，長六十二里。南長堤。焦家壩起，至單縣羅家壩堤界止，長八十里。

裏河堤。王經莊起，東南至河南考城縣堤界清涼寺止，長三十里。娘娘廟西北接考城縣堤界，李居莊起，南至本縣曹家集官廳止，長二十里。舊老堤。自北直隸堤界白茅村起，東南至該縣遥月堤止，長八十里。遥月堤。自舊老堤三十九鋪起，至本堤四十四鋪止，長十七里半。縷水堤。自遥月堤起，東至單縣堤界止，長四十九里。孔宣莊月堤。自舊老堤二十七鋪起，至南長堤八里灣止，長一十七里。娘娘廟壩堤。自本廟大司堤起，至裏河堤十六鋪止，長一里零一百丈。龍王廟月堤。孫家道口北月堤起，南至黄家樓西裏河堤止，長二里零九十五丈。馮楨莊月堤。裏河堤十九鋪迤南沈家道口起，至舊老堤二十九鋪止，長四里零一百三十五尺。孫家道口月堤。東自舊老堤二十五鋪劉增莊起，西至河南堤界王得莊壩堤止，長四里零一百二十丈。牛市屯月堤舊老堤二十九鋪起，至曹家集月堤止，長七里零四十丈。曹家集東月堤。舊老堤三十二鋪起，至三十五鋪劉滿莊月堤止，長四里零九丈。劉滿莊月堤。舊老堤三十九鋪起，東南至陶家莊西月堤止，長八里零七十五丈。回龍廟月堤。本廟後武家莊西北起，至王家廠前止，長三里。清涼寺月堤。舊老堤九

鋪起，至裏河堤清涼寺止，長十三里零一百二十六丈。汪家廠月堤。舊老堤九鋪起，至十二鋪止，長六里零三丈。呂家廠月堤。李家莊起，東至陳郜莊止，長五里零二十丈。禹王廟月堤。舊老堤六鋪西起，至裏河堤十鋪止，長六里零二十丈。紀家店廢堤。本店起，至南長堤頭鋪止，長六里零十丈。以上係曹縣。北大堤。本縣堤界起，東至本縣雙堌集止，長三十八里，係城武縣。南長堤。羅家壩起，東至南直隸豐縣堤界止，長七十里。縷水堤。自曹縣堤界起，東至碭山堤界止，長五十八里。以上單縣。

堤鋪

舊老堤鋪。每二里一座，共四十四座，住守夫四十四名。遥月堤鋪。每二里半一座，共七座，住守夫七名。裏河堤鋪。每二里一座，共二十五座，住守夫二十五名。北大堤鋪。每二里一座，共三十一座，住守夫三十一名。南長堤鋪。每三里一座，共二十七座，住守夫二十七名。縷水堤鋪。每三里一座，共三十五座，住守夫三十五名。以上俱曹縣。北大堤鋪。每一里一座，共十九座，住守夫十九名。係城武縣。南長堤鋪。每三里一座，共二十三座，住守夫二十三名，係單縣。

壩

武家壩。在裏河堤十九鋪起，二十二鋪止，長六里半，此係黄河倒灣東衝，最爲濼急，曹之要害，獨此爲甚。馬家王家壩。榮家壩。新月壩。陳士連壩。焦家壩。崔家壩。董來童壩。趙璇壩。孫頂壩。曲家壩。高家壩。解家壩。以上係曹縣。

黄河自古爲患　明興以來，報決者屢矣。兖當河下流，而直漕渠之中，自陽穀至魚臺計三百餘里。弘治間，河決金龍口，潰黄陵岡，徑趨張秋，賴劉公大夏經略其事，塞口築隄，河乃東徙，張秋之患息，而曹、單歲受衝矣。夫自濟以北決口雖塞，而故道猶存，必防乎其防，而後鄆、定、陽、壽等縣可以息肩；自濟以南，隄岸雖築而衝突不免，必豫乎其豫，而後曹、單、城武等縣可以安枕。是非河工諸臣之專責乎？乃若全河大勢，在它省勿論已，論東省之治河，又無先於曹、單者。曹、單舊有太行、縷水二堤，皆所以障河流而護運道，而太行堤較縷水堤爲最急焉。蓋縷水堤譬之門户，太行堤咫尺鬨河譬之堂寢；堂寢既安，外垣雖未盡飭，亦可以内地之全力，從容圖之。此太行堤之工必不容寢也。頃撫院何、按院陳，會題行管河道副使邵元哲、督同知唐文華等修之，自豐縣起，至舊老堤止，壹百伍拾里有奇，俱加高五尺，厚各一丈，植柳株以肆萬計。隄益高厚，縱河徙無定，而有備可無患矣。夫察利病之緩急，而劈畫飭工者，經理之始事也。遵題「允之」。初議而加厚增高者，繼理之終事也。後之視今，猶今之視昔，必有任事任勞以永保無虞者，書以俟之。

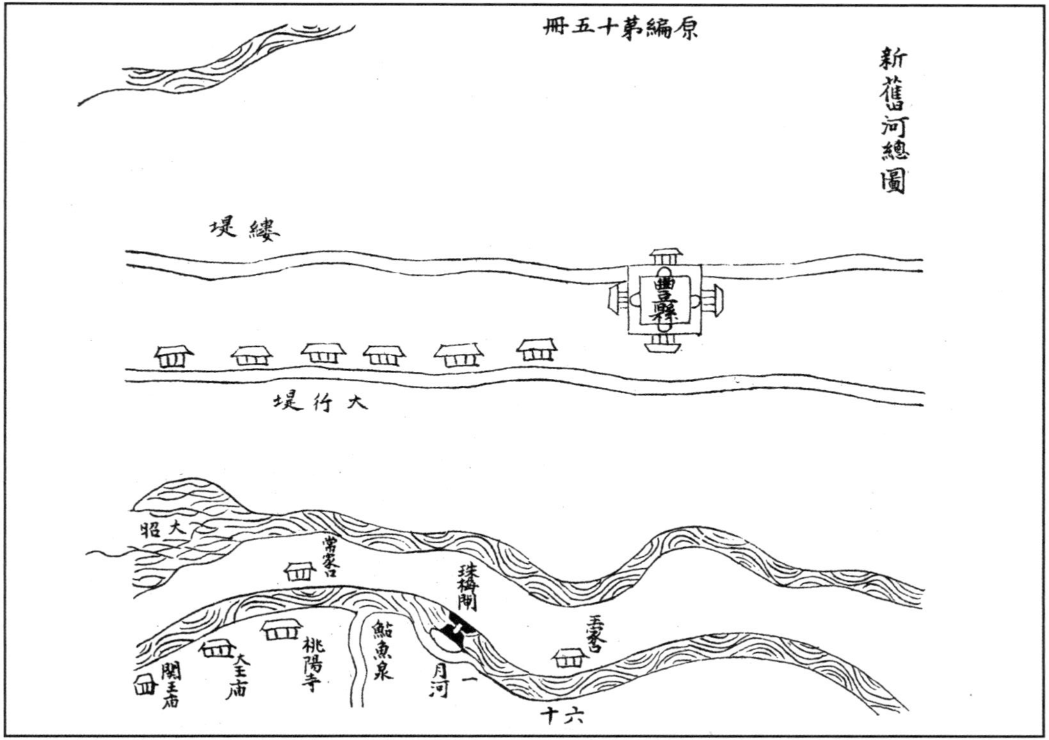
原編第十五册
新舊河總圖
縷堤
豐縣
大行堤
常家口
珠梅閘
鲇魚泉
月河
桃陽寺
大王廟
關王廟

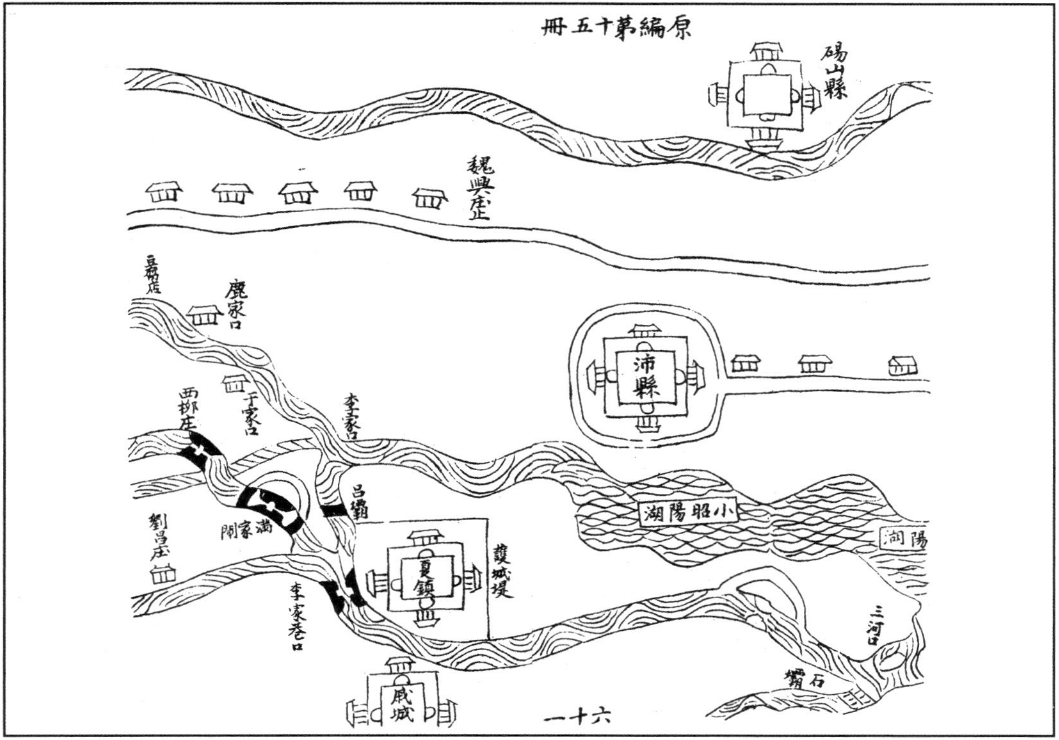
原編第十五冊
碭山縣
魏興庄
鹿家口
于家口
李家口
西柳庄
滿家閘
劉昌庄
李家巷口
沛縣
小昭陽湖
夏鎮
護城堤
戚城
三河口
六十一

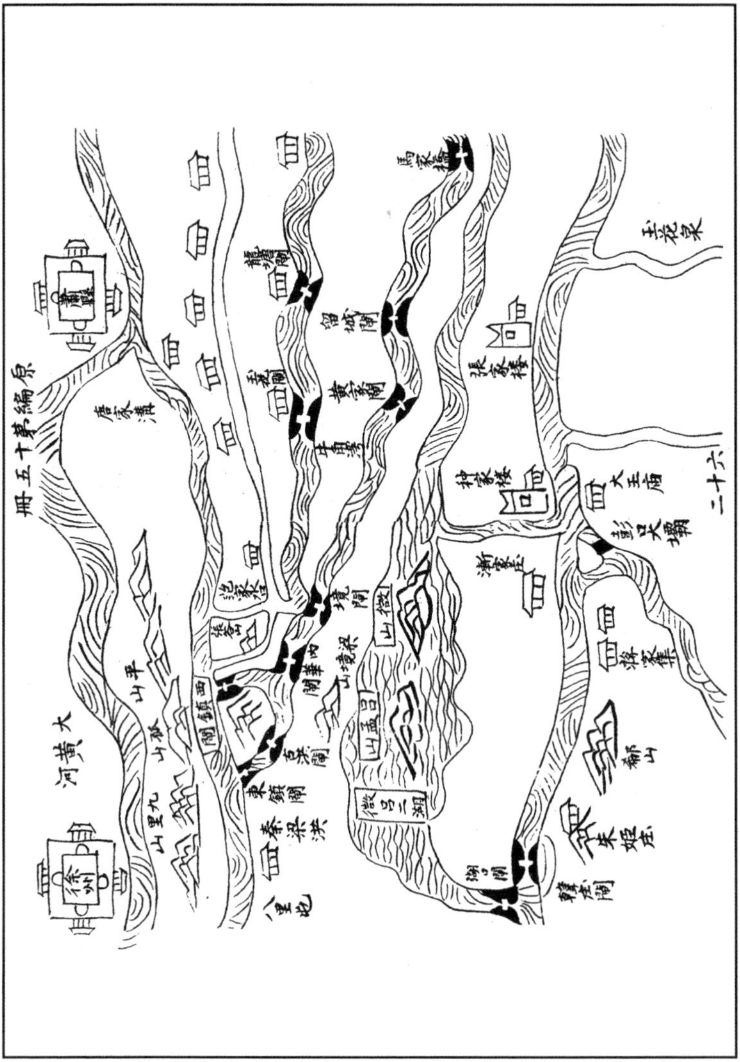
原編第十五册
大黄河
徐州
九里山
孤山
平山
秦梁洪
東鎮閘
西鎮閘
內華閘
境山
黄家閘
留城閘
馬家橋
張家樓
大王廟
彭口大壩
二十六
玉花泉
郗山
朱姬庄
湖口閘
韓庄閘

原編第十五冊

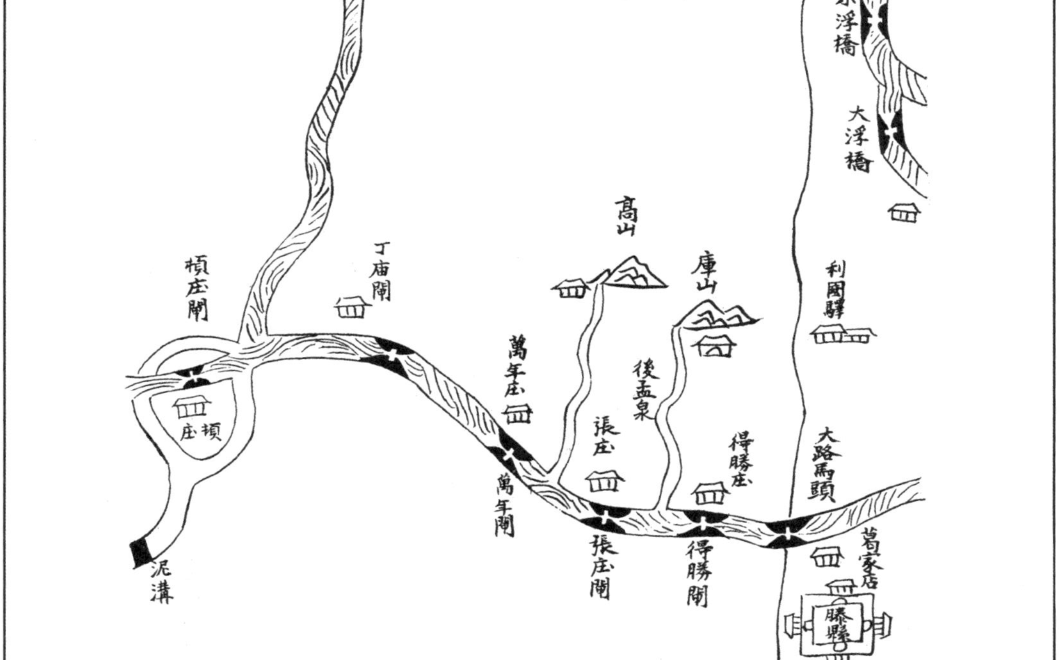
小浮橋
大浮橋
利國驛
高山
庫山
後孟泉
丁庙閘
楨庄閘
楨庄
泥溝
萬年庄
萬年閘
張庄
張庄閘
得勝庄
得勝閘
大路馬頭
葛家店
滕縣

六十三

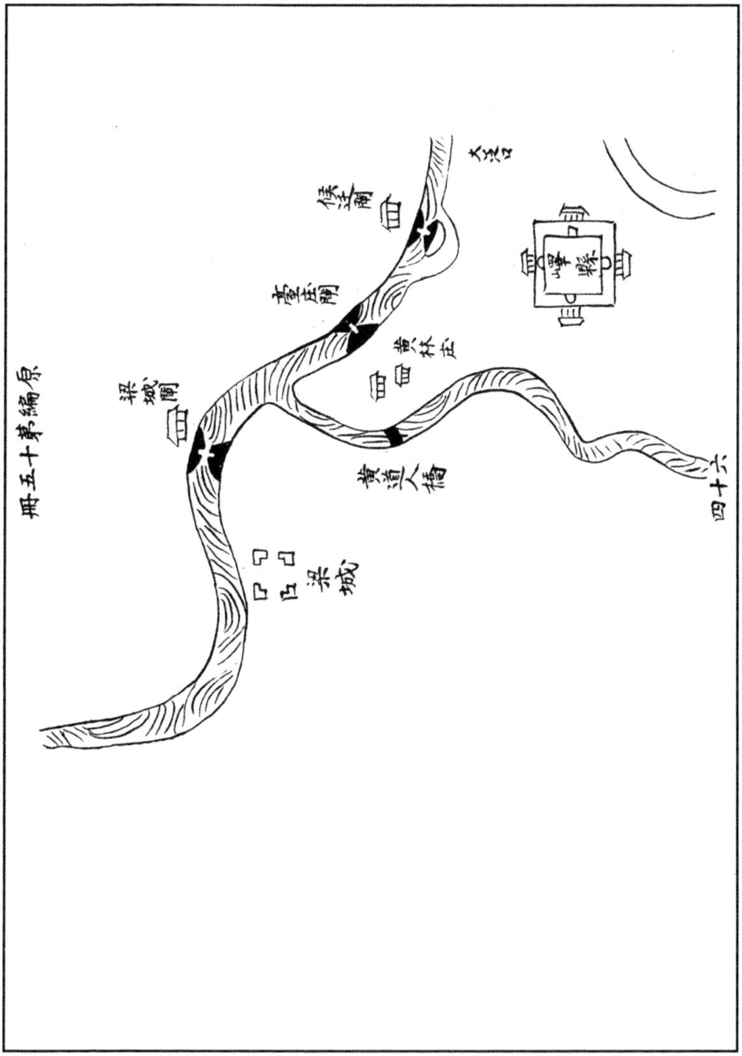
原編第十五冊
梁城閘
臺莊閘
侯遷閘
黃林庄
黃道人橋
梁城
嶧縣

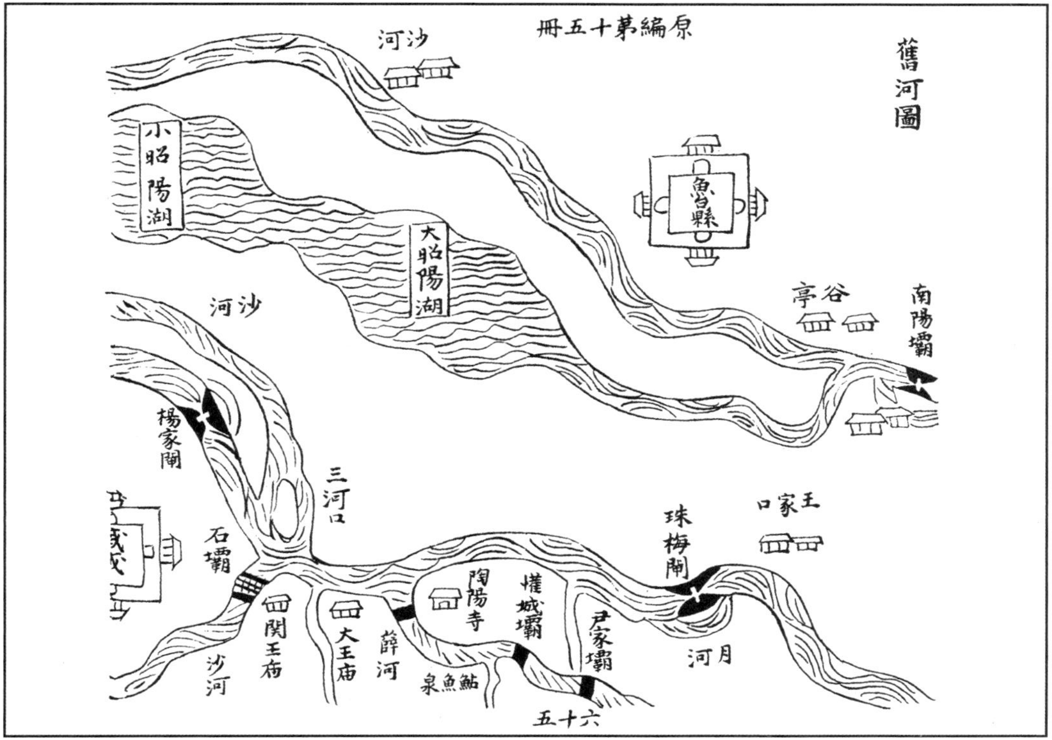
舊河圖
原編第十五冊
沙河
小昭陽湖
大昭陽湖
魚臺縣
谷亭
南陽壩
沙河
楊家閘
三河口
王家口
珠梅閘
石壩
閔王廟
大王廟
薛河
陶陽寺
權城壩
尹家壩
月河
沙河
鮎魚泉
六十五

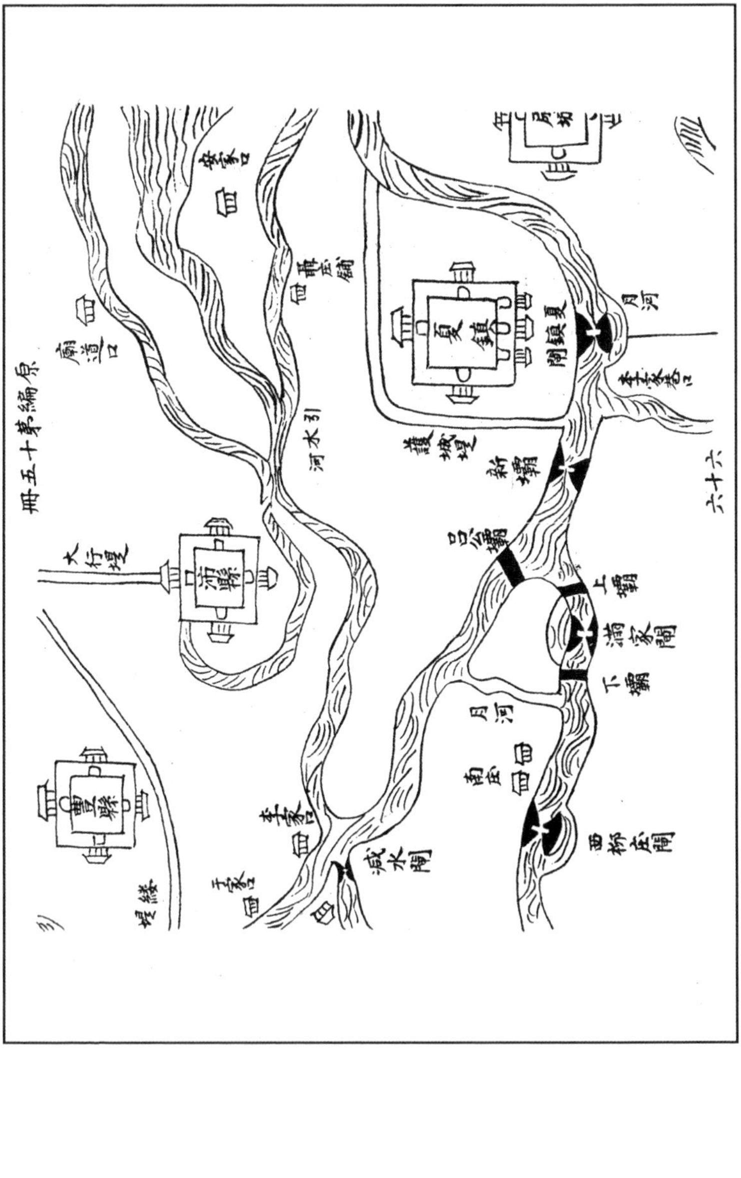
原編第十五冊
豐縣
沛縣
夏鎮
大行堤
縷堤
廟道口
引水河
減水閘
西柳莊閘
南莊
月河
下閘
滿家閘
上閘
呂公壩
新閘
護城堤
夏鎮閘
月河
六十六

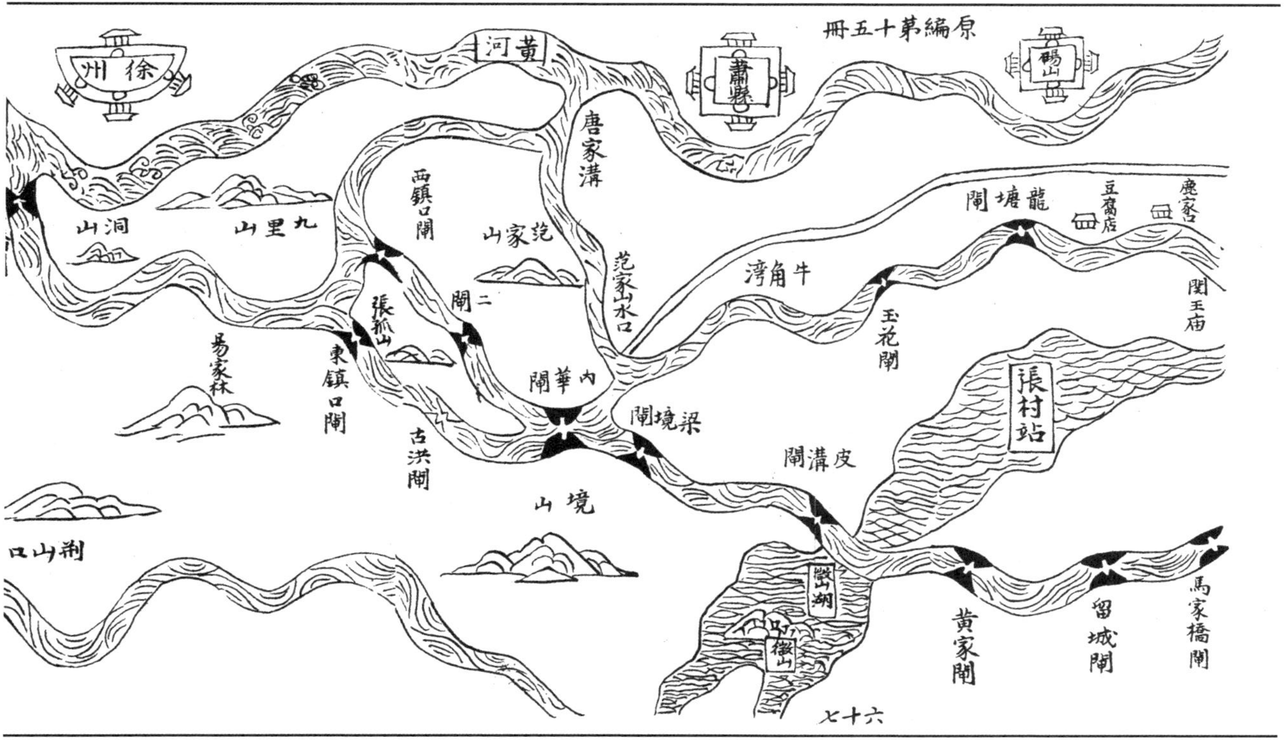
原編第十五冊
黄河
徐州
蕭縣
碭山
唐家溝
西鎮口閘
山家垞
九里山
洞山
范家山水口
牛角灣
龍塘閘
豆腐店
鹿家口
閘王廟
二閘
張孤山
東鎮口閘
易家林
內華閘
梁境閘
玉花閘
張村站
皮溝閘
古洪閘
境山
荆山口
徽山湖
徽山
黄家閘
留城閘
馬家橋閘
六十七

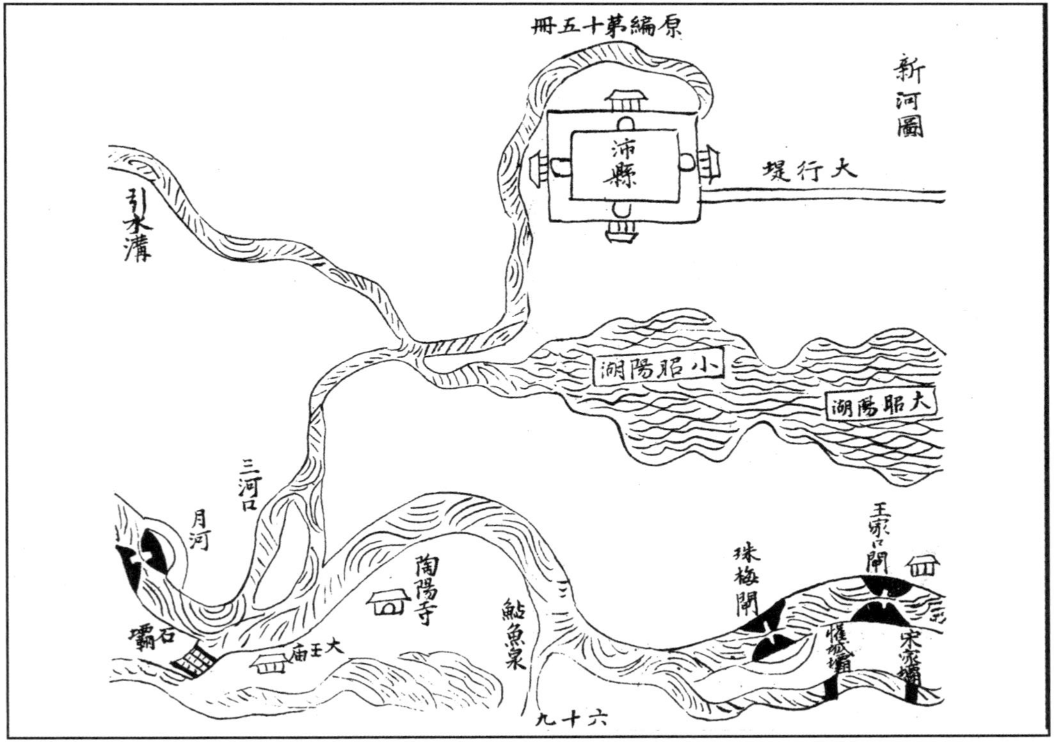
原編第十五册
新河圖
沛縣
大行堤
引水溝
小昭陽湖
大昭陽湖
三河口
月河
陶陽寺
鮎魚泉
珠梅閘
王家口閘
宋家壩
石壩
大王廟
六十九

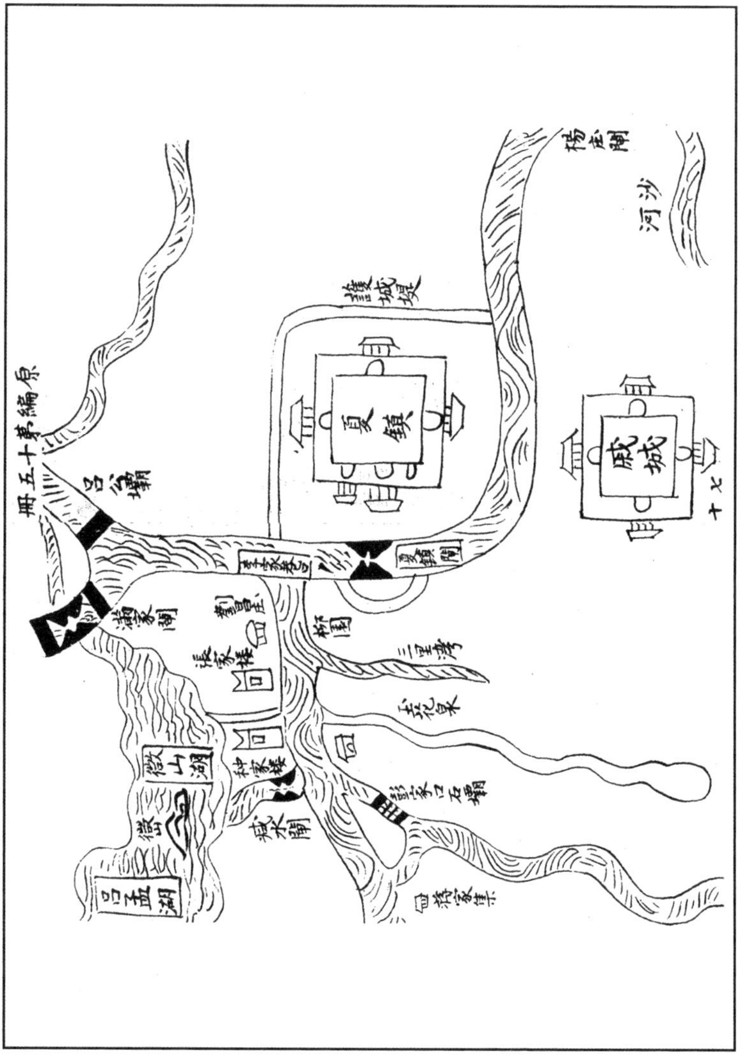
夏鎮
夏鎮閘
楊庄閘
沙河
微山湖
呂孟湖
三里溝
十七

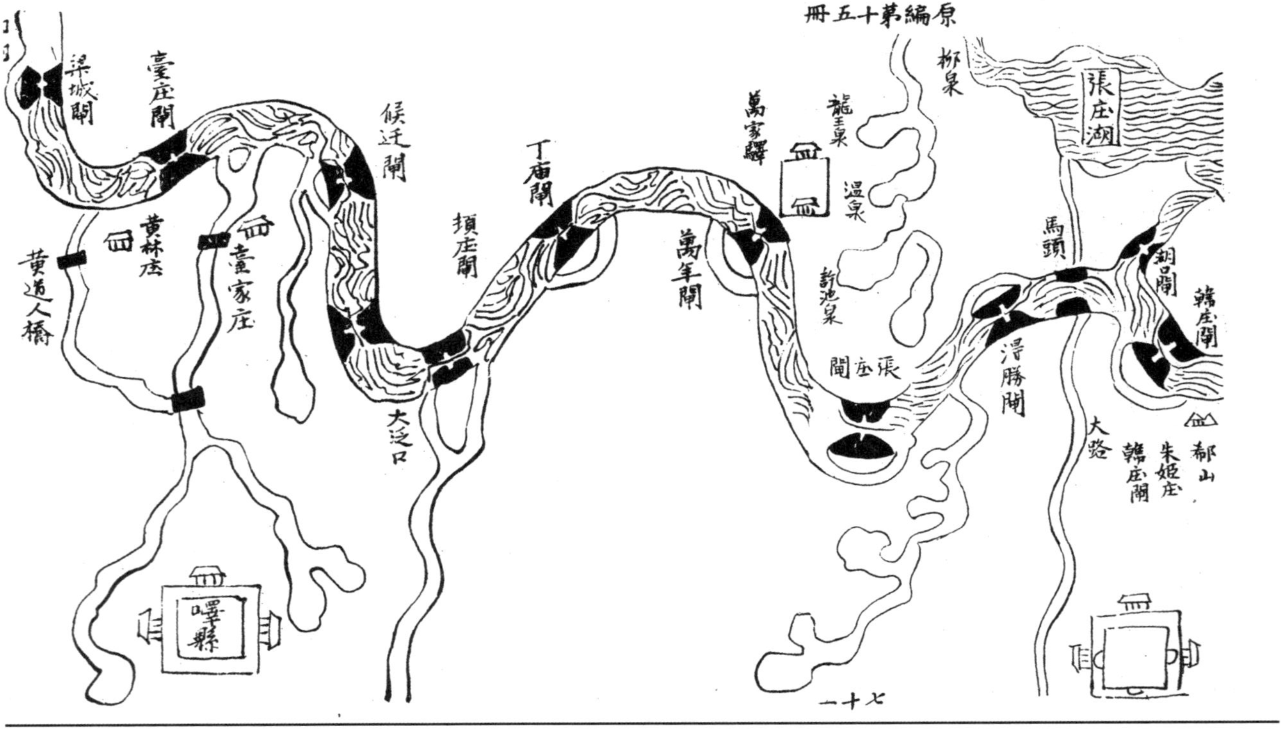
梁城閘
臺庄閘
侯迁閘
丁廟閘
頓庄閘
萬年閘
萬家驛
龍王泉
温泉
新池泉
柳泉
張庄湖
張庄閘
馬頭
胡閘
韓庄閘
滑勝閘
大泛口
黄林庄
黄道人橋
臺家庄
嶧縣
大跲
朱姬庄
韓庄閘
郗山

曹州志　河防

説者以黄河隨時漲落〔一九〕，故舉物候爲水勢之名。自立春之後，東風解凍，河邊人候水，初至凡一寸，則夏、秋當至一尺〔二〇〕，頗爲信驗〔二一〕，謂之「信水」。二月、三月桃花始開〔二二〕，冰泮雨積，波瀾盛長，謂之「桃花水」。春末蕪青花開，謂之「菜花水」。四月末壟麥結秀〔二三〕，擢芒變色，謂之「麥黄水」。五月瓜實延蔓，謂之「瓜蔓水」。朔野之地，深山窮谷，固陰沍寒，冰堅晚泮，逮乎六月，消釋方盡，而沃蕩山石，水帶礬腥，併流于河，故六月中旬後〔二四〕，謂之「礬山水」。七月菽豆方秀，謂之「豆花水」。八月菼薍花，謂之「荻苗水」。九月以重陽紀節〔二五〕，謂之「登高水」。十月水落安流，復其故道，謂之「復漕水」。十一月、十二月斷冰雜流〔二六〕，乘寒復結，謂之「蹙凌水」。水信有常，非時暴漲，謂之「客水」。其水勢凡移徙横注〔二七〕，岸如刺毁，謂之「劄岸」。漲溢踰防，謂之「抹岸」。埽岸故朽，潛流漱其下，謂之「塌岸」。浪勢旋激，岸土上隤〔二八〕，謂之「淪捲」。水浸岸逆漲，謂之「上展」；順漲，謂之「下展」。或水乍落，直流之中，忽屈曲横射，謂之「徑窬」。水猛驟移，其將澄處，望之明白，謂之「拽白」，亦謂之「明灘」〔二九〕。湍怒略渟〔三〇〕，勢稍洄起，行舟值之多溺〔三一〕，謂之「薦浪水」。

舊制，每歲瀕河，有司常于孟秋備下塞之物，稍芟、薪柴、楗橛〔三二〕、竹石、芟索、竹索凡千餘萬〔三三〕，謂之「春料」。凡伐蘆荻，謂之「芟」〔三四〕，伐山木榆、柳枝葉謂之「稍」〔三五〕，辮竹糾芟爲索。以竹爲巨索，長十尺至百尺，有數等。先擇寬平之所爲埽場，埽之制，密布芟索，鋪稍，稍芟相重〔三六〕，壓之以土，雜以碎石，以巨竹索横貫其中，謂之「心索」〔三七〕。卷而束之，復以大芟索繫其兩端，别以竹索自内旁出〔三八〕，其高至數丈〔三九〕，其長倍之〔四〇〕，用丁夫數百或千八〔四一〕，雜唱齊挽，積置於卑薄之處〔四二〕，謂之「埽岸」。既下，以橛臬閡之〔四三〕，復以長木貫之〔四四〕，其竹索皆埋巨木于岸以維之〔四五〕，遇河之横決〔四六〕，則復增之以補其缺〔四七〕。埽下非積數叠，亦不能遏其汛湍〔四八〕，又有馬頭、鋸牙〔四九〕、木岸者，以蹙水勢護堤。而今則築堤塞決，栽柳栽葦護堤，及晝防夜防、風防雨防、官守民守之法，具在河渠諸司。

弘治五年秋，張秋水勢洶湧，妨礙運河，太監李興、平江伯陳鋭、都御史劉大夏奉命來治。會議欲將黄陵岡迤北裏河築塞，使水由賈魯河南流，庶張秋得安，運河無虞。于是起直隸、山東、河南、湖廣軍民等夫九萬餘名，於黄陵岡原決處立埽臺三座〔五〇〕，分委衆官，一齊捲埽，截河堵塞。越四年，告成。又將知縣王肅所築縷水小堤增高一丈，原舊二堤增高二丈五尺。又自黄陵岡起，接原賈魯舊大堤，至丁家道口止，東南西北斜長二百餘里，增高三丈五尺，闊四丈五尺。又于大堤西每三里築土壩一座，長五十步，名曰「分水壩」，以破嚙堤之浪。又設護堤之法，堤東每二步栽柳樹一株，堤西密栽棋盤卧柳，又各地釘柳，欲其日久根節盤錯，以護堤根。又自黄陵岡迤東二大舖起，下至牛角灣止，每二里立小舖一座，僉夫五名，老人一名，通計夫七百名，老人十一名，曰「守堤舖夫」。又于梁靖集北立官廳一所，調曹州裹河舊有淺夫一百二十名，委官率領，在此晝夜戍守巡視，以防盗河口之患，名曰「遊夫」。

弘治六年，總理河道都御史劉大夏建議：河南、山東、兩直隸地方，西南高阜，東北低下，黄河大勢，曰漸東注，究其下流，俱妨運道。雖該上源分殺，終是勢力浩大，較之漕渠數十餘倍，縱有堤防，豈能容受？若不早圖，恐難善後。其河南所決孫家口、楊家口等處，勢若建瓴，無築塞之理。欲于下流修治，緣水勢已逼，尤難爲力。惟山東、河南與大名府交界地方黄陵岡南北古堤，十存七八，水仍從考城縣南行。又自大名府起至曹縣地方止，離歸德府丁家道口一十五里，築成大堤一條，分逼水勢，從賈魯河以入徐州，將黄陵岡築住，平安鎮功成，漕運無事。但黄河大勢在東，不歸故道，兖民日夜憂慮。

弘治九年夏，考城縣地方水勢漫入東來，水勢徑衝賈魯河，曹縣梁靖口水溢大堤，幸而稍退。又自賈魯河東岸修築小堤一條，保護大堤。

弘治十一年，管河副使張鼎見黄河水勢俱從南行，不由丁家道口入徐州，建言要將荆隆口分沁水於賈魯河，又要將歸德州迤北王牌口等處分水，亦入賈魯河，俱入徐州。今年八月以來，不意水從王牌口等處俱往東行，不從丁家道口東南而去，却倒往東北，直至黄陵岡下，勢甚可畏。又自曹縣以入單縣，南連虞城，淹没民居、人畜等件。只今河凍，水雖消退，倘來春水發，俱往東行，則單縣、城武、金鄉、魚臺、濟寧等州縣皆在巨浸，自濟寧迤南閘坐定被衝倒，阻礙漕運，比往時張秋之害尤大。蓋兖州之境地平而土疏，比之河南之地，尤爲卑下，河南北方上流不塞，則本州地方正當下流，雖築堤岸，亦不能保。目前雖若事小，恐後黄河之水不由南行，俱往東注，釀成大患，悔難及矣。

弘治十三年，河南水決，李家、楊家等口淤塞，馬木河水横流，曹、單被害，鄒魯陳言修長堤以捍水，河南則議排馬木河身，使水下濟運河。兖州知府龔然魯議，遂築堤自黄陵起，至烏塚寺止，計二百三十里。是年堤成，小而低，秋復決。明年春，以事聞，下巡撫王委參政陳修完，復決。十四年，巡撫徐又簡委參政杜、因參政陳、僉事李舊堤，分命同知李督夫二萬人，給以糧，加修之，兩閲月，告成。堤高一丈五尺，基三丈五尺，頂一丈二尺，自武家口起，至馬良集止，計一百五十里。

正德三年，梁靖口集迤南二里許，河決縷水堤，浸二堤而過，流入大堤圈内，浸漬日久。至四年九月，復決侯家窪流，北徙三里至楊家道口，水勢洶湧，約深丈餘，聲若雷雷，散漫東流，東西長二百餘里，徑曹縣南，東過單縣、豐縣東南，抵沛縣，由流溝入運河南流。原黄河自梁靖口東南至丁家道口，舊水賈魯河八十餘里遂淤塞。事聞。

五年春，工部侍郎崔巖奉命來治。于是用賈魯河計，塞河北，疏河南，仍于梁靖集原決河口堵塞，發直隸、河南、山東丁夫五萬餘名，分委山東參政董傑、僉事杜旻、都司尹兗府同知李鉞、曹州同知孫環等各理其事，夾河南北兩岸，捲埽對堵。自本年正月起至五月，龍口將合，俄暴雨，通夕而潰，所濬賈魯河亦隨淤塞。崔公遂回。既而侍郎李公鏜繼公至，時河水橫潰，工役難施，及委參政史公學、僉事杜公旻、府同李、州同孫，分地定方，嚴立限期，各督夫役，上于曹縣西北魏家灣，下至守縣集西止，修築大堤一道，東西共三百餘里，預防河水北徙，名曰「新堤」。是年九月興工，至六年春工畢。適遇流賊充斥，百姓艱食，塞河之役遂寢。夏五月內，河水泛漲，黄陵岡舊築頭埽、二埽俱被回溜水衝虧約三分，止遺三埽，亦被浸潰。兵備副使吴公學遂委府同李、州同孫往相其地，于三埽南築小月堤一道，長三里，防河衝潰；復于回龍寺、塔兒灣等處各挑小河一道，引水南注，以分其勢。

七年秋，河勢北徙，吴公議于黄陵岡三埽北斷頭堤起，築月堤一道，長五里；又于娘子營築月堤一道，長十五里；又于原堵裏河內作土壩三座；又冉家寨起，接白茅村分界堤，下接魏家灣新堤，長五十餘里；又自曹縣北莘塚築起注五，下至城武東止注六，築堤一道，長七十餘里，防河北徙。議既定，吴公遷山東按察使，副使林公正茂繼理其事，巡撫趙公璜躬往相度，將前所議堤口，委府同知李鉞，率夫修築。林公巡行無倦，勞來有方，于是民雖勞而不怨。五閱月，其功告成。六月，河水横溢，衝決娘娘廟古堤東下，繞曹縣西北，轉縣東，復折而南，與大河合流東注。九月，河水奔湧四散，衝潰陳家口、汪家口一帶，大堤坍塌，黄陵岡三埽幾壞。總理都御史劉公愷乃齋沐責躬，祭禱于河，越三日，河南徙四百餘步，黄陵岡無虞。事聞，降勅奬勞，諭祭河伯。

八年，兵備副使陳公鼎委曹州判官王經，于賀家口大堤坍塌處，捲埽幫築，長十二里；又於汪家口築月堤一道，長四里，以備河變。本年七月内，河水南徙四里，于是北徙之勢稍緩云。

曹縣志

按禹貢：黄河自孟津而下，過雒汭，歷大伾，又北播爲九河，同爲逆河，入于海。歷唐、虞、三代，河如故，至定王五年，河徙，非其故道，然東昬以下，經定陶，溢爲雷、菏兩澤者，濟水也。循大梁，趨睢下邑者，汴水也，皆與河無涉也。惟水分，則勢殺而民不爲災。

自秦始皇攻魏，引河水灌城，拔之。漢田蚡爲丞相，棄河不治，遂潰金隄，南決瓠子，武帝親臨治，僅克塞之，當是時，河已南被曹、濮之間矣。其後隋煬帝引黄河水，以通江、淮漕運，兼引汴水，水經所謂「浪宕渠」是也。

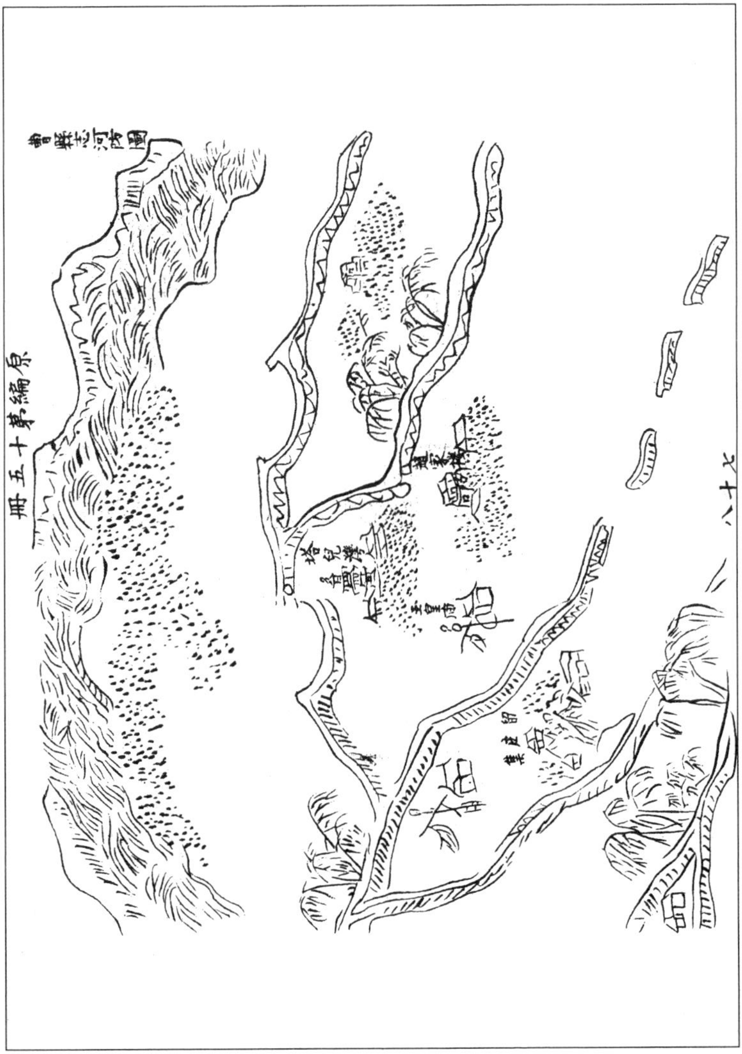
原編第十五冊

原編第十五冊
王家壩
總鎮公署
陳家灘
魏家灣集
七十九

原編第十五冊

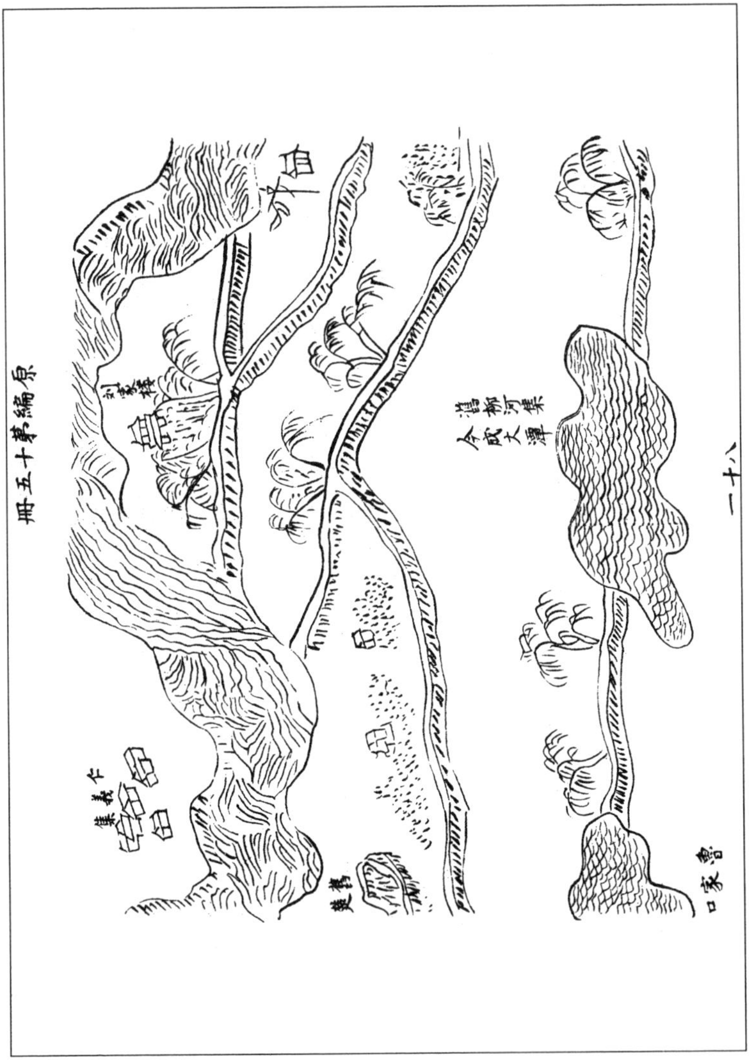
原編第十五冊
一十八

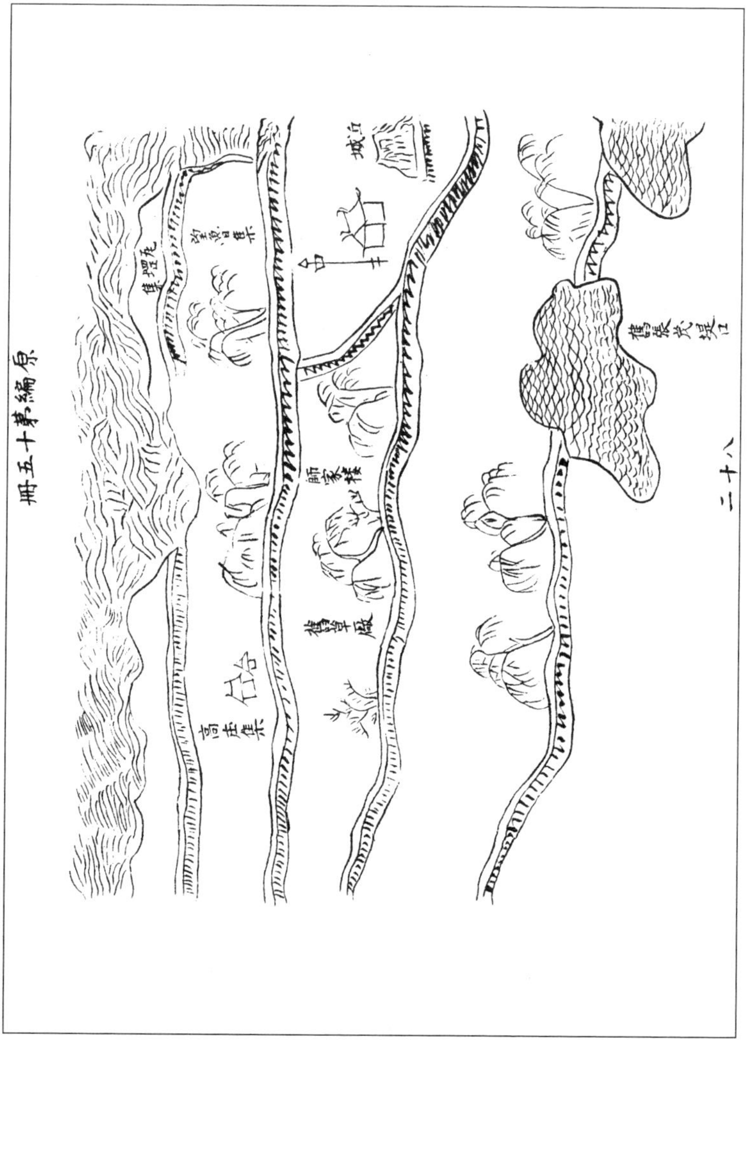
原編東十五冊
高庄集
師家樓
二十八

然自王莽時，河、汴決壞，久不修，其後汴渠東侵，日月彌寬。數年，始舉王景修汴渠，于是河、汴始分流復故。而水經云：「河水舊于白馬縣南決，通濮、濟、黃溝。」又云：「此白馬瀆，又東南逕濮陽縣，散入濮水，所在決會，更相通注，以成往復也。」于是濮陽、濟陰間有五丈溝，通部、緡〔五二〕，入湖陵。

復有黃水，從黃溝分流，經乘氏，入縣境，故魏無黃，濟陽有黃，濟陽，曹也。唐都長安，黃河不聞有決溢之患，唐書惟載：薛平爲鄭滑節度使，河溢瓠子，東泛滑，平按求故道，請于魏博節度田弘正，以地易疏導處，還壖地七百頃于河南，此外無紀。汴亦疏通絶少。鄭畋集載：爲相時，汴河澱塞，請令河陽節度使于汴口開導，仍令宣武、感化節度嚴帖州縣，封閉公私斗門。感化，即徐州也，是河與汴猶歧流也。宋初方隅未一，儲廩仰給，惟京東、西數路，河渠轉漕，最爲急務。而京東自濰、密以西，起青、淄，歷齊、鄆，涉梁山、濼、濟，入五丈河，達汴都，歲運漕百餘萬。所謂清河，即濟水也。而五丈河嘗若淺，每春初農隙，調夫開濬，太祖輒于興後之際，車駕臨督，歲以爲嘗。仁、英以後，歐、蘇諸臣治河之議不一，皆上自濟陰，下達徐、淮，無復東郡入海之舊，亦弗聞濟、黃清濁之分。且曰汴水多泥，未可溉田，是時濟澤河填，不復可尋，而河、汴混一。

至元都北平，漕運溯河而上，繇汴達衛，輓入京師。未幾，會通河開，並海三運，然横決不時，故道難復。至順帝用賈魯策，興夫數萬，挽河而南，繇汴、宋入徐、淮，于是賈魯之河著矣。逮我國朝，初用黄河以資漕運，中導其流以歸徐、邳，後泇河功成，遂棄黄不用。然猶歲議修築，其意以爲運道所關，利害匪細，譬諸夷狄，事羈縻爲當。是時河行雷澤，或繇左山，或經安陵，率縣北境。

自弘治二年，河過沁，分二派：一自蘭陽經歸德，至徐、邳入淮；一自黄陵岡經濮、鄆，匯張秋之南灣，庶幾支分易制。且北支可以濟會通，南支可以益徐、邅，乃當事者不引之歸壑于南旺、蜀山諸湖，防蓄爲用，聽其放流。明年，秋水暴漲，益之以黑陽之水，而張秋決，運道梗矣。漕運既梗，乃益疑畏，以爲河不爲用，害不可邇，舉而棄之，使併歸南，于是塞黄陵，濬賈魯。當是時，太監李興、平江伯陳鋭暨都御史劉大夏起夫十餘萬，上自滎澤，下達曹、單，築長堤三百餘里，立儲料四十餘廠，僉守堤民夫數千，植柳數萬，凡四年功成。天子嘉之，命近臣爲文紀其事。自是河行一道，益横決不可治，乃增設治河使者，縣有倅，郡有大夫，又大者藩臬以上，大司空、御史臺星羅河干，冠蓋遥相望，而築堤下埽，略無寧歲。

至萬曆癸卯，河決歸德，商丘睢虞，幾爲巨浸。議者復欲挽河而北，爲歸德紓難。乃以河南撫臣魯爲總理，而開曹境中地若干里，其工役視弘治有加。凡四閲歲，再易理臣，而功亦成，今之行曹之河是也。

大抵漢、唐以前，河、濟、汴三水分流，各有歸墟。五代以還，三水合一，無所容受。且漢、唐以前，濟與河胥自北入海，朝宗定而水得其性。五代以還，東流南下，第求歸淮，而淮以下弗論已。至于國朝，棄而不用，歲與爲難，莫過于河；併勢俾大，工費浩繁，亦莫過于河。其在曹縣一邑爲壑，其小者也，昏墊其魚，與夫徭役賦料，其所不計也。而大役三被，創痍寰宇，若賈魯之于至正，李興之于弘治，魯之于萬曆，命之曰「黄河三役」，皆曹境内事也，不可以不紀也。若夫歷年衝決坍没，已見災祥，兹惟舉防修本末，暨條議故實，以備稽考，具列如左。

分守東兖道右參議楊黄河事宜

黄河關天下大利大害，遠者姑不具論，考之萬曆初年，河決崔鎮，決龍窩，決白洋河，越歸仁集，流沙淤隘，雲梯關入海之路大阻，淮安墊焉。潘大司空季馴力排浚海諸議，於是築堰築堤，自徐抵淮，亘六百餘里，築南、北兩堤，蜿蜒相望。即有異嘗水患，縷堤不支，至遥堤而極。遥堤蓄潴寬，勢固不能越而出也，至今賴之。

二十五年，河決單縣之黄堌口，乃賈魯舊開處也，溢於河南之夏邑、永城，經宿州之符離橋，出宿遷新河口，入大河。議者以河雖南出符離，淹没民田，無幾而河水一半繇舊河下徐州，足以濟運，議不治。但河日益南，黄堌之下李吉口澱淤益高，每即其地闢一小河，春夏則行水，以下徐州濟運，然至秋即淤。若是者三年，而徐、吕二洪，可褰裳涉矣。於是當事者建六閘於河中，節宣汶、濟之水，聊以通漕。二十九年冬，議塞黄堌，極力下埽，未竟三十丈。明年春，復決於上流蒙牆寺，幾没歸德城，商丘、永城幾爲巨浸。時從蒙牆近地開八九里，可至下劉口，乃欲挽決河而北，爲歸德紓難；於曹縣王家口開生地二十四里，達下劉口。以三十年冬興工，河南、山東、江北，共派夫三十萬，至初夏未竣，而大疫起，死者七八萬人，至秋垂合龍門。而堅城之上八九里，單縣蘇家莊遂大潰決，東北流入沛縣城中，水深丈餘；魚臺一縣悉爲波湖，南陽以北漕渠，爲黄水所侵。乃於夏鎮之東開通泇河，從直河口達于宿遷，漕遂由泇河行。

明年，曹大司空時聘鋭意挽河，用金錢百萬，復以十一月興工，其用人夫與王家口之役埒。起自蘇家莊，至徐州幾三百里，悉州、縣正官受役。州、縣官急於竣事，私派夫又倍之。河垂成，惟徐州之上八九里許未濬，而蘇家莊近黄河堤土卑薄，一夜河從地下穿入新河，震撼東下，流至未開處，稍梗塞，遂泛溢三十里，而後約束成河云。曾不十年，三山口決矣，狼矢溝又決矣，三山口幸塞，即不塞，河可從此繇小河口出大河，無害。狼矢溝倘不果塞，水且從河北溢而入泇。上年泇水下直河如懸崖，糧船入口，日不十計；黄決泇且虞決，非細故矣。

總之，黄堌口之決，堅城集、李吉口之淤爲之；蒙牆寺之決，堅城集未通而黄堌遽塞爲之；李吉口開，王家口塞，而蘇家莊復決，堅城集以下全未疏通爲之；則蘇家莊之工未久，而三山口、狼矢溝相繼決，豈非徐、吕之可褰裳者，未嘗疏通爲之耶？疏通難言之矣。從來汶、濟諸水，由夏鎮出茶城口，會黄水下徐、吕，水力并而泥沙若掃。自泇河開，諸水悉自夏鎮東入泇，其間吕公壩放之入徐、吕者，歲不三四月，又春冬水涸時，尚安望其懸水三千仞哉！狼矢塞，不可謂黄河便安流也。

謝肇淛雜紀

禹之治水，一意視水之所歸而已，隨山刊木，鑿隧通道，惟使水得所之而止，無他顧慮也。白圭戰國之時，各有分界，動起争端。能以鄰國爲壑，而鄰國不知有水患，不可謂之非奇功也。至於今日，則上護陵寢，恐其滿而溢；中護運道，恐其洩而淤；下護城郭人民，恐其湮汨而生謗怨。水本東而抑使西，水本南而强使北。且一事未成，百議蠭起，小有利害，人言叢至，雖百神禹，其如河何哉？王敬美贈潘司空詩有云「堅排衆議難於水」，亦有激哉其言之也。

善治水者，就下之外，無它策也。但古之治水者一意導水，視其勢之所趨而引之耳。今之治水者，既懼傷田廬，又恐壞城郭；既恐妨運道，又恐驚陵寢；既恐延日月，又欲省金錢。甚至異地之官，競護其界；異職之使，各争其利。議論無畫一之條，利病無審酌之見，幸而苟且成功足矣，欲保百年無事，安可得乎？

當河決歸德時，所害地方不多，時議皆欲勿塞，而相國沈公恐貽桑梓之患，故山東、河南二中丞議論不合，而廷推即以河南中丞總督河道，不使齊人有異議也。既開新河，而初開之處深廣如式，迤邐而南，反淺而狹，議者又私憂之：「下流反淺，何以能行？况所決河廣八十餘丈，而新開僅三十丈，勢必不能容，泛溢之患在所不免。」而一董役者奏記督府：「若河流既迴，勢若雷霆，藉其自然之勢以衝之，何患淺者之不深乎？」督府大以爲然，遂下令放水。不知黄河濁流，下皆泥沙，流勢稍緩，下已淤過半矣；一夕水漲，魚臺、單縣、豐、沛之間皆爲魚鱉，督府聞之，驚悸暴卒。此亦宋慶曆間李仲昌之覆轍也。

治河猶禦敵也，臨機應變，豈可限以歲月？以趙營平老將滅一小羌，猶欲屯田持久，俟其自敗。癸卯開河之役，聚三十州縣正官於河堧，自秋徂冬，不得休息，每縣發丁夫三千，月給其直二千餘金，而里排親戚之運糧行裝不與焉。蓋河濱薪草、米麥一無所有，衣食之具皆自家中運致，兩岸屯聚計三十餘萬人，穢氣薰蒸，死者相枕藉。一丁死，則行縣補其缺，及春疫氣復發，先後死者十餘萬，而河南界尤甚。役者度日如歲，安能復計久遠？况監司催督嚴急，惟欲速成，宜其草菅民命而迄無成功也。

水候

立春後，風動泉湧，上源山中積水，負冰而下，河爲暴漲，謂之「撟凌水」。此水率繇三冬積雪所致，若冬雪不繁，則溪壑方渴，河不泛也。二月陽氣上升，地脈潛行，故多陰雨，兼之石泉涓溜，澗溪貫輸，匯之于河而瀾長矣。當是時，桃花正爛，謂之「桃花水」。清明此日，有司暨治河使者，于一歲興工之處，用少牢致祭，即立標水頭，而偵報負役，刻時更番覘候，水痕每添一寸，夏秋之間輒盈尺也，謂之「清明水」，亦謂之「信水」。三月春暮，蕪菁花開，謂之「菜花水」。四月壠麥結秀，山蛆浮出，漁人網得，知高源之有漲也，謂之「麥芒水」，亦謂之「麥黄水」。鮰，土人謂之「山蛆」，上源山隙潛生，每重不過一觔。崇禎辛未浮河而下，有重至五七觔者。河干耆老曰：「上源水可虞也。」未幾，荆隆口水下，衝決數百里，漂没不啻萬家。五月謂之「瓜蔓水」。六月深山窮陰，堅冰方釋，如龍門玄冰，祁連積雪，鑠金之暑既熾，萬山之源合流，而沃宕山石，水帶礬腥，謂之「礬山水」。七月豆花方盛，謂之「豆花水」，南華所謂「秋水時至，百川灌河，兩崖不辨牛馬」者也。而盤渦蛟龍，崩岸嚙隄，其時始急；加之霪霖黴濕，農忙泥濘，于時催田夫，守隄防，而河役之謡作矣。八月荻亂花盛，謂之「游龍水」，土人以爲龍出游行，不知龍以八月爲夜。游龍，蓋水蓼也。九月九日，謂之「重陽水」，亦謂之「登高水」，十七日，俗謂河伯生辰，雖三秋旱乾，是日水必泛漲，故堤埽工程，暨土農種植，必懸候此日，此日過，相慶無虞矣。十月霜降水眠，河流即道，如一槽然，謂之「復槽水」。十一月斷水雜流，寒沍壅積，謂之「淑淩水」。十二月大寒凝結，一望河上，或如積雪，或如屯兵，謂之「冰澌水」，唐人所謂「流澌臘月下河陽」也。不時暴漲，謂之「客水」。旁枝斜穿，謂之「泄水」。全河大流，乘勢直趨，迅如陣馬，與岸相持，節迫不轉，後隊分騎，謂之「倒洋水」，亦謂之「迴流水」。半高半低，兩際相夾，勢如對案，形則削瓜，謂之「切水」。切，去聲。欻發欻止，莫知去來，一波皺起，滿河濤堆，謂之「河喘水」，此水見，當有大水也。斷壠巉巉，旋渦激蕩，崩高穴深，聲容百樣，兼之風猛濤湧，曲岸斗崖，洞庭之波乍起，錢塘之潮忽來，目不能視，耳不可聞，此水專在坍塌處，謂之「聚灣水」。一灣既過，河直流妥，澹澹溶溶，聲響不作，謂之「䑺流水」。大流漂漲，餘力奔赴，水高岸平，勢猛浪激；加以沙中坎窞，行險而躍，或如人立，或如鵠翔，深不没膝，波轟過頂，聲吼遠邇，彌日竟夕，謂之「刮灘水」，水雖淺，不可涉。撞鉦擂鼓，飛水如織，雲霧四罩，羣鷺翔之，謂之「崩灘水」，岸雖高，不可近。又如移𡘙橫注，側力全出，避射如弓，巧機深入，謂之「劄岸水」。漲溢踰漕，溯湃平進，陵谷失形，村落驚遯，謂之「抹岸水」。埽壩敝朽，潛溜漱下，岸坦洪中，鋳危奔馬，謂之「塌岸水」。風浪旋激，躋崖伏候，一波淩厲，萬疊擁湊，謂之「捲岸水」。遠勢初近，後浪停隨，呼吸繼進，濤聲四馳，謂之「上展水」。平流徐進，押浪轉灣，旅酬未畢，鞺鞳鳴弦，謂之「下展水」。上展有盡，下展多力。燦若汎雪，矯如奔羊，水花詭激，静躁靡嘗，乍落直流之中，屈曲横波之洋，謂之「窌䆊水」。望之匹練，恬净澄夷，斜亘中流，酬應不及，長年避夫膠舟，土著識其洪移，謂之「明灘水」。險過怒息，勢大徐起，細浪不生，波如屋裏，行舟遇之多溺，謂之「篤浪水」，亦謂「大潮水」。又有移岸水、駁灘水、夾岸水、閃灘水、藏岸小分春水、争龍水、透崖水、遠灘水，種種機要，深隱難名。總之，力猛則勢雄，流急則節險，總謂之「神水」。

婁樞論曰：泛言治河之道，皆本漢賈讓上、中、下之三策，實究治河之工，無出元賈魯疏、濬、塞之三法。讓之上策、中策，譬如滕之井田、周之里選，名甚高而實難行也；魯之三法，推廣讓之下策也，譬如管仲之治國、楊炎之兩税，名雖卑，而實百世之可通行也。徙冀州之民當水衝者，敗壞城郭、田廬、塚墓以萬數，皆不恤，讓之上策也。今觀元之亡也，罪不在魯，而怨者皆歸之魯，矧無罪而破數萬家之城郭、田廬，吾恐漢室之亡，已不俟赤眉、黄巾矣。出數年治河之費以業所徙之民，讓處置之宜也。雖縣置一讓，徒竭居民，亦不贍徙民，徙民之空地，萑葦生而盜賊潛，其害有甚于河者。丘文莊公亟取其中策，謂多開渠道，引水灌田，可殺水怒而利農；不思春夏旱乾，漕河方淺，而渠又引去；秋水時至，百川灌河，田中雨足，孰肯引無用之水以病田，是謂上策、中策之難行也。繕完故堤，增卑倍薄，讓謂下策，魯不謂下，又廣其義爲三法：釃河之流，因而導之，謂之「疏」，今之釃水隄、分水河，皆其遺法也；去河之淤，因而深之，謂之「濬」，今日之桃河淘閘是已；抑河之暴，因而塞之，謂之「塞」，今日之棬埽築壩是已。憂國之君子，在邵尚書，則欲以不治治之，蓋本蘇子瞻王者不治夷狄論也。六月興師，周王豈其得已？侵鎬及方，將若之何？胼手胝足，神禹豈好爲勞？「洚水警余」，誰之咎與？及考邵公治水之方，則曰「疏故道，塞新決」，此即魯之緒餘爾。在霍學士，則欲引黄河入衛河，是即陰用讓之上策，不從冀民而繇冀地也。然大河豈衛所能容，一入於衛，則汲、濬、元城皆魚鱉矣。先師何侍郎欲南、北各開支河，今河南孫家渡、趙皮寨諸處，固有支河矣。或繇或淤，凡以修築者皆爲運河謀也。若河北開支河，不經運河，何以達海？僭謂與其從下流分之使出，孰若從上流導之勿入，孟津以上河允翕孟津以下始善汎；良以伊、洛、瀍、澗會於鞏，丹、沁、濟、溴會於武陟。若導河南之水南入淮，河北之水北入衛，雖非至計，比之開支河，則工省而易成；導黄河，則勢小而易制耳。三十年來，工多施於曹、單之下，而遺於汴省之上。九重德意，豈專在此一隅；千里長隄，孰保都無空缺？倘如前代之決原武，決封丘，一入曹、澶之境，則會通之前功盡棄矣。濟南有新河自淮揚以達天津，比漕閘省啓閉之煩，比海運省風波之險，工無廢於此，兼治於彼，何如？詩云「不震不動」，言不駭人也；「不戁不竦」，言不自恐也。新河有册籍，治河有總方，皆足以資識。乃石文隱公之説，則不專在是，曰：山河經絡，苟非目睹身歷，而欲據文字定之，鮮有不失者矣。

自孟津以至吕梁，相其地之高下，水之分合，堤之完缺，何處可導，何處可補，雖不親行，亦戒河堤使者勿徒苟具文書已也。野貍一窟，淹没數萬家，此非邇年之明效耶？吾行河間，半爲水國，究其繇，則滹沱淤塞故道，任水横流而旁溢，新壞數千頃，非獨民賴之，官亦賴之；疏濬勞民，非獨民病之，官亦病之。此事之因仍者寡尤，作興者招怨，阻而不遂，憚而不爲，如此之類尚多矣。

曹縣舊志

黄河故道四。一在河間府，距曹縣西三十里〔五二〕，上接吴橋縣界，東北至南皮縣界；一在大名府，開州治南，又長垣縣南六十里，清豐縣西五里，又廢東明縣南五十里，皆原故道；一在東昌府館陶縣西南五十里，一在衛輝府新鄉縣南入界，北行與虞城縣相接〔五三〕。

大堤　弘治六年，河決張秋。事聞，命太監李興、平江伯陳鋭、都御史劉大夏治之。既塞黄陵岡，又以山東之地，漕河外户也，乃築堤，自大名府起，經曹縣，至虞城縣界止。在曹縣界者計一百里，各設鋪座人夫，以防衝決，立公館，以時巡警，而以兖州府管河通判提調之。公館：四所。魏家灣、在縣西七十里。陽晉口、在縣西二十里。張譚寺、在縣西南二十里。李文盛。在縣南五十里。淺鋪：四座。小張家灣淺、新添淺、安陵淺、夏候淺。

曹縣志

修守事宜

築堤　大約離岸二三里，容蓄寬廣，可免決嚙，切勿逼水，以致易決難守。仍勘隄址虛實，如有浮沙，量行掘槽，務取老土，每高五寸，即夯杵二三遍。若有淤泥與老土同，但不堪夯杵，須令各夫輪番脚躧，俾結成一塊，稍乾更加夯杵。其取土宜遠，切忌傍隄挖取，以致成河積水，刷損隄根。驗隄之法，用錐筒探之，或間一掘試。隄式貴陂，切忌陡峻，如根六丈，頂止須二丈，俾馬可上下，故謂之「走馬隄」。

塞決注七　凡隄初決時，急將兩頭下埽包裹，官夫晝夜看守。稍待水勢平緩，即從兩頭接築。如水勢洶湧，頭裹不住，即于本隄退後數丈，挖槽下埽。如裹頭之法，刷至彼必住矣，此謂「截頭裹」也。如又不住，即于上首築逼水大壩一道，分水勢射對岸，使回溜衝刷正河，則塞工可施矣。塞將完時，水口漸窄，水勢益湧，又有合口之難，須用頭細尾粗之埽，名曰「鼠頭埽」，俾上水口闊，下水口收，庶不致滚失，而塞工易就也。

築順水壩　順水壩之設，爲喫緊迎溜之處。本地水刷洶湧，雖有邊埽，難以久持，故于本堤上首築順水壩一道，以逼水遠去數丈，隄根自固。

栽柳護隄　每歲冬春之交，用柳橛、柳椽相兼栽植，傍於隄根，柳橛密栽，而柳椽每株相距五尺許，非止用以捍水，而每歲發生枝幹，亦供埽料。

栽葦護隄　凡隄臨水者，栽蘆葦、茭草于下，使其根連株叢，衍茁日蕃，即有風，不能鼓浪。又于隄根至面，採草子密種，以圖蔓延日滿，雖雨淋不能刷土也。

晝防　隄岸每遇黄水大發，急溜埽灣，未免刷損，若不即行條補，則埽灣之隄漸以坍塌，多致衝決。守堤者必日捲土牛小埽聽用，但有刷損，隨即補塞。

夜防　守隄人夫每遇水發之時，修補刷損，晝日無暇，夜則勞倦熟睡。若不設法巡視，未免失事，故有五更牌面分發，如天字鋪發一更牌，至二更時前牌未到日字鋪，即差人挨查，稽遲者有罰，使隄岸不斷人行，以防誤事。

風防　水發之時多有大風猛浪，隄岸難免撞損，若不防之於微，久必坍薄潰決。故爲龍尾小埽，列于隄面，一遇風浪大作，繫于附隄水面，縱有風浪起落，足以護衛。

雨防　守隄人遇驟雨淋漓，難以站立，必各避鋪舍，或暫投民居，隄岸倘有刷損，誰其看視？故夫役各置斗笠、簑衣，遇有大雨穿帶，隄面不時巡視，乃無疏虞。

官守　河水盛漲，管河官不能一人周巡，故添委一協守職官，分岸巡視。每隄三里置鋪一座，每鋪設夫三十名，每夫守隄一十八丈，又夫二名共一段，於所分隄上夥搭窩鋪一所，時日棲止，以便傳牌巡視。又畫地分委省義等官，日則督夫修補，夜則稽查更牌，頃刻無弛，以保無事。

民守　每鋪三里，雖已派夫三十名矣，但調用無常，若水發之際，修守不足。又于臨隄鄉村量添鄉夫暫用，每鋪十名，水發則併力協守，水落則省放回家，量時去留，不妨農業。不惟隄防有賴，而附近之民亦保田廬。

冬春預備　每歲秋末冬初，修守稍暇，即督夫採草十餘日，每日限以束數，每束限以斤數。大約五斤一束者，每夫日可採六十餘束。採完，即運置近隄高阜處，上下蓋墊如法，不令雨淋水泡，以致朽爛。其椿蔴等項，俱宜于冬春間估計詳盡，預發官銀，督各州、縣收買運貯各廠。初買必報所差之人，買完必報所買之數，遲緩冒破者有罰，庶護埽、順壩等工，饒足供用，不致臨時缺乏。

賈魯隄。元賈魯濬河，兩岸皆築隄，以防衝決。自本縣張家灣東南至丁家道口凡九十餘里。國朝弘治間，改河南行，本此隄築修，至萬曆癸卯又改河而北，此隄坍没，不可復考。

舊老隄。自北直隸白茅村起，東南至遥月隄，長八十八里，每二里一鋪，共鋪四十有四，今河没，止三十有八。

北大堤。在老隄内，自魏家灣起，至城武縣苟村集止，其在縣境長六十二里，每二里一鋪，今廢。

大行隄。即南長堤，自舊老隄焦家壩起，東至豐縣，而其在縣境止羅家壩，長八十里，每三里一鋪，共隄鋪三十有七。嘉靖末年，歲貢胡宗沔疏議河務，請築此隄，以防運道。功完，宗沔欽奬，仍賜銀以勞之。萬曆九年，巡撫都御史何公起鳴增築之，而胡公汝桂記曰：「黄河北抵漕運，不二百餘里，中隔太行一隄，水南下則濟運，北決則害運。遠無論，即近留城之事可鑒也已。」萬曆四年，河又決其曹、單、金鄉、魚臺，漂没淪溺之慘，不可勝言。即南陽新壩堤蕩且盡，運道岌岌殆矣。緣近創修縷水堤，每年甫築，而以太行堤迂遠，且力不能兼致，然縷堤逼河，日與水勢爲敵，及水勢大而不能抗，則決。縷隄決，而太行殘缺，穴隙倉皇無措，亦狼狽破壞而不可恃，其弊大都坐此。何公始視河，則曰：「夫治河者如治病，急則治其標，縷水隄是也；緩則治其本，太行隄是也。夫水，逼其勢而敵之則怒，怒則決；寬其勢而隄防之則緩，緩則力衰而可無事。故縷隄嘗修而嘗決者，逼之也。若太行隄者，緩之也。先年大臣如劉天和輩惟經略此，其固漕運而衛民生者，誠爲遠慮。今惟增修太行隄爲得計。」于是僉議既同，謀畫既周，計算惟允，而又定分鋪植柳之法，二年補修之例，著之令典，永爲遵守。奏上，制曰：「可。」迺始工于萬曆八年九月，訖工于萬曆九年二月，計工九十四萬五千三百五十工，增修隄一百九十三里有零，高厚堅實，永爲保障。其有益於運道、生民者，甚大于是。天子璽書褒嘉，錫以銀幣，其各官賚奬有差。唐同司河事者曰：「是不可無記。」問于余，汝桂曰：「余觀何公爲給事時，勘新河，時衆言淆亂，國是未定，而公以片言徐定之，爲永利。又撫貴州時，妖人謀逆，鼓諭土酋，將成大禍，而公潛擒元孽，不動聲色，而安西南之民。斯其忠慎膚敏，長慮遠猷，功在社稷之大者皆如此，不止一修隄事也。然是隄之修，一勞而永逸。又治黄河，裨運河者之要務，誠當勒之貞珉，以詔後人。」是役也，主持國是，奠利河漕，則今南京兵部尚書潘公季馴；首發忠謀，畫地分守，則今吏部左侍郎趙公賢；肅憲貞紀，協議宣猷，則先今巡按御史錢公岱、陳公功；綜理區畫，計算督厲，則原任管河副使、今陞雲南參政邵公元哲；觀成善後，畫一守法，則今河道副使丘公浙；而分工胼胝，夙夜勤勞，則運同唐文華，同知王一鳳、夏維潘，通判王誠；出納惟允，供應賢勞，則曹縣知縣張養志、單縣知縣田則真；贊畫切中肯綮，奔馳不憚煩勞，裨隄工可需時用應禮待，則曹縣歲貢監生胡宗沔焉，法并得書。其效力指揮州判、縣丞、主簿等官，陰省義官鄉民等不盡書，載之碑陰。

縷水隄。按縷水隄名始于知縣王肅之築，其後有三，今前堤不可稽考，而止以起遥月隄至單縣界者名之。其在縣境四十八里，每二里一舖，共舖一十有六。

遥月隄。在舊老隄之東，自二十九舖起，至本隄四十四舖止，長十八里，每三里半爲一舖，共隄舖七。

攔水壩隄。初止攔水小壩，後築成大堤，而自舊老隄劉家樓起，東至單縣朱旺口大壩止，其在縣境長□□□里，每□里一舖，共隄舖十七。遥月隄東即接此隄，曰本隄，誤。按縣今有長隄四，其在縣北曰北大隄，縣南曰大行隄，又南縷水隄，又南臨河即攔水壩堤，皆東西長堤。而縣留之舊長堤，其存無幾矣。

月隄十有四。曰孔宣莊月隄，長十七里；曰娘娘廟壩月隄，長一里有奇；曰龍王廟月隄，長二里有奇；曰馬楨莊月隄，長四里有奇；曰孫家道口月隄，長四里有奇；曰牛市屯月隄，長七里；曰曹家集東月隄，長四里有奇；曰劉滿莊月隄，長三里；曰清涼寺月隄，長三十里有奇；曰汪家廠月隄，長六里有奇；曰吕家廠月隄，長五里有奇；曰禹王廟月隄，長六里有奇；曰紀家店廢隄，長六里有奇。

新增月隄四。曰遥護月隄，長八百六十丈；曰趙家集月隄，長一千丈有奇；曰仝家廟月隄，長一百六十丈；曰仝家廟前攔水月隄，長二百四十丈。四隄皆曹家口隄防。崇禎寅卯間，河勢急，黄河廳朱公朝勸捐錢五十貫築。

壩十有四。曰武家壩，曰馬家壩，曰孫頂壩，曰趙璇壩，曰董來壩，曰崔家壩，曰焦家壩，曰陳士廉壩，曰新月壩，曰榮家壩，曰王家壩，曰曲家壩，曰高家壩，曰解家壩。

曹有四土之異：劉公堤北，秋潦時至，土人謂「黑羊山水」。地下而瘠，率三畝不能獲一鍾；其南稍阜，然河故直瀉而東，土疏散，尠大有；惟太行堤南，河既折行，而盤瀠渟蓄，時留其膏，爲稍腴矣；至欄水壩外，又浸河堧出没坍塌之不常，居鮮寧宇，土人每霜落而種，未暑而收，一麥之外，不復再秋。故曰曹有四土之異。頻年荆隆既澹以災，曹家口射轡坤方，洪濤巨浪，崩岸潰堤，距縣不及三牛鳴。向所謂「盤瀠渟蓄，時留其膏」者，今亦如坐盆底，虞浸不暇，而冀耕獲哉！

治河議上

劉堯誨

國初宋公禮開會通河，沿元人舊渠，自安山以北入於天津，渠道尚可循，所有工力不費。禮之功在漕河者，唯南旺湖及濟寧天井閘以南而達於淮，其利益國家而功倍於故元者。

初，元人止導汶水而障堰之西南行耳，禮引沂水、洸水入於泗，以會於漕；又引鄒縣之滳源泉九，引泗水之下莊泉三十，入於泗；引蒙陰之官橋泉四，引曲阜之柳青泉十八入於沂，達於泗，同匯天井閘以成漕渠。又開濬南旺湖周迴百五十里，匯平陰、泰安、東平等泉百，而設南北閘以分流之，北入安山舊道，南過濟寧，會天井閘諸水下徐、吕，同爲淮河入於海。故我朝漕運止藉山東諸泉，而不敢引大河以爲利也。山東諸泉，亦自足以潤徐、吕而成漕渠，可以不求濟於河也。

至正統戊辰，黄河決張秋，害及運道，以後漸引河入徐、沛。弘治六年，河徙黄陵岡，決張秋，奪汶、泗之水東行，而運道阻絶，當時議者主於上流分殺河勢，既鑿孫家渡口，導河南入於淮；又開趙皮寨口，導河入亳、泗、歸、宿，以會於淮；又疏賈魯舊河，由曹縣梁靖口出徐、沛，入運河，過二洪，以會於淮，於是二洪藉河勢而爲厲也。第上流既分，大勢自弱，徐、沛之間雖有河患不甚。以後治運河者漸失國初作者之意，導口既塞而支流未分，會全河之水以入於徐、泗，而議者乃曰「治運河」，亦過矣。夫運河何憂不治也？我成祖亦未嘗以其憂貽後人也。導河入徐、吕而數逢其害，此是後人失策。今唯求其所以害運河者而遠之，固所以全運河也，又何治焉？

近者，工部朱尚書以黄河侵嚙沛縣，切近運河，乃徙運河而東五十里，以上接於濟而下通於徐，其意主於遠黄河也，可不謂知耶？然愚以爲當以黄河遠運河，不當以運河遠黄河。以運河遠黄河，則凡黄河之所能至者，皆當遠而避之，此不東走海、南走山耳，故以起膠、萊之議，而有泇口之役也。矧所避者止沛縣數十里耳，而徐、邳四百里之河患固在也。以黄河遠運河，則上流歸德、蘭陽、趙皮寨口，原係河流入渦、淮故道，去其淤積，排決之耳，無有泇口之斬山焚石也；順其去勢，利導之耳，無有膠、萊之穿渠亂海也。計不出此，而亟亟壘隄以障河，愚以爲黄河至於徐、邳，如大軍既敗而潰，雖有善將，勢不能制約；雖有銛鋒淬刃，勢不能使之就行伍也。故今之築隄以防河，無以異於銜木以填海，盡南山之木，無益於海，則盡徐、淮之土，亦無益於河。且所築之隄，基廣二丈，崇七尺，勢不能加矣。徐、邳每至伏秋之時，白浪如山，拔地數仞，雖奔雷倒海不足以喻之，奚但懸水流沫而已？則丈隄土實以決其怒而恣其暴也。

昔師丹有言：「按經義，治水有決河深川，而無隄防壅塞之文。」是得禹貢遺意，而於今尤爲對病要語。

治河議中

今議開趙皮寨口，將尋亳、泗、歸、宿故道，以分殺河勢。難之者曰：「河入趙皮寨，經歸、宿，出宿遷，會於淮，而同入於海，恐河勢趨南之便，而東流入徐、濟之路艱，將來二洪淺沍，則運道爲梗。」又曰：「將不免爲鳳、泗諸陵寢憂。」此皆臆説也。

夫鳳陽即古塗山、荆山地，形勢最高，而府北鳳凰山一帶皆阻山爲險，自有淮水以來，所經歷鳳陽境，至今陵谷不稍變遷，此其彰彰著也。況皇陵在府城南又二十里，當洪武二十四年，河決孫家渡，由中牟、項城入鳳陽界，過潁州潁上，至壽州，合淮水，歷懷遠，以達於泗，是以全河灌鳳陽，背城而下，當時未聞波及爲害，以危動陵寢。矧今分流入歸德，過宿州符離集，出宿遷口，遠者二百里，近亦不下百餘里，此事之必無恙者。而以勤當事者之憂，豈我聖祖之念皇陵也，不若後人之異甚耶？

乃若泗州去宿遷止四十里，黄河由淮以入泗，與夫由泗水以會淮，一也。所慮寨口既開，大河南下，歸宿遷，有二洪淺閣之虞，是以二洪待河而轉漕。故愚以爲失作者之意也。

先時，總理河道劉公天和有云：「漕河本不用黄河之水，自淮達濟，一路隄防，正恐黄河衝入爲害。今徐、吕二洪以下，一向反用黄河之水而忘其故，及水不來，則用功挑濬以引之來，此即所謂『以病爲藥』也。如酒本傷人之物，而耽酒者一向沉溺於酒，反以酒爲生，一不飲酒，如欲斃矣。」此剴切善喻，是究極宋公本意者，豈近時治河諸公未之聞耶？乃若所以爲二洪盈竭者，責在山左諸泉，而宣節泉流者，又責在理漕諸吏。

國初浚會通河，而開拓南旺、馬腸諸湖，正欲廣受深資以待旱乾不時之變。故南旺湖周迴一百五十里，濬深者丈餘，淺亦不下五七尺，内築長隄者三，漕渠貫其中，西隄開斗門，以時蓄洩，號曰「水櫃」。每二年一大浚，役夫萬餘名而以爲常，此不特爲沍竭之備，雖伏秋淫潦，諸泉暴發，得湖以爲壑，則不至溢四出，以爲東土之災。厚積而徐出之，又自足以平二洪之勢，計亦周矣。百年以來，既浚不時，湖勢日蹙，高者爲坡阜，下者長洲渚，不復有所謂昔日之全湖矣。抑且徂徠諸山厲禁漸弛，各泉溝道率皆填壅不治，每遇水潦，則平地盡湖而無專受之壑；稍亢陽愆期，則湖底飛黄埃也。議者不原其始，而遽以山東諸泉謂不足以潤二洪，而必藉黄河以爲利。人之識度，豈不大相遠哉？且運河設閘壩，各有淺夫若干名，以淺名夫，何也？近時有事漕河者，皆利於築隄而不利於浚淺。蓋高可以僞增，而深不可以僞及，故隄日高，則湖日淺，水無所受，勢必潰隄而出，隄潰而委之於湖，則築隄固所以填湖也。且非獨此也，凡漕渠皆然。今高郵、寶應諸湖隄，内高於水者不滿五尺，而外高於平田者則八九尺，三百里大湖，如支閣在地上，稍一摇滉，則奔瀉而不可禦，所以淮揚多水患。而説者以爲天數，豈非妄哉！

愚嘗周歷於徐、淮、梁、宋之間，而以中原之地勢測之。大抵河之南岸高於北岸，歸德、蘭陽之間，又曹、單、徐、沛之上游也。

弘治間，河決張秋，奪汶、泗以東行，當時諸臣議築塞，唯荆隆口隨築隨潰，於是開孫家渡口，開趙皮寨口，又鑿賈魯河，皆導河使東南行也，如此，則河勢分殺而安流矣。明年秋水漲發，河仍趨北，而勢將復犯張秋，故都御史徐恪以爲言，乃從荆隆口至黄陵岡之北築隄二重，各長二百里，以護決口，而劉公大夏等得以成安平鎮河功而全運道，豈非河地南高之驗耶？

嘉靖甲午年間，黄河徙蘭陽寨口，直趨亳、泗、歸、宿，不復入于徐，以致二洪淺沍不可漕。後之理漕諸臣，乃一意開梁靖等口，導河而東，並出於徐、沛之間，又鐫廣二洪，隘石而平之以便漕，故河勢東下之利，合流傾注於徐、邳，而趙皮寨等口以漸湮塞，河不分流，而亳、泗、歸、宿之故道失矣。

嘉靖壬子間，都御史詹翰復請開趙皮寨口，不果行。明年，又申前請，遣使視河上，而以工費鉅大爲辭。陵夷至於今日，其計無復之矣。夫河性至湍悍，必有以瀦之，則緩其性而不爲暴；有以分之，則殺其勢而不爲暴。古今治河，無出此二者。故漢人有言，河南岸强則攻北岸，北岸强則攻南岸，南北俱强，則下流受傷。今日之治河，正犯此戒。弘治間，懼黄河之北犯張秋也，故强北岸而障河使南。嘉靖間，以黄河之南徙歸、宿也，故塞南岸而障河使東。今南北俱强矣，所以淮、邳上下毒遭全河之害，而爲運道憂也。夫曹、單、鄆、濟之間，如鉅野、梁山泊等處，汙澤窪下，昔人於此以瀦河也。自荆隆等口重隄以障之，則河水不得上溢於鉅野、梁山之間而有所瀦矣。孫家渡及蘭陽、趙皮寨，昔人於此以分河也，自決口填淤，棄而不治，則河水不得南入於渦、淮而有所分矣。既無以瀦，又無所分，洪河萬里，又會番漢川澤之流，而迫束於二洪之間以激其怒，此不盡吞邳、淮，化而爲溟渤者未已也。故今日議治河，不開趙皮寨口，不濬亳、泗、歸、宿舊渠，雖使大禹臨河，白圭爲役，亦不能救徐、邳之害。而賈讓、谷永諸公，但崇空語耳，亦何爲耶？

治河議下

夫河北數十水而沁爲最大，河之南數十水而汴爲最大。汴水出大周山，會須水、索水、京水、鄭水入祥符，東南會蔡河以入於泗，宋人於此開渠以通淮、泗，曰通津渠，亦曰惠民河。是宋以前，河東北流而不受汴水也。沁水出綿山，合大原蘭水、丹水、白水、蘆水，出懷慶、濟源，元人郭守敬於此開渠，引沁過新鄉，歷胙城，至汲縣，入衛河，以達於臨清，曰御河。是元以前，黄河東南流而不受沁水也。今汴、沁皆入河矣。宋自熙寧，河始分爲二。其南入淮水者，受少半耳，今考黄河入淮之路，一自中牟過項城，入鳳陽而下，即洪武間河決孫家渡口之路也；一自開封、蘭陽至虞城，經徐州而下，即今河出徐、沛間之路也；一自歸德過宿州符離集，出宿遷而下，即今趙皮寨上下之路也。自宋以來五百年，黄河入淮，雖轉徙不常，總之不出此三路；而欲分殺河勢者，亦不出此三路。

乃若合全河之水，又會山東諸泉而盡輸於徐、吕，以會於淮，此則從古未有事也。孫家渡口自正統以來凡十餘浚矣，隨復淤塞，故今議分導河流，計無便於開趙皮寨，而寨口所從之路，唯宿州符離集爲正道；且自宿遷出口入海，不復過鳳陽、泗州矣。汴、沁故道，可以講求而復，汴、沁復故道，是斷黄河之内應也。而沁水去河止四十五里，萬一徐、邳道梗，則由江之淮，由淮之汴，由汴入河過沁，放流而下，達於衛，會於臨清，此亦轉漕一奇策也。淮水由泗州導之，南過盱眙，經天長界，至六合，出瓜步口，會大江，尤徑易。在昔隋開皇間引汴入淮，通邗溝；及唐人魏景倩開直河，引淮至黄土岡，通揚州，今埠岸道里皆可訪求。得淮入江，則中原徐、鳳千里之間，永無水患，而因山川自然之勢，於運道尤可久也。且省淮揚、高郵、寶應一切閘、壩、湖、坊官民之費，而以二湖給民田，多穿渠道，南北分流之，則淮揚亦永無水患也。此皆按地形指畫，據所嘗涉歷以考證今古，豈以窈冥決事，亦豈以疑事嘗國家也耶？

然愚又有慮焉。國事以民爲本，今所治在運河，是不免以中原、徐、淮之地爲壑，而諸臣之有事於漕運者，一隄之外皆鄰國矣。此非唯不足以慰民志，尤非所以上答天心。水之爲災也固宜，昔漢武塞宣防，躬自沉璧，而諸臣親負薪者，凡以爲民也。今即使運道通利，而徐、淮萬姓之墊溺，中州千里之汙萊，將聽之耶？況運道原不煩治，能疏導河流，使民得宅土處業，則運道自安流也。第緣近者膠、萊、河之議，洳口之役，初或未審諦，言出而竟阻抑不行，恐後之抒謀任事者，不敢自必也。蓋土著之民，多不利於其鄉有此功，而守土之官，尤憚以其身而受此役。其餘徼天幸以待遷者，概今之人而不鄰視國家者幾希。

孟氏有言：「及是時，修其政刑。」夫政之大者，孰有過於漕事？乃若其時，則無復有暇於此者。失今不亟圖之，一旦不偶而中土抗弊，或戎狄啓心，外則轉餉艱危，内則徵發旁午，當此之時，雖欲定計舉事，可得耶？

治河議　何格撰注八

崇禎八年，逮總河侍郎劉榮嗣究問。先是，榮嗣受事治河，以駱馬湖運道潰淤，乃創挽河之議。起宿遷，至徐州，别鑿新河，分黄河注其中，以通漕運，計工二百餘里，費金錢五十萬。其鑿河處，邳州上下，悉黄河故道，濬之尺許，其下皆沙，每挑掘成河，經宿沙落，河坎復平，如此者數四。迨引黄水入其中，波流迅急，衝沙隨水而下，往往爲淺爲淤，不可以舟。明年，漕舟將至，駱馬湖之潰決適平，諸舟惟願入泇，不願入新河。榮嗣自往，督之以軍法，恐嚇諸舟。間有入者，苦于淺澀。于是南科曹景參上疏糾之，上命革職，刑部提問，任内支用錢糧撫按查勘。後駱馬湖復潰，舟行新河，人無不思其功者。

議曰：沂州治轄郯、費，地鄰淮海，其山蒙、羽，其浸沂、沭。書曰：「淮、沂其乂，蒙、羽其藝。」言禹先治水而後治地也。今自蒙至羽，幅員千餘里，皆爲沂地，大半汙萊，雖人力之不至，亦未必非水之爲害也。明臺軫念民隱，下吏蠢愚，不足承指使。然職在守土，敢以舊所考究與今所見聞者僭陳之。竊惟治沭易，治沂難，蓋沭道直而邇海，沂河周折於邳、沂、郯、費間，去淮遠，去海尤遠，故也。治沂之難有二：一隘於石溝，一隘於廟山注九。蓋其地多崖石，水激之不能達，而反壅于上。禹昔治沂，使疏殺無方，何以稱乂？今觀石溝以上，有坊口，通長溝溫泉入沭之故道；廟山以上，有馬兒灣注十，通五丈溝、蘆塘諸湖，入邳之故道，實乂沂之跡也。考諸水經曰：沂水出泰山郡盖縣艾山。即今沂水縣艾山也。又合蒙陰諸水，紆曲數百里，始達於沂。如桑預水、洛預水、螳螂水、連綿水、浮來水、甘水、小沂水、閭山水、時密水、桑泉水、巨圍水、堂阜水、盧川水，又會汶水，皆注之。坊口既塞，每遇淫雨，石溝以上，不得由長溝入沭，決汊口而横流沂水縣之東南鄉、沂州之孝感鄉，此長溝不可不開以殺石溝之隘者，一也。

酈道元曰「沂水左合溫水，上承溫泉陂」是也。河自石溝南達沂城，經曰「南過琅邪臨沂縣東」是也，又有費之洛水、浚水、洪水、猪龍水，合祊水東南注之，經曰「又南過開陽縣東」是也。二河并趨廟山，河流既盛，山麓亢且隘，反趨馬兒灣入五丈溝，又過郯之馬頭，以出宿遷，經曰「東過襄賁縣東，屈從縣南西流，又屈南過郯縣西」是也，今郯之長城，即襄賁故治。頃年擅湖利者，謀塞馬兒灣水，合出於廟山下，無所分殺，泛濫逆行，故上自費之朱紀等口一十二處，沂州之白龍等口二十九處，屢見衝決，邇河鄉郭，轉爲沮洳；而郯之港口、馬頭等一十七處，又下於沂、費者，墊溺滋甚，此馬兒灣不可不開以疏廟山之隘者，二也。禹之汊沂疏殺之方，雖不詳於禹貢，而備載于水經，至今數千餘年，馬兒灣與長溝之跡，的然猶存；且詢之父老士夫，皆云馬兒灣未塞之先，水趨灣者十之七，趨馬頭者十之三，兩河通，則民享其利，且無修築之勞。一灣塞，則民數受害，官益多事。爲今之計無他，循故道，從公論，毅然行之而已。或謂疏馬兒灣易，治長溝難，蓋長溝横亘沂之東、沭之西，地勢汙下，其内通左河、黄米堰河之水，外又當汶、沂之交，開長溝，則自溝以東，如八湖、五湖、十二湖、十五湖之地，不爲巨浸已乎？曰：非也。坊之不設，或設之不崇且厚故也。但預爲巨坊以待之，遇漲可以束流於坊之中，旱乾可以蓄泉資灌溉，孰謂湯河、居仁、黑墩諸湖地，不反害爲利耶？又謂長溝至沭，延袤數十里，大爲之坊，不已費乎？雖然，鑿龍門，疏九河，自古興大役者，不計小費；矧湯河西厓，崇岡天設，但反土以培其東，勞費不甚，較之累歲析居蕩稼，集工補隙，其利患勞逸相懸幾何？或又謂馬兒灣既塞，三湖淤地悉相貿易，誰能奪之？雖然，湖地無賦，民自私之，法當歸官；且善治水者，不與水争地，苟利於民，雖賦税之地，奪之弗恤，況受水之故湖乎？察此數者而修復不疑，則二隘疏而諸利興，自是幅員之内，霪潦有備，卑亢如一，在在可居可食矣。自是流亡樂生，漸次復業，汙萊皆闢矣。

自五丈溝以下，舟楫可通，出其有餘，入其不足，公私皆濟矣。自是徭賦可供，盗賊衰息，民俗日厚矣。夫循舊以便民，非爲更張之擾；一勞而永逸，均蒙再造之仁。易曰：「巳日乃革之。」記曰：「怠則張而相之〔五四〕，廢則掃而更之。」惟明臺詳加體察，勇往必行，則乂沂之功，不在禹下矣。

東阿縣志

邑境之渠有龍溪注十一，有大清河，有會通河，有黄河故瀆，有小鹽河，有瓠子故瀆，有馬頰口。

龍溪者，即東南山中諸泉水也。城在兩山之間，諸泉水會於楮村，並西山北流，穿城而過，至舊城之南，入大清河。以其或出狼泉，故名狼溪，邑令爲其名不馴，改曰「龍溪」。龍溪者，出洪範，龍池也。水經曰：狼水出東南大檻山，逕穀城西。西流泉出城東近山，逕穀城北，西注狼水，以其流西，故即名焉。溪水水盈數尺，泠泠流石間，清澈可玩，縈迴二十餘里，兩岸桃柳，宛如畫圖。惟雨水暴至，常深數丈，然亦不崇朝也。按水經所紀狼溪、西流二水，與今不同。豈當時穀城在溪東岸，自後魏至今千有餘年，陵谷變遷，不可勝原矣。

大清河者，故濟瀆也。禹貢：導沇水，東流爲濟，又東北會於汶，又北，東入於海。考之水經，濟水至乘氏分而爲二：其東北流者過壽張縣西界安民亭南，汶水從東北來注之。汶水出泰山萊蕪縣原山，過蛇丘、無鹽之境，西南至安民亭，入於濟。二水合流，又北過須昌縣西，又東北過魚山東，左會馬頰水。馬頰者，濟之支津也。又北逕清亭東，又北逕穀城縣西，又北逕周首亭西，又北逕臨邑縣東。臨邑者，王莽謂之穀城亭。又北逕平陰盧縣西，又東北濼水出焉。濼水者，濟南趵突泉也，謂之小清河；濟水伏流，至是而出，與大清合，而皆謂之濟。蓋大清爲濟正瀆，挾汶入海，故漢以前不謂之汶，而謂之濟。杜佑曰：「濟水自王莽末渠涸，不復截河南過〔五五〕。」今東平、濟南界中有水流入海，謂之清河，實荷澤、汶水合流，因舊名稱濟，非濟水也。至漢以來汶所由道，則自岡城西南，流至汶上之北四汶口，又西北流，過東阿縣西，又東北流五百里，入於海。至元二十年，開濟州河渠，遏汶入洸，至任城會源閘而分。會源閘者，今濟寧天井閘也。會源閘之水分而北流者，至須城之安民山，入清、濟故瀆，由東阿之戴家廟、西旺湖、薛家橋，入於大清河，以通海運。而其上流出東平界者，但言其北流入海，而不著所由，當亦入濟故瀆無疑矣。其後，開會通河，自安民山達於臨清，而汶水始會於漳，不由濟瀆入海，故元初海運，謂之引汶入濟。濟者，濟故道也。其後開會通河，謂之引汶絶濟。絶濟者，濟爲漕河，所遏不得東也。而大清河自漢以來，不謂之濟，而謂之汶矣。及考今河流，其源出東平東北蘆山之陽，謂之蘆泉，合東山諸泉水西南流逕東平城北，而坎河水從南來會之。坎河者，汶之下流也。國初，開元故會通河於坎河之南，築戴村壩，以遏汶水北流之道，使南入於運。然每秋水泛溢，決戴村壩而西，至東平城南，又折而西北，入於大清河，歷邑境之西南，流至魚山南龐家口，小鹽河水從西來注之。小鹽河者，運河所出，汶支流也。汶水由戴村壩南流，逕汶上之北，至南旺而分，其分而北者，由沙灣五空橋洩之而東，與黑龍潭水合流，至龐家口，而入大清河也。大清河又北逕魚山西，又北逕舊城西，二「西」字新志並改作「東」。龍溪水從南來注之。又東北逕艾山滑口而入平陰境，又東北由長清、齊河過濟南之北，至利津入海也。春夏旱暵，坎河水西來者少，則蘆泉諸水，獨行大清之渠，以會沙灣諸流。故今所謂大清河者，第得汶之首尾，而實以東平諸泉由濟故瀆入海，蓋亦不得專謂之汶矣。海上諸鬻鹽者，至濼口放關，由大清河而上，泊於魚山；又南則由河渠至於東平，西則由小鹽河至於張秋，故大清河謂之鹽河。夫以數百里之渠，關國計要害，而名乃不考，非所以察地理之宜而原本古今也，故詳著之。

小鹽河者，古之馬頰故道也，馬頰，濟之支津。水經注曰：濟水至壽張，分爲二水，其支津西北出，謂之馬頰。馬頰水首受濟西北流，歷安民山北，又逕桃城東，又東北逕魚山南，東注於濟，謂之馬頰口。又曰：濟水至魚山南，左與馬頰水合。今小鹽河龐家口，在魚山南入大清，而上流壽張界中，有馬頰故道，故以爲小鹽河也。按宋河渠志：沿河州郡，各於要害下埽。鄆州有六埽，闞山、子路、張秋居其三；此三埽者，皆小鹽河所經，則小鹽河，故宋時河道也。正統、弘治之間，河決張秋，皆由小鹽河入大清。張秋東隄既塞，其地湧泉如線，南流數百步，滙而爲淵，方數十畝，謂之黑龍潭。通政韓公築山其上，命曰戊己隄。黑龍潭之水絶之於渠，其稍東出，由決河故道，東流至陳琦口北，而與沙灣五空橋之水合而北流，逕李連闞山，至魚山之南，入大清河。其水涵浸瀲淡，平時不通舟楫；雨水泛漲，則魚山鹽舟稍上。至於張秋，不能上，則至魚山而止，故謂之小鹽河。黑龍潭者，一名河平泉，往郎中楊旦常欲涸其水以廣顯惠廟；風雨大至，舟皆覆没，不敢涸。故俗以爲海口龍淵，其實河水所軋而成耳。

會通河在邑西六十里。按元史，海運之法，自任城會源閘，導汶水北流，入清濟故瀆，由東阿舊城，至於利津入海。已以海口沙壅，江淮糧運，皆至東阿起陸運，至臨清，下御、漳北上。其後會通河成，乃建都水分監於東阿之景德鎮。自安山直屬御、漳，而東阿之運罷。國朝開元會通故道，其在邑境者，北至荆門上閘，與陽穀界接；南至沙灣，與壽張界接，長凡二十里，而安平鎮居其中。正統十三年，河決汴梁，東北趨漕，潰沙灣東隄，由大清河入海。都御史徐有貞塞之，先疏其上流，起張秋金隄，至於范、濮，以達河、沁，命曰廣濟渠。渠口爲閘，堰其水以入於漕，命曰通源閘，而於其東岸洩之大清。又於東平戴家廟爲閘三空，疏濟水故道，洩之大清。

其後僉事劉進修沙灣東岸石隄，副使陳善修張秋東岸石隄。弘治初年，河徙汴北，分爲二支，其一由黄陵岡至張秋入漕，與汶水合而北上。未幾，大雨，遂潰張秋東隄，絶流而過，由小鹽河入大清，以達於海。而漕河中竭，南北道阻，於是遣都御史劉大夏等治之，築張秋東隄以塞其決，而張秋之南東岸，又爲五空石壩，出其水洩之大清，至今無河患矣。詳見大學士徐溥、王鏊、李東陽、徐有貞碑記。黄河故道在縣北四十里，從西南陽穀界中來，逕銅城南，又東逕清泠口，又東逕凌山，又東北逕楊劉之南，又東北入長清界。考之水經，河水自范縣東北流，逕東阿縣故城西，歷碻磝、茌平、臨邑之境，東北流注臨邑、碻磝，皆在今長清、平陰界上，所謂東阿故城者，即今阿城閘矣。自宋以前，河在今邑之北，楊劉爲津口。其後周顯德中，河決楊劉，離而爲赤河，不復故道。其溢者注梁山泊，東入於淮，而邑境闞山、子路，皆爲大埽以防其決。已又合永濟渠，北入於冀。宋仁宗至和元年，議者欲復故道，遣使行度，詣銅城海口，約其高下之勢，蓋欲返之使東。而歐陽修以爲非便，因罷不開。而楊劉之河絶銅城海口者，疑即清泠口也。國朝景泰、弘治中，河決張秋沙灣，由小鹽河入大清河，即宋闞山、子路故道，而其溢者，或波及於銅城之南，蓋其故瀆形下，水所趨也。張秋河塞百年，居人不知有河，而河在邑之南數百里，曠若絶境矣。往漢時邑境，又有瓠子故瀆。瓠子者，河之支津也。水經曰：瓠子河出東郡濮陽縣北，又東北過廩丘縣，爲濮水，又北過范縣，爲濟渠，又東北過東阿縣東。蓋河之一支，并濟而流者也。漢時河決瓠子，武帝發卒塞之，於是作瓠子之歌。其後明帝永平中，詔王景治渠，瓠子之水絶而不通，唯溝瀆存焉。今其跡已湮，以故道求之，當在河、濟二渠之間，而與魚山近，以其古名蹟，特表著之。

內史曰：「余讀河渠書『泰山下引汶水穿渠，溉田萬餘頃』，今汶入於漕，其支流出東平以往者，居人不以溉，豈古今地異宜邪？亦其法不講然與？河之爲利害有日矣。宣房瓠子之歌，至今悲之，而邑乃其故蹟，予每問父老河脈所由曲折，遠眺遐覽，歷古今之事，未嘗不抵掌歎也。」

新城志

小清河議

胡應鳴　知縣

新城巨害，莫甚於小清。蓋小清一河，界於高、博、樂安諸處，非若大清之天造地設，可以蓄洩諸水。而此河鑿於人力，自濟南逶迤東流百里，至新城始大，横亘城之東西，其上有烏河、澇淄河東注之，滸山、孝婦河西注之，黄土崖鄭潢溝中注之。每遇秋霖，益以南山七十餘川之水奔灌此河。舊有三空橋，東洩河流支脈溝，北殺水勢。今被高、博二邑塞三空橋爲民居，填支脈溝爲沃壤，加以彼縣協力緣河捍擁，以致新城邊水八里諸處匯爲四大湖泊，周匝五十餘里，民居淹没，禾稼一空，此致逃亡殆盡，催徵多逋。撫、按往往差官踏看，發金疏鑿，徒費不貲，迄無成功。揆厥害原，良由高、博諸縣謀利，固堤以病鄰，新城羸羸而待斃，譬人之飲食然，日納而不洩，必成蠱脹，積久不治，雖盧、扁無以善其後矣。

小清河議

陳珪 青州府推官

本職自奉委以來，晝夜思索，以爲此舉係一方利病，萬姓安危，必洞識其要害，深得其肯綮，而後可以建議。乃自樂安草橋遡小清河而上，歷博興、高苑、新城、長山、鄒平至章丘縣淯河而止。又沿淯河而下，至齊東青城、蒲臺縣界，週迴數百里間，周覽其形勝，窮究其源委，所至必集士民而詢訪之，乃頗得其梗概。始知前此各縣畫圖皆不得其要領，所以謬妄紛紜，迄無定論。大約高苑等縣水患，由章丘之東有漯河一條，流二十五里至小清河故道柳塘口，横過淤河而直趨鄒平以下、高苑以上之駕鴨灣，則溢而汎濫横流，爲諸邑之害最甚。次則青陽驛後之滸山泊、鄒平縣西之沙河、縣東之白條溝，皆受章丘、鄒平一帶山壑之水，下注小清河；至朱家灣之夏旺口，下流淤塞，乃決岸而西，亦會於駕鴨灣。舊時小民無識，爲堤於灣之下，水既有源，勢不能捍，則橫衝小清河之北岸，而入小清河故道，流二十里至劉家口，又橫決北岸而出，以汎濫於數邑之地。又次則清沙泊之水，亦決故河而入，乃決北岸而出，爲蔡家口諸水輳合，匯爲巨浸，一望無際，此高苑等三縣之所以受害也。蓋自龍山驛而東，環章丘、鄒平東南皆山也。諸山譬則屋之脊也，山下諸水譬則屋上瓦隴間之水也，小清河譬則簷前瓦口橫盛滴水之簡槽也，新城、長山、高苑、博興、樂安之地譬則人家之庭院也。今小清河淤塞，譬則簡槽中有物作梗，而瓦水溢出，流滿於庭院矣。若開濬小清河故道，是剔去簡槽中之物，而瓦口之水由簡槽而注於當注之地。又將漯河導入滑河，是簡槽所受不到之水，當於屋上高脊去處爲夾溝斜出，使從外注，不爲庭院中之患也。

夫小清河故道，志謂齊劉豫導濟南趵突泉東行，至樂安入海。今自樂安遡河而上，至章丘之滑河薛渡口止，見小清河南岸一面，橫受章丘、鄒平、長山等縣群山萬壑之水；南岸地高，北岸地卑，此河橫亘其中，延袤數百里，名雖與大清配，然其實大清乃濟水故道，天地生成之河，小清乃人力所爲，二河淺深廣狹俱不相敵。大清深入地下四五丈，闊將二三十丈；小清兩岸僅三丈許，河底在平地上，水由地上行，兩邊爲堤以束之。今填淤平滿，河底將高過平地五六尺矣，所以決即爲害也。凡水上流既決，則下流必淤；下流既淤，則上流愈決，淤決相尋，堙塞日甚，而河遂不通矣。此河不通，則無以受諸山之水，由南岸之高，瀉北岸之卑，建瓴而下，高、博諸縣胡爲乎其不受害也？今必開通此河，水患斯免。考之圖志，成化癸巳都憲牟公亦嘗挑濬此河，自樂安直抵歷下，一以洩水，一以通舟。大學士劉公珝記之。後又淤塞，而章丘以上諸山之水直越小清故道，而趨大清以入海，惟章丘白雲湖最闊，一遇大雨，即溢于小清，而入于大清，即今之淯河是已。大學士李公賢之記可考也。

爲今之計，淯河既入大清矣，則淯河以西固不必開。惟淯河以東八里許爲漯河，較諸河爲大，發源于鄒平之會仙山，北流至高家莊，横注而下二十里許，則汎濫瀰漫，至駕鴨灣而與諸水合匯爲巨浸，其害居諸水之半。此河舊亦由高家莊入小清，今自高家莊遡河岸而上止八里許，曰紀家口，乃漯河西决之舊口也。西望淯河之薛渡口僅五里許，自此至彼，地勢趨下，經三里許爲常家莊，小清故道猶有存者；又二里許，即薛渡口，爲淯河矣。漯河由紀家口開通，入薛渡口，與淯河合流而入大清，其勢甚便。淯河至齊東縣入大清河處，深而且闊，奔駛無滯，號爲陳海溝，足以容水而不爲民害。中經麻姑堂，上下倘有淺澀處，則疏瀹之可也。詢之柳塘口居民，僉謂漯河水汎時，姑未言下流之害，但自紀家口兩岸言之，東決則由袁家口入潘家灣，豬于滸山泊，而河東之民受害；西決則由紀家口瀰滿平地，浸于柳塘口，決于常家莊，而河西之民受害，修堤築口，歲無虚日。今若由此而開入大清，則非惟下流高苑等數縣之民免害，而章丘、清平等數莊之民亦免于墊溺之患矣。然自常家莊而下二里，係小清故道，其上三里，闊四丈許，係民有稅田地，當何如？曰：柳塘口舊閘東西皆有小清故道，西至常家莊五里，東至新橋十八里，淤爲沃壤，民皆耕種。今不追其花利，但使之承受所占民地之稅糧，其孰不從？至於地價，或以官銀給之，或以小清之故道加倍償之，亦孰不願？

漯河之水既入于大清河，則柳塘口舊閘處，高家莊以東至滸山泊之湑河溝二十里，淤平之故道俱可棄，不必開。自湑河溝而下，小清受滸山泊之水，東行二十里至王亮口子而北決，流于駕鴨灣，此二十里淺澀，當濬深三四尺。自王亮口起，至開河口五里許，皆淤塞，當挑深七八尺。開河口乃受沙河之水，自鄒平縣西南來，入小清，東行至閻家橋二郎廟前，會白條溝之水，流至舊口，約二十里許，此淺澀，當濬深三四尺。又沙河經鄒平縣西關而北入于小清，地止五里，名爲關河。據本處人民告稱，水漲之時，東決則由戴家口而漫流，西決則由蕭家莊而漫流，鄒平縣浮石等數莊之民皆受其害，而亟欲濬之，然其深不過再用三四尺。夫自滸山泊之清河溝起，至白條溝之舊口止，通計有水而淺者四十五里，無水而淤者五里，此鄒平地方，當役鄒平縣夫開之，可自免其縣之水患也。

自白條溝之舊口，至朱家灣之夏旺口，計七八里，水深不必再開。自夏旺口起，至陶塘口，此三十里淤塞殊甚，當桃深一丈，闊四丈，使水循故道，長山縣之水患可免矣。自陶塘口至劉家口，計十五里，此駕鴨灣水衝小清北岸而入，至劉家口而出；自劉家口至蔡家口五里，南岸口子受清沙泊水，此二十里有水而淺，當濬深三四尺。自蔡家口至岔河口十七里，皆淤涸，當挑濬七八尺。此岔河口乃孝婦河自顔神鎮受諸水流，至此入小清，遇下流壅塞，乃決而北注，爲害甚大。自岔河口至烏河口止，約五十里，大約分爲三等：西頭十里淤甚，爲上等，當挑一丈；中間三十里次之，爲中等，當挑七尺；東頭十里又次之，爲下等，當挑四尺，使與烏河河身相平，水不倒流足矣。烏河之下爲博興之灣頭，自此以下，烏河之水循小清故道而流，兩不爲害。但自樂安縣石辛鎮而下，至海口二百里，河身僅三丈許，水深止六七尺，其間兩岸口子不下三四十處，出入無定，須俟上流河通、下流水落之時，有口所當築、隄所當修、淤所當濬者，再行計議者也。

夫漯河既改，小清既通，水患固可免矣；然駕鴨灣與馬家泊皆聚水之處，天雨連綿，汎漲爲害，又如之何？曰：駕鴨灣在上，流則入于馬家泊，馬家泊在河之低岸；水不能上入於小清，故舊有支脈溝延亘三縣，至樂安會小清而入海，此天地生成之溝，使洩諸泊之水也。然在高苑、博興境内者，今已没于巨浸之中；其在樂安境者，已於爲民田，長百餘里，不必復開。須待河道水涸之後，尋其近便小清去處名爲淹溝者，徐議濬之，使有以洩諸泊之水于小清足矣。載觀陶塘口以下至烏河口南岸，爲新城地方，北岸爲高苑、博興地方，水由中行，南決則新城受害，北決則高、博受害，故小清水溢之時，南岸之民偷開北岸，往往殺人致訟，勢之使然，無足怪者。然南岸地高，故水溢雖決而進，水退則淤而肥，利害相當。惟北岸地卑，故水一決而遂聚，經年不消，所以浸淫數百里，貽害五六年，而民不聊生矣。愚民無所知識，往往只與水爭，故高苑之民則於陶塘口爲堰，以捍鴐鴨灣之水；及其既潰，則又爲堰於馬家泊之上，亦崩決而不能禦。博興、樂安之民亦然，每縣界上俱有遏水之堰，所謂以鄰國爲壑者也。又新城、高苑之間，小清決口數十，皆爲月堤以助之，修築之勞，迄無虛歲，所謂補塞罅漏者也，然隨修隨廢。前此命官估計，惟會計此耳，不知歲費若干緡，而兩岸之民盜決河防，互相爭鬭，不知殺死若干命，至今訟者紛然，可爲流涕。

茲誠開小清水循故道，兩不爲患，堰可不必修，堤可不必築，民可不必爭，訟可不必聽矣，所謂一勞而永逸者也。

許成名小清河記

濟城之陰，曰大、小清河，皆水支流也。濬水伏見不常，名隨地異。按書：「發於沇，溢于滎，至于河，浮于汶，東達于濟，入于海。」濟，今之大清河也。小清出趵突泉，流大明湖，經華不注山，會龍山河，經章丘，會淯、漯二河，經鄒平、長山、新城，會孝婦河，又東經高苑、博興、樂安，會烏河，北由馬車瀆入於海，此兩河之故道也。

成化癸巳間，道塞水溢，大參侯官唐公濾議召饑民數萬，濬數百里，通舟楫之交，廣魚鹽之利，得湖田數百頃，歷城之有稻，實自茲始。迄嘉靖癸巳，蓋六十年，大清如故，而小清之道，自博興而西，及淯、漯、孝婦諸河，皆決塞爲害。歷下之西北百里，水盤迴山阜，道多梗塞，每秋雨暴漲，溪潰川奔，漂居廬，災禾稼，濟人之憂莫甚焉。惟時庵袁公來撫茲土，乃奮然曰：「水以養人，顧以害人，治之無道耳。吾聞之，善者順其性，莫與之争，爲之委，以殺其勢，斯轉害爲功矣。害之弗祛，惟撫之愆。」遂自博興達歷下，開小清故道，幾三百里；疏鄭黄溝，分新城之流，疏新河，殺烏河之勢；其淯、漯、孝婦諸河，則濬其塞，導其支，而樹之防。於是諸水悉平，咸注之小清河矣。又歷下之西南，大清河之北，黄岡之西，舊石石橋四出迴折八十餘里，河旁達曲貫，於是諸路之水，咸注之大清河矣。夫濟水經緯濟、兖之墟千餘里，派析條分，驅而之道，俾生民無水之虞，而反滋其利；然非抱康濟之藴，篤極惠之誠，闡蒸黎之利，審山川之紀，未有能濟者也。

於乎！唐起其端，而公益大其後，上下百餘年，鴻猷駿功，炳炳齊、魯，遡其時亦癸巳，若造物相之而然者，其數數哉！苟嗣是有爲之紹，殆萬世之利也。竊謂九河失道，神禹蹟微，而江北兗、冀之區，每秋水横發，任其泛溢而莫之理。畏動寡謀者，則諉諸海桑陵谷之變；而貪功喜事者，又鑿以自用而昧水之宜。乃若樹不可已之功，惟仁且智者能之，故清河之役，三載而民不困。

李開先漯議

東省青、濟之間，水之大者，莫如二清河。治者顧後河而先漯，何也？以其衝要有害，用力少而成功多耳。大清河發源平陰縣南柳溝泉，從張秋分流，而灌長清、齊河，至歷城，會濼水，經濟陽、齊東、武定、青城、濱州、蒲臺、利津諸州縣，至寧海埸，達於海。小清河發源濟南趵突泉，出大明湖，經華不注山，下章丘白雲湖，會淯、漯二河，轉而之東，過滸山泊、鄒平長山孝婦河、新城烏會河、博興、高苑，至樂安高家港，達於海。

大清河，自泰山迤南及西北之水皆注焉，會流至齊東，勢方洶湧，而齊東東南城角，去河不過二三步，即陡峻不測之淵，是大清河不堪再會漯河；蓋會則流益洶湧，城益衝浸，該縣之城，使大清河不與漯會，壞亦遲速間耳。欲使漯與大清會流入海，不必别開水道，但移此城東南一角近内，内多隙地，爲力無難。有借言壞城者，不可聽也。况漯水止令一半由柳塘口、薛渡口、陳愷溝，會於大清河，計勢似無不容，非全以漯水使之會大清，逆水之性也。

小清河，自省城迆東、青州迆西，諸山之水皆注焉。今濼水、白雲湖、滑河之水，皆徑入大清，不復入小清河，惟漯河之水，今爲小清之源。自柳塘口以西之小清遂廢，惟東會滸山泊、岔河、孝婦河、烏河、漢溱河諸水入海，中間水溝曲澗，尚不知有幾，洶湧之勢，比之大清稍次。然在大清不爲害，在小清則甚爲害者，蓋大清河深而闊，足以容之也；小清河淺而窄，不足以容之也。故小清一遇山水時發，不南決鄒平、長山、新城，則北決青城、博興、高苑；河北有地，則欲南決；河南有地，則欲北決。盗開搆訟，以鄰爲壑，殆無虛日。漯水在今，謂之不導亦可，故今不獨治漯水云耳，其滸山泊、岔河、孝婦河、烏河、漢溱河諸水併治之，惟在拆築小清，使之寬大高深，足以有容而已。

蓋漯、滸、岔、孝、烏、漢溱，上流俱各寬大，今反注於小清，勢轉淺窄，安得不北決？故小清必使大於諸水，而後能受。今小清底僅寬三丈，口面僅寬四丈，倘得將小清拆移一邊，使底寬約二十丈，口面約寬三十丈，如大清規模，自柳塘拆築小清，分漯水一半之東，又開柳塘，使漯水一半之西，可保漯水永不爲害矣。或者又謂：小清雖開無益。夫漯水不東，謂之無益方可，然觀漯雖深不盈尺，亦向東流，是爲害者，特窄淺不容，非不能流也。但開柳塘，使漯水之西，則小清不必拆築，亦不爲害。此但能除鄒平、青城之害，而不能除長山、新城、博興、高苑之害，且反爲章丘、齊東貽無窮之害矣。鄒平、青城當漯水東去之上流，漯水既西，則二縣安枕；雖有滸山泊、岔河二水，不足爲慮。而長山、新城、博興、高苑，仍有孝婦、烏河、漢溱諸水入小清，又不免於衝決，是害猶存十分之七。故能拆築小清，則孝婦、烏、漢溱諸水併治之矣。是口迤東起至樂安止，如此而又開柳塘，使漯水西分，仍有河決之患，未之聞也。

今之議者皆云，柳塘一開，則漯水不爲鄒、長、新、青、博、高六縣之害，是也。但不念章丘、齊東皆居下流，陳愷溝至齊東東門外，方入大清，該縣東南城角實鄰之；又陳愷溝并柳塘迤西至薛渡地方，河與溝俱絶無隄防之固，萬一水俱之西，憑何障蔽？反使章丘、齊東桑麻之地，爲魚鱉之場，故欲開此口，必先將齊東東南城角移築進内，内多隙地，不必别開水道，致逆水性，反滋泛濫城治。然後開陳愷溝，次及薛渡、柳塘、舊小清，則河與溝與城既治，然後可開柳塘以分漯水之勢。拆築小清者，仍使漯水一半之東，其由柳塘西過章丘，北入齊東，亦不過一半耳。彼此兼得，可無大患。拆築小清，是又兼治柳塘、薛渡二口，及陳愷溝、齊東城水害之一策也。不然，章丘之害，猶可言也；齊東之害，不可言也，可畏也哉！大清、小清二河，既不相會，各徑入海，爲今之計，惟拆築小清，導漯水使之東，可也。柳塘似不必開，但水無有不下，柳塘迤東漯水雖流而性緩，緩則易壅；柳塘迤西若開，其流必急，急則易瀉，東西高下之勢於此可見。昔人治灤水、湑河、白雲湖，徑入大清河者，豈無見於拆築小清哉？蓋因其勢而利導之也。欲開柳塘者，如昔人引濼水、淯河、白雲湖徑入大清之例，而不盡令漯水入大清者，蓋爲齊東縣城計也。其拆築小清者，又併治諸水，而不專爲一漯也。然則一開柳塘，一拆築小清，功可偏廢乎？

統而觀之，柳塘一開，而漯水分；小清再拓，而漯水順。開柳塘，所以爲拓小清之漸也；拓小清，所以爲并治孝婦諸河之本也。與其全歸漯水於一河，孰若兩分其勢之爲便？與其獨惜齊東之一城，孰若不貽鄒平以東諸縣之害之爲愈？建久安之治者，當酌輕重之宜；圖長遠之規者，宜審緩急之勢。除民害而後興民利，有治人而後舉治法，誠得人以綜理之，爲萬世計而不顧一時，爲萬民計而不狥一邑。倣禹跡之舊，相水勢之宜，均夫役之勞，平工料之費；樹榆柳以作隄防，通溝渠以時蓄洩；暫費而永寧，一勞而久佚。然非先治漯水，吾恐終有害而勞無功矣。故治先治漯，而議亦先漯，作漯議。

王遴漯河議

漯河載史，古稱禹功。今既失其故道，爲害地方，兹欲動衆費財以疏治之，其事非小。若懸想遥度，止憑衆論，恐不如親見之爲真。乃督同章丘縣知縣董文寀，及鄒平縣生員孫悌等，鄉民王守正等，親自鄒平縣迤北小清河岸，至章丘縣柳塘口、紀家口、薛渡口、陳愷溝、麻姑堂，齊東縣沿河一帶，逐一詢及土居父老，并質以平日所見所聞，頗得梗概。

該府原呈據知縣潘德元申謂柳塘口之塞，誠爲鄒平等縣之害。而小清河之開，亦非失計，以大勢言之，委爲確論。但議欲止開柳塘口，而謂小清河已經開濬，謂薛渡口、陳愷溝以北，惟加疏濬之功，則言之太易，殊非萬全之道也。以職之愚，柳塘口固不可不開，小清河亦不可不再開。開柳塘口，不過一夫之力耳；而柳塘口迤西至薛渡口，轉北由陳愷溝至齊東縣并該縣之城，又不可不預爲之備。開柳塘口固是，而小清河若不再加開濬，則漯水勢必俱折而之西，萬一洶湧浩蕩，薛渡口、陳愷溝不能容納，齊東縣城不能支持，必貽章丘、齊東之害。故今欲治漯水，必兩分其勢，一由柳塘口至齊東縣，一由小清河至樂安縣，並舉其功，斯永無後患矣。

議者欲開紀家口，但紀家口原無故道，未免議買民田，若勢成，則便欲加罪於侵占阻撓之人。但柳塘口故道俱存，原未被侵，開時即開，若樊、萊等則無辜。斯二者，一當決擇，一當寬恕，無不可也。

按：大清河發源於平陰縣南之柳溝泉，由東平州北門外過西，折而之東北，夏秋運河泛溢，張秋迤南東岸有減水閘一座，減出有餘之水，與之相會，經由東阿縣北、平陰縣北、長清縣北、齊河縣東、歷城縣北、濟陽縣南、齊東縣北，以下仍約有百餘里入海。是大清河自泰山迤南、迤北、迤西諸山之水皆注焉，會流至齊東縣，其勢之汹湧不言可知。而齊東縣城東北一角，去河岸不過二三步，即陡峻不測之淵，是大清河不堪再會漯河，蓋會則流益汹湧，城益衝塌。然以職之愚計之，該縣之城，使大清河不會漯河亦壞，特遲速間耳注十二。以城去水甚近甚峻，而崩則不可支矣。故今欲使漯河與大清河會流入海，不必别開水道，但移此城東北一角近内，内多隙地，功省易成，借言於壞城者，謀可沮也。况漯水止令一半由柳塘口、薛渡口、陳愷溝會於大清河，計勢似無不容，非全令漯水使之會大清河，强之以所不堪也。

按：小清河發源於歷城縣之濼水，東過章丘，經白雲湖，會淯河、漯河，過鄒平，會滸山坡、岔河，過長山，會孝婦河，過新城，會烏河、漢溱河，由博興、高苑、樂安以下，亦約有百餘里入海。是小清河自省城迤東、青州迤西諸山之水皆注焉。今濼水、白雲湖、淯河之水，皆徑入大清河，不復入小清河；惟漯河之水，今爲小清河之源。自柳塘口迤西之小清河遂廢，惟東會滸山坡、岔河、孝婦河、烏河、漢溱河諸水入海，中間小溝曲澗尚不知有幾，其勢之汹湧，比之大清河稍次。然在大清河不爲害，在小清河則甚爲害者，蓋大清河深而闊，足以容之也；小清河淺而窄，不足以容之也。故小清河一遇山水時發，不南決鄒平、長山、新城，則北決青城、博興、高苑。河北有地，地則欲南決；河南有地，則欲北決，盗開訟搆，以鄰爲壑，殆無虚日。漯水之在今日，謂之不導亦可。故今不獨治漯水，宜併治滸山坡、岔河、孝婦河、烏河、漢溱河諸水。併治之策維何？在拆築小清河，使之寬大高深，足以有容而已。蓋漯河、滸山坡、岔河、孝婦河、烏河、漢𣹢河，上流俱各寬大，今反注於小清河，勢轉淺窄，安得不決？故小清河必使大於諸水，而後能受。今看得小清河底僅寬三丈，口面僅寬四丈，倘得將小清河拆移一邊，使底約寬二十丈，口面約寬三十丈，一如大清河規模，自柳塘口迤東起，至樂安縣止。如此而又開柳塘口，使漯水西分，仍有河決之患，未之信也。

按：柳塘口，今之議者皆云，此口一開，則漯水不爲鄒平、長山、新城、博興、高苑之害，是也。但不念章丘、齊東，皆居下流，陳愷溝至齊東縣東門外，方入大清河，該縣東南城角實鄰之。又陳愷溝并柳塘口迤西至薛渡口地方，河與溝俱小，絕無隄防之固，萬一水俱之西，憑何障蔽？反使章丘、齊東桑麻之地，爲魚鱉之塲，而城池又干係倉庫官民，可乎？故今欲開此口，必先將齊東縣東南城角移築進内，多隙地，不必別開水道，致逆水性，反滋泛濫，且功省易成。城既治，然後開陳愷溝；陳愷溝既開，然後開薛渡口，至柳塘口舊小清河；河與溝與城既治，然後可開柳塘口，以分漯水之勢。夫既拆築小清河，分漯水一半之東；又開柳塘口，使漯水一半之西，職不佞，可保漯水永不爲害。

按：議者又謂，小清河雖開無益，夫漯水不東，謂之無益方可。職觀漯水雖深不盈尺，亦向東流，是爲害者特窄淺不容，非不能流也。使其寬闊有容，必不能爲害。

按：議者又謂，但開柳塘口，使漯水之西，則小清河不必拆築，亦不爲害。然此但能除鄒平、青城之害，而不能除長山、新城、博興、高苑之害，且反爲章丘、齊東貽無窮之害。蓋鄒平、青城，當漯水東去之上流，漯水既西，則二縣安枕；雖有滸水坡、岔河二水，不足爲慮。而長山、新城、博興、高苑，仍有孝婦河、烏河、漢輳河諸水入小清河，又不免於衝决，是害猶存十之七八。故能拆築小清河，則孝婦河、烏河、漢輳河諸水併治之矣。豈獨治漯水，拆築小清河者，欲仍使漯水一半之東，庶漯水由柳塘口西過章丘，北入齊東，亦不過一半，彼此兼得，可無大害。職敢謂拆築小清河，是又治柳塘口、薛渡口、陳愷溝、齊東城水害之一策也。不然，章丘之害，猶可言也；齊東之害，不可言也。均爲吾民，可不深念之哉！

按：議者又謂，濼水、漯水其始俱入於小清河，由陳愷溝入於大清河，方達於海。陳愷溝乃小清河故道，柳塘口迆東，名爲新河，非小清河也。今治漯水，但開其故道而已。經曰「濰濟、漯而注之海」，是也。觀章丘縣志，有小清河東入大清河之文可證，然以職之愚斷之，爲此説者，其鄒平等縣也，非章丘、齊東之人也。職即查得章丘縣志内云：「小清河至柳塘口，又東入大清河。」竊詳「又東」二字，而陳愷溝則在柳塘口之西，是陳愷溝非小清河故道甚明，安得引以爲證？又查得齊東縣志，謂陳愷溝爲減水河，蓋減湞河、白雲湖之水，入大清河，使不爲害。陳愷溝者，俗稱也。先正李文達公有開減水河記，是陳愷溝肇自成化元年，已前則無陳愷溝，非小清河故道又明。章丘縣志可證，而齊東縣志與減水河記不可證耶？職又究竟章丘縣志所謂「小清河東入大清河」之説，今按地形，絶無踪跡可考。訪之故老，亦云小清河自來獨向東行，不入大清河。又考之山東總志，亦云：「大清、小清二河，各徑入海。」夫總志成於衆論，不知志章丘縣者，果何所見也？小清河既自來獨向東行，其云「會於大清河」者，又無踪跡可考，然則名小清河爲新河，謂陳愷溝爲小清河故道者，職固曰其鄒平等縣也，非章丘、齊東之人也。

按：議者又謂，大清、小清二河既不相會，各徑入海，爲今之計，惟拆築小清河，導濼水使之東，可也；柳塘口似不必開，是矣。但水性好下，柳塘口迤東，濼水雖流而性緩，緩則易壅。柳塘口迤西若開，其流當急，急則易瀉，是東西高下之勢可見。昔人治濼水、湞河、白雲湖徑入大清河者，豈無見於拆築小清河哉？蓋因勢而利導之也。故今欲開柳塘口者，一如昔人引濼水、湞河、白雲湖徑入大清河之例。而不盡令濼水入大清河者，蓋爲齊東縣城深計也。其拆築小清河者，又併治諸水，而不專爲濼水。然則一開柳塘口，一拆築小清河，功可偏廢乎？

按：拆築小清河，夫以萬人，功計百日，鄒平、長山、新城、青城、博興、高苑、樂發七縣共派，仍須濟南府發銀二千兩，青州府發銀二千兩接濟。按開柳塘口至薛渡口，開陳愷溝至齊東縣，并移築齊東東北角、東南角二處城垣，夫以萬人，功計百日，齊東、章丘、萊蕪、長山、淄川、齊河、禹城、濟陽、歷城、平原十縣共派，仍須請撫院發銀二千兩，按院發銀二千兩接濟。

按：有治人，無治法，古今定論。漯水舊稱禹功，爲今之計，不動衆，不用財，則不能治；然動衆用財，而不得人以綜理焉，亦罔見底績。所深望者，撫、按二院大作張主，藩臬之長，并百爾君子，協心共贊，不爲一己之謀，而有天下之慮；不爲一時之計，而有久遠之圖；勿惜費，勿畏難，選擇委任，使其人畢力竭衷，如其不效，以殛鯀之罪罪之，彼何辭焉！若曰暫爲調停，補其隙漏，苟且偷安，漯水之審終在。坐視民溺，職雖至愚極陋，萬萬知其不可也。

宋陳師道汳水新渠記

曰[五六]：「汳句于蕭，其闕如玦。」水經謂：「河至滎陽莨蕩渠出焉，渠至陽武，其下爲沙，蔡水是也。其出爲陰溝，溝至浚儀[五七]，其下爲渦，別爲汳；汳至蒙，別爲獲，餘波迤於淮陽，東歷蕭、彭城，入于泗。」注謂：「鴻溝、官渡、甾獲、丹、浚，與渠一也。禹塞滎澤而通渠于甫田，其後河絶，旃然入焉，即索水也。」漢書地理志：「滎陽既有汴水，又有莨蕩，而受汳；蒙有獲水，首受甾獲，至彭城入泗。」以余考之，河渠書云：「自禹之後，滎陽引河爲鴻溝，以通宋、鄭、陳、蔡、曹、衛，與濟、汝、淮、泗，會于楚。」而竹書紀年：「梁惠成王入河于甫田，又引而東。」明非禹之舊也。書曰：「濟入于河。」東出于陶丘北者，入而復出也，溢爲滎者，濟之別也。滎波既豬者〔五八〕，障而東之也。周官又謂：「豫之川滎、洛，幽、兖之川，河、泲。」則河南無濟矣。其謂莨蕩受濟，禹塞滎澤而用河者，皆失之。漢志「莨蕩無出，甾獲無始」，蓋略之也，余謂與經合。而滎水，諸書皆不載，又疑渠、汳爲二，而滎有一焉。杜佑以經作于順帝之後，詭誕無據；而注敘渠源，或河或泲，或河、泲合，其說不一，次其所引經，紛錯悖戾；而志亦闊略，不具辨始末，蓋皆不可考也。自漢末河入于汳，灌注兖、豫，永平中，導汳自滎陽別而東北，至千乘入于海，而河復於是，故瀆在新渠之南，注所謂「絶河而受索」，自此始。隋開皇中，因漢之舊，導河入汳。大業初，合河、索爲通濟渠，別而東南入于淮，而故道竭。今始東都，受退水爲臭河，于畿爲白溝，于宋爲長沙，于單爲石梁，于徐爲汳，而入于南清。南清，故泗也。蓋自王都而東，畿、宋、亳、宿、單、濟之間千里，四來而故道淺狹，春夏不勝舟，秋水大至，亦不能受也。蕭故附庸之國，城小不足，居民又列肆於河外，每水至，南里之民皆徙避之，廬舍没焉。率數歲一逢，民以爲病。紹聖三年，縣令朝奉郎張惇始自河西，因故作新支爲大渠，合于東河。

山東泉源百八十，出濟、兖二府一十六州縣。新泰、萊蕪、泰安、肥城、東平、平陰、汶上、蒙陰之西，寧陽之北，九州縣之泉，俱入南旺分流，是爲分水派也。泗水、曲阜、滋陽、寧陽迤南四縣之泉，俱入濟寧，是爲天井派也。鄒縣、濟寧、魚臺、嶧縣之西，曲阜之北，五州縣之泉，俱入魯橋，是爲魯橋派也。滕縣諸泉，近入獨山、吕孟等湖，以達新河，是爲新河派也。沂水、蒙陰諸泉，與嶧縣許地泉俱入邳州，是爲邳州派也，皆所以濟漕河也。徐、吕而下，黄河經行，無藉泉矣。

按滕、嶧之間有泇水，其水有二：東泇出沂州西北箕山，南流至卞莊站，東分一支，入芙蓉湖，溉田數千頃，湖在沂州東南芙蓉山下，古稱琅琊之稻即此；西泇出嶧州東北抱犢山，東南流至三舍村，與東泇合，南貫泗湖，溉田倍芙蓉，又南合武河，入于泗，謂之泇口，淮、泗舟楫通焉。元和志云：「丞縣界有陂十三所，皆貞觀以來修立以溉田者。今沂、嶧二州，仰泇、丞二水溉田，青、徐水利，莫與爲匹，皆十三陂之遺跡也。」武河者，疑即漢志冠石山之武水，水經亦謂之「小沂」，上流有故渠，俗名文河。土人云：「浚此渠六十里，使此河通沛，可避吕梁徐洪之險，而徑達新濟矣。」徐、邳人恐徙河無業，每沮之。隆慶以來，數議開治泇河，舒工部應龍曾鑿韓莊，中作而止；劉工部東星甫動工而卒。朝議可任其事者，莫如長垣、李公化龍，于是即家拜工部尚書，總督河道。公遍行淮、徐、鳳、泗間，歷覽周咨，得前河臣所開泇河遺跡，喟然曰：「是所以避黄河、吕梁之險，而措之袵席者也。」乃上疏言開泇河便，即鳩工濬舊渠八十七里，新創八十二里，于是運艘通行無礙，迄今賴之。

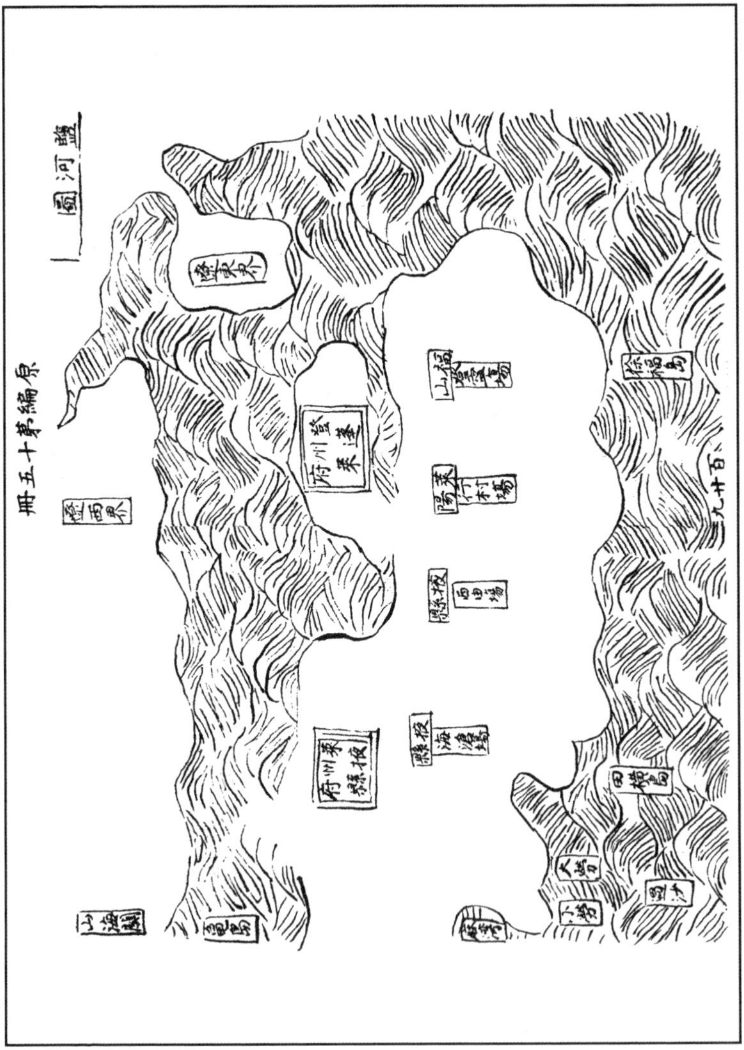
原編第十五冊
遼東界
遼西界
山海關
登州府蓬萊
萊州府掖縣

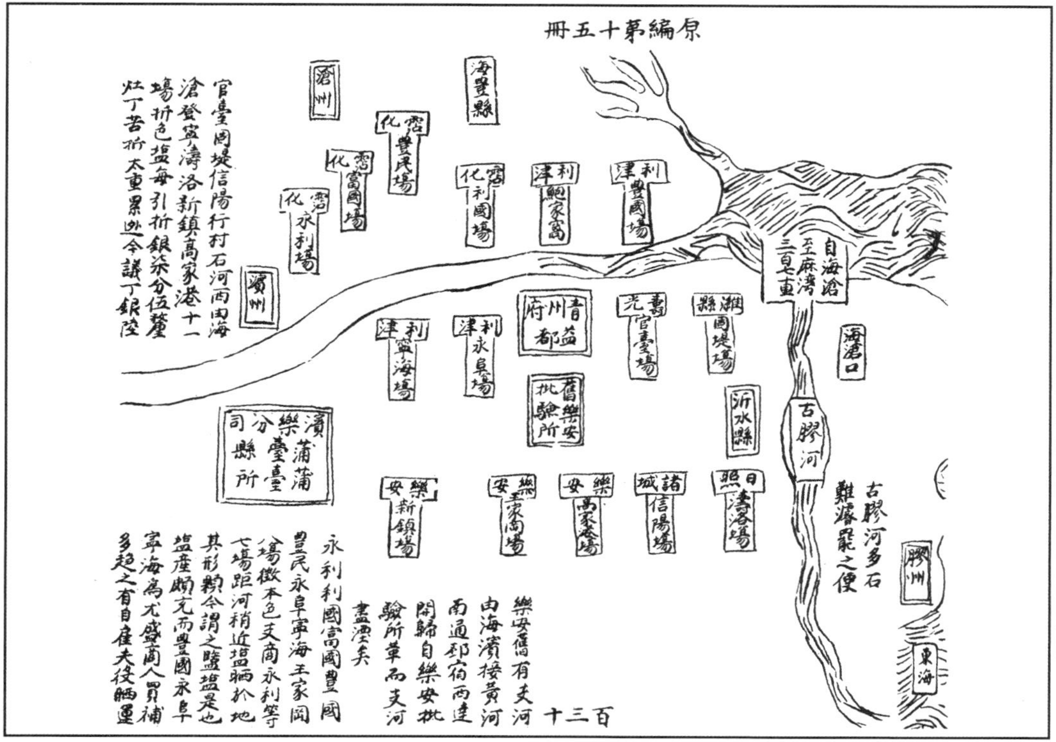
原編第十五冊
官臺固堤信陽行村石河西由海
滄登寗濤洛新鎮高家港十一
場折色鹽每引折銀柒分伍釐
灶丁苦於太重累逃今議丁銀陞
滄州
海豐縣
霑化豐民場
霑化富國場
霑化永利場
霑化利國場
利津鮑家窩
利津豐國場
濱州
自海滄至麻灣三百七重
利津寗海場
利津永阜場
青州益都府
壽光官臺場
濰縣固堤場
海滄口
舊樂安批驗所
沂水縣
古膠河
濱樂蒲臺蒲臺分司縣所
樂安新鎮場
樂安王家岡場
樂安高家港場
諸城信陽場
日照濤洛場
古膠河多石難濬罷之便
膠州
東海
樂安舊有支河
由海濱接黄河
南通鄧宿西達
開歸自樂安批
驗所革而支河
盡湮矣
永利利國富國豐國
豐民永阜寗海王家岡
八場徵本色支商永利等
七場距河稍近塩晒於地
其形顆令謂之鹽塩是也
塩產頗充而豐國永阜
寗海為尤盛商人買補
多趨之有自雇夫役晒運
百三十

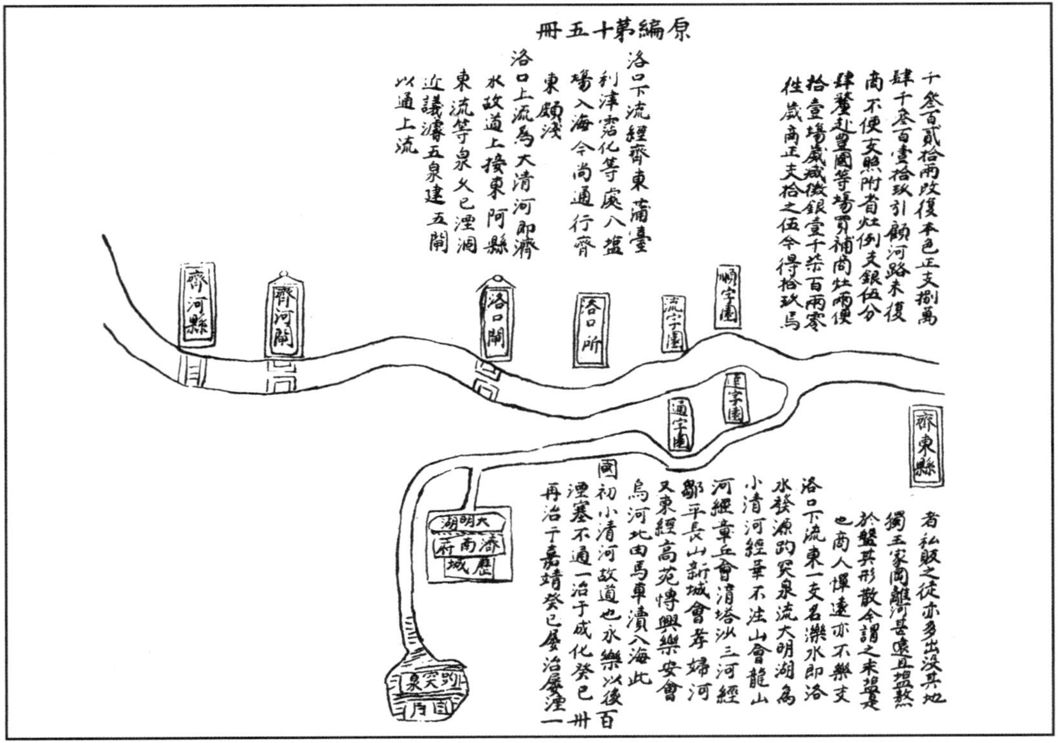
原編第十五冊
千叁百貳拾兩改復本色正支掣萬
肆千叁百壹拾玖引顧河路未復
商不便支照附省灶例支銀伍分
肆釐赴豐國等場買補商灶兩便
拾壹場歲減徵銀壹千柒百兩零
住歲商正支拾之伍今得拾玖焉
洛口下流經齊東蒲臺
利津霑化等處八塩
場入海今尚通行齊
東頗淺
洛口上流爲大清河即濟
水故道上接東阿縣
東流等泉久已湮涸
近議濬五泉建五閘
以通上流
齊河縣
齊河閘
洛口閘
洛口所
流字園
順字園
運字園
通字園
齊東縣
大明湖
濟南府
歷城
趵突泉
者私販之徒亦多出沒其地
獨王家岡離河甚遠且塩熟
於盤其形散今謂之未墾是
也商人憚遠亦不樂支
洛口下流東一支名濼水即洛
水發源趵突泉流大明湖爲
小清河經華不注山會龍山
河經章丘會清塔洑三河經
鄒平長山新城會孝婦河
又東經高苑博興樂安會
烏河北由馬車瀆入海此
國初小清河故道也永樂以後百
湮塞不通一治于成化癸巳卅
再治于嘉靖癸巳屢治屢湮一

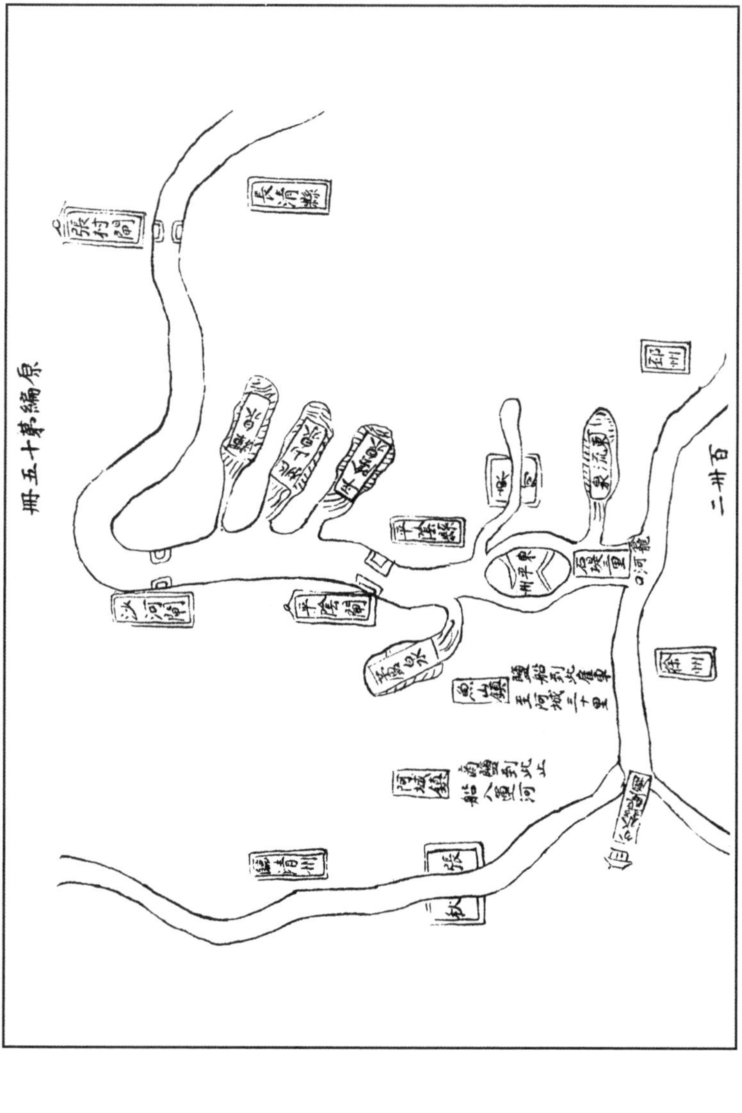
原編第十五冊
張村閘
長清縣
沙河閘
東平州

山東鹽法志

本司所轄一十九場，惟八場徵鹽。永利、利國、豐民、豐國四場，距海稍近，鹽曬於地，其形顆，今謂之「鹽鹽」是也。永阜、新鎮、王家岡、寧海四場，距海不啻六七十里而遠，鹽熬於盤，其形散，今謂之「末鹽」是也。然煎之之法，率以天時爲本，而成之以人力。每歲春夏間，天氣晴明，取池滷注盤中煎之，盤四角搘爲一，織葦攔盤上，週塗以蜃泥；自子至亥，謂之一伏火，凡六乾燒鹽六盤，盤百斤，凡六百斤，爲火引鹽一餘二百斤，詰旦仍出坑灰，攤曬亭場間；至申，俟鹽花浸入灰内，仍實灰於坑以取滷。其試滷，必以石蓮投之滷中，沉而下者爲澹滷，浮而橫側者爲半澹滷，煎之費萑薪，必浮而立於滷面者，乃臽入盤煎之，頃刻而就。將乾，仍投以皂角數片，鹽始凝結。至於積灰，則又以年久爲良，滷水漬潤，出鹽尤多。然久旱，則潮氣下降，土燥而鹽不生花；久雨，則客水浸溢，亭場沾濕，曬麥致銷蝕。故以灰取滷，必雨暘時若，而後鹽始豐。若夫曬鹽之法，其取滷，則又有灰淋、土淋之殊。土淋之法，以畚鍤起鹹鰜潮灘土曬乾，實土池中，注水取滷；如灰淋法，每竈各砌磚石爲大曬池，旭日晴霽，挽坑井所積滷水，滲入池中曝之，自辰逮申，不煩鐺鬵之力，即可掃鹽以輸官。少陰晦，則絶無鹽，故海堧之場多曬鹽，而場去斥鹵遠者多火鹽。鹽品以散爲上，而鹽次之。

夫募商糴鹽，肇自宋雍熙間，其法以商輸芻粟塞下，而官給之鹽，夫亦漢鼂錯遺策也，識者韙之。皇明洪武初，循用其策，以東鹺專供遼代芻粟，累朝邊計賴焉。成化間，稍更往故，入金鹺司。自是飛輓不繼於邊塞，其策與彼孰多，此未易講也。蓋不獨東鹺已矣。東鹺商課，較他方甚微眇，其開中鹽引僅一十二萬餘耳。顧有内商，有邊商邊。商則報中鹽引於遼代，輸芻粟與金各半之，以金計，每引僅值金一錢，又半之；内商則轉購鹽引於邊商，藉以糴餘鹽牟利，而鹺司徵其金，歲額以兩計，凡五萬。輸而之計部，計部復輸而之邊鎮，猶存國初實邊遺意焉，司計者所宜殫心也。

運使甘一驥開鹽河議

查得濼口下流〔五九〕，見今上接新治大清河，通行濱州、霑化、利津入海，以收寧海等捌鹽塲之利，爲山東、梁、宋之用，並無湮塞，無容再議。其所稱鹽河故道，久湮難尋，則小清河南一支經流青州等府、樂安等縣、海滄等拾壹塲入海者也。

國初，山東鹽河，有東北二大支：其北一支，屬濼口、蒲臺二批驗所，爲大清河、濼口上流，自東平坎河口、東阿、平陰、長清、齊河，而東入濼口，下流經齊東、蒲臺、濱州、霑化、利津入海，以通寧海、永阜、豐國、永利、利國、富國、豐民、王家岡等場，運鹽出捌場，過蒲臺、濼口二閘，而達運河。此鹽河北一支，屬濼口、蒲臺二所，而通寧海等捌場之鹽利者也。其東一支，屬樂安批驗所，爲小清河，出趵突泉，流大明湖，經華不注山，流龍山，經章丘，流淯、塔、沙三河，經鄒平、長山、新城，流孝婦河，又東經高苑、博興，流烏河。其名烏河者，一名乾時，左傳公與齊侯戰於乾時是也；一名時水，杜預注「時水在樂安縣界臨淄二十五里」是也，源出益都矮槐樹北。又有系河者，在長山縣北二十里，源出苑城店，經新城界，流烏河，而入小清河。其名孝婦河者，源出益都西顔神鎮三里，經淄川、長山、新城，北抵高苑、博興、樂安，東北達高家港。又有泔河者，在長山縣南二里，源出米山，自城南流孝婦河，而入小清河。又有乾溝河者，在長山縣西南三十里，源出長白山，流孝婦河，而入小清河。其名淯、沙河者，淯河，一名繡江，在章丘縣東一里，源出會仙山下，合百脈泉、東西二麻灣泉，西北匯爲白雲湖，而入小清河。沙河，在鄒平縣西三百步，源出大峪山西北，而入小清河。諸水皆由馬車瀆支脈河澄海口北入海。自小清而南，上流則爲臨淄縣之淄河、澠水、康浪水、瀘水，爲益都縣之巨洋水，爲臨朐縣之培水、石溝水，爲沂州之東泇河、西泇河、沭河、湯河，爲郯城縣之大方湖、沂河，經徐州、邳、宿而達黄河。自小清而東，下流則爲壽光縣之洱河、龍泉水、王欽水，爲日照縣之付幢河、竹子河、大兒莊河；在萊州府，則爲濰縣之濰河、淮河、白浪河、寒浞河，爲昌邑縣之浮康河、七溝河，爲膠州之膠萊河、洋河，爲高密縣之張魯河、五龍河、白水河，爲平度州之雲河、現河、蘇村河、墨水、潄玉泉、乳泉，爲即墨縣之土液泉、龍泉，爲掖縣之南陽河、掖河、白沙河、萬歲河、杲村河、上官河；在登州府，則爲招遠縣之萬盛河、五澗河，爲萊陽縣之五龍河、陶張河、平南河，爲福山縣之清洋河、義井河；而登、萊等府，壽光、日照等縣，各有支河入海。

此鹽河南一支，屬樂安批驗所，而通海滄、高家港等拾壹場之鹽利者也。成化以後，海滄等拾壹場，支河乾涸，商旅不行，邳州改行淮鹽，開歸改行河東，樂安批驗所裁革，而鹽河南一支故道遂日就湮没，無復可尋矣。拾壹場竈丁改徵折銀，每引柒分伍釐，共徵陸千餘兩。舍其所産，徵其所乏，而竈丁漸累漸逃，愈逃愈累，無復更生之望矣。近乘開歸分認地方之會，議豁折銀，復本色，仍照附省竈丁例，伍分肆釐支商，歲減徵銀壹千柒百兩，而拾壹場貧竈庶幾少蘇。顧拾壹場水利湮廢，竈鹽不售，所謂「泃濕濡沫」，烏在其能蘇竈也？鹽河僅存者，北一支大清河耳。濼口爲大清下流，齊東縣間有淺處，尚無湮塞；蒲臺而下，通行濱州、利津、霑化入海，大清上流，自坎河口築而鹽舟不達於運河，至魚山車運三十里上船，而商人始告病矣。運河之水，涓滴不入鹽河，加以連年旱乾，商人舍舟從陸，而大清又幾廢矣。幸蒙廟堂採議，濬五泉，建五閘，以復大清之舊，以通寧海等捌鹽場之利，不獨山東舊額伍萬兩賴之，即梁、宋新額壹萬陸千兩，亦取辦於此矣。但往以拾玖埸而應全齊、梁、宋，今以捌埸而應全齊、梁、宋，源少流闊，恐不可繼。明問欲舉鹽河故道而盡復之，誠盛心也。且樂安北負海，日照南負海，登、萊東負海，古所謂天府之國，齊得十二焉，而不得收負海之利，豈非有其地無其人乎？凡有憂國憂民之心者，不能不拜明問而扼腕也。

竊念天下之事，當與天下之人共爲之；百世之利，當爲百世之規共興之。功不必自我出，我開其端，而俾後人底其績可也；效不必旦夕計，今創其畫，而俾後數世十年竟其功亦可也。蓋民可與樂成，難與慮始，驟語之以興水利，必忽焉而不信。今且儆之以除水害，驟語之以開河通舟楫，必駭焉而懼擾。今且引之以通溝渠，庶幾其有濟乎？夫一市之中，必有一市之溝，不然，市遇霪雨必害於一市矣；一村之內，必有一村之溝，不然，村遇霪雨，必害於一村矣。況大而一邑，又大而一郡，不通溝洫，不洩下流，豈不害於一邑一郡哉？宜下令各邑畫圖貼説，某村之溝，以某村爲下流；各郡畫圖貼説，某邑之溝，以某邑爲下流。邑各率其境内，合一市之力，通一市之溝，合一村之力，通一村之溝；合一邑之力，通一邑之溝。邑之下流有壅者，郡助之費以通之，而一邑之水害弭矣；一邑之故道出矣；郡之下流有壅者，藩司助之費以通之，而一郡之水害弭矣，一郡之故道出矣。語云：「禹以四海爲壑。」又云：「禹盡力乎溝洫〔六〇〕。」善治水者，未有不通下流，亦未有不自溝洫始也。古今異宜，陵谷變遷，凡可通處，即爲故道。志書所載諸水，不必泥也，凡可入海處即爲壑。禹之九河，不必追也，時詘舉贏，大衆未易輕動。苟有溝渠以洩下流，即可與民安堵，不必遽望通鹽河、興舟楫之利也。

溝渠既通，下流既洩，水害既除，故道既出，藩司又繪一闔省水利總圖，某郡之水，由某邑歸於運河；某郡之水，由某邑歸於黄河；某郡之水，由某邑歸於海；某處下流可蓄，應建閘以蓄水，某處上流有泉可濬，應導泉以濟水。仍爲圖説，詔後之來者。近而數年，或遠而數十年，時和歲豐，物力充盛，必有能因時立政，盡復鹽河之舊以通商，盡輸海滄諸場之鹽以惠竈，盡通山海之利以還先齊民物輻輳之盛者矣。

三鎮

安平鎮。在兖州府南九十里，屬兖州東平、東阿、陽穀、壽張轄。宋、元名號不一，我朝洪武初年改名張秋。弘治六年，河決本鎮東口，爲害其劇，命平江伯陳鋭、副都御史劉大夏治之，復平，勅賜今名，蓋取平成之意也。本鎮駐劄有工部郎中一員，汶上、東阿各僉快手二名充用。兖州府管河捕務通判一員，東平州僉民壯二十名，送廳巡捕。壽、穀二縣主簿衙，荆門驛，税課局，濮州、曹州、范縣、鄆城、定陶、曹縣、壽張水次倉。陽穀、東阿、壽張椿草廠。顔神鎮。在青州府治西南一百八十里，地鄰新泰、萊蕪、淄川三縣。習俗强悍，山寇不時竊發，往止，委府首領官防守。後嘉靖十七年，因山寇作亂，兩院題請專設本府通判一員，駐劄該鎮，緝捕盜賊，受理詞訟。嘉靖三十七年，青州兵備副使王呈請兩院題准建立石城，歲撥新泰、萊蕪、淄川、高苑、壽光、蒙陰六縣民壯一百五十名，快手六名，操練鎮守。景芝鎮。在青、萊二府所屬安丘、高密、諸城三縣地界，各離縣治五七十里，中間流寓雜處，盜賊生發。萬曆七年，青州兵備副使周□轉呈都察院題准專設萊州府通判一員，駐劄該鎮，無論三縣土著流寓咸聽鈐制，仍照顏神鎮事例，凡本鎮大小詞訟，亦從本官受理。高密、安丘各僉快手二名、民壯十名，聽候差撥巡邏。

山礦

濟南府　萊蕪縣。里辛莊、月兒莊山峪各錫礦洞一處，今封塞完固。

兗州府　沂州。龍扒山銀礦洞一處，在州西一百二十里。寶山銀礦洞一處，在州西九十里。土洞山銀礦洞一處，在州西南上峪村。曬錢埠山銀礦洞一處，在州西南賈莊店。費縣。簸箕掌山銀礦洞一處，在縣西南九十里。米家埠山銀礦洞一處，在縣西南香城村。新莊嶺鉛礦洞一處，在縣東南黄莊村。嶧縣。楊家泉山銀礦洞一處，在縣東北楊家村。滕縣。胡嶺山銀礦洞一處，在縣東北時杭村。以上礦洞俱封塞完固，沂州兵備道駐劄統轄，設總巡沂州衛千户一員，帶領團操快手協同老人并鄰近地方保甲人等，巡邏看守。

青州府　益都縣。孟坵山鉛礦洞一處，在縣西北七十里。顏神鎮。老師山鉛礦洞一處，在南莊社。鹿角山鉛礦洞一處，在馬陵社。石衚衕鉛礦洞一處，在邀免社。黄沙陸鉛礦洞一處，黄狐圭鉛礦洞一處，俱在柏樹社。大金嶺鉛礦洞一處，在三泉社。以上礦洞七處俱封塞完固，各有義民一名，帶領近洞鎗手牌甲日輪十五名巡邏看守。莒州。落山銀礦洞一處，七寶山銀礦洞一處，雪山銀礦洞一處，桑園銀礦洞一處，以上礦洞四處俱封塞完固，各有義勇官一員，帶領下班團操快壯巡邏看守。蒙陰縣。胡家寨山銀礦洞一處，在縣北一百八十里，今封塞完固。縣設義勇官一員，率領保甲人役巡邏看守。臨朐縣。嵩山在縣西南七十里，與黑山相連，出銀礦。其山下河水中，亦時出礦及沙金、鉛、錫、銅、鐵、石碌、白丹砂之類。略水埠銀礦洞一處，嘉靖間奉欽差官採三次。黑山河銀礦洞一處，嘉靖三十年奉明文官採一次。樓青山石滓銀礦洞一處，兩嶺坡土滓銀礦洞一處，老猫窩頂銀礦洞一處。以上礦洞六處俱封塞完固，總設義勇官一員，督率打手十名，并附近總甲二十名，鎗手一千名，巡邏看守。

登州府

寧海州。老鼠夼銀礦洞一處，在州西三十里。仇家埢銀礦洞一處，在州西南九十里。胡家溝銀礦洞一處，在州正南九十里。淋水坑銀礦洞一處，在州正南九十里。譚家口銀礦洞一處，在州東南一百里。以上礦洞五處俱封塞完固，除編定地方夫役民壯巡守外，仍本州巡捕官帶領巡捕人役巡邏看守。

蓬萊縣。蘇道溝金礦洞一處，在縣東南八十里。番干領金礦洞一處，在縣正東八十里。杏樹溝并羊攔埢銀礦洞二處，在縣西南九十里。以上礦洞四處有高家、楊家店二，巡司督令下班團操快壯十名，登州營每季委官一員帶領旗軍二十名，并地方保甲人等巡邏看守。

萊陽縣。東關頂銀礦洞一處，在縣西北九十里，本縣官快等役外僉鄰近地方鄉夫五名，在彼巡邏看守。

福山縣。化石硪銀礦洞一處，在縣西北四十里。孫夼洞鉛礦洞一處，在縣西北四十里。以上礦洞二處俱封塞完固，各有下班快壯，每月輪撥五名，中前所軍每月輪撥五名巡檢，司弓兵每月輪撥六名，各跟隨本縣及中前所各巡捕官并孫夼鎮巡檢、常川巡邏，仍令該管地方保甲人等巡邏看守。

招遠縣。盧頭溝金礦洞一處，在縣正南四十里。嘉靖四十五年奉旨差官採取一次。雲青頂銀礦洞一處，在縣東北五十里。猪窩銀礦洞一處，在縣東北五十里。歡窩銀礦洞一處，在縣正東五十里。柴窩銀礦洞一處，在縣東北五十里。以上礦洞五處俱封塞完固，本縣差義勇官帶領下班團操快壯巡邏看守。

棲霞縣。艾山湯金礦洞一處，在縣北三十里。古蹟頂銀礦洞一處，在縣東北八十里。西下夼銀礦洞一處，在縣東北八十五里。羊屎河銀礦洞一處，在縣東八十里。白馬夼銀礦洞一處，在縣東一百里。庵兒嶹銀礦洞一處，在縣東南七十里。方山頂銀礦洞一處，在縣西南三十五里。望海嶺銀礦洞一處，在縣西五十里。麗家溝銀礦洞一處，在縣西七十里。黄夼銀礦洞一處，在縣西北十五里。粉子葫蘆銀礦洞一處，在縣東北三十里。西林磺銀礦洞一處，在縣北六十里。以上礦洞共一十二處，俱封塞完固，除古蹟頂洞係登州營官軍二十名，每季輪流防守外，其餘俱係地方夫役巡邏看守。文登縣。遮陽山南灘湯村泊金礦洞一處，在縣正南四十里。黄嵐金礦洞一處，在縣北二十五里。桑樹夼銀礦洞一處，在縣東二十五里。佛兒頂銀礦洞一處，在縣東南三十里。南滕圈銀礦洞一處，在縣正南四十里。南高村集北滕家銀礦洞一處，在縣正南三十里。墳臺頂後水銀礦洞一處，在縣正南四十里。馬鞍山南豹山汪銀礦洞一處，在縣正南二十里。狗兒坑銀礦洞一處，在縣東三十里。横山銀礦洞一處，在縣東四十五里。李家山銀礦洞一處，在縣四十里。古蹟頂朋子溝銀礦洞一處，在縣東北六十里。朋子溝龍王廟銀礦洞一處，在縣東六十里。仝家坑銀礦洞一處，在縣東北八十里。仝家坑銀礦洞一處，在龍池地名，離縣東北九十里。惡石山喇喳埠銀礦洞一處，在縣東北一百里。林村集後銀礦洞一處，在縣東北一百二十里。温泉寨後銀礦洞一處，在縣東北一百里。着棋山銀礦洞一處，在縣東北五十里。着棋山光頂小銀礦洞一處，在縣東北五十里。高落頂銀礦洞一處，在縣正北九十里。牛仙上裏口銀礦洞一處，在縣西北七十里。千仙頂銀礦洞一處，在縣東五十里。以上礦洞二十三處俱封塞完固，各有地方保甲人等巡邏看守。

均徭論

均徭之議，蓋人人殊矣。然嘗考大中丞梁公之議曰：「有田有租，不易之法。均徭隨時窑編，寔兼身家而論。若均徭再論田租，是正供之外，復加重累，有庸有租之成法遂盡廢矣。今止論身家，身即徭之所謂丁也，家即徭之所謂門也。先明政體，然後審編，自有條緒。若曰據地科差，爲力即易，招議亦鮮，是自爲得矣，如百姓何？」善哉乎，公之議均徭也。蓋地有肥瘠，天時有水旱，故富商巨賈家累萬金，而地止數十畝者，往往有之。假令據地審差，則力穡務本之民不勝其困，而逐末者流反得以倖免矣。然人丁有多寡，門則有高下；其丁多則衆舉爲易，其門高則重差可承。乃審編官有止報上六則，無上三則，或三則聊具數户，却無多丁者；甚至上上等縣，亦無上上則門者。自謂以一縣之民，承一縣之差，不必苛求，上則不知，上擦爲中，是上户與中户同力矣；中擦爲下，是中户與下户同力矣。縱與重差，已減力數；及編差不足，勢必派之下下，暗損貧民，差徭不均，卒之貧者愈逃，貽累上户，久之，富者亦貧矣。察其始，豈非以上三則人户皆有勢力者，有所畏忌而不敢，而下下貧民者，無由自直於院道乎？然卒至於貧富俱病，計亦左矣。近歲俱行各道，督編止重身家，而嚴冒免之禁，徭役視昔年稱均矣。繼自今以往，惟以身家審編，必不得已爲之調停，亦於地多而門高者酌量加等，則貧富適均，而差徭無累，東土之凋瘵，庶其少瘳乎！

里甲論

按國初事簡里均，閭閈殷富，便於十甲輪支。其後事煩費冗，里胥因而爲奸，里甲凋敝，而輪支始稱苦矣。近議有十甲朋當者，有照舊十年輪充者，有論丁不論地者，有丁地兼派者，言人人殊。大較酌量州縣衝僻，共計歲費幾何，立爲常則，斂之于官而爲之雇募支銷，是爲上策。蓋在官，則費止于一；在民，則乘機科派，上下交徵無名之費，且有難顯言者矣。但實心撫字者，一遵約束，無容議矣。中才以下，往往用里甲者，則以議供之銀約，而查盤之法嚴也。夫天下之財，不在官，則在民，官豈能自足哉？原銀太減，勢不得不累之民；查盤既嚴，則在委官以剔梀爲賢，在州縣以指摘爲懼。於是有官銀貯庫而陰用里甲者，甚至乾没官銀，毒斂以罔上者。是法之更也，將以便民而反爲民病矣。近奉明旨，再議里甲，公費業已從寬，且免其查盤矣。各官有仍用里甲者，盡法而參提之，將何以自解哉？有治人，無治法，變通宜民，則有司存。

章丘縣志

楊循吉

漢文四年，封齊悼惠王子安爲陽丘侯。景四年，國除，爲陽丘縣，屬濟南郡。又置菅縣、朝陽縣、猇縣。後漢省陽丘、菅、猇三縣入東朝陽〔六一〕，屬濟南國，晉屬樂安國〔六二〕。宋去「東」字，改曰「朝陽」，屬濟南郡，析置衛國縣，屬頓丘郡。北齊天保七年廢東朝陽，置高唐縣于女郎山之南，因漢黄巾城也。隋開皇十六年，以博州亦有高唐，改爲章丘，取縣北山章丘爲名，隸齊郡。改衛國曰亭山，又析置朝陽。十八年，改朝陽爲臨濟，又置菅城，大業初復省。唐武德三年，隸譚州。貞觀元年，改齊州屬濟南郡。元和十三年，省亭山，入章丘。宋咸平四年，廢臨濟爲鎮。景德三年，置清平軍于縣北〔六三〕。熙寧三年廢軍，仍爲縣，屬濟南府。政和六年，升齊州爲濟南府，金因之。元隸濟南路，國朝隸濟南府。

女郎山在縣北一里。三齊記云：「章亥有三女溺死葬此，故名，高塚見存。或云子張之墓，非章女也。」又云：「非魯子張，乃齊匡章子也。」未詳孰是。山巔有三陽洞，深邃可游憩，相傳昔葆光子於此學道焉。

危山在縣西南四十里。寰宇記：「漢景帝三年，齊孝王與吴、楚通謀，自殺，葬于此。墓在山巔。」今人呼爲「鐵墓」是也。

六鄉，惟東錦川城東南。最大，其地近長白山，産薪炭，亦多園林，富于梨棗。其次則明秀城南。人皆錯南山内外而居，多槲材，可以構室。西錦川城西。爲諸水所滙，有菱藕蘆葦之利。清平城東北多植桑，善飼蠶，能織紗絹。下三鄉城北。地宜綿花。此諸鄉之大略也。章丘之民資有三：其土壤膏厚，足以展耒耜；其川澤長廣，足以容網罟；其山林高深，足以供斧斤。而又加之以勤儉樂本，畏罪耻犯，是故物阜而貨足，亦由地利、人力之兼濟云爾。然而民間固有目視豐穫而腹不得飽，手執條桑而身不得暖者，挽車傭作，僅僅自給，甚至流離徙易，固多有焉。此則上之人所當撫摩惠愛，哀其困乏，而不當以邑之豐産概觀也。

章丘縣志

條編之法，始于歸安茅公，其詳具便民十議中。而余竊識其略有三：一不審均徭，二不設里甲，三不僉頭役。夫既有均徭，則不能無陞擦；既有陞擦，則不能無重差。公曰：「任人不如任地。」而移上等之差銀悉入于地，既有里甲，則不能無支銷；既有支銷，則不能無旁費。公曰：「勞民不如勞吏。」而革見年之供應，悉責之吏。既有頭役，則不能無收解；既有收解，則不能無包賠、添墜之勞費。公曰：「民之費十，官之費一。」而改一切之頭役，悉隸之召募，且非徒此也。富户地多，貧户地少，富者固不願，貧者亦不至拂其願。效勞一年，超參十年，效勞固苦，超參亦不至負其苦。日入入庫，日出出庫，忠實者固自不作奸，頑猾者亦自不能作奸。民自辦租納糧之外，不知城市爲何地；官自聽讞問俗之餘，不知百姓爲何狀，蓋至今十年幾矣，閭閻殷富，地價騰踴。然則所謂有治人，無治法者，豈通論哉！闔廂士民雜居，商賈輻輳，俗營機利，間多駔儈武斷之奸。西錦平原曠野，宜五穀，稍西，則白雲湖。□德府子粒地也，折而北爲下三，地宜木綿；折而東北，即清平鄉，地宜桑蠶，成織紗絹，爲利頗不貲，獨漯河遇秋水時至，小有泛漲；稍南則東錦，近長白山，山産薪炭，富梨棗，湇河上下宜稻、藕、菱、芡、蒲、葦，不通舟楫，爲碓磑所礙，然碓磑之利，不減舟楫；又折而西南，爲明秀，民夾南山而居，山多出文石、煤炭，桃、栗之藪，又多槲材，巨可構室，細可供爨。

長清志

清地周四百里，路當八衝，溝渠、沙溜、水口、小橋不可勝數，此特志其周行者耳。至若沙河門頭與張村兩閘之建，有可議者。蓋會通河勢深隘，列堤障流，建閘壅水，以時啓閉，而舟楫攸利矣。若大清則河岸俱爲平地，既無隄以束其横流，一遇石閘衝激，則怒濤淜湃，洋溢四出，昔之平地，今爲巨浸；而閘返置之沙地，竟何益哉！況議建兩閘，要求鹽運之通耳。然鹽運與漕運不同，水勢泛漲，則巨艇舳艫相望而進；如水勢消淺，則舴艋小舟隨處起撥，即舟行罔利，而大車、小車陸路次發。蓋自洛口達于張秋，途非修阻，水陸相爲運用，勢可通融，非若糧運專賴于漕河也。今恣鉅萬之費，以興無益之工，謂之何哉！

霑化志

土產五穀、果木皆同，然惟白地，則種植易且蕃茂；次黑地，可種蔔秫；又次爲活鹹地，乘暑雨種，穇穫可食；下下則死鹹，無生意，平衍光膩若鏡面，然皆照畝科税。瀕海之民煮鹽，首夏汎舟入海捕魚鰕，魚凡數十種，舉網得魚者，如農有秋，曰「收海」。

青城志

鹽鈔　長慶元年，度支張平叔畫糶鹽之策，清撿責所在實户，據口團保，給一年鹽，使其四季輸價，爲韓愈所駁而止，即今户口食鹽法也。今雖不覺其擾，直爲文具，無益於國計，而相沿日久，不究其根底。

商税　于侍御曰：「商税之設，原爲徵商，非爲徵農。今巡攔課程，移之人丁，而新加額税，又派之地土。彼操白鏹而規奇嬴者誰也？顧以累我耕耨力作之民邪？」

東阿于太史曰：「兖之爲郡也，負山帶河，左海右濟，跨四州之境，兼數國之封。觀風物土，欲比而一之，有不能也。總其大都，士廉而朴，不習進趣；民質而惰，不善蓋藏。四人之業，農居六，士、賈居一二。婚姻稱家往返，略取相當，即貴閥大族，成禮而止，不過費也。烝嘗燕會，奢儉得中，亦無鐘鼎之華。喪葬從宜，士人之家，不作佛事，唯好爲下里僞物，禺車禺馬，秉畀烈火，以是相勝，而服制不能如禮。大親之喪，齋居不過五日，期功以下，服或不備。葬法合族共域，以昭穆爲序，至數十世不徙，别則稱疏。曲阜孔氏，自宣聖至今二三千年，皆祔祖兆，周回數里，他邑皆如之，此猶周禮墓大夫之遺也。市里小民，羣聚爲會，東祠泰山，南祠武當，歲晚務閑，百十爲羣，結社而往，謂之「香社」。又常以月朔爲飲食聚會，醵金錢生息。即有死喪，計其所入賻之，雖貧窶，應時而葬，無暴露者，謂之「義社」。又有醵金生息以供租税，出一歲之息，歲歲用之，率不後期而完，謂之「糧社」。亦有羣其宗族，日朔爲會，息金錢穀以供烝嘗，謂之「祭社」。亦有父老罷吏，時相聚會，如香山雒社故事，謂之「酒社」。此其常俗也。至如刁黠之徒，挾短長持吏，及藏匿偵事之人，爲之主名，以張威於里閈，在在有之，顧吏治寬嚴以爲盛衰耳。而愚民爲左道所惑，習白蓮、無爲諸教，男女相聚，持齋誦佛，亂萌盜始，於此兆焉。此皆諸邑所同，間有出入，大較不甚相遠，故可括而稱也。

馬政志

敘曰：國初既罷監苑之制，舉江北四省之馬，畜之民間，歲上其息，而太僕受之，此宋人「户馬法」也。北畿罷於起俵，而有所休於寄養；南畿匱於本色，而有所裕於改折。若夫無寄養、改折，而一於起俵，究之故法是也。所解非所養，則易買之累在民；所養非所用，則縻費之實在官，交受其病久矣。萬曆初年，始定改折之令，於是民力稍寬，公儲亦裕；而縣官不時之需，取給冏牧，幾與司農參焉，亦救敝之良圖也。夫丘乘之政，以定提封；天閑之儲，以成邦政。古之於趣馬，若是其不輕矣，今豈異哉？作馬政志。

户役論

或問條編照地之法，昉於江南。近日府境州邑，有行之稱便者，他邑争效焉。而稽之輿論，亦有以爲不便，如葛大司徒之疏注十三，何其相戾也！曰：法固有便有不便也，而其所以便，又不係乎照地與否也。蓋國朝賦役之制，本唐人租庸調之法。以夏秋税糧，徵之地畝；銀力二差，派之門丁，猶懼其不均也。復準則壤成賦之遺，立爲三等九則之目，因其消長登下，而輕重其役焉，法至善也。積習既久，弊端漸生，於是一二有司，更爲條編之法，以爲畫一之制。見謂改絃易器，耳目一新，而其中有便不便者焉。

請言其故：舊時力役之法，每夫一名，該銀若干，即審有力一人，僉充頭役，而以花户貼之。代當之人，止向頭役打討。而所謂貼户者，人數衆多，住居窵遠，所貼銀數，又或不滿錙銖，頭役不能遍討，甘於包賠者有之。自條編法行，差銀上櫃，召募代當，按季給銀。代當者領銀於官，無折準之濫；應差者納銀於官，無包賠之苦，此不坐頭役之便也。舊時徵派稅糧，即選殷實之家，僉充大户，分定廒口，使之坐收；錢銀入手，不免妄費，及期親解，勢必賠償，甚有鬻産質田，盡室流徙者。自條編法行，糧銀上櫃，但以櫃頭守之，不得侵牟，亦無賠補之累，此不僉大户之便也。舊時里甲，十年一輪，謂之「見年」；一切買辦支應，俱出其手，九年之息，不足以當一年之費。今將里甲銀數，併入差銀，上櫃收支，官爲代辦，而輪當支應之苦，皆得免焉，此不應里甲之便也。舊時門丁均徭，三年一審，鬻産多者，則自下陞上；置産多者，則自上擦下。故里書造册，有詭寄之弊；士夫居間，有請託之弊；里老供報，有賄買之弊。自條編法行，均徭不審，産有更易，田無增減而此弊盡除矣，此不審均徭之便也。蓋其所謂便者如此。而有不便者，何也？舊法編審均徭，有丁銀、門銀，而無地銀，則以貲本産業穩括並論也。今去其門銀，而以地銀易之，則田家偏累，而賈販之流，握千金之貲，無隴畝之田者，徵求不及焉，此農病而逐末者利也。上八則人户，舊有丁、門二銀，今去其門銀，而易以地銀，未有加也。下下丁户，止有丁銀，舊無門銀，今丁銀既無差等，而又益以地銀，是下户病而中人以上利也。兖之屬城，固有平皐墾壤、地利盡闢者，以地科差，可矣。至如東南沂、費、郯、滕，皆荒棄不耕之地，西南曹、單、金城，皆瀕河被水之區，當其受災，一望無際，顆粒不收，秋夏税糧，猶累里排包納；若更加地差，則里排亦不能支矣。是成墾之田利，而荒棄之田病也。蓋其謂不便者如此。

而要之所以稱便，在四事之得法，不爲其照地與否也。誠使府屬州邑，皆能倣此四法，而又得良長吏行之，即不必照地科差，而條編之法，亦可通行無弊矣。何也？條編者，一切之名，而非一定之名也。糧不分廒口，總收類解，亦謂之條編；差不分上下，以丁地爲準，亦謂之條編；糧差合而爲一，亦謂之條編，其目夥矣。天下有治人，無治法，顧行之者何如，豈必膠柱而談哉？然猶有説焉。物惟不齊而思以齊之，分惟不均而思以均之。我朝成法所以分三等九則者，正以齊其不齊而使之均也。今不分三等九則，而概以丁田之數，比而一之，第無論丁之貧富，田之厚薄，或相倍蓰，或相千萬，而於祖宗之舊制，亦少更矣。不但如此，古人制賦之法，以租庸調爲善，而我朝用之，所謂丁銀者，即有身之庸也；所謂門銀者，即有家之調也；所謂税糧者，即有田之租也。今田既有税糧，而益之以地差，差出於門丁，而反去其門銀，是田不止於租，而家可無調也，非法古之意矣。又不但此，有户有口，自上古以來，未之有改；今去其門銀而但以丁起差，則按圖而披，不知某爲某門，是有口而無户也。夫政先正名，事必師古，爲治之大經大法在焉，較計利害，又其末矣。此葛公之指也。

滕縣舊志

國初田賦，官籍有定額，而在民無定數。節因轉相買賣，貧爲富者所窘，致有地少税多、地多税少之敝。均田之法，地則緣丘丈量，税則計畝均分，真畫一之良規，利民之善政也。舊俗相沿，以二百四十步爲一畝，以三尺五寸爲一步，每一尺抵周尺一尺五寸。先均時用舊尺，後均時減舊尺分數，每步祇爲三尺二寸；是先均一畝，爲後均一畝二分，新舊之數所以不同者此也。又先均無荒熟，後均有荒熟之分，不無詐僞之弊；其交接各縣界分處，不無影射之弊；其曳索定丘時，不無急縱斜正之弊；且山河道路，主者除豁，寬褊任情，不無虚包之弊。大抵天下事難乎盡善，古人有言：「治道去其太甚。」苟利民之分數多，而弊有十分之一，不爲太甚，亦不必過議也。

滕縣志

滕蓋以一邑而包春秋侯國之地者三矣。以今圖按之，縣治爲小邾地，西南滕城爲滕地，南薛城爲薛地。而三國外諸國地又多所分割，如東北漷水、東南昌慮，皆邾地也；東之斗城，齊靈丘也；西之郁郎，魯郎邑也；西南戚城，戚縣也；而讙城、湖陵，滕壤皆得至焉。或分其半，或割其一隅，多者數十里，少者數里，衡百七十而遥，縱或倍之。水北等社，東北繚繞泗、費百三十里；泉河等社，越利國而孤懸東南徐、邳間二百餘里，而猶隸滕者，豈所謂犬牙相制之勢然歟？然滕地所以夫者，蓋由魏、隋置郡，後雖改置不一，而地則仍舊。國家定鼎燕、薊，則滕爲徐、兗門户，始與徐州埒重矣。

此一邑而三代建侯者三，而國之大夫食邑皆在其中。漢亦置一郡三縣，隋、唐以後，漸併爲一。元雖分州領縣，而縣則倚郭，猶之一也。夫縣比地窄則民勤，勤則反本；縣疏地曠則民慢，慢則鶩法。余聞之長老言：弘、正以前，踔遠山居之民，率不奉縣法，急之則挺而走險，有司但取羈縻之。後承平久，稍稍趨令，而徭役亦聽自辦，不深責也。嘉靖庚戌歲荒，行客過境上，數十里無炊烟，而群盗往往劫掠使者，蓋由土曠人稀，有司遥制之爲難耳。誠一旦有緩急，則滕、徐路斷，而泉上東南之民不往來矣。竊以爲漢制固太密，今制似太曠。宜於臨城、戚城、利國之間，更置一縣，則縣比而民無遠志易制，此以臂使指之勢也。

學校之制，始自五帝，而莫備於成周。周取四代之制，參而行之，凡侯國皆立當代之學而損其制，曰泮宫。鄉立虞庠，州立夏序，黨立商校，四代之學，達於天下。國有大事，則以禮屬群吏百官而講行之，無事則國之耆老子弟遊焉。其地尊，其禮大。秦置博士，具官待問而已，故云周之士貴，秦之士賤，則教之者異也。漢武興學，置博士官，但以名流爲之，而無考察試用之法。光武始試而用之，故漢文學彬彬，猶爲近古。晉、唐而後，雖置博士如漢故事，而秩卑體輕，故教多虚華而寡實效，陵夷而至胡元益遠矣。我太祖定天下，欲速變胡俗，重學置師，其有教明化成，急召爲祭酒、翰林等秩，而爲之師者，亦咸以教化明倫爲己任。其後藩、臬、郡大夫漸詘其禮，稍稍以文法繩之；而其弊也，文法之吏，反視之若贅疣，然爲之師者，亦何以安其位而行其志乎？遂使志氣消阻，第急會其簿書，朝朔望，是爲不素餐而已。由是觀之，始未嘗不欲其興起，而後稍衰微放失也，余於是深有慨焉。

縣東西南北隅山隘最多，又鄰沂、費，采金煮鹽之徒，不時間發，非有司所獨得以鞭捶使也，於是設守禦所千户、百户各若干人。且國初頗重軍功，而其人又皆奮起干戈者，往往與有司分道而行，畫邑而治，邑民側目焉。其後監司摘其尤無良者置於法，而收其權，一切捕盗聽詞、徵屯定役，盡歸有司矣。一盛一衰，固其變也。

風俗志

古者以州異國殊，情習不同，故博采風俗，協比聲律，以補短移化，助流聲教。國土變改，民人遷徙，而風俗因之。滕封爵之餘也，考之春秋，小邾當時固已夷之，滕、薛皆以成國而駸駸焉，自趨於僻陋之俗。齊桓霸而盟會起，三國始與盟會文物，故薛投壺之文，並載禮篇；小邾穆公朝魯，答賦菁莪；滕文行喪，弔者悦服。齊既封田文於薛爲孟嘗君，孟嘗君好士，招致天下任俠姦人，入薛中六萬餘家，故其俗閭里，率多暴桀子弟。漢興，叔孫通明禮樂，諸弟子共習者咸爲選首；公孫弘以白衣爲三公，於是翕然大變，彬彬乎鄒、魯之舊矣。自漢而後，風俗凡六變：漢與西晉一變也，五胡南北至陳、隋一變也，隋、唐至安史一變也，五代至宋一變也，金、元一變也。齊乘云：安史滅君臣之義未盡，至五代則幾矣；五胡南北，華統未斷，迨金、元則絶矣。金以滕界於宋，置滕陽軍，而民習兵，其豪富而有智略者，民群起而聽之，故滕境有七十餘寨。而又多度僧道，扁賜寺觀額名。元代亦然，邑民大率靡然胡風矣。

明興，拯民左衽而衣冠之，二百年來，漸漬習尚，可得而言。語云：「沃土之民慢，瘠土之民勤。」故城東地多山險，宜粟菽，其俗好種樹而饒於棗梨。貧者農務畢，則入山樵採治炭，婦女緝布，夜紡車之聲比屋相聞；富者能惡衣食以致蓄藏，然負固自喜，有至老死不入縣庭，有司急之，則揭竿而走險。路通沂、費，采金販鹽惡少無賴之人，無尺籍伍符發徵期會，頃刻一發，三尋之矛林立矣。好競喜鬭，鬭而負者不以訟於官，期報之而後已，以勝爲能，猶有金、元之餘習。城西地沮洳多膏腴，宜稻麥，其人競相尚以靡侈，婚喪家用妓樂，納采奩具殯葬之物，以多爲美，富家輓河、汴之材，起高樓，廣堂室，飾車騎，鏤一鞍至費百金；然無畜藏，一二歲不登，則樓室鞍騎易主矣。城南北，大抵阻山者其俗則東，瀕河者其俗則西，而闤城具五民。民不土著者衆，仰機利而食，廢居居邑，賤則取之，貴則出之，農人病焉。總之山居之民，千樹棗，千足羊；瀕河之民，千畝麥，千石稻；邑居之民，酤一歲數百釀，稱貸子錢千貫，其人皆與邑膴仕等，人富而仁義附焉。民間喪事，半用浮屠，語言間胡音；士人不立家廟，以墓祭爲重，此其大較也。

長老傳云：章宗時注十四，會天下新去湯火，人民稀，約法省禁，有司務爲招徠安集，無所擾害，黎民乂安。自年六七十翁，亦未嘗至市井，遊敖嬉戲如小兒狀。諸生少者事長如嚴師，縉紳務爲恭謹，過里門，自下車，出不張蓋，不起室治第，俗淳龐質樸無文。憲、孝時，歲大穰，都鄙夜户不閉，然淳樸漸漓，好遊子弟，飛鷹走狗，六博蹋鞠，携倡妓，彈鳴箏，東門外街巷，清夜管弦之聲如沸。而富者豪於財，俠者豪於氣，役財驕溢，武斷鄉曲，有司始以法繩之，法嚴令具自此始。武宗時，流賊亂山東，過滕，滕大被殺掠。而世宗時，土木祠祀事大起，又南紩越，北紩胡，大璫貴人祠官將兵，數乘傳往來境上，滕益多募兵，蕭然繁費，富俠之家大率破，民偷甘食鮮衣，淳龐之氣益漓浮薄；以至父子兄弟，異釜而炊，分戶而役。好學者衆，而博士後進子弟負才自矜，長者顧逡巡退讓之；好私毀譽而怯於公議，以故常爲狐鼠惡少所侵辱，同舟而濟，風波覆於，以有各一壺之心也。閭閻服飾，恣所好美，益僭濫無限度，男子冠巾絲履，婦女珠翠金寶綺縠錦繡羅紈，但有財盡能索耳。而游俠大猾，朋黨作姦，爲訾者主名，盛氣而游都市，道路以目。凡此，皆五十年前所無也。

夫民函五常之性，而其剛柔緩急，音聲不同，繫水土之風氣，故謂之風；好惡取舍，動靜無常，隨在上之情欲，故謂之俗。而班氏載魯俗曰：「去聖久遠，周公遺化銷微，孔氏庠序衰壞，頗有桑麻之業，無林澤之饒，俗儉嗇愛財，好訾毀，多巧僞，喪祭之禮，文備實寡。」然其好學愈於他俗，即今猶然近之，豈所謂風氣之繫乎地者耶？若夫統理人倫，移本易末，一之乎中和，是在人上者之責也。余故備論之，以爲觀風者採焉。

賦役志

三代而後，言賦法之善者，莫如唐之租庸調，國制寔用之。有田則有租，今之稅糧也；有身則有庸，今之丁銀也；有家則有調，今之門銀也。然國初地有起科、不起科之分，嘉靖初猶然。法久弊滋，乃盡行起科。而二十七年，撫臺檄沂州衛經歷石仲義丈之，計畝均分，行之三年，民稱便。三十年以後，累歲大饑，人相食，加以大疫，民死亡者十家而九，行境内數十里無炊煙；於是地大荒，多逋賦。此患在無人，而非患不均也。四十一年，撫臺張公者檄縣丞劉芳重丈之，以除豁荒地爲名，乃小其步弓，每三畝出一畝，賦盡加於熟地，此朝三暮四之術也。而劉縣丞丈未及半，乃令里書按册計畝出之，其脱漏者又不可勝數。於是鄉民大擾，有舊畝、新畝之名，不便者十年。撫臺傅公希摯、趙公賢檄知縣杜公濟時再丈，始得復石經歷之舊。便者未三年，而江陵相復行丈地法，執事者欲邀福於相公，多生枝葉，其所開宅舍、園圃、高下、淤沙、平坂、山石、潟鹵諸名色，以令鄉鄙之民。鄉鄙之民，冥然不啻對胡越而言侏儒，此爲里書立弊藪，奚止鑿三竇也。夫地厚者多富，地薄者多貧，賦一則病貧，富者門高，貧者門下，徭差則病富。故病於賦者，取償於輕徭；病於徭者，取償於輕賦，參而伍之，可謂至平。而里中一二無賴，又簧鼓一條鞭法爲便者，使徭盡歸於地，是專行田租而除庸調也。歲少不登，則中下地盡荒，其徭安從出乎？初增入地者僅十之二三，今增至十之五，是一條鞭法與徭役並行也。北方種馬之害始於楊砥，非高皇制也。行之既久，民固相安，忽然賣之而收其直，尋復有責買之議矣。民兵之增，本以備山東，今兵裁而銀解京；脱若山東有變，兵又將增，不徵於民，將焉取之？沙溝夫役，本爲滕民相代休息也，實乃爲徐州役而不以爲怪，而又以告革爲滕民罪。一法之行，煦煦然，孰不曰「吾以利爾百姓」哉！然有鑿一孔而開百隙，樹一本而生萬葉者；所鑿不足以爲便，而所開適足以爲敗；所樹不足以爲利，而所生適足以爲穢，此無以異於揚堁弭塵，救經而引其足也。水濁則魚噞，令煩則民亂。嗚呼，從來遠矣！若夫酌量調劑，奉法而不膠於法，因時而不詭於時，不有今之良牧，幾何其民之不轉徙於溝壑也。

費志　武城考注十五

云：武城，魯邑也。春秋襄公十九年：「齊及晉平，〔六四〕盟于大隧，故穆叔會范宣子于柯，穆叔見叔向，賦載馳之四章，叔向曰：『肸敢不承命！』穆叔歸，曰〔六五〕：『齊猶未也，不可以不懼。』乃城武城。」城今費縣西北七十里，錦川鄉絃歌里有武城城，是也。孟子曰：「曾子居武城，有越寇。或曰：『寇至，盍去諸？』曰：『無寓人於我室，毀傷其薪木。』寇退，則曰：『修我牆屋，我將反。』寇退，曾子反。」今費縣武城北曾子山，即曾子居也。曾子書曰：「魯人攻鄪，鄪君曰：『寡人見攻而先生去之，安能爲先生守宅也？』曾子不答而出。魯責鄪之罪者十，而曾子所陳者九。鄪君復修曾子之舍，而後迎之。」二事語意相近，可見武城近鄪明矣。史記：甘茂曰：「曾子居費之武城，其母方織，有告曾參殺人者三，母乃投杼踰牆而走。」王符論曰：「南城之壘〔六六〕，曾子非不孝。」西漢改武城爲南成縣，今南成山有曾點墓，是也。向使曾子不家武城，胡其母之織于此，而葬其父于南成也？即據春秋、論語、曾子書、孟子、史記、王符論，曾子爲費武城人的矣。史記孔子弟子列傳曰：「曾參，南武城人。」此據漢人之稱也。地理志曰〔六七〕：「定襄有武城，清河有武城，故此云『南武城』。」是也。今相傳武城在費縣之北，泰山之南，故東漢以南成即武城，屬泰山郡，晉亦因之。杜預註春秋「城武城」下曰：「泰山南武城邑，此『南』字即史遷『南武城』之『南』字。」以別於定襄清河之武城也。漢清河郡東武城縣，即今東昌府武城縣，建始西漢，今亦以爲子游所宰之邑，立子游祠，何其謬哉！又今嘉祥縣，禹貢「大野」之地，漢、晉、隋、唐爲鉅野縣地，宋爲麟州，金皇統中，始於鉅野山口鎮置嘉祥縣。其地有南武山，上有阿城，亦名南武城，乃今附會爲費之武城，子游所宰之邑，曾子所居之武城，其謬甚矣。今費縣西北七十里有武城城，嘉祥縣南四十里南武山有南武城，二縣城二，名蹟各異，謂費之武城，即嘉祥之南武城，可哉？假借史記南武城之「南」字，而不考杜預註、地理志〔六八〕、括地志諸儒辨證諸書，訛矣。故今詳加考訂，爲先賢正首丘也。

泗水縣志

食貨論總序曰：余考周官太宰以九職任萬民，以九賦斂財賄，而即繼之以九式均節財用。

夫九職之所任者，即今之役也，出於民之力者也；九賦之所斂者，即今之賦也，出於民之地者也。民之力與地有盡，而國之所費無窮；苟不於其經費之際而品節之，情竇既開，必至於泛用無度；欲壑不盈，必至於苛取無厭。是故於九職、九賦之後，九式先焉。凡以均節財用，量吾之出，而不過責民間之所入，此周公理財意也，後世此意微矣。情欲日奢，徵輸百出，山澤之利，悉羅取無餘。噫！天地生財止有此數，不在民，則在官，上下二百年間，户口、田地、山澤之舊，漸虚耗矣，而額外之加未有底止，豈其於周官九式節財未之講耶？

賦役論曰：賦税出於田徭，役出於丁，舊制也。泗水丁力鮮少，故徭役之銀常田代丁，編其在今日之賦税，其類有五：曰夏税，曰秋糧，曰絲絹，曰馬草，曰驛站。今日之徭役，其類有六：曰銀差，曰力差，曰里甲，曰額辦，曰雜辦，曰鹽鈔。以條編之數論之，計每畝派銀一分八釐有奇，而白地派銀二分二釐有奇；人丁自上上則派銀九錢，遞而降之，至下下則一錢，合之共派賦役銀一萬二千八百五十兩有奇。民力竭矣，而又有新加兵餉及派魚臺撈夫銀，一切修城、修河額外之徵，比比是也。皮之不存，毛將安附？司是土者，寧可膠柱而調瑟也哉！

汶上縣志

汶水之源有三：一發泰山仙臺嶺，一發萊蕪原山之陽，一發於其寨子村。會泰山諸泉之水，至静封鎮，合而爲一，謂之大汶。又小汶出新泰宫山之下，西流至徂徠山陽，入於大汶，乃西南合流，逕桃鄉、無鹽及壽張故城北，由安民亭合濟瀆東北入海，此故道也。永樂九年，尚書宋禮始築壩於戴村，遏汶全流出於南旺，四分南流達於濟寧，會沂、泗諸水入淮；六分北流達於臨清，會漳、衛諸水入海。然秋夏水漲，猶得自坎河入故道，漕與邑俱利焉。汶之自戴村入漕渠也，委折數十里，隨所經流，有異名焉。在戴村以下爲蓆橋河，西南流至草橋堰，受龍鬬諸泉及蒲灣濼水，爲草橋河，又西南流爲白馬河、聖泉河，舊名黑馬溝。爲鵝河，宋都汴時，貢鵝鴨故道也，郡志誤以爲黑馬溝之上流。至南旺，分流爲會通河，南抵嘉祥界首，北抵東平靳家口，凡七十有二里。邑舊有大清河，濟水故道也，舊爲汶境，通志云：冀州刺史王純碑在汶上，漢延熹四年立。水經云：濟水西有安民山，山西有此碑。今屬於州。邑之西偏有小清河，殆濟之北逕鬬鄉城西者也，然經流絶矣。邑之泉，其大者爲龍鬬，泉脈鼎沸，若兩虬相擊者然，由縣東北五十里，出雲尾村平地中。其東爲薛家溝泉、鷄爪泉；三里許爲濼澢泉，南爲趙家橋泉，俱出土中，會龍鬬南流，合於寧陽之魯始濼澢山泉，由魯溝入汶。馬莊泉距邑東南十八里，亦出土中，流十五里，至城南而伏。邑之湖爲南旺，即古之大野澤也。中爲長堤，漕渠貫之，畫而爲三：在漕渠之西者曰西湖，周迴九十三里，堤上爲斗門以便蓄洩。其東曰蜀山湖，周迴六十五里，水漲出長溝、減水二閘，入馬塲湖。曰馬踏湖，在汶河堤北，周迴三十四里，夏秋水漲，滙入北湖，出開河閘迤北弘仁橋入運。俱有菱芡、魚鱉、茭荻、蔬蒲之利，居人賴焉。溝之可名者九：其導龍鬭諸泉逕蒲灣濼以入汶者爲魯溝，受諸山潦以注蒲灣者爲南北泉溝及洪溝，蒲灣之西北爲沙溝，其南分蒲灣之水以遶城下者爲郭家溝，邑之西南有柳溝、響水溝，又聖泉河舊名黑馬溝。泊之關於漕者爲蒲灣，李太白所咏「城隅緑水明秋日」是也。距邑北三里，一名仲勾泊，一名五花池。蓋魯溝自軍德橋而下，遂無堤岸，水因漫出合於停潦，周迴廿里。民田多没焉。其水出柏浪橋逕周家河入汶。議者欲自軍德橋下縷堤至木郎橋防泉走洩，乃民漕便計也。又此泊舊有支流，由郭家溝遶城下西南入蜀山湖，昔劉賊之亂，攻劫城邑，令君左經引泊水自保，汶賴以全。邑之東南爲塹王石橋泊，拔劍泉水滙焉。即柳行泊也，民嘗乘旱占種，遂履畝而賦，至今苦之。西南爲釣臺泊，則馬踏之餘浸也。若魚營周迴四十里。石樓周迴三十里。二泊，秋夏水漲，禾用不殖，然來年之入常倍餘田，是稱沃土矣。汶之決口，相比如櫛，指不勝屈也。計其大者，則草橋迤上有曹家口、七級口、大堤口、魏家口、赤家口、隋家口，草橋迤下有王延口、劉盤口、近議於此直開支河以達南旺，似拂水之性，洩漕以病民已。何家口、馬家口、王堂口。按南旺，會通河之脊也，元人遏汶奉符以達任城，每至此而舟膠焉。自宋司空分汶於此，而漕始利矣。然汶之裨於漕者，八十有八之泉也，非潦也。故壩於戴村以防其洩，而坎河歲築沙壩以聽潦之決焉。蓋以潦水汩濁，性復湍悍，勢惟分洩，則力之所衝始微；淤之所挾始寡，堤不歲潰，淺不歲填，民田亦不歲没，厥利溥矣。萬曆戊子間，歲旱泉涸，疏濬復廢，而漕艘始梗，行水者見四汶河身漸以淺狹，上流之勢佹欲西趨，石壩聿築，潦始爲害，畚鍤之役，無歲不勤。夫額弗充，漸及里甲，崇原平壠，變爲沮洳，結茅積稼，或隨浮苴。舒司空開渠河口之下，蓋深知前人之非，而重毀其功也。然汶水挾潦而注，西觸於石，驟折以南，其勢彌怒，故患終不免耳。或疑潦盡洩，則湖水或減，不知沙壩之時潦非盡西也。若今之氾濫，則盡啓諸閘及斗門洩之，猶襄隄没岸，舟禁不行，豈湖之所能蓄耶？願司水衡者濬泉防湖，監臨閘座，復於四汶河身務求深廣，如宋司空時，則南注之勢駛矣。若流潦是需，待命於天，脱值亢旱，將何以濟？詎所以爲國家長計哉？

漕河之間，遞置之以防膠舟者，淺鋪也。曰南界首淺，曰石口淺，曰柳隄淺，曰南旺淺，曰鵝河口淺，曰田家口淺，曰闞城淺，曰開河淺，曰劉家口淺，曰袁家口淺，曰闞家口淺，曰張八老口淺，曰步家口淺，曰北界首淺，凡十有四。列舍居夫，習沙阻以招呼運卒，而隄岸樹木盜警郵傳，亦並責之防守云。其建于水以酌啓閘蓄洩者，則有閘有壩。漕之閘五：曰寺前，舊名棠林，西距南旺上閘十五里，正德元年建。曰南旺上，在分水口南，距下閘九里。曰南旺下，在分水口，北距開河十五里，俱成化六年郎中楊恭建。曰開河，北距袁家口十二里，元至正閘建，永樂九年重修。曰袁家口。北距靳家口十八里，正德元年建。月河之閘二。在南旺上、下，成化間建。減水之閘九：曰焦欒，曰盛進，曰張全，曰劉玄，曰孫强，曰彭室，曰常名，曰闞家大，曰兼濟。俱在漕河西岸。漕之壩一，曰滚水石壩。在南旺河西岸，水大洩入西湖，萬曆十七年建。汶之壩二，曰何家石壩，在汶河西岸。曰草橋土壩。一名草橋堰。汶水舊有支流，東南入城濠趨蜀山湖，始入漕，萬曆二十二年塞之，濠池遂涸。其接鄰境而關於邑之利害者三：曰坎河石壩，曰戴村土壩，俱接東平境。曰長溝石壩。接嘉祥境。按自沙壩廢，而汶流入海之道遂塞於坎河，濁潦怒湍，沃壤爲浸，長溝之間，又私增土壩以捍其壑，此邑之所以嘆懷襄也。陸水部撤土壩，害減十二，乃汶猶挾潦括沙底於分水以爲漕梗，故大挑之役，歲爲民病。而始則築隔，繼則起水，終又挑隔，每用力於無益之地；曷若於上源築壩之處，建石閘一座，欲行濬撈，扎板斷流，不用樁草夫力之煩，又無曠日稽遲之苦，即不能如沙壩時淺不歲淤，不猶力少而功多乎？

户口

接國初里甲之編，均其户口，可舉綱以知目。首長之役，擇其望族，如以臂而運指，意甚善也。然丁産之息耗漸殊，而更繇之輪充弗改，則輕重之間，規避自生矣。試按今之圖籍，有一甲之衆，足敵一社者，尚可分里以役之乎？今之里胥，有單貧已極者，尚可按籍以定之乎？竊考國典，其里不敷十甲之數，取鄰圖撥補之；甲不敷一百十户之數，驗丁産歸併之。排年里長設有消乏，許於一百户内選丁糧近上者充補焉，抑何其融通乎！乃每當攢造黄册、第令握算者準諸舊額，少加益損，徒費毫楮耳。

土田

按地經均丈，額未有不增者也，第名實異耳。趙公之額，核欺隱之數而增之，無減派之名而有其實。何也？其所增之地未嘗復徵也。若後人之額，折步弓之數而增之，有減派之名而無其實。何也？其虛增之地未嘗不徵也。此猶朝三之術也。彼河非可耕，路非可植，新墾之荒非必有秋，而概以充額，則昔之熟田安在？不過爲豪猾所隱占耳。古者以田爲母，人爲子，故易於稽查。後世以田繫户，户有升降，則田有轉移、灑寄、隱匿之病，自過割而生者，又何可按據以知其實哉？

賦役

國家使民按地出租，而以庸調責之門丁，因登下九則以酌輕重，制亦悉矣。然法久而弊，寄耳目於里胥，使奸黠者得竄其智巧，册籍實虛，寧復可憑乎？則條鞭之法，舍貲産而括丁地，抑簡易宜民之術，廼薦紳先生各執所見，弗思潤澤，紛紛之議，幾聚訟矣。均徭里甲出於門丁，舊有頭户、貼户、見年之名，其費不貲，自條鞭行而民始甦矣。今之里排，雖輪甲應役，然止於催辦；惟櫃頭、俵頭，尚存大户之名，故百姓之托籍、僑寓，借勢薦紳，詭寄叢生，冀脱是耳。使盡行條鞭之法，官募櫃頭，官俵種馬，則民出役錢，安坐無事。地之系於平民，猶士夫也；名之編於排甲，猶客户也，詭寄諸弊，不革自清矣。然寄莊終不可立，而優免終不可濫也。嘉靖庚寅，令大造之年，各屬流民置有産業住種已久者，附籍當差，是不容僑寓者久處寄莊之名矣。況比境相接，連田阡陌，其去邑城不及再舍，而皆作客户，是導奸猾之民兩地影射也。獨不思各邑之鄙，有二百里而遠者，何嘗免役乎？若更相知會，則其奸立破矣。至於優免自有定制，乃每以縉紳面孔隳廢憲典，而援例人員亦免丁糧，則隆慶中梁都臺申飭之例，不具在乎？此猶其小者也。汶近於兖，郡王宗室，概置田莊，遵嘉靖四十三年之令，查附各里甲項下，以佃户的名編立户籍，正雜差役與平民一體派編，可也，安得優免耶？且國家之法，以土田朦朧投獻王府者，發邊衛永遠充軍；其願以田地鬻之宗室者，亦先將田糧數目報官，以憑附册編差，違者以投獻論。令甲凜然，今或玩視之矣。至於國戚優免之例，親王王親止免雜役二丁，近得影射各府，又自免丁糧，弊將安極耶？不按會典盡行釐正，數年而後，汶之田莊半入宗室，而民差煩重，有不忍言者矣。

馬政

按國初民養種馬，歲取其息，則所俵者官駒耳。及駒不中式，臨期勒買，種馬之養祇爲空名，此變賣之議所由興也。然馬金已入，俵額猶存，即百姓脱養馬之累，不勝歡娱，而上不幾徒取之乎？使果充戎行之用，則亦軍政所急也。乃一給騎軍，略不加省，晝僱於市，宵餓於櫪，不數月斃矣。則徒費民財而歲殺良馬，謂之何哉？近議不許多派本色以累小民，屢經災傷地方，或至全折，亦洞見此弊耳。

驛傳

按開河驛水夫僱直，盡充歲用，患給之後時耳。彼預貸息錢以通客艘，子母權之，十去六七；及舳艫聯比，勢不能支，則夫役逃走，綱頭避匿。而豪有勢者遂追攝居民，代爲牽輓，且掠其什物，勒其折賠，或因以破産矣。議者不詳其弊，欲以附近村落編火甲佐之，不且迫居民以散四方乎？若新橋馬驛，當税監未撤，勢果弗堪；今稍帖矣，而驛卒猶告累焉，續增幫價至千餘金未厭也，時爲避匿以難其上，冀得更僉富民，乃爲代役而肆其貪心焉。在上者又往往慕招募之名以入其彀中，容知其名易而實不然乎？雖然，國家設驛，非徒供遊宦者之往來也，乃分關借關，甚且鬻之，而山人術士，皆得乘傳，宜留心國計者，懷江陵之思矣。

鹽法

按國初給鹽於民，故令折鈔，今民易鹽於商而食之，猶責以鈔乎？且食鹽之數其多寡非有定也，何以額派引且日增耶？至於私鹽之捕，不過設爲厲禁以通官鹽，今遂虚搜名數，抵充捕額，上亦知其僞而視爲固然，立法之弊，於是極矣。

兵防

按軍民既分，兵不寓於農矣，然民兵之名，未嘗不存於内地也。今汶、寧有習擊刺、識行陣、足備徵發者哉？其胥吏論報，僅紙上之言，則民兵廢矣。乃若邊軍舊有定額，足備戰守，屬一方有警，輒議召募；蕞爾之汶，增餉幾二千金，則邊方之兵亦未足恃，懷杞憂者，尚慎行保甲之法乎？其什伍連比，有管子之遺焉，小用之可以弭盗，大用之可以足兵。王文成公常三令而五申之，今其籍具在也。然法之不行，病於稽查弗清，游徙無禁耳。彼周禮比長之法，有徙於國中及郊，則從而授之；若無授，則圜土内之。敬仲亦云：「人無非其里，里無非其家，奔亡者無所匿，遷徙者無所容。」倣此意而行之，加練習焉，庶於兵防少有裨乎？

條鞭法議

蓋聞議條鞭之便者曰：不坐頭役，無討索包賠之苦；不僉大户，無侵牟償補之虞；不應里甲，無輪當支應之煩；不審均徭，無詭寄賄托之弊。此其大略耳。惟是以一縣之力，供一縣之役，則衆而易舉也；以一年之輸，分十年之限，則輕而易辦也。併銀、力二差，合公私諸費，則名目簡而易知也；富人不近官，役人不坐名，則覬覦侵而易安也；官給直於募人，不得反覆抑勒，則市猾屈而易制也，此其利殆不可算矣。即單丁下户，亦有毫釐之增，然一日之傭金可具也，寧遽損乎？而説者曰：條鞭之法行，則商賈利而農病，熟地利而荒病，口存而户亡，調去而租增。其言甚辯焉，第不識古之人，果合丁口以爲户耶？括貲産以爲户耶？今考載師任土之法，固唐之調也，亦曰以物地事，授地職，待其政令而已。且唐令民以土宜出綾絁絹綿，及於布麻，即今之絲綿折絹等耳，舊已歸之於田矣，果自條鞭始乎？昔陸宣公云：「先王制賦，以夫丁爲本，不以務穡增其税，不以輟稼減其租，不以殖産厚其徵，不以流寓免其調，不以餙厲重其役，不以窳怠蠲其庸。」此豈計貲産者耶？夫以貲産爲宗，不以丁身爲本，乃兩税法耳。容知物之精者易藏，物之粗者難掩；難掩者則共見其蓄積而指爲憑，易藏者即妄意其囊篋而不可據。故計貲産而農未有不病者也。然則以爲商人利，則宜講抑末之術；以爲荒田病，則宜求除豁之計。而遽指爲條鞭之害者，祇緣令長難募役之保任，里書失編審之騙局，少地者不復漏差，有官者不得濫免，故爲是紛紛之説耳，豈足以病畫一之法乎？雖然，迫不得已之公費，值不可抗之取求，則額外之差增於上矣。青田隱於積書，赤曆代以小葉，則額派之數亂於下矣。致若傜役之外，附以條鞭，其害可勝言哉！

嶧縣志

吾嘗顧於古今之際，而知嶧民之所由貧也。考元和志，唐貞觀中，丞地有陂十三所，歲灌田數千頃，青、徐水利，莫與爲匹。及觀元大德間，嶧州孟學正所撰許池泉記，猶稱「泉水散漫四郊，灌溉稻田，魚慮萬頃，民受其利」。繼考玉海、通考，彭城以北利國監及丞縣，並有鐵官。宋吳居厚爲京東轉運判官，即其地鑄鐵錢，民得仰鼓鑄爲業，今縣治及丞水上有遺鐵存焉。勝國時，州西北四十里有陶數千家，歲以陶器致富饒，一統志猶稱「嶧産黑瓷」。此在往昔章章特著者也。自元末兵亂以來，數罹傷殘，人民轉徙，河渠故道，歲久堙滅，且接濟漕渠，國家亦有明禁焉。方今小民一切罷陶鑄諸業，而獨仰給于農，百畝之田，計贍父母妻子，而更徭徵賦出其中；一遇旱乾水溢，則徵徭逋負，流亡繼之矣。流亡者衆，則田不受犁者愈多，榛莽彌望，常數十里無炊烟。

鄰邑有司猶謂嶧人利茂草，市厚利，此何説也？通志云：「嶧土曠人稀，一望荒落。」在嘉靖初已然，況今日乎？户口土田，日凋于前，而更徭雜賦，日增於舊。辟之負戴者，十人各百鈞焉，一人委而去，舉而加諸九人，未累也；三人委而去，舉而加諸七人，亦已甚矣；五人委而去，舉而叢諸五人之身，不亡何待？嶧之往事，何以異此？急之則病遺黎，緩之則虧國課，調停撫恤，閔閔然若不得已而後動者，則幸有今之牧民者在也。

郯城縣志

沂、沭爲郯之經川，實稱巨浸。其末流以一衣帶承之，瀷泉暴至，諸澤不竇而決。又四封之内，强半隰皋，夏水亭居，輒受填淤反壤之害。彼挾鎡基而緣南畮者，大都若石田之望歲，十值其一幸耳；此婧竄所以相踵，而蓬蒿蕵藜秀也。竊嘗咨咨過計，以爲宜曠然大變其舊，略倣周官遂人之規，令占田者各自爲川澮，彼此互達，涔則疏畦町，旱則引桔槔，而樹藝各之其所宜，斯地其稱沃衍哉。東省禯磤之患，水劇於旱，郯當沂、費下流，其地卑壚，介丘四塞，夏潦亭展若巨藪。故沂、費之水，二三日可消，郯非十餘日弗得。余觀於義倉，而知救荒之重所待也。夫天地之大計，六歲饑，六歲穰，十二歲而一大饑。使國無一年之蓄，則有今無儲者，卒之乎流亡轉徙，而號於非國矣。郯棘斯理也，官廥之粟，既稂戾而不可放，而里區又比設義倉，往當歲穰之日，令民自以其意輸粟於落保，鍾釜無限，不欲者無强。已乃總其籍歸之大庾，春貸秋斂，歲出入爲常法，貧民欣欣歌便之，可不謂至計與？顧其弊蘖將有三焉，當長耳目，勿令滋蔓也。蓋耗斁無查盤之覈，則以秕雜穀之竇開；興發期會畢於旬日之内，則詭支起責之奸萌；概量徵收，大入小出無所禦，則計羨餘而賣虛記之詐生。三弊者旁出，而是法且漸稱蠹矣。嗣來君子，先周急之仁心，塞營私之變孔，則斯倉可比於常平，民其將終賴哉。

郯故設厩置矣，後竟廢之，非以其不當孔道耶？今東三郡出入南服，此爲夷庚之徑，星軺月至，行李日至，敝邑惟芻餼之不共是懼，敢辭勞焉。一遇戈役入于郊，民讙然徵庸秣馬，或一騎而策數騶，一夫而受數役，奔命視遽人滋棘。夫茲羸民也，歲辦常賦，猶多積負，而重之爾爾，計未知所以紓之矣。

條鞭總論

一條鞭之法，縉紳類能言之。然或有謂其當行，或有謂其不當行，其見蓋人人殊矣。時無論縉紳，即父老百姓，願行者十有七八，不願行者亦有二三。查得各處條鞭，不問丁之貧富，地之肥瘠，一概徵銀，殊失輕重。是以貧弱小民，多有不願；而富民田盈阡陌，多方詭計，營幹下則者，返得藉口鼓惑小民，騰謗官長，百計阻撓。官府摇動于浮言，牽制于毁譽，屢行屢止，致使忠實良民，田鬻大半，户口尚高，經年累歲，獨當各樣重差，無息肩之日，苦累不可勝言。如本州中上户侯貴等歲當重差，餓死單縣漫坡，是也。今酌議條鞭，地論肥瘠，而徵銀之多寡既異；丁論貧富，而户口之高下懸殊注十六。名雖條鞭，而實爲調停之法，故命名曰調停傜賦册，蓋不拂願行者之心，而亦善體不願行者之意。卒之規制一定，士民胥慶，即有一二奸民，亦無以爲辭矣。傳曰：「通其變，使民不倦。」又曰：「執其兩端，用其中於民。」今日調停之法，是通變用中之政，得聖賢之遺意，即即以達于天下，似無不可行者。而經久不易之法端是矣，敢以是爲折中之論。

附論

曹縣、定陶與州接壤，曹、定又本州屬也。乃二處俱行條鞭。曹縣每小畝四畝八分作一大畝，編銀七分一釐；定陶每小畝三畝六分作一大畝，編銀五分二釐（六九）；曹州每小畝二畝七分作一大畝，編銀四分三釐。是照地編銀，三處雖不盡同，然亦不甚相遠。顧條鞭丁銀，則三處迥異，天淵弗侔，憂民困者不能不驚且嘆焉。曹縣丁不論貧富，每丁止編銀七分二釐；定陶丁雖論九則，然上户一丁止于九錢，兩縣者外無餘差，亦無餘徵矣。獨州上户一丁編銀九錢，兼編門銀三十兩；其餘八則，每一户丁，門銀各不下一二十兩；至下户人丁，尚編銀一錢。是曹州上門一丁，當曹、定上門三百九丁之差；而定、曹上户之丁銀，反輕于曹州下户也。所以然者，以原額傜差既重注十七，如民兵團操等項，十倍兖屬，兼以嘉靖年來，濟寧、嘉祥、金鄉、陽穀、魚、滕、郯、泗等處，間遇荒歉，徭賦減半歸曹，名曰代徵，歲不下三千金。坐是丁銀之重，無論定、曹，即全省郡縣，亦無有重如曹者，考諸概省徭册可見也。故差日重，民日窮，而士民不察其差重之由，往往告苦爲條鞭未行。乃今業已行矣，竟無減于丁銀之重，又將若之何哉？

曹縣志

原額均徭應役，官吏坐理，始法甚善。行之既久，寖失初意。每一役出，輒下鄉索括金錢，謂之攢迴流。小民不勝其擾，故有「家有二頃田，頭枕衙門眠」之謡。至萬曆三年，知縣王圻蒞任，思爲一條鞭法，即古免役，一切照丁地徵銀，官爲顧役，民甚便之。會以謫官未久轉去，于是鄉宦學較里老百姓三千人，赴兩院懇代題留任，以終其法。特爲展限九月，圻于是自四年始，條議申詳，比允行縣，已二月終矣。至今七八十年，時勢雖極多端，而户田、税糧、徭役、里甲、歲辦諸政，猶以王圻爲準，不能更張易治也，則其法可知也。

平賦問答

平賦之法既具，圻竊不自安，再進闔邑而諗之曰：是法也，革大户，禁打討，便矣，并審户編徭之舊而盡去之，得無戾乎？

曰：户則之低昂，不外于丁地，以貲論者，蓋千百之一二也。今户雖不審，而計丁計畝徵銀，丁地多者出銀多，丁地少者出銀少，户則高下，在其中矣，雖不編徭，而徵銀顧役，成規井井不亂，夫何戾？曰：審若是，是亦宜民之政，而或有呰者何？曰：稱是法便者，窮鄉細民，苦於積累者也。其以不便稱者，大約有四：一，上户地多，無路詭避；二，各項應募，無計多取；三，積年里書，無名需索；四，市井棍徒，無緣包攬。故倡爲它説，以圖陰壞此法。長民者惟細民是庇，毋摇於羣小之議，可也。曰：法可通行，斯爲良法；此邑既稱便，則它邑宜無弗便者。而或者以爲曹邑可行，它邑不可行，抑又何謂也？曰：山東州縣有貧富，地里有廣狹，而額派糧差，率皆稱是，安有宜於此，不宜於彼；富庶之邑可行矣，而貧邑之審編，獨不以地計乎？地寬之邑可行矣，而狹邑之糧差，獨能舍本邑而别處乎？雖曰門丁有銀，户則有銀，而門丁户則之高下，亦不過計地而差等之者耳。大抵打討之法，便於募人，便於里書，而不便於小民；平賦之法，銀有定數，差有定額，便於小民，而不便于官府，不便於里書與募人。此其説之紛紛不一也。今曹之士庶，罔有異議，則行之曹，可矣，它邑之便不便曷計焉。曰：據若言，法果可行矣，更爲善後之策，奈何？曰：科索有罰，包攬有禁，徵收有時，出納以公，又勿輕于加派，則法雖世守焉，可也；否則，朝令而夕改矣。圻聞斯言，惕然悚懼，迺并録之，以呈於上，以告於後之令曹者。萬曆四年歲次丙子冬十月朔，曹縣知縣王圻謹識。

條鞭之法既行，曹民始有其身家。當是時，里無追呼，號稱極治。然法既初行，應募者寡，而充軍、俵馬、起解諸役，王公行之甚善，後稍不能不用里甲矣。名雖召商，實簽大户。又三十年，而里弊復極。丙午，知縣孟習孔涖任，復爲汰則均丁，清理賦役，名一串鈴，申明王公平賦初意，而參酌以時弊，爲十二款，詳允十款刊垂，今録于後。

曹縣爲汰户則，均丁徭，清詭寄，平差役，以便窮民事。萬曆三十五年正月初八日，奉本府帖文東兖道劄付，蒙撫院黄批據曹縣申前事，據議俱屬可行。惟照地過丁之説，稍屬未妥，仰東兖道再一酌議詳報，其餘即行令遵照。按院温批同前事等因，爲照爲治不在紛更，苟可與民相安者，沿而守之。又聞爲治去其太甚，流弊已極而不爲之挽，勢將何窮？曹之差役一事，弊至于窮民，無可誰何，縣官莫能措手，不得不矯故從新，以爲民便者。卑職到任來，查曹之糧差銀，不過三萬有零，滿册詭名詭户，莫知端倪，復業寄莊，巧立名色，三等九則，多方支離，欲求畫一之數而不得。然逐年錢糧亦無大欠，最苦編僉差役，獨累窮民，富者皆逃於實在地外，丁差不及。至於實在當差之地，與寄莊復業之數，幾於相等，有是弊耶？今當編户之年，卑職苦心籌算，欲爲均平差役，使貧富兩便，莫知所從。及訪邑中縉紳父老，始知審户之爲害也，人丁九則之爲害也，逐年推收之爲害也，假立寄莊之爲害也，賣地遺丁之爲害也，以致花詭至此。玆欲仍之，而貧富不均，編派倒置，每日號訴公庭，皆爲差役事也。欲盡查分開小户，總歸原户，則户口幾削其半，且弊來已久，里書更易，不知幾手，死亡不知幾人。不得已，止以日前户口人丁爲定額，毋再增減，毋再花分，查出寄莊避差人户，盡行收回實在當差，使地多差均，貧民息肩。然欲免審户，其中須謹始慮終，定爲規則，塞其流竇，使可永久。謬爲十二款條陳，遵照將原議照地過丁與寄莊承丁二款汰去不録外，今將詳允條款刊成書册，俾士民永爲遵守毋違。

一議照地僉役，永免審户。夫審户者，原以分别貧富當差，爲貧者便。而今曹邑數十年來，豪强户盡行花詭，得逃上則；下户窮民，置數十畝之地，從實開報，反蒙陞户。縣官耳目不及周，致貧者陞，富者察，往往皆然。且五年之内，富者倏貧，貧者倏富，不可爲嘗。卑縣於三十三年到任之初，猶執前定户則以佝頭役，其間家無寸土，糊口不足，叫號籲天者，皆册中所載中等户則也；其所稱下下户，反皆富厚之家，所支分節派而來者，使富者得執下户以避差，貧者爲五年前地多之故，編入上中則，啞口無訴，則審户不爲窮民累哉？且查里書當審户之年，增減人地，權握在手，索詐多方，賄賂公行，窮書立富；而遐陬之民，悉來聽審，盤費頗多，又請託求察者，不惜數十金以乞一書。其縣前酒飯舖店，指此爲一年肥潤之計，此一審而邑中所費，不下萬金，審户爲利耶？爲害耶？卑縣自三十四年編派頭役，俱不照户，止以該甲人户見在地畝，挨次造爲魚鱗一册，炤地之多寡定重輕，所編派者無有乞免，貧富稱便，信户則之無益也。蓋曹民稍積金錢，即置地土，不知買賣活計，與南人大不同者。執地而論，貧富不爽，何用户爲？合無比炤東阿事例，論地當差，求不審户，所存户則，盡行削去，甚爲民便也。

一議人丁一例派銀，不分等則。夫户不審矣，而丁猶以九則分納，此安所區別？丁之有則，最上者至於三錢外，下者不滿六分，此豈條鞭之法？初意不過欲使富者多納，貧者少納，以寓伸縮之意。迺查曹之條編册内，上中户應納之丁，非鄉官坐免，則生員帶免，所未免者之丁，二丁在，而下等户則，盡皆不免。蓋納銀有則，而免丁無則，人皆争免上中則之丁，止遺下則之丁，與下户納之。上中所免一丁，去銀甚多，則丁銀不足額，必於概縣地畝加重以補之，是不使下户代上户，納丁乎？且九則派銀，里書易輕重其手，即本縣十年錢穀之吏，算及丁銀，茫無下落，況彼深山窮谷不識一字之民，安知彼之丁爲何則，某則丁該派若干？第聽里長科收，以一納二者不無也，適與爲藏奸地耳。卑職將通縣原額丁銀，連鹽鈔兵餉等項，查照通縣原額人丁數目，通融均派，計每丁止該銀納七分三釐，第與往昔下則之丁，相去毫釐。若不分等則，一例派納，則富家優免一丁，除鹽鈔仍派外，不過免銀六分三釐零，而下户丁銀，未嘗加重。且丁銀足額，不那派於地畝，尤下户之利也，非所稱均平齊一之法哉。查東阿亦一例派丁，猶屬每丁銀二錢，而此大輕矣。

一議派丁照地多寡，以免偏累。夫户與丁俱不審則矣，而其間死亡逃絶之丁，何以删除？殷富該添丁之家，何憑增益？蓋祖宗舊制，原以户口殷繁，徵派人丁。邇者人衆未必家殷，家殷未必人衆，故每每視田地多寡以爲丁數，此又老丁之外，所爲隨糧丁也，總之欲足額而止。查曹之條鞭册内，有地盡無而有丁者，人盡絶；有丁者，有地未及十餘畝，而載三四丁者，有地至二三頃，而止載一丁。使趁食度日之人，終歲勤動，不能完官家一丁錢；而地連阡陌者，與隻身之夫相等，最不均也。卑縣將通縣實在地畝若干，以原額人丁若干，均平鋪入，算該地四十畝内外，派納一丁，内除每户口原載有地多寡，其頂户一丁不動外，其餘死亡逃絶之丁，累里長包賠者，逐里清查，盡行汰免。而有人無地者，亦念其窮而去之；地少丁多者，酌地而減之。將遺下丁額，盡添入于地多丁少之户，亦止求不失原額而止。大約照四十畝内外通融派之，不死執而行之，庶地多則丁多，納丁者多富民，而於窮民稱便。且下户有地則有丁，彼亦無所逃也。持此法五年一查，即於地畝之中，寓汰丁增丁之法，而則可無審矣。前件本道先因駁議照地過丁款内，行據本府署印李同知查議，申稱民間買賣，未必盡皆四十畝，人丁豈可花分零過？議欲以有地者照地當差，有丁者照丁納銀，因議及派丁亦不必照地等因到道。本道謂非該縣原議初意，駁批本縣覆議。申稱原議四十畝一丁之説，蓋總通縣地畝大約言之。條款中原有「四十畝内外」字樣，及「不死執而行之」等語，蓋亦思及民間買賣，未必恰好四十畝，故斟酌通融其間，不以四十畝爲死局也。假如一人之地有一頃二十畝，該載三丁，賣去一頃而存二十畝，豈必欲過兩丁半而存半丁乎？又假如一人止地二十畝，原有一丁，必欲執四十畝裁去半丁乎？如此，則反成刻舟求劍矣。卑縣原議不然，如一户有地一頃，原有一丁，今止再加一丁，是不無五六十畝一丁者，此四十畝外之説也。如一户有地七十畝，原止一丁，今亦再加一丁，不無三十五畝一丁者，此四十畝内之説也。如一户止地二十畝，原有一丁，亦仍之，又不無二十畝一丁者。甚至十畝以内，老户一丁，不加不減，此四十畝内外不死執而行之説也。大約只查原額人丁若干，以四十畝内外爲主，減之於地少丁多之户，增之於地多丁少之户；若一人之地多至百餘頃者，只量爲增添，豈能執四十畝之説死行之哉？第求足原額而止，此派丁之法也。自揣此法最爲均平，無容別議。惟過丁之法，或嫌零星不諧於俗，量將照地過丁與寄莊承丁二款汰之。五年之内，民間買地賣地者，各聽於原户納銀；俟五年過割之後，縣官仍照此派丁之法，再行通查。有地盡丁絶者，悉去其丁；地多丁少者，酌四十畝内外而加之，通融增減，求足原額，不執定某户之丁，過於某户。庶五年之内，買地多者丁自多，地去者丁亦去。此在概縣均派，與原議稍異，更無照地細割之病也，等因申道。又該本道看得該縣執欲以地四十畝内外爲主，派人一丁，通融斟酌增減，不死執而行之，無非爲求足丁額，以便窮民計耳。似應姑從，其照地過丁與寄莊承丁二款，該縣自認可以汰去，相應行令遵照。

一議過割必要五年一次，不許連年推收，以滋詭寄。夫編差之法，以甲相輪，若使逐年過割，則人當該編役先一二年將地飛入別甲；編役後一年，又復飛回本甲。不有十年内不僉一役者乎？且縣官事冗，每歲不暇親爲查算，任里書私地過割，弊不可勝言也。合定爲五年纔許推收一次，五年之内，買過地土者，仍依原户納銀；俟五年滿，必要買主賣主當堂共遞一狀，狀内要載買地之價；縣官判日，每日掛號，造爲合票式，令户吏票行，里書據票而過，其私過者，嚴法治之。仍明出一示，自某月日推收起，至某月日止，過期後來者不準。至推收截數後，縣官將號簿取入私衙，用能算書役，總計某里某甲，割去地若干，比舊管原額加若干，照數用硃筆標單，令里書派入條鞭，不時查對條鞭册與硃筆單總撒合否，則里書安所售一弊乎？即執推收簿簿查其價值，拘納税銀，買地人户，盡在目中，無一漏税。持此法行之，五年之内，十里盡行役過，然後推收另編，人不能肆飛詭之計矣。

一議五年一編户口人丁，止足原額，不許擅自增減。夫户丁增益，縣官美稱，然果實增益，何不可之有？迺昔之審添者，皆富厚之家，欲飛詭不得，假稱復業人户。縣官喜其有招撫流移之名，任其立户，而不知爲飛詭之門也。且丁有增損，而銀數亦隨多寡，條鞭之法，自是以壞。合無自三十五年起，即以在册户口人丁爲額，永不更易。至四十一年，又輪過割編丁之年，只查某里某户，有賣盡地畝，止存單丁，其人口又已死絶逃亡，無可納丁者，將此户去之，纔許本里人户有父兄子弟分析者，補立一户。某户應減一丁者，纔於某户新增一丁；若無應去户丁，不得增户增丁以亂額數。不則有僞增之懲在，庶條鞭畫一而可行矣。

一議寄莊止許真正别州縣之民，不許本縣竄入以避差役。夫寄莊免差，爲各州縣已有差傜，毋使重役也。本縣避差奸民，皆籍詭名飛出實在地外，致丁差不及。本縣查通縣地二萬五千八百五十五頃零，除優免地、河地共二千八百八十頃九十四畝零外，止實在二萬二千八百五十頃零。而寄莊地一萬一百九十六頃零，是客幾勝主，可笑也。此時不清查，年復一年，曹邑不盡爲寄莊，而所用當役者屬之誰也〔七〇〕？本縣令各户自供改正，免其究罪。而小民畏陞户，死不肯開，無奈唤齊各里書，乘其不測，封入私衙内東書房，不令通音，嚴法駭之，始報出假寄莊地四千二百二十六頃八十五畝。念其相沿已久，各姑免罪，止令收回本里本甲實在項下，仍照原名立户，亦照地加丁，照實在地内一例派納糧傜，一例輪當差。後來再有踵此弊者，没其地而重罪其民，誰敢犯此法哉？庶差地加多，窮民稍得息肩。

一議真正寄莊派銀加重，以抵本縣差役之費。夫真正寄莊，令之當役，人在隔省隔縣，委屬不便。但食縣之毛，不當縣之役，使土著之民代之，甚屬不均。合議凡别州縣買本縣地土者，除河工大興、概縣派夫之日，不得遺漏外，其餘他事，或不得已用里下夫，及逐年編僉兑軍俵馬等役，一切饒免，止照原額寄莊地，除每年每畝原加銀一分貳釐外，再加四釐，將加出之數，鋪入通縣實在地内，減其均徭，使實在當差，寄莊出銀以代之，不亦均乎？查先年奉文議於寄莊地内，每畝除正糧外，加派銀二分，以幫助徭差，曹州等處，皆遵行之久矣。本縣河工爲累，寄莊不能脱然無差，故止加派一分二釐。今議免差而止加四釐，合之共加一分六釐，比曹州等處，尚輕四釐，不爲寄莊若。

一議嚴禁寄莊優免，以滋重免之弊。

一議真正寄莊目差人拘提，以免闗文之擾。

一議僉頭役之法。編役之法，有謂每役以一人出名，將通縣地畝每年照畝均貼，不累一人者。鄙見謂歲歲貼費，家無寧日，且條編之外，又有私貼，是一小條編也。法久則生科歛之端，甚不可行矣。有謂遵十年九空之法，每甲輪役一年，此似較善。而甲有大小，地有多寡，拘於本里一甲之内，以完本里之差，又屬不均；且五年止役過伍甲，至編差之年，又行過割，倘奸民將地盡飛於已役之前五甲，而後五甲之僉，不終漏乎？合議每五年將過割册查明，應汰丁者汰盡，應添丁者添盡，造成一册，除俵馬大户概縣抽編外，而該年兑軍椿草等役，則用兩甲通融均派，如三十五年則注十八。□□□□□□□□□□□□□□□□自地二頃以上至三頃内外者，編一兑軍；次二頃内外者，編一臨德倉户，或編一椿草户；又次一頃内外者，編一收頭。或一户不滿二三頃，則以一二頃者二三户朋之；或一户不足一頃内外，則自二十畝以上至六七十畝者，或用三四户朋之，多編多貼，毋使獨累一人。惟每户地不足二十畝以下者，免編及之，此地少者果窮民耶？止完條銀而無差役之累，即係大户所花分，取彼别户地多，差役已重，此量遺之，亦示稍稍寬恤之意也，而貧富均霑其惠矣。至其次序，則以二八、三九、四十、一六、五七相輪，因三十四年分，已是一七甲役過，恐致重累，不得不顛倒錯雜行之。每年兩甲，一正一副，正者點收頭充軍，副者點臨德倉椿草大户，幫貼馬役等頃。大約前五年，以八、九、十、一、五等甲輪爲正，而二、三、四、六、七等甲輪副之；後五年，以二、三、四、六、七等甲輪爲正，而八、九、十、一、五等甲輪副之。如自三十五年起，以八甲爲正，二甲爲副；至四十年，該以二甲爲正，八甲爲副矣。如此，則十年之内，每甲兩差，兩差之中，一正一副，甲甲有之。且也一年兩甲，衆擎易舉，五年十甲，概無遺漏。多者獨役，少者朋役，又無有餘不足之患。總計十年，兩勞八逸，又不至年年爲官家擾矣。

初王之條鞭法，徭役雖已盡革，而兑軍、樁草、起解、收受，凡重大錢糧，猶選用殷實人户。照舊每里十甲取用一甲，謂之「見年」。十年一周，至孟之串鈴，則兩甲并用。五年一用，而詭寄躲差之弊杜，法始密矣。天啓元年，奉撫院趙題準勒石革除大户，不許擅動里甲，一切吏收官解，似爲得之，而吏不能堪，漸致多端。故今之爲累，大端有三：其累在官，春秋俵馬爲甚；其累在里甲，走遞漕馬爲甚；蓋自遼左構難，時事日多，百役俱興，有司不能左右支吾，故在官則官累，在民則民累，無所不在，則無所不累。曹瀕河多災，辛壬以來，九年四水，民之不爲魚者亦無其幾；而蓮妖流寇，軍興孔亟；又且無歲不旱蝗，無歲不河決，無歲不加派。昔人有言：皮破矣，毛將安傅？如漕馬解俵、遼餉兑軍諸大役，已措辦爲艱，而裁扣之餘，復爲增税；災傷之後，又行代徵。萬曆初年平賦册中錢糧，共計四萬而止，近漸加至三萬四千有奇，是縣加一縣，而本邑米豆尚在外也。存留帶徵，僅供該縣一年之費；而裁減抽扣等款，或十二三，或十六七，更有盡裁者，減至二千八百兩有奇。是縣已無縣，而溢地均輸更無論也。昔以輕徭薄賦，故縣有樂土之名；今不止不樂，視他邑且甚焉。夫曹與五營爲鄰，又河寇出没不常，所恃人有身家，重廉耻，故易與爲善而重爲非。若使之無爲善之資，而迫以不自主之機，即在上者亦何利焉？目今斗米五百有奇，莩殣相望于道，使稍寬一二，尚有起色；如不其然，遑測厥後乎！今將浹年加派裁扣、搜括等款，開列于後，經國者會土而籌其利害，尚保此畿南一片土云。

陳師道披雲樓記

曹故周之成國，亡而爲陶，今定陶之故城是也〔七一〕。陶之西南有丘焉，禹貢所謂陶丘。墨子、竹書紀年所謂釜丘，圖記所謂南左山〔七二〕，而州人所謂南魯太師之墓者也〔七三〕。漢哀帝由定陶王而爲天子，尊其父恭王爲皇帝，置寢廟如祖宗周丘而城〔七四〕，以爲陵邑，今州治是也。州之北數里而近，兩丘相屬，六國魏王之墓也。有岡自東北屈而西南，隱如伏龍，魏之所以葬也。擇地而葬，尚矣。而曰魏隧王墓者〔七五〕，以其始隧而葬也。其後名州曰左城，墓曰左山，岡曰左岡。記曰：「左山，其下多左姓，故名。」然莫得而考也。余謂爾雅「丘再成爲陶」，釜者，負也，猶陶也。而皇甫謐云：「舜陶河濱而名。」郭璞又云「在定陶城中」者，皆誤矣〔七六〕。然則州之所治，猶曹國之舊也。

東阿縣志

分野

内史曰：世之論國域者，往往以百里之墟，上合星躔。予甚惑焉。夫以一州之中而有國，一國之中而有邑，其於星躔之度，大小相懸，豈不遠哉？夫阿在河、濟、海、岱之間，於州，青、兗之界也；於國，齊之西門，衛之東境；於郡，漢以下東郡、濟北、東平互有而更制之。及摭歷代天官書，其言踳駁不相符合，或州與國枘鑿，此何以辨焉？夫齊國於青州，青州玄枵之次也，則阿爲虚危矣；漢以下隸東郡，屬兗，兗壽星之次也，阿又爲角亢矣；東郡者，衛之故墟也，衛爲并州，并州娵訾之次，則阿又當爲室壁矣，其後又隸東平，東平故魯之下邑，魯國於徐，徐者奎婁之次也，不核其實，又且爲奎婁矣。故從國則於州不符，從州則於國或螯，從右則州部代分，從今則星精無改，安取衷而可哉？春秋傳曰〔七七〕：「在列國謂之分星，在九州謂之星土。」僧一行曰：「星之與上，以精氣相屬，而不係於方隅。」其説爲近。今備述歷代所志天文，以俟知者定焉。夫述之非泛而無執也，以爲百里之墟上合星躔者，泥也。

秩官

内史曰：淳于髡有言：「三人共牧一羊，羊不得食，人亦不得息。」此善喻也。漢時縣令，唯有部刺史、太守臨之，軌迹夷易，易遵守也。以故吏得盡其職，而無所牽制。今奈何以百里之守，而十數人臨其上，一有舉事，文書往來，羽檄如織，即少自操縱於文法乎！十餘人者，執繩而議之，即又不能同趣，故吏兢兢，日不暇矣。曰天子沛然下明詔，裁大使之閑者，鏡古今吏治所繇同異，以惠元元，蓋深計哉。

里甲

臺史曰：嘗考國家建極敷治，綏乂元元，稽户定里，即里分甲，其役有恒瀍，費有定額。故每歲則以一甲應役，十歲而以十甲輪役，實與先王「歲用民力，不過三日」者相表裏焉。厥後差役日贏，徵求日熾；矧以阿之據陸瀕河，孔道四達，艦浮輿馳，輻凑旁午，即以十甲供一歲之役，猶恐弗給，無惑乎民之鬻産而洶洶竄也。自邑侯白公定條鞭之法，民始蘇息；朱公減里甲之費，民益樂業，此何異於解倒懸而置之衽席之上耶！行之數年，其歸業者萬有餘計。夫一阿民也，昔也去之如遺，今也歸之如市。語云「爲政在人」，豈不然哉！

貢賦

臺史曰：則壤成賦，君天下者第一義。禹貢九等之則，周官三易之田，即後世科額之祖也。蓋地利有饒瘠，物産有贏詘，自不能齊。高皇神聖開天，加意元元，祇慎田賦，制爲畫一之法，俾黠總不得售其奸，而民到于今受其賜。厥後端緒既多，奸詭叢生，即精通算數、習理錢穀者，亦莫究其弊竇，矧服田力穡之民，又安知害之所從來哉？自條鞭之法行，則夏税秋糧，均徭帶徵，確有定額，里胥無由飛洒，奸豪無從規避，簡易均平，允爲不刊之典也。嗚呼，民際其時者，豈非其幸也哉！

均徭

臺史曰：力役之徵，莫善於周禮，其次莫如唐租庸調，至宋而有差役、顧役之法，迄今用之不易。蓋貧者效力，富有輸財，各用其有餘，而不强其所不足耳。其後稽虚實於簿籍，寄耳目於里胥，則豪民巨室，終身不一勞；下户單丁，三年而兩役。故奸胥黠總始得竄智巧於其中，此乃以弱之肉爲强之食，不但如詩所謂「小東大東，杼軸其空」，可爲潸然出涕而已。自丁地之數明，而差銀無影射之好；自條鞭之法行，而里胥無科派之擾。邑侯朱公又從而通融之，補偏救弊，因時化裁；取民有制，額外無需；官不廢事，人不知差，豈不諤諤乎石畫也哉！噫，法與弊嗣而生，利與害角而立；使接踵者無以法非己出，而克修前徽，斯民其永綏乎！

河道

按條鞭既行，則丁地糧差自有定額，倘遇河夫幫價增犒貼閏，原額所無，措處寔艱。若於地丁之内，一事增加，則百竇攢叢〔七八〕。萬曆九年，知縣朱應轂遇有前項額外之徵，查有貯庫別項銀兩，徑自具申動支；如無庫銀，明出告示，比照馬價事體，另立赤曆委收，不許帶入差銀並收。庶款項不得混淆，吏書不能爲姦，人亦樂於輸納矣。

路史　辨帝堯冢

古今之事緒無窮，而地理之差，尤爲難於究竟。堯之冢在濟陰成陽，堯母靈臺在南。漢章帝元和二年，使奉太牢，祠堯于成湯靈臺，是其處也。今皆在濮之雷澤東南。元和郡縣志：「堯母廟，縣東南四里；堯陵，縣西三里。堯即位至永嘉三年，二千七百二十一年，紀載于碑。正觀十一年，禁樵採，春秋奠酹。」而王充乃云葬崇山，墨子則謂北教八狄〔七九〕，道死南已之市而葬蛩山之陰，蓋儀墓爾。論衡曰：「堯葬冀州，或云葬崇山。儀墓，如漢世遠郡園陵，與蒼梧舜墓之類，非實葬所。」山海經云：「堯葬狄山之陽。」酈善長以爲非，亦此類。

按歐陽文忠公集古録言靈臺碑〔八〇〕，以爲史記、地志、水經諸書，皆無堯母葬處。粤稽地志及范曄志，則云成陽有堯冢、靈臺，而此碑云：「堯母葬茲，欲人莫知，名曰靈臺。」又郭緣生述征記〔八一〕：「成陽城東南九里有堯陵；陵東有中山夫人祠，在城南二里，蓋堯妃也。東南六里有慶都冢，上有祠廟。」而水經注言：「成陽城西二里有堯陵，陵南一里有慶都陵，於城爲西南，稱曰靈臺。鄉曰崇仁，邑號修義。」其葬處明白若此，惡得云無言邪？然述征記在成陽東，而今之所識乃在成陽西北四十里穀林，則古今疆場相出入，有不同者。郭氏所記，乃小成陽，小成陽在成陽西北五十里，隸于河南有山曰成陽，穀林在其下。高誘注呂氏春秋云：「成陽山下有穀林。」是。小成陽以山得名，乃堯葬所在，有堯之故名焉，即庸俗所謂「囚堯城」者。鄄城東北五里有堯城。竹書紀年以爲堯之末年，德衰，爲舜所囚，在是。演義：「囚堯城在相之湯陰。」又濮陽有偃朱城，在鄄城西北十五里。竹書謂舜既囚堯，偃塞丹朱於此，使不得見。寰宇記以載言所録不欲去。蘇鶚爲是丹朱息沐之所，非塞之。瑣語云：「舜放堯於平陽。」而山海經：「放勛之子爲帝丹朱。」故劉知幾疑舜既廢堯，仍立其子，俄又奪之。而又謂伍昉記朝歌有獄基，爲禹因虞舜之宫。竹書而謂讓國爲虚語，荒矣。抑嘗訂之，蓋其遜位之後，作游于此，此宵人所以得迹其近似而誣焉。漢志：「堯作游成陽。」游，都也。蓋武王之牧宫，漢祖之沛宫，周禮所謂「國游」者。三齊略云：「廣固南有堯山，巡狩之所登者，頂有堯祠。」豈其所因哉？而文忠公之跋謂俗本多作「城陽」，獨此碑爲「成陽」，夫成陽與城陽，正自二所。成隸濟陰，乃古之成，昔成王封母弟于成〔八二〕，後遷于成之陽，遂曰成陽。十道志引左傳：「衛師入郕」，即成也。寰宇記并史記：「武王封季載於成之陽，漢於此置雷澤縣。」而城陽乃漢齊悼惠之子章所食之國，今之兗州是矣，不得爲一也。趙明誠、黄伯思、洪丞相皆有説。

【原注】

注一 五代周顯德初，河決東平之楊劉渡，遣宰相李穀治堤，自陽穀抵張秋口。

注二 有貞河道功完碑，見山東通志。

注三 王與弘治庚戌治河記。

注四 徐溥、王鏊安平鎮治水碑，見山東通志。李東陽安平鎮減水石壩記，見經世文編。

注五 開元寺。

注六 苟存集。

注七 封丘縣志載：捲埽法，用竹絡，長二三丈，高一丈，實以小石，雜以薪芻，踏實推捲成埽。量水淺深，制埽小大，腰索及管心索，或徑寸，或三寸許，縱横網縛，掛于鐵猫大橛之上。用丁夫數百，漸推岸下，河流洶湧，惟石埽則不可衝去。非竹則亦不能攔石。漢河堤使者王延世、元漕運使賈魯捲埽築堤，多用此法，卒獲成功。無石則代以磚，無竹則代以木，權宜制變，在人善用之耳。此外尚有疊埽臺、縛方舟、安大樁、繫龍尾諸法，難以備載。治河者宜廣籌而豫求之。詳元歐陽玄至正河防記。

注八 沂州知州。

注九 南廟山，在州南八十里。

注十 通志。在州南九十里。

注十一　新志改爲狼溪。

注十二　大抵本之中麓，然較明。

注十三　户部尚書葛守禮隆慶三年疏。

注十四　當作宣宗。

注十五　費縣志，嘉靖四十三年馮儼作。

注十六　馬應夢序曰：户自中下而上，銀遞加多，所以役富也。自下上而下，銀頓減少，所以恤貧也。照税銀四分有奇，而沙鹻瘠磽，則量爲等差，所以示公也。

注十七　黄河決塞不常，州以瀕河，百里派役丁夫，薪茭椿木一切取辦，及其徭役里甲之差，養馬輸粟之費，視他縣爲最。

注十八　該空三十四字，誤空十七字。

【校勘記】

〔一〕覃懷厎績　「厎」，原作「底」，據尚書正義卷六禹貢改。

〔二〕以天齊也　「齊」下原有「淵故」二字，據漢書卷二五郊祀志删。

〔三〕爲洚　「洚」，原作「浲」，據濂溪堂本、敷文閣本、明陸釴山東通志卷一（明嘉靖刻本，下同）改。

〔四〕使天下蜚芻輓粟　「蜚」，原作「飛」，據史記卷一一二平津侯主父列傳改。

〔五〕歲不過數十萬石　原無「十」字，據史記卷三〇平準書補。

〔六〕商民後革　「後」，原作「先」，據宋王應麟詩地理考卷一（明津逮秘書本）、困學紀聞卷二（四部叢刊三編本）、明張次仲待軒詩記卷一（文淵閣四庫全書本）改。
〔七〕藏富於民　桓寬鹽鐵論卷一禁耕（王利器鹽鐵論校注，中華書局排印本）作「聚下藏於民」。
〔八〕禍在蕭牆　「禍」，鹽鐵論卷一禁耕作「害百家」。
〔九〕曾不逮古十分之一　「曾」，原作「魯」，據嘉靖山東通志卷八、皇明經世文録卷二五（明嘉靖刻本）改。
〔一〇〕縈迴百五十餘里　「迴」，原作「迥」，據嘉靖山東通志卷一三改。
〔一一〕自京國至杭州八百里　「國」，原作「口」，據穀山筆麈卷一二（中華書局一九九七年版）改。
〔一二〕而爲後世開萬世之利　「爲後世」，原作「後爲世」，據穀山筆麈卷一二改。
〔一三〕師道兵　原作「師兵道」，據穀山筆麈卷一二改。
〔一四〕遠祛河害　「河」，原作「何」，據濂溪堂本改。
〔一五〕不爲民害　「民害」，原作「害民」，據濂溪堂本、敷文閣本改。
〔一六〕績久弗成　「績久」，原作「久績」，據敷文閣本、濂溪堂本改。
〔一七〕十七年五月　原無「月」字，據敷文閣本、濂溪堂本補。
〔一八〕施天德遣百户　原無「户」字，據敷文閣本補。
〔一九〕説者以黄河隨時漲落　「以」，原作「謂」，「落」，原作「發」，據宋史卷九一河渠志一改。
〔二〇〕則夏秋當至一尺　「至」，原作「添」，據宋史卷九一河渠志一改。
〔二一〕頗爲信驗　「爲」，原作「有」，據宋史卷九一河渠志一改。

〔二二〕二月三月桃花始開　原無上「月」字，據宋史卷九一河渠志一補。

〔二三〕四月末壟麥結秀擢　原無「末」字，據宋史卷九一河渠志一補。

〔二四〕故六月中旬後　原無此六字，據宋史卷九一河渠志一補。

〔二五〕九月以重陽紀節　「紀節」，原作「節記」，據宋史卷九一河渠志一改。

〔二六〕十一月十二月斷冰雜流　「冰」，原作「水」，據宋史卷九一河渠志一改。

〔二七〕其水勢凡移袱横注　原無「其」、「凡」二字，據宋史卷九一河渠志一補。

〔二八〕岸土上隤　「隤」，原作「潰」，據宋史卷九一河渠志一改。

〔二九〕亦謂之明灘　原無「之」字，據宋史卷九一河渠志一補。

〔三〇〕湍怒略渟　「渟」，原作「停」，據宋史卷九一河渠志一改。

〔三一〕行舟值之多溺　「值」，原作「遇」，據宋史卷九一河渠志一改。

〔三二〕楗橛　「楗」，原作「捷」，據宋史卷九一河渠志一改。

〔三三〕竹索凡千餘萬　原無「萬」字，據宋史卷九一河渠志一補。

〔三四〕凡伐蘆荻謂之芟　原無「伐」字，據宋史卷九一河渠志一補。

〔三五〕伐山木榆柳枝葉謂之稍　原無「伐」字，據宋史卷九一河渠志一補。

〔三六〕稍芟相重　「重」，原作「兼」，據宋史卷九一河渠志一改。

〔三七〕謂之心索　「心」上原有「管」字，據宋史卷九一河渠志一删。

〔三八〕别以竹索自内旁出　原無「内」字，據宋史卷九一河渠志一補。

〔三九〕其高至數丈　原無「其」字，據宋史卷九一河渠志一補。

〔四〇〕其長倍之　原無「其」字，據宋史卷九一河渠志一補。

〔四一〕用丁夫數百或千人　原無「或千人」三字，據宋史卷九一河渠志一補。

〔四二〕積置於卑薄之處　原無「置」字，據宋史卷九一河渠志一補。

〔四三〕以橛臬閡之　原無「臬閡之」三字，據宋史卷九一河渠志一補。

〔四四〕復以長木貫之　原作「後貫以長木」，據宋史卷九一河渠志一改。

〔四五〕其竹索皆埋巨木于岸以維之　原闕「維」字，據宋史卷九一河渠志一補。

〔四六〕遇河之横決　原無「之」字，據宋史卷九一河渠志一補。

〔四七〕則復增之以補其缺　原無「復」、「之以」三字，據宋史卷九一河渠志一補。

〔四八〕亦不能遏其汛湍　原無「亦」字，據宋史卷九一河渠志一補。

〔四九〕鋸牙　「鋸」，原作「鋸」，據宋史卷九一河渠志一改。

〔五〇〕黄陵岡　「岡」，原作「崗」，據敷文閣本改。

〔五一〕通部緡　「緡」，原作「緍」，據敷文閣本改。

〔五二〕距曹縣西三十里　原闕「距曹」二字，據崑山圖書館藏稿本補。

〔五三〕北行與虞城縣相接　原無「虞」字，據崑山圖書館藏稿本補。

〔五四〕怠則張而相之　「怠」，原作「敝」，據禮記正義卷三五少儀改。

〔五五〕不復截河南過　原無「南」字，據通典卷一七四補。

〔五六〕汳水新渠記　「汳」，原作「汴」，據後山居士文集卷一四（上海古籍出版社一九八四年影印北京圖書館藏宋刻本）、敷文閣本、濂溪堂本改。
〔五七〕溝至浚儀　原無「溝」字，據後山居士文集卷一四補。
〔五八〕滎波既瀦者　原無「者」字，據後山居士文集卷一四補。
〔五九〕查得濼口下流　「濼」，原作「洛」，據山東鹽法志卷一四（清雍正刻本）甘一驥鹽河議改。
〔六〇〕禹盡力乎溝洫　「乎」，原作「於」，據論語注疏卷八改。
〔六一〕後漢省陽丘菅猇三縣入東朝陽　「菅」上原有「新志」二字，「入」下原有「朝陽置」三字，據敷文閣本、濂溪堂本刪。
〔六二〕晉屬樂安國　「晉」下原有「廢菅入東朝陽」六字，據敷文閣本、濂溪堂本刪。
〔六三〕置清平軍於縣北　「置」上原有「改」字，據敷文閣本、濂溪堂本刪。
〔六四〕齊及晉平　「晉」下原無「平」字，據春秋左傳注疏卷三四補。
〔六五〕穆叔歸曰　「叔」下原無「歸」字，據春秋左傳注疏卷三四補。
〔六六〕南城之壘　「城」，原作「成」，「壘」，原作「墓」，據潛夫論卷三改。
〔六七〕地理志曰　「理」，原作「里」，據敷文閣本改。
〔六八〕地理志　「理」，原作「里」，據敷文閣本改。
〔六九〕編銀五分二釐　原闕「五」字，據敷文閣本補。
〔七〇〕而所用當役者屬之誰也　原闕「所」字，據敷文閣本補。崑山圖書館藏稿本作「差」。

〔七一〕今定陶之故城是也　原無「今定陶」三字，據後山居士文集卷一五（上海古籍出版社一九八四年影印北京圖書館藏宋刻本）補。

〔七二〕圖記所謂南左山　「左」，原作「右」，據後山居士文集卷一五改。

〔七三〕而州人所謂南魯太師之墓者也　「太」，原作「大」，據後山居士文集卷一五改。

〔七四〕置寢廟如祖宗　「祖宗」，原作「宗祖」，據後山居士文集卷一五改。

〔七五〕而曰魏隧王墓者　「隧」，原作「遂」，據後山居士文集卷一五改。

〔七六〕皆誤矣　原無「矣」字，據後山居士文集卷一五補。

〔七七〕春秋傳曰　原闕「傳」字，據熊相瑞州府志卷一天文志（明正德刻本）補。

〔七八〕則百竇攢叢　原闕「攢」字，據敷文閣本補。崑山圖書館藏稿本作「孔」。

〔七九〕墨子則謂北教八狄　「八」，原作「入」，據路史卷三六辨帝堯冢（文淵閣四庫全書本）改。

〔八〇〕按歐陽文忠公集古録言靈臺碑　原無「陽」字，據路史卷三六辨帝堯冢補。

〔八一〕郭緣生述征記　「生」，原作「之」，據顧起元説略卷七（文淵閣四庫全書本）改。

〔八二〕昔成王封母弟于成　「成王」，原作「武王」，據路史卷三六辨帝堯冢改。

山東備録下

東昌府志

田賦論

余嘗偏問南北田賦，官莫病于詭没多端，民莫苦于兼并無厭。之二者，江南滋甚。吾郡無深山大澤之專殖，又鮮彊宗巨室之奸法，獨里胥狐伏鼠没其中，一彊察長吏，履畝按圖，旬日可清理，情僞易睹也。今所患，患弗均耳。夫州縣有衝僻，提封有廣狹，土壤有沃瘠，賦上下錯出其間，郡至嘉、隆之際，闔境疲累，俗所稱「金濮銀范」者，今靡敝不昔若矣。濮故河壖棄地，歲穰畝收一鍾，猶不失爲樂土。館陶、博平地僻，民勤稼穡，善營殖。恩縣、武城，舟車之會，田平衍，人僅足自給。堂邑、朝城、莘縣、冠縣、夏津，地肥磽相間，賦不甚上下，獨聊城以附郭，故稱困。

丘縣古名斥丘，以地多斥鹵，風景蕭然，清平飛沙澶漫，邑迤西北，民饒桑麻之利。最下爲高唐，彌望甌脱，土曠人稀，茌平地薄，當干衝，觀城蕞爾之區，如蝸濡不能自潤。此一州兩邑者，賦等兄弟之國，猶病不任，按籍相提，歲徵且過之，譬如滿堂懽笑，一夫向隅。彼借推代之説，訟牘呶呶，事遠難稽，爲民上者，奈何不劑量其輕重而裒益之？又各州縣步尺參差，大小畝懸殊，規畫不一，人得以意長短廣狹，其間達步立畝之法可講也。

户役論

條編法，兗州志論之晢矣，大概謂便不便埒。要以國家三等九則之制，規畫較然，不欲使二百年成法，奪于新議耳。夫因時之弊以立法，因法之弊以救時。正德前，民樸，畏法自重，差役稀少，有司第其貲産登降之，旬日立辦。嘉靖間，賦役横出，門户稍上，破産相尋，于是黠者工其術於詭寄析分，饒者恣其費于結納請託，每至審編，弊端如牛毛繭絲，雖廉令察宰不能根究窟穴，豪吏猾胥，播弄上下，漿酒藿肉，其門如市。柳子厚所謂「貧者無貲以求於吏，所謂有貧之實，而不得貧之名；富者操其贏以市於吏，則無富之名，而有富之實」〔一〕。州縣皆然。萬曆十五年條編法行，吏無巧法，民鮮危役，闔境帖然，如就衽席。近議有便有不便者，夫條編非盡便也，相提而論，便多于不便也。世所稱不便者，大概謂賈販得脱兑，是爲利末而病農；門丁不加徵，是爲幸富而禍貧。夫丁銀所出幾何，土人列肆，可屈指數也。臨清多大賈，業徵房號錢，且其人皆僑居，不領于有司之版籍。獨云田無等差，斥鹵茅沙與平臯腴壤，按畝科徵，誠非鳲鳩之平耳。顧往日所稱便者，今亦不便，何也？夫革大户，便也。櫃頭易名，猶大户也。如兑軍存留臨清倉，賠累如故，是移大户之累于櫃頭也。里甲併入均傜，便也。聞各州邑當甲供億如故，是重費也，無歲不里甲也。頭役不賠，群户不擾，便也。嚴期征輸，舉貸子錢，往還城市，苦加秤頭，孰與各役打討，隨家所有給之之爲兩利也。夫此三者，非條編之害也，不善行條編者也。語曰：「有治人，無治法。」今郡屬已條編矣，誠不必更絃而治，使司牧者撿勘沙鹻薄田差次折徵，而又裁里甲之費，恤櫃頭之苦，嚴令平秤，無借火耗之名以加銖兩于百姓，則條編非祖宗法也，將不得爲救時之法乎哉？高唐州志：鄉爲土民，屯爲遷民。遷民者，洪武二十四五年，遷南人填實高唐，遂以曠地給之，初制然也。今編各鄉皆爲土著，而無復鄉屯之辨矣。

河渠考

元初糧運，自浙西入江、淮，遡黄河至中灤，陸運至淇門，由御河舟達于燕。世祖至元二十年，以江、淮水運不通，命兵部尚書奥魯赤等，自任城穿渠，導洸、汶、泗水北流，至須城、安山，入清、濟故瀆，經東阿，至利津河入海。後海口沙壅，又從東阿陸轉二百里，抵臨清，下御、漳。以道經茌平，夏秋霖潦，轉輸艱阻。二十六年，用壽張尹韓仲暉、太醫令史邊源言，復自安山西南開渠，由壽張西北過東昌，又西北至臨清，凡二百五十里，引汶絶濟，直屬御、漳，建閘節水，名會通河。國朝洪武二十四年，河決原武黑陽山，由舊曹州、鄆城西河口，漫安山湖，而會通河塞。永樂九年，以陸運勞費不貲，用濟寧州同知潘叔正言，遣工部尚書宋禮等，發山東丁夫十六萬餘人，疏濬元會通河故道，自濟寧至臨清三百八十五里；又築壩戴村，遏汶水分流南旺，北達臨清，會通河始復。正統十三年，河決滎陽，自開封比經曹、濮，趨漕，決沙灣東隄入海。景泰四年，左僉都御史徐有貞奉命往治，濬廣運渠，起張秋金隄，達于大豬，踰范暨濮，上設九堰，建洩水諸閘於東昌、龍灣等處，以宣其流，而沙灣塞。至弘治六年，都御史劉大夏築堤黄陵岡，由是河南徙，始不病漕。衛河，即御河也。始隋煬帝導衛輝百門泉，東北引淇、滏、漳、洹之水，御以巡幸，賜名御河。衛流湍悍，益以汶，七、八月間，洪濤峻瀉，水勢衝激，數敗舟。弘治三年，侍郎白昂出治河，建臨清東閘。正德間，都御史劉愷建南版、新開二閘，以後歲遣都水司主事一員治河。嘉靖七年，主事鄭允璋奏革閘務，併隸磚廠，營繕司河道改屬張秋都水司。三十一年，大水，衛河決，工部員外郎周思兼督衆築塞。隆慶三年，總理河道都御史翁大立檄州縣各裁閘壩夫役無事之食者，改編銀差，貯府備用，津老罷弗設。萬曆十九年，漕流艱澀，工科都給事中常居敬行河，疏請府比二十五里增建永通閘一。自會通河開，迄今二百餘年，決塞不常，前後治河諸臣，經營無遺力，境内諸役，以間徵調徐、兗挑築，歲食不足，百姓私益其直，瀕河諸州邑困甚。

河道經由，凡一州七縣。

聊城縣　河之東岸南自本縣之皮家寨，比至博平之梭堤六十里；西岸，比自堂邑之梁家鄉，南至陽穀之官窑口六十五里，置淺鋪二十有三，（北壩口淺、徐家口淺、柳行口淺、房家口淺、吕家灣淺、龍灣淺、宋家口淺、破閘口淺、林家口淺、于家口淺、周家店淺、北壩口淺、稍張閘淺、柳行口淺、白廟兒淺、雙隄淺、裴家口淺、方家口淺、李家口淺、米家口淺、耿家口淺、蔡家口淺、官窑口淺二十三鋪淺，夫七十人。）置閘四：周家店閘、（南接陽穀之七級下閘十二里，閘官一員，夫三十人。）通濟橋閘、（南至周家店閘十二里，夫三十人。）李海務閘、（南至通濟橋閘二十五里，閘官一員，夫三十人。）永通閘。（南至李海務閘二十二里，閘官一員，夫四十人。）

博平縣　河之東岸，北自清平界，南至博平之梭堤三十七里；西岸，北自清平之丁家口，南至魏家灣四十里，置淺鋪六。（朱家灣淺、減水閘淺、老隄頭淺、袁家灣淺、朱家七淺、梭隄淺。）官窑等處減水閘五。

堂邑縣　河之西岸，北自清平之魏家灣，南至聊城之吕家灣三十五里，置淺鋪七，（涵谷洞淺、新口淺、土橋淺、中閘口淺、馬家灣淺、北梁家鄉淺、南梁家鄉淺。）置閘二：梁家鄉閘、（南接聊城之通濟閘三十里，閘官一員，夫三十人。）土橋閘。（成化十二年建，南至梁家鄉閘，十五里，夫三十人。）土城中減水閘二。

清平縣　河之東岸，北自潘官屯，南至博平之減水閘三十九里；西岸，北自臨清之潘家橋，南至堂邑之涵谷洞三十三里，置淺鋪九。（潘家淺、張家淺、左家淺、李家淺、丁家淺、趙家淺、戴家灣淺、十里井淺、魏家灣淺，淺鋪夫四十五人，撈淺夫六十六人。置閘一：戴家灣閘。南接堂邑土橋閘四十八里，閘官一員，夫三十人。魏家灣、李家口減水閘二。

臨清州　會通河之東岸，趙貨郎口，南至板橋三十四里；西岸，北自臨清之二哥營，南至板橋三十一里；汶河北岸，板閘河東至潘家橋二十里；南岸，板橋東至趙家口二十三里，置淺鋪十九。破閘口淺、沙灣淺、潘家屯淺、潘家橋淺、北土門淺、郭家莊淺、上口廠淺、王家淺、丁家馬頭淺、陳家莊淺、白廟淺、夏仗柳淺、趙家口淺、孟家口淺、羅家圈淺、弔馬橋淺、尖塚淺、房村廠淺、撞圈淺，淺夫一百七十一人。置閘二：新開上閘，南接清平之戴家灣閘三十里，閘官一員，夫八十四人，溜夫四十人。南板閘。南至新開上閘五里四十八步，夫四十人，溜夫一百十五人。

夏津縣　衛河之東岸，自桑園南至臨清之趙貨郎口四十六里；西岸，北自武城之劉家道口，南至清河之渡口七里，置淺鋪八：橫河口淺、大口子淺、小口子淺、郝家圈淺、草廟兒淺、新開口淺、裴家圈淺、趙貨郎口淺，淺夫八十人。

武城縣　衛河東一里，始恩縣之白馬廟，南至夏津之桑園一百四十四里；西岸，始故城之鄭家口，南至夏津之王家莊一百一十四里，置淺鋪二十九。桑園淺、商家淺、徐家道淺、白龍頭淺、白家圈淺、大龍頭淺、灣頭淺、柳林淺、大還河淺、高家圈淺、耿家林淺、陳家林淺、何家堤淺、半邊店淺、丁家道淺、陳家橋淺、方淺、劉家道淺、侯家道淺、周家道淺、西關淺、南調嘴淺、北調嘴淺、絕河頭淺、小流淺、孟家莊淺、王家莊淺、張家莊淺、果子口淺，淺夫一百五十一人。

恩縣　衛河之東岸，自四女樹至武城之白馬廟七十里，置淺鋪七。白馬廟淺、高師姑淺、滕家口淺、回龍淺、八里堂淺、新開口淺、曹家口淺，淺夫七十人，撈淺夫二十八人。

臨清志

國家漕運之渠，其大派北惟黄河，南惟大江。帝都始創大江之東，繼據黄河之北，適二流會極入海之地，故曰天下之水，涓滴皆漕。吾州又汶、衛二流之中會，故曰第一津。汶流者，會通河也。元至元間，自安民山開渠，導汶絶濟，直抵臨清，建閘三十有一，度地高下遠近，以節蓄洩。永樂九年，用濟寧同知潘叔正議，命尚書宋禮、都督周長，發山東丁夫六十萬五千，浚而通之，以罷海運者也。衛流者，永濟渠也。始隋煬帝導衛輝蘇門山百門泉，東北引淇、滏、漳、洹之水爲大河，御以巡幸，賜名御河。或曰漢屯氏河即此。流八百里爲元城，又百五十里入臨清，會汶水以達京師者也。二水各能爲利害。初會通入衛，自吾州北河也，中縮而尾迴，數壞舟，乃鑿南河；南河值漲，則勢若建瓴，或衛之浲流，滚沙以塞涸，則閉閘蓄水〔二〕，百夫挽進，日不數船。衛水既湍悍，而南河近復增入〔三〕，七八月之間，洪濤奔駛，隄下處一嚙，而衍漫常數百頃，土人謂之決口子。

既漂民室廬，没禾稼，漕艘力不支；或流入，則數百之衆水牽浹旬不可出。嘉靖壬子，大水，工部員外郎周思兼殺牲爲文，與河伯誓，日三出浮小舠，犯波濤間，身自罷之。而督塞隃急，至廢寢食，郡尉治水弛，即市杖之，民争畚土，負薪以獻。州南白廟口北八里圈，尤最決處，屢以身當水中，民固止之，曰：「國計誠不損，又而等出水患，寧菑我躬不卹也。」民萬人遮道，以首搶地。是歲河不決。

置閘四：曰會通，曰臨清，皆勝國舊址。永樂九年，尚書宋禮復置；在汶北支，今廢。曰新開上，曰南版，永樂十五年，平江伯陳瑄剏。在汶南支。橋五：曰廣濟，兵備副使陳璧剏；曰德紹，舊設，久廢，工部員外郎封祖裔復造；在衛河。曰弘濟，都御史翁世資剏，在汶河南支。三橋皆造舟也；曰永濟，知縣奚傑剏，以木四十尺撑水中，上爲大筏絶河，望之如飛虹，俗名天橋；曰通濟，當汶水北瀉處，初副使陳璧以造舟，嘉靖戊申，工部郎中嚴中、通判程鳴鶴議改石橋如閘，制水漲涸，以時蓄瀉。在汶河北支。淺鋪十有九：破閘口、沙灣、潘官屯、潘家橋、在汶河北土門、郭家莊、上口廠、王家淺、丁家馬頭、陳家莊、白廟、夏杖柳、趙家口、孟家口、羅家圈、弔馬橋、尖塚、房村廠撞圈。在衛河。渡七：窑口、新開口、沙灣、在汶河。長虹、通濟、新開、真武廟。在衛河。壩一，在中洲，元人設以掣船，國朝猶用之，正統間工部樊郎中議罷。洲一，蓋汶、衛環流，其中有可居之地也，延袤二十里，財貨聚焉，自勝國來名之曰中洲。其東砌以石，如鰲頭突出，築觀音閣其上，四閘建左右如足，廣濟橋尾其後。知州馬綸題曰「鰲頭磯」，俗謂之觀音嘴。

職官

臨清襟控江淮，形錯畿甸，雄峙中原，乘其阨塞，故謀國者每有先事之圖，文莊公丘濬謂京師四輔之一，布政使夏寅論天下之勢，肅愍公于謙議林胡之侵，皆嚮意茲土，論説不置。故景皇帝來，因事制權，屢以文武重臣奉勅相臨，顧事竣，多返去。又英皇帝出中官爲鎮守，爲督餉，獨更代數十年不絶。嘉靖己丑，文定公張孚敬亦疏而罷之。凡此皆非常設，要亦有事地方，志不可逸。今所存倉部、金部、繕部使者三，按察兵備副使一，則建臺任事，與置守者並著令甲，因得詳其名籍載於篇。户部督儲主事，永樂間肇設，歲出主事一人，奉宫符督理倉務。倉二，曰廣積，曰臨清，歲額河南開封、山東濟南諸府米，又麥折米，約十一萬石奇，以備漕米四百萬之不足。初徵本色，嘉靖來，以道遠收折色招糴，近悉解赴太倉。二倉舊貯常百萬，數年挖運借賑，存者什一矣。又倉一，曰常盈，歲額濟南諸府麥米五萬石奇，爲臨清州衛、任城衛俸，旗軍孤老糧，舊屬州，景泰間，軍横不可制，因改隸焉。户部榷税主事，宣德十年，臨清設關，以御史或郡佐掌榷，無專職。正統、成化間再罷，景泰、弘治初再復。乃歲出主事一人，奉宫符蒞之，督收船料商税之課。課無定額，大約歲至四萬金，鈔不盈百貫者，謂之小税，掌於税課局官，而以州印票防之。舊征錢鈔如制，近參取折色，分季解京，以充内帑。嘉靖庚寅，以東昌府幕一人爲監收工部營繕員外郎，永樂間設，初侍郎或郎中，後以主事，奉宫符督徵山東、河南、直隸、河間官。諸府磚價，于臨清建窑廠，歲額城磚百萬。嘉靖五年，仁壽宫役，尚書趙璜請簡命員外郎一人蒞之，三歲一代。由是磚值改出部帑，而闢陶召商，視初加倍蓰矣。嘉靖七年，主事鄭允璋奏汰都水分司，以漕閘之務兼隸焉。兵備副使，我國家設外臺，曰按察使，又諸所要害，出使貳一人，提兵蒞之，曰兵備，制也。臨清既大城名都，而商販之夫，日益屯聚，自都御史賈俊之去，舲艫之蝟集，奸宄之電掣，或時出意外。成化甲辰，始欽製關防，以副使潘瑄受簡命分署，問理刑名，操練人馬，協同撫按，控制一方。

兵防

古稱帥師必有股肱羽翼以成威神，言將卒無相離也。故視地建牙，豈徒注官已哉。臨清改衛，秪以官遷，而卒若屯越在五百里外，即有于邁，夫誰與從？識者謂之無衛，非虚語也。尉繚子曰：「建城稱地，以城稱人。」新城僻隅坤、巽，所謂大不可守也，平山衛接壤而近，移而實之，兵備副使齊公之鸞嘗先事爲圖矣。如是則退可以守，進可以戰，以人稱城，無亦古人之訏猷乎！

武城縣志

甲馬營驛遞雖爲所屬，而兩地策應，未嘗少減。上官陸行者，夫馬僕從，動以百數，里甲僱覓費用不貲，邑疲而地復衝，亦難乎其爲民矣！至于均徭重難，益加呻吟之聲，觀其二年一差，已無息肩之日。門丁疲薄，而編差額數反倍。查得附近州縣，門丁二銀，與編差額數相當，倘有不足，每門丁銀一兩，加至八分，多至一二錢、三四錢而止。兹邑素稱極累，門丁二銀，不勾舊額編差，故有明加、暗加之數。東郡諸縣，編差加銀之累，未有如武城者也。況此徭役之外，又有大户之差，養馬之費，走遞夫、修河、修城夫之增，雖癯翁孩童有不免者，民何不幸而生兹邑也！平居無事，猶可苟且目前；萬一邊陲有警，或遇河決，四境盡爲涔池，惟有流移轉徙，爲盜偷生而已。

朝城志

夫建置豈獨垣宇壇壝而已哉！備物致用，立成器以爲天下利，是器亦有不可得而缺者矣。每臺省按部一切日用之器，皆僦于民家，且僦直常與器直倍，曾不信宿而其費動以千計，長吏往往有因而被黜者。然至今未之有改也，何歟？程子云：「爲政須要有綱紀文章〔四〕。」良有司苟不以賂計者，可不致意乎哉！

青州府志叙

知府王家賓

郡故有志十八卷，蓋馮海浮先生同二三君子所纂録，而杜郡守思以錢比部有威成之。上下數千年，亦既條次有則。第壬戌以來，歲將周甲，而人事之紀闕如也。鍾黄門龍源即舊例輯其大凡，不獨五十餘年間，顴若列眉，而惓惓品騭，以衷於口不必然而心然者，斯亦黄門之蔚斑矣。志成而不佞方東，不遑授簡，今且折肱於里，然無敢略方書不按也。迺稍稍披其大略而言曰：郡齊履也，即舊履不盡隸宇下，而間附以它屬。美哉河山，亦海、岱間一都會也。周之盛，胙大師以表東海，王室之不壞，繄伯舅是賴。洎小白以夷吾霸於鄄，而南遏楚，北伐山戎，中包諸宗侯，以外撫吴、越，蓋六乘三兵，王室復奠。當是時，供億非乏，而節制之師，威天下有餘力焉。其在於今，河山猶故也，轂擊肩摩、連帷揮汗之氓非寡也，其它聘問會盟，車馬玉帛，視昔不翅省矣，而土之毛不足以糊口，家之藏鏹不足以奉耕耘。故樂歲苦於上給，而一不歲，反待給於上。往一妖女子，至仰勤王旅，頃以饑驅之民，遂揭竿於市。夫令人讀法家十八篇，猶若嗛嗛，而通貨積財，能以國寧，顧或遜焉。何也？間嘗按牘而閲，郡領州邑十有四耳，户可三十萬，口可百五十餘萬，而地瀕海，饒斥鹵，水居什一，山居什三，其田可十二萬六千有奇，而歲辦不下七十萬。其用於土，則居有干陬之役，行有傳舍之役；其用於上，則内以六宫，外以百官六軍，有供億之役，有輸輓之役。蓋屬城不雄於它郡，而賦時倍之。且生齒日繁，舟楫不通，公私取給於山坂蹊澗之田，而暵溢蟲螽，歲或仍焉。兼以俗好任俠，居平鳴瑟跕屣，六博蹋鞠，時饒鮮衣怒馬之費。慨不快意，以軀借交報仇，藏命作奸，剽攻禦敚。故歲饑輒盗，盗起輒兵，瘡痍逋竄，十室而九。大約大豪挾中猾以用饑軀之民，每十數年一變，而一變之後，輒數十年不易復。夫瘡痍未復，甾盗叢仍，守土者寧得呰吾民乎？蓋嘗論之，昔之齊地，能專用其主，故上亦能專用其民。其錢穀兵甲，從意調興，而意所欲爲，得一切便宜破法從事，無論鑄山煮海，猶在握也。即富彦國活河朔五十萬，亦富行其德耳。今長吏束手受空民，寧惟無以予之，抑且有以索之，皮骨既銷，徵求未已。念催科以拙罰，有不問撫字以勞賞矣。及歲不三酺，則物力秋毫有主名，而帑庾固無左食之需；兼之比屋罄懸，旁邑踵困，有嘆蒙殃於空搼耳。往不佞嘗矯以清源之榷賑畿輔，而主人不受也，即不佞幾中於法。嗟乎！兵缺饟，索之民；民缺饟，索之上，其遺官發帑，誰非詬租吏所不遺餘力而課者，其以惠既亂也。漢詔以小民安田里而無愁嘆，責在良二千石，而曰與我共此。嗚呼，小臣無良也，敢謂約結？儻廟堂有與共之思乎？其輕傜薄賦，惠我瘠民，徐以舉賢尚功而四維之也，寧得侈霸業焉！黄門取義遠，乃不佞爲睫論，無亦折肱按方書者，遂次其語於簡。

齊桓公墓有水銀池，金蠶數千箔，珠襦玉匣，繒綵不可勝數。又云：晉曹嶷爲青州刺史，慇帝建興中，發齊桓公及管仲塚，尸並不朽，繒帛萬匹，珍寶鉅萬。太平廣記：貝丘東北有齊景公墓，人開之，下入三丈，石函中得一鵞，鵞迴轉，以翅撥石；復下入一丈，有青氣騰空如陶煙，飛鳥過之輒墮死，遂不敢入。酉陽雜俎：又晉永嘉中，曹嶷於青州發齊景公墓，得二尊，形如牛象，皆古之遺器。臨淄自古爲都會，承富庶之風，陵塚隆阜，葬埋皆奢，然率起後來發掘之禍。諺傳臨淄出古物，蓋本於此。大概銅器僅有存者，亦略已盡矣。耆老云：古墓多有用五行葬者，作難發，謂發時見横大木甚壯，繳斧鑿莫施，是爲木葬；有壙中密塞，須用火燭之，燭之則火大燔，是爲火葬；又晏子墓有發者，初若聞戈戟聲，駭不敢入，繼則見水泉若湧，莫知所從，是爲水葬。餘説蓋不可知，獨晏墓終不見發者，豈其功德及民者深，信有鬼神呵護於百世之後邪？縣志。

禹貢稱海濱廣斥，謂如今高家港以往耶？其地都無所生，婦人有白首而不識五稼，歲時盤薦，惟魚飧爾。

樂安

按管子稱海王之國，謹正鹽策，故其告桓公伐菹薪，煮海水爲鹽，正而積之，十月至於正月，成三萬鍾。公使糴之，得成金三萬斤，而國興霸。夫此一海也，在昔則擅利魚鹽，而今也則瀕海千里，一望萑葭。豈天地自然之利，獨盛于昔而嗇于今耶？議者乃謂國家設立鹽課，販禁太嚴，民不專利，故無所藉賴於海。此宜若可以富國矣，然而鹽竈丁户，十室九竄，長蘆運政，未見其有利益。何也？姦僞日滋，而苟且之患多也。予常見青之大豪巨猾，交通巡鹽武臣，因而壟斷于樂安鹽場地方，輦致車載，月無虚日，而武衔亦得以坐致千金。其承委上官巡緝者，不過以肩負筐擔者，罹法網而塞督責，矧于中顧亦有以賄免者尤多也。奈之何國課不日損，民生不日削耶？

李舜臣曰：嘉靖癸卯秋，小清河出水，爲高苑、博興害。陳推官珪爲躬行水，歷樂安以上數城，覈厥所由，爲漯、白雲湖、沙河、孝婦諸水故入小清者。小清道今多淤，計當于柳塘諸口，各有所築濬。曰苟不察上流之形，而徒議于高苑以下有來之勢，患何由平乎？然余讀宋史，乾德四年，「清河水溢，壞高苑縣城，溺數百家」。「元豐元年，章丘河水溢〔五〕，壞公私廬舍城壁，漂溺民居〔六〕。」竊以當是時患所從，必有如陳所指，可弗務哉？濟故有堤曰利農，沈令清所築，而陳及徐令貞良濬濟，自毛家口屬之新橋，前後勞諸賢，于民豈不賴哉注一？

博興

大學士劉珝小清河記略：濟、青之區，有河曰大清，曰小清。小清源出歷城之趵突泉，滙清、漯、籠諸水，東北抵樂安高家港，入于海。大清，則濟水渠也，自東阿之張秋，東北抵利津富國鹽場，入于海。往年舟楫浮于二河，商鹽通於齊、魯，諸道水利，鮮與爲儷。自永樂以來，堙塞不通，水失其經，一值大雨，茫茫巨浸，壞民田廬。成化癸巳，參政唐言相視地形，令水工準高下，自歷城濬至堰頭，又至樂安，小清通矣。自張秋濬至平陰之滑口，大清通矣。大、小清既通，水循故道，退出各縣官民可耕之田數萬頃，民用大悦。其河内備淺，又置瀦水閘；防溢，置減水閘，閘傍各鑿月河。總閘三十有八，濬通水路五百二里，於是青船入於濟，濟船入於張秋，人稱大便。太僕卿顧鐸修博興小清河記略：小清河去博興城南五里許，頻年爲患，積不治者久矣。嘉靖甲辰，郡憲羅江陳公治之，抵小清之上流，及諸水之來滙，入樂安之盡境，窮入海之下流，相度地形，斟酌利害，見定議決，衆乃大集。始事於三月，畢工於五月，又多插柳以固岸之善崩，修鋪舍以防民之盗决焉。永謀遺愛，爰及博人，是可記也。雖然，予有説焉。小清河可考者三：嘗讀漢卜式傳，吕嘉反，卜式上書武帝，欲率博昌習舟之民以行。又讀雜傳，王師範據青州叛，恃博昌之水，不備於北，則當時茫然巨浸也。歷下之趵突泉，章丘之白雲湖，淯、漯、沙溝、養馬、孝婦、漢、溱七河，白條、鄭黄二溝，盡歸博昌，入海者入海，不入海者不入；所以民習操舟，恃水爲險者，皆以此。而不入之水，如今清沙泊、魚龍灣，即蘇麻大泊、滸山泊，不與區區之水争地也。此其可考者一也。至僞齊劉豫之時，因都大名，改趵突泉及章丘諸水，爲今之小清河，下與烏河合流。濟水勁猛，能蕩滌垢濁，以故常流無虞。而海上之鹽場，傍河之州縣，貨物皆得達於歷下，又入大清，抵張秋。此其可考者二也。以後致廢，不知何時，成化癸巳，山東參政唐公源潔力請修之。乃尋劉豫時故迹，疏之濬之，皆復其舊，又多置閘所，又開支脈溝，遇大水，則開閘分流，以殺其勢，旱則閉之，河常無虞。東方鹽貨，仍得抵於張秋，博興居民，半移今之灣頭店，則利故也。此其可考者三也。今則趵突及章丘淯、漯諸水，仍入大清；而小清之上流，爲平地行車矣。止孝婦等河，諸水來匯，然旱則涸而斷流，潦則溢而爲災，一斷一溢，迄無寧歲。羅江被徵行矣，尋唐公之故迹無望矣。他日撫我東土，或參我東藩，其爲畢此事以惠我青土之民，因併記于此。

知縣陸南至曰：余嘗過樂安，觀小清下流，皆行地中，而博巨坊如城，水從脊領而行，以灌輸樂安，非其地勢然耶？古稱治水導其下流，夫博安所導之？賈讓三策，水入陂障，使秋水得有所休息，左右游波，寬緩而不迫，豈與水争尺寸之地哉？昔人棄官湖數十里之地，以殺猝至之水，民賴以安，用此策矣。邇年新城塞姚家等三口，盡湖墉履畝税之，此野兔市兔之説，計以籠利耳。然水卒不得灌入湖中，無所休息，而横溢衝潰，博之東隄始多虞矣。每春秋水漲，灣頭隄決，則城南三十二竈，一夕爲湖，舟行抵市門，此又博興近日之憂也，司土者不可不講求焉。

高苑

知府杜思小清河論：愚按小清河爲高苑、博興之害，瀕河居民，盗決搆訟，終歲無已。蓋小清河自省城以東，青州迤西，諸山之水皆會焉。一遇霖潦，洶湧泛溢，堤岸淺薄，第不盗決，亦不免于漂溺，故前輩欲開柳塘口，以殺上流之勢。蓋柳塘口以西，地形稍下，會省城以東北流諸水，徑入大清爲順。若開柳塘，則不但分上流之水以入大清，而青州迤西諸河，亦得以殺其東來會合洶湧之勢，是即大禹治水，因其勢而利導之策也。或者但欲拓小清河，使之寬大深廣，令有所容受，則必若大學士劉珝所論而後爲益也。矧時無任事而功費不貲乎？愚謂柳塘口不開，雖拓小清河，無益也。然則爲東方保釐之計者，何惜于一柳塘口之工，而不爲青、濟無窮之利耶？

近議欲挑樂安清水泊以達於孝婦河，濬支脈溝以入于小清河；又有欲疏孝婦河自杜張口，止于岔河嘴之南五十里，濬小清河自樊家口，止于烏河灣頭之西八十里，是亦目前治標之一節也。

府推官馬從聘小清河議：看得小清河一道，由濟南府趵突泉發源，以下接會清、漯、滸山、孝婦諸水，行章丘、長山、高苑、博興、壽光、樂安以入於海，此河之源委也。但自高苑以上，河由地中，故能順受諸水而無害；至高苑以下，地形漸窪，築土爲堤，地高丈許，載河以行，始能達下；河身既高，故新城、高苑、博興之水，俱不得入河。每遇天雨驟興，水無通洩之所，則三縣各有水患，不獨新城一縣爲然也。惟新城在河南岸，原有清沙、麻大二泊，週圍各三四十里，爲新城受水之區，中生魚藕菰蒲之利，新民取之，倚爲世業。倘遇雨水暴漲，則傍湖民舍，亦被淹没，每欲横穿河堤北岸，使水洩於高、博之境。夫二縣地形本下，二百年來所以不陷於淪胥者，止憑此一線之堤耳。此堤一決，河水建瓴而下，是無二縣之民矣。況湖泊不起科，而二縣俱徵糧地土，傍湖之民有數，而二縣則數萬之生靈，其利害之輕重大小，可不較而明者？故高、博二縣之衆，胥力以護此堤，誠以河堤所係，若斯之重也。今陡被新民糾衆盜決，遂使沃壤萬頃，化爲巨浸，國計民生，未知何出，此豈渺小細故哉？卑職故曰明殺新城者四人，暗殺高苑者不知幾千百人也。乃新民無知，見河身乾淤，認爲己有，遽然佈種麥禾，冥頑不靈，一至於此，尚可與之言利害、較是非也？先是，前任新城趙知縣慨然建議，欲横穿小清北岸，於高苑地方另開一河，以洩泊水而歸之海。使其説可行，則既可以免昏墊之患，又可以息争鬭之端，亦何憚而不爲之？但高苑、博興原不通海，必由壽光、樂安，而後可達於海，奈高、博地下，形如釜底，樂安、壽光，反以漸而高，今築堤載河，下流必壅，如之何能使徑達於海也？恐河堤一穿，則高、博二縣反爲新城注水之區矣，即今二縣被決之害可知也。但知去己之害，而不顧貽彼之害，正所謂以鄰國爲壑者耳。展轉思惟，苦無長計，惟思地名湖泊，其來已久，較之南方諸湖，雖大小不同，其理則一。若可洩水歸海，變澤藪爲膏腴，古人當先爲之矣。何從古以來，未聞有洩湖以成田者，勢不可爲也，而獨欲强行之今日乎？若慮水爲災，莫若徙民就岸，即湖泊之利爲遷徙安置之資，不得已而爲權宜之計，惟有此耳。伏乞裁酌施行。

本縣知縣馮文盛支脈溝議：支脈溝之不可開者有五：民田不可奪也，地勢不可强也，財力不可輕也，城池不可忽也，鄰患不可貽也。新城所稱支脈溝者，誣指馬家泊一帶爲可東注入海。自萬曆二十一年，被新城盗決樊家口，淹没高苑，浸淫東鄰二百餘里，馬家泊積水不可佈種。藉令可東注入海，高苑何憚不爲，而使馬家泊千頃田土，爲累歲積水之區乎？今泊下之溝並無形迹，一旦强奪民田，而曰此支脈溝也，憤怒且叢興，昔人有云「衆怒難任」，可挾其獨臆，而謂人言爲不足惜乎？此謂民田不可奪，支脈溝之不可開者，此其一也。博興迤北有土嶺一道，約長十五里，横亘東西，自博興抵樂安亦如之。地勢高厚，欲加挑濬，深爲未便，先是兩府親詣踏勘，文卷俱存可查。昔人云，爲高必因丘陵，爲下必因川澤。今欲損丘陵爲川澤，得無違地利哉？此謂地勢不可强，支脈溝之不可開者，此其二也。東土接年被澇，瘡痍未起，迄今麥已黄死者半，欲開此溝，必深濬河身，必厚築河堤。謂以數百之金，數千之夫，五日而訖工，所不能也，竊意雖萬金不足費，雖萬夫不足役。今之新城，猶昔之新城也；昔之湖泊，何以不税，而今何以有税也？以數百金之税，尚佃忍不能捨，而動糜萬金，勞數邑之民，以事新城三莊之民，非計之得者也。此謂財力不可輕，支脈溝之不可開者，此其三也。高苑地最窪下，自蔡家口望邑治，若井底然，今謂建閘止洩水三分之一於高苑，驟聞之則美，深味之則疏。小清河底視平地尚高丈許，欲令洩水二分於小清，一分於高苑，多就高而少趨下，此必無之理也。如決蔡家口，開支脈溝，則水不注小清，耑趨高苑，無論田廬，即城池未可知也。嘉靖間，新城黄知縣力請決蔡家口，朦朧申允，決開口子，水遂滔天。如本府潘公申文所稱，被淹之民，或牽裾以趨他邑，或起爨而就高阜，滿耳哀哭之聲，舉目崩角之狀，凡有人心，所不忍見。事既狼狽，主議者咋舌以去，而民困亟矣。前人已誤，後人豈容再誤？今新城民楊孟秋不鑒覆轍，尚襲故智，脱淹没我土田，坍塌我城池，雖食孟秋之肉，未足以謝高苑之民也。此謂城池不可忽，支脈溝之不可開者，此其四也。譚止高苑，猶曰私其己邑耳。自新城決水之後，淹及博興，博興之水，聚而未消者三年矣，每念爲之憮然。若復開溝，以水濟水，謂博興何？寧獨博興也，樂安歲苦水澇，恃堤自固，如導水決堤而入，樂安之民，其能免乎？此謂鄰禍不可貽，支脈溝之不可開者，此其五也。拂民心，違地勢，殫財力，病人之土田城池以及其鄰，卑職之所未解也。數邑之民，衆於三莊；軍國之賦，重於私稅。今急三莊而害數邑，非仁也；戀私稅而虧正供，非智也。不仁不智，非政也。且清沙泊之水患，乃孝婦河之決而下注，非以小清之故也。小清河雖稍有逆流，爲水幾何？查其泊在長山、新城之西北隅，每年六七月，山水泛漲，往往決長山之杜張莊諸口而入，則清沙泊之受水，實長山遺之也。今不爭於上游之長山，而爭於下流之高苑，何也？蓋水渾則利其來以沃田，水清則欲其洩以佈種，此二百年來所爲盜決而不已也。爲今日計，惟有嚴杜張莊之口以障其源，濬小清、孝婦之滯以導其流，固南北二岸之堤以防其潰，而又疏視水之溝以分其勢，可永無患。此之不務，而欲開支脈溝以壑人，亦左矣。

小清孝婦源委議：勘得新城所議小清、孝婦源委，其誤有四；而築岸另成一渠，其害有六：古小清向程兒頭北流，宋劉豫據青州時，因此河爲害，改而南，語具志中。今乃以爲國初德府運臨淄磚石，借水成渠。及查小清與臨淄地方，絕不相通。青州亦有衡府，應修宮室，豈不能取臨淄之磚石，而以資德府也，其誤一。又稱孝婦河高苑分流一支，名曰支脈溝，正東與鄭黃溝、漢溱河合流，至樂安入海。由彼所稱，正孝婦河也。以下合流，亦名小清。而指之曰支脈溝，是何言也？查支脈溝洩馬家泊一帶水，逕樂安入於海，語亦具青州志中。夫曰洩馬家泊水，則高苑境内之水，非爲洩小清之水也，安得以爲孝婦之支流也？其誤二。國初小清運鹽，後因淯、漯横衝小清北岸柳塘口而下，河遂斷流，鹽船不能達濟，以致病商，而八場止辦折色，此小清通塞之源委也。今仰瓦壩子等口，盡改入大清，而小清之所受者，獨白雲、滸山諸水耳。上源雖淯、漯等大小六十九道，合流小清，是未足爲清沙之害也。白雲、滸山之水，十年間纔一漲耳，小清河迄今乾涸無水，不知清沙之受水，全在孝婦之決口，而歸之小清，其誤三。又以高苑未奉明旨堵絶故道，則當起宋劉豫于九原而責之，不當以罪今之人也。高苑立官看守河堤，乃奉撫按明文，古碑見存。何者？清沙泊自古瀦水無糧之土，而高、博等縣皆徵糧之土也，若任其淹没，國税焉出？今新城之民，享魚藕之利，無分毫之糧，而貽高、博等以淹没之害；白日聚衆，執持兇器，決口傷人，此奉何處明文也？不以犯禁淹没各縣徵糧地土爲罪，而以堵絶故道責高苑，其誤四。此所謂四誤者也。

古小清在高苑者，則今之北門城壕；在博興者，即今之縣治是已。欲復古小清，則未聞廢人之城門縣治，而以洩無糧之泊水也。古小清不可復，而索支脈溝之故道，以罪高苑不肯開，此非高苑之所敢任也。下流諸邑，僉謂不可，誰能强之？淹一泊無糧之土，所害幾何？脱有汎濫衝決以淹各邑，其害大矣。凡舉事須權其利害之大小輕重，以爲行止。事在下流各邑，不在高苑也。支脈溝不可開，而議欲小清之外再築一岸，以成大渠。夫地裏之河，方可長久；地上之河，經水即淤，今之小清可鑒已。前此推官陳嘗大濬矣，近年亦小濬矣，不旋踵而淤。今欲於小清外再成一渠，當亦不旋踵而淤耳。興數萬之衆，費數萬之金，以成一淤塞之渠，必爲識者所笑，其害一。不事挑濬，而築土爲岸，竊計所築之土，將焉取之？勢必多掘民田，方成此岸，是於渠之外又添一渠也。夫尺寸之土，皆民間世業，奪而爲渠，亘數百里，計其地價，當亦不貲。一泊無糧之土，所直幾何？而令數邑之民，壞徵糧之土，失世守之業，以成二渠也，悲夫！其害二。掘田成渠，又欲占田成岸，據稱用九萬之夫，數日可畢，竊計高苑丁不盈萬，册籍可證，將安所借民也？欲洩無糧之泊水，而勞大衆以興無益之役，其害三。又稱築渠因舊創新，可省四十萬金，竊計挑土成岸，與濬河等耳，恐數十萬之金，不可得而省也。既欲省金，勢必强而驅之，人各有身，誰能爲此三莊無糧之泊作奴僕也？此一役也，衆怒必興，其害四。孝婦、小清等河，各係千百年古堤，且特有衝決，淹没田廬，今新築一岸，新城能保此岸遂無失乎？竊計其不能也。千百年之古堤，尚有衝決，一旦之新岸，豈無疏虞？以數邑之田廬而溝壑之，仁者不忍也，其害五。田廬無論已，四方多事，城池所係匪細，奸民節年決口，高苑幸賴有護城古堤，晝夜防守，以苟旦夕。漫延及博興城，前已塌矣，塌後而修，又經決口，復幾殆矣。若新築一岸，勢必衝決，田廬不已，必及城垣，其害六。此所謂六害者也。

夫欲開紀家口入大清，而齊東畏其害；欲開支脈溝入海，而博興、樂安畏其害。驅水害人，難以强矣，而欲建無益之渠以滋六害，舛之舛者也！訊之士大夫，皆稱焦家橋、杜張莊一帶河防不謹，以致清沙受水，宜責之頂河人役，設鋪看守，卑薄者築之，一有衝決，責有所歸，清沙可免水矣。至於新城奸民決開樊家對過二口，前此議築塞矣，卑職往視之，如一堵墻然，水至即壞，此口七年不築；又新決史家口、黑水灣二口，二年不築，何者？奸民借口導泊水歸河，其實欲乘便盗決小清之北岸耳。夫既利渾水淤地，入得數倍；及水既清，遂以鄰爲壑，滅絶天理，至此極矣。每議及此，輒曰工大難築，岁須之水，即灌入泊關。已享渾水之利，而使人受洪水之害，無糧之土，悉化膏腴，而徵糧之土，盡成溝壑，若之何？孝婦河自焦家橋以下抵博興，河身太窄，且多淤灘，如盆河口南岸一淤灘，廣數丈，突兀而當河之中流，水至不下，不得不溢出爲患，一處如此，他可知已。今之計，當嚴焦家橋、杜張莊等一帶之河防，築樊家、史家、黑水灣等各處之河口，而孝婦河自焦家橋以下抵博興，量挑寬廣，除去淤灘，水自順流而東矣。至小清在高、新之間者，自黑水灣而下，淤洩處所，亦量加濬，令得洩白雲、滸山之水。假令決口不築，亦不敢議及此也。若勞民傷財而成必淤之渠，則非所敢聞也。

沂水

沂水縣學教諭傅履重水利論：萬曆庚寅夏，大旱。郡奉臺檄議興東方水利，下之縣，縣教諭南安傅履重論之曰：州邑之有山川，匪特壯一方之形勝，其于生民之休咎尤要焉。甚矣，水利之不可不講也，然不可以概論也。沂水爲邑，自穆陵而下，山谷盤錯，歷百里而後爲縣。其地緣岡阜之間，無濫車之水，瘠亢少腴，一遇旱魃爲虐，則民嗷然憂歲。愚詢諸故老，謂泉源水澤之利，必有未通者，僉曰無之。又詳究其山川源委，乃謂沂止有二水，由東北來者爲沭河，由西北來者爲沂河。二河沭頗大，發源于沂山下，由馬站趙北湖遶城而北，復轉而東。所經之處，在檀山，則有黄花水；在絡山，則有吕清水；在青山，有袁公水；在屋漏以南有鶴水，皆會聚于沭河。汎濫奔潰，淤沙彌望，即極力修築，隨築隨淤。縱稍有停蓄，不過資朝夕汲井灌園之用，未有如江南之可以陂豬而田者，此沭河之不能爲利也。沂源出蒙陰魯艾諸山，皆涓滴細流，自石罅中出，經數十里，不足濫觴，而沙石更多。比近縣稍大，而河形散漫，水勢尤淺，浮芥可舟；而兩岸既高且遠，不可以機械而上，此沂河之不能爲利也。要之二水其源皆微，而其委皆散。夏秋霖潦，則暴漲汪洋，浸及城郭；冬春時，則僅一勺，遇旱而涸，可立待矣。蓋沂地多山，其水多自高而下，欲爲堰，則衝決之勢難支；欲爲閘，則散漫之流難斂，此所以田家無所資其浸灌，商賈無所資其舟楫也。公私告匱，厥有由然。故語之以水利，無論畏事者束手，即喜事者亦扼腕而無所措也。夫天下之事，窮而不知變，固失之于膠柱；苟不真見其形而遽謀其利，不幾于鑿空乎？論既上，事遂止。

孟坵山鉛洞。在益都縣金嶺鎮南五里，去縣七十里，去淄川縣六十里。略水銀洞。在臨朐縣，去縣六十里。黑山銀洞。在臨朐縣，去縣七十里。金星頭鉛洞。在沂水縣，去縣一百二十里。史家窩鉛洞。在沂水縣，去縣七十里。葫蘆棚鉛洞。在沂水縣，去縣八十里。汶蒙峪鉛洞。在沂水縣，去縣一百二十里。兩縣山銀洞。在蒙陰縣，去縣八十里。胡石鉛洞。在莒州，去州一百七十里。

孝廉劉璞記曰：萬曆二十五年，礦事起，上遣内官監太監陳增督山東礦務。于是棲霞金洞、臨朐破丘、莒州胡石港銀洞，官給夫置棚廠開採。增所至，頤指長吏，至莒，知州谷文魁恐其遷怒，騷擾地方，供張頗盛。增約束參隨，得不甚横，但索阿堵而已。後增再至莒，查礦利無獲，銀之解監者不如數，谷知州請以正額加銀包採，省開採之費。申之當道，可之。於是以鄉民爲洞官，封口罷採。會益都縣知縣吴宗堯與增抗，露章彈增。命不下，增章上。上怒，逮宗堯至法司，令各監考察各地方官賢否，兼知查盤事，專舉劾。增遂遣原奏官顧其禮查莒州，其禮肩輿唱騶，旌旄夾衢，行牌禁肅，坐司院，閱城視倉，聲赫藉甚。既增以開採久，乾没貨山積，遂不復巡游，駐劄徐州，據河漕之衝。其禮亦專制儀真榷税，以鹽賈爲奇貨，一傾奪不下千萬，視北方蟣蠓也。增初所携厮役數十人，並充原奏官，散置諸城、日照、莒北鄉等處，以本地無賴人爲嚮導，先疏知富室者名，所鄰魁然之丘，指爲金藪，分牌强督；不如指，即捉至寓，緪笞幾斃。聞之有司，俱短氣無敢誰何，罄所有贖之，始免其人，又波及無算。蓋莒之大亂者三年餘，而增、其禮利在南方，不復顧及北方，于是所遺嚮導，爲被害者鳴之官，論如法徙遣。其禮以捕鹽賈，急疾暴死舟中；數年，增亦以贓罪昭露，蒽甚，仰藥死，厮役俱擬重辟。

傜役

按參政王宗沐條鞭法，通府州縣十歲中夏税秋糧存留起運額若干，均傜里甲顧募加額銀若干，通爲一條，總徵而均支之。其徵收不輪甲，合一處之丁糧，充一年之用也。况均傜不均，今合民間加納之銀，俱入官正派之數，通輕重苦樂于一邑十甲之中，役人不損直，而傜户不苦難。其收支委之吏，則毫末呈稟于官，需索者不得行，而誅求自斂。又以時得代，不久苦查盤。吏有身役，固不竊庫銀而逃，歲加脚費，而折耗賁之，勢不得自盗。諸遞運夫馬，俱官吏支應，勢不得多取，用之不敢濫。諸不可悉道，大都如此。吾州條鞭以丁地兼編，省去九則之名，而收糧户仍僉民間，不招商。應是役者多乾没。大耗銀所入既易，不無冒破，而府差州役脅索之。又有通融之費，及虧正額，因而破産以償者甚多。于是弄法者波及良善，上下視此輩如穿窬矣。要之，條鞭行久，官不問民貧富，民不慮則重輕，即僉糧户猶勝于不條鞭者也。又云：小民畏則甚于畏差，畏則之虚名，尤甚于畏差之實禍。雖差由則遷，有差無則，計一了差則帖然。若有則無差，以爲重則之壓身，不知何日可去，而寢食有不安者。擇患寧輕，故條鞭爲便也。

臨朐志

馬珩曰：朐之山有二脈：自沂山來者，沙石山也，水率雜沙；自嵩山來者，青石山也，水率雜石。石不能遠徙，汝無所不至，故瀰河之爲民災，上下數百里，而朐爲劇。當其怒衝也，土膏日削，而國賦歲增，將不知其所終也。

王家士曰：或有問于予者曰：履畝而税，法也。今徵賦不以地而以力，或相倍蓰，何居？公平之政，固若是乎？曰：江河趨下，詭寄日滋，富者多無糧之田，貧者反輸重税，且有無地之糧矣。拋荒流移，相尋不已，安得不裒多益寡，以貧富之力定乎？曰：清查詭寄而峻法懲之，彼何説之辭？曰：予嘗力行之，重懲里書，十得其四五，釐正之止矣。人亡籍去，無隙可查者，將奈之何？故莫若行丈量之法，溝渠道路、川流沙石、山坂不毛之區，捐以與民，取四境可耕之地，沿坵履畝丈量而通計之，則壤定賦，輕重適均，詭寄將安所施乎？豈惟惠此貧黎，免於流竄，而富者亦有利矣。

知縣葛臣濟水清河圖論略

高苑縣地勢爲濟水所經，濤山浪屋，溺民殺稼，地脈爲濟水所瀉。六月如水，一望無際，率沮、洳斥鹵之墟矣。然不但此，上有新城、長山、鄒平居其上流，使守堤幸完，則上三縣申吾高苑以鄰國爲壑；下有博興、樂安、壽光居其下流，使鼠穴或潰，則下三縣申吾高苑圖渾水之利害，可勝言哉！欲因宜便民，轉害爲利，有二道焉：其一，通舟楫以資貿易。大學士劉珝小清河記云：濟、青之區有河，曰大清，曰小清。小清之發源出歷城之趵突泉，中匯濟、漯、籠諸水，東北抵樂安、高家港，入于海。大清則濟水渠也，自東阿之張秋，東北抵利津富國鹽場，入于海。往年舟楫浮於二河，商鹽便於齊、魯，諸道水利，鮮與爲儷。自永樂以來，堙塞不通，水失其經，一值天雨，茫茫巨浸，壞民田廬，弗以數計。成化癸巳，參政唐言相視地形，令水工準高下，自歷城濬至堰頭，又至樂安，小清通矣。自張秋濬至平陰之滑口，大清通矣。大、小清既通，水循故道退，出各縣膏腴可耕之田數萬頃，民用大悦。其河内備淺，又置豬水閘；防溢，置減水閘，閘傍各鑿月河，總疊三十有八，濬通水路五百二里。於是青船入于濟，濟船入于張秋，人大稱便。臣俯仰今昔，國初通鹽商舟楫，自樂安、高家港等各鹽課司以達濟南府歷城縣燕家渡，下卸道里，城店俱存。舊時民富庶者，清河通舟楫之交，居民遂魚鹽之利。高苑因設税課一局，歲得商税銀一百六兩一錢九分五釐，上堪以資國用，下堪以業貧民。今是水如故，舟楫不通，課局亦革，四野斥鹻，無可耕之田，小民株守困窮廬之内，無怪乎民之昔富而今貧。是其爲已試之成法，在今當急興以安民阜財于目前也。其二，興稻田以教務農。元史：虞集曰：「京師之東瀕海數千里，北極遼海，南濱青、齊，萑葦之場也。……用浙人之法，築堤捍水爲田，聽富民欲得官者合其衆，分授以地，官定其畔以爲限。能以萬夫耕者，授以萬夫之田，爲萬夫之長〔七〕，千夫、百夫亦如之，察其惰者而易之。一年勿征也，二年勿征也〔八〕，三年視其成，以地之高下定額，于朝廷以次漸征之〔九〕；五年有積蓄，命以官，就所儲給以禄〔一〇〕，十年佩之符印，得以傳子孫，如軍官之法。則東面民兵數萬〔一一〕，可以近衛京師，外禦島夷，遠寬東南海運，以紓疲民；遂富民得官之志，而獲其用；江海游食盜賊之類，皆有所歸。」臣徧訪士民，有謂地鹻難稻，有謂引水灌田有害者。載觀周禮「草人掌土化之法，以物地相其宜〔一二〕，而爲之種，凡糞種鹻瀉用貆」，釋者曰：凡糞種者，皆取其糞和水漬其種也；鹻瀉者，逆水之處，水已瀉去，而地爲鹻鹵也。貆，貉類。竊徧求貆糞以漬種，躬相地形以瀦洩，雖未大成，試似頗驗。徐察是水原委，上而白雲湖一帶，汪洋無際，而小清河一帶，滲洩甚微。若開通舟楫，備淺置瀦水閘，防溢置減水閘，則蓄洩有方，即禹溝洫之遺意，周公瀦防之成法。變滄海爲桑田，化斥鹵爲膏腴，淳于甌窶滿篝之祝，東坡霜風綠錦之詠，再見於今矣。是其爲未試之良法，在今當漸舉以安民，阜財于後也。

諸城縣志

丈田論曰：余蚤歲聞諸耆宿云：洪武初年，朝廷分遣監生併秀才，丈勘北方田地，而本縣丈勘者，爲小王秀才云。王不知何許人，其丈地以賦役爲名，計畝準折，如肥地一畝，折賦役地三畝，稍次者一畝折三畝，又次者一畝折一畝半。照地折畝，按畝徵糧，以爲重輕差等準則。至嘉靖中，一切地畝，猶折算賦役名色，後則改爲上中下、又下下及窪下五等而已，不復用準折法也。縣境之内，地遠且多，又山嶺多、荒多、瘠薄多，更與鼁地相鄰者多。而難丈者，唯信陽、望仙二鄉也；其與二鄉皆相反而易丈者，惟城陽一鄉也；餘五鄉，難易等耳。再照國初步弓用小，而畝以二百四十步，故洪、永間，地皆至一萬五千頃零，與今時同也。萬曆元年，趙縣步弓用大，而畝以三百六十步，故地止八千七百餘頃而已。然通融算數，派徵税糧，不在畝與步弓之大小也。夫田地不明，必須丈勘；丈勘不易，必務嚴密。是故重欺隱之罪以防奸宄，嚴抉同之禁以防賄買，分荒熟之實以防混淆，定步弓之度以防短長，謹丈册之藏以防洗改，躬抽段之覈以防蒙敝，申復丈之例以防怙終；凡此七防，皆所以爲嚴爲密者也。不嚴不密，民不畏服，弊反叢生，徒成騷擾，益增民瘼，虛博丈田之名，奚敢哉？

官莊論曰：邑介山海之間，土廣人稀，匪直磽確之處，耒耜不及，即於平壤，亦多棄之，蓋地無窮而人力有限故耳。況加以饑饉差徭之累，逃亡日衆，所遺田畝盡爲荒閒，從來久矣。聞正德間，有撫院某者，建議擬徙西三府貧民來爲土著，開墾荒田，以盡地利而厚民生，後竟以版籍難紊中罷。至嘉靖中年，荒墾方多，然蒿萊彌望者，尚在在有之，而望仙、信陽兩鄉尤甚。萬曆丁亥，永年張侯大謨准貧民陳告，創立官莊四十五處，專以墾荒爲主。其法於凡荒田不拘年之淺深、地之遠近、主之有無，通令貧民押帖開耕，遂爲己業，廬舍井竈，即立於其所，名曰官莊，若謂官設之也，而人不敢貿易爭奪之焉。一時貧民，胥悅而安之。數年之後，余嘗於春秋之交，過二三莊。我黍與與，我稷翼翼〔一三〕，柳陰桑影，犬吠鷄鳴，藹藹成蔭〔一四〕，可喜也。然莊以官名，則官當作主，時着意安集之；不然，差徭靠損，致復流移，莊又成墟，此將來可慮者。比聞近年以來，境内荒田開墾殆徧，山腰嶺頂，五穀並殖，豈非官莊之立，動民力穡之心乎？嗚呼！善政要在養民，養民要在薄賦，薄賦要在摻田，摻田要在清欺隱、墾荒蕪。而墾荒之法，至立官莊而良莫加焉。自今以後，誠能有興無廢，有增無減，俾貧民永賴，以生以養，將見户口可增，里社可充，以復國初之盛，端在於此。

封建論曰：琅邪郡即東武縣，今縣内南城是也，爲國封侯，自郭蒙始。城陽郡在今縣城北六十里，爲國封王，自景王章始。以後兩漢封建，城陽獨盛，琅邪次之，若莒、平昌、東莞、高密四郡，其先亦皆屬琅邪郡内，然封建較之琅邪、城陽，斯少微矣。晉元南渡之後，五胡竊據，封建侯王，無復可考。宋、齊、梁、陳偏安南土，惟元魏、北齊時，封爵冒濫，多用山東州縣之名，然亦未有胙土之實。唐制諸王，亦存虚名，受封之始，内府需給，其後不過食解租於京師，不得治於其國，封建之制，廢幾盡矣。肅、代而後，承以五代，入於宋、金，方輿稔禍，更遭李全父子據有青、齊、徐土，雖欲封建，殆無着所。宋人鑒藩鎮之禍，諸王封爵，僅止其身，子孫得以蔭仕爲環衛官，廉車節鉞，以序而遷，如庶人貴官世禄之例，王爵無世及也。未幾國步南遷，青、徐境土悉入金、元，尚何封建之有？

潮汐

先儒潮汐之論甚詳矣。皆謂潮之遲速大小有常，一禀於月，月之所臨，則水往從之。而又推本於周天度數，謂月加子午，則潮長；或不然之，謂非加子午乃加卯酉也。其説亦互異難信矣。具謂潮之極漲，在春秋之中；潮之極大，在朔望之後。又云：「減於大寒，極陰而凝；弱於大暑，畏陽而縮。」數語稍明，其餘難曉。今詢海上居人云，每月自十三日起汛，潮日壯一日，十七日、十八日愈壯，二十日始衰，至二十六日而衰止也。又自二十七日起汛，潮日壯一日，初一、初二愈壯，初五日始衰，至十二日而衰止也。一月之間，潮凡再壯再衰，汐亦如之，其期不爽，故謂潮信。又以二十日、初五日爲斷水日，言壯潮之水至此日而斷也。究其所以然之故，雖有余襄公安道詳説，亦無人折衷之矣。

海水不溢

或問：「海百川灌之而不溢者，何也？」余問之先達曰：夫水在下，地在上，若浮乘然。氣激於虚，泉湧而上，即地下之水，非别有生化者。人之脈出自湧泉，而升於百會，可推矣。陰乘乎陽，雲升而雨，即地水之氣，非别有種子者。人之液鬱熱於中，汗瀝於外，可推矣。由是觀之，地上地下，而雲而雨，一貫之道也，但有升降變化之殊耳。東流者即上湧者，上湧者即地下者，地下者即東流者。上湧無窮，故東流亦無窮耳。觀此，則升雲無窮，降雨無窮，亦可推矣。然則有消散乎？曰：有之，微乎微耳。水之大勢大機無與焉。謂沃焦釜，乃出妄度，海之不溢，以地下皆水，四海會通，地浮水面，何溢之有？

捕魚

海上漁户所用之網，名曰作網，以繩結成，其目四寸以上，上網有浮木，下網有墜石，每網一貼，約長二丈，闊一丈五尺。數十家合夥出網，相連而用。網至百貼，則長二百丈。乘海潮正滿，衆乘筏載網，週圍布之於水，待潮退動，魚皆滯網中，衆齊力拽網而上。若魚多過重，拽不能勝，則稍裂網，縱魚少逸去，然後拽之登岸，可得雜魚巨細數萬，堆列若巨丘，販夫荷擔雲集，發至竟日方盡。作網之外，又有蒲名。其法用楛條葛繩，編若疏簾形，每方闊四五丈，高五六尺，亦相接用。乘潮未至，先於灘內下樁木，隔數步一下，下至二百餘步，以蒲立縛於樁，魚隨潮浮水面而至，皆入蒲中。及潮退，魚從水底尋溜而出，爲蒲所隔，不得出，衆悉下水，以手摸之，或以網打之，得魚亦多。然視作網所得之多，相去遠矣。

煎鹽

竈丁擇晴日，於早潮後午前，各持鍬於海灘內稍高處，以鍬起其土，匀撒地上，令日曬之。稍乾，鹽色浮出，收其土作堆，已復起土撒曬之，如此數次，土積已多。先於四傍高地上挖一池，大小任意，内堅築之，又於池之下面相距步許作一深窟，謂之投井。内亦堅築之，以堆土置之池内，汲海水滿注於池，淋其土成黑汁，自池中爲渠，流入投井，謂之鹵汁，以鑊煎之。每一鑊容汁二石，燒草五束，鹽煎得八斗。視竈丁工力厚薄，以爲煎鹽多少，任其發賣於領有鹽票者。此煎鹽之大略也。解鹽但遇南風，池水自結成鹽，壩夫撈之而已。花馬池鹽，余曩兼理鹽法，親視汲池水，澆池傍畦内，日曬之即成鹽，工力皆省。獨海鹽勞費人力，故曰煮海，言其難也，信哉！

種稻

海上斥鹵原隰之地皆宜稻。播種苗出，芸過四五遍，即坐而待穫。但雨暘以時，每畝可收五六石，次四五石。種多，惟名各將黄、小紅芒者尤佳，米雪色，氣香味甘滑，可比盩厔線稜、無錫之秔。秋收見户舂米，貿遷得高價，可比魚鹽。若江南水田，雖純藝稻，然功多作苦，農夫經歲胼胝泥淖之中，收入反薄，畝多二三石，次一二石。不如此中海稻功半而利倍也。蓋琅琊之稻，自古稱名，屬縣高密西南有稻國，齊孝王子定爲稻侯，其異如此。

益都縣志

要隘

鎮二：城西南一百八十里爲顔神鎮，去縣治迂遠，山林崇密，盗賊藏匿爲患，以府佐官一員彈壓董治。嘉靖中，兵憲王公世貞創城之，蓋稱重鎮云。西北七十里爲金嶺鎮。淄川、長山、新城、高苑、樂安、博興六縣之民錯處，故獱悍難治，盜賊易發，舊設官兵防守，仍選委千總督同義民領本鎮及西河等處鎗手巡緝。後苦税監中撤。四十六年，余申文請復舊額，召募義勇，專緝防仁智一鄉十六社，而鎮始晏然矣。店六：城北四十里爲朱良店，西北五十里爲南仇店，東北四十里爲口鋪店，城東三十里爲洰洱店，五十里爲堯溝店，東南四十里爲鄭母店。俱道路迂迴，民居雜沓，或爲鹽徒經由之途，或爲登、萊出入之界，盜賊易發，舊以區長防守。關二：在郡西境爲徐關，齊之隘也，頃公與晉人戰敗，入自徐關，即此。在顏神西南爲青石關，俗名楊家關，關形兩山壁立巉峻，連亘數里。自臨淄起至萊蕪長三百里爲長峪道界，南山中官司罕至，其民頑悍獷鷙，盜賊之藪也。宜選委義勇官分領近地鎗手，往來巡防，與顏神鎮、金嶺鎮官兵掎角策應。

户口

舊制户分九則：上上户，派門銀九兩，每丁派銀一兩七錢一分；上中户，派門銀八兩，每丁派銀一兩五錢二分；上下户，派門銀七兩，每丁派銀一兩三錢三分；中上户，派門銀六兩，每丁派銀一兩一錢四分；中中户，派門銀五兩，每丁派銀九錢五分；中下户，派門銀四兩，每丁派銀七錢六分；下上户，派門銀一兩六錢七分，每丁派銀五錢七分；下中丁，派銀三錢八分；下下丁，派銀一錢九分。自萬曆二十年條鞭之法行，户不分則，均之田畝，每丁例編銀一錢七分，後因加派兵餉，增至二錢七釐。

蒙陰志

蒙山之陰，山徑也。元無驛政，即舊編内有里甲夫馬十二匹，止以供上司巡歷，亦非爲驛設也。旬順治癸巳，寇息道通，議省青州一路，歸併蒙陰，爲五省通衢，置驛遂始於此。計蒙距沂州二百二十里，中設青駝寺一驛，各路驛站相去多六十里許，而蒙以山蹊石徑，獨百一十里爲一站。加之大差一至，而驛吏已先遁，馬夫馬力幾何，其能堪此？且廪給口糧，總無額設，則供應之艱可知也。請於蒙陰、青駝之中添立一驛，以解倒懸，豈非今兹之所禱祀而求者哉？

壽光縣志

户口

國朝均徭，分爲九則。審編則輕重因乎貧富，可謂盡制矣。法久弊滋，有司改弦調編，蓋有四利三害者焉。頭役無包賠之苦，收頭免侵牟之患，里甲免見年之費，均徭無詭寄之憂，此四利也。不論貲本，則商販漏網；門銀易以地銀，則貧户受病；包納荒田，則里甲難支：此三害也。去害就利，莫若嚴明于審編，使丁無所漏，而富家大商無所欺匿，庶庸銀益多，而富商時出調銀以佐徵派緩急，編氓庶有瘳乎！所宜留神籌畫者矣。

田賦

近世石畫之臣，論國朝田賦，從輕漸重，蓋有四事焉：因事加賦，或已竣而未除；緣災蠲租，或已收而他抵；或裒益于盈虚，而陰移其弊；或羡溢于銖兩，而明浚其膏。是則然矣，然未除布開豁之令，已收抵來年之租。移弊則洞究其隱，浚膏則嚴懲其貪，未甚害也。惟竈地七頃，不敵民地一頃之賦。竈户將民作竈，逃賦運司，奸農以竈影民，減賦草蕩。若不嚴加查究，則草地日多，穀地日少，而良民受包納之累矣。今宜乘丈量某坵竈地若干，除草蕩勿論，凡係種穀地，悉依農田起糧，仍以瀕海荒陂足其畝數。奸竈妄愬，則威之以刑，寧使農民均攤，賠其竈地之賦，必不可使壹畝糧田作竈地也。夏夢禎曰：問竈地之賦偏輕，計畝銀止六釐，何也？曰：肥地非竈，即磽地亦非竈，竈固耕稼之所棄，而蓬葅之所生也。原設法之初心，正欲俾瀚海餘波化作利府，而斥鹵不毛併獲滋息，國利矣，民亦不病。奈何久而蠹民，且牢不可破也？併曩清丈而貞之砥者，亦私徙之數里而南也。且倩勢要之情面，借憑社之神叢，偵本縣新故遞代之候而上下其手，曰抗上臺易蹶，銀衆派易勝，隨至朦除多許，而秘鬻之於奸民，以致竈固竈，民亦竈，野外竈，負郭亦竈，弊孔千出，莫可誰何！愚謂清竈有捷策四，有正策一。何謂捷策？據存庫丈地册而静自披閲，勿假左右，凡距城不遠，及城東、南、西而竈者，立拘嚴懲，作一榜樣，捷策一。威嚴已著，人應膽破，因寬出首之路，明示以自首者貸，或讋慴而稍自供也，捷策二。諸竈同心，自恃醵金通神，端不甘自首，因開告訐之門，明示以實揭者賞額若干，即於詭竈地者嚴追賞之，捷策三。間嘗進竈户而問之，伊曰：「予家有竈地若干畝，先世鬻於某家，今第討完額銀焉耳，安知地落何所乎？」他問之亦皆然。是奸猾乃佃竈者也，非竈也，此其奸又非披册所能杜也，則以竈與佃竈者面質其地，亦一策也。何謂正策？民竈一概清丈，凡近城與東、西、南三面之竈，悉入民糧，即竈之宅園膏腴，亦入民糧，竈額果虧，即以草地足之。伊或争曰：「非古竈也。」宜叱之曰：「草地蒙茸，每畝不及六釐之息乎？」伊何辭乎？此正策也。說者曰：「神宗初，程公試丈地於先，既而徐公丈地於後注二，頃商丘王公杼亦丈之，均不能寢其奸，何也？」愚以清丈之候，躬歷郊野，間一抽查，清丈之後，明申各上臺曰：民竈分剖已晰，竈額已足，後仍有刁誣者，上臺幸燭其奸，勿輒容其膚受。將民、竈、草各地勒諸碑刻，並以碑刻呈各上臺，庶後之奸民知罰所不宥，或惕息而不敢有動乎。

含烟小記均地魚鱗凡十四則

膠西舊守王星華著

阡陌既開，以後限田變而爲兼併；兼併既久，豪猾隱占，奸胥剥蝕，賦之不均，從經界始，魚鱗之法于是乎始。作此魚鱗者，細如髮，密如網，誠後世焚林竭澤之智術。不知善以用之，遂成良法，顧奉行者何如耳。奉行之法，大約爲之于堂上者十之五，爲之于田間者十之五。孚以忠信，懸以大法，拮据三月，可以告成。此萬民之利賴，而百世之規畫也。具十四條于左：

一、頒發弓式，當以官弓五官尺者爲準。此式藏之太府，頒于藩司、各府州縣，咸象而取則焉。官弓五官尺，積二百四十弓爲一官畝，弓有定，畝亦有定，此天下通行之法，千古不易之制。何獨至東齊而各處造弓不等，不特弓有大小之殊，畝亦有大小之别？多一番折算，便多一番上下其手。須下畫一之令，廢大弓而獨存官弓，廢大畝而獨存官畝，痛快直捷，官民兩便。

一、地土夙弊，其根底俱在户房縣總，鈎連飛隱，莫可窮詰。幸值朝廷清地之日，方是諸奸漏地之時。況權一借手，選役布人，無非登壟、發册、收册，罔不居奇。里社派錢，穢布道路；奸胥既飽，怨叢官身。惟擇士民之殷富而誠實者，授以規畫，分派責成，必愛身家而重犯法，户房縣總，所宜痛絶而不使與者也。

一、每社公議社長一人，下則有知地人、弓手、寫手、算手，俱要老成練達。如小社，亦須兩三路；大社，則必五六路。人數多寡，照社分大小酌派，力分易集，事合有成。

一、每路各備扛連紙册十本，每本一百張，本面用厚殼，上註社名及社長等名送官，内宅用印上號，即分給社長領去。如丈一坵完，登時眼同註定印册，其地形方員、長短灣尖，各畫一圖，圖上編順號，號詳上戴下履，圖旁註業主，圖下註四面、弓口，積算明白，註定幾畝幾分幾釐幾毫，即此便是魚鱗細册。其必立填印册者，防私改之弊也。如先寫私册，後登印册，便藏弊端。丈後餘剩印册，仍繳官驗銷。

一、每路各備應用木橛，上闊下尖，削白，明書四至、弓口、畝數及業主姓名于上，每坵只用一橛，插釘地角，以便抽丈。其木橛俱着業主自備。

一、每路俱照官弓式樣各造一張，送官驗準，用印刻木弓。筍用鐵搭，恐懈則寬；弓脚用鐵錐，恐走則滑。如防弓有損壞，易之以木尺、竹尺亦可。

一、奸民每每借名隱熟，如黿地、屯地、學地等項，須合丈入册，丈完照原數分别除去，存者皆爲民熟，借隱之竇自塞。

一、各路各聚賢勞竭蹶從事，即小有所費，不過紙張飯食而已。同社自用，所需無幾，一雜以衙役，便生事端。有司催趲抽丈，止帶一書、一門兩役，薄供自具，何必煩民？

一、舊魚鱗册、村落條段册、徵糧底册，盡提入内備查。不許增減、洗補字眼。

一、積算畝數，集各社算手封識公所，擇老成忠信者總督其事，切不可以本社算手自算本社，須錯綜互易。如一社有册十本，即用别社十人分算，各各窮日之力，算完速繳，則奸民不得擇人而賄之矣。

一、造完魚鱗册，另造順甲總册一本，各户之下須造四柱，照此法過割，有此户新收，便有彼户開除，實在之數，緊緊押定，不走一絲，諸弊盡絶。

一、地數多寡，原繫各社分管，下如互相交易，便提出本社，聚歸業主名下。竟有一社之地而朝東夕西者，數年之内而此盈彼縮者，差役不均，苦樂懸絶。惟過人不過地，人有互移，而地無轉徙，歷千百年，社分生成，地數不得有消長矣。

一、魚鱗册既成，每户照册上田段各給號單一張收執，明開坐落、畝數、四至、圖形。後遇交易推收，即將號單粘入契内。如無號單，便有賣田一畝，而買主勒掯止收九分七釐者，止收九分五釐者，兼併之端一生，包空之苦漸積矣。

一、過地、徵糧分造兩册。過地則以社爲主，人户散于各社之下，社分則地不得混也。徵糧則以人爲主，地土聚于各人之下，人定則糧不得混也。兩者相爲表裏，公私兩便。

以上十四條，皆法也。行法之本，則在手信。用足尺官弓，則民悅服；使不費閒錢，則民樂從此，所謂信也。規摹全備，奸猾斂手，均地之政，永維不壞，方爲上不病國，下不病民。不病民者，不病國之本也。

安丘縣志

論曰：余觀條鞭法，非即宋免役、雇役者哉？行之有十利焉：通輕重苦樂于一邑十甲之中，則丁糧均而徭户不苦難，一也；法當優免者，不得割他户以私蔭，二也；錢輸于官而需索不行，三也；又折閲不賠累，四也；合銀、力二差，併公私諸費，則一人無叢役，五也；去正副二户，則貧富平，六也；且承稟有制，而侵漁無所穴，七也；官給銀于募人，而募人不得反復抑勒，八也；富者得弛擔，而貧者無加額，九也；銀有定例，則册籍清而詭寄無所容，十也。所謂此法終不可罷者邪？然四差合徵，則力難畢完；輸銀在官，勢且輕用，以難完當輕用，則折閲必多。一旦有意外水旱災傷之蠲，部派軍興諸卒然之務，將于何取給之？若欲預爲之羡以備蠲減，如宋曾布所言，則浚民者將濡首焉，是先病之也，于卻慮豈有當哉？余以爲莫若搜田，蓋田寬則賦縮，賦分則徭輕，相爲低昂者也。昔洪武時，嘗遣國子生武淳等覈實天下田土，作魚鱗圖册，各有定額，安丘畇田，得一萬二千二百二十三頃九十五畝有畸。已復令山東等處額外荒田盡力開墾不起科，以此知安丘之田，未墾者尚多也。二百年來，民昌物阜，其間墾者必衆，而賦不加縮，何也？嘗即李翺平賦書推之，法半步曰武，二武曰步，步方六尺，今鈔尺。二百四十步之謂畝，三百有六十步之謂里。方里之田，五頃有四十畝；十里之田，五百有四十頃；百里之邑，提封田五萬有四千頃。除山澤邑居，三分去一，爲田三萬六千頃。安丘絶長補短，地方百餘里，除今諸額外，尚餘二萬二千三百餘頃，此豈盡荒者哉？則良田匿而未盡出者容有也。今法，開墾者畝科粟三升，俟大造之年，升其肥饒者爲下則，似亦善矣。然豪有力者，所墾連阡接陌，不納一粟；小民方撥穢而冀半穗，乃輒履畝而彀之，是爲豪有力者敺也，將奈何？今邑令熊公稍一稽察，即得若而頃，固知法無不弊，在奉行者何如耳。倘嗣是者無墮其績，則十年之後，可得田四分之一；又于良田飛詭影射者，盡法搜羅，使豪猾無所竄匿，則可得田五分之一，總之得弱半焉。夫多一分田，則減一分賦，即折半計之，亦可減租賦之十三四矣，其于民力不愈寬哉？即有意外之蠲派，其額當不溢于今日，豈直爲此廪廪也！蘇綽有云：今所爲制若張弓然，非平代法也，後之君子孰從爲弛之？嗚呼，長民者念之哉。

益都

金嶺鎮係重地，鎮以官兵，仍選風力官領本鎮及胡田并孟坵山前後十數莊鎗手巡防，又於柳行東、西，東侯高等莊各立莊頭一人，不時稽查，以絶鉛礦之徒投寓，與顔神鎮、長峪道官兵犄角策應。顔神鎮添設官兵防守，仍選委千總督同義民領本鎮及八陡、西河等處鎗手巡防，與金嶺鎮、長峪道官兵犄角策應。長峪道自臨淄起至萊蕪，長三百里，界兩山間，中通淄河。官司罕至，前此莫聞，屢詢互蔽。及親歷南立、朱厓、馬禄、太河、源泉、邀兔崖、石馬，直抵青石嶺，始得其故。俱係要地，而朱厓、源泉二集場尤甚。其民至老不識城府，亦不在編民之列，頑悍獷鷙，盗賊之藪也。且西去府六十里，過巨山十數重，即通此路。選委義勇官，一住朱厓集，一住源泉集，各分領近地鎗手往來巡防，遇有盗賊及鹽礦徒，併力擒之。仍不時差官密訪，以防隱蔽。與顔神鎮、金嶺鎮官兵犄角策應。洰洱店在縣東三十五里，至堯溝十五里，東爲登、萊通衢，團長住堯溝防守。小澗店接臨朐赤澗店十五里，路頗迂僻，區長住赤澗防守。懶柳樹在縣東北十五里，至口鋪店二十五里，接昌樂，鹽徒經由之路，區長住口鋪防守。鄭母店在縣東南四十里，居民二千家，路接壽光、昌樂界，區長守之。

臨淄

石槽城在縣東二十里，東接壽光，鹽徒必由之路。白兔坵集在縣北三十里，東北通樂安，鹽徒往來由此。淄河店在縣南十五里，係重要路，義民協同巡檢官守之。陸天務在縣西四十里，通高苑、博興、長山、新城界，係鹽徒要路。

博興

利城鎮在縣東三十里，係鹽徒要路。黃店村在縣北一百里，係盜賊之區。柳橋鎮在縣南二十里，係鹽徒要路。陳虎店鎮在縣西二十五里，係盜賊之區。于家林村在縣東北四十里，接高家度鎮，係鹽徒要路。

高苑

鄭家店在縣東北三十里，係鹽徒必由之路。柴家店在縣北十五里，係鹽徒要路。田鎮在縣西北三十里，係盜賊出没、鹽徒經行之路。岔河至通濟橋在縣南七里，係鹽徒要路。

樂安

南路大王橋去縣二十里，居民五百家，與彭家道口相連，鹽徒經由之路。東路從王家崗來，過高家港，過王家店、小張、張郭、過臨淄大夫店，令住王家店咽喉之地守之。西路從新鎮來，過新店、田家莊、新集、碑寺口，往博興縣，宜防守。中路從小清河起，過神堂、燕兒口、尹家店、石村，過楊趙，往大夫店去，定令在石村守之。塘頭寨添義民，率領民壯與百户協守。馬市添義民，率保甲鎗手巡守。

壽光

侯鎮在城東五十里，去廣陵鎮十五里，通濰縣大路，南通臨朐，鹽徒之路，義民領民壯鎗手，協同廣陵鎮巡檢兵防守。官臺場在縣北八十里，産鹽。義民領民壯鎗手守之。彭家道口，壽光、樂安二縣之界，鹽徒自官臺場、高家港、新鎮場皆由此，義民領民壯鎗手守之。姬家橋、張家莊集在縣西北三十里，鹽徒往來之路，義民領鎗手守之。

昌樂

遠里店在縣東二十里，按濰縣界，鹽徒多由此。堯溝店在縣西二十里，係鹽徒經行處。唐部店在縣南七十里，接臨朐、安丘界，鹽徒多由此。堝坨店在縣東南六十里，接安丘、濰縣界，宜守之。

臨朐

破丘在縣西八十里，通八陡集，經時布莊、露疃諸路，本集居民三千家，今虧其太半，宜守黑山、略水二洞。上莊、田村莊，城東南十里，鹽徒小路。西菴廟在城西十里，鹽徒之路。穆陵關、蔣峪、辛寨店俱盜賊往來之路。柳山集，通益都縣，鄭母集，鹽徒之路，以上各設區長防守。白塔集在太平嶺東南、牛沐嶺之東，即安丘縣差義勇官領鎗手防禦，與鎮集爲犄角之勢，又領兵策應，以防突來之盜。

安丘

東南石埠與莒州管帥店相近，時有盜賊。西南牛沐店係莒州、臨朐三界，有山多盜，且與太平嶺相近，宜守此。景芝店四達之路，亦重地也，委官同區長守此。馬思店在縣北二十里，通濰縣，巨盜竊發，宜守此。

諸城

黄草關在縣西南一百里九仙山西，鹽徒自新泰、萊蕪、莒州、沂州來者會此，委區長防守。錦衣衛口在縣南一百二十里，係九仙山南口，通莒州、日照、安東、贛榆，盜賊之區，委區長守此。吴太墳在縣南九十里，係九仙山北路，通東莞、安丘、臨朐、顔神，鹽徒之路，委區長守此。柴溝在縣東北一百里，接高密，且僻遠多盜，委區長守此。李長集在縣北六十里，與安丘接界，委區長守此。在城并只溝集西路一路，委義勇官守此。

蒙陰

九女關係南北通路，盜賊要區，委義民在長馬莊守之。高都店、惡溝去縣三十五里，與新泰縣通，鹽礦徒俱由此，四顧六七十里無人跡，委義民在高都店守之。寨子黄莊通天王莊，多盜，委義民官在寨子守之。坦埠、舊寨係莒州鹽徒要路，委義民官住寨守之。魯村、張莊係礦徒出没之地，委義民住張莊守之。桃曲店與紫金關策應，亦重地，委義民住桃曲守之。

莒州

東莞集在州北一百二十里，與安丘接，係重地，委區長防守。管帥店在州東北九十里，與諸城縣接，亦重地，委區長防守。公婆山在州西三十里，與沂水接，盜賊往來小徑，委區長防守。十字路、葛溝在州南一百一十里，與沂州接，鹽礦盜賊要路，委區長與兩巡檢司協守。屋樓鎮在州東四十里，與諸城、日照接，亦隘地，委區長防守。

沂水

蒙山東垛兒莊集在縣西南一百五十里，北通蒙陰，南通費縣，盜賊之藪。山有觀、庵七十二處，委義勇官率鎗手三百名守之。下位鋪在蒙陰坦埠集左，在縣正西六十里，係鹽徒要路，委區長率鎗手二百名守之。述水馬站、高橋在縣正北，穆陵關來路，盜賊出沒無常，委區長率鎗手三百名守之。蘇村集在縣正南五十里，通郯城、沂州、宿遷，響馬出沒之途，委區長率鎗手三百名守之。河陽集在縣南一百里，接連葛溝、沂州界，響馬來路，委區長在本集防守。東里店在金星頭、汶蒙峪來路，委區長及義勇官守之。

日照

巨峰寨在縣西南七十里，莒州、邳、徐鹽徒要路。風火山在縣正南六十里，通安東衛大路，去濤洛場十五里。沈疃集在縣正西七十里，莒州界，鹽徒盜賊小路。兩鄉集在縣正北五十里，去九仙山錦衣衛口十五里，盜賊之路。紅寧溝在縣西北一百里，通安丘，小逕盜賊出入之處，以上各委區長守之。

長山

辛村去縣三十里，焦家橋去縣三十里，各有居民三百家，俱鹽徒要路，委義勇官於焦家橋防守。長白山在縣西南三縣之界，有夫莊居民三十家，董家莊居民五十家，在山下回路峪居民三十家，在山麓間係盜窩，委義勇官董家莊防守。城東石村、房鎮常有響馬截人，設東路巡邏官防守。城南周村店居民三百家，與淄川接界，群盜走集之所，設巡邏官防守。

淄川

磁窑、務集山南通萊蕪，西通章丘，去淄川二十里，土人兇野，盜賊之會。龍口店在縣東南十五里，居民三百家，人性兇野，萬山要地，設義勇官防守。王村集在縣西五十里，西北去長白山四十里，長山、章丘、鄒平三縣之界，大山連亘，盜賊淵藪，委義勇官守之。西峪莊在縣正東長峪道，居民稀少，立區長領鎗手鎮之，連風水店、傅家莊，委義勇官守之。

新泰

兩縣山在縣東北四十里，與蒙陰相接，産礦，東通蒙陰石槽莊，西通高峪鋪，達青州大路，設官及區長，往來兩縣山、高峪鋪，巡邏接守青泥溝一帶。張家欄在縣西北三十里，去宮山峪十五里，多鹽徒，設義勇官及區長守張家欄，兼邏宮山峪等處。酒臺莊在縣東南三十里，東通蒙陰汶南集二十里，西通泰安州泉河莊七十里，鹽徒要路，設官及區長守酒臺莊，巡邏莊兼邏汶南泉河一帶。黄草關在縣西北七十里，去鴈翎關十五里，通萊蕪、兖州，鹽徒要路，近有上四莊，巡檢司弓兵二十名，添設鄉長，住鴈翎關，與上四莊官兵協力防守。牛家莊、洪溝崖、横山口西通泰安，南通泗水，盜賊之區，設義勇官及區長住横山口，鄉長住張莊，在牛家莊、洪溝崖兩莊之間往來巡守。

萊蕪

大王莊在縣西北六十里，南去劉元帥寨十里，累生變逆；東、西、北三路皆阻高山峻嶺，惟南面通劉元帥寨，爲泰安山、顔神山徑僻路，可以扼截，若守劉元帥寨，即大王莊無虞矣，委義勇官及鄉長守之。夾谷嶺在縣西南三十里，與新泰楊柳店接，盜賊之區，委義民官守之。緑荳山在縣西北九十里，與章立縣長春嶺接，多盜賊，有王許店可截，委區長守之。香山在縣西七十里，東通緑荳山，西通泰安州界，北通章丘縣，盜賊之路，有水北店可截，委區長守之。李新莊、顔莊在城東五十里，礦徒出没，委義民官守之。青石關經吐子口，過劉元帥寨，下泰安，係要地，委義民官守吐子口，與寨犄角策應。

兵防論

按青、齊爲京師左輔，各衛所官軍分班入衛注三，制也。二百年來，頽敝已極。補救之術，不過曰清勾、撥補二者而已。然清出者十無二三，解衛者旋復脱逃，是清勾難濟實用矣。不得已乃以官舍餘丁撥補，徒費虚名，無益行伍，久則懼其撥補並見在者而亦逃。況地方頻年水患災傷，民窮財盡，官府追徵錢糧，京邊之外視爲緩賦，以此軍士月糧鮮有及期者，勉給春班，而秋班又至矣。夫補軍則衛所難堪，支糧則全運難給，故京操啓行，不但額數不敷而已，班軍枵腹趨役，武臣坐是黜罰，亦何益於事哉？聞之昔年，京操稱能辦者至京，往往借貸招募壯勇，將班軍虧欠之數盡額補給赴工；比其返也，查扣在衛月糧陪補。故官無欠軍之罪，而軍無勾攝之擾，此或一策也。又有司追徵月糧，一時難於輳辦，而班軍戒行，促迫間有借支別項者，頗稱權宜，此在有司之賢者專之耳。如近日河南民兵防秋，而彰德府每借之河道銀以濟用，旋以民兵銀追徵，至日還之，緩急不失，而事體兩便，此又一策也。今若於五年推選之日，必擇武臣之賢而才者爲京操官，不使闒茸婾㥾之輩參於其内，每京班赴操，仍三令而督責之，缺伍之軍，隨宜而招募之可也。回班之日，聽其查扣月糧補還，亦無不可。蓋京營得盡人之役，而本兵無掛班之檄，與全軍等耳，操官亦何憚於扣除之嫌哉？月糧全給，招募自便，操官賢善，侵漁可免。或曰：班軍缺伍，招募非制也，今邊關新軍不奉詔行之乎？月糧借支，非法也，今邊糧起解不那移倉口乎？此又調停緩急，不可以膠柱爲也。審能行之數年，則軍士如月糧不虧，咸有樂行向往之念，不必清勾撥補，而行伍得休養充實之資，操官免降調之苦，而國家獲拱衛之益矣。故曰：政無全善，存乎其人。

登州府志

元人通海運，于沙門島設監置戍。其時與城北爲二社，皆蓬萊之民也。我國朝漕會通河，海運寢廢，二社之民，無約束之官，乏通濟之利，遂移附近郭，失有恒業，而島嶼聿空矣。然膏腴沃壤，不受耒耜，亦一遺利也。近分營軍屯種於中，歲有收穫；後又招民開墾，滿篝滿車，悉土之毛，悉可以果生人之腹也。于以稱生之之衆也非乎？故議復二社之業，講詢消弭之策，經國者酌之。

周禮遺人掌鄉里之委積，以恤民之艱阨，後世惟朱子之社倉得其意焉。自社倉轉爲縣倉，縣倉轉爲郡倉，去民益遠，則澤不下究，而古意失矣。國初預備倉在黄縣者凡八所，在寧海州者凡五所，餘者可以類推焉，夫社倉在國初已行之矣。

船隻　有淮船，有遼船，有魚船，有塘頭船，有太倉船，有瓜洲船。船無定數，以糧爲數，大者載糧千餘石，次七八百石，又次四五百石，或二三百石，僱募者什之七，官造者什之三。

福山志

營後墩。在縣東北一十五里。竈後墩。在縣北二十里。郭家莊墩。在縣西北二十五里。八角墩。在縣西北四十五里。鷄鳴墩。在縣西北三十五里。白石墩。在縣西北五十里。磁山墩。在縣西北四十里。城陰墩。在縣西北三十里。右七墩，福山備禦官軍守瞭。碁掌墩。在縣西北一十五里。浮欄墩。在縣西北二十里。右二墩，孫夼鎮巡檢司弓兵守瞭。木作墩。在縣東北二十里。埠東墩。在縣東北二十五里。熨斗墩。在縣東北三十里。現頂墩。在縣東北三十五里。清泉墩。在縣東北四十里。右五墩，奇山守禦官軍守瞭。

嘉靖十七年二月，山東巡撫胡纘宗奏：「青、萊、登三府地方，舊有元時新河一道，南北距海三百餘里，舟楫往來，興販貿易，民甚便之。比歲淤塞不通，商賈皆困。原設閘座，故迹猶存，惟馬家濠中多頑石，乃元人疏鑿未竟者，今已募夫鑿通。尚有停口窩鋪淺隘者一百餘里，淤塞者三十里，乞動支官帑開濬，永爲民利。」工部復如纘宗議，詔從之。

三十一年十二月，工科右給事中李用敬奏開膠萊新河。其略謂：邇者河道湮塞，深妨國計，聞之膠、萊之間有新河道，在海運舊道之西，乃元人欲開通，以避海濤島嶼之險而未成者。先是，山東巡海副使王獻，憫登、萊之民土瘠人稀，生理不足，皆由舟楫不通。嘗按元遺跡，鑿馬壕石底，以通淮安商賈，建新河等閘八座，以畜洩水患；導張魯、白、現諸河，以濟水道。見今淮安之船，由淮河直抵麻灣，即新河之南口也；由海倉直抵天津，即新河之北口也。自南口以至北口，僅三百三十餘里，各有潮水深入，中有九穴湖、大沽河諸流可引。其淤塞未通宜量加濬者一百五里，宜深加濬者三十餘里。元人用功，已開其三。今之用功，當任其二，此皆彰明可見者。乞選才望官一二員，會同撫按官亟爲修舉。疏入，工部覆行所在撫按詳議具奏。

三十四年二月，罷開膠萊新河議。先是，御史何廷鈺請疏濬新河，詔遣廷鈺往會山東撫按官勘報。至是言膠萊新河一帶，係元人已開故道，特因馬家壕南北長四里，内有石岡難鑿而止。前海道副使王獻，曾鳩工聚財，焚以烈火，鑿通此濠，隨於分水嶺南北河道，併力挑濬，設立閘座八處，工已十之三四。尋以本官遷去，工竟未就，即今此濠舊蹟猶存。特兩岸沙土日久頽下，遂致淤塞，挑濬亦不甚難。至於分水嶺地本高阜，故白河之水至此分流，然度其地勢，終不甚峻。今在南者爲積沙所淤，水惟北流，若加開濬深廣，中間雖有礀砬灘瀨諸石，亦自人力可施。司道諸臣至稱舊估二百七十餘萬〔一五〕，恐必有增無減；其委官通判羅士賢等所估，亦稱一百六十萬兩。臣雖心計不足，如士賢所擬數三分之，歲給一分，年終總挈工費幾何，而次歲固可定矣。其通海一節，則中間地勢既高，若必使兩潮相接，須濬深及八九丈，恐濱海之地，鑿下數尺，水泉溢出，人無所置足，勢必難成，而所費真不下數百萬矣。計惟一味引河，添設上下閘座，疏理各處泉源，隨宜因勢而爲之；雖未免重費，而視鑿通兩潮，猶爲稍省。第現河之流，不雨即涸，而白河其流亦微，遇夏秋水泛，則二河自合，而沙恒多。其膠河無沙，視現、白二河源亦稍盛，顧又在分嶺以北，不達於南。張魯河雖無源，而中有泉，亦必從東都伯之地引之，計二十餘里，然後可通。沽河水勢大而沙尤多，若於吴家口閘之下，因小派而引之，可以濟南行之水；但恐沙隨水走，河溢受淤。蓋新河原係人力所開，南北俱潮水所入之地，惟其勢不甚峻，故水泛不甚衝決。而水因潮逆，則沙雖隨水泛而流，亦因水緩而停，必須歲歲挑濬而後可。此司道諸臣所慮泉源不足者也。臣意于疏理之時，廣加尋引，而于王副使所設八閘，如陳村、楊家圈已損壞者，興而葺之，甚餘完存者添而修之，及膠河等處之口，亦添設小閘，大約共計大小十三四座。所增既密，啓閉以時，自足濟用，若猶慮水泉微小，閘不足恃，則如委官築壩之説，亦可瀦蓄不泄。諸臣乃復慮山水驟發衝激之虞，及出入河海船隻搬剥，慮患計費至此，可謂纖悉無遺矣。至於南北西海，臣備查博訪，知之頗悉。在北者無風可以篙行，南自淮安海口，由雲梯關至馬家濠，風便不過三四日之程。中有鶯遊山，可以彎避。又沿海岸一路，係行鹽地方，少加疏達而行，尤爲穩宜。

且新河南北迂迴，計二百四十餘里，俱挑深廣，爲力固難，然不計工費而爲之，則亦無不可成者。其所難者，則如諸臣之慮，所引泉源，恐或未足，歲加挑濬，其費無窮。兼之此時南北兵革未寧，而近日災傷尤異，常時工役今且暫停，此役一興，雖假以三年之從容，亦須每歲給以銀兩五十餘萬。當此財力詘乏之時，何從出辦？又況開河建閘，所費已百萬以上之財，而三四次轉剥，必須多造船隻，其費益無所出，東土窮荒，公私俱竭。此河若開，又必循會通河設官編夫體例，方可永久通行，不無愈增虧損，此則又當相時審力而治之者也。乞下工部酌其行止，得旨報罷。

萬曆三年八月，南工部尚書劉應節等爲漕渠可虞，議開新河，以永裨國計事。仰惟我朝定鼎燕京，勢極西北，一切軍國重需，悉皆仰給東南。在祖宗時，猶藉海運之利，轉輸萬里，以給邊餉。自會通河開，海運始罷，致使國家萬年之命脈，僅恃一線之咽喉。於是有識之士，謂宜別通海運一路，與漕河並行，以備意外之防，後竟留遮洋一總者，存此意也，其慮遠矣。矧今黄河不馴，漕渠多故，經理無策，至廑宵旰。萬一河流他徙，轉運不通，彼時倉皇而後爲計，不亦晚乎！近該河道都御史傅希摯有見於此，廣求運道，議開泇河，亦思患預防之意。職等愚陋無知，謬有一得，敢爲我皇上陳之。切謂海運之所以可慮者，特以有放洋之險、覆溺之危二者而已。欲去此二患，而坐收轉輸之利，惟山東膠州一河，南自淮子口入海，由齋堂島鷹遊口入淮，以抵淮、揚，賈客往來，殆無虚日。風順不過五六日之程，亦人所共知也。中間未間者，不過膠州以北、楊家圈以南，計地約有一百五六十里，其間深溝巨浸，尚居其半，應挑濬之工，不過百里。且平原疏通，無高山長壩之隔也；畚鍤易施，工費不劇，非有甚勞民傷財之患也。往時諸臣建議蓋屢及之，朝廷亦屢遣重臣往勘之矣。然累年經營，迄無成效，此其故何歟？緣勘事者未睹開河之利，過計未形之害，止據見在故河，而未暇別求便道。殆不知故河紆曲，長亘二百六十餘里，歲久積沙，闊至三十餘丈；且一水中分兩海，濬之淺則潮不通，濬之深則力難措。水至則必淤，沙高則必崩，於是有人力莫施之議。潮既不通，河復淺阻，於是有引水灌輸之議。既而潮必不通，河不可濬，求諸遠近，又無水可引，於是開河之舉因而報罷。兹事有因，非當事臣工任事之不力也。臣等之愚，以爲欲開膠河，必通潮水，必捨故河西尋便道。查得膠州南自淮子口大港頭出海，由州治而西，抵匡家莊，約四十里，俱崗溝黄土，宜用挑治。自劉家莊北抵擡頭河、張奴河，至亭口閘三十里，俱黑泥下地，水深數尺，宜用挑濬。自亭口閘歷陶家崖、陳家口、孫店口，至玉皇廟約六十里，河寬水淺宜從舊河之旁另開一渠。玉皇廟至楊家圈二十里，水勢漸深，約五六尺，宜量行疏濬。楊家圈以北，則悉通海潮，無煩工程矣。大抵此河以工力計之，宜開創者什五，挑濬者十三，量濬者什二；以地勢論之，宜挑深丈餘者什一，挑深數尺者什九。以水圭測之，高下悉有準；以錐探之，上下皆有石，似的然可開，無復可疑。矧此功一成，凡有數利也：海潮所至，劃然成渠，以後可免剥淺之費、挨幫之守、挑濬之勞，其利一也；循港而行，遇風而止，外無放洋覆溺之害，内避黄河遷徙之虞，其利三也；漕運之粟，率數鍾而致一石，海運脚費既省，則免支加耗，自宜減省，其利四也；吴、越、荆、湖諸省之粟，查照先臣丘濬所載議，一半入海，一半入漕，海既通便，可復迅速，彼或有滯，此尚可來，是兩利而俱圖之，其利五也；海舟一載千石，足載河舟所載之三，海舟率十五人，可減河舟用人之半，退軍還伍，俾國有水戰之備，可制海邊之寇，其利六也；仍查復國初濟邊事例，每年改撥數萬石，以濟遼薊軍餉，亦可省空運之費，免招買之苦，其利七也。要之以萬夫之力，興數月之工，掘地止數十里，所費僅數萬金〔一六〕，審時量力，似無甚難，亦何憚而不爲耶？竊惟膠河之設，事理甚明，若往還會勘，則築室道旁，竟成聚訟；若委用不得其人，則推艱避事，又成畫餅。合無免行覆勘，但簡命實心任事大臣一員，往督其事，一切河海運道，查照前議，并未盡事，宜悉聽便宜行事。應會議者，會同漕河撫按諸臣，計議安當而行，而任用既專，膚功可奏。若治無効，願請併治臣等之罪。又查得班軍四枝，除二枝赴邊外，尚有六千在籍操練，一枝屯住膠州，一枝屯住青州，及查即墨一營，亦爲附近。合於該營起軍數千，連前班軍，約近一萬之數，然後度地以分工，量工而論日，免其操練，專事工作。仍於月糧之外，每日給銀四五分，以佐其費而作其氣，庶衆競勸，不世之功將不日可成矣。倘蒙聖明允納，勅下該部詳議，速賜施行。得旨：「這膠萊河議節，經行勘，俱爲浮議所阻。劉應節等既的有所見，不必覆勘，就着徐栻改工部右侍郎兼都察院右僉都御史，會同山東撫按官，將開濬事宜一一計處停當，具奏來行。朝廷屢議開河，止爲通漕，與治河事務不相干涉。再有造言阻撓的，拿來重處。」

四年正月，開濬新河。工部右侍郎兼右僉都御史徐栻等議，新河二百五十八里，中間鑿山引水，築堤建閘，工必不可議省。漕河舊規，每方廣一丈、深一尺爲一方，每方二工，計工給銀四分，共該銀九十萬八千七百六十六兩八錢，費必不可不儲。得旨：「膠河在嘉靖間，該道官自行開濬，工已十之六七。當時未聞請給錢糧，多用夫役。今特竟其未成之緒，縱工費艱鉅，何至動稱百萬。據所委勘，各司道官多推艱避事，其中工程道里丈尺，大率虛估，未見詳確，顯是故設難詞，欲以沮壞成事。且就近有司官員豈無堪用者，乃委及王府長史。長史以輔導爲職，豈宜侵有司事？徐栻始議云何，今觀其所措畫，殊無誠任事之忠，户、工二部具會同原建議劉應節並工科勘議以聞。」

徐栻又言：「前題匡家莊地委高峻，難於施工，改扦黄阜嶺，道里稍近，而高處亦復不減，泉水仍不可通。惟治都泊谿船路溝一帶，原係便路。相傳謂都泊爲水所匯，船路溝爲行舟處，似有待於今日。在黄阜嶺迤北，既遠其高峻；在分水嶺迤南，又避其淤沙，地形平衍，水勢浸漫，且旁有可濟之河水，有可引之源泉。其上流爲沽、膠等河，濬之以爲血脈；其下流爲張奴等河，濬之以爲經絡。各建閘座以通其咽喉，廣開水櫃以滋其榮衛，立堤塍以障其流沙，開月河以洩其潰溢。或遇大旱水淺，仍照會通河事例，預造剝船，以備剝淺。每年春初大挑，務期通利。其海倉口等處俱有舊設倉廒，仍查復製造，以備積貯。是可以備海運之長策，稱轉輸之便途矣。」報可。

刑科給事中王道成言：「新河一事，劉應節主通海，徐栻主引泉。臣愚以爲膠州在兩海口之中，土最高厚，萬一堅石隱伏，挑濬安施？至於漕運紆長，河泉脈息，易盈易涸，閘櫃徒勞。況海船、河船，決難通用，而山東錢糧不滿二萬，即南北區處，百萬易備，使復有不足，其將再請乎？」疏入，上曰：「人臣任事最難，已令虛心議處，不當預爲難成之説以恐之。」命仍前議。

新河之工，巡撫御史商爲正力言不可開，劉應節亦請停止，部覆委應停罷。上令召應節及栻還，應節復上疏曰：「伏念臣至愚極陋，無所知識，頃以運道梗阻，輒不自量，越俎而陳膠河之議。繼因當事諸臣議處未妥，又蒙皇上任使，賫勅前往膠、萊地方，勘議河工。臣復不自量，力陳膠河可開之狀，期爲我國家永建轉輸之利。詎意衆見不同，流言蠭起，廟堂主持不定，漫然兩可，而中止焉。竊惟今之運事，自徐、邳而南，以至淮揚，溢決淤塞之患，蓋無歲無之矣。顧黄河未至遽遷，運道尚無大阻，又其時海上多瘟疫之災，國帑乏贏餘之積，新河報罷，孰曰不可？但謂河不必開，可也。若乃歸咎於河，而曰河不可開，則誣甚矣。河形俱在，衆目共睹，非微難見之物也。水土之工，即庸衆與知，非有神幻不可測度之事也。是役也，在元人已爲之建閘置壩，故蹟猶存，比因淮子口石砑森立，傷船甚多，遂以罷運。是元人之無成，其患不在開河之難，而在淮子口伏石之險也。我朝嘉靖間，海道副使王獻復舉而行之，其用工次第，不急於治河，而首務於開山，於是鑿通馬家壕，無復伏石之慮矣。乃南北引潮，舟楫畢達，中間未及通者僅三十餘里。而本官不留，以陞遷去任，是王獻之無成，非河之不可盡開，欲盡開之而無及也。臣生長膠、萊之間，偏歷河海之上，奉朝廷之簡書，藉國家之全力，目擊可爲之狀，又得任事之人，乃竟不能尋元人已試之蹟，收王獻垂成之功，徒爲此河增一不可開之案，且重杜後來任事者之心，臣等之罪大矣。夫事苟利國家，死生以之，今河是非不明，臣之心迹彌晦，輒敢不避嫌怨，冒昧再陳，惟陛下少垂察焉。謹按膠萊新河，南北海口，相照約三百里，除麻灣口以南直抵淮揚，海倉以北直抵天津，賈客往來，歲無虚日，無容別議外，其壁溝河以北，應該量挑者，約一百七十五里，深挑者約五十里，共二百二十五里。其河兩岸之土如膠，一水中流若練，下無流沙，旁無疏土，諺謂「銅幫鐵底」，殆非虚語。止有沽河積沙一段，約長五里，乘潮行舟，本自無礙。當事者以爲不然，乃議開壁溝河十三里，通接黑龍溪，正以避沽河之沙也。又有白河一道，正當分水嶺之衝，歲久積沙，約長三里，初議水之來處，叠壩建閘，足以障之。當事者又以爲不然，乃議創開船路溝七里，正以避白河之沙也。夫河之有沙，猶山之有石也，但問其爲害不爲害，可治不可治而已。今以數百里之河，經千百年之久，流沙之積才有此數，一除可盡，則亦何害於河哉？此南北全河形勢之大較也。夫地有定形，則高下有定準，然而每一丈量，則逐手高下，輒至相懸。臣督同部道諸臣約量地勢，截水爲壩，使壩壩水，水自爲平，水與海面相照。乃知由麻灣而北，以至壁溝河口，地面高于海面者，才得制尺五尺；由壁溝河以至吴家口，地高于海面者，約一丈五尺；由吴家口以至分水嶺，地高于海面者，共約二丈二尺四寸，正與王副使原丈數目相符，止多四寸。過此而至崔家口，則漸低五尺四寸；由崔家口而至趙家鋪〔一七〕，則漸低一丈五尺；由趙家鋪而至劉家鋪，則漸低二丈；由劉家鋪而至海倉口，則漸低二丈四尺四寸，又與南海平矣。此以上但對海面而言。臣等先估，謂當視海面，仍挑深五尺，使海水流通，是無問潮不潮，常有五尺之水也；再益以潮，是常有丈餘水矣。如此，則引水達閘，皆可勿問，此南北地形高下之大較也。每地一里，約三百六十步，每步折制尺五尺，共約一百八十丈。今全河應修之地二百二十五里六十六步，以深闊折算，共約四萬五百三十三丈，照依西河規格，每地方廣一丈、深一尺，爲之一工，共約五百七十五萬七千四百一十四工；每工給銀四分，共該銀二十三萬二百九十六兩有奇。此修河相沿之通例也。大約以人夫四萬爲準，每日約工四萬，計一百四十四日，約工五百七十五萬七千四百一十餘工，可以竣事。此又以深於海者言也。若乘潮放船，但以海面爲準，不必更深，可當前工之半。又或括取地方見在班軍壯快等項，可約萬餘人，每月除原有月糧工食外，量給鹽菜銀一二分，則所省又十之八九矣。此全河總會工費之大較也。夫河之爲患，惟海潮不通耳；海水既通，潮水繼之，朝夕而生，萬古不爽，非若秋水行潦盈涸無常之可慮也。

是河也，地形中高幫底既固，稍加隄防，功可經久，非若浮沙疏土，崩决無常之可慮也。由是新河既成，兩河並運，以居常言之，在新河，則南北直隷輸轉甚便，可省數月之程及一切盤剥折耗之費；其在西河，糧數既分，運事自速，亦可以免挨幫之守與積水之艱。以遇變言之，彼或有滯，此尚可來，既可以備漕河改徙之虞，亦可以防姦宄意外之患。其在東土，則商販悉通，足資貿易，荒歉有備，不致流移。以之而通運於邊方，則薊之永平、遼之廣寧等處，一水可達，亦可免招買之難、挖運之苦。此新河利害之大較也。要知今日開河之議，雖經由南海一日、北海三五日，沿涯循港，萬無一失，原非元人黑海開洋之比。是役也，係河運，非海運；係疏導，非開鑿；可用海船，亦可用河船。有裨于西河，非欲廢西河也。若兹，豈惟宦遊者不能知，即土住者亦未之盡知。况前河先係山東撫按揭報，以爲便利，臣奉命往勘，亦多用諸臣之議，中間但稍易其鑿湖引泉之謬，轉爲通潮之策。其稱海口淖沙，查無踪跡，分水嶺視之海面，亦尚高二丈餘，别無異説也。不意臣所措畫，盡成謬妄，流言飛語，傳布兩京，以致通漕大計，因而中止。夫西河之告變者屢矣，廟堂岌岌求善復之策，亦甚殷矣，萬一黄河改徙，運道艱難，即有深謀遠慮之士，出而應卒然之變，既將以今之公案，爲後之殷鑒，誰能復任天下事哉？伏乞勅下該部，將臣終議與前案並存，庶是非不淆，利害易睹，即此河今雖不開，後必有開之者矣。」

三十七年，巡漕御史顔思忠疏陳新河可開之狀。先是，議者以國家漕運專事會通一河，欲開更膠、萊以防不虞，會以人情不調報罷。思忠言：膠萊新河，南自麻灣通南海，北自海倉通北海，地之相距，計三百四十里。中間河寬水深，工力省便者，麻灣至把浪廟等處，約共百九十里；河窄水淺，及全未挑修者，把浪廟至陳村閘等處，約共百五十里。分水嶺地形頗高，尤宜深濬。約略其費，可不及十五萬，大都小沽河以灌中段，大沽河以灌陳村之南，白水以灌分水嶺，高旺山河以灌新店之北，以及中間諸河泊之水以濟助之。凡有水來，必挾沙至，黄、泇二河，豈無衝沙，焉得一一躲避？惟當倣臨清、濟寧事例，建閘設夫，時常修濬，于大、小沽河上源，修置土壩以障沙來，或建造斗門以防水漲，因勢利導，隨機曲防，在臨時酌量行之耳。

隆慶五年，河道潰決，户科宋良佐請復海運。時山東巡撫梁夢龍極言可行，謂海道多潰，猶陸地多岐；海人行海，猶陸人行陸；傍海而行，非横海而渡。今踏出海道，傍海居多，較元人殷明略踏出之道尤屬穩捷。遂以山東布政王宗沐爲總河，專司海運。至萬曆元年，以龍鬭傷船七隻議罷。海運既罷，宗沐請復遮洋總，言國初海運，歲運七十萬石，以給遼東。後會通河成，海運遂廢，然尚留遮洋一總，原有深意。至嘉靖末年，給事胡應嘉建議裁革，併入山東、江北諸總，前制盡罷。應嘉以鄉土之故，忍變成法，有識者未嘗不扼腕而歎。近因河道淤阻，當事諸臣復起新議，勞費更多。海運二年，道路稍諳，今雖議罷，宜查復遮洋一總，即改海運把總爲遮洋把總，領兑河運北糧。從之。越二年，亦罷。

崇禎十二年十月，沈廷揚奏言：從高郵城北二百七十里以達廟灣，入海七百里，達膠州之麻灣，入新河二百七十里，至海倉，遶過馬家濠，不惟避成山之險，而淮口陰山諸險皆避之。此二百七十里，皆低窪易開。由海倉入海至天津一千八十里，共二千八百里，則河漕不如海運之便。開膠、萊又不如高郵徑至麻灣入新河之尤便。下部議。

十三年七月，臨清副總兵黄胤恩上海運圖云：「海運當講者三：臣見河渠淤淺，必加挑濬，而海無之；河水旱乾，必藉湖泉，而海又無之，此難易審矣。海中之險，共畏者成山爾，山内有曲徑可通，山外更大洋可行，淮沙船直走大洋，轉列公島至登州，此夷險明矣。當日遼事初起，陸運費每石至二兩五錢，臣改海運，每石一錢七分，遼餉三百四十餘萬，計省金四百餘萬，此省費較然矣。」

又疏：「海運將淮揚重船運至膠河，輕船接至萊河，其間通濬小河，多造脚船，如通州抵壩故事，于嶺上建倉駕車，倣古河陰、洛口之運，待回空受載。自淮河抵膠，自海倉抵津，計日直達，即成山一轉，亦縮近數倍〔一八〕。每年三運四運，無不可者。」

十六年十一月十五日，考庶吉士畢，上于德政殿召對，因問：「曾櫻曾請開膠萊河，已發銀十萬兩，曾否支用？昨計臣倪元璐奏，有養魚池通漕便道，欲遣賀王盛踏看，是否可行？」蔣德璟對：「膠、萊原有馬家濠，元時所鑿，嘉靖、萬曆中皆再鑿，欲以避成山之險，然尚未通。」陳演奏：「聞尚有數里。」德璟奏：「只有十四里未通。」演奏對：「即鑿通，如沙潮一衝，恐又淤塞。」璟對：「前倪元璐奏，欲于未通處所用陸運，將漕米搬過，亦是一策。然兩邊船隻及車夫，亦費區處。」上曰：「養魚池見在何處？」璟對：「在文登縣，因賀王盛曾令文登，故知之。」上曰：「即遣賀王盛去勘來，并前户、工二部所發銀十萬兩，通查來看。」先生每擬旨行。」按膠萊新河，開之欲避成山之險耳，忽議及文登之養魚池，此賀王盛之妄。

大學士丘濬海運論

海運之法，自秦已有之〔一九〕。而唐人亦轉東吴粳稻以給幽、燕〔二〇〕，然以給邊方之用而已〔二一〕。用之以足國〔二二〕，則始於元焉。初，伯顔平宋〔二三〕，命張瑄等以宋圖籍自崇明由海道入京師。至元十九年，始建海運之策，命羅璧等造平底海船，運糧從海道抵直沽。是時猶有中灤之運，不專於海道也。二十八年，立都漕運萬户府以督歲運。至大中以江淮、江浙財賦府每歲所辦糧充運。自此以至末年〔二四〕，專仰海運矣。海運之道，其初也，自平江劉家港入海，至海門縣界開洋，月餘始抵成山。計其水程，自上海至楊村馬頭，凡一萬三千三百五十里。最後千户殷明略者又開新道，從劉家港至崇明州三沙放洋，向東行入黑水大洋，入界河。當舟行風信有時，自浙西至京師，不過旬日而已。說者謂其雖有風濤漂溺之虞，然視河漕之費，所得蓋多。故終元之世[二五]，海運不廢。

我朝洪武三十年，會通河通利，始罷海運。臣考元史食貨志論海運[二六]，有云：「民無輓輸之勞，國有蓄儲之富，以爲一代良法。」又云：「海運視河漕之費[二七]，所得蓋多。」作元史者，皆國初史臣，其人皆生長勝國時，習見海運之利，所言非無徵者[二八]。臣竊以謂自古漕運所從之道有三[二九]：曰陸、曰河、曰海。陸運以車，水運以舟，而皆資乎人力，所運有多寡，所費有繁省。河漕視陸運之費省十三四[三〇]，海運視陸運之費省十七八[三一]。蓋河漕雖免陸行[三二]，而人輓如故；海運雖有漂溺之患，而省牵率之勞，較其利害，蓋亦相當。今漕河通利，歲運充積，固無資於海運也。然善謀國者，恒於未事之先，而爲意外之慮。今國朝都幽[三三]，蓋極北之地，而財賦之入皆自東南而來。會通一河，譬則人身之咽喉也，一日食不下咽，立有死亡之禍。況自古皆是轉般，而以鹽爲傭直，今則專役軍夫長運，而加以兑支之費[三四]。歲歲常運，儲積之糧雖多，而征戍之卒日少，食固足矣，如兵之不足何？迂儒過爲遠慮[三五]，請於無事之秋，尋元人海運之故道，别通海運一路，與河漕並行。江西、湖廣、江東之粟，照舊河運，而以浙西、東瀕海一帶，由海通運，使人習知海道，一旦漕渠少有滯塞，此不來而彼來，是亦思患豫防之先計也。臣家居海隅[三六]，頗知海舟之便，舟行海洋，不畏深而畏淺，不慮風而慮礁[三七]。故製海舟者，必爲尖底，首尾必俱置柁，卒遇暴風，轉帆爲難，亟以尾爲首，縱其所如。且暴風之作，多在盛夏，今後率以正月以後開船，置長篙以料角，定盤針以取向，一如蕃舶之制。夫海運之利也，以其放洋；而其險也，亦以其放洋。今欲免放洋之害，宜豫遣習知海道者〔三八〕，起自蘇州劉家港，訪問傍海居民、捕魚漁户、煎鹽竈丁，逐一次第踏視海涯，有無行舟潢道、泊舟港汊、沙石多寡、洲渚遠近，親行試驗，委曲爲之設法。可通則通，可塞則塞，可迴避則迴避，盡圖具本，以爲傍海通運之法，萬一可行，是亦良便。若夫占視風候之説，見於沈氏筆談。每日五鼓初起，視星月明潔，四際至地，皆無雲氣，便可行舟。至於巳時則止，則不與暴風遇矣〔三九〕。中道忽見雲起，即便易柁回舟，仍泊舊處。如此，可保萬全，永無沉溺之患。萬一臣言有可采〔四〇〕，乞先行下閩、廣二藩，訪尋舊會通蕃航海之人，及行廣東鹽課提舉司歸德等場，起取慣駕海舟竈丁，令有司優給津遣〔四一〕。既至，訪詢其中知海道曲折者，以海道事宜，許以事成，加以官賞；俾其監工，照依海船式樣，造爲運船及一應合用器物，就行委官督領。其人起自蘇州，歷揚、淮、青、登等府，直抵直沽濱海去處，踏看可行與否。先成運舟十數艘，付與駕使，給以月糧，俾其沿海按視經行停泊去處，所至以山島、港汊爲幖幟〔四二〕，詢看是何州縣地方，一一紀録，造成圖册〔四三〕。縱其往來十數次，既已通習，保其決然可行無疑。然後於崑山、太倉起蓋船廠，將工部原派船料差官於此收貯，照依見式，造爲海運尖底船隻，每隻量定軍夫若干，裝載若干。大抵海舟與河舟不同，河舟畏淺故宜輕，海舟畏飄〔四四〕，故宜重。假如每艘載八百石，則爲造一千石舟，許其以二百石載私貨〔四五〕。三年之後，軍夫自載者，三十稅一；客商附載者，照依稅課常例，就於直沽立一宣課司收貯，以爲歲造船料之費。其糧既從海運，脚費比漕河爲省，其兑支之加耗，宜量爲減殺。大約海舟一載千石，則可當河舟所載之三，河舟用卒十人，海舟加五，或倍之，則漕卒亦比舊省矣。此非徒可以足國用〔四六〕，自此京城百貨駢集，而公私俱足矣。考宋朱子文集，其奏劄言：「廣東海路至浙東爲近，宜於福建、廣東沿海去處，招邀米客。」元史載：「順帝末年，山東、河南之路不通，國用不繼，至正十九年〔四七〕，議遣户部尚書貢師泰往福建，以閩鹽易糧給京師，得數十萬石，京師賴焉。」其後陳友定亦自閩中海運，進奉不絕〔四八〕。況今京師公私所用，多資南方貨物〔四九〕，而貨物之來〔五〇〕，苦於運河窄淺，舳艫擠塞，脚費倍於物直，貨物所以益貴〔五一〕，而用度爲艱。此策既行，則南貨日集於此〔五二〕，空船南回者〔五三〕，必須物實，而北貨亦日流於南矣。今日富國足用之策，莫大於此。説者若謂海道險遠，恐其損人費財，請以元史質之〔五四〕。其海運自至元二十年始，至天曆二年止，備載逐年所至之數，以見其所失，不無意也。竊恐今日河運之糧，每年所失，不止此數。況海運無剥淺之費，無挨次之守，而其支兑之加耗，每石須有所減，恐亦浮於所失之數矣。此策既行，果利多而害少。又量將江、淮、荆、湖之漕，折半入海運，除減軍卒以還隊伍，則兵食兩足；而國家亦有水戰之備，可以制服朝鮮、安南邊海之夷〔五五〕，此誠萬世之利也〔五六〕。章句末儒，偶有臆見，非敢以爲決然可行，萬無弊也〔五七〕；念此乃國家千萬年深遠之慮〔五八〕，姑述此嘗試之策，請試用之。試之而可則行，不可則止。

海道經

元至元二十年，克取江南。二十一年，起運海糧，擢用朱清、張瑄萬户之職，押運糧船三萬五十石。賜立海道萬户府、千户所、百户所，虎符、銅牌、素銀牌面，各領品職，成造船隻，大者不過一千糧，小者三百石。自劉家港開船，出揚子江，盤轉黄連沙嘴，望西北沿沙行使。潮長行船，潮落抛泊，約半月，或一月餘，始至淮口。經過膠州、海門、浮山、勞山、福島等處，沿山一路，東至延真島。望北行使，轉遇成山，望西行使，到九洋，收進界河，兩箇月餘，類抵直沽，委實水路艱難，深爲繁重。二十六年，增益糧米八十萬石。是歲正月裝糧在船，二月開洋，四月到於直沽交卸，五月回還，復運夏糧，至八月，又回本港，一歲兩運。是時船隻鮮少，人民恐懼。二十七年，朱萬户躬請長興李福回朝奉押運指引，自揚子江開洋，落潮往東北行使，出離長灘，至白水、緑水，經至黑水大洋望北，尋望延真島，使轉成山，正西行使，流入沙門島，開放萊州大洋，收進界河，遠不過一月之期，近不過半月之限，俱至直沽。以漕運利便，是歲加封朱萬户爲浙江省參政，張萬户爲浙江鹽運司都運之職。每歲專從此道駕使船赴北京，將及二十餘年。至大德七年，當蒙官司招顧兩浙上户，造船運糧，脚價一十一兩五錢，分撥春夏二運。延祐以來，各運海船大者八九千石，小者二千餘石，是以海道富盛，歲運三百六十萬石，供給京師，甚爲易便。迤南蕃海船，皆從此道貢獻，放效其路矣。

預備緩急

如遇順風使帆之時，水勢顛猛，便減帆幔，投奔港汊稍泊，不得貪程。恐風勢不止，天時昏暮，迤逕前行，不知宿泊，多有疏失，不可不知。遇順風正使帆間，忽轉打頭風，便當使回風尋港汊爲穩，勿得當洋抵睡，指望風息，恐致疏虞。如緩急猝暴風奔港灘不及之時，急搶上風，多抛鐵錨，牢繫纜纜，如重載船，則頻頻點看水倉，怕有客水侵入，隨處劄艙。如小船，則看風色如何，别尋泊處。如春夏間於港汊内泊船，須要多用壯繩，深打樁橛，不以早晚，恐有山水發洪衝突之患。

海運誌序

余往嘉靖辛亥，視學廣右，時吏事寡，暇輒取全史讀之。覩古人攻戰處，以按覆輿圖，其地里險夷遠近，如在几席間。後移官江西，羅文恭公出廣輿圖相質正，余爲刻於省中，因益知海道自淮循岸嶼，薄燕薊便甚。宋宣和間議攻遼，而諸臣不知出此，僅遣高藥師以一舟使金，往返若陸。其後元人通海運，於都燕爲得策，且悉考當時載籍，無言海中壞運舟者，意即有之，不多故不道也，藏其語二十餘年。隆慶辛未，余起家復守藩山東，會河漕告病，朝廷遣科臣按視，欲開膠萊河以避大海通運，事不就。余曰：即大海可航，何煩膠萊河也？叙其説上撫臺，以米試之，驗。語聞，會科臣疏上，遂下通運之命，而余亦叨轉督漕，身踐初議，募舟集糧。時中外尚疑駭，謂不知何若。乃行僅踰月，十二萬石悉安行抵岸，而天下臣民，始信海道之可通矣。開久廢以佐河漕，安六軍之心，銷奸萌之志。國家都燕，大海在左肱，此專利也。一百六十餘年來，群臣論著多而未果行。兹遇聖君賢相，英謨立決，而微臣沐適奉廟略，叨奔走，再闢兹途。在國輪常暫多寡，惟意所施，非宗社萬年靈長，寧遂效斯計耶？今而後，始敢布其説，取前後題請移册，及海上道里行計，類爲誌，凡二册，檄廬州守張君大忠刻之，以識大都云。時隆慶六年七月吉，欽差總督漕運兼提督軍務巡撫鳳陽等處地方都察院右副都御史臨海王宗沐書。

海運詳考

山東布政使司左布政使王宗沐呈爲海運事。近接邸報，見户科給事中李貴和有開膠河之疏，隨經工部覆題，奉有欽依，差工科左給事中胡檟親臨相度。竊計朝廷以邳河近年間多淤塞，漕舟不通，故欲爲國家慮至深遠，别通一路，以防不虞，誠大計也。該職查得膠萊河之開，始於元世祖至元十七年七月，總管姚演奏事，下丞相阿合馬與百官集議開鑿，以鈔萬錠爲傭直，仍給糧食，世祖從之。十八年九月，丞相火魯火孫又奏請免益都、淄萊、寧海三州一歲賦入，折傭直以爲開河之用。三十一年，御史臺言膠、萊海道淺澀不能行，遂廢。而所恃以漕達于京師者，惟恃阿八失所開濟州河。其後漕臣囊加解孫偉言，漕海舟疾且便，而右丞麥木丁亦言，阿八失所開河益少損多。是時漕臣忙兀解遂招集南人，運達萬石，與囊加解孫偉言合，諸臣請用軍驗試，遂移阿八失河所用水手及軍萬人，船千艘，畀揚州省教習漕運，以平灤船從利津專事海運，而濟河亦廢。夫以元人之虐用其民，其開膠萊河，史臣稱其所費不貲，而卒無成效，固不能强以全盛之力，與河争利者，此其終不可成之明驗也。夫邳河既未能猝通，而膠、萊又恐不足以濟，故以愚見莫如徑通海運。今誠得二萬金，以六千金造船六隻，以餘銀募登、萊海島居民，約船大小，每船須五十人上下。以三隻自登州而北至直沽，三隻自登州而南至淮安，每船皆給以公文，及齎帶重物，到彼處官司交投爲驗，還歸登州。凡可往返三兩轉，即係海道通行，然後通議造船派運之法，悉依元人規制，詳見後條。銀發海右守巡及海道督造募招，每船給一大牌，通書船上水手姓名；又每人給一小牌，俱書年甲籍貫，以防改替。仍每船給畫工一人，以便圖録標記停泊山崖之名。則明年之春，即可以所造之船，先赴淮安，允運止數萬石，如元人初年之例，其事之必可成。乃悉查歷代成算與較量本朝河運利害，俱逐款開載于後，職以爲有十二利焉：自古運漕，以建都爲向往，漢、唐都秦則通渭，宋都梁則通汴。我朝定鼎幽燕，地勢極北，所恃者在邳河一線之路，近又淤塞，有識寒心。今所費不多，而別通海運，兩漕並輸，國計益足，彼不來而此來，先臣丘濬固已言之。此國家至深至遠之計，一利也。漕河身狹，閘座珠聯，漕船勢必立幫以防争越，挨守日久，則百弊生而軍食費。今海運開洋，不必挨幫，二利也。查據議單，每歲漂流掛欠，不下數十萬，掛欠由人，漂流由天。然即漂流之中論之，有人船米俱在者，有人在而船米亡者，有船壞而米尚可撈於濕者，情態萬狀。報入户部，不過行勘，然有司之勒停與吏書之隱匿，有實漂流而以爲虚，至死獄中而責償不獲；有不漂流而以爲實，各分其利，而虧損在官。今海運既通，則雖有漂流而無掛欠，而漂流亦不待於勘報稽違，以悞總計，三利也。今漕河浙江、蘇、松、常、鎮、寧國、太平，共糧一百八十六萬石，每石扣過江米七升，共該費米十三萬二百石，而入淮以後，遇淺盤剥脚價之費不與焉。今海運既通，則過江米與夫盤剥之費，省者不下數十萬，四利也。漕河運軍兑米已畢，憚於空歸牽挽之勞，往往將船鑿沉而逃，每歲計費不貲。今海運無船，將不能歸，則沉船可省，五利也。宋人運船歸則帶鹽，丘濬亦有此論，其事體未敢遽議。然今各軍有行糧、有賞鈔、有安家，今誠通海運，舟大而人多，許其稍帶南貨，免其抽税，而漸減行糧諸色，每歲之省亦不可計，六利也。漕河運軍行糧，有派在水次隨支者，每每徵收不齊，其後改徵本色四五錢不等，而官給不時，守候頗艱。今通海運，則須盡給而後開幫，凡一應料價輕齎月糧等項，有司皆不容緩，料理自齊，七利也。議單浙江、江西、湖廣，隨船耗米，每石至七斗六升，其餘道里漸近，雖有遞減輕齎，然其費亦不貲矣。所以然者，爲其行日久而耗多故也。今海運乘風，勢甚汛急，則耗米亦可稍議裁節，其贏亦多，八利也。京師王畿，四方走集，近者累歲爲行户市買，民間負累，輔臣曾形章奏。今海運既通，百貨合凑，則物價稍輕，行户亦寬，自成富盛。往唐陸贄當德宗之亂，以京師米賤，奏請出糴，關中爲之價平。今國家承平，萬無此理，然以貨推米，則深計者所不廢，九利也。遼東孤懸，餉饋甚艱，往年災荒，天子爲之宵旰東顧。海運既通，則遼東緩急可餉，如洪武三十年故事，十利也。歷朝漕運，皆率顧募，而惟本朝用軍，歷朝漕運率皆轉搬，而惟本朝直達。軍無更休，而直達路遠，在途更時，牽挽疲勞，還家未煖席，而官司已點再運矣。今海運既通，則每行五鼓開船，而巳時即泊，每歲止春初入兑，而夏盡即休，疲困亦蘇，十一利也。兑運之時，軍弊百出，盗賣侵尅，甚或官軍俱逃，其有軍市而官不知，則拖欠之官，在刑部獄者，往往相比也。今海運自開洋之後，欲盗而誰與爲市？已盗而逃將焉往？十二利也。國家承平二百年矣，私憂誠不勝惓惓，頃歲久卧林下，頗考其詳。兹輒因膠、萊之議，用布始末，以仰慰廟堂不惜帑費，爲國家建長遠不拔之盛心。此係元人與國初已享之成利，猶之耕熟田也。而管見迂疏，又以爲萬萬必可成就。所有考據利害，詳悉俱載後條，伏惟鈞臺賜裁擇焉。倘可轉聞，再加酌議，見之施行，則宗社幸甚。職愚無任仰望，昧冒之至。

計開：

一、海運在先朝始末。查得海運之説，倡自唐咸通中，議而未詳。至宋神宗熙寧七年，京東路訪察鄧潤甫等言：山東沿海州郡地廣，豐歲穀賤，募人爲海運，山東之粟可轉之河朔，以助軍興。詔京東河北路轉運司相度，卒不果。其後元世祖至元十九年，伯顔思滅宋時，載圖籍由海之事，以爲海運可通，力請于朝。遂命上海總管羅璧、朱清、張瑄等，造平底海船六十艘，運糧四萬六千餘石，從海道至京師。然䑥行海洋，沿山求墺，風信失時，明年始至直沽，朝廷未知其利。是年十二月，立京畿、江淮都漕運司二，仍各置分司，以督綱運。每歲令江淮漕運司運糧至中灤，京畿漕運司自中灤運至大都。二十年，又用王積翁議，廣開新河，然新河候潮以入，船多損壞，民亦苦之。於是罷新開河，頗事海運，立萬户府二，以朱清爲中萬户，張瑄爲千户，忙兀解爲萬户府達魯花赤。二十四年，始立行泉府司，專掌海運，增置萬户府二，總爲四府。二十五年，内外分置漕運司二，其在外者，於河西務置司，領接運海道糧事。二十八年，又用朱清、張瑄之請，併四府爲都漕運萬户府二，止令清、瑄二人掌之；其屬有千户、百户等官，分爲各翼，以督歲運。至大四年，遣官至江浙，議以嘉興、松江秋糧，并江淮、江浙財賦府歲辦糧全充運，海漕之利，至是始博，而到京者已三百萬有餘矣。初海運之道，自平江劉家港入海，經揚州路通州海門縣黄連沙頭、萬里長灘開洋，沿山嶴而行，抵淮安路鹽城縣，歷西海州、海寧府、東海縣、密州、膠州界，放靈山洋，投東北，路多淺沙，行月餘，始抵成山。計其水程，自上海至楊村馬頭，凡一萬三千三百五十里。至元二十九年，朱清等言其路險惡，明年，千户殷明略又開新道，從劉家港入海，至崇明州三沙放洋，向東行，入黑冰大洋，取成山，轉西至劉家島，又至登州沙門島，於萊州大洋入界河。當舟行風信有時，自浙西至京師，不過旬日而已，視前二道爲最便云。但風濤不測，糧船漂溺者，間亦有之，然視河漕之費，則其所得蓋多矣。歷歲既久，弊日以生，水旱相仍，公私俱困，疲三省之民力，以充歲運之恒數。而押運監臨之官，與夫司出納之吏，恣爲貪黷，脚價不以時給，收支不得其平，船户貧乏，耗損益甚。兼以風濤不測，盜劫覆亡，由是歲運之數，漸不如舊。至正元年，益以河南之粟，通計江南三省所運，止得二百八十萬石。二年，又令測行省及中正院財賦總管府，撥賜諸人寺觀之糧，盡數起運，僅得二百六十萬石而已。及汝、潁倡亂，湖廣、江右，相繼陷没，而方國珍、張士誠竊據浙東、西之地，雖縻以好爵，資爲藩屏，而貢賦不供，剥民自奉。於是海運之舟，不至京師者積年矣。至十九年，朝廷遣兵部尚書伯顔帖木兒、户部尚書齊履亨徵海運于江浙，由海道至慶元，抵杭州。時達識帖睦邇爲江浙行中書省丞相，張士誠爲太尉，方國珍爲平章政事。詔命士誠輸粟，國珍具舟，達識帖睦邇總督之。既達朝廷之命，而方、張互相猜疑，士誠慮方氏載其粟而不以輸于京也，國珍恐張氏掣其舟而因乘虚以襲己也。伯顔帖木兒白于丞相，正辭以責之，巽言以諭之，乃釋二家之疑。先率海舟，俟于嘉興之瞰浦，而平江之粟展轉以達杭之石墩，又一舍而後抵瞰浦，乃載于舟。海灘淺澀，躬履艱苦，粟之載于舟者，爲石十有一萬。明年五月，始抵京。是年秋，又遣户部尚書王宗禮等至江浙。二十一年九月，又遣兵部尚書徹徹不花、侍郎韓祺往徵海運一百萬石。二十二年五月，運糧赴京，視上年之數，僅加二萬而已。九月，遣户部尚書脱脱歡察爾、兵部尚書帖木至江浙。二十三年五月，仍運糧十有三萬石入京。九月，又遣户部侍郎博羅帖木兒、監丞賽因不花往徵海運，士誠託辭以拒命，由是東南之粟給京師者，遂止於是歲。此載在元史大略也。又考元臣羅璧傳曰：璧與朱清、張瑄首部漕舟，由海洋抵楊村，不數十日，入京師。賜金虎符，進懷遠大將軍，管軍萬户，兼管海道運糧。二十四年，乃顔叛，璧復以漕舟至遼陽洋海，抵錦州小凌河，至廣寧十寨，諸軍賴以濟，加昭勇大將軍。二十五年，督漕至直沽倉，潞河決，水溢，幾及倉，璧樹栅，率所部畚土築堤捍之，陞昭毅大將軍。王艮傳曰：「艮遷海道漕運都萬户府經歷，紹興之官糧入海運者十萬石，城距海十八里，歲令有司拘民船以備短送，吏胥得並緣以虐民。及至海次，主運者又不即受，有折缺之患。艮執言曰：『運户既有官賦之直，何復爲是紛紛也？』乃責運户自載糧入運船。運船爲風所敗者，當覈實除其數。移文往返，數歲不絶〔五九〕。艮取吏牘披閲，即除其糧與鈔，運户乃免於破家。」王克敬傳曰：「克敬擢湖南道廉訪使，調海道都漕運萬户，是歲，當天曆之變，海漕舟有後至直沽者，不果輸，復漕而南還。行省欲坐罪督運者，勒其還趨直沽，克敬以爲脱其常年而往返若是〔六〇〕，信可罪；今蹈萬死，完所漕而還，豈得已哉？乃請令其計石數〔六一〕，附次年所漕舟達京師，省臣從之。」黄師泰傳曰：「師泰江浙行省參知政事，二十年，朝廷除户部尚書，俾分部閩中，以閩鹽易糧，由海道轉運給京師，凡爲糧數十萬石，朝廷賴焉。」張思明傳曰：「初立海道運糧萬户府于江浙，受除者憚涉險不行，思明請陞等以優之，因著爲令。」又查得宋史開載：「建隆中，女真嘗自其國之蘇州〔六二〕，泛海之登州賣馬，故道猶存。至重和元年，漢人高藥師者泛海來，言女真建國〔六三〕，屢破遼師，登州守臣王師中以聞，詔蔡京、童貫共議，遂使武義大夫馬政同藥師由海道如金。金主與粘没喝議，遣渤海人李善慶、女真散覩〔六四〕，持國書并此珠、生金等物，同馬政來修好。詔蔡京等諭以夾攻遼之意〔六五〕，善慶等唯唯。居十餘日，遣政同趙有開齎詔及禮物，與善慶等渡海報聘，行至登州，有開死。會諜者言遼已封金主爲帝，乃詔政勿行，止遣平海軍校呼慶送善慶等歸金〔六六〕。」惟元人開國幽燕，享海運之利已幾百年，其全盛之時，固無庸論；及至正之末，天下分崩，猶能使張士誠運給數年。若夫宋之趙有開、馬政，又以孤舟鑿空開道，由海往來報命，則海道之可通，又不待元而始可信矣。

一、海運在本朝始末。查得我朝洪武三十年，海運糧七十萬石，給遼東軍餉。永樂五年，禮部會官議北京合用軍餉，本處税糧子粒并黄河漕運，未能周急，必藉海運，然後足用。即目海船數少，每歲運不過五六十萬石，且未設衙門專領，事不歸一，莫若於蘇州太倉城内，專設海道都漕運使司堂上官，於文武中擇公勤廉幹者以充，行移與布政司同。各處衛所見有海船，并出海官軍俱屬提調，以時點檢，如法整治。奉太宗文皇帝聖旨：「運糧的事，再議了來説。」至九年，以濟寧州同知潘叔正言，命工部尚書宋禮、都督周長等，發山東丁夫十六萬五千，濬元會通河自濟寧至臨清三百八十五里，於是漕舟始達通州。十年，禮以海船造辦太迫，議造淺船五百艘，由會通河運淮、揚、徐、兖等處歲糧一百萬石，以補海運一年之數。十二年，平江伯陳瑄等始議原坐太倉歲糧，蘇州并山東兖州送濟寧倉，河南、山東送臨清倉，各交收。浙江并直隸衛分官軍，於淮安運至徐州；京衛官軍，於徐州運至德州，各立倉廒收囤。山東、河南官軍，於德州接運至通州交收。名爲支運，一年四次。十三年，增造淺船三千餘艘，海運始罷。遮洋船每歲于河南、山東小灘等水次，兑運糧三十萬石，内六萬石于天津等衛倉收；二十四萬石，内十四萬石，連耗折銀六錢，俱從直沽入海，轉運薊州倉收。其後巡撫侍郎周忱言：「裏河民運，多失農月，請如永樂初令，民運於淮安、瓜洲，補給脚價兑與軍，軍民兩益，衛所出給通關付繳。」從之。宣德八年，參將吴亮言：「江西、浙江、湖廣；江西船，各回附近水次領兑；南京江北船，於瓜淮領兑〔六七〕；其淮、徐、臨、德諸倉，仍支運十分之四；浙江、蘇、松等船，各本司府地方領兑不盡者，仍於瓜、淮交兑；其北邊一帶，如河南彰德府於小灘，山東濟南州縣於濟寧，其餘水次倣此。」成化七年，都御史滕昭議罷瓜、淮兑運，裏河官軍雇江船，於江南水次交兑。民加過江之費，視遠近爲差。十年，議淮、徐、臨、德四倉，支運糧七十萬石，改就水次，兑與軍船，名爲改兑。每年議派多準其數，然不爲常例。又查得平江伯陳瑄傳載：永樂初，充總兵，帥舟師海運，歲米百萬石，餉京師、遼東。請建百萬倉于直沽尹兒灣，城天津衛，籍兵萬人戍守。舟經海島，下令交市，人不敢譁，兩便之。江陰侯吴禎傳載：戍定遼時，總舟師數萬，由登州轉餉，海道險遠，禎善調度，兵食充足。未幾，召還，自此遂罷海運。然山東登州衛海船猶設一百隻。正統十三年減免，止存十八隻，歲撥五隻，裝運青、登、萊三府布花鈔錠一十二萬餘斤至遼東，餘泊海濱以備海寇。弘治十六年，又減四隻，其十四隻分派湖廣、江西各四隻，就彼成造；浙江、福建各三隻，每隻解銀五千兩，赴部買料成造。正德四年題革，各布政司每三年徵價解部，三府布花準收折色。正德五年，仍舊打造。嘉靖三年，本部議得海船之設，本爲裝運布花，防禦海寇，今布花已收折色，若資此以爲戰艦，恐遇風則奔馳莫止，臨陣則重大難旋，題請停罷。夫登州船至嘉靖三年而始革，遮洋船至嘉靖四十五年而始廢，今漕河淺船，亦自海運四百料鑽風船改造，則海運雖罷不行，而其餘規尚有考。故職以爲譬耕熟田者，誠以二祖之神謨，不可終廢也。

一、漕運既久，勢必變通。查得開國定都，必通漕運，運法既久，勢須變通。故歷代漕法，因時改張，漢人尚矣。唐都關中，江淮漕租米至東都，陸運至陝而水行。至開元十八年，裴耀卿始一變而爲轉搬，自江淮漕者，皆輸河陰倉；自河陰倉西至太原倉，謂之北運。韋堅二變，追漢、隋運渠，起關門，抵長安，通山東租賦，乃絶灞、滻，並渭而東，至永豐倉，與渭合。劉晏三變，由潤州陸運，由揚州簿送至河陰。李泌四變爲入渭，船方五板，輸東渭橋，遂罷南路陸運。牛仙客五變爲和糴，而其後遂終唐世。宋人都大梁，初開四河以漕，而汴爲重。開寳八年，一變而爲綱運。嘉祐三年，二變而爲造船補卒團本路綱。熙寧二年，薛向三變而爲募客舟，與官舟分運。元豐五年，陳佑甫四變而爲汴河量綱。崇寧三年，曾孝廣五變而爲直達綱，而亦終宋之世。我朝初仰海運，永樂十一年，始爲海陸兼運，繼而爲支運，爲兑運，爲改兑。即今不惟運之在官軍者弊端百出，耗折數多，而河之漸南徙者，決壅不常，梗塞爲病。酌時事之急，以求必濟之經，舍海運則安所求哉？通計河、海二運，俱不能無利害。然聖人立法，不能使天下之純有利而無害，惟酌其多寡之分而決其權，使不可窮而已。河運之利，在腹裏無盜賊之警，在安流無風濤之險。然近年風水之漂流，官軍之侵盗，歲亦不下十餘萬，在户部不過扣羨餘起存各項，以補足四百萬之額。然直達之曠日持久，則軍無寧歲，洪河之轉徙無定，則期限難必。而況侵盗而逃，利歸刁奸之手；攤派及衆，償出在運之人。是以官軍交病，歲漸凋瘵。以職前所述十二利者詳籌度之，則利在海行爲多，而其所患者，不過風濤之漂没而已。行之既久，灣泊得地，占風順時，則可以保自完歸。而每年早定兑期，必開洋於首春之候，則又不待規避，而猛惡之風濤，亦不相逮矣。且又計之，今運河之梗，見儲於邳州之下者，已三十餘萬，而停之二年，即使海、河二運利害相當，猶當詢求以紓南顧之憂，而又況其利害相十五也。伏惟籌國者幸加意焉。

一、初尋海道之議。查得海運不行，已近二百年，固未敢遽造舟載糧而長往也。自閩、浙而至蘇、松，自蘇、松而至淮安，自淮安而至登州，其間雖未直達，而本界往來，固未嘗乏絶，特自登州而至直沽則已絶。北海途遥而利寡，民或未之常經爾。即今春半，則自登州發舟，尚可南北分行，北盡直沽，南盡淮安，即如前募人造舟，可以尋導而驗試之。稍涉夏初，則但可北行，而南向之舟不可發，勢須自淮安發舟，尋道至登州。今登、膠之間，往往有淮貨，則民間小舟未嘗不通，故識謂募人初試，僅二萬金而足者此也。如募人而自有舟，則兼給以其舟之直，齎持百給皆應優厚，但欲使人樂於應募而通行。凡中道礁梗之處、停泊之島，悉加標記。往來三數次，則即可載糧，以試舟爲引導可也。以試舟之水手，分布糧船，亦可也。又行之二年，則人益習其險，而糧舟因可雲集，故元初止四萬，而其後乃至三百萬餘。我朝一統，而南運爲富，即今揚州以及江西、湖廣，皆仍舊由儀真入河，而但以浙江、蘇、松、常、鎮、寧國、太平，自海運出，則固已一百八十六萬矣。自此進退損益，惟吾所欲，而尚何難之有哉？初造試海船，人與費皆不多，無庸設專官及估費，故不悉道。

一、海道既通，造船通運之議。查得海道前已試驗通行，因可造船開運。但山東登州頗據海道之中，北入直沽，而南至淮安，約量適均，但登州無木，舟但可以小試，而不可以供載糧；登州人寡，募但可以初試，而不可以足漕數。則須於江淮間更造船隻，而別選水手，此其所當議者一也。元初水道稱劉家港，在今嘉定縣，元末貢師泰則出福寧州。我朝永樂間，則漕粟皆頓太倉州，見今河漕則淮安爲聚集，擬通海運，則須定起幫之地，此其所當議者二也。漕舟既通，南貨漸富，則盜賊出没，勢不能無，故元有仙鶴哨船，而國初環海列有備倭屯戍徼巡之官兵，所必修復，此其所當議者三也。運船帶鹽，始自宋人，其後丘濬亦有此議，然於鹽法不無稍礙。而運軍航海冒險，非有以稍酧之，又無以使之鼓舞而盡其力，非鹽則貨，此其所當議者四也。河運用軍，則各衛自有官統押，故可但以都御史糾繩之而已。若海運風濤，官非久習，則輒眩吐不支，故元人設專官爲都轉運司，秩正三品，而朱清、張瑄，但加職而不易職，此其所當議者五也。海行習險，必海旁之人，故元人雇募水手，移置揚州，尤須教習，而丘濬亦云須募閩、廣之人，募則有費，抑移河運之軍糧以充募乎，抑寧教習水軍乎？此其所當議者六也。河運以近多淤塞，故求海運，而元人亦以江南諸郡糧充運額。如必以淤塞爲慮也，則湖廣、江西、淮、揚、真、慶，皆在黄河之南，以及自糧船禄米倉府部等衙門糧米，將并歸海運乎？此其所當議者七也。江南海運，粟輸太倉開洋，此永樂間故事，計亦以避丹陽、奔牛一帶淺澀也。并歸淮安出海，則船廠總運，皆聚於一處，若江南仍自劉家港太倉啓行，則廠、官勢必分建，此其所當議者八也。海運糧船，至直沽交卸，元人於此置廣通倉，停頓轉搬，各有經費，擬今河運議單桃花淺以此事體，或官另設船，或雇民經紀，其所當議者九也。元人分滎陽等綱爲三十，每綱皆設押綱官二員，每船三十隻爲一綱，船九百餘隻，運糧三百餘萬石，船户八千餘户，綱官以常選正八品爲之，此元人全額也。今截淮北之糧，歸於河運，則船之大小，與户之多寡，差有節裁，此其所當議者十也。自十事之外，有未詳者，俟通行議事當新建，則百議俱出，規條紛拏，必當究盡利害，始可以久。夫海運之利，較著如此，而久不運之日，博采群策，以成畫一，固不得憚於更張而坐失大計也。户部總司天下之大計，而必得在外任事之及者，夫豈狃於河運之安行，且憚於更張之煩費哉？戒首事之端，則言臣。淮漕雖據運道之中樞，而未悉登州以北之路，談風濤之險，則聽者易容；戒首事之端，則言者啫舌。然不知久而狎之，自當益習，此趙充國所以云屯田久住，從枕席上過師也。不然，元人立國，固亦有六宫百司之餉給，而自至元以迄至正，享其利已幾百年。而雖二祖之冠絶百代，猶不能棄其成功而據其見利，故職謂欲切時務而慮深遠，以爲足國之資，計無便於此者矣。

海運里程

第一程：自淮安府開船，至八套口，共計三百餘里，係河道，可爲一程。

第二程：自八套口開船，至鶯遊山，共約二百四十里，用東南風，一日可到，爲一大程。如風不便，九十里可投五丈河，又西北一百餘里，可投狹口灣泊，容船五百餘隻。

第三程：自鶯遊山起，東北遠望琅琊山，前投齋堂島灣泊，約四百里，用西南順風，一日可到，爲一大程。島西面泥灘二里，可容船百餘隻，如船多，島東北三十里有龍灣口，可泊船二百餘隻。中間所過水面，東北濤落口，約一百九十里，可容船十餘隻；又東至夾倉口二十里，可容船二十隻，迴避望海石；又東至石臼海口三十里，可容船六七隻，迴避石臼攔、胡家攔，曲伏桃花攔；又東至龍王口四十里，可容船三十隻，迴避黄石攔；又東至龍潭二十里，可容船百餘隻，迴避木瓜島；又東至二十餘里，迴避胡家山。以上堪灣泊海口五處，應迴避七處，俱用西南風，迴避西北、東北、正北風。其餘滴水口、沙灣口二處，係西南徑過避路，如遇緊急，亦可灣泊。

第四程：自齋堂島等處開船，正東由膠州靈山島，東北望遠勞山，前投福島灣泊，共約二百餘里，用西南順風，半日可到，爲一大程。此島方圓二十里，西南有泥灘二里半，可灣船六七十隻；如船多，島迤西五十里董家灣闊大堪，灣船三百餘隻。中間所過水面，東四十里回古鎮海口，可容船三百餘隻，迴避梅子嘴；又東至靈山島五十里，島西南嘴可容船二十隻，迴避東北、正東風；島東北鼓樓圈，容船十餘隻，迴避正北、西北風，此處雖可容船，不宜久住；又東北至唐島六十里，可灣船二百餘隻，避東北、正北風，迴避露明石；又東至小青島五十里，可容船三十隻，避正北、東北風；又至董家灣六十里，迴避捉馬嘴。以上堪灣泊海口五處，應迴避三處，俱用西南風，避西北、正北、東北風。

第五程：自福島開船，東二里迴避老君石，遠望田横島，約一百五十里，用西南順風，爲一大程，半日可到。此島方圓三十里，可灣船二百餘隻；如船多，島東北十里有闊落灣，容船二百餘隻。中間所過水面，東北由小管島六十里，可容船二十隻；又東由大管島十里，可容船十餘隻；又東至田横島七十里。以上堪灣泊二處，迴避一處，餘有淮口港，可容船十餘隻，係背路，遇緊急亦可灣泊。

第六程：自田横島，由青黄島遠望槎山，前投玄真島灣泊，共約四百餘里，用西南順風，一日可到，爲一大程。島東西長五里，遇北風，灣南面，遇東風，灣北圈，可容船百餘隻。東北岸下水底三孤石，傍多隱石，該迴避；遇船多，島迤西五里朱家圈，可容船百餘隻；又西五里宋家圈，與草島前，可容船五六十隻。中間所過水面，東十二里闊洛灣，容船二百餘隻；又東至楊家溝港三十里，可容船三十餘隻；又東至十里，迴避劉家嶺；又東至草島嘴三十里，可容船五六十隻；又東至青島三十里西圈，可容船十餘隻；又東至黄島三十里西南灘，可容船十餘隻；又東北至宫家島三十里，可容船三四十隻；又東徑過蘇島，直至玄真島、朱家等圈一百五十里，迴避朱家圈、西柳蒲，與沙嘴、玄真島西嘴，與島東岸三孤石。以上灣泊六處，迴避五處。其餘行村寨、馬公島與何家馬頭、乳山寨、上港口，及靖海衛北張濛島，皆是背路去處。如遇緊急，亦可灣泊，迴避靖海排义石裏島、娘娘廟嘴。

第七程：自玄真島開船，稍放洋行，東轉杵島嘴，北過城山頭，西北望威海山，前投劉公島灣泊，二百四十餘里，用南風爲順風，一日可到，爲一大程。容船六七十隻；如船多，島迤西十里威海東門口教場頭塢口，可容船三四百隻。中間所過水面，東至鏌鋣島西頭季家圈三十餘里，可容船二三十隻，避東北、東南風；南三里，迴避礬石；又東三里鹿島，可容船一二十隻，避北風與東風；又東七八里，迴避凹屋港；又東十五里，迴避墨石島；又北十餘里，迴避楊家墳；又北二里，迴避餓狼鴟石；又西北四十餘里養魚池，可容船二百餘隻，避東風與東北風；又東北二十餘里黄埠嘴，可容船一百餘隻，避東北與北風；又東南一里，迴避成山頭；又東七八里，迴避殿東頭。此二處稍險，須放洋遠避。過此轉西三十餘里，駱駝口圈裏東岸下，可容船七八十隻，避東北風；又西三里李叢嘴，可容船二三十隻，避西北風；又西十五里柳介海口，可容船五六十隻，避西北、東北風；又西七八里，迴避青鷄島與鷄鳴島相聯水底礁石；又西直至劉公島一百里，迴避島東南礁石嘴；又西六七里黄泥崖，可容船二三十隻；又西六七里沙嘴兒，可容船二三十隻，俱避東北、正北風；又西二里小黄島裏口，可容船三十隻，避四面風；又西十里衛東門口、教場頭塢口，灣船四百隻，避西北風。以上灣泊十處，迴避十處。其餘寧津所西北崮山海口、尋山所西南青魚灘、家鷄汪，皆是背路去處，如遇緊急，亦可灣泊。

第八程：自劉公島開船，西北十餘里，迴避王家嘴；又西十餘里，迴避靖子嘴；又西十餘里，迴避小杵島、遶遶嘴，西南遠望芝罘島灣泊，共約二百餘里，爲一大程，用東風、東北風爲順風，半日可到。島東西長二十里，東頭迴避勝子嘴圈，又西大口、婆婆口，可容船一百餘隻，避北風、西北風；又西三里，迴避宅窠；如船多，島迤東三十餘里崆峒島前，可容船二三十隻，迴避東南沙港；又北三里夾島，可容船六七十隻，避北風。中間所過水面，迤西一百四十里，養馬島東柄上老鴉港，可容船三四十隻，避西北風；又島西頭迴避煉石嘴；又轉島裏龍王廟前，可容船二三百隻，避西北、東北、正北風；又西北五十里，係崆峒島；又西三十里，係芝罘島。以上灣泊四處，迴避六處。

第九程：自芝罘島開船，西六十里，過龍洞，直西遠望長山島，西投沙門島灣泊，共約一百八十里，爲一大程，用東南風，一日可到。島東南汪周圍一二三里，可容船一百餘隻，避西北、東北、正北風；如船多，島迤東南六十里新河海口，可容船五六十隻，口外不宜住船，口裏避四面風。中間所過水面，西六十里八角嘴，可容船六七十隻，避西北、正北風；又西五里，迴避龍洞嘴；又西五十里，迴避四石；又一二里，入劉家汪海口可容船一百餘隻，避四面風；又西二十里，迴避灣子口東北沙港；又西二十里，迴避抹直口金嘴礁石；又西三里入新河海口，迴避觀音嘴石；西北四十里，迴避長山島東南嘴沙港；又西十里，係沙門島。以上灣泊三處，迴避六處。

第十程：自沙門島開船，西南遠望三山島，約二百餘里，計爲一大程，用東風爲順風，半日可到。島南面黑港，可容船三四十隻，避北風。中間所過水面，南三十里，迴避大石欄；又西六十里桑島前面，可容船五六十隻，避東北、西北、正北風，迴避島東北二處礁石；又西四十里峼屺島，迴避島東、西、北三處礁石，島南宋港，可容船四五十隻；又西四十五里，迴避羊欄礁石；又西十五里係三山島。以上灣泊二處，迴避四處。

第十一程：自三山島開船，過芙蓉島，直西投大青河口灣泊，共約四百餘里，計爲一大程，用東風與東北風爲順風，一日可到。可容船五百餘隻，避北風與東北風。中間所過水面，西五十餘里芙蓉島，迴避東沙港，轉西南面，可容船四五十隻，避東北風；又西五十餘里，迴避虎頭崖與東北碎石；又西五十餘里，迴避海倉口椿木鬧石；又西一百一十里，係洱河口，河口外有沙嶺，船難進泊；又西四十餘里，係小清河，船難進泊。以上灣泊二處，迴避三處，還有三處小河口，俱不堪灣泊。

第十二程：自大清河開船，投大溝河，約一百六十里，用西南風，一日可到，爲一大程。可容船一百餘隻；如風不便，六十里投降河，可容船二百餘隻；又至大沙河三十里，可容船一百五十隻，靠北岸有沙崗，迴避。以上灣泊三處，迴避一處。

第十三程：自大溝河開船，投大沽河灣泊，約二百餘里，可容船二百餘隻；如風不便，七十里投乞溝河灣泊，可容船一百餘隻，俱無迴避。其桑句河窄小，不堪灣泊。

自淮安府起，至張家灣止，海道水程共計三千四百五十里。

欽差整飭登州海防、總理海運兼管登萊兵巡屯田道山東等處提刑按察司副使陶朗先爲海運事。照得海運初行，廟議止令三犋牛交卸，本道以三犋牛陸路抵遼陽七百餘里，脚費尚多，且一路山徑崎嶇，恐不能急達，因查出由登、萊直抵蓋州套一途，在水運者，未免獨任其勞；而由蓋套至遼陽，止二百七十里，陸運者實大省其費。業已查完海內運道全圖，刊布員役，不拘南、北直隸、山東、遼東，凡可通舟檝之處，一一載入圖中，不啻詳矣。但前圖合海內而言，則於山東不能獨詳，故止及路徑，而不及各屬上載海口、搬運里數也。今東省糧數，加至六十萬石，而沿海州縣皆屬凋罷，甚至新派承運者且目眩心駭，而未知所措，動稱離海窵遠，轉輸不便。押運員役，因而任意躭延，衆口一詞，惟不運之爲快。殆未知水陸路程，非漫無稽查之物，遼左一區，亦非星河天漢必不可到之鄉也。今本道通將濟、青、登、萊四府運糧州縣各上糧海口、及運行里數，逐一考鏡編輯，併海路盡圖及風候口號，彙爲全書，刊發州縣，暨運官運役，令其省覽遵行。其淮安截漕由海入山東界者，自鶯遊山以西皆屬通衢，本道於鶯遊山以東接引入遼；天津截漕由海入山東界者，大沽河以北皆屬通衢，本道於大沽河以南接引入遼，俱另設員役，撥給嚮道，其程圖亦即具此册中矣。須至册者。

計開：

濟南府運糧州縣

齊河縣　東門外大清河上載　至洛口四十里，至濟陽縣八十里，至齊東縣八十里，至蒲臺縣一百五十里，至利津縣五十里，至牡蠣嘴一百二十里，至大海口十五里，至絲汪口七十里，至汪河口七十里，至米河口三十里，至魚兒鋪淮河口八十里，至海倉四十里，至芙蓉島一百二十里，至三山島八十里，至峿𡾰島一百二十里，至桑島八十里，至廟島七十里，至鼉磯島一百七十里，至羊砣島二百五十里，至皇城島一百里，至鐵山六百五十里，至西北老猫圈五十里，至牧羊城一百里，至羊頭凹八十里，至雙島六十里，至猪島一百五十里，至中島二百五十里，至北信口一百八十里，至蓋州套三百二十里。

歷城縣　正北陸路十八里洛口上載，至濟陽縣八十里。前進與齊河縣同路。

濟陽縣　東門外大清河上載，至齊東縣一百五十里。前進與齊河縣同路。

齊東縣　北門外大清河上載，至蒲臺縣一百五十里。前進與齊河縣同路。

青城縣　正北陸路二十里大清河上載，至蒲臺縣一百里。前進與齊河縣同路。

武定州　正南陸路六十里大清河上載，至蒲臺縣七十里。前進與齊河縣同路。

陽信縣　正南陸路一百二十里大清河上載，至蒲臺縣七十里。前進與齊河縣同路。

章丘縣　西北陸路六十里至濟陽縣上載，至齊東縣八十里。前進與齊河縣同路。

濱州　正南陸路二十五里大清河上載，至利津縣五十里。前進與齊河縣同路。

蒲臺縣　北門外大清河上載，至利津縣五十里。前進與齊河縣同路。

利津縣　東門外大清河上載，至牡礪嘴一百二十里。前進與齊河縣同路。

海豐縣　東北陸路八十里大沽河上載，至絳河一百二十里，至牡礪嘴七十里。前進與齊河縣同路。

霑化縣　東北陸路九十里九山河上載，至絳河十五里，至牡礪嘴七十里。前進與齊河縣同路。

青州府運糧州縣

高苑縣　西北陸路五十里大清河上載，至牡礪嘴一百八十里。前進與齊河縣同路。

博興縣　東北陸路六十里三岔鎮上載，至牡礪嘴一百五十里。前進與齊河縣同路。

樂安縣　西北陸路一百里至蒲臺縣上載。前進與齊河縣同路。

壽光縣　東北陸路八十里米河口上載。前進與齊河縣同路。

臨淄縣　西北陸路一百二十里至蒲臺縣上載。前進與齊河縣同路。

益都縣　西北陸路一百八十里至蒲臺縣上載。前進與齊河縣同路。

臨朐縣　西北陸路二百里至蒲臺縣上載。前進與齊河縣同路。

昌樂縣　正東陸路一百三十里魚兒舖淮河口上載。前進與齊河縣同路。

安丘縣　東北陸路一百五十里魚兒舖淮河口上載。前進與齊河縣同路。

日照縣　西南陸路四十里淘洛口上載，東南陸路二十里夾倉口上載。至宋家口五十里，至齋堂島二百里，至塘島一百里，至青島九十里，至符島四十里，至管島六十里，至田橫島八十里，至蒲島一百四十里，至黃島三十里，至坑島四十里，至瓮島六十里，至靖海衛張家口四十里，至馬頭嘴四十里，至嘉鷄汪一百二十里，至倭島二十里，至養魚池六十里，至成山嘴六十里，至招羊口四十里，至鷄鳴島四十里，至劉公島六十里，至養馬島一百六十里，至芝罘島四十里，至八角口八十里，至廟島一百里。前進與齊河縣同路。

諸城縣　東南陸路一百二十里董家口上載，正東陸路一百四十里夏河城上載，至齋堂島二十里。前進與日照縣同路。

莒州　正南陸路一百六十里夾倉口上載。前進與日照縣同路。

沂水縣　東南陸路二百里夾倉口上載。前進與日照縣同路。

蒙陰縣　東南陸路一百四十里至沂水縣轉運夾倉口陸路二百里上載。前進與日照縣同路。

萊州府運糧州縣

濰縣　正東陸路一百二十里魚兒舖淮河口上載。前進與齊河縣同路。

昌邑縣　正東陸路六十里魚兒舖淮河口上載。前進與齊河縣同路。

平度州　正北陸路一百二十里海倉口上載。前進與齊河縣同路。

掖縣　西北陸路五十里新河口上載，東北陸路八十里三山海口上載。前進與齊河縣同路。

膠州　東門外陸路三里淮子口上載，東南陸路六十里女姑口上載，至青島九十里。前進與日照縣同路。

即墨縣　西南陸路五十里女姑口上載，正南陸路九十里董家灣上載，正東陸路六十里金家口上載，至蒲島一百五十里。前進與日照縣同路。

高密縣　東南陸路二百里淮子口上載，至青島八十里。前進與日照縣同路。

登州府運糧州縣

招遠縣　正北陸路一百里㟐嶬島上載。前進與齊河縣同路。

黄縣　東北陸路二十里黄河口上載，至廟島六十里。前進與齊河縣同路。

蓬萊縣　正北天橋口上載，至廟島六十里。前進與齊河縣同路。

棲霞縣　西北陸路一百五十里至天橋口上載，東北陸路一百二十里八角口上載。前進與日照縣同路。

福山縣　西北陸路四十里八角口上載，至廟島一百里。前進與日照縣同路。

寧海州　正北陸路十里養馬島上載，西北陸路二十里龍門港上載，至芝罘島四十里。前進與日照縣同路。西南陸路一百三十里乳山寨上載，東南陸路一百三十里郎郎口上載，至馬頭嘴七十里。前進與日照縣同路。

文登縣　正南陸路五十里望海口上載，西南陸路八十里長灣口上載，東南陸路一百二十里馬頭嘴上載，正東陸路一百里倭島上載。前進與日照縣同路。

萊陽縣　正南陸路一百一十里金家口上載，東南陸路一百里行村寨上載，至黄島一百里。

前進與日照縣同路。

一附潮汐

潮汐乃天地呼吸之氣，即運艘趨避之關，舟人泛洋，不可不察。以南海而言，每月二十七日潮生，漸長至初一日寅時大潮，辰時潮退。大潮自初一、初二、初三、初四日漸消，至初五日潮落。小信潮至十三日、十四日潮生，子時潮滿，丑時潮退。十六日、十七日、十八日大潮，十九日漸消，二十日小信潮，午時滿，未時退。每月如此，東海亦然。以北海而言，與二海稍異。每月十三日大潮，漸長至十七日午時潮滿，申時退。二十日退潮，至二十七日爲小潮，二更潮滿，寅時退。至二十八日又漸長爲大潮，至初一日、初二日午時長滿，未時退，初三日漸退。初四、十二日退爲小潮，二更潮滿，寅時退。週而復始，每月如此。

一附占候

八卦定八門，八門用九星得三奇。

八門訣曰：「甲戌、壬子居坎，丁辛、乙卯坤傳。戊庚甲馬震相連，丁癸辛鷄巽伴。丙庚鼠行乾位，己癸卯至西邊。丙壬騎馬去遊山，乙巳鷄飛離面。」九星訣曰：「甲子回頭起艮，甲戌飛入離宫。猿猴走入水晶宫，甲午坤中不動。曾見龍興震地，更看虎嘯生風。九星各自顯奇功，主曜臨之發用。」

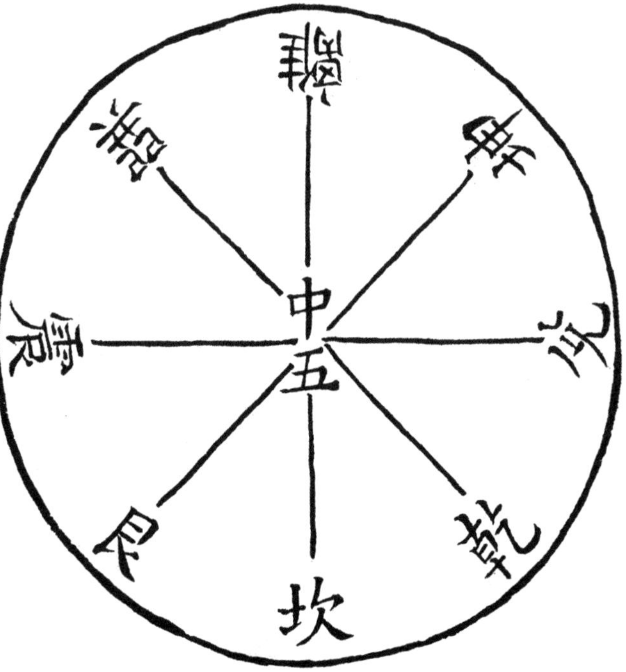
離
坤
巽
中
五
震
兌
艮
坎
乾

一宮休門居坎水，八宮生門居艮土，三宮傷門居震木，四宮杜門居巽木，九宮景門居離火，二宮死門居坤土，七宮驚門居兑金，六宮開門居乾金。以上八門屬五行解。坎宮天蓬水，艮宮天任土，震宮天衝木，巽宮天輔水，離宮天英火，坤宮天内土，兑宮天柱金，乾宮天心金，中宮天禽土。以上九星屬五行解。冬至起，陽遁九局用事；夏至起，陰遁九局用事。遁時法語所謂「甲巳還加甲，乙庚丙作初。丙辛生戊子，丁壬庚子俱。戊癸推壬子，遁時從子數」是也。以年月節候照此法推之以定吉凶，百不失一。

凡孤虛之鄉及日時俱忌之：

年孤虛：甲子旬中，孤在戌亥乾，虛在辰巳巽。甲戌旬中，孤在申酉兑，虛在寅卯震。甲申旬中，孤在午未離，虛在子丑坎。甲午旬中，孤在辰巳巽，虛在戌亥乾。甲辰旬中，孤在寅卯震，虛在申酉兑。甲寅旬中，孤在子丑坎，虛在午未離。

月孤虛：正月，孤在艮，虛在離。二月，孤在艮，虛在坤。三月，孤在震，虛在兑。四月，孤在巽，虛在乾。五月，孤在巽，虛在乾。六月，孤在離，虛在坎。七月，孤在坤，虛在艮。八月，孤在坤，虛在艮。九月，孤在兑，虛在震。十月，孤在乾，虛在巽。十一月，孤在乾，虛在巽。十二月，孤在坎，虛在離。

日孤虛：子日，孤在亥，虛在辰。丑日，孤在子，虛在午。寅日，孤在丑，虛在未。卯日，孤在寅，虛在未。辰日，孤在卯，虛在酉。巳日，孤在辰，虛在戌。午日，孤在巳，虛在戌。未日，孤在午，虛在子。申日，孤在未，虛在寅。酉日，孤在申，虛在寅。戌日，孤在酉，虛在卯。亥日，孤在戌，虛在辰。

時孤虛：與日同。

東方朔占：子日東風，卯日雨；丑日東風，辰日雨；寅日東風，巳日雨；卯日東風，午日雨；辰日東風，未日雨；巳日東風，申日雨；午日東風，即日雨；未日東風，申日雨；申日東風，子日雨；酉日東風，丑日雨；戌日東風，寅日雨；亥日東風，辰日雨。又曰：甲子日雨，丙寅日止；乙丑日雨，丁卯日止；丙寅、丁卯日雨，即日止；戊辰日雨，夜半止；己巳日雨，立止；庚午日雨，辛未日止；辛未日雨，戌時止；壬申日雨，即日止；癸酉日雨，甲戌日止；甲戌日雨，即時止；乙亥、丙子日雨，即日止；丁丑日雨，至夕止；戊寅、己卯、庚辰日雨，即時止；辛巳日雨，壬午、癸未日止；壬午日雨，即止；癸未日雨，甲申日止；甲申日雨，即止；乙酉日雨，丙戌日止；丙戌日雨，夕止；丁亥日雨，即時止；戊子日雨，庚寅日止；己丑日雨，壬辰日止；庚寅日雨，即時止；辛卯日雨，癸巳日止；壬辰日雨，辛丑日止；癸巳、甲午日雨，夕止；乙未日雨，丁酉日止；丙申日雨，夕止；丁酉日雨，己亥日止；戊戌日雨，辛丑日止；己亥日雨，即時止；庚子日雨，壬寅日止；辛丑日雨，壬寅日止；壬寅、癸卯、甲辰日雨，即日止；乙巳日雨，丙午日止；丙午、丁未日雨，即時止；戊申日雨，庚戌日止；己酉日雨，辛亥日止；庚戌日雨，即時止；辛亥日雨，癸丑日止；壬子日雨，癸丑日止；癸丑、甲寅日雨，即時止；乙卯日雨，丙辰日止；丙辰日雨，丁巳日止；丁巳日雨，即時止；戊午、己未日雨，即時止；庚申日雨，甲子日止；辛酉、壬戌、癸亥日雨，即時止。又曰：子日雨立止，不止寅日止；丑日雨，寅日止，不止，至卯日止；寅日雨，立止，不止，卯日止；卯日雨，立止，不止，巳日止；辰日雨，立止；不止，戌日止；巳日雨，未日止，不止，申日止；午日雨，立止，主十日陰；未日雨，申日止，不止，戌日止；申日雨，夕止，見月，不見月，主久陰；酉戌亥日雨，立止，不止，俱主久陰。又曰：五嶽之風，以納音爲論。甲子、壬申、甲午、庚辰、壬寅、庚戌，爲陽商；乙丑、癸酉、辛亥、乙未、辛巳、癸酉，爲陰商；丙寅、戊子、甲辰、甲戌、丙申、戊午，爲陽徵；丁卯、乙丑、乙巳、乙亥、丁酉、己未，爲陰徵；戊辰、庚寅、壬午、壬子、戊戌、庚申，爲陽角；己巳、辛卯、癸未、癸丑、己亥、辛酉，爲陰角；庚午、丙戌、戊申、戊寅、庚子、丙辰，爲陽宫；辛未、丁亥、己卯、己酉、辛丑、丁巳，爲陰宫；甲申、壬辰、丙午、甲寅、丙子、壬戌，爲陽羽；乙酉、癸巳、丁未、丁丑、乙卯、癸亥，爲陰羽。宫風當日雨，商風七日雨，角風九日雨，徵風三日雨，羽風五日雨。又曰：宫風近十里，中百里，遠千里；徵風近七里，中七十里，遠七百里，羽風近六里，中六十里，遠六百里；商風近九里，中九十里，遠九百里；角風近八里，中八十里，遠八百里。又曰：凡風發初遲後疾者，其來遠；初急後緩者，其來近；動葉則十里，鳴條則百里，摇枝二百里，落葉三百里，折小枝四百里，折大枝六百里，飛沙走石千里，拔木五千里。又曰：凡大雨非常，滿三日三夜者，天下盡風也；一日一夜者，千里之風也。京房曰：乾位，西北風，從乾來，爲折風，主人不利；坎位，正北風，從坎來，爲大罡風，宜先發，同發主人不利；艮位，東北風，從艮來，爲小罡風，主人不利；震位，正東風，從震來，爲宄風，亦名嬰兒風，主人利；巽位，東南風，從巽來，爲小弱風，宜後發，主人利；離位，正南風，從離來，爲大弱風，宜後發，主人利；坤位，西南風，從坤來，爲諫風，宜後發，主人利，兑位，正西風，從兑來，爲衝風，宜先發，爲客利。凡子日，風從午上來；午日，風從子上來；甲日，風從庚上來；壬日，風從丙上來，皆爲衝破。甲、乙日，風從庚、酉、辛、申上來；壬、癸日，風從辰、戌、丑、未上來，皆爲刑克。餘皆倣此。李淳風曰：凡海中氣如魚龍形，或如積土，或如累盆，朝東暮西，日或掩之，此皆風雨之氣也。朝視日上有黑翳如霧，或日色旁射，或慘淡黄白者，其日有風雨；已晚，日欲有之，其夜風雨。雲氣如亂穰，大風將至，視所從來避之。雲厚而潤，大雨暴至。四始之日有黑雲氣如陣，厚重而潤者，旬中多雨。日始出，有暈如車者，其日雨。雲氣如黑蛇衝日者，其下有大風雨。月初生色青，多雨；白而潤者，大雨。蒼白氣入斗門者，多大風。黄雲敝北斗，明日雨。白氣掩北斗，三日内雨。青氣掩北斗，五日内雨。天無雲而北斗上下獨有雲，五日内雨。日入後，有白光如氣，自地至天，直入北斗，其夜必有大風。太白出氣，必有風雨。所指處必有變。辰星出氣，大雨水。先雷後雨，其雨必小，先雨後雷，其雨必大。蒼黑雲細如櫛綿蔽日月，五日内雨。雲如兩人提鼓持桴，有暴雨。黑氣如群羊奔，如飛鳥，五日必雨。黑氣如浮船，必雨。黑氣如牛彘，主暴雨。黑氣如水牛，不出三日有大風。四望見青白雲，名曰天塞之雲，雨徵也。六甲日無雲，一旬少雨。月離畢之陰，則雨離畢之陽，則晴。日旁有赤雲如珥，不有大風，必有大雨。

世俗出行，有大小紅沙之忌。大紅沙曰：春鷄亥子忌行裝，夏兔龍蛇不敢當。秋馬未羊冬牛狗，行船走馬謹須防。小紅沙曰：孟月常居酉，仲月巳上加。季月歸丑上，此是小紅沙。

海上舟人不辨南北，教之趨避，瞀然罔知。編有口號，歌以教之。其占晴曰：早起滿天晴，日出漸漸明。早晨霧露雲，晌午日蒸曛。日光明又彩，久晴定可待。暮日光燭天，晴明且又炎。暮看西邊清，次日主晴明。紅雲日暮起，晴明便可許。夜觀魁斗浄，明日天色正。雷光起西南，明日天炎炎。遊絲天外飛，久晴定可期。白虹若下降，惡霧盡消亮。西南北微風，可喜天晴融。其占風曰：魁罡氣白黄，隄防風勢狂。早間日曬耳，狂風即時起。早白與暮赤，飛沙及走石。午前日忽昏，北方風怒嗔。午後日昏暈，風起須當慎。日月忽然圓，風來不等閑。雲掩日不動，風勢如山重。返照色黄光，明朝風必狂。天道忽昏慘，狂風時下感。天色黄復赤，狂風在頃刻。黑雲片片重，眼底主狂風。黑紫雲如牛，狂風急似流。雲勢若魚鱗，來朝風不輕。黑雲北方簇，暴頭風太毒。黑雲半開閉，大颶隨風至。雲起亂行急，風勢難支直。亂雲來似絞，狂風來不少。

辰闕電光飛，大颶必可期。連日霧朦朧，必定起狂風。星辰若晝見，頃刻狂風變。其占雨曰：
雨自雲中出，須兼風信測。節令方位從，便知吉與凶。春嫌逢虎嘯，夏忌鼂蛇到。乾亥怕交秋，
純金冬更愁。先風後復熱，雷雨將訇砉。風東雲却西，大雨不須疑。日落雲堆裏，晴明未敢許。
朝霞照地紅，午後雨相逢。海水忽然黑，恐有蛟龍出。黑雲風後生，須臾雨不輕。白鳥桅杆站，
半夜天須變。雨脚忽斜連，三日雨綿綿。雨後風仍暴，來朝還有颶。霧後色仍昏，來朝雨必傾。
虹見雨不止，霪霖從此始。雷重電不高，次日雨滔滔。月暈明而闕，來朝雨可決。太白角放光，
風高雨亦狂。忽然腥風噴，大颶難投奔。無端寒氣衝，風雨鬭蛟龍。海魚吐沫起，越日必風雨。
黑霧罩船頭，須防風雨稠。雨中黑復亮，傾盆難計量。細浪忽迴環，前途風雨漫。其占報曰：
正月三至八，行船去還泊。十三至十七，觀燈風最急。二月二與九，玄武風必有。三月三日晴，
還要過清明。四月浴佛雨，初八十八裏。五月端午前，風高雨亦漣。二九是分龍，須防風雨冲。
更有雪至忌，即將正月記。六月忌彭祖，十二前後數。七夕降黃姑，望後風始和。八月大潮日，
南北各不一。七八兩月中，三日一換風。九月重陽颶，舟子須停棹。前三與後三，勸君莫等
閑。十月忌初五，海猪要起舞。十一二月間，鐵漢也停船。

海運故道

一自南京開洋，出龍江關，靠東邊行，到觀音山中洪，一路好行。至礬山北，有淺灘，中洪可行。望方山東邊中洪一路淺灘，直過斬龍廟止，至鮓魚廠。東路至龍潭驛，一路水緊，北邊中洪可過。徑到儀真中洪，北到金山寺西首十餘里，水緊不可抛錨。寺北中洪都可行，到焦山門，仔細戳水行。西南嘴有淺灘，唤做姜婆沙。西北下戳水，中洪好行。南有淺灘，過山中洪一路好行。轉往南有水是洪，至丹徒縣南有隔壁沙灘，中洪行，到五聖廟中洪好行。圌山西南嘴一路淺灘中洪，到孟子河西南好行。東北中間淺灘沙嘴占多是洪，有蘆青嘴東南衝出有三四里，轉過南中洪戳水行，便是黄山東北淺灘，衝出大江，中洪行。望西邊緊水洪，過東有馬馱沙，西南嘴衝出帶一條，東南也有沙帶，一路中洪可行。南有江陰縣地方抛船，江陰縣西邊是夏港，過江陰縣中洪，到巫子門淺塞，打外洪過，唤做寶船洪。望見西北蝦蟆山，可轉中洪，到蝦蟆山西有淺灘，望北好行。南是谷瀆港，中洪有淺灘，舟行多礙可防。占南有洪照黄思鋪，占南岸行到夷鋪港，南有淺灘，北邊是洪，到福山港中洪，到白茆港北有狼山。望東北戳水，中有淺，北有洪，徑到瞭角嘴南路，于劉家港抛泊。

海運新道

元史：「初海運之道，自平江劉家港入海，經揚州路通州海門縣黄連沙頭萬里長灘，開洋沿山墺而行，抵淮安路鹽城縣，歷西海州海寧府東海縣密州膠州界，放靈山洋，投東北路，多淺沙，行月餘，始抵成山。計其水程，自上海至楊村馬頭，凡一萬三千三百五十里。至元二十九年，朱清等言其路險惡，復開生道，自劉家港開洋，至撑脚沙，轉沙嘴至三沙洋子江〔六八〕，過匾擔沙大洪，又過萬里長灘，放大洋，至青水洋又經黑水洋，至成山，過劉家島，至之罘、沙門二島，放萊州大洋，抵界河口，其道差爲徑直。明年，千户殷明略又開新道，從劉家港入海，至崇明州三沙，放洋向東行，入黑水大洋取成山，轉西至劉家島，又至登州沙門島，于萊州大洋入界河『當舟行風信有時，自浙西至京師，不過旬日而已，視前二道爲最便』云。然風濤不測，糧船漂溺者無歲無之，間亦有船壞而棄其米者〔六九〕。元至元二十三年，始責償于運官，人船俱溺者，乃免，然視河漕之費，則其所得蓋多矣。」

登州衛墩六座：曰蓬萊閣，曰田横寨，曰西莊，曰林家莊，曰抹直口，曰教場。劉家汪寨墩五座：曰繳家莊，曰灣子口，曰淋嘴，曰西峯山，曰城見嶺。解宋寨墩三座：曰木基，曰解宋，曰虛里。楊家店巡檢司墩三座：曰黄石廟，曰城後，曰石圈。高山巡檢司墩二座：曰大山，曰高山。蘆洋寨墩六座：曰郭家莊，曰磁山，曰鷄鳴，曰八角嘴，曰城陰，曰白石。孫夼鎮巡檢司墩三座：曰旗掌，曰塔山，曰崮嵛。福山備禦中前千户所墩二座：曰竈後，曰營後。奇山守禦千户所墩四座：曰木柞，曰埠東，曰熨斗，曰現頂。清泉寨墩二座：曰清泉、曰石溝。寧海衛墩六座：曰後至山、曰草埠，曰小峯，曰戲山，曰貉子窩，曰馬山。金山備禦千户所墩五座：曰廟山，曰鳳凰，曰小峯山，曰駱駝，曰金山。

威海衛墩八座：曰遶遶，曰麻子，曰斜山，曰磨兒山，曰焦子埠，曰陳家莊，曰古陌頂，曰廟後。辛汪寨巡檢司墩一座：曰辛汪。百尺崖備禦後千户所墩六座：曰望天嶺，曰蒲臺頂，曰百尺崖，曰嵩里，曰老姑頂，曰曹家島。温泉鎮巡檢司墩二座：曰可山，曰半月山。成山衛墩十座：曰白峯頭，曰狼家頂，曰高礎山，曰仲山，曰太平頂，曰奪姑山，曰馬山，曰崮嘴，曰俞鎮，曰裏島。尋山備禦後千户所墩八座：曰青魚，曰葛樓山，曰馬山，曰楊家嶺，曰小勞山，曰黄連嘴，曰古老石，曰長家嘴。寧津守禦千户所墩八座：曰慢埠，曰龍山，曰羊家島，曰芝蔴灘，曰萬古，曰柴家山，曰青埠，曰孟家山。赤山寨巡檢司墩一座：曰田家嶺。靖海衛墩二十座：曰柘島，曰鐸木，曰郭家口，曰石崗山，曰唐浪頂，曰標杵頂，曰莀蔞寨，曰狗脚山，曰石脚山，曰路家馬頭，曰赤石，曰長會口，曰紅土崖，曰明光山，曰青島嘴，曰姚山頭，曰峯窩，曰浪浪，曰大灣口，曰黑大廠。海陽守禦千户所墩七座：曰乳山，曰帽子山，曰驢山，曰白沙，曰峯子山，曰城子港，曰小龍山。乳山寨巡檢司墩一座：曰裏口。大嵩衛墩七座：曰望石山，曰擒虎山，曰草島嘴，曰辛家寨，曰劉家嶺，曰麥島，曰楊家嘴。大山寨備禦千户所墩二座：曰大山，曰虎巢山。行村寨巡檢司墩三座：曰高山，曰田村，曰靈山。福山備禦中前所堡二座：曰福山，曰芝陽。奇山守禦千户所堡二座：曰黄務，曰西牟。寧海衛堡一十二座：曰宋家，曰曲水，曰管山，曰板橋，曰石子現，曰栲栳觀，曰湯西，曰修福，曰杏林，曰峯山，曰辛安，曰蕪蔞。金山備禦左千户所堡四座：曰鄒山，曰清泉，曰石溝，曰朱家。威海衛堡四座：曰曹家莊，曰豹虎，曰峯山，曰天都。百尺崖備禦千户所堡三座：曰芝蔴嶺，曰竇家崖，曰轉山。成山衛堡九座：曰神前，曰祭天嶺，曰報信口，曰堆前，曰歇馬亭，曰洛口，曰石礎，曰北留村，曰張家。尋山備禦後千户所堡七座：曰曲家埠，曰勝佛口，曰大水泊，曰老翅，曰紀了埠，曰蒸餅，曰青山。寧津守禦千户所堡九座：曰帽子山，曰崮山寨，曰高樓山，曰拖地崮，曰王家鋪，曰大頂山，曰土現口，曰龍虎山，曰崮山。靖海衛堡八座：曰蒸餅，曰孤西，曰憨山，曰望將，曰墳臺，曰店山，曰葫蘆山，曰起雨山。海陽守禦千户所堡十座：曰夼山，曰猪港，曰扒山，曰桃村，曰孤山，曰黄利河，曰孔家莊，曰撒雨山，曰老埠港，曰湯山。乳山寨巡檢司堡二座：曰長角嶺，曰高莊。大嵩衛堡五座：曰小山，曰黄山，曰青山，曰管村，曰界河。大山寨備禦千户所堡二座：曰雙山，曰黄陽。

【原注】

注一　樂安志曰：淄水自臨淄入樂安地界，土疏，每秋夏大雨時，行西南山壑之水咸萃，而河渠淺狹，岸復善崩，則恣爲民病。即余所見，己酉以來，淄決朱家道口，凡一再徙，壞民田舍，不可勝計。乃三決曲堤，順流而北，幾没城垣，微楊、吴二令塞之于前，姜令塞之于後，吾邑其水居乎！

注二　「徐」當作「施」，通判施以敬。

注三　衛所抽選内操，昉自永樂，其輪班入衛，歲有定額，則自正統己巳之變起也。

【校勘記】

〔一〕貧者無貲以求於吏所謂有貧之實而不得貧之名富者操其贏以市於吏則無富之名而有富之實　原作「富户操其贏以市于吏有富之實無富之名貧者無資以求于吏有貧之實無貧之名」，據柳宗元集卷三二答元饒州論政理書（中華書局一九七九年版）改。

〔二〕則閉閘蓄水　原闕「閘」字，據敷文閣本、崑山圖書館藏稿本補。

〔三〕而南河近復增入　原闕「南」字，據崑山圖書館藏稿本補。

〔四〕爲政須要有綱紀文章　原無「要」字，據河南程氏遺書卷一一（中華書局一九八〇年版二程集）補。

〔五〕章丘河水溢　「丘」下原有「山」字，據宋史卷六一五行志删。

〔六〕漂溺民居　「民居」，原作「居民」，據宋史卷六一五行志改。

〔七〕授以萬夫之田爲萬夫之長　原無「之田爲萬夫」五字，據元史卷一八一虞集傳補。

〔八〕一年勿征也二年勿征也　原無「二年勿征也」五字，據元史卷一八一虞集傳補。

〔九〕于朝廷以此漸征之　原無「之」字，據元史卷一八一虞集傳補。

〔一〇〕就所儲給以禄　「所」，原作「取」，據元史卷一八一虞集傳改。

〔一一〕則東面民兵數萬　「面」，原作「海」，據元史卷一八一虞集傳改。

〔一二〕以物地相其宜　原作「以物相其地」，據周禮注疏卷一六改。

〔一三〕我黍與與我稷翼翼　原闕「我黍與與我稷」六字，據敷文閣本補。

〔一四〕藹藹成蔭　原闕「蔭」字，據崑山圖書館藏稿本補。

〔一五〕司道諸臣至稱舊估二百七十餘萬　「道諸」，原作「諸道」，據敷文閣本、濂溪堂本改。

〔一六〕所費僅數萬金　「萬金」，原作「金萬」，據敷文閣本、濂溪堂本改。

〔一七〕由崔家口而至趙家鋪　「至趙」，原作「趙至」，據敷文閣本、濂溪堂本改。

〔一八〕亦縮近數倍　「數倍」，原作「倍數」，據敷文閣本、濂溪堂本改。

〔一九〕自秦已有之　原無「已」字，據大學衍義補卷三四（文淵閣四庫全書本）補。

〔二〇〕而唐人亦轉東吴粳稻以給幽燕　原無「而」、「以」二字，據丘濬大學衍義補卷三四補。「幽燕」，原作「燕幽」，據大學衍義補卷三四改。

〔二一〕然以給邊方之用而已　「以」，原作「亦」，據大學衍義補卷三四改。

〔二二〕用之以足國　原無「之」字，據大學衍義補卷三四補。

〔二三〕伯顏平宋　「平」，原作「乎」，據大學衍義補卷三四、敷文閣本、濂溪堂本改。

〔二四〕自此以至末年　原無「自此」二字，據大學衍義補卷三四補。

〔二五〕故終元之世　「故」，原作「然」，據大學衍義補卷三四改。

〔二六〕臣考元史食貨志論海運　原無「臣」字，據大學衍義補卷三四補。

〔二七〕海運視河漕之費　「費」，原作「數」，據元史卷九三食貨志一、大學衍義補卷三四改。

〔二八〕所言非無徵者　「無」下原有「所」字，據大學衍義補卷三四删。

〔二九〕臣竊以謂自古漕運所從之道有三　原無「臣」、「所從」三字，據大學衍義補卷三四補。「謂」，原作「爲」，據大學衍義補卷三四改。

〔三〇〕河漕視陸運之費省十三四　「河漕」，原作「漕河」，據大學衍義補卷三四改。

〔三一〕海運視陸運之費省十七八　「陸」，原作「河」，據大學衍義補卷三四改。

〔三二〕蓋河漕雖免陸行　原無「蓋」字，據大學衍義補卷三四補。

〔三三〕今國朝都幽　「朝」，原作「家」，據大學衍義補卷三四改。

〔三四〕而加以兑支之費　「費」，原作「耗」，據大學衍義補卷三四改。

〔三五〕迂儒過爲遠慮　原無「過」字，據大學衍義補卷三四補。

〔三六〕臣家居海隅　原無「臣」字，據大學衍義補卷三四補。

〔三七〕不慮風而慮礁　「礁」，原作「磕」，據明經世文編卷七一（明崇禎平露堂刻本）改。

〔三八〕宜豫遺習知海道者　「豫」，原作「預」，據大學衍義補卷三四改。

〔三九〕則不與暴風遇矣　「不與暴風遇」，原作「不遇暴風」，據大學衍義補卷三四改。

〔四〇〕萬一臣言有可采　原無「臣」字，據大學衍義補卷三四補。

〔四一〕令有司優給津遣　「津」，原作「驛」，據大學衍義補卷三四改。

〔四二〕所至以山島港汊爲幖幟　「爲」，原作「樹」，據大學衍義補卷三四改。

〔四三〕造成圖册　「册」，原作「策」，據大學衍義補卷三四改。

〔四四〕海舟畏飄　「飄」，原作「風」，據大學衍義補卷三四改。

〔四五〕許其以二百石載私貨　原無「二」字，據大學衍義補卷三四補。

〔四六〕此非徒可以足國用　「此」下原有「又」字，據大學衍義補卷三四删。

〔四七〕至正十九年　原無「正」字，據大學衍義補卷三四補。

〔四八〕進奉不絶　「絶」下原有「也」字，據大學衍義補卷三四删。

〔四九〕多資南方貨物　原無「貨物」二字，據大學衍義補卷三四補。

〔五〇〕而貨物之來　原無「而」字，據大學衍義補卷三四補。

〔五一〕貨物所以益貴　「益」，原作「踴」，據大學衍義補卷三四改。

〔五二〕則南貨日集於此　原無「則」字，據大學衍義補卷三四補。

〔五三〕空船南回者　「回」，原作「歸」，據大學衍義補卷三四改。

〔五四〕請以元史質之　原無「史」字，據大學衍義補卷三四補。

〔五五〕可以制服朝鮮安南邊海之夷　原無「朝鮮安南」四字，據大學衍義補卷三四補。

〔五六〕此誠萬世之利也　原無「此」字，據大學衍義補卷三四補。

〔五七〕萬無弊也　「萬」下原有「世」字，據大學衍義補卷三四删。

〔五八〕念此乃國家千萬年深遠之慮　「千」，原作「萬」，據大學衍義補卷三四補。

〔五九〕數歲不絶　原無「數歲」二字，據元史卷一九二王艮傳補。

〔六〇〕克敬以爲脱其常年而往返若是　「爲」，原作「謂」，「常」，原作「當」，據元史卷一八四王克敬傳改。

〔六一〕乃請令其計石數　原無「令其」二字，據元史卷一八四王克敬傳補。

〔六二〕女真嘗自其國之蘇州　「真」，原作「直」，據宋史紀事本末卷一二改。

〔六三〕言女真建國　「真」，原作「直」，據宋史紀事本末卷一二改。

〔六四〕女真散覩　「真」，原作「直」，據宋史紀事本末卷一二改。

〔六五〕詔蔡京等諭以夾攻遼之意　原無「夾」字，據宋史紀事本末卷一二補。

〔六六〕送善慶等歸金　「金」下原有「職」字，據宋史紀事本末卷一二删。

〔六七〕於瓜淮領兑　「瓜」，原作「爪」，據明經世文編卷三四五改。

〔六八〕至三沙洋子江　「洋」，原作「揚」，據元史卷九三食貨志一改。

〔六九〕間亦有船壞而棄其米者　「米」，原作「糧」，據元史卷九三食貨志一改。

山西備録

堯時龍門未開，吕梁未鑿，河出孟門，江淮通流，無有平原高阜。群臣舉高陽鯀治之，鯀治水始於冀州，興徒役作九仞之城，九載訖無成功。始冀州者，理其脊也，且堯都平陽，冀州爲急。後禹嗣興，傷父績用弗成，勞身焦思，躬執耒臿，以爲民先，亦始於冀州。然鯀之罔績，不失於始冀，而失於崇防；禹之成功，不得於始冀，而得於鑿龍門、排伊闕。蓋治湮與止沸同，止沸者揚湯不若去薪，治湮者崇防不若決注。竊思禹之治水雖始冀，必先導碣石九河，以達其入海之路。下流既疏，則上壅自殺。是故龍門可鑿，伊闕可排也。今雲中之境，鯀堤纍纍，而禹跡無聞。考之於書，亦惟「恒衛既從」一言而已。夫雲中地勢，天下極高，是豈仍須堤防以事障塞邪？禹工一施，海道無阻，則夫雲中自高之水一決注之耳，無餘力也。朱子曰：「雲中正高脊處，自脊以西之水西流入於龍門西河，自脊以東之水東流入於海。」意與此同也。

詩云：「薄伐玁狁，至于大原。」傳云：「大，音泰。」大原，地名，亦曰大鹵，今在太原府陽曲縣。至於大原，言逐出之而已，不窮追也。」按大、太二字，音本不同，禹貢「既修太原」，在冀州，詩「至於大原」，在雍州。周都豐鎬，玁狁侵鎬及方，至於涇陽，非自冀州太原而入。地里志涇水出定安涇陽縣，今原州百泉縣笄頭山也。則詩所謂涇陽，指此地而言。涇陽東北至太原二千餘里，山川險阻，黄河介其中，安得餝戎車日行三十里，逐雍州涇陽玁狁，由冀州太原而出乎？禹貢「原隰底績」，蔡傳引鄭氏云：「其地在今邠州。」唐有涇原節度使，今固原州即唐原州故城。漢唐以來，又以河南地爲五原郡，則詩人所云「至於大原」者注一，指原州而言，非冀州之太原也。朱子在南渡後，未至北方，傳偶誤耳。

九宫私記曰：「余嘗至鴈門，抵岢、石，見諸山往往有劚削之處，逶邐而東，隱見不常。大約自鴈門抵應州，至蔚東山三澗口諸處亦然。問之父老，則曰古長城跡也。夫長城始於燕昭、趙武靈，而極於秦始皇。燕昭所築者，自造陽至襄平，武靈所築者，自代並陰山至高闕，始皇所築者，起臨洮，歷九原雲中至遼東，皆非鴈門、岢、石、應、蔚之跡也。及讀史，顯王三十六年，有趙肅侯築長城事注二，乃悟。蓋是時三胡尚强，樓煩未斥，趙之境守，東爲蔚、應，西則鴈門耳。故肅侯所築以之。則父老所謂長城者，乃肅侯之城，非始皇之城也。迨武靈既破胡，則並陰山至高闕。始皇既并天下，則起臨洮至遼東，所保者大，則所城者愈遠也。」

周元王二年，代子會趙無恤於夏屋，無恤殺代子，遂襲代，滅之。時無恤姊爲代子夫人，因使人迎其姊，姊迺磨笄自殺。代人因名其山曰磨笄。然磨笄之辨，諸家不同，有謂在保安州東，即鷄鳴山者，有謂在飛狐縣東北百五十里者，有謂在山東濟南府長清縣者。要皆求之於典籍文字之間，而不稽之於道里徒步之下，是故語意近真而指摘各異，考者轉增疑惑，莫可較一也。夫代爲蔚地，其去濟南遼絶甚矣。長清之山，本名馬頭，可無辯也。鷄鳴在蔚東北百五十里，其去恒山則又倍之，豈所謂自上臨下可見之地邪？況保安，上谷屬也，春秋之際，東胡據之，元非代壤，而謂夫人者望夫於此，自殺於此，不亦繆哉！考之魏土地記曰：「磨笄山在代郡東南二十五里。一名馬頭山。」夫代郡廢城在蔚城東，今其東南二十餘里，所謂馬頭山者，人人知之，但不知其即爲磨笄耳，而顧他求之，可乎？又括地志曰：「磨笄山在飛狐縣東北。」蔚州去山近，舍之不言，飛狐去山遠，取以爲較，遂使考者不循其故，不玩其微。求之於蔚東北之道里，則以鷄鳴爲是；求之以馬頭之名稱，則以長清爲疑。蓋瑣瑣於典籍文字之間，而不於道里徒步之下也注三〔一〕。

蘇秦説趙肅侯曰：「山東之國，莫如趙强。趙西有常山，南有河、漳，東有清河，北有燕國。秦之所畏害於天下者莫如趙，然而不敢伐趙者，畏韓、魏之議其後也。然則韓、魏，趙之南蔽，韓魏不能支，必入臣於秦。秦無韓、魏之隔，禍必中於趙。」此述趙形勢而爲之謀也。言秦必不敢越韓、魏以攻趙，是矣。然今日之常山、河、漳，猶夫故也，又東連上谷，兵援警接，如肩臂手指，而胡騎之南，乃無議後之慮者何？曰：西失豐、勝，則不足以邀寇之歸；東棄開平，則無能爲大同三關，攻其必救也。

樓煩子不可考其受封之始。或曰：夏後，國于今寧武。商以來世爲荒服。周成王時，其君入朝于京師。戰國之時，東胡、林胡、樓煩雜處冀北，並號三胡。考之古牒，東胡、林胡，胡也，樓煩則否。何者？上古之時，並建要荒，以爲藩屏，天下有道，莫不來王。春秋德衰，外釁時作，葷粥、玁狁之裔，東胡、林胡之類，以漸南徙，而若代若樓煩，近其害者染其污矣。傳世既久，概名曰胡，雖樓煩有不自知也。是故周王會有樓煩而無東、林胡。又東林悉以胡名，樓煩獨有國號，其源未可同也。或曰：王會何以無代？曰：代，子姓，殷之同宗，周人蓋不躋之荒服。

周赧王九年，趙武靈王議胡服曰：「吾國東有河、薄洛之水，無舟楫之用；西有樓煩林胡、秦韓之邊，無騎射之備，將何以爲守？昔簡主不塞晉陽以及上黨，而襄主并戎取代以攘諸胡，此愚智之所明也。遂胡服招騎射，略中山地至寧葭，西略胡地至榆中，林胡王獻馬，乃命代相固主胡，致其兵，用以攻伐。此中國用胡兵之始也。明年，又破原陽爲騎邑，胡服率騎，出踰九限之固，絶五陘之險。然胡服之令，公子成爭之；騎邑之破，牛寡爭之而武靈不聽。由是黃帝、堯、舜之衣裳變而爲貝帶師比矣；成周之六射五馭，變而爲鞍馬控弦矣。用夏變夷之道廢，而反見變於夷狄之俗，可嘆也哉！」

周赧王十五年，趙武靈王南攻中山，北破樓煩、林胡，攘地北至代，西至雲中、九原，於是置雲中、九原、鴈門郡，又於代置代郡。夫武靈之攘胡自謀秦始也。蓋其始立，秦與韓、魏敗趙兵，斬首八萬，此武靈之所憤也，故西置昭、襄以結好於秦，南使仇、富以通和於韓、魏，而復內招騎射之强，外闢三胡之地。樓煩可以禮服，則遇其王以致其兵。林胡宜用兵威，則驅其類以空其地。由是雲中、九原可以直通秦中，而咸陽以後危矣。究其爲謀，非旦夕也。然胡服之令初行，而大陵之夢已兆；函闗之符甫出，而沙丘之禍遂行。事起於憎愛之微，變發於肘腋之近，後世憤秦虐者，往往感焉。豈非正己之功虧，而治人之欲速，閑家之道歉，而謀國之願違也耶？故嘗曰：齊桓伯而不王，其功至於反左衽被髮而不能立一王之治；武靈夷而不伯，其功至於闢地千里而不能合天下之從。管仲，伯佐也，强國止於其身；肥義，夷佐也，身卒不免於難。雖然，下甲九原，直窺秦中，示天下以形勢，禮遇樓煩，藉其兵力，得處變之權宜，蓋至是，則秦有腹背之虞，而胡失連衡之勢矣。

蔚城東二十里許有故墟焉，俗呼代王城，周迴二十五里，九門遺趾俱在。金波泉發源其北，夾城東南流，即搜神記所謂始築時亡西南板于澤中自立者也。長老曰：「蓋昔有代王者居是城，與燕約相救，置傳鼓爲信。胡大入，傳鼓，燕救不至。代王出奔，國爲墟。」又曰：「廢城南數里小山，即鼓臺也。」余尋之，果然。今仍名擂鼓堝，其言有證矣，而竟不知所謂代王者何人也。一統志曰：「蔚東有代王城，即漢代縣故城。文帝封代居此。」郡舊志亦云。夫文帝封代固矣，約燕相救，胡至出奔，文帝無是也。史記曰文帝都晉陽，遷中都。其幸太原也，復晉陽、中都三歲租，而蔚無聞焉。又文帝分其故國王二子，武爲代，都晉陽；參爲太原，都中都。皆即其故都，而蔚不與焉。然則謂蔚之廢城爲文帝所居，可乎？文帝自代入奉宗廟，其故都亦必培植以示不忘，而遂謂爲墟，可乎？及考之高帝紀十一年，下詔曰：「代地居恒山北，與夷狄邊，趙乃從山南有土邊。數有胡寇，難以爲國。頗取山南太原之地益屬代，代之雲中以西爲雲中郡，則代受邊寇益少矣。」乃立子恒爲代王，都晉陽注四，後遷都中都。夫蔚廢城，代故都也。漢高衆建，王喜因之。其謂「數有胡寇，難以爲國」者，以喜之奔還也，頗取山南太原之地益屬代，則代南矣。雲中以西爲雲中郡，則雲中不屬代矣。漢又有代郡，則代亦不屬代矣。代不屬代而存其名，此後人之所疑也。是故知文帝之封代，而不知其未嘗至蔚也；知晉陽、中都之復租，而不敢援以爲證也；知文帝之未嘗被胡出奔，而不敢爲之辯也；附會之説紛然矣。且王喜之封也，與盧綰同時，草昧之際，披荆棘，立城邑，日不暇給，燕、代與國，土壤接近，則相爲救也必矣。燕救不至，王喜出奔，長老所傳信而有徵也。鑒王喜之失國而徙都，因代之南徙而置郡，此高帝之籌而代因之南也。郡志不詢長老之詳，不考史文之實，不稽十一年之詔，見一代王城遂指爲文帝，誤矣。

平城有三，皆在冀北。一曰平城，古城也。漢高圍白登之所至者，爲今大同。一曰新平城，拓跋猗盧新城也。其子六脩之所居者，在今馬邑縣地。一曰小平城，亦古城也。秦蒙驁之所拔者，今神池稍南寧武關地也。小平城見吞於秦，而兩漢無聞，新平城見據於六脩，而魏不復見，俱廢久矣。獨平城，魏以爲都，後復爲鎮，稱京置府，至今顯焉。地之興廢，果有數耶？抑流峙風氣，如形家者説耶？

大同之地，古雲中、九原、定襄、代郡，趙、秦、漢之所置也。趙并代以有代，斥胡以有雲中九原，而置郡，則皆于赧王之十五年。于是秦因之爲三郡，漢增置定襄爲四郡。夫秦漢時天下不過三十餘郡，而此地處其四，則夫西北之陬，豈止是哉。故嘗曰三代以來，東南之地漸闢而西北之地漸淪，固理勢之自然也。今以其故城考之，則雲中在勝州榆林，五原即廢豐州，代爲蔚廢城，定襄在今府城西北，皆非今府城也。以其屬考之，則雲中有咸陽、陶林、沙南、北輿之屬，九原有臨沃、文國、武都、曼柏之屬，定襄有成樂、桐過、襄陰、復陶之屬，代郡有高柳、鹵城、班氏、平邑之屬，皆非今所屬也。然則今大同者，雲中之東境，定襄之南境，代郡之北境，而九原之南鄰也。是故合其全，則四郡不得不紀，指其實則代南境爲太原，雲中、定襄西北境與九原舉在塞外矣。

并州大抵恒山以旁之郡，帝舜始置，分冀北境者也。周禮正北曰并州，其鎮曰恒山。春秋元命包曰：營室流爲并州，分爲衛國。夫不以衛水、恒山爲號，而曰并者，蓋以其在兩谷之間也。漢地里志并州所屬十郡，而雲中、定襄、五原、代、鴈門已居其五。西河、朔方乃武帝新置之郡，而朔方漢末復治五原，則又得其六矣。遠于是者，南不過上黨、太原，西不過上郡而已，故曰「并州大抵恒山以旁之郡」也。一廢于夏初，而成周是建；再廢于漢末，而黄初復仍。將寰宇之廣，必剖析而後行，亦疆域之形有一定而不可易邪。雖然，漢以前之并，并之全也，十郡隸而北境過其半。魏所置之并，非并之全也，陘嶺以北，舉棄之胡，蓋雖有新興之名，而無其實矣。置烏桓於塞外，而寇盜繁，分鮮卑於塞内，而郡邑廢。後來晉人五胡之亂，亦自并州始。履霜堅冰，斯可畏之甚乎。

漢宣帝以匈奴旁塞，遣後將軍趙充國屯五原、朔方、雲中、代、鴈門、定襄、右北平、上谷、漁陽九郡，將四萬騎，此漢代聯九邊爲一，而總之以一大將也。今時九邊之騎，豈止四萬，而不可以一將總者，豐勝之淪於西、大寧之隔於東也。

隋文帝開皇間，突厥啓民歸男女萬餘，長孫晟奏請徙五原，以河爲固，於夏、勝之間，東西至河，南北四百里，掘爲横塹，令處其内，使得畜牧。王司馬瓊謂掘塹始見於此。余按塹亦作壍，亦作漸。秦紀「始皇通自九原至雲陽，邊山險，塹谿谷，又塹山堙谷千八百里，又壍河旁」。漢高紀「深塹而守」。鼂錯傳「高城深壍木樵」。潘岳馬汧督誄「剽以長塹」，劉良註：「剽，掘也。」梁書韋叡傳「夜掘長塹」。則掘塹之事蓋有之，非始見於隋也。

漢元光二年，匈奴入武州塞。夫秦塞遠矣，大抵陰山、高闕之間也。史記曰：「蒙恬斥逐匈奴，收河南地爲四十四縣。築長城，起臨洮，至遼東，延袤萬餘里。」蓋是時雲中、五原皆爲郡，故長城在其北也。關志曰：「秦并趙，築長城于嵐州紫塞。」則是以秦塞爲岢嵐、偏頭間也。夫秦之所備者大，起臨洮，則西境全；歷雲中、五原，則咸陽以後安；至遼東，則宣、大之南，鴈門、寧武、偏頭之北俱爲内境矣。必不復於嵐州別爲塞也。然則何以曰嵐州紫塞？曰：趙肅侯備三胡，築長城矣。嵐州之塞，或肅侯之故，而漢所謂武州塞也。

唐武德三年，高祖召劉世讓，問以備邊，對曰：「突厥數南寇者，以馬邑爲之中頓也。如使勇將屯近地，厚儲金帛以招降者，數出奇兵，略踐禾稼，不踰歲，馬邑可圖也。」帝曰：「非公無可任者。」乃使來屯朔州。夫馬邑爲郡，漢、唐急之，然漢以韓王信肇禍，唐以苑君璋啓釁，故匈奴、突厥率垂涎焉。昔王恢之詐，首以馬邑誘胡，而劉世讓此論亦曰突厥之數南寇，以馬邑爲之中頓也。豈其形勝有餘，殷盛自昔，爲犬羊香餌邪？蓋嘗考之，古馬邑，今朔州也。漢、唐之初，邊邑疏曠，雲中、五原舉在豐、勝，是雖偶有失得，不爲剥膚。若夫馬邑，則南接鴈門，東引燕、代，馬邑失據，將并土震摇，并土震摇，斯河、洛紛擾矣，是故其急之也。於戲，沿革無常，而形勢有定。若朔州者，非今日所當急者耶？

考之舊史，宋嘗於邊境置四軍，曰崇化，曰火山，曰岢嵐，曰樓煩。岢嵐雖重兵，而移置嵐谷；樓煩雖舊號，而頗近静樂。蓋岢嵐本以岢谷得名，而樓煩則自併北管之後以漸南矣。獨崇化爲今之寧化，去寧武爲近，火山屬有偏頭，去偏頭爲近，實今日二關之所宗也。於戲，周人城朔方，不聞有鴈門也，李牧備鴈門，不聞有寧武也，中國遺禍之淺深，不亦大可慨邪！

宋熙寧八年，詔韓縝割分水嶺以北地畀契丹，東西失地凡七百里。其後契丹復包取兩不畊地，下臨鴈門，遂啓用兵之釁。夫宋人所割分水嶺之地，今不可考矣。然嘗登鴈門，踰夏屋，極目於勾注、廣武之間，而知陘山形如人字，一脊中分。山南據脊，則利歸山南，山北據脊，則利歸山北。遼人所索，必此地也。不然，則彼以射獵畜牧爲業，每每空千百里之地以養禽獸，而顧獨拳拳于此三十里間邪？夫宋君可與有爲者，神宗也，今其言曰：「所争止三十里，大臣殊不究本末。」夫斥鹵沙磧之場，連阡彌望，虜所不争，隘塞險易之間，不十數里，利害即相懸矣。神宗但喜其道路之不遥，而不究域民之大限，斯惑也已。神宗所恃以有爲者，王安石也。今其言曰：「將欲取之，必固與之。」夫如其非義，一介不以與人，一介不以取諸人，安石但知冀望于未獲之石田，而不知致惜其守成之要地，惑又甚也。君臣如此，尚何言哉！卒之粘没喝之師一出雲、朔，遂下太原，非以鴈門失守與？李絳有言曰：「邊城要害，當謀之邊將。」規河、塞之外于廟堂之上，鮮不敗事。」其謂是夫。或問宋失幽、薊矣，粘没喝之師何以先下太原？曰：宋失幽、薊，白溝爲界。既無大險素所重防，鴈門則石晉之所未割，太原恃之爲藩。宋棄分水嶺不以爲意，而遼、金知之，以爲出奇之路也。

國初置東勝諸衛，然多事草創，什伍虛耗。至正統十四年九月，虜寇擁逼，詔徙諸衛內地，遂棄東勝，此我朝不復四郡之實也。洪熙、宣德之間，玩常而不思其變；景泰天順之際，守近而不謀其遠。由是偏頭鄰於犬羊，而全晉以北單矣。豈惟全晉，五原、雲中，趙武靈所欲下甲咸陽者也，此而不守，則左臂斷，全陝危矣。可勝惜哉！于少保公極力於獨石，而不注懷於東勝，其意何也？

總督宣大余子俊言邊務曰：「自古命將出師，誅暴禁亂，見可而進，知難而退，進退之間，非車不可。臣奉命以來，熟看大同地方，山川平曠，宣府地方，一半相等，門庭寇至，車戰爲宜。今爲軍之計，大率以萬人爲一軍，戰車五百餘輛，用步軍十人駕拽，行則繼以爲陣，止則橫以爲營。車空缺去處，用鹿角柞補塞。凡戰士器械不勞馬馱，乾糧不煩自齎。若使虜賊合衆封壘，彼用弓矢，止有百步技能，我用鎗砲，動有三四百步威勢。如相持過久，彼將分散搶掠，我則出兵，或首遏其驕橫，或尾擊其惰歸，前項車營，取便策應。運有足之城，策不飼之馬，此億萬年守邊簡易之法也。前此李賢於景泰時亦疏稱邊境俱用戰車，可以橫行沙漠，不但驅之出境而已。近觀各邊所造戰車，上安神鎗銃砲，規模亦似可取，施之戰陣，多不濟用者，何哉？蓋此車之造，止可爲自守之計，非臨陣取勝之術也。今邊防之地，非山澗則沙磧，賊虜之來，疾如飄風，縱馬一馳，倏忽數里。倉卒之際，車何能自隨？若虜乘風縱火，則與陳濤斜之事一律矣。余謂制虜之術，莫如拒馬鹿角，攢竹長牌，馬上可以帶之，隨軍而行，一則可以拒戰馬之衝突，一則可以遮胡虜之亂矢。禦虜急務，莫先於此。昔吴璘拒金人於鷄頭關，實藉此具，踵而製之可也。」

山西土瘠民貧，村落細民多不能屋宇，乃就高地鑿土爲窑以居之，夏涼冬温，頗利於貧家。孟子所謂「上者爲營窟」，漢書所謂「甌脱」是也。

正統三年七月丁亥，巡按河南監察御史丁璿以直隸寧山衛遠在山西澤州之境，其屯田布於河南大名諸郡縣，屯卒散居，衛官巡視不及，往往縱恣爲盜。請以寧山衛或隸河南，或隸山西，且將散居屯卒編之成屯，庶衛官得以不時巡督，有爲盜者連坐之。事下兵部議，以寧山所以控制河南山西二都司規畫已久，難以改隸，其編屯、連坐之法，請如其言從之。

嘉靖三十三年五月，山西巡按宋儀望言，桑乾河發源于金龍池下瓮城驛古定橋，會衆水東入蘆溝橋一千餘里。在大同則卜村稍有亂石，在府則黑龍灣有石崖頗險。其險與亂石不越四五十餘里，水淺處亦深二尺三，誠疏鑿之，爲力甚易。當時撫臣侯鉞嘗駕小舟至懷來，過卜村，踰黑龍灣，坦行無虞。又自懷來載米三十石逆水而上，竟達古定橋，則河足便漕，有明徵矣。時朝廷新行挖運之法，山谷崎嶇，率三十石而致一石。部臣謀所以易之，未得其便。及儀望疏下兵部，任其可行，且稱都御史趙錦常使人從桑乾河水行千里，直抵大同城下。若稍加疏鑿，不惟通漕，且因可以捍邊。詔會工部議之。工部謂遠河重役，請俟詳勘舉行。遂報罷。

吴甡撫晉疏

鴈門廣武爲代州第一扼要之衝。廣武西接盤道梁十餘里，俱有磚牆。其西白草溝路通代、崞，前歲虜從此出口。盤道梁爲中路最衝。陽方一帶山坡平衍，處處可以闌入。去歲賊犯苦森梁，距陽方堡不數武，而將官退守一城，任其闌入。今舊牆改土爲磚。歷廣武而東，寺兒溝、水峪皆有險可據，惟胡峪口寬衍。過胡峪三十里爲馬蘭，垣牆甚堅，山勢亦峻。又十五里爲茹越，虜屢從此出入。小石兩旁山雖層疊，多可踰越。其北關城西面爲山水所壞，塌五丈餘。過此爲北樓，其形勢全在設兵兩山之顛。前歲虜不攻北樓城而從西山駕梁入口，莫之能禦。北樓以東爲平刑，其衝隘甚多，賊南犯廣昌、靈丘，則平刑首當其衝。三關西、中兩路尚有邊牆，東路無邊牆可守。邊以内一望平原，虜繇陽方入則陽武峪爲扼要之地，繇白草溝、茹越、小石入則繁峙、代州爲扼要之地。若大勢南下，則原平、忻口、忻州爲扼要之地。過忻州四十里爲石嶺關，有險可守。唐時設防，稍存遺跡，今蕩爲平丘。旁多小路，可以南通陽曲，西走静樂，過此則直抵太原。太原之東南則榆次、壽陽、平定而通固關，僅三百餘里。太原之西則太原縣、清源、交城、文水而入汾州之境。太原之南則徐溝、祁縣、平遥、介休而入平陽之境。是故論地利，則三關稍有險阻，有守兵把住陽方、盤道梁、神池、白草溝、茹越、小石、北樓、平刑等口，乃可使虜不窺犯内地，在在平夷。有戰，兵扼擊於代州、原平、忻口、忻州、石嶺關等處，則太原或可無虞也。虜若從大同邊口入犯，則走井坪、應、朔而犯神池、陽方、盤道梁等口，再東則廣武、白草溝、茹越、小石、北樓，處處當防。若從宣府入犯，則走蔚州、渾源州而犯平刑、北樓、小石、茹越等口，再西則盤道梁、陽方、神池處處當防。崇禎八年，虜入陽方之苦森梁，肆掠於原平、忻州、定襄，總督親領標兵迎擊於原平、崞縣、代州之間，虜亦旋遁。前歲臣駐忻州，扼其南下之勢，虜故折而東掠定襄，逼近五臺，以五臺山險不及掠而遁。

大同置鎮，與宣府同。夫西北形勢重宣、大，宣府之藩籬不固，則隆永急矣；大同之門户不嚴，則太原急矣。然宣、大地方，本相聯屬，以今京師較之，則京師以宣、大爲障，而宣府又以大同爲障。我高皇帝汛掃腥膻，以大同川原平衍，虜易長驅，兼與保定、山西相爲唇齒，特建重鎮，以爲倒馬、紫荆、鴈門、寧武之扞，設諸衛所錯落其間，各屯重兵以鎮壓之。而鎮巡其地者，又嘗於九十里外築小城曰小邊，於百里外築大城曰大邊，其於邊防亦既云固。然歲久傾圮，繼事者雖嘗繕脩，寖爲風雨之摧剥，小邊之外悉爲虜牧矣。顧鎮城東西猶有聚落、高山二堡爲兩掖，而北無藩障，獨當虜衝，爲備甚難。于時巡撫張文錦城紅寺、臚圈、窯山、水頭、沙河五堡，説者謂得扼險之要。惜其發戍失宜，以及於難，繼事者遂以爲戒。嘉靖十八年，總督毛伯温極言建堡之便。詔下巡撫史道，乃躬履其事。以鎮胡地險，移置稍西，名鎮邊堡；水頭地僻，移置稍東，名鎮川堡；沙河地沮洳，移置河南，名鎮河堡；紅寺仍舊，改名弘賜。又于弘賜西置鎮虜堡，倚地召軍，三面開耕，一面禦敵。二十二年，總兵周尚文復增築靖虜五堡，以翼弘賜，築滅胡九堡，布列於西，以障威平，各招募邊人爲軍，墾地資養。又於塞外築拒牆五堡，以厚屏其肩背，亦各募兵戍守。後督府翁萬達與巡撫詹榮議自丫角山至宣府李信屯通脩築長城，城有臺以利旁擊，臺置屋以處戍兵，而城下則留暗門以便出哨。蓋保障復故，而規制爲密焉。然議者猶謂拒牆五堡在長城之外，屯戍孤而塞人懼，非計之得也。乃又城外築塞，如偃月形，東西皆附于舊塞。自是塞垣内外恒如對壘，虜不敢窺，而邊氓稍稍靖矣。然嘗謂宣府之備紫荆、倒馬，必于蔚州；虜寇之犯蔚州，必于陽和，蓋陽和關山口以東原未設險，拒守不便，其鵓鴿峪、鐵裹門、水峪、瓦窑等口俱係虜衝，此之不慎，中原騷動矣。必嚴諸口之戍，則虜不至陽和、天城；謹白登之地，則虜不至順聖東、西川；設蔚州之伏，則虜不至廣昌、廣靈，而紫荆、倒馬高枕矣。若右衛之北，有兔毛河口，直通塞外，又最爲要害。蓋兔毛之水，派流平衍，中難爲賨，涯滸土壤，旁難爲墩，守者病之。故太學生陳善議以岸築高墉，與長城等，隨水曲折，長數里餘，河流寬不百步，而兩岸乘墉者以火石下擊之，可保必守。斯亦備邊者之所當預圖哉。

鴈門，古勾注西陘之地。重巒疊巘，霞舉雲飛，兩山對峙，其形如門，而蜚鴈出於其間，故名。輿圖志曰：「天下九塞，鴈門爲首。」國朝洪武初爲代縣，尋改州。以地密邇雲、朔，接壤沙漠，開置振武衛，轄六千户所。乃即代北四十里置鴈門關，關外大石牆三道，小石牆二十五道。北爲廣武站，隘口十八。東爲水峪，爲胡峪，爲馬蘭，爲茹越，爲小石，爲大石，爲北樓，爲太安，爲團城，爲平刑。西爲太和，一名白草溝。爲水芹，爲吊橋，爲廟嶺，一名夾柳樹。爲石匣，一名鵰窩梁。爲陽武峪，爲玄岡，爲蘆板口，各有堡。正德十一年，都御史李鉞增築土堡十有一座于北口，在關東者七，在關西者四。又於通賊要路咸斬崖挑塹，間以石牆。然廣武當朔州、馬邑、大川之衝，通忻、代、崞、峙諸郡縣之路，虜從大同左、右衛而入，勢當首犯。東越廣武，則北樓、平刑皆爲虜衝。西越白草溝，則夾柳樹、鵰窩莫非要害。鴈門警備，於是爲急矣。

寧武，古樓煩地。據兩關之中，舊爲寧武屯。自正統己巳以來，虜數侵軼，都御史李侃奏宜置關屯戍，於是因舊名立關，以寧化所隸焉。堡凡十二，東爲大河，爲陽房，爲朔寧；北爲神池，爲大水口，爲利民；西北爲黄化嶺，爲土棚，爲義井；西爲寧文，爲二馬營；西南爲西鎮。而寧文又寔與寧武相爲掎角，以扼西山之險。嘉靖十三年，都御史任洛自鵰窩梁至達達墩築邊八里二百二十步，砌以石，然自陽房口而西尚缺藩籬。夫陽房，西陘之隙漏，爲朔州、大川之衝，通忻、代、嵐、石、永諸路，平衍夷漫，虜雖擁十數萬騎，皆可成列以進。往年虜寇内地，率由於斯。十八年，都御史陳講以舊邊不可恃，乃尋王野梁廢蹟脩復之，東起陽房，經温嶺、大小水口、神池、蕎麥川，至八角堡，悉築長城，凡百八十里，且築且劚，土石相半，外爲壕塹。二十三年，都御史曾銑謂邊牆高厚弗稱鴈門，乃復增築之。蓋三關中路之備，於是稱壯焉。

偏頭，古武州地。東連丫角山，西逼黄河，與套虜僅隔一水。其地東仰西伏，故名偏頭。宋自南渡後，屬金、元，爲偏頭關，國朝因之。堡凡十有八，關以東爲馬站，爲八柳樹，爲老營；東北爲小營，爲水泉；北爲寺塢，爲滑石澗；西爲樺林，爲樓子營，爲羅圈，爲楊免，爲唐家會，爲五花營，爲得馬，爲灰溝；南爲永興；東南爲八角，爲長林。大邊在關北一百二十里，起大同之崖頭至黄河七十里，無牆而有藩籬。成化二年，總兵王璽復於關北六十里，起老營、丫角墩至老牛灣，築牆二百四十里，號爲二邊。而三牆則在關東北三十里，起石廟兒至石梯墩，凡七十里，爲總兵李瑾所築。四牆在本關二里，起鷹窩山至教場一百二十里，爲兵備張鳳羾所築。後復以時增脩，比之二關，尤爲慎固。蓋山西惟偏頭亦稱外邊，與宣、大峙。宣、大以蔽京師，偏頭以蔽全晉，全晉安則京師安矣。彼鴈門、寧武雖概稱三關，而其緩急則與偏頭異。論者謂偏頭倚大同爲蔽，足爲太原之障。然虜自西北馬邑而入，則大同之援兵不能及。況遇河凍，虜犯嵐、静，多由偏關出没。國初建將屯兵，首先偏頭，蓋以此也。若老營堡東接平虜，去大同邊不遠，寇警時至，使得驍將勁卒且屯且守，則丫角墩而南、陽房口而東西，烏用是紛紛也。往歲老營將卒鏖戰於荆家莊，斬首於三馬營，有自虜回者，問虚實，先曰「老營黑油帽子」云。治兵者優之芻茭行糗，而鼓超距躍矢之勇，邊障其倍氣乎。

按地里，起宣府東路之四海冶，迤邐而西，歷北、中二路，抵西路之西陽河，爲大同界。大同東路之東陽河，迤邐而西，歷北、中二路，抵西路之丫角山，爲山西界。山西之老營堡，迤邐而西，歷水泉、偏頭，抵保德州，爲黄河界而止，計一千九百二十里有奇，皆逼臨虜巢，險在外者也，所謂極邊也。山西老營堡轉南而東，歷寧武、鴈門、北樓，至平刑關盡境，又轉南而東，爲保定之界，歷龍泉、倒馬、紫荆之吴王口、插箭嶺、浮圖峪，至沿河口，又東北爲順天之界，歷高崖、白羊，抵居庸關而止，共二千五百里有奇，皆峻山層岡，險在内者也，所謂次邊也。我國家奠鼎燕京，外邊西連延、綏，東距薊州，勢相掎角，至於爲京師屏蔽，則宣、大爲特重，非他鎮可比。合言之，則大同川原平衍，又最稱難守；次宣府，次山西之偏、老。分言之，則大同之最難守者，北路也。次中路，次西路、東路。而山西偏關以西百五十里恃河爲險，無待防秋。偏關以東之百有四里，則略與大同之西路同焉。夫大同爲山西藩籬，本相聯屬，曩因虜越大同入山西，當時地方諸臣誤以大同爲難與共事也，乃獨築寧、鴈以東至平刑邊牆八百里於腹裏，掣回大同備禦之兵以守諸關，已非國初經略之本意。繼因守兵不敷，添設太原等處參遊兵馬七營，召募客兵，僉派民壯，分布擺守，公私轉輸，内地騷動。所謂財匱於兵衆，力分於備多者，正謂此耳。近年兵部侍郎翁萬達與巡撫楊守謙會議，以扼其要害則人聚而力全，二鎮邊牆接連僅七百餘里，則地近而費省，欲罷寧、鴈之戍兵，以併守大同。大同有備，則山西可保無事。將來客兵可以漸掣，供億可以漸省。所議似爲得之，但内外二邊皆所以扞蔽燕、晉，保障黔黎，外邊苟得驍將防守維嚴，虜固不能窺矣，萬一失防，胡馬深入内地，忽覩崇墉横阻，軍容雄盛，既慮守戍之衝其前，又慮遊騎之尾其後，兇威少挫，寔由於斯。若因併力於其外，而遂疏略於其内，未免棄重險而啓戎心。昔人謂全晉之安危視三關，而畿輔以西、大河以北安危視全晉，則三關之守，固不得不嚴以審。況保德逼近黄河，多係套虜渡口，苟控弦引弓之胡望月擣虚，深入流毒，何可勝道。故三關立鎮，與大同略等。自是忻、代、沁、遼之間高枕，而恒嶽、大河之内不震不悚，此寧、鴈之戍兵所以難遽罷也。蓋詳於外防，固以捍内，而量爲内備，亦所以資外。惟内外共貞，不分彼此，而併力防守，不勞大費，所備者寡，所守者要，則於民政邊防可謂兩便之矣。

土堡。相度地宜，依山據險而爲之。各堡積矢石，備器械，官有廨宇，士有營舍，而倉廒草場咸備焉。語曰：「百人之堡，千人不能攻。」其勢便也。大同、三關諸營堡，圖説固已系而載之矣。然邊方鄉落，民堡尤多。有一鄉數堡，一堡數家者。又素無弓弩火器，虜入守空陴坐視，恒有陷失，殺戮甚衆。前督府翁萬達令併民堡，孤懸寡弱者廢之，編其民于附近大堡，協力拒守。每堡擇才力者爲堡長，次者爲隊長，堡長得以制隊長，隊長得以制伍衆。每五十名爲一隊，每隊奇正各半，隊長二人，一統其正，一統其奇。居常則人守一陴，奇正相間。一方有急，則三方應援。奇者赴之，正者攝守。又多造火銃、飛砲、佛朗機之類，分給堡寨。初，虜之攻堡也，聲其諸處而掩其一隅，誘之策應而乘其不備，鄉民無遠識，往往擾亂以墮其計。今奇正相間，一調一守，規畫密矣。乃若腹裏故無土堡，自庚子、辛丑虜勢鴟張，殘賊内地，於是各脩堡以備之，而因地團聚爲制不一云。

塹窖。多鑿於近垣，以阻侵軼。鑿地横亘曰塹，間鑿間否，形如品字，有隆有伏，互相倚伏曰窖。蓋城堡所以能禦患者，以有塹窖爲恃也。嘉靖二十一年，總督翟鵬用參政胡松議，自鎮邊堡而東至陽和後口，鎮河堡而西至老營堡，鑿爲長塹。初，諸堡及煙墩亦各挑挖溝塹以遏虜寇，或穴地爲品窖。然議者謂中國設險有三：垣、塹、窖，垣最可恃，窖次之，塹又次之。蓋垣者因高遠眺，敵無所逃，乘險下拒，己易爲力。塹則沿守者無所依蔽，眺望者不獲遠施。嘗計一虜挾一束芻，則萬虜頃刻之際可平數丈也。若窖有隆伏，平之反難。夫自邇年多事，虜騎馳突，中國困于格鬭，疲于奔命，于是守境之議興，設險之法密矣。塹窖之設，固秦人塹山堙谷之意，惟先練其士卒，固其藩垣，則塹窖亦守國之所不可廢者矣。

烽墩。多設於邊境，以時偵望。蓋山西瀕虜，屯牧連野，隄守失嚴，變將隨至。必相地形高聳足以遠眺者，築立墩臺，設軍戍守，一旦有警，晝則鳴砲，夜則舉火，庶警報易以飛傳，兵馬便於召集。舊志載大同三路煙墩共二百三十五座，蔚州並屬縣接邊腹裏煙墩共四十六座，代州並鴈門關煙墩共二十二座，寧武關煙墩七座，偏頭關三路煙墩共八十九座。後總督余子俊言禦邊莫先設備，設備在於添墩，議每城二里須墩一座，以十人守之，墩設二懸樓以施砲石，非但瞭望得真，砲石亦可以四擊。蓋砲石所及，不下里餘。今以兩墩共擊一空，無不至之理，但兩墩相去，其間一里，砲石雖及，豈能一一命中？一墩戍守，不過十人，徂擊雖雄，豈能使之必奔？然邊塞父老至今歸功肅敏，以爲一勞永逸，虜數十年不輕南下，勢之所値異耳。要之速於傳報，以知敵情虛實、虜衆多寡，則烽燧之設固不可已也。顧人心玩愒，瞭望欠嚴，傳報或遲，遂至失事。使總戎者修葺坍塌，俾其完固，稽查督守，預爲戒嚴，則爲守邊防虞之助，亦豈其微哉！

虜情。嘗聞邊人之談虜情者曰：「百騎不越城，千騎不越路，萬騎不避鎮。」言虜騎愈多，則所入愈深也。又曰：「鎮守戰，原野撼。分守戰，山谷斷。守備戰，溪岸判。」言所統既寡，則相機其宜也。然虜情先後巨細不同，而應變規畫亦隨以異。夫自魚臺失利，虜人肆欺，重以雲中之變，叛人爲之嚮道，虜遂侈志，謂可憑陵。然小舉不過本路，大舉亦不過宣、大兩鎮而已。自十九年虜自弘賜入，于是有太原之謀。蓋以邊徼重兵，生養不富，縱有所獲，未足致飽，以故直逼朔、應，南入陽、武，肆毒于忻、代、岢、石之間。然掠太原必深入，深入必資禾，而皮褐不便暑濕，馳突苦于泥淖，一遇邀擊，則全軍危矣。故復有畿甸之想。夫自萌畿甸之想也，于是有紫荊之叩。蓋以太原路遠，阻隔大同，縱使獲至，亦必難返，以故直入廣昌，南犯諸隘，極鋒于浮屠插箭嶺之間。然抵廣昌，必由蔚州，由蔚州，必道南山，非二日不能越廣靈，非五日不能出靈丘，未獲叩關而馬力疲矣。故復有陽和之役。此虜情之三變也。方其有太原之謀也，而我日備宣府，及其有畿甸之想也，而我日備朔、應，則凡數年之經營勞悴者，咸與虜左矣。夫不挈輕重、較遠邇以爲備，但見虜近之地，即從而爲之防，是何異於刻舟求劍哉！兵法曰：「攻其所不守，守其所不攻。」此在制敵者審之而已。

虜候。嘗詢之境外，謂虜於明水灣、柳川鋪、火焰山、大黑山、松樹山駐帳，則必犯偏頭；羊園子、石佛堂、桃花寨駐帳，則必犯岢嵐；氈帽山、大黄口、鴿子堂、野馬川、下水海、沙嘴、牛站口、牛角川駐帳，則必犯大同；察罕惱兒、迤都山、奇黄山駐帳，則必犯宣府。邊人亦每以是爲候云。又塞外剪子關、青粱寺，實虜騎屯聚之處，駐此未有不犯陽和者。往歲沿邊所用覘邏之人，以夜爲日，視險如夷，或遠探賊營，或深入賊壘，虜人畏之而不敢近，邊人恃之而得以先知。近時所用，徒有虛名，賊將至而不知，虜已出而方覺，緩急何所恃也。宜遴選哨探之人，厚其酧賞，使密於探伺，虜之動静既可以先知，我之戰守亦可以預計，何路爲賊所必入，當據險以遏之，何路爲賊所必歸，當按甲以邀之。晝而張疑以分其勢，夜而銜枚以劫其營，則禦敵得坐制之策，先人有奪人之功矣。

防秋。國家禦虜，四時不徹備，而獨曰防秋者。備虜之道，謹烽明燧，堅壁清野而已。至秋，則農人收獲，壁不可堅，禾稼棲畝，野不可清，虜或因糧于我，得遂深入，而秋高馬肥，又恒憑强以逞。故防秋之兵，遠地調集，主客相參，步軍受障，馬軍列營，視四時獨加嚴焉。然兵以防秋，秋盡而徹，此自常規。若自夏徂冬，聚而不散，則客兵承調，去家一二千里，朔風凄肌，饋餉不給，鶉衣野處，黿腹徒延，此亦情勢之所宜恤也。至於本路土兵，仍舊戍守，而夏有脩牆之役，冬則偏頭防河，皆所不廢。諺曰：「冬不可以廢葛，夏不可以廢裘。」蓋言豫也。若一報掣兵，諸防悉解，事起倉卒，束手無措，又豈備豫之道哉注五。

詰邊。曩歲邊卒偷玩，關塞不嚴，盤詰鮮實，禁罔多漏。精兵良鐵皆爲虜有，漢人逋逃，爲之耳目，虜入道里必知，至有殺掠時呼人姓名者。嘉靖二十四年，督府翁萬達下令詰邊，且督諸將分遣間諜往來塞外，多方巡徼，于是境上始嚴，虜莫窺我虛實。及二十七年春正旦，督察少怠，虜伺便燒暗門入，驅羊馬數百去。夫一旦稍弛，虜且逞志如此，則夫邏徼傳箭之法、墩卒偃旗之令、間諜密越之警，固當申嚴而慎固之也。

招降。往時歸正人至境上，墩軍以爲奇貨，往往執殺，僞爲首功，遂有南望號泣，不敢近塞。

及乘間竊入被執，抵爲虜謀者。夫被虜之人本我赤子，一陷遐荒，永隔天日，萬死爲謀，竊命南竄，此其殘喘驚魂可爲哀憐者也。登我垣塞，如覩所生，而兇悖墩卒殺之以規利，貪淫將校假之以邀功，甚者敗績而懼獲罪，又有尋功抓級之事，邀殺被虜，冀贖前愆。如此，則被虜者去而從賊，尚可得生，還從我軍，顧不脱死，孤窮困厄，莫可控訴。先總督嘗頒招降賞格，于是一年得降口數千百。邊人曰：是不惟全生命，而革僞級、惜官禄亦鉅萬矣。

用間。胡世寧曰：今之備邊，莫先用間。竊計各邊軍士不下數十萬，虜騎控弦不過數萬，然彼常寇我有餘，我嘗禦彼不足者，蓋由彼能用間而我不能耳。故彼常虜掠因糧於我也，而我則困於遠輸；彼常入屯我重地也，而我則散地難戰。如彼欲專攻大同也，而佯爲移攻宣府之形，彼惟分遣數騎也，而誑爲將發大衆之語，使我被虜之人聞之見之，陰縱歸報，我且疑且信，而各邊屯戍愈分愈寡，愈久愈疲，彼則專攻我一處，而力常有餘。此能用間之利也。往年長夏屯我大同，彼犯兵家之忌矣。使我有間知彼虚實，諳彼道途，設奇制勝，出其不意，彼將進無所獲，退無所歸。乃坐失機會，非不能用間之弊哉？今彼有虜掠探聽入境之人，爲我所獲者，我惟不逞小忿，免其誅戮，不惜厚賞，悦其心志，因而用之，則彼中酋長有心慕中國者，我得以知而招懷之，有自相猜忌者，我得以知而携貳之，有陰爲間諜者，我又得以知而誑惑之，由是五間可以次第畢用，而我師所出動中機會矣。

入貢。北虜之在我朝，其始也，入貢於成祖之三駕，其繼也，欵塞于成化、弘治之間。今上之十一年、二十年、二十六年，俺答入凡三欵矣，是固夷狄慕化之心。若通貢之後，上之人視爲已安，而督勵之政稍弛，下之人習爲無事，而奮勇之氣或怠，則乘隙而竊發，其禍不可長也。此所以威棄之命屢下，而詔申嚴守備，可謂得自治之策矣。然説者謂始而拒之，終而許之，使日有冀望，不至甘心爲惡，則威惠並著。彼陽和之三戰不前，兩鎮之邊工幾就，俺答屢使求貢，自誓不擾，于是宣布天子之威德，容其向化。且及邊警少息，我之治備更獲詳密矣。或曰貢使往返畿輔，窺我險易，不知此易防也。館其人于大同，進其方物于京師，不亦可乎？

右所志皆係於大同三關急要害也。然關隘之置，外遏寇敵，内詰奸慝，匪可以承平而忽之者。故於内地關隘、屬國險阻，具列左方，見國朝慎固封守之意。

天門關。在陽曲縣西北六十里，路通舊嵐管州，宋設戍兵，金置酒官，今廢。其東北崖，隋煬帝爲晉王時所開，名楊廣道。石嶺關。在陽曲縣東北一百二十里，忻州南四十里，乃並代、雲、朔要衝之路。舊有戍兵，金置酒官，今廢。馬陵關。在太谷縣東南七十里，榆社縣西北九十里。相傳爲龐涓自刎處。又五代梁伐太原，刺史張歸厚自馬陵關入，即此。隆州谷關。在祁縣東南九十里，南通沁州，北通徐溝縣，兩壁皆山，道傍有水，名胡甲水。國朝洪武三年，置巡檢司，今裁。伏馬關。一名白馬關，在盂縣東北七十里。又東北四十里有榆棗關，滹沱河所經，路通真定府平山縣界。鹿徑嶺關。在静樂縣西六十里，路通岢嵐州界。舊置巡檢司，今革。兩嶺關。在静樂縣東六十五里，南通陽曲縣。國初調太原左衛官軍守。洪武八年，改置故鎮巡檢司，繚以土城，周圍三百五十步，高一丈一尺。樓煩鎮。在静樂縣南七十里，東臨汾水，西抵周洪山，通交城縣。本宋、金縣治，元改置巡檢司，國朝因之。洪武二年建。娑婆嶺隘。在静樂縣東八十里。國初調太原左衛官兵守。洪武七年，置巡檢司。土城如兩嶺。其西五十里有馬家會隘口，東北十里有石神嶺隘口，通忻州界，西北三里有橋門嶺隘口，其東南十餘里有楊寨溝隘口，南十里有懸鍾嶺隘口，通忻州牛尾寨。楊家寨。在河曲縣西北七十里，舊調鎮西衛官軍守，今革。得馬水關。在保德州東北一百里。洪武九年，置巡檢司，繚以土城，周圍一里，高一丈二尺。天澗堡隘。在岢嵐州北五里兩山之間，北通大同，南通本州。三井鎮。在岢嵐州東北四十里三井村。國初置巡檢司，今革。二郎關。在嵐縣北二十五里。天村元大德十一年，置巡檢司，繚以土城，圍一里，高一丈。國朝因之。洪武十八年重建。乏馬嶺寨。在嵐縣北二十五里，城圍二里，高一丈五尺。洪武九年，鎮西衛調官兵守，今罷。孟家峪寨。在嵐縣北六十里，城圍三里，高一丈五尺。洪武九年，鎮西衛調官兵守，今罷。在興縣西南五十里黄河崖，路通陝西神木縣。洪武三年，置巡檢司。近有穆家峪，舊置巡檢司，尋革。界河口。在興縣東六十里，路通岢嵐州。洪武三年，置巡檢司。孟門關。在石州西南十五里注六。洪武十八年，置巡檢司。赤堅嶺。一名赤洪嶺，在石州北一百八十里。洪武三年，置巡檢司。葦澤關。在平定州東北八十里。隋於此置縣，亦名葦澤，後廢。井陘關。一名故關，在平定州東九十里。漢韓信擊趙，東下井陘，即此。洪武三年，置故關巡檢司。其南三里有甘桃口，北十里有娘子關，俱路通直隸真定府井陘縣界。赤塘關。在忻州西南五十里。昔田父劉赤塘隱此，故名。寨西隘口。乃雲内鎮也，一名雲内堡，在忻州西北五十里。洪武間置巡檢司。沙溝寨。在忻州西北七十里。洪武間置巡檢司。牛尾莊寨。在忻州西南九十里白馬山西南，路通静樂縣界。洪武七年，置巡檢司。平刑嶺關。一名瓶形，在鴈門東二百三十五里，路通靈丘縣。西北連渾源州大寨口，南接真定府阜平縣界。嘉靖二十年，賊由此出。今設有守備一員，百户一員，征操馬軍五百名，守堡旗軍一百八十四名。又鴈門關東有水峪、胡峪、馬蘭、茹越等十隘口，西有太和、水芹、吊橋、廟嶺等八隘口，各設戍兵，統以千户，或百户，已附見鴈門並三關圖，兹得而略云。石佛谷。有二，一崞縣西三十里，北接朔州界。元末用石壘寨，國朝因之。南通廟嶺。其西北有郎嶺關，洪武七年，千户王原築。一在五臺縣東南五十里百蘭都。大峪口。在五臺縣東北五十里福勝都，路通直隸真定府阜平縣，西通崞縣。永樂八年，置巡檢司。高洪口。在五臺縣東南七十里，南連石佛口，北接大峪口，路通阜平縣關口山。洪武九年，置巡檢司。飯仙口。在五臺縣東北一百二十里。永樂九年，置巡檢司。其西南二十里有孤野口，又西北二十里有趙勝口。太平關。在襄陵縣南三十五里，太平縣北二十五里。舊名故關鎮。龍化鎮。在翼城縣東四十里，南連絳州，北接浮山。張村堡。在蒲州東六十里。洪武間置巡檢司。陰地關。在靈石縣南二十里汾水西。靈石口。在靈石縣北四十里冷泉鎮。洪武八年，置巡檢司。永寧關。在石樓縣一十五里，西臨黄河，路通陝西綏德州清澗縣。窟龍關。在石樓縣東北六十里，東接孝義縣，南接隰州，北抵寧鄉縣。以上二關俱國初置巡檢司，今革。上平關。在石樓縣西北九十里黄河岸，路通陝西綏德州。洪武六年，置巡檢司。永和關。在永和縣西北六十五里黄河岸，路通陝西綏德州。洪武十三年，置巡檢司。烏仁關。在吉州西六十里，西臨黄河。洪武六年，置巡檢司。又一統志載有蒲州大慶、風陵二關，原屬陝西。平渡關。在吉州西北一百二十里，西臨黄河。洪武六年，置巡檢司。龍尾磧。在鄉寧縣西一百里。冬結冰橋，路通陝西韓城縣。洪武二年，置巡檢司。武平關。在絳州西二十五里。北齊時，屯兵於此，以防周寇。長樂鎮。在解州東門外十里路村。洪武八年，置巡檢司。聖惠鎮。在安邑縣西南二十里。洪武四年，置巡檢司。留莊隘。在聞喜縣東南七十里中條山上，南通垣曲縣，北接絳縣冷峪口。石佛寺口。在大同府城西三十里，左衛東一百十里，有牆堡。開山口。在大同府城東北五十里。山口有谷，名開山谷。河西有大寺、小寺二口。又南有黑峪口。兔毛河口。在大同府城西北二百里，右衛西北二十里。建牆堞一座。其西三十里又有小隘口。陽和口。在陽和衛西北十五里，東西十五步，牆高一丈八尺。名前口。行東北二十里，有將軍口，石牆高二丈。又東二十里，名後口，南北六十步。牆高二丈八尺。虎峪口。在陽和衛東北二十里，東西十五步，牆高一丈。白括峪口。有二，俱有陽和衛城東北，大口去城三十里，小口去城一十五里，東西各有一百餘步，石牆各高二丈五尺。威寧口。在陽和衛西北七十里，東西五十步，牆高一丈五尺。白陽口。在天城衛北二十里，東西六十步，牆高二丈五尺。榆林口。在天城衛西北三十里，東西五十步，牆如前。磚磨口。在天城衛西北三十里，南北五十步，牆如前。水磨口。在天城衛西北四十里，南北五十步，牆如前。偏嶺口。在懷仁縣西南五十里，北有大峪、小峪、蘆子、阿毛四口。神池口。在朔州西南九十里。正統十三年，置巡檢司。東南有土城基。楊六郎寨。在馬邑縣西五十里，鴈門關北口東山上，其西五里有佳吉寨。三岡四鎮。在應州。東趙霸岡，去城二十五里；西黄花岡，去城二十里；南護駕岡，去城三十里。東邊鎮，去城二十里；西司馬鎮，去城一十五里；南大羅鎮，去城四十里；神武鎮，去城四十里。黄沙口。在應州東南六十里，北接牛槽峪，南通代州大石口。龍灣峪口。在山陰縣西南四十里，過東有五人、盆子、沙家、赤石四峪，俱南通代州胡峪口。過西有龍灣峪，南通代州水峪口。又有東寺、西寺、白樹、棘料、石門、寬峪、水峪七口，今俱塞。磁窑口。在渾源州南一十七里恒山右脇，路通靈丘縣。洪武初，置巡檢司。上有「磁窑天險」四大字。其西八里，又有李峪口。西南十里，又有大、小凌雲二口，南通代州北樓口。亂嶺關。在渾源州東四十里恒山右脇，路通蔚州。國初置巡檢司。大寨頭關。在渾源州西南一百一十里，東南連紫荆關。洪武九年，置蔡家峪巡檢司。九宮口。在蔚州東南三十里九宮山，路通易州。金章宗嘗避暑於此。洪武間置巡檢司。五叉山口。在蔚州西北三十里五叉村，路通大同府，蔚州衛官兵守。石門口。在蔚州西南四十里太白山，舊名隘口關，路通靈丘、廣昌二縣。宋朝楊將軍嘗守此。國朝洪武間，置巡檢司。其東有鼴峪，路通廣昌縣。神仙口。在蔚州北五十里蘆子澗，路通保安左衛，蔚州衛官兵守。鴛鴦口。在蔚州東七十里，近壺流河，兩山相峙如鴛鴦，故名。路通保安右衛。永樂十三年，置巡檢司，今革。美峪口。舊在蔚州東一百二十里。其山秀麗，故名。路通保安州，直抵居庸關。永樂十三年，置巡檢司。十六年，徙建董家莊。興寧口。舊在蔚州東北一百二十里，路通大同、宣府。永樂十三年，置巡檢司。天順間，知州史魁請徙北口關。平頂嶺。在蔚州西北一百五十里，路通大同、宣府。永樂十三年，置巡檢司。焦山砦。在廣靈縣東北十三里焦山村。洪武間築。圍二里十步，牆高一丈五尺，壕深一丈五尺。加斗砦。在廣靈縣東南十五里加斗村。洪武中築。圍一里二百步，牆高二丈五尺，壕深二丈。土嶺砦。在廣靈縣城西二十里。洪武中築。圍二百步，牆高一丈五尺，壕深一丈。瓦房砦。在廣靈縣東北三十里瓦房村。洪武中築。圍一百三十二步，牆高一丈五尺，壕深二丈五尺。林關口。在廣靈縣西南十里林管山，路通靈丘縣。景泰初，徙平嶺關巡檢司于此。其東三十里有直峪口。又東十餘里，有唐山口及樺澗嶺、火燒嶺二口。今俱塞。水南寨。在靈丘縣西南五十里，高四里餘。其北有河水，寨在水南，故名。順城寨。在靈丘縣一百里。高五里，其寨峭壁如城，故名。又牛欄、觀音二寨俱在靈丘。寧浄口。在廣昌縣東南三十里，接浮圖峪，路通易州五虎嶺。浮頭峪。在廣昌縣東三十里鐵嶺下，路通紫荆關。以上二口俱景泰三年築堡設戍兵。對節寨。以山水枝節相對，故名。與饅尖、窟龍、孟良、栲栳、夾鞍五寨俱在廣昌縣。倒馬關。在廣昌縣南七十里，路通保定府唐縣。相傳前宋楊彦朗過此，倒其所騎之馬，故名。有戍兵。其西十里有岳嶺口。金鎖關。一名向陽峽。在汾州西三十五里。巖嶮插天，中斷如闢，爲汾石咽吭。漢、晉皆置關守之。洪武初，置巡檢司，尋罷。黄蘆嶺關。在汾州迤西六十里。宣德四年，置巡檢司。温泉鎮。在孝義縣西九十里高唐山之側，南通吉隰州，北連寧鄉石州，置巡檢司二處。自高唐以南爲南温泉，屬隰州。此爲北温泉，屬孝義縣，今名温泉鎮。關子嶺。在介休縣東南六十里，路通沁州沁源縣，南接太行，北連汾、晉。洪武五年，置巡檢司。普同關。在平遥縣南五十里普同谷口，東南曰綿上，通於沁源，西抵關子嶺，南入岳陽，東接太行，北連汾晉。洪武五年，置巡檢司注七。土河寨。在武鄉縣東七十里，西、南、北三面阻絶深澗，東面有牆，今名土河村。　綿上關。在沁源縣北八十里綿上都。洪武四年，置巡檢司。　黄澤關。在遼州東南一百二十里太行絶頂，山勢險峻，其路盤旋曲折，故名十八盤。元舊關。路通河南彰德府武安縣。洪武十一年，置巡檢司，圍三百六十步，高一丈。　松子嶺關。在和順縣北三十五里，路通真定。五代末，河東守險之地。國朝正統八年，置巡檢司。　黄榆嶺關。在和順縣東八十里太行山頂，路通順德府。洪武三年，置巡檢司。　十八盤隘。在壺關縣東南八十里，路通彰德府林縣。　正梯隘。又名梯頭隘，在壺關縣東一百一十里，路通彰德府林縣，以形險若梯，故名。　槲林隘。在壺關縣東南一百二十里羊腸坂，路通衛輝府輝縣。　長平關。在長子縣南四十里，高平縣北四十五里。以古有長平郡得名，即秦白起坑趙卒四十萬處。　隋置關，唐因之。一名江猪嶺，以上有石猪之形云。　五巑關。在襄垣縣西南七十里。正統元年，巡撫侍郎于謙請置巡檢司。　壺口故關。在黎城縣東北二十八里。按前漢書上黨郡有壺口關，文獻通考黎城有故壺口關，今吾兒峪即其地。洪武二年，置巡檢司。　天井關。在澤州南四十五里太行山絶頂，即孔子回轍處。　横望隘。在澤州南八十里太行山絶頂，即狄梁公望雲思親之處。洪武二年，置巡檢司。　永和隘。在陵川縣南六十里，路南距懷慶府碗子城一十里，有柳樹隘口，路通本省清化鎮。　五度關隘。在陵川縣通懷慶府脩武縣。國初設巡檢司，既革，而調寧山衛官兵守，今亦罷。

荆子隘。在陽城縣南八十里，路東南八十里，路通衛輝府輝縣。初以寧山縣官兵守隘，今罷。通懷慶府濟源縣。今懷慶衛官兵守。　東烏嶺關。在沁水縣西北五十里。宣德四年，置巡檢司。

屯田。聖祖監古立法，凡天下兵衛鄰邇閒曠之地，皆分畝爲屯，倚耕以守。嘗於洪武二十五年，諭宋國公馮勝等曰：「屯田守邊，今之良法。與其養兵以困民，孰若使民力耕而自衛？」於是命勝、友德及安慶侯政、西涼侯璵等至太原平陽，閱民户四丁以上，籍一爲兵，赴大同屯田。無事則耕，有警則戰。國無養兵之費，下無供邊之勞，制誠善矣。然而饒沃或兼并於豪强，荒瘠或困乏於牛種，耕斂或奪於私差，輸納或脅於包攬，田雖歲有登稼，而兵則家無遺秉，衛所雖有屯田之官，而反因以侵漁。於是屯田之政爲虚文，而兵食益困，竭民之脂膏以養兵，而兵未嘗飽，塗兵之肝腦以衛民，而民未嘗安。此豈法之立端使然哉。謂宜尋求往跡，肅清屯弊，立爲簡易之法，以復屯種之舊，使屯無曠土，軍有餘糧，則百姓不困於餽運，四方不苦於預徵矣。昔漢鼂錯請文帝募民耕於塞下，而匈奴竟不敢侵。唐竇静請高祖屯田太原，而歲收粟千餘萬斛。元和中，振武軍饑，李絳請開營田，使盧坦經度。四年，得田四千八百頃，歲省度支錢二千餘萬緡。此近事之效也，今獨不可行乎？昔有議者云：大同二邊，抵三關五百餘里，不可耕者二，其三皆腴地也。東西一步，得地四頃有餘，一里得地千頃有餘。天城西抵偏關，長八百里，該地九千萬頃，爲田者四，不盡墾者五。人給一頃，可贍五十萬人，三人一軍，可得軍十六萬。說亦辨矣。或猶以虜騎侵軼爲虞，則當如李牧之謹烽火以料敵，趙充國之用遊兵以防敵。況近堡立莊，以時耕獲，虜豈能爲吾患哉！然屯政之宜，其法在於召佃，而其要則尤在於蠲逋薄徵，通而行之，亦存乎其人焉耳。

國朝於會城置都指揮使司，領太原諸衛。又於大同置行都司指揮使司，領大同諸衛。衛屬都司者八，屬行都司者十四。衛各五所，惟太原左衛增中左、中右，潞安增磁州守禦所，振武增中後及鴈門守禦所。汾州以新置，只左、右、中三所。諸衛屬外，又特設七所，屬都司者七，而屬行都司者三。衛所之官，各有定員，分督於兵憲。其參將、游擊、守備、協守、都指揮則隨地量設，以司攻守。而沿邊居多，又特置總兵，以專握兵事焉。衛所之軍，各有總旗，有小旗，有操軍。操有演武場，軍屯有田，軍器有局。而沿邊原伍之外，又有常備，有番上，有召募，有改撥，有脩守民兵。然民兵暫調赴邊，協同脩守，平留本地，護守城池。歲時教閲，各州縣巡捕官領之。若境土雖在山西，而屬於他處者，爲衛二、所三。隸後軍都督府則有澤州寧山衛、平定州守禦所，隸宣府萬全都司則有蔚州衛、廣昌守禦所，而隸潼關衛又有蒲州守禦所焉。

大同鎮守總兵官一員。永樂七年置，佩征西將軍印，駐鎮城，專總兵事。

大同協守副總兵官一員。宣德七年置，與總兵官同駐鎮城。

三關鎮守總兵官一員。嘉靖二十二年置。初，宣德四年，置總兵官鎮守三關，駐偏頭。成化十八年，罷總兵官，置分守參將。弘治十四年，復罷參將，置協守偏頭關副總兵官，寧武隸焉。至是，移置寧武鎮守，鑄印建節，與宣、大同。

參將一十二員。分駐省城、代州、偏頭、利民堡、北樓口及大同之北東路、北西路、中路、東路、南路、西路兵車營。

遊擊將軍七員。以時應援，不常所駐。

守備一十八員。分駐廣武、偏頭、平刑、神池、利民、八角、老營、北樓、西黄河、鎮西衛及大同之蔚州、鎮邊、鎮川、鎮河、鎮虜等堡。

協守都指揮一員。弘治十五年置，駐平虜。

晉譚

范守己

平陽府趙城縣有豫讓橋，郡縣志俱云讓死所也。按水經注引魏土地記曰：「太原城東有汾水南流，水上舊有梁。清洴殞於梁下，豫讓死於津側。亦襄子解衣之所在也。」則豫讓橋在太原明甚。況智伯決晉水以灌晉陽，襄子結韓、魏以滅智伯，原在此處，不應更至趙城。順德府亦有豫讓橋，俱出附會。

霍州志云：霍山西有觀槌峯。余問其名義，不知所解。按水經注：「彘水西流，逕觀阜北，故百邑也。原過之從襄子也，受竹書于王澤，以告襄子。襄子齋三月，親自剖竹，有朱書曰：『余霍太山山陽侯天吏也。三月丙戌，余將使汝反滅智氏，汝亦立我于百邑也。』襄子拜受三神之命，遂滅智氏，祀三神于百邑，使原過主之。世謂其處爲觀阜也。」據此，則觀槌者，觀阜之訛爾。水經注又云：「霍太山有岳廟，廟甚靈，鳥雀不棲其林，猛虎常守其庭。又有靈泉以供祭事，鼓動則泉流，聲絶則水竭。」所謂觀槌者，豈以鳴鼓致泉而名之乎否耶？

潞安襄垣縣西六十里有褫亭驛。朱秉器汾上續談云：「左傳晉城虒祁，即其地也。前漢書曰：『銅鞮有上虒亭、下虒聚。』其字正作虒。余疑其地去絳遠甚，晉侯不宜作宮于此。及閱水經注：『汾水逕絳縣故城北，又西逕虒祁宮北，横水有故梁，截汾水中，凡有三十柱，柱徑五尺。』水經又云：『澮水出河東絳縣東澮交東高山，西過其縣南，又西南過虒祁宮南，又西至王澤，注于汾水。』合而觀之，虒祁宮在絳縣西南明甚，安得以褫亭爲虒祁也。至于崔知古遇虎妖爲妻事，附于褫亭，尤爲不根。」

水經注云：「鞮水出銅鞮縣西北石磴山，東南流，逕李憙墓前。又東逕故城北。城在山阜上，下臨岫壑，東西北三面岨袤二里，世謂之斷梁城。即故縣之上虒亭也。又東逕銅鞮縣故城北，城在水南山中，晉大夫羊舌赤、銅鞮伯華之邑也。漢高祖破韓王信于此。又東南逕項城西，即縣之下虒聚也。又南逕胡邑西，又東屈逕其城南，又東逕襄垣縣，入于漳。」據此，則虒亭正古之銅鞮縣地，不爲虒祁尤明。變「虒」爲「褫」，未知何義。

桑欽云：「沁水出上黨沮縣謁戾山，南過穀遠縣東，又南過猗氏縣東，又南過陽河縣東，又南出山，過沁水縣北，又東過野王縣北。」而酈道元云：「或言出穀遠縣羊頭山世靡谷。」二説不同。案穀遠即今岳陽、沁源二縣地，無所謂羊頭山者。今志沁有二源，一出沁源縣西北綿山東谷，一出縣東北馬圈溝，俱南流至交口合，逕縣城東，又南逕岳陽東境，又南逕沁水縣東古端氏縣界。亦不知何者爲沮縣，何者爲謁戾山也。山海經云：「謁戾之山，沁水出焉。其東丹林之水出焉，南流注于河。嬰侯之水出焉，北流注于汜水。」注謂汜水逕中都縣，入鄔陂，歸于汾流。則謁戾即今之綿山矣。大氐介休以南，靈石以東，沁源以北，其山衆多，今通謂之綿山，不知在古各有名謂也。又按，司馬孚請修石門表云：「沁水源出銅鞮山，屈曲周回，水道九百。自太行以西，王屋以東，層岩高峻。天時霖雨，衆谷走水，小口漂迸。」所稱沁源，又與諸説頓異。

明道遺書云：「澤州北望有桑林，即成湯禱雨處。」澤州志云：「伊侯山在城西北二十里，成湯禱雨，伊尹從之，降毒龍于此，上建伊尹祠。」按成湯都亳，先在商丘，後移偃師，去澤州遠甚，安得逾太行而禱雨于此？穆天子傳曰：「天子里圃田之路，南至于桑野，北盡經林。」左傳昭公十六年九月，鄭大旱，使屠擊、祝款、豎柎有事于桑山，斬其木，不雨。子産曰：「有事于山，蓺山林也，而斬其木，其罪大矣。」奪之官邑。戰國策：張儀説韓王曰：「秦下甲取成皋宜陽，則鴻臺之宮、桑林之苑，非大王之有已。」穆天子傳又曰：「庚午，天子飲于洧上，乃遣祭父如圃鄭。辛未，天子北還，釣于漸澤，食魚于桑野。」觀此，則桑林之野在吾洧北明甚。且去亳不遠，湯之所禱，在彼不在此矣。

澤州志云：「回車轍在城南天井關石上，轍深尺許，長百餘步。世傳孔子將見趙簡子，聞殺竇鳴犢、舜華，至此回車。」又云：「天井關有孔子廟，在城南四十五里回車處。」按水經注：「邘水出太行之阜山，南流逕邘城西。京相璠曰：野王西北三十里有故邘城，當太行南路，道出其中。邘水又東南逕孔子廟東。廟庭有碑，魏太和元年孔靈度等修復。野王令范愛衆、河中太守元真、刺史咸陽公高允表聞立碑。」碑云：「仲尼傷道不行，欲北從趙鞅，聞殺竇鳴犢，遂旋車而返。及其後也，晉人思之，于太行嶺南爲之立廟，蓋往時迴轅處也。」又云：「魯國孔氏官于洛陽，因居廟下，以奉蒸嘗。」是回車之説，所從來久矣。第諸書俱載孔子臨河而返，何嘗到太行南麓耶？其廟爲孔氏子孫官洛陽者所立明甚。原在野王縣北二十餘里，不在山北天井關也，安得車轍百步許遺于關下？水經注又云：「沁水出山，過沁水縣北，南逕石門，謂之沁水口。西有孔山，山上石穴洞開，穴内石上有車轍牛跡。耆老傳云自然成者，非人功所就也。」據此，則沁口又有車轍矣，不但天井關爲然，皆不可曉。

史記「魏伐趙，斷羊腸坂」，正義曰：「羊腸坂在太行山上，南口屬懷州，北口屬潞州。」正今所由萬善、星軺驛路也。水經又云：「汾水出太原汾陽縣北管涔山。」注云：「汾陽縣，漢高帝十一年，封靳彊爲侯國。後立屯農，積粟在斯，謂之羊腸倉。山有羊腸坂，在晉陽西北，石磴縈委，若羊腸焉，故倉、坂取名矣。」是二處皆有羊腸坂也。有謂晉陽西北者爲是，謬矣。漢地理志云：「壺關有羊腸坂，長三里，曲盤如羊腸。」是又不獨管涔山也。

忻州有九原驛。志云：「城西有九龍原，亦名九原，趙文子與叔向遊處。」天慶觀碑亦云。然余按水經注「侯甲水出原平縣胡甲山，西北逕太谷，謂之太谷水。出谷西北流，逕祁縣故城南，西接鄔澤。是爲祁藪也。爾雅所謂『昭餘祁』矣。又西逕京陵縣故城北。于春秋爲九原之地也。國語趙文子與叔向遊處，故其京尚存。漢興，增陵于其下，故曰京陵焉。甲水又西北逕中都縣故城南。春秋昭公三年，晉侯執陳無宇于中都者也。漢文帝爲代王，都此。甲水又西合嬰侯水，逕鄔縣故城南，謂之鄔水。又西北入鄔陂，歸于汾流」。中都，今平遥縣。京陵在祁縣、平遥之間，其去忻州三百餘里，安得以九龍原爲九原也！原平縣在今祁縣、武鄉間。

代州新志云「代，古唐國。秦改鴈門郡。漢營陰館，即今治。魏徙鴈門，治廣武。今州西故城。尋還陰館。」按水經云：「㶟水出鴈門陰館縣東北，過代郡桑乾縣南，又東過涿鹿縣北。」酈道元云：「㶟水出累頭山東北流，出山，逕陰館縣故縣西。縣故樓煩鄉也，漢景帝後元三年置。

濕水又東北流，左會桑乾水，又東北逕魏亭西，又東北逕白狼堆南，又東逕班氏縣南，又東逕北平邑縣故城南，又東逕狋氏縣故城北，又東逕道人縣故城南，又東逕昌平縣故城北，又東北逕桑乾縣故城西。」魏土地記曰：「代城北九十里有桑乾城，城西渡桑乾水。」又按郡志，應州，古唐國。趙爲代郡山陰，漢爲陰館縣。蔚州，秦爲代縣，漢爲代王國，而元魏置桑乾縣于朔州，地皆在今大同部内。若陰館爲今代州，則濕水何緣得東北流，逾崇山疊嶂，達于代郡之桑乾也？

代志又云：「鈃隥，穆天子至此作黄竹詩。水經注曰：陘山南北有長嶺，嶺上東西有通道，即鈃隥也。」蓋謂鈃隥在代州境内，故但言水經注，而不言出某水條下。余按水經言汾水南過平陽縣東，又南過臨汾縣東。酈道元注云：「天井水出東陘山西，南北有長嶺，嶺東西有通道，即鈃隥也。穆天子傳曰：『乙酉，天子西絶鈃隥，西南至鹽。』是也。其水三泉奇發，西北流總成一川，西逕堯城南，又西流入汾。」蓋言天井水出東陘山西北入汾耳。其山在臨汾縣東南，與鹽澤相近，故云天子西絶鈃隥西南至鹽也，不在代州明甚。

郡志云：「丹水出發鳩山，舊號泫水。舊志引方輿勝覽云：『白起坑秦卒于此，流血成川，故名丹水。』恐未可據。」按山海經云：「謁戾之山，沁水出焉。其東有林焉，名曰丹林。丹林之水出焉，南流注于河。」又曰：「發鳩之山，漳水出焉。」是丹水不出于發鳩也。水經注云：「丹水出高都縣故城東北阜下，俗謂之源源水。山海經所謂丹林之水，即斯水矣。泫水導源泫氏縣西北玄谷，東南入高都縣，右入丹水。上黨記曰：『長平城在郡南山中，丹水出長平北山南流。秦坑趙衆，流血丹山。由是俗名丹水。』斯爲不經矣。」由此觀之，丹、泫本自二水，烏得謂丹水舊號泫水也。血流成丹之説，自古而云然矣，不爲無據。州志謂長平北山爲丹朱嶺，解云堯封丹朱於此，頗謬。又有謂爲丹朱陵者，謂丹朱葬此，皆丹林之誤稱也。其謂長子爲丹朱封國者，亦誤。

志稱藐姑射山在平陽城西二十五里，平山其支阜也。平水出焉，至襄陵縣城北入汾，又名晉水。按水經注云：「汾水過平陽縣南，與平水合。平水出平陽西壺口山。尚書所謂壺口治梁及岐也。其水東逕狐谷亭，又東逕平陽城南，東入汾。俗以爲晉水，非也。」據此，則平水所出爲壺口，不爲藐姑射明甚，安得援莊子之言以重其地。

徐溝縣有驛名同戈，義不可解。水經云：「洞渦水出沾縣北山，西過榆次縣南，又西到晉陽縣南，西入于汾。」而郡志謂洞渦水出樂平縣西流，經平定州榆次縣，至太原縣入汾。則流經徐溝、陽曲二縣之間矣。同戈之名，其洞渦之訛音乎？水經注又有原過水，南流注于洞渦水，西有原過祠，蓋懷道協靈，受書天使，傳芳後日，水取名焉。今志作源渦水，亦同前謬矣。

左傳魏獻子爲政，分祁氏之田以爲七縣，分羊舌氏之田以爲三縣，司馬彌牟爲鄔大夫，賈辛爲祁大夫，司馬烏爲平陵大夫，魏戊爲梗陽大夫，知徐吾爲塗水大夫，韓固爲馬首大夫，孟丙爲盂大夫，樂霄爲銅鞮大夫，趙朝爲平陽大夫，僚安爲楊氏大夫。鄔城在今祁縣西注八。梗陽、塗水俱在今榆次縣，銅鞮爲今沁州襄垣地，楊氏爲今洪洞縣。祁、平、陽、盂，今仍古名。惟平陵、馬首注九，不知所在。祁縣驛名賈令，其以賈辛之故歟？

河東鹽池，山海經謂之鹽販之澤，水經注云：「涑水西南逕監鹽縣故城，城南有鹽池。水承鹽水，出東南薄山，西北流，逕巫咸山。又逕安邑故城南，西流注于鹽池。地理志曰：鹽池在安邑西南，許慎謂之鹽盬，長五十一里，廣六里，從鹽古聲。呂宿曰：沈沙煮海謂之鹽。今鹽池紫色澄渟，渾而不流，水出石鹽，自然印成，朝取夕復，終無減損。唯水暴雨澍，甘潦奔泆，則鹽池用耗。池西又有一池，謂之女鹽澤，東西二十五里，南北二十里，在猗氏縣故城南。春秋晉大夫曰郇瑕地沃饒，近鹽。服虔曰鹽盬也。土人引水裂沃麻，分灌川野，畦水耗竭，土自成鹽，即所謂鹽鹺也。而味苦，號曰鹽田。鹽盬之名，始資是矣。」觀此，則今之曬鹽，其來亦久。而味苦不堪食，正所謂盬也。與自生石鹽，價當倍蓰矣。詩云：「王事靡盬。」盬當是苦意。靡盬言不苦也，近註欠安。左傳晉侯夢楚子伏己而盬其腦，當是用盬鹽揉入腦中。故子犯曰：「吾且柔之矣。」杜元凱訓盬爲啑，尤無義意。

靈石縣南道沿汾水上注十，崎仄危頓。縣志云：「隋開皇十年，文帝欲幸太原，傍汾河開道，獲一石，有文曰『大道永吉』，因以爲瑞，遂于其地開設縣治。」則未開道之前，其險當不止此。水經云：「汾水南過寇爵津。」注云：「在介休縣之西南，俗謂之雀鼠谷，數十里間道隘，水左右悉結偏梁閣道，累石就路，縈帶巖側。或去一丈，或高六尺，上戴山阜，下臨絶澗，俗謂之爲魯般橋。蓋通古之津隘，亦在今之地險也。」按寇爵津正今靈石地。非是。禹工未施之先，當與龍門同一嶮岨矣。

桑乾河，水經注謂出桑乾縣西北，上下七泉，即漯湄水。東南流，右會馬邑川水，又東南右合漯水。漯水出陰館縣累頭山，一曰治水，至此相合，桑乾漯水並受通稱矣。又東逕班氏縣南，如渾水注之。如渾水出涼城旋鴻縣西南五十里，東流逕水固縣，又東南至班氏入漯水。以今考之，元魏桑乾縣在今朔州馬邑境内，而漢之陰館爲今應州山陰縣，亦與馬邑接壤，班氏則在今應州東北也。是桑乾出馬邑縣，右合山陰之漯水，至應州東與如渾水合。古則隨地異名，今通謂之桑乾矣。但今志稱漯水爲灅水，又謂爲溹河，湄即桑乾之源，則非也。

國語「子夏教授西河」，汾州志以爲在其境内。水經注云：「徐水出梁山，東南流，逕漢武帝登仙宫，東逕劉仲城北。又東南逕子夏陵北，東入河。」水經云「河水又南逕子夏石室」，注云：「南北有二石室，側臨河崖，即子夏廟室也。」又云：「横溪水出三累山，東流注于崌谷側溪，山南有石室，西北面各有二石室。皆因阿結牖，連扃接闥。北坎室上有微涓石溜，豐周瓢飲，似是栖遊隱學之所。昔子夏教西河即此。」由是而觀，不在汾州明甚。

河汾燕閒録

聞喜之裴自後漢裴輯而下，葬北倉村數里間，凡五十二人皆尚書侍郎、國公將相，亦宇内之罕有也。

新唐書「突厥圍煬帝雁門，帝從圍中以木繫詔書，投汾水而下，募兵赴援」。今雁門近滹沱而不通太原，去汾水絶遠，史言失實。

晋水凋行類閩、越，而悍濁怒號特甚，雖步可越處，輒起濤頭，作淜湃，源至高故也。夏秋間爲害不細，以無堰堨之具爾。予行三晋諸山間，嘗欲命緣水之地，聚諸亂石，倣閩、越間作灘，自源而下，審地高低，以爲疏密，則晋水皆利也。有司既不暇及此，而晋人簡惰，亦復不知所事，甚爲可恨。閩諺云：「水無一點不爲利。」誠然。亦由其先有豪傑之士作興，後來因而修舉之，遂成永世之業。故予謂閩水之爲利者，盈科後進，晋水之不爲利者，建瓴而下爾。

石炭，即煤也。東北人謂之楂，上聲。南人謂之煤，山西人謂之石炭。平定所産尤勝，堅黑而光，極有火力。史稱女媧氏煉五色石以補天，今其遺竈在平定之東浮山，予謂此即後世燒煤之始。

榆次志

水利。褚鈇曰：水利之興，其來尚矣。即神禹盡力溝洫，成周設立遂人之遺意也。以代天施，以益地利，以供國賦，以育民生，胥於是焉賴之。長人者誠念小民之依，宜各渠定爲經制，核其田畝，公其夫役，均其水程，此其大綱也。仍令擇人經理，毋受賂私鬻；刻期挑濬，毋曠日費財；捻鬮輪灌，毋恃强奪利；啓閉以時，毋淤塞累衆；登報以實，毋影占偷姦。誠如是，則法制一立，萬世永賴，争鬪息而訟獄省，古鄭旁稻粱之詠、谷口禾黍之謡，不再見於今乎？苟平時略不加意，一旦有不測之旱，而欲暴巫尪、訟風伯，何益哉！

張鶴騰曰：先民有言，地者諸生之根菀，水者地之筋脈，具材也。禹治水自冀始，而經畫視諸州獨勞。蓋兹土崇山複阜，其水枯旱而運，淤壖而雜，旱所時有，流火千里，刓水若暍飲焉。均程釐弊，褚先生論之辨矣。獨計地有上下，田有遠近，而百姓一也，勺水澍霖，誰不紛然待命？勢必先上渠，數覆波横，方及下流，至則苗槁矣。孰若一上一下，遞後遞先，陽年先上渠而沿下，陰年先下渠而遡上，庶灌溉均，無不公之歎。血脈既通，地利自溥，將人和天助，雨暘亦時若矣。

風俗。史記事曰：「嘗讀周禮，見鄉師、鄉大夫最重矣。其次黨正、里宰，皆得與鄉黨州里之政，而成周化洽。秦漢以來，亦有三老、嗇夫、鄉亭，檢民善惡，而民有但聞嗇夫，不聞郡縣者矣。我太祖損益千古之制，里有長，甲有保，鄉有約，黨有老，俾互相糾正，當時民醇俗美，不讓成周。詎意今功令旁午，而教幾頓乎。誠遴重鄉約，或里中士夫有行者采請之，如鄉師、鄉大夫之例，而約講副，與什伍亦相表裏。凡民間有一善，與衆揚之，署異之；有一不善，與衆戒之，扑記之。賞不在富，罰不在貧。又慄省有書，與人以自新之路而不苟，則風聲一樹，遠邇響應，寧有俗不三代也者，何也？官與民疏，不免傳舍相視，彼同井者，指視不可欺，獲戾于衆，勢無可逃。故其言易入，其化速肖，而自古訓民成俗者不能外也。如曰是將滋擾，則因噎廢食之説也。」

賦役。閻樸曰：「役法莫詳於周禮，師有兵役，田有徒役，人有胥役，里有鄉役。有司徒焉，因地之善惡以均役；有族師焉，校民之衆寡以起役；有鄉大夫焉，即年之老少以從役；有均人焉，論歲之豐凶以行役。其役雖衆，而歲不過三日，蓋佚之也。後世政煩令劇，至有銀差、力差之説，營辦多方，勤動不息，而吾民始重困矣。漢王符有云：『療病者必知脈之虛實、氣之所結，然後爲之方，故疾可愈而壽可長。爲國先知民之所苦、禍之所起，故姦可息，而國可安。』今日賊良民之甚者，莫大於里胥欺而低昂亂。蓋貧者無貲以求，於彼則有貧之實，而不得貧之名；富者操其贏以市之，則無富之名，而有富之實。故貧者愈踣，富者愈恣。愚民轉相慕效，以爲不如是，不足以自庇也。此其敝，豈一日之漸哉！」

張鶴騰曰：「條鞭之法始於大理白公棟，創之東阿，後司國計者以爲便，遂著爲令甲，山陬海澨，罔不畫然一囊於此法。」

平定州志

職官。愚按，漢左雄疏略：「吏數變易則民不安，久于其事則民服教化。其有政理者，輒以璽書勉勵，增秩賜金，或爵至關内侯，公卿闕，以次用之。今俗浸雕敝，巧僞滋萌，謂殺害不辜爲威風，聚斂整辦爲賢能，理己安民爲劣弱，奉法循理爲不化。髡鉗之戮生於睚眥，覆尸之禍成於喜怒。監司則項背相望，與同疾疢。觀政於亭傳，責成于期月。虚誕獲譽，拘檢離毁，踴躍升騰，超等踰匹。考奏捕案，亡不受罪，會赦行賄，復見洗滌。」千古吏敝，雄言之刺骨。我朝吏治沿革，李獻吉業詳之矣。儻廟堂僉謀，譬如琴瑟不調，必更而張之，期于可鼓，則左雄氏所論威福之路塞，虚僞之端絶，迎送之役損，賦斂之源息。釋此，其道何繇哉！

秩祀。愚按，祠廟自祀典神祇外，古帝王如太皞、女媧非民間所得祀，東岳非本境所宜祀，關真君祠不時增建，多至二三十處，與其餘不在祀典者皆黷祀也。如妬女祠、黑水神祠、崔府君祠，妖妄不經，皆淫祠也。春祈秋報，以社以方，載于風雅。太祖高皇帝許民間每里一壇，令祭五土五穀之神，以里長主祭。祭畢，飲酒其中，如鄉飲式，載在會典，今民間俱廢不行。而但取小大王、龍王等神賽禱，雜奏伎樂，士女縱觀，甚爲不雅。司風教者宜考古正今，尊制厚俗，庶使民不惑于非類，浸浸然興於禮教云。

盂縣志

按經國之制，築土爲城，鑿塹爲隍，以其設險固國，有神道焉。故自唐宋以來，相因致祭，然本以義起，非古典也。國初承前制，城隍封廣鄗侯，既致之以人，則貌之以像，固無怪者。三年，改正祀典，止稱城隍之神，與山川、雷雨等合壇而祭，則以地道事之矣。然則崇事之所，宜壇而不屋，主而不像，始爲得其情狀，仰合乎聖祖表正之典。今乃巍然堂陛，而儼然冠冕，是與宋世舉嶽瀆之謬者等也，豈聖王設制之本意哉！考禮君子不能無議於此。

寺觀。自三代之治廢而佛老之教興，而寺觀之設始徧於天下矣。蓋其煉形羽化之術既足以移鄉人之好尚，而崇山幽谷之奥又足以來文士之登適，且刻印具官，特教祝釐，亦制典所不廢者，安得而不志邪。然古者絶地天通，民以不瀆淑譽。獨怪若地之人，無間賢愚，祠堂之禮廢而不講，特惑於禍福感應，輒自立寺，飾偶標木，抹碧塗金，拂經瞭典，莫此爲甚。噫！是謂不知類者也。苟移此心以事君，則爲忠臣；移此心以事父，則爲孝子。惟仁者智者能之，仁者急愛親而不遺，智者權輕重而不亂。

征榷。宋設酒務以辦課利，立税亭以徵商税，其經、總制司所取，則商税、酒課額外之續增者耳。至於二者之常，□則□名故存，別入版帳，經、總制錢不盡該也。元初酒酤用榷法，至元二十二年悉罷，聽民自造，而定其課入，俾之各輸鈔貫，按季解發。今也亦然。

鹽法。宋之立法，貯鹽於常平倉，官自運賣，後令鋪户衙前□□□取鹽運赴縣倉，□納其脚力錢，則官給之百姓，計丁給鹽，而徵其錢以充官。迨其弊也，官取民丁之食鹽，賣之取錢以供別需，至令人户所納鹽錢則立爲常賦，鹽不得而錢不可免矣。今也亦然。

匠役。凡工匠皆隸於工部，役於京師。有住坐者，有輪班者。又有存留本府而執役於織染局者。大抵住、坐者則廩食於官，每月止役一旬；輪班者則周而復始，每班止役一季，役滿放回，填給勘合執照。若造作數多，奏聞起取。若無工可造，聽令自行。先是，各色工匠編班不等，洪武二十六年，照諸司役作繁簡更定班次，或三年，或二年，諸匠皆免本户差役，二丁若單丁，重役除其一役。老疾無丁者，免其本身。法至備而恩至渥矣。後因住坐存留者或有逃故，輪流赴工者或有失班，仍命清軍御史行各府州縣，清軍官清解造册繳部，然有納價，准工事例，司清理者宜審處焉。

役法。役法莫詳於周禮，師有兵役，田有徒役，人有胥役，里有鄉役。有司徒焉，因地之善惡以均役；有族師焉，校民之衆寡以起役〔二〕；有鄉大夫焉，即年之老少以從役；有均人焉，論歲之豐凶以行役。其役雖衆，而歲不過三日，蓋佚之也。自後世政煩令劇，有正役焉，有雜役焉。正役者，里長、甲首，十年輪役一次，轉以催辦錢糧，勾攝公事。又選年高有德者一人，爲老人，給以教民榜，勸善敦俗。有糧頭以徵收税糧，有書手以典司册籍，總小甲以巡捕姦慝。皆所謂正役也。雜役者，有以銀代人者，曰銀差；有人自應役者，曰力差，亦政所不可闕焉者。但今之正役索費百端，有以燈油錢名之者，有以柴炭錢名之者，有以下程錢名之者，有以折乾錢名之者，有以管飯錢名之者，有以銀硃錢名之者，有以募馬錢名之者，有以支應錢名之者。加之以里老之科害，而民困不可言矣。雜役則出入於里胥之手，貧者無貲以求，於彼則有貧之實，而不得貧之名；富者操其贏以市之，則無富之名而有富之實。故貧者愈踣，富者愈恣。愚民展轉相慕，以爲不如是不足以自庇也。甚至賣田而鬻女，或死亡而轉徙。况兼邊鄙多事，或派之以買馬，或派之以糴糧買草，遂使村墟成空，忍聞仳離之歎。嗚呼，弊也久矣！漢王符有曰：「療病者必知脈之虚實、氣之所結，然後爲之方，故疾可愈而壽可長。爲國者先知民之所苦、禍之所起，故姦可息而國可安。」愚深以望之從政者。

名宦。秦罷侯以來，獨兩漢吏治卓然可稱。由當時長吏不數易，二千石以下並自辟官屬，而文禁疏闊，頗得與民便宜，以務教化爲業。或拜，則天子親見問覽，考其得失，而以治行聞者寵之璽書黄金，賜爵至關内侯。公卿缺，則往往次選所表用之。故天下才智經術之士各得一其心志耳目，以圖久遠，吏治修而民蒙其利也。明興，高皇帝以敦實務民，覽納吏治。數傳之後，天下猶想見其風采。是時，國家法例未畫，意猶近古，百執事以九年叙滿其功最者，或入爲列卿，或長藩臬。弘治、正德以後，率三歲一易，或再歲一易，而書其最以上之天子之庭者，率習文法、亟筦鑰、治簿書爲首功，學士大夫、世雋茂才，頗希務民，亦亟爲轉徙而無固志。豈其才之不同與？亦國家之制有所未伸與？或與古者之意寖遠矣。

教官。古者學校之制徧天下，而不特置師儒之官以隸學宫。其德行道誼之所書，會民讀法。鄉射養老、獻獄訊囚、籥舞弦歌、軍旅俎豆之所考習，司徒之屬以領之。其師而事者曰三老。三老者，詔于天子無北面。此大學之略也。下及州縣，歲時會民讀法，亦自州長、黨正領之。别有鄉老贊賢大夫書其賢者能者，以獻於王，德尊而望重，其教易行。隋唐以來，廣置學宫，采秦漢故事，曰博士。博士之秩不及百石，爵列日輕，而教頗放失矣。高皇帝定天下，首詔諸州縣各立學，置師一人或二人，必擇經明行脩者署之。有能舉其職而最書於朝者，或擢爲國子祭酒及翰林、侍從之職。睿宗當作英宗。以後，稍集所司議改，著爲令。凡郡五人，州四人，縣三人，例録天下諸郡縣歲貢之士領之，間有由舉人、進士除授者，特千百之一二而已。而其至也，長州縣者與監司藩臬者之臨，率以簿書升斗之吏畜視之，而不復知禮貌之，以尊其權，是以其望易狎，而其氣易衰。間能誦法孔子以師道聞，按故事亦必待以授州縣之吏而止。其取之也太濫，其待之也太褻，而其録之也太輕。嗚呼，今之爲輪轅弓矢者，必擇匠氏之能者，豐其餼廪，厚其直，然後輪轅弓矢之材可飾也，而況於國家之養士乎！淑譽頗憤惋，爲國家發議，申古者尊師之意，然後人倫明，教化可興也。

祁縣志

煎取土鹽，昔時民得自便，無禁歛之例。自隆慶間，鹺使者議給煎户印票，定額起課，每鹽百斤領票一張，納銀六分，然猶未甚困也。其後發票日增，課銀亦日增。無論煎賣多寡，一概坐名散票，計票取銀。今益至一千三百票，徵銀七十八兩，催比孔急，民不樂煎。甚有池竈已坍，而票銀未豁者，竊恐産鹽微利將不久而亦湮矣。

静樂縣志

蘆芽一山，崔嵬特拔，高出雲霄，而磅礴盤據，可數百里。寧武、朔州處北麓，忻州、崞縣處東麓，岢嵐五寨處西麓，嵐縣、静樂處南麓。而山之左與盤道梁等山襟帶相連。曩時林木參差，干霄蔽日，遮障胡虜，儼然天塹長城。邇來禁令稍弛，有借稱王府勢宦斫伐者，有假託壽木橋梁採取者，有貧民小户盗販圈板者，絡繹道路，日夜不休。追惟達置之初，勘破全晉之形勝，以爲中有寧武關，東有雁門關，西有偏頭關，皆通賊路口、中外咽喉之地，故設兵禦備，屯軍戍守，有如山木蕩然而屏翰盡撤，則白登以南、并州以北，何處非胡馬長驅之路？即三關亦無險可恃矣。

知縣王近愚包修城垣疏略：蘆牙禁山砍伐殆盡，道路四達，虜騎無遮，從水泉營下岢嵐，入静樂，從寧武下寧化，入静樂，俱爲坦途，鳴鞭即至。大同地方，郡有衛，邑有所，修守有資，以故雖處極邊，安静如堵。静樂接壤沙漠，巨衝要害不減于大同。況東路雁門關元設雁門千户所，迤南四十里爲代州，設振武衛，衛有六千户所，又有守備統軍一營守禦之；西路偏頭關千户所，迤南一百八十里爲岢嵐州，内設鎮西衛，衛有五千户所，亦有守備統軍一營守禦之。中路寧武關與東、西兩路並稱重地，號曰三關，迤南一百八十里爲静樂，亦宜設一衛所防守，以倣兩路之制。但添設錢糧、招致軍馬似有難處者。察得平陽、潞安、澤、沁等處有元設衛所者。祖宗創建固不敢輕議，第今時異勢殊，邊方爲急，腹裏爲緩，澤州與河南接境，係腹裏地方，並無邊情，設寧山衛止以彈壓盜賊，防備不虞。他衛皆五所，獨寧山有六所，若調一所於靜樂，在寧山猶爲不少，而此處良足多矣。余嘗至雁門，抵岢、石，見諸山往往有斸削之處，逶迤而東，隱見不常。大約自雁門抵應州，至蔚東山、三間口諸處亦然。問之父老，則曰古長城跡也。夫長城始於燕昭、趙武靈王，而極于秦始皇。燕昭所築者自造陽至襄平，武靈所築者自代並陰山至高闕，始皇所築者起臨洮，歷九原、雲中至遼東，皆非雁門、岢、石、應、蔚之跡也。及讀史，顯王三十六年有趙肅侯築長城事，乃悟。蓋是時三胡尚强，樓煩未斥，趙之境守，東爲蔚、應，西則雁門耳，故肅侯所築以之。則父老所謂長城者乃肅侯之城，非始皇之城也。迨武靈既破胡，則並陰山至高闕。始皇既并天下，則起臨洮至遼東，所保者大，則所城者愈遠也。考之舊史，宋嘗於邊境置四軍，曰崇化，曰火山，曰岢嵐，曰樓煩。岢嵐雖重兵而移置嵐谷，樓煩雖舊號而頗近靜樂。蓋岢嵐本以岢谷得名，而樓煩則自併北管之，後以漸南矣。獨崇化爲今之寧化，去寧武爲近。火山屬有偏頭，去偏頭爲近。實今日二關之所宗也。於戲，周人城朔方，不聞有雁門也；李牧備雁門，不聞有寧武也。中國遺禍之淺深，不亦大可慨哉！

繁峙縣志

繁峙界二山之中，北控十口，南對五臺。十口舊在山前，今在山後，謂之後口，地皆渾、應而邊屬山西。嘉靖二十三年，設平刑關守備一員總領之。至三十六年，北樓新設守備一員，分凌雲迤西六口屬之，而平刑止隸其四。北樓舊有遊擊一員，領兵三千，以備宣、大三關調遣。今蒙巡撫魏改爲參將，專備入援，總管十口。其地延長三百餘里，村莊百餘座，□晉□代二藩，争占爲莊，後皆勘革還林，今爲渾、應居民所據。此山謂之禁山，林木封殖，爲山西藩籬，近被居民砍伐，日見其濯濯矣。十口形勢，大石、小石、茹越、馬蘭爲最衝，賊入數次。北樓、凌雲次之。平刑四口皆總於長柴嶺、磁窑口，若二處不守，則四口皆不足恃矣。其南五臺一帶，繁峙居民甚少，皆係四野流民自行開墾，遂成村落，亡命不逞之淵藪也。往往爲他郡豪右及振武衛官侵爲己業，間有不得其平者，即投獻王府。寺僧多有妻妾，子孫如林，自相師弟，世世不絶，而愚民猶供奉之，惑亦甚矣。山内有峩口、南峪口、白坡頭三路，皆可通龍泉關，至北直隸地方，近日沿途添設錢糧，以爲入援之備。然道路紆迴數百里，恐緩不及事。大抵縣治雖十八里，而東西南北周圍數百里，軍民雜處，地里寫遠，最爲難治。有心於化理者，其深思之。

平刑關。本「瓶形」縣東北一百四十里，接靈丘縣界。前設巡檢司，後設官軍把守。平刑嶺口。去關城三里。

團城口。縣東北一百十二里，接渾源州界。太安嶺口。縣東北一百一十里，接渾源州界。葫蘆頭口。縣東北一百里。凌雲口。縣東北八十里。北樓口。縣東北一百十里，接應州界。舊設巡檢，今革。大石口。縣東北五十五里，接應州界。小石口。縣東北四十里，接應州界。茹越口。縣北十里，通應州，舊設巡檢司，今革。

馬蘭口。縣西北二十里，通山陰縣界。

保德州志　疆域

保德州在太原府西北隅，東西廣一百一十里，南北長一百四十里，周圍四百里。西南由上門舖至興縣界九十里，至興縣城共一百八十里。稍西由馮家川至興縣界九十里，至興縣城共一百六十里。踰河由府谷小木山至神木縣，共一百六十里。西至韓家川河畔四十里，踰河由府谷大堡村至永興堡共一百二十里。西北至柴家宼河畔三十里，踰河由府谷熟芝坪至鎮羌堡共八十里。北至河畔一里，踰河至府谷縣城三里，至孤山堡共四十里。榆林兵馬從此渡河，過州入衛。東北至鐵匠舖河畔十五里，踰河由府谷水寨寺至木瓜園堡共四十里，至清水營共七十里，至黃甫川堡共八十里。東由天橋舖至河曲界三十里，至河曲縣城共六十里。由高地墕至河曲界四十里，至三岔堡共一百四十里。由鴈門紫荆至北京共一千五百里。由王家塞至河曲界六十里，又五十里至牛欄村，係保德州地。東南由胡家莊至岢嵐州界七十里，又四十里至蒼水山，係保德州地。南由大塔舖至岢嵐州界七十里，過水峪觀，由三道梁至岢嵐州西門，共一百七十里。由一道梁至岢嵐州北門，共一百八十里。從此至太原府，共五百里。由太原府至北京，共一千七百里。至南京共三千七百里。

論曰：保德逼河而城，東北至正西皆河也。河自天橋過城下，皆西行至韓家川，則折而南，形如偃月，凡一百五十里而遥。河外俱府谷縣地，俱套虜一馬可到者。嘉靖間，套虜七犯保德，雖有孤山、木瓜、清水、黄甫暨鎮羌、永興等堡，曾不能遏其衝，尾其後，擊其半渡，邀其惰歸。自互市以來，果有愈於昔乎。各堡遊棍，每每假名猲種，大肆劫掠，河東一帶，迄無寧宇。來不可測，去不可追，即河畔田熟，亦往往不保。至三十七八年，而猖獗極矣。今雖暫戢，果可長保無事乎？西南至正南，皆與興縣接壤。身爲興人，役者遺庸遺調；地爲興人有者，遺糧遺草。督之不能，闗之不得，調停未易行也。正南至東南，皆與岢嵐州接壤，如三道梁、一道梁，皆盜賊淵藪。三十七八年，道幾不通。年來雖頗静，然尚時時竊發，防禦未易及也。東南至正東，皆與河曲縣接壤，如高地埈、猪槽窊，亦係盜衝，巡緝未易施也。蒼水等山，插入岢嵐幅幁内，牛欄等村，插入河曲幅幁内，皆距州一百三四十里，教化未易洽也。天橋以西，故皆保德武氏地也。

後被河曲李姓者買其地，遂奪占保德魚磯，屢毁保德界石，不知疆域定自朝廷，果可聽强有力者淆亂之否乎？經界又未易正也。是四顧我疆，無一差强人意者。及歷覽區域，又皆沙粱磽確，求一平原沃壤不可得。舊有河灘數處，又被河水衝没，無一存者。故計道里，動稱百餘里，而計糧則僅二千石有奇，計丁則僅七千人有奇。誠以路不通商，地無所出也，人將何所倚以爲命也！惟在撫有疆域者，披圖警心，時廑匪茹之慮，力靖萑符之奸，而又憫其苦，恤其生，庶蚩蚩之民可望存活於萬一耳。

河曲志

史記趙世家曰：「西有林胡、樓煩。」括地誌云：「林胡，西胡國名，在朔州、嵐州以北，春秋北地地。」如淳曰：「林胡即儋林，爲趙武靈王所滅。」史記匈奴傳曰：「晉北有林胡、樓煩之戎。」今按，吾河曲正在晉北嵐、朔二州之北，南去岢嵐州一百八十里，東南去朔州三百里。然則謂河曲之爲古林胡地也，是矣。岢嵐州本胡地，樓煩王所居。元魏置嵐州，因山爲名。又按文獻通考：「火山軍本嵐州地，劉崇置雄勇鎮，宋太平興國七年建爲軍，有雄勇、偏頭、董家、横谷、桔槔、護水六寨，屬河東道。」

老營堡在縣東北一百七十里，周圍二百八十步。成化十二年，杜侍郎置廣積倉于此堡。正德十三年九月二十一日，武宗皇帝西巡，駐蹕于此。八柳樹堡在縣東北一百四十里，周圍二百八十步。水泉營在縣東北一百八十里，周圍三百六十步。滑石澗堡在縣東北二百四十里，周圍二百六十步。馬站堡在縣東北一百四十里。永興堡在縣東北一百二十里。八角堡在縣東一百三十里。弘治六年，兵備副使胡漢創建，因遷岢嵐州永寧驛于此堡。長林堡在縣東北一百五十里。樺林堡在縣北一百一十里。樓子營在縣北九十里，周圍四百六十步。正德十三年十月初四日，武宗皇帝西巡，駐蹕于此。次日移駕，自羅圈堡、灰溝營至唐家會堡。羅圈堡在縣北八十五里。集義城堡在縣北八十里，周圍一百三十步。灰溝營在縣西北七十里，周圍五百五十步。唐家會堡在縣西北六十里，周圍一百三十步。正德十三年十月初五日，武宗皇帝西巡，駐蹕于此，次日乘樓船沿河兩岸釣魚，凡二迴渡河，過陝西注十一。五花城堡在縣西北五十里，周圍五百步。得馬水堡在縣西北四十里，周圍二百三十步。楊免堡在縣西北一十八里山崗上，周圍一百步。楊家寨在縣西北六十里，周圍七百九十步。舊調鎮西衛官兵守禦，今革。遺址尚存。元太捕寨在縣西北四十五里得馬水溝內，南、北、西三面俱高崖，惟東面一路極險，長數百尺，闊二尺許，兩傍俱高崖，誠避兵之要地也。俗傳爲元太捕所據，未詳其人。善寨在縣東五十里，有地名太子店，俗傳謂唐將單雄信所據之地，未知是否。今有瓦礫尚在。石梯隘口在縣西北一十五里黄河岸東，舊名陰嶺關。成化十二年建，名石梯隘口。東枕高崗，西臨黄河。邊牆在縣西北一十五里黄河岸畔接石梯隘口。成化二年，總兵官王璽修築，高一丈三尺，闊一丈二尺，收頂八尺。二十二年，兵備副使郝志義委本縣典史咎恭領十八州縣民壯重修。沿河迤北至老營堡、髽角墩，接朔州界，延袤二百四十餘里。見三關録。得馬水巡檢司在縣西北四十里嘉治都地，名得馬水。洪武九年置巡檢司，繚以土城，周圍一里，高一丈二尺，東西二門。舊屬保德州。嘉靖五年，奏准改屬河曲。今移置於縣西北六十里唐家會。

代州志

雁門、平刑、盤道梁爲扼塞，繇雁門東顧則平刑，西顧則盤道梁。介平東者則水峪、胡峪、馬蘭、茹越、小石、大石、太安、團城、凌雲、葫蘆焉，介平西者則太和、白草、八岔、小蓮、夾柳、燕水、雕窩、玄崗焉，是所名十八隘者也，自宋有之。而陽明堡注十二正走晉陽道，大中丞許公子謙、兵備使張公惟誠念其城土而非埴，恐異時壁不堅，乃石其基，磚其墉，帑出儉而工則倍之。代臨邊，虜常出入其地，民未可以散處，故官爲之堡，都村中民自爲堡。官堡有儆，間遣官兵守之，多不過百人。百人能禦零寇耳，多分兵則大都又虚，俱收斂入大都，則間有不及，且民亦苦移徙。

或五里爲一大堡，周圍五里内遇有儆，俱入大堡。大堡合三堡之兵，并二十里内之丁壯守之，則數千衆未可以時日破也，且五里内其移徙者亦易矣。備兵使者設於成化二十二年，督理偏頭、寧武、鴈門等處，稱鴈門道。嘉靖戊午，以三關邊地多八百里，勢難遥制，乃分二路設偏寧道。至己未，改偏寧道爲岢嵐道，駐偏頭關。更設寧武道。久之，移太僕寺兼撫巡使鎮其地，而在鴈門者則轄廣武、平刑、北樓三備禦，仍住代州，稱鴈平道，且節制東路。北樓兩參府兼墾塞下田。洪武初，有守備府。嘉靖十九年，虜連歲入寇，由火燒梁、白草溝入，而犯太原之南，邊報日急。議欲以重將鎮代，乃移守備於廣武而設參戎於代，稱東路，與北樓相犄角，而備三關，其兵則隸寧武之元帥府。三關舊守備三，遊擊將軍一，總兵官一，兵備使一。總兵轄遊、守，各占信地，而兵備理糧餉。督撫駐太原，居中節制，不自涉邊竟。嘉靖庚子後，虜頻歲入犯郊坰，都御史則自六月杪至代防之，仍檄守巡清軍、驛傳、屯田、鹽法六七道，晝地而分其防。亡何，以諸道盡北則太原虛，乃設寧武兵備使，改偏寧爲岢嵐，與鴈平道遂成鼎足，各守信地。其都御史無事，則至十月還太原。

烽堠。廣武墩南十三里至鴈門北口，北口十里至鴈塔，鴈塔十里至南口，南口十里至代。廣武西二十里至太和嶺，太和二十里至水勤口，水勤二十里至吊橋嶺，吊橋三十里至廟嶺，廟嶺三十五里至石匣口，石匣十里至陽武峪，陽武二十里至玄崗口，玄崗三十里接寧武關之蘆板寨。

廣武東十五里至水峪口，水峪三十里至胡峪口，胡峪二十里至馬蘭口，馬蘭三十里至茹越口，茹越三十里至小石口，小石十里至大石口，大石四十里至北樓，北樓五十里至太安嶺，太安五十里至團城口，團城五十里接平刑關之平刑嶺。廣武北渾源州之傳烽代者，繇山南孤山等墩；應州之傳烽代者，繇山南羊腦等墩；山陰縣之傳烽代者，繇山南圪塔等墩；而傳崞、忻州者，北則繇蘆板，東則繇代柏林堐至班聶。

秦分天下爲三十六郡，有鴈門郡、代郡。漢仍秦。鴈門郡界連峙、崞、馬、應，及大同之東，代郡則今蔚州。高帝命陳豨監趙代兵。豨反代，高帝誅豨，定代地，封子恒爲代王，都中都，則蔚州東二十里有代王城是也。代王入嗣天子，脩代來功。史記註云中都乃汾州平遥縣者，亦誤。蓋汾在漢爲西河，舊志以代郡山川人物混次而類編者，似以代州爲代郡，不知州名代自隋始。柏林寺在晉王墓之側，後唐同光三年莊宗建之，以奉王香火。院内傳遺像一軸，共七人，王著緋袍，據胡牀坐，其右冠王冠而衣黄者，亞子也，其左冠虎頭而衣青者，存孝也。其二東嚮侍，其二西嚮侍，莫知爲誰。王挾矢睨視之，蓋王目眇，畫筆爲王諱之如此，畫甚工。武宗過代，幸寺，持真像去。今摹像留寺中。銀銅今閉塞，然聞一升砂止淘銀半錢，蓋金氣之嗇如此。

忻州志

忻三邊孔道，全晉後藩，誠重地也。唐宋戍石嶺、赤塘二關注十三，郡置防禦團練使。國朝邊防在雲中、鴈門，以此爲内地，遂不設兵。然與沁、隰、平、定相提而論，則邊腹有分矣。彼皆建所，此何獨無之。嘉靖庚申歲，虜由寧武諸口入犯，受禍甚慘，省會戒嚴。忻口迤西東高、西高等都一帶平衍，虜渡沙河，直抵郡城，入雲内口，過赤塘，直抵省會。撫臺魏公長慮，調太原沁戍防秋，沁人憚往返，咸願析附。竊欲議將治東廢王府，詳建所治，以防戍實之。因郡糧額重，兵食難議，未果。尋亦罷戍，僅本郡壯兵二百餘耳。虜欵後，率多調遣，近年調發幾盡。儻一旦有警，驅市兒登陴，恐無濟緩急也。

寨堡。故郡堡。治東五里。東樓村堡。西樓村堡。段家莊堡。俱治東十里。曹村堡。石家村堡。魏家莊堡。俱治東十五里。北胡堡。太延堡。俱治東二十里。令歸堡。董村堡。俱治東二十五里。雙堡。郭家堡。俱治東南十五里。虎頭山寨。遊邀堡。俱治東南二十里。龍王寨。定興寨。俱治東南二十五里。黄堂寨。治東南三十里。新莊堡。治北三十里。代郡堡。治東北三十五里。以上永豐鄉。藺村堡。治西十里。晏村堡。治西十五里。白陽寨。治西一十五里。白石堡。治西三十里。月除堡。南張村寨。俱治西四十里。馮村堡。北社堡。西社堡。石水村寨。下舍堡。俱治西五十里。高家莊寨。治西五十五里。田家峪寨。三交堡。俱治西六十里。魏家溝寨。王家寨。俱治西七十里。蔡尖寨。治西七十五里。官莊堡。治西南五十里。沙溝高崖寨。治西南七十里。牛尾莊寨。治西南一百里。上寺堡。治西北六十里。蒲閣寨。治西北七十里。西張寨。治西北九十里。豆羅堡。麻會鎮堡。俱治南二十里。關城堡。治南四十里。韓嚴堡。治東南十里。西堡。治東南十三里。以上集賢鄉。匡村堡。治西五里。逯莊堡。解原堡。俱治西十里。流江堡。治西十五里。張村堡。依提寨。王要村堡。俱治西二十里。合索堡。作頭寨。俱治西三十里。東呼延堡。楊家莊堡。俱治西三十五里。下鬧峪堡。上鬧峪堡。俱治西四十里。六石堡。治西北二十五里。西馮城堡。嘉禾堡。明望寨。俱治西北三十五里。南營屯堡。奇村堡。王村堡。俱治西北四十里。苗莊寨。治西北五十里。米家寨。治西北六十里。以上九原鄉。北趙寨。治西北二十里。秦城堡。頓村堡。尹村堡。俱治西北二十五里。南高寨。治西北五十里。東高堡。西高堡。俱治西北六十里。陽胡寨。治西北七十里。楊村堡。播明堡。泡池堡。俱治北二十五里。部落堡。治北三十五里。淤泥堡。吴家堡。俱治北四十里。忻口鎮堡。見上。貓寨。治北五十里。元時戍兵。正統末，虜入，有石巨常射退四十七騎，乃引去。高村屯堡。治東北四十里。以上金山鄉。

郡關郛牆卑薄，鹵土漸頹，貧民艱於脩築，竊欲乘戍卒更高厚之。以當事議撤，弗果請。萬一虜侵，恐不可守。雲内、赤塘一帶，西南直通晉陽，虜曾出没，東高、西高，地俱平衍，虜渡沙河，即可長驅抵郡，均之當慮。寨堡即星羅乎？第可守者，黄堂、明望、虎頭、龍王、高崖、米家寨、貓寨、東樓村、北胡、高村、忻口堡二十餘處而已。小民懲往年北趙、張村之變，惴惴殘破，遇警棄去，多伏深窨嶮溝，視脩理不啻驅之陷穽也。似當酌助官脩，增高益厚，多置軍火器械，令民積粟穿井，安宅其中，庶有固志，第未易言耳。

郡境村落約三百許，皆有梵寺數楹，最小者亦斗室供香火，僧無精行，貧民爲僧傭作者，挈妻傍居，流娼僦居僧舍，蕩子諧狎，藉資衣食者，更從臾之，深可扼腕。緣胡元素崇佛教，故濫觴至此。計非廬居人人不可，第鄉人就此避虜，歲時祈報，未易議革也。

郡田賦。先年，分丁、站、春、秋四項徵收，歲首先比丁、站，踰月而報完，赤歷驗發後，始徵夏、秋，輸亦十之八。轉輸有備，而邊糧之外王糧亦完十之二三。近行一條鞭法，管糧官專督之，而丁、站十逋其三矣。前人催科之法，有第逋負甲乙叙徵者，民恐己之甲也，則遞輸；有不問甲乙間攝者，民懼攝之不測也，則争輸；有勾牒已具而故稽之者，民畏牒之或下也，則亟輸。郡民急公者固夥，其慣逋者，三法皆不能懾，即拘及，且懷金受笞而去。不得已，先責多逋者，而站銀混於派中，丁銀數少，遂得規避。邊糧急踰星火，隨徵隨解，逋民探知解完，即不輸納，而王糧以逋爲常，不能報最矣。庫無剩金，上供之需，未開徵時即催解完，東支西吾，官甚病之。乃知雖有良法，便良民而頑民則敝，便全完而逋欠則敝，法固無如人何也。郡糧昔年定則，皆丈地，書識上下其手，多不均平，緣官不能履畝，即履畝亦不能區別地色也。但懸絶不至霄壤，姑仍其舊，然有必當變通者。如符村、重新、高留、白村、平張、淤泥等處多有斥鹵砂石，無歲不派，無歲不逋，空名鮮實，反使逋糧者引以藉口，大屬亡謂。蕭樓、郝曹、金奇等村，段石等莊，新漲引淤之地，穀粟不啻倍收，十三中糧，十七下糧，無糧者更不知幾。似應清刷，概派上則，積荒議豁，重則議減。賦税既均，催科亦易。竊曾建議及此，因首地糧經報部不果行。因思將此地加額，每畝以一升五合解豐贍庫，餘入州總，則部額如故，而民賦亦均，或甦民裕，國之一策也，敢告之來者。

郡南門外舊有王家莊渠、東門外渠、野場渠、故郡渠、北胡渠，引水灌田，以故糧派上則。郝村、蕭村、樓村、曹村，原係下地輕糧，近年開渠上流，淤灌上地甚多，上流引水則下流涸，是上則之地反不當下地之收獲。竊意合前後村通匀水利，亦合前後村通匀地糧，乃爲均平。不然，訊村民願水地者，則計水所到而徵以上糧，願旱地者，則徵以下糧，而禁勿侵水，庶民各安心，而免爭奪之禍矣。郡山多石，薪木絶少，石炭南資陽曲，北資玄岡，數日始得往返。玄岡路遥崎險，隆冬尤苦之，往往人牛僵仆，此他邑所無之艱也。衆謂東西南山亦産石炭，苦不能識，因募陽曲窑户，令開鑿售鬻，皆言頑石無炭，避去。設有虜警，積薪當慮耳。

絳州志

……里。平原堡在城北十里。蘇村堡在城北三十里。泉掌堡在城西北三十里。周村堡在城西三十里。樊村堡在城西南二十里。曲村堡在城南二十里。藺村堡在城南三十里。楊莊堡在城東南二十里。平原墩在城北一十里。義泉墩在城北二十里。三林墩在城西一十里。古交墩在城西二十里。周村墩在城西三十里。狄莊墩在城東一十里。

地有定在，糧以推收無定在，里書詭寄，往往由之。謬議一策，似可杜奸。如一里若干村，一村地若干畝，糧若干石，里書編徵，照村不照甲。或彼村之人此村有地，亦於此村編徵；或此村之地彼村新買，第易買者之名，地在此村猶故也。一村之中，人相習，地段相知，少有增減，人人得而舉發之矣。

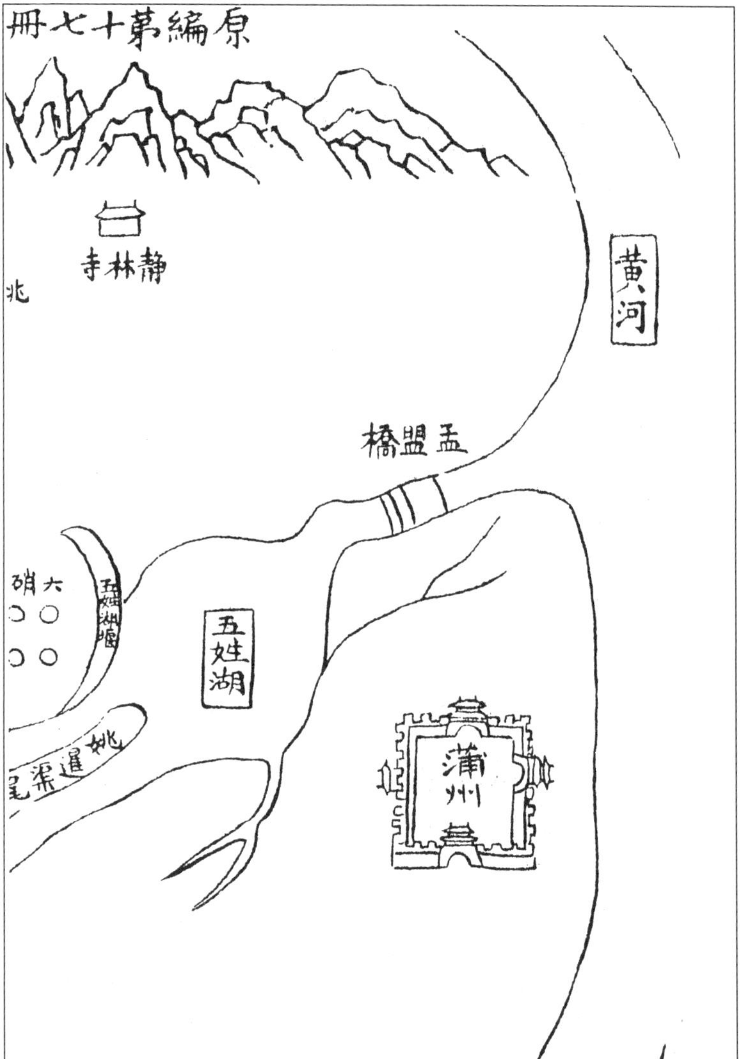
原編第十七冊
靜林寺
黄河
孟盟橋
五姓湖
五姓湖堰
姚暹渠尾
蒲州
四十七

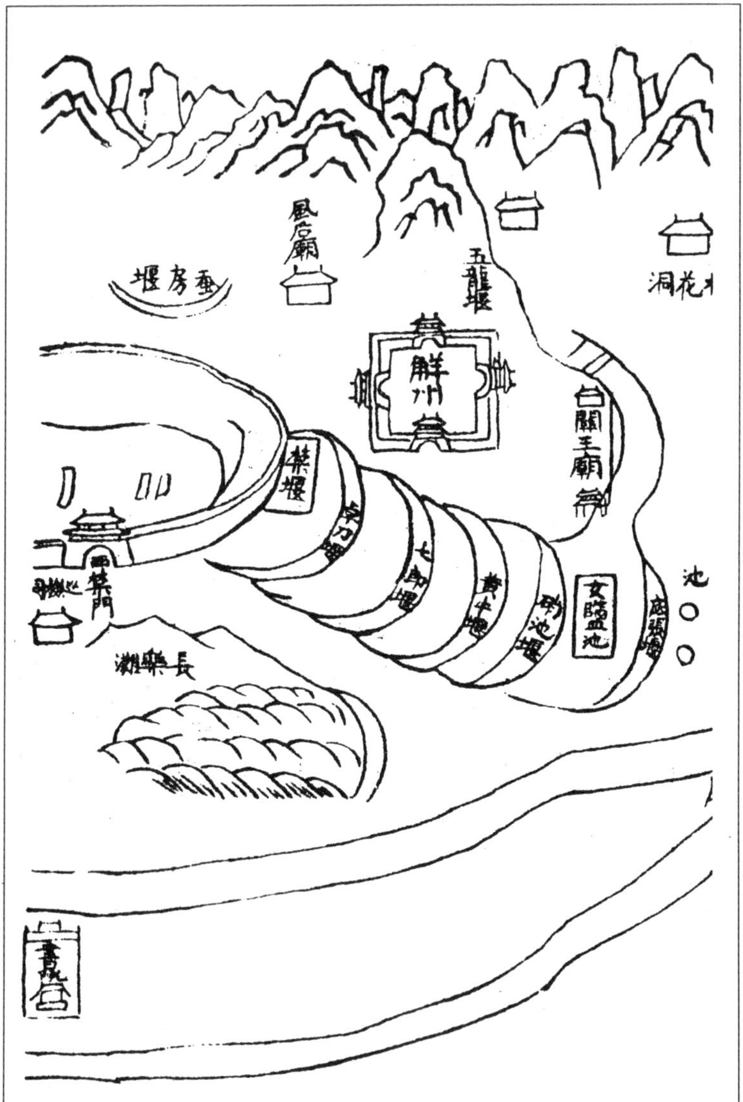
風后廟
蚕房堰
五龍堰
解州
關王廟
禁堰
七郎堰
黄牛堰
硝池堰
女鹽池
池
西禁門
長樂灘
孤山

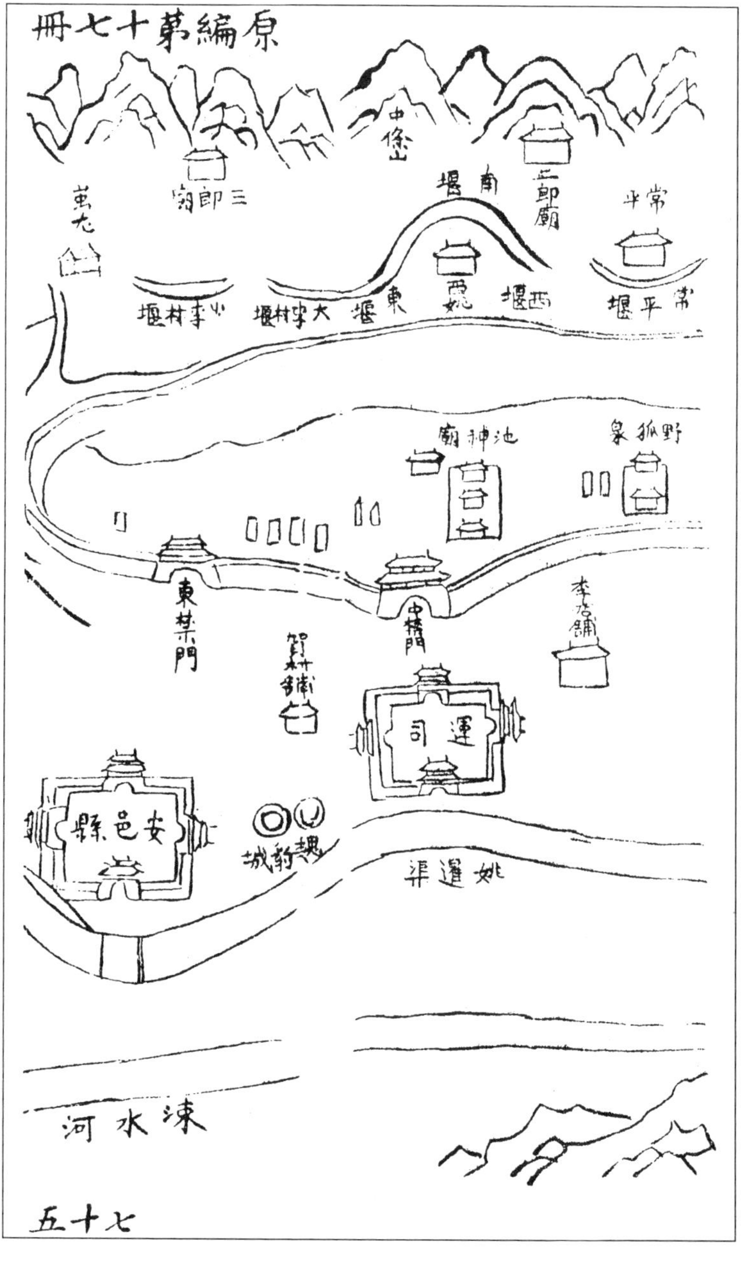
原編第七十册
中條山
三郎廟
南堰
三郎廟
常平
常平堰
西堰
東堰
大李村堰
小李村堰
野狐泉
池神廟
東禁門
中禁門
李店鋪
賀村鋪
運司
安邑縣
魏豹城
姚暹渠
涑水河
七十五

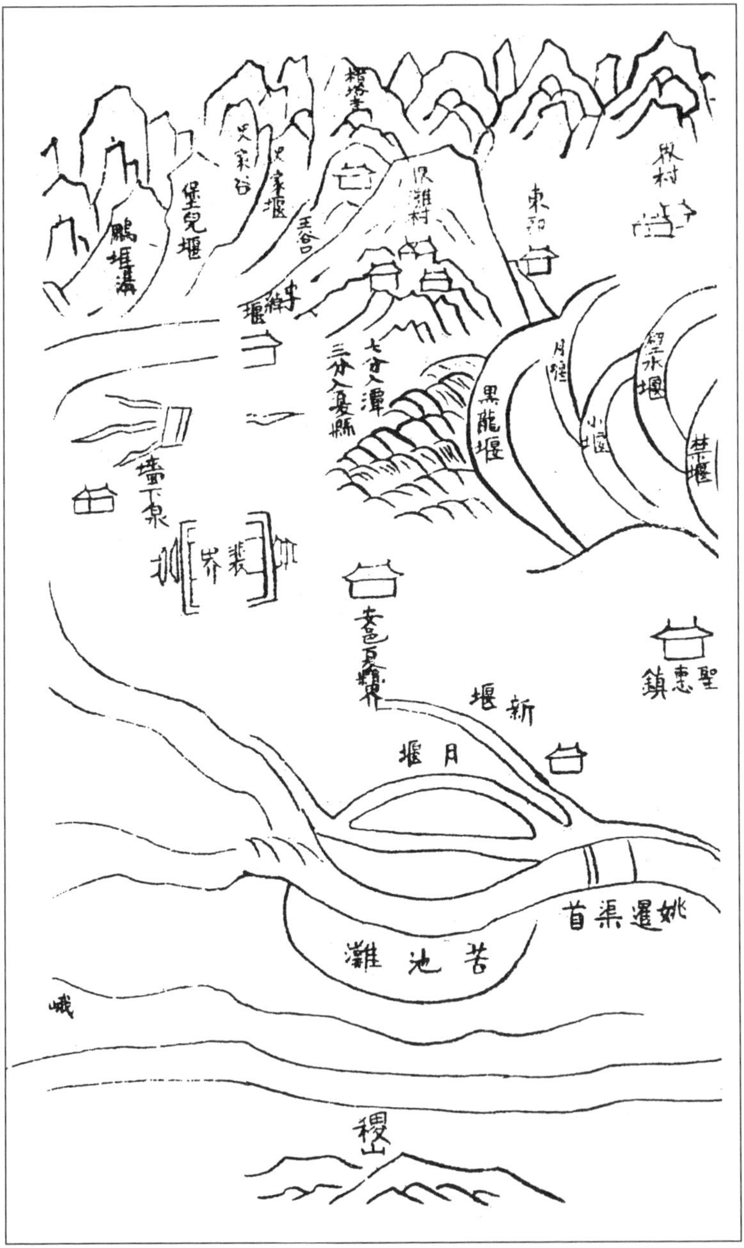
堡兒堰
黑龍堰
禁堰
七分入潭
三分入夏縣
安邑夏縣界
聖惠鎮
新堰
月堰
姚暹渠首
苦池灘
稷山

池之大患全在客水故環池遠近各因地埶
築堰以防之其詳載于叙渠堰及渠堰志

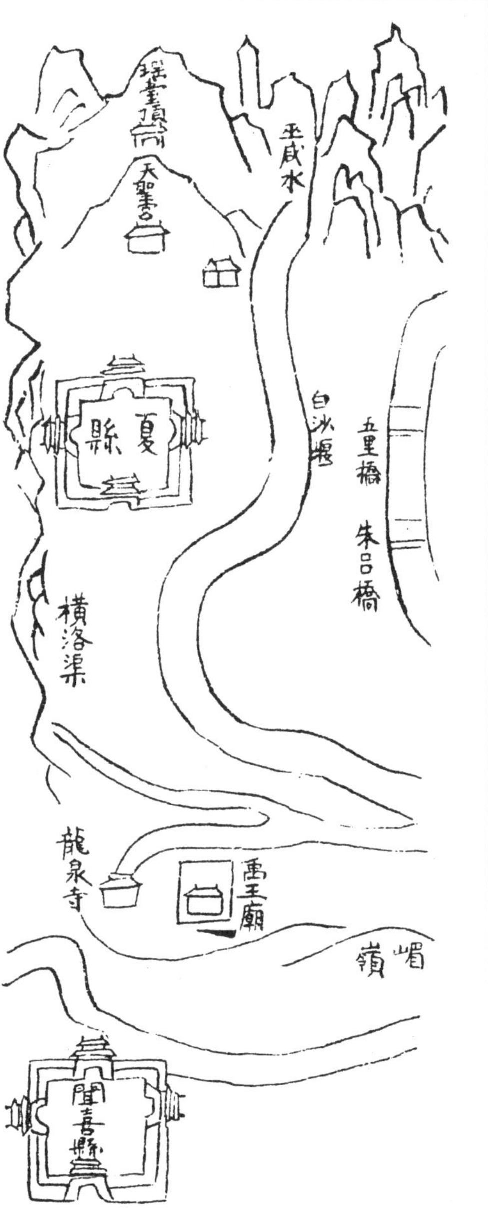

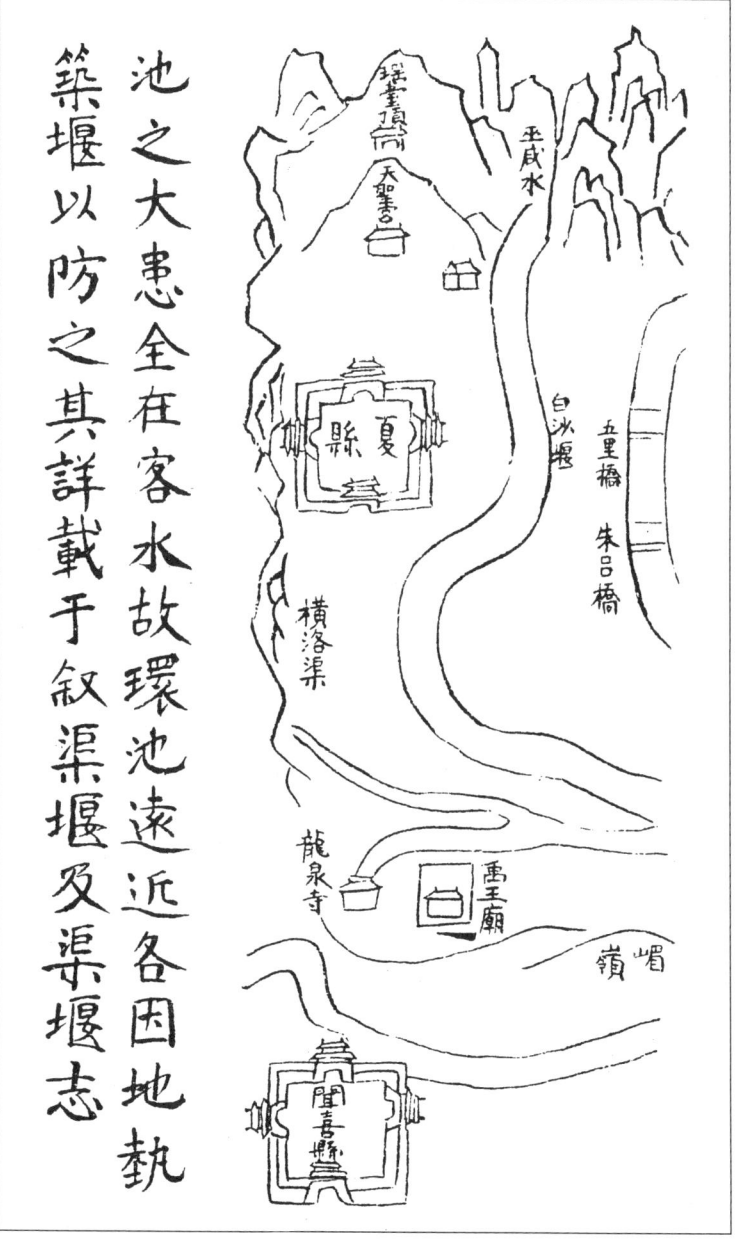

水經注

涑水又逕安邑故城南，又西流，注于鹽池。地理志曰：「鹽池在安邑西南。」許慎謂之鹽鹽，長五十一里，周一百一十四里。吕宿曰：沈沙煮海，謂之鹽。河東鹽池謂之解鹽。今池水東西七十里，南北十七里，紫色澄渟，渾而不流。水出石鹽，自然印成，朝取夕復，終無減損。唯水暴雨澍，甘潦奔泆，則鹽池用耗。故公私共堨水徑，防其淫濫，故謂之鹽水亦爲堨水也。故山海經謂之「鹽販之澤」也。澤南面層山，天巖雲秀，池谷泉深，左右壁立，間不容軌，謂之石門。路出其中，名之曰徑。南通上陽，北暨鹽澤池。西又有一池，謂之女鹽澤，東西二十五里，南北二十里，在猗氏故城南。春秋成公六年，晉人謀去，故絳大夫曰：「郇瑕地沃饒，近鹽。」服虔曰：「土平有溉曰沃，鹽鹽也。」土人鄉俗，引水裂疑衍。沃麻，分灌川野，畦水耗竭，土自成鹽，即所謂鹽鹺也。而味苦，號曰鹽田。鹽鹽之名，始資是矣。本司鹽都尉治領兵一千餘人守之。周穆王、漢章帝並幸安邑，觀鹽池，故杜預曰猗氏有鹽池。後罷尉司，分猗氏、安邑，置縣以守之。

鹽池

解州東三里，接安邑縣界。周官「鹽不煉而成」，蓋解鹽也。余聞崔敖曰：「鹽池乃黃河陰潛之功，浸淫中條，融爲巨浸。」呂涇野氏亦謂鹽池之成以大河，北自蒲州，折而東向，轉曲之間，漸漬蓄匯，有此奥衍。今陜西花馬鹽池亦近黄河折流之處，理或然也。然鹽藉主水以生，緣客水而敗，故治水即所以治鹽。大抵池形若腰盆，東西長而南北短，南枕條山，兩水易迫，然非泉淵所出。且横亘有獲實堤，爲仞高厚，依山有桑園、龍王、趙家灣、大小李西姚諸堰，縱有飛瀑，亦各容阻，甚至毁牆而已，多不能入。北沿曠壤平丘，與水隔絶，二隅無足爲慮。若東西盡處，則俱逼禁堰，池分一牆外，即客水所鍾。次東禁堰者，有壁水、月堰及黑龍堰，次西禁堰者有卓刀、七郎、硝池堰，各從東西，自高而下，多則缺，少則漫，禁堰不能受，則入池矣。黑龍堰之受害，實原於苦池。苦池乃姚暹渠蓄而復流之所也。硝池即女鹽池。之受害，實原於涑水。涑水蓋在姚暹渠之北，勢高於彼者也。二水皆自東北而西南，故出自夏縣，由巫咸谷來者爲姚暹渠，北合洪洛渠，東合李綽渠，總經苦池，迤邐西向，自安邑歷解州，抵臨晋入五姓湖。出自絳縣山谷，由聞喜東北來者，爲涑水，亦從西行，受稷王、孤山、峨嵋坡諸水，經猗氏，抵臨晋，亦入五姓湖。五姓由孟盟橋注黄河，則極矣。姚暹首中太狹，涑水中尾亦多窄。苦池在安邑，不勝李綽、洪洛、姚暹渠之受，其勢必自東北泛溢於黑龍，入黑龍，則壁水、小堰、月堰不能支，而竟衝決於東禁。涑水在臨晋，不勝山坡之受，其勢必自西北横溢，破姚暹而奔騰於硝池。入硝池，則黄牛、七郎、卓刀不能支，而竟衝決於西禁。況東北又有湧金泉，亦注於黑龍，西北又有長樂灘，亦注於七郎，故築東禁以及黑龍，築西禁以及硝池，治其標者也；濬姚暹以導苦池，濬涑水併歸五姓，治其本者也。切水脈者，緩於南北而急於東西，先於根本而後於標末。惟嚴其防障於東西之近堰，而於姚暹、涑水源流歸宿之處，循故道而加濬焉，則客水不浸，主水無恙，鹽課充而邊儲足矣。

鹽池在中條山北麓，西距解州東門，東距安邑南門黑龍堰，長六十里，廣七里，周一百二十里。近安邑者爲東池，近路村者爲中池，近解州者爲西池。三場亦以是得名。池底淤泥，滋生鹽根，形如水晶。夏月驕陽薰蒸，南風動蕩，上結鹽板，光潔堅厚，可勝行立。板上水約三寸，翻騰浪花，落板即成顆粒。古謂之漫生鹽，今謂之斗粒鹽。更時霡小雨，則色愈鮮明，故曰顆鹽。宜及時撈採注十四，若遇大雨，鹽復解散。秋冬池冷地枯，不能生鹽。間或有之，硝鹻相雜，味亦不正。然中池北百步許，有淡泉一區，味甚甘洌，俗謂鹽得此水方成。其西北七里，又有女鹽池焉，據地高阜。唐開元中，置女鹽監，生鹽淡苦不可食。時或生硝，亦名硝池。而六小池及静林諸澗，每水溢，則奔趨女鹽池，爲鹽患。苦池在安邑東，於鹽池亦切近。故環池有牆，傍牆有堰，皆所以障客水而護鹽池者也。

料臺在池之北阜，壂地爲之，以堆鹽其上者也。每臺高二尺五寸，長八丈八尺，廣二丈四尺。鹽堆一千引，上覆以茅。然三場每歲額鹽四十二萬引，料臺四百二十座，苫鹽草十有六萬八十束，户八千有三百三十四，鹽丁萬有二百二十三。場料各百有四座，脚道皆六。其鹽户惟中場三千六十四，東西二場皆二千五六百有奇云。呂涇野氏曰：「料臺積鹽，貴精不貴多。若撈採非時，或收泥沙硝鹻，國課雖充，不堪食用，價輕商折矣。且料有美惡，吏緣爲奸，陰或換橛。近歲編定料臺次第，每掣止挨臺次輪裝，此可永久行者也。」

鹽丁。十二州縣脚道既有定所，鹽池既有三門，謂東、中、西三禁門也。往者或言出入不便關防，撈辦之時，多由中場。然附近猶可，遠者勞於居止，飲食艱苦，衆萃一所，又有旅火之費。兼之炎蒸湯沸，急須得水，遠丁安能遂欲。故富者顧人撈辦，貧者力不能支，又兼打草修堰諸役，率多逋逃。若三場撈辦，仍舊於附近禁門出入，各照池分採取，則旅舍薪水，所便其多，民利亦均。至撈辦之時，寅夜而入，日午少息，亦可以救其厄苦。不然，前此集衆開門强出，間有傷損，亦其驗也。

商人輸邊支鹽，號長股鹽；或納銀運司參支，號存積鹽。邇年或拘集各處鹽商、店户、車户、牙人及有力者，報名于官，先輸銀價，然後支給，號曰搭賣。又或遇法概革本引，則丁商重困，今幸其免夫。

額課。洪武初，定以歲辦鹽三十萬四千引。成化二十二年，增課十有一萬六千引。共四十二萬，内以一十二萬六千引爲存積，二十九萬四千引爲常股。除各項食鹽三千引外，統以定價，每引三錢二分計之，可得銀一十三萬四千四百四十兩。八萬輸宣府以濟邊需，餘盡輸山西布政司，抵民糧之逋欠者焉。至正德十五年間，該藩府奏請禄糧，户部題奉欽依。候明年鹽花生結，行委守巡該道，親詣鹽場，揀選鹽丁，除額鹽責令先行撈辦，餘外另撈二十萬引。舉行之後，如果官民便利，以後年分務照此例施行。餘鹽之論，實昉于此。

天啓四年四月，巡按山西御史李日宣請以解、蒲二州十縣分立河中府，以運使兼攝知府，運同兼攝清軍，運副兼攝管糧，運判兼攝理刑。奉聖旨：吏部知道。

解州志

河東鹽運司在州東四十里安邑之路村。唐鹽隸度支，五代漢置權鹽使於解州。宋以守貳領之，總其事，曰制置司。元初，置轉運司於京兆。國朝天順間，始隸山西布政司，編户八千四百二十二，鹽丁萬有七千五百四十八，分脚道十有八，俱籍蒲、解、安邑十二州縣。

解鹽池上

解鹽池注十五在州東二里中條山麓，長五十里，東距安邑縣南十里，闊七里，周迴百有二十里。去平地深數仞，如盆底，水常停滀滲漏，潤下作鹹，四時皆或有鹽，惟盛夏風日炎烈，生鹽獨多且嘉，故俗曰鹽池。夏日，近安邑者爲解鹽東池，中經路村城南二里爲解鹽中池，在解地者爲西鹽池，三場亦因是名。池内北百步許，有淡泉甘冽，俗謂鹽必得此水方結。池外諸澗谷水皆四來奔赴，池水溢，則鹽不生，故歷代皆築堤堰及禁牆。

女鹽池在解鹽池西北七里，據地高阜。唐開元中，置女鹽監於解。時或生鹽，淡苦不可食。其後水多，但生魚，亦嘉。又生硝，亦名硝池。北受姚暹渠決潰之水，南受中條山各谷之水，水張能淹没民田屋，至于瀹匯太多，則東趨禁牆，爲鹽池害。故築硝池堰以防之注十六。

城北灘受女鹽池水，地勢亦西高東下，水溢爲患鹽池，故東築永安堰，又東築七即堰以重障之。

城東灘，内有數泉，亦受城北灘以上諸水，切近禁牆，中築卓刀堰。若風雨大輒潰決，尤爲鹽池之要害焉。

六小池在女鹽池西北四里，一曰蘇老，二曰賈瓦，三曰金井，四曰熨斗，五曰永小，六曰夾凹。水多淤没生草萊，水溢亦能南入女鹽池，爲鹽池患。

静林澗在六小池西南十五里，源出中條山頂，北流經紅臉溝，可溉田，餘流入臨晉洫水灘。澗東三里有張公泉，在山谷中，遇旱，以數十老婦執箕箒禱于廟，劇其泉，輒得雨。此二澗泉水大，與鹽池亦相涉，故舊有底張堰以障西水，不使入女鹽池也。

胡村澗在張公泉東五里，源出中條山陰。又東五里爲桃花澗，水出中條山頂。又東二里爲小水澗，出白龍谷。又東一里爲荍子谷，水皆北流，入于女鹽池。

大水澗在白龍谷東三里，源出五龍谷噴雪巖之南十餘里，北流至城南，遶城而西，過石橋，會小水澗，入女鹽池。其自城南分入通濟渠者，穿城過均惠亭，溉城中官民園圃。

堡子谷水在大水澗東二里，源出中條山中，北流入鹽池南溝。

金盆水亦出中條山，趨鹽池南溝，其東有關雲長祖居，又名曰小聖溝。水數潰南禁牆，有金盆堰以防之。又其東有小龍五澗水、二郎、三郎谷諸水，皆出中條山陰，北流趨禁牆，而蠶房、常平、西姚三堰所由設。

姚暹渠在鹽池北十里，舊名永豐渠，源出夏縣巫咸谷，西流五里，經夏縣南門外，又西五十里，經安邑縣下留村注十七，苦池水入之。又自安邑城北西流六十里，經解州北境。隋大業間，都水監姚暹重開此渠，因號焉。又西六十里，入臨晉境之五姓湖，達于蒲州之黄河。若山水漲漫，則横流四出，決堤潰堰，或入長樂灘，或入女鹽池，亦入解鹽池矣。故有姚暹堰。

長樂灘在鹽池北七里峨嵋之坡陰，周圍二十餘里，亦生魚。或北受姚暹渠水，西南能決諸堰，爲鹽池患。故有長樂堰。

東高腴灘在長樂灘西北數里，其西爲西高腴灘，又西北十五里爲西辛莊灘，東起賈村，西接臨晉諸灘。亦或北受姚暹渠水，南入女鹽池，或入城北灘爲鹽池患。

洗馬灘在西辛莊北二十五里，東北爲南扶灘，西北爲衛諸灘，衛諸西北十里爲三婁灘，東二十里爲羅杈灘，又北十五里有小張塢灘。諸灘半花鹻地，不可耕，且或爲鹽池患。

里龍潭在安邑縣東南十八里注十八，與解東池相鄰，深不可測。或曰，鹽池利害亦係此水，故有黑龍堰注十九。

巫咸水出夏縣東五里巫咸谷中，其西入黑龍潭。相傳能壞鹽池，故俗曰興鹽河。又東南二里爲玉溪，司馬温公讀書處。

湧金泉出夏縣牆下村，經安邑縣東南陶村，西入黑龍潭。相傳能益鹽池，如淡泉云。

□□□□□湧金泉東十里，出中條山谷，經夏縣入安邑苦池，可溉田。

□河在横洛渠北三十里，形勢盤曲如龍，亦可溉田。又有甘泉在聞喜縣東二十里，其泉出東鎮村，南入涑水河。又東四十里有董澤，即舜封董父豢龍之所。出董氏泉，引渠溉田，餘入涑水河。南四十里有秦王澗，傳爲唐尉遲敬德跳澗之所。其南有馬跑澗泉，傳爲秦王飲馬之所。其東又有黄蘆泉、暖泉、温泉、冷泉諸水。

涑水河在聞喜縣南十餘步，源出絳縣横嶺山乾洞，伏流盤束地中而復出，西流經縣南，其東合甘泉，引爲四渠，曰東外、喬寺、觀底、蔡薛，溉田百有二十八頃。西流經夏縣界西三十里，即司馬温公所居地。又西至安邑縣北二十里，又西入猗氏縣境，南入臨晉境五姓湖，過蒲州孟明橋，入黄河。智伯曰絳水可以灌安邑，是也。是水舊經州三妻里，或爲鹽池患。巡鹽御史曾大有導之，使如今行。

涇野吕氏曰注二十：予嘗三上中條，東至平陸，西至芮城陌底鎮，見黄河自龍門南來，轉而東行，密邇條山之陽，而鹽池正當其浸匯處。又嘗歷尋條山北面泉谷，若五龍、狘子、白龍、黑龍、黄花、静林、王官谷，又東至黑龍潭、苦池、湧金泉、横洛渠，未嘗不窮其源而遡其流，嘗其味而瞰其脈，則皆汩汩奔赴鹽池，日夜不息，疑亦黄河之所潰也。夫鹽池正如尖底盆，其中自有數泉，然亦諸溪之所萃乎？故夏旱則多鹽，若遇雨水則池已不暇自救，又增以諸泉，安望其能鹽也。故鹽池非水則涸，多則溢，涸則枯，溢則淡而不生，故池水貴少客水之入，貴清而惡濁。故池西北水多淤泥，池甚忌之。若淡泉并其外湧金泉、黑龍潭皆清流也，池所喜納。故世謂鹽得此水方結。若潭邊置一木閘，因池水之涸盈以爲開閉，亦種育之道也。其池西卓刀、七郎、黄牛、硝池諸堰甚爲鹽池要害，一遇震雨暴風，立圮，費財無紀，官民勞無虚歲。若欲一勞永逸，官爲出工價，作石堰，留閘口，亦視鹽池水之多少以爲瀦泄，則雖烈風震雨不能蕩損。又北濬姚暹渠，使深至丈有五尺，寬三四丈，水不南潰，則其堤堰亦可省築。又或於中條山麓諸澗之水傍山勢西導三十餘里，使派入民田，遇旱則令入硝池，此皆可使鹽花歲歲生結者也。

運使方啓參請理鹽法事宜[注二十一]

其一，折禄之病國。竊惟河東之鹽原自天成，撈採藉人，雖課以四十二萬引爲額，而數常靡定也。時或惡其棄地，採之稍盈，蓋所以備意外不時之用。藩王窺之，遂假餘鹽之説，奏討抵禄。倡自瀋藩，因致延蔓，二十年間，奏討者十有二府，計銀一百八萬二千六百八十餘兩。以鹽價引各三錢二分較之，幾及正課之半。取此與彼，其數自虧，是安得不病國哉！夫職有專掌，事有攸司，藩封歲禄掌之司府，徵之州縣，成法也。如其徵之不足，時當權處，亦止宜查催運司鹽價解赴布政司補給，斯惠得均溥於宗藩，而官得各盡其職任。不此之出，迺使王府官校徑赴鹽場支買，紛紛争利，而鹽法大沮，鹽商坐困矣。朝廷利權所在，似爲諸王侵奪之，此其漸不可長也，又豈止國之病哉！推原其故，皆由豪猾官校撥置使然。蓋以鹽折禄，所得之價，止於正數，所餘之利盡歸官校。利歸於己，勢藉於人，何憚而不爲？此輩不除，終無止日。況禄米催徵，差人州縣者已有明例，鹽法至重，而爲其所大壞，不尤可禁之著爲例乎？及查三十三年，該巡鹽侍御宋公儀望目擊事體非便，奏奉欽依，盡革餘鹽名目，總增爲六十二萬引。除各食鹽及變價充解、宣、大年例，餘剩銀兩俱解布政司，聽候餉禄緩急支用，再不許各王府奏討，阻撓鹽法。欽此欽遵外，詎意方爾奉行，輒復如故。續該本司查得山西撫按衙門前後奏准勘合，凡有禄糧去處，俱自二十九年以前者，暫行停止，備由呈允，始得禁戢。數年之間，各解銀兩不惟完足，且補逋欠。此其故豈有他術哉，食鹽之人口有限，行鹽之地方有界，其數止此耳。或云敦睦親族，哲王盛節，宗藩貧乏，宜所當恤。此說固然，但以力能奏討者，斷非貧乏之輩，越境支鹽亦必有力者所爲，其神出鬼没，奸似過之。故其欠禄之數，自嘉靖元年以迄於今，歲月久遠，官吏更代，文案爛浥，又且衙門隔别，何可查對？恐其宗屬亦可欺瞞，今猶支未盡絶，冒濫之弊，寧有絶極乎！況此奸人往往駕言盤費之説、打點之説、消折之説，展轉算除，幾何而得入貧乏之手哉！前者撫按衙門所以奏停者，亦未必非此之由。迺今奏討之疏又復頻下矣。開支之勢，似若難遏其流，敢乞急爲題請，嚴立法禁，追究撥置之人，以塞侵奪弊源。仍乞明文行司，截日停革，庶蠹弊可得釐正，而額課可得充盈矣。夫知所以益國課，而不知所以處宗藩，亦非謀國之良。蓋税糧額數有定，宗派生息日蕃，聖人推恩雖欲其不窮，而禮制終有所限。適今不爲之處，竊恐十世之後，盡以天下税糧給之，計其數，亦有所不足，又豈值規規於鹽利哉。

其二，編籍之病民。竊惟池鹽生結，每於春、夏、秋無水潦時亦成之，然必丁夫齊心併力，盡池撈採，始得課有盈餘。但丁夫額編於平陽，所屬蒲、解、安邑等十四州縣册有定籍，籍有常數。二百年來，户籍之消耗不一，丁數之虧損不少。有司者按籍清審，監臨者據册稽勾，數不充額，併其老少咸列册中。況當鹽生之時，正值農作之候，人廢生業，逃亡更多。又鹽丁狡猾，事熟人頑，富者脱於賄，貧者兼其役，故州縣丁夫止有虚名，而運司撈採無藉實用。雖嘗招募各色人等，而工價所費，似亦不貲，人争趨利，請托遂行。是以徒費工價，而鹽斤竟虚，甚非計也。以職愚見，莫若令原定州縣，照依額數，挨里輪派，不許與當差年分相妨。如每里十甲，先將一六甲，次二七甲，次三八甲，隔甲順年審其丁多人户，家有五人可任也者一人，總計可任之人，如數赴池。仍照額例，撈鹽千引，給銀八兩。是雖役其力，亦足償其勞，有丁之家，恐未必不樂於趋事也。又鹽丁奉例俱得優免差役，今既廢而不用，自不得再冒鹽籍。向所優免者，均攤之概縣，不亦稍覺輕省耶？此於非鹽籍之民亦不可不謂之一便。夫有丁之家既可役，而通縣起集，則人亦衆，輪以五年，則力可蘇。況又差徭攤之而輕，工銀計引而給乎？是其所以役之者實利之，非病之也。其若鹽籍窮困者，亦得以漸蒙休養之恩，富豪者不得以獨擅優免之利，又其裒多益寡、徒有於無、均平之政，尤今日之所當講。且如曲沃、太平，素稱富庶，見役之數多者二千餘，人少者不及十人，猗氏、臨晉似覺凋敝，迺或至於五六千丁，邑治之高下既已不侔，而鹽丁之多寡又復懸絶如此，偏而不舉之弊，從可知矣。補偏救弊，是可弗之行乎？

其三，私煎之病商。竊惟鹻鹵之地，俱可成鹽，緣以法例有禁，巡警有人，故奸狡之徒雖切懷利之心，猶懼刑罰，畏而不敢。今河東行鹽地方既遠，運司統攝不及，州縣視國課爲末務，小民以煎鹽爲生計，雖設巡鹽職官，徒有名存。雖編應捕人役，止勾公事，上下混同，眇無法網。

以故煎熬土鹽，無處無之，囤積販賣，遂謀大利。夫以土鹽煎之立成，其事甚便，買之如携，其價必廉，民樂於易得易買，而不知有法有禁，官鹽何由而可行？商人安得而不病哉！間有奉法州縣稍知禁戢，則官鹽亦或行乎其間，然多攙和，未必全行，終以騰貴，止圖便易，所發官鹽能得幾何？先時，巡鹽察院立爲州縣打卯條格，坐以職名，給以文簿。簿開鹽犯鹽贓退引，每於朔日，百里者按月，二百里者間月，三百里者按季，俱赴院執簿查點，以所獲贓犯次數定其罪罰輕重，至今舉行，遵奉惟謹，亦可謂官知其職，人知其法矣。然地里有所及，有所不及，歲月有所限，有所不限，法度有所畏，有所不畏，甚至販徒攢銀處罪，紙上虚文，徒以苟免刑罰，竟無益於事實，况又當此玩弛之時乎！近蒙題准，勑令各處屯田僉事帶管鹽法，是誠職有專掌，事有專責，私販戢而官商通，固可揣其必然矣。以職愚見，更煩察院巡歷行鹽去處，亦如兩浙故事，身經其地，事得其詳，可以區畫；鹽捕興革，可以廉察；鹽政臧否，可以緝訪；鹽販奸弊，可以查比。鹽役功績雖不能保其法無漏網，或庶幾乎物無遁情矣。其若私煎所在，自陝西言之，則有華州之蒼頭鎮、朝邑之鹽池凹、華陰之胡盧、咸陽之木廠等灘，富平之師家堡、平裏、王家村，蒲城之高樹、王子明等村，臨潼之康橋、靈口，同州之羌白、雷家等鎮。最大者靈州之花馬池也。一省如此，其餘皆可類推。然若非鹽院遍歷周遭，灼知肯綮，或直行，或題請立成規以示諸司，恐不免終爲沮隔者藉口舍禁去，幾以千百姓之譽矣，其何以有補於鹽法哉。

其四，占田之病池。竊惟鹽産於池，惟河東爲然。蓋四面高阜，而池最汙下，水之流聚停蓄，積久潤而作鹹，理則然耳。但池止四十餘里，水多而泛溢，氣味自薄，雖日曬風飄，鹽終難成。故池之四圍築立禁牆，池外隨宜各爲渠堰，所以防客水也。其曠閑灘地，遶池而東南延袤稍廣，所以殺水勢以護池，且以備渠道崩潰，預防水患也。節年以來，渠堰稍堅，水患漸免。灘地之低窪者，蘆葦盛生，高燥者五穀可播，是以凡其勢之可得有爲，與其力之可以能行者，俱假佃種之名，以遂侵占之計。雖嘗領之於官司，而實據之爲己有；雖嘗認納其籽粒，而實未入於倉廒。本以官地之所出，反爲私家以益其富，此其計不亦左乎？然無害於鹽池，猶之可也。今者天時旱澇不常，而地則原隰不等，公私利害、人情之向皆必偏。故當其澇也，下濕者不利，則暗開近牆之小堰以泄水，及其旱也，原田必傷，則又暗開通流之大渠以灌漑。惟知利田以圖己私之便，而不知堤防少滲，水之就下，勢漸莫遏，衝激奔潰，未免瀰漫，浸及禁牆，其爲鹽池之患，抑豈小小哉！縱即障塞，不使大壞，然必動工役，稽時日，費木石，謂不勞民傷財不可也，較利害將安在耶。如以地産養人，惜其遺利，當於渠堰稍遠之處，置土以爲封墩，立石以定界限，盡收官宦、舉人、監生、員吏承之占種者入之官，召小民之願耕者佃之，隨民力而給之頃畝，計田畝以科其税糧，仍造爲册籍，編爲排甲，亦如黄册格式。其佃民秋夏之所輸入，即以充本司官吏俸給。原派安邑縣倉糧行令改派别倉，或王禄，或邊餉，亦未必無小補云。夫灘地佃之小民，必不敢越法以侵决渠堰，必不敢恃頑以拖負公税，渠堰固而客水有所蓄泄，是池之大患暗消也。公税足而俸給有所出辦，是地之餘利兼溥也。原派倉糧更資他用，除一害而三利興，則是可行耳。

湯沐渠堰志注二十二

解鹽藉主水以生，緣客水而敗。主水乃池泉之渟蓄、斥鹵之膏液，客水乃山流之漲泛、渠瀆之衝浸。世知是鹽成於風日，不假煎瀝，不知隄防少虧，决注已甚，潔者污，醇者漓，凝者紓矣，故治水即所以治鹽也。然客水有遠近，其設防有疏密；貽患有大小，而施功有緩急。大抵池形若腰盆，東西長而南北短。南枕條山，雨水易迫，然非泉淵所出，且横亘有護寶堤，爲仞高厚，依山有桑園、龍王、趙家灣、大小李西姚諸堰，縱有飛瀑，亦各容阻，甚至毁牆而已，多不能入。北沿曠壤平丘，與水隔絶，二隅無足爲慮。若東西盡處，則俱逼禁堰，池分一牆以外，即客水所鍾處，次東禁堰者有璧水、小堰、月堰及黑龍堰，次西禁堰者有卓力、七郎、硝池堰，各從東西自高而下，多則决，少則浸，禁堰不能受則入池矣。黑龍堰之受害實原於苦池，苦池乃姚暹渠蓄而復流之所也。硝池之受害實原於涑水，涑水蓋在姚暹渠之北，勢高於彼者也。二水皆自東北而西南，故出自夏縣，一由巫賢谷白沙堰爲姚暹渠，北合洪洛渠；一由王谷口爲李綽堰，西合姚暹渠，總經苦池。迤邐西向，自安邑歷解州，抵臨晋，入五姓湖，此姚暹之渠道也。出自絳縣山谷，由聞喜東北來者，爲涑水，亦從西行，受稷王、孤山、峨嵋坡諸水，經猗氏抵臨晉，亦入五姓湖，此涑水之河道也。五姓由孟盟橋注黄河，則極矣。姚暹首中多太狹，涑水中尾亦多窄。苦池在安邑，不勝李綽、洪洛、姚暹渠之受，其勢必自東北泛溢於黑龍。入黑龍則璧水、小堰、月堰不能支，而竟衝決於東禁。涑水在臨晉，不勝山坡之受，其勢必自西北横溢，破姚暹而奔騰於硝池。入硝池則七郎、卓刀不能支，而竟衝決於西禁。況東北又有湧金泉，亦注於黑龍。西北又有長樂灘，亦注于七郎。此東西隅水患之大約也。故築東禁以及黑龍，築西禁以及硝池，治其標者也。濬姚暹以導苦池，濬涑水並歸五姓，治其本者也。急則治標，其功疾而小；緩則治本，其效遲而大。切水脈者緩於南北，而急於東西，先於根本，而後於標末，雖嚴其防障於東西之近堰，而於姚暹、涑水源流歸宿之處，常不忘其所有事焉，則客水不侵，主水無恙，鹽利不竭，邊儲永濟矣。

中條山在鹽池南五里注二十三，西起蒲州雷首，延袤數百里，東接太行，南跨芮城、平陸諸縣，北跨臨晉、安邑、夏縣、聞喜，絶巘奇峰，層見疊出，正對運司南門，天然圖畫也。迤西有王官谷，東二十里有静林寺，高峙翠微，古柏森蔽。静林寺東十五里爲桃花洞，昔人見洞旁泛桃花，故名。東上八里爲直岔嶺，少東爲荻子谷，又少東爲五龍谷，在解池正南五里。其東岫有石巖，巖東有水飛洒而下，俗曰石巖噴雪。其巖上有「酒島」字。谷口西上南十里爲橫嶺，即中條山脊。東有嶮迹，五代漢防宋巡邏之路。其下爲弓張溝，又東爲堡子谷，又東爲仙女洞，亦名玄女洞。其中積水成潭，又名黑龍潭，雩禱有應。潭東十里爲大虎谷，谷中有將軍堡，堡後有鳳凰嘴，嘴西過連雲棧，至橫嶺有陽闕寨，寨下有膽礬窟，其旁有百藥草。又東南爲檀道山，其下爲檀道谷，中有盎漿泉，渟涵不流。東亦有膽礬窟，路通河南靈寶洹津渡。又東南爲白徑嶺，雙石壁立，左右參天，中不容軌，亦名石門。即秦敗晉師于石門處。又東十五里爲分雲嶺，嶺顛出雲，東西分布，世傳尹鹽澤者也。稍西有風谷洞，若半井，投葉即飛風，出則飛沙拔木。其旁又有鹽風洞，洞口若盆，仲夏應候風出，其聲隆隆，俗謂之鹽南風，池水得此，一夕成鹽。其上有天井山。谷口舊有風神祠。又其東爲車輞谷，谷有銀砂洞，禁不採。又東爲二郎谷，嶺多古洞。又東爲虞坂，一名鹽坂，俗曰青石槽，在安邑東郭南。即晉荀息假道伐虢處。坂東爲巫咸頂，俗曰瑶臺頂，商相巫咸、巫賢隱處，孤峰峭拔，蒼翠摩空。下有巫咸祠，旁有巫咸谷，谷中有水，亦名巫咸水。在夏縣東五里。又東十五里爲柳谷，唐陽城隱處。又東二十里爲鳳凰山，其東爲湯山，上有湯廟，下有郭璞書堂。山亦有産銅。在聞喜縣南十八里。湯山東爲秦王嶺，上有鎮風塔、蠶姑廟。又東二十里爲盤盤山。在聞喜縣南五十里。又東二十里爲紫山金，又爲鳳凰原。由東而北爲峨嵋嶺，高二里，形如峨嵋，土厚宜五穀。在聞喜縣東。由北而西爲玉鈎山，在安邑縣東北二里。狀如玉鈎。又西爲鳴條崗，即商湯伐桀地。北爲峨嵋坡，東自曲沃西抵黄河。其陽跨聞喜、夏縣、安邑、倚氏、臨晉、榮河，止運城北屏也。又北爲孤山，下爲安邑之相里。又北爲稷神山，在稷山縣南五十里。上有稷神廟。后稷始播穀於此。而山陽多夏縣、聞喜之地。又南爲紫金山，在池北二十里，舊産人參。峨嵋坡在池東五里鹽池北岸。逍遥坡在運城西北四十五里，爲女鹽池北岸。雷首山南迤東三十里爲舜所耕之歷山，在芮城縣北。歷山東北三十里爲青龍洞，洞有青龍泉，旱禱必雨。洞東二十里爲甘棗山。甘棗東十里爲石鍾洞，世傳石鍾煉士修道於此，頂懸一石如鍾，水注其下。又東五里爲清涼寺。又東十里爲娥英廟，又東爲虞、芮二君祠，下有讓田。又東爲吴山，中條山之支。在平陸縣西北五里。其山高平，上皆民田，南麓有吴泰伯廟，故名。東爲傅巖，即殷相傅説隱處。旁有聖人澗，澗東十里則爲砥柱峯，又名三門，在黄河中流，其形如柱，高二丈餘。砥柱旁有老君爐。東岸爲磧津，西有禹廟。又東四十里爲箕山，山峯高峻，形勢類箕，故名。山下有許由冢。清澗在箕山之南，即巢父洗耳處。東有白玉竅，號錫窟。東北則爲王屋山矣。中條名谷，峻巘不能縷析，此其大都云。

黄河注二十四在蒲津門外注二十五，禹導河積石至於龍門，經河津、榮河、臨晉而來，南流至華陰，東折至芮城南二十里，走平陸，至砥柱，過孟津等處，爲逆河，入於海。縣北五里有大安池，居民引以溉田，餘流入黄河。西北三十里有嫣、汭二水，在歷山下，東西相距二里。南流者爲嫣，北流者爲汭，合流入黄河。即堯釐降二女處。西二十里爲葡萄澗，南入黄河。其西北十三里有地皇泉，流經魏文侯故城，合通澤泉，亦可溉田，伏流入沙。少東有龍泉，在古魏城中。西北隅上有五龍廟，旱禱必雨。又東北八里有鹿跑泉，一名静深泉，在中莊里，平地上清澈見底，大旱不減，霖雨不溢。上有龍神廟。居民引水溉田。大抵諸水皆黄河之湧溢也。鹿跑泉北三十五里有恭水，源出甘棗山，流入黄河。北二十二里有奥祝泉，在中條山北麓，石巖流出。相傳魏文侯自安邑率軍至此，衆渴，文侯默祝，以鞭指之，乃得泉，故名。東北三十五里有洹泉，出中條山清涼寺古洞中，南入河，一名洹澤。黄河自平陸縣南三里東流五十里至砥柱、三門、集津，達于垣曲。水經云禹因鑿砥柱山以通河，三川既決，謂之三門。又舊石刻云南曰鬼門，中曰夜叉，北曰人門。縣北五里有三汊澗，其源出中條山東西二溝，流與澗合，故名。可溉田，餘流南入於黄河。河東二十里有聖人澗，一名沙澗注二十六，發源傳巖下，南入黄河。涑水河在聞喜縣南十餘步，源出夏縣横嶺山，西流經縣治南，稍東合甘泉，引爲四渠，西流經夏縣界，西三十里即司馬温公所居地。又西至安邑縣北二十里，又西入猗氏縣境，南入臨晉五姓湖，過蒲州孟盟橋，入黄河。是水舊經解州三要里，數爲鹽池患。御史曾大有導之使北去。澮泉在安邑西南一十八里、鹽池北百許步，味甚甘冽，俗謂鹽得此方成。湧金泉出夏縣牆下村，經流安邑陶村，西入黑龍潭，鹽澤得之則滷液生花，有裨鹽池，如澹泉。

古蹟之可據者，如運司遺址，在解州崇寧坊。又鎮山坊有鹽場舊址。關壯繆故居在州東十八里常平村，今改爲廟，其先塋即在村南隸安邑者。帝舜陵在縣西北三十里鳴條崗之陽，孟子謂舜卒于鳴條，即此。陵高三尺，方廣四十餘步，甃以甓，古柏數十章，皆大十餘圍，内外地共百餘畝。縣西里許有魏豹城，魏文侯所築。後魏豹居之，故名。縣南五里有韓信城，信屯兵於此，以虜豹者。縣東南十三里有張良城，今名張良村。東南十八里有婁室城，則金將婁室所築也。縣南二十里距鹽池二里許，有蚩尤村，相傳黄帝殺蚩尤，身首異處，故别葬于此，而其迹已泯。關龍逢墓在縣城東北二里。段干木墓在邑之上段村。衛瓘墓在王范里。衛玠墓即在其西。虞坂在縣東郭南三十里，俗名青石槽，晋人伐虢，假道於虞，即此地。明侍御張士隆鑿道以通鹽車焉。夏縣有夏城，今爲禹王城，在西北十五里，夏禹所築。城内有青臺，高百尺，相傳禹娶塗山氏女，女思故鄉，築此臺以望遠，後人立禹廟其上。司馬温公故居在城中，墓在西北二十里鳴條岡，其祖父十七墓俱存焉。

運司舊在解州。元解鹽使姚行簡徙治路村，一名聖惠鎮，即今運城。城周九里十三步。長樂巡檢司在城西三十里姚家莊。聖惠巡檢司在城東二十里。鹽池巡檢司在池南西姚村。禁垣舊環池築欄馬牆，自安邑抵解州百四十餘里。成化間，侍御王臣初至，題奉欽依于攔馬牆外，又築禁牆二千五百餘堵，禁門三，北與運城南門相對，東去安邑五里，西去解州十里，三場鹽各繇其門出入。

判曰注二十七：鹽池之成亦黃河北，自蒲州折而東向，轉曲之間，漸漬畜匯，有此奧衍。今陝西花馬池鹽亦近黃河折流之處，恐或然也。故唐博士崔敖曰：「鹽池乃黃河陰潛之功，浸淫中條，融爲巨浸。」蓋有所見矣。

解鹽池下

解鹽池注二十八。堯時，洪水方殷，池尚淤泥。禹貢「鹽絺但見青州」。周官有盬鹽，謂不煉治而成。蓋解鹽也。故圖經引穆天子傳，有「安邑觀鹽池」之語。

左傳魯成公六年，晉人謀去絳，諸大夫皆曰：必居郇瑕氏之地，沃饒而近盬。郇瑕，即解地也。

秦取之以自豐，其利二十倍於古。

漢興，亦以山澤爲私奉。蓋武帝元狩中，兵連不解，縣官大空，富商大賈冶鑄鬻鹽，財或累萬金，不佐公家急，乃以東郭咸陽、孔僅爲大農丞，領鹽鐵事。五年，僅、咸陽言：「山海天地之藏，宜屬少府，陛下弗私以屬大農佐賦，願募民自給費，因官器作鬻鹽，官爲牢盆，浮食寄民，欲擅斡山海之貨以致富羨，役利細民，其沮事之議不可勝聽。敢私鑄鐵器鬻鹽者，釱左趾，沒入其器物。」卜式爲御史大夫，見郡國多不便，縣官作鹽鐵，苦惡賈貴，强令民買之，乃因孔僅言事，上不悦。元封元年，因桑弘羊請置大農部丞，分部主郡國，置均輸鹽鐵官。是時，鹽官凡二十八郡，河東安邑爲首。而鄭當時舉齊之大鬻鹽者，解鹽在官，始悉。宣帝地節四年，減天下鹽賈。元帝初元元年，罷鹽官，尋復之。明帝時，官自鬻鹽。肅宗建初中，又議復鹽官，鄭衆諫不從。和帝即位，罷鹽官。獻帝建安初，置使者監賣鹽。

後魏宣武時，河東鹽池富强者專擅其食，貧弱者不能資益。延興末，復立鹽司，量其貴賤，節其賦入，公私兼利。孝明即位，御史中尉甄琛表稱：「周禮山林川澤有虞衡之官，爲之厲禁，故雖置有司，實爲民守。今縣官鄣護河東鹽池而收其利，是專奉以腹，不及四體也。」明帝遂罷其禁，與百姓共。

隋開皇三年，鹽池亦與民同。

唐玄宗開元元年，河中尹姜師度以安邑鹽池漸涸，開拓疏決水道，置爲鹽屯，公私大收其利。左拾遺劉彤請檢校河南鹽利，於是使師度除蒲州鹽池以外，自餘處更不須巡檢。蓋唐鹽池十有八，井六百四十，然皆隸度支，其蒲州安邑、解縣有池五，總曰兩池，歲得鹽萬斛，以供京師，計百五十餘萬緡。四方豪商猾賈雜處，解縣主以郎官，其佐貳皆御史，鹽民田園籍於縣，而令不得以縣民治之。憲宗討淮西，度支使皇甫鎛又加劍南東西、兩川、山西西道鹽估以供軍。初，德宗貞元中，盜鬻兩池鹽一石者死，以至元和中減死，流天德五城。鎛奏論死如初，一斗以上，杖背，没其車驢，能捕斗鹽者賞千錢，州縣團保相察，比於貞元加酷矣。自兵興，河北鹽法羈縻而已。至皇甫鎛又奏置榷鹽使，如江淮榷法，犯禁歲多。户部侍郎、判度支盧弘正以兩池鹽法敝，遣巡院官司空輿更立新法，其課倍入，遷權榷鹽使。以壕籬者，鹽池之隄禁，有盜鹽與鬻鹻者皆死。鹽盜持弓矢者亦皆死。刑兵部侍郎、判度支周墀又言，兩池鹽盜販者，迹其居處保社按罪，鬻五碩，市二碩，亭户盜糶二石，皆死。是時，江吴羣盜以所剽易茶鹽，不受者焚其室廬，吏不敢枝梧，鎮戍、塲鋪、堰埭以闗通致富。宣宗乃擇嘗更兩畿輔望縣令者爲監院官，户部侍郎裴休爲鹽鐵使，上鹽法八事，其法皆施行，兩池榷課大增。其後兵遍天下，諸鎮擅利，兩池爲河中節度使王重榮所有，歲貢鹽三千車。中官田令孜募新軍五十四都，餫轉不足，仍倡議兩池復歸鹽鐵使，而重榮不奉詔，至舉兵反，僖宗爲再出。大抵解池鹽，唐隸度支，專佐軍國。自代宗大曆間，賜名寶應、慶靈池。周顯德中，世宗謂侍臣曰：「朕覽食末鹽，州郡犯私鹽，多於顆鹽界分，況末鹽煎錬搬運，費用倍於顆鹽，今宜分割曹、宋十餘州，令食解州顆鹽。」宋顆鹽仍出解州安邑、解縣兩池，以户民爲畦夫，悉蠲其他役，每歲自二月一日墾畦，四月始種，八月乃罷，官廪給之。安邑池每户歲種鹽千席，解池減二十席，募兵百人，人自爲護寶都，以巡邏之，以給本州及三京、京東之齊、兖、曹、濮、單、鄆州軍，京西之滑、鄭、陳、潁、汝、許、孟州，陝西之河中府、陝、虢、慶成州軍，河東之晉、絳、慈、隰州，淮南之宿、亳州，河北之懷州及澶州，諸縣之在南河者。至道三年，兩池得鹽三千七萬三千五百四十五席，席百有一十六斤半，此其最多之數也。仁宗天聖八年，上書者言陝西禁鹽得利微而爲害博，兩池積鹽爲阜，其上生木合抱，數莫可校，請聽通商，寬百姓力。乃詔罷三京二十八軍州榷法，聽商賈入錢京師榷貨務，受鹽兩池。然税課之入官者頗耗。自元昊反，聚兵西邊，用度不足，因詔入中他貨。由是羽毛筋角漆錢炭瓦木之屬，一切以鹽易之，猾商貪賈，乘時賕吏爲姦。至入椽木二估千錢，給鹽一大席，爲二百二十斤，虚費池鹽，鹽直益賤，販者不行，公私無利。乃詔復京師榷法，凡商人以虚估受券，及已受鹽未鬻者，皆計直輸虧官錢。内地州軍民間鹽，悉收市入官，官爲置場，增價而出之。復禁永興、同、華、耀、河中、陝、虢、解、晉、絳、慶成十一州軍商鹽，官自輦運，以衙前主之。又禁商鹽私入蜀，置折博務於永興、鳳翔，聽人入錢，量民資厚薄，役令輓車，轉致諸郡，道路糜費，役人竭産不能償，關内騷然。所得鹽利，不足佐縣官之急。並邊誘人入中芻粟，皆爲虚佑，騰踴至數倍，歲費京師錢幣反多。太常博士范祥乃請舊禁鹽地，一切通商，鹽入蜀者亦恣不問，罷並邊九州軍入中芻粟，第令入實錢，以鹽償之；視入錢州軍遠近，及所指東西鹽，第優其估，總爲鹽三十七萬五千大席，受以要券，即池驗券，按數而出，盡弛兵民輦運之役。從之。數年，猾商貪賈無所僥倖，關内民安。其後三司言，京師商賈罕至，則鹽直踴貴，請得公私並貿，而餘則禁止官鬻，皆從之。兩歲役畦户，以解、河中、陝、虢、慶成民爲之，官司旁沿，侵剥爲苦，乃詔三歲一代。嘗積逋鹽課至三百三十七萬餘席，詔蠲其半。中間以積鹽多，特罷種鹽一歲，或二歲三歲，以寬其力。其後減畦户半，又稍傭夫代之。五州之民，得安田里，無追逮侵剥之擾。是時分爲兩池，東安邑池，西解縣池，皆置官八，而州有榷鹽院，守貳領之，總其事曰制置。陳堯佐爲本司都運使，歲減冶數十萬以便民。神宗熙寧七年，中書議陝西鹽鈔，大出虚鈔，而鹽益輕，以鈔折兑糧草，有虚擡邊糴之患，請用西蜀交子法，使其數與錢相當，可濟緩急。詔以内藏錢二百萬緡，三司遣市易吏行四路請買鹽引〔三〕，又令秦鳳、永興鹽鈔歲以百八十萬爲額，河南北、曹、濮、秦鳳等處皆食解鹽。自仁宗時，解鹽通商，官不復榷。哲宗元祐元年，户部及陝西制置解鹽司議延慶、渭原、環鎮、戎、保、安、德、順等八州軍皆禁榷官自鬻，以萬五千五百席爲額，聽商旅入納於八州軍折博務，算給交引，一如范祥舊法，其出賣到鹽錢以給轉運司糴買。徽宗崇寧元年，解州賈瓦南北圓池，修治畦眼，拍磨布種，通得鹽百七十八萬二千七百餘斤，州具以聞。初，解、梁之東有大鹽澤〔四〕，綿亘百餘里，歲得億萬計。自元符元年霖潦池壞，至是乃議修復。四年，池成，凡開二千四百餘畦，百官皆賀。其役内侍王仲千實董之。仲千以額課敷溢爲功，然議者或謂解池灌水盈尺，暴以烈日，鼓以南風，須臾成鹽，其利則博。苟欲溢額，不俟風日之便，厚灌以水，積水而成，味苦不適口。崇寧間，蔡京始變鹽法，俾商人先輸錢請鈔，赴産鹽郡授鹽，欲囊括四方之錢，盡入中都，以進羨要寵。民間食鹽，雜以灰土。解地天産美利，乃與糞壤俱積矣。初，熙寧八年，三司使章惇言：「東、西永利兩監鹽歲課舊額二十五萬餘緡，自許商人入中糧草，增饒給錢支鹽，商人得鈔千錢，售價半之。縣官陰有所亡，坐賈獲利不貲。又私鹽不禁，歲課日減，今纔十萬四千餘緡，若計糧草虚估，官纔得實錢五萬餘，視舊虧十之八。請如解鹽例，募商人入錢請買，或官自鬻，重私販之禁，歲課且大增。並邊市糧草，一用見錢。」乃詔官自運鹽，鬻於本路。知太原府韓絳言其不便，請通商。乃令商人輸錢於邊，給券於東西監請鹽，以除加饒折糴之弊。仍令商人自占所賣地，即官鹽已運至場務者，令商人買之，加運費。初，熙寧五年，京西漕臣陳知儉言非民所賴，乃罷之，第令輸錢。故宋於解池之鹽，朝廷專置使以領之，北方之鹽盡出于池。元因乎宋，皆領在官。東池二場，曰常滿，曰鹽北。西池二場，曰紫泉，曰會商。場設官四員，三監池，一領縣事。

國朝仍置都轉運司於路村，裁元四場爲東、西二場，每場官二員，額辦課三十萬四千引。成化乙巳，巡鹽御史吴眕奏添中場，亦設官二員，歲增課十有一萬六千引，共四十二萬引。

禁牆。舊時池之周圍築攔馬牆，自安邑界村抵解州禁堰百四十餘里。成化甲午，監察御史王臣協、運使孟淮奏發鹽丁，築禁牆于攔馬牆外，計二千五百餘堵，高丈有三尺，闊八尺，未就，

王以疾卒。乙未，監察御史袁禎畢焉。然牆雖完築，仍有緣越竊鹽者。丙申，監察御史陳鼎于

上又接築之，每堵高八尺，通高二丈有一尺，闊如故。

鹽制因革，古今不一。宋西池兩場鹽出解州。解縣尉鄭咸圖序曰：解州鹽池自解縣東抵安邑之南，凡五十里，南北廣七里，中隨兩池之境分之曰解縣池、安邑池。其雇于官而撈者曰攬户，治畦其旁，盛夏引水灌畦而種之，得東南鹽風，一夕成鹽，取而曝之，已乃貯之庵中。其外作重堰，曰護池堤，設邏卒百餘人，曰護寶，以防盜取者。解縣又有女池，大唐開元中置女鹽監，後遂廢。而今猶或自生鹽，然味澀苦不可食，官禁其取，以防雜僞。而安邑又有苦池，西流過解，爲姚暹渠，并其它水，皆置隄，防甚謹，以虞泛濫。蓋池南谷水清潔，入池無害，獨此諸水汙濁，則能敗鹽。元至元二十二年，亦復置鹽運司于解州。二十九年，罷解鹽使，徙運司于路村。西場鹽仍由池西北隅出解州。先是，置鹽運司于路村，東、中、西場各有場門出鹽，各隨場分。成化九年，運使孟淮協、御史王臣築禁牆，後遂塞古之東、西二場門，路村專利，人甚不便。二十二年，御史吴珍奏准復開二場門，乃置西分司于解州，西場由池西北鹽出解州，東場由池東北鹽出安邑，并新添中場，由池北鹽出路村，分司官各照場放支，鹽利均而商旅便。

料臺，築爲高基，以堆鹽其上者也。臺在池之北阜，壂地作之，每臺高二尺五寸，長八丈八尺，廣二丈四尺。鹽堆一千引，上覆以茅，延還數十里，望之若草舍。初，宋、元間，設鹽庵，其制

基長八十一尺，廣二丈，高三尺，而上爲庵，庵之内長如基損九尺，而廣則損四之一焉。庵八間，上亦覆以茅。曝鹽極乾，然後收入。至國朝，鹽皆漫生，課羨于古，故置料臺云。然三塲每歲額鹽四十二萬引，料臺四百二十座，苫鹽草十有六萬八十束，户八千有三百三十四，鹽丁萬有二百二十三，塲料各百有四座，脚道皆六。其鹽户惟中塲三千六十四，東、西二塲皆二千五六百有奇云。判曰：料臺積鹽，貴精不貴多。若撈採非時，或收泥沙硝鹻，國課雖充，不堪食用，價輕商折矣。且料有美惡，吏緣爲姦，陰或换槭。近歲編定料臺，次第每掣止挨臺次輪裝，此可永久行者也。

鹽丁。十二州縣，脚道既有定所，鹽池既有三門，往者或言出入不便關防，撈辦之時，多由中塲。然附近猶可，遠者勞於居止飲食，艱苦百狀，衆萃一所，又有旅火之費，兼之炎蒸湯沸，急須得水，遠丁安能遂欲？故富者顧人撈辦，貧者力不能支，又兼打草脩堰諸役，率多逋逃。若三塲撈辦，仍舊于附近禁門出入，各照池分採取，則旅舍薪水所便甚多，民利亦均。至撈辦之時，寅夜而入，日午少息，亦可以救其厄苦。不然，前此集衆，開門强出，亦其驗也。

商人輸邊支鹽，號長股鹽。或納銀運司參支，號存積鹽。邇年或拘集各處，鹽商、店户、車户、牙人及有力者，報名于官，先輸銀價，然後支給，號曰搭賣。又或遇法概革本引，則丁商重困，今幸其免夫。

車户掣放，亦宜大早。若至禁門，驗名即放，不拘班次，間一稱試，甚便。蓋車人惟恐鹽多夾帶，没其車牛，其出入尤依各門，則人畜無涷餒死傷之苦、奪利争訟之弊。往者或止由中禁門出入，惟附近者甚利之。

運司新志

六小池，除蘇老池及熨斗池、夾凹池外，一曰永小池，一曰賈瓦池，一曰金丹池，亦間或生鹽。隆慶間，正課不登，計無所之。御史郜永春奏請括此數地，如唐宋舊制，歸之于官。洩地中積水，去兩岸淤泥，于盛夏種之，及時收採，修牆建舍，立法捕巡，合少成多，未必無助。部覆報可。此時大池水溢，各商無可掣支，亦無力完課。因招各處有力之家，隨意封納，隨時掣放。後因向年壓待，諸商萬無補掣之望。萬曆四十年，鹽臺楊鶴許令于女池開荒澆曬，准半報，以恤久困。每十車，五車工本，五車自報。天啓六年，鹽臺黄憲卿允勤民之請，于金井南北池開荒澆曬，因鑿井築垣，修蓋官廳，所費頗多。許照壓待商人例，准其半報。其永小、賈瓦二池，勤民自備工本澆曬，或准一年一更，或准三年一更，每十車准三車工本，其下車准挨支商人帶報，每年多寡不等，積銖兩之獲，以補正課之缺焉。崇禎以來，盡行荒廢，積水汪洋而已。

姚暹渠在池北十里，舊名永豐渠。源出瑶臺頂下巫咸谷，西流五里，經夏縣南門外，又五十里經安邑縣苦池灘，會洪洛渠、禹王廟之水、中條山李綽堰之水合流一處，由楊家莊入渠，經安邑城北、運城北，西流六十里，經解州北境，又西流六十里，至臨晋五姓湖，又西達蒲州，入黄河。隋大業間，都水監姚暹重開此渠，因號焉。其後入河之路漸斷。嘉靖初，侍御朱公實昌濬之。五姓湖在臨晋境内，受涑水并姚暹渠水，恐水溢爲鹽池患，故築堰防之。女鹽池在解州西北七里，據地高阜。唐開元中，置女鹽監于解。亢旱則生鹽，淡苦不可食。水溢生魚，減生硝，亦名硝池。吞吐姚暹渠、中條諸谷，澎湃之浪漲，則淹没田廬，衝决禁牆，爲池患，故築硝池堰，重加黄牛堰，以殺其勢。六小池在女鹽池西北四里，一曰蘇老，二曰賈瓦，三曰金井，四曰熨斗，五曰永小，六曰夾凹，皆受静林澗水，入臨晋泖水灘。澗東三里有張公泉、二澗水，大与鹽池相涉，故築底張堰以障之。七郎堰在鹽池西解州北灘，西高東下。女鹽池决，則洪濤巨浪，直犯鹽池，故東築永安堰，又東築七郎堰。解州東灘有數泉，又受北灘以上諸水，遭大水輒潰决，爲鹽池患，故築卓刀堰。長樂灘在池北，西接臨晋諸灘。若姚暹堤决水，即南趨女鹽，或湧北灘，爲鹽池患，故築長樂堰。五龍谷堰在池西南，因條山有五龍谷水勢洪涌，築此堰排入硝池，以防池患。西禁堰在西禁牆下，与卓刀、七郎諸堰相連，爲客水之備。白沙堰上接瑶臺，下抵苦池，在鹽池之東，排東南條山諸谷大雨澎湃之浪，併巫咸谷、蓮花池、洪洛渠、禹王城泉源之水，俾由苦池入渠。此鹽池在東第一堰極長且險，每遇山水暴發，驅石衝激，沙堤難支。夏縣生靈以堤爲命，不但鹽池之患也。李綽堰南自王谷口起，由東轉折而北，至苦池灘止，共五堰，現存其二，而四堰、五堰皆廢。排東南條山諸谷暴雨之水，併白沙堰潰決之水，俾由苦池入渠。此鹽池從東第二保障，距運城頗遠，不可不加意防守也。黑龍堰在池東南，自東郭北抵任村，受中條、磨兒盤、窑子溝、界灘山泉之水，併防李綽堰潰決之水，中有黑龍潭深不可測。唐開元中，於此置廟，今基址存焉。璧水堰在池東南，自界村北抵聖惠鎮，受山坡之水。恐黑龍堰萬一潰決，故又築此小堰以禦之。東禁堰在東禁牆下，長一千六百二十丈，闊二丈五尺，與璧水堰相鄰，防東灘各水之患。大李村堰、小李村堰、西姚東堰、南堰、西堰、蠶房堰、常平堰、龍王堰、金盆堰、桑園堰、渠村堰、趙家灣堰，俱在池南，長闊不等，各就地勢築堰，以防南山瀑注之水焉。按姚暹渠東自安邑楊家莊起，西至臨晉五姓湖止，高下各因地勢，闊俱四丈。渠水決，則南趨，爲鹽池害最甚，故築長堰以防之。又有涑水堰在姚暹渠北，以防涑水暴長則洩入姚暹渠，此爲涑水之備云。

聞喜曲沃辨

今之聞喜，古曲沃也；今之曲沃，古新田也。何以知之？按史記晉昭侯封文侯弟成師于曲沃註索隱曰：「河東之縣名，漢武帝改曰聞喜也。」蓋曲沃後改爲桐鄉，桐鄉後改爲聞喜。此不及桐鄉者，省文耳。晉語「驪姬請使申生處曲沃以速縣」，韋昭解曰：「曲沃，晉宗邑，今河東聞喜是也。」春秋「魯襄公二十三年，晉欒盈入于曲沃」，林堯叟註曰：「曲沃在河東聞喜縣。」前漢地理志河東郡縣二十四，有聞喜。註曰：「故曲沃。」後漢郡國志曰：「聞喜邑本曲沃。」晉地理志曰：「聞喜故曲沃。」文選潘岳笙賦曰：「河汾之寶有曲沃之懸匏焉。」註引漢書曰：「河東郡聞喜縣，故曲沃也。」綱目集覽曰：「聞喜本絳州曲沃縣，漢武改聞喜。」此非聞喜古曲沃之證乎？魯成公六年，晉遷于新田曰：「有汾、澮以流其惡。」至後魏始置曲沃縣，亦猶武帝改脩武爲獲嘉，其後又另置一脩武也。今曲沃人識其邑里皆曰新田郡，而汾澮二水見在其境内。曲沃志亦曰：「即春秋晉新田地。」此非今曲沃古新田之證乎？或曰詩傳既曰唐侯子燮改國號曰晉，後徙曲沃，則曲沃即晉都矣。又曰昭侯封成師于曲沃，豈其以都邑而封成師乎？曰：「史記不云乎，曲沃邑大于翼，翼晉君都邑也。」蓋是時，晉自曲沃遷都于翼，而以其故都曲沃封成師，是爲桓叔也。其後桓叔之孫武公卒，滅晉而代爲諸侯，仍都曲沃。至其子獻公，始都絳，即今絳州也。至景公，復自絳遷於新田，復命新田爲絳，而以故都之絳爲故絳。山西新通志于曲沃、絳縣皆曰「春秋晉都新田地」，誠是也。至漢始以絳爲絳縣，未有曲沃也。至後魏始置曲沃縣，即析絳縣地而置之也。要皆古之新田也。如此則三縣之沿革甚明，而曲沃之新志多誤。夫晉之故，晉人所當知也，不可以不辨。

余既爲此辨，後見沃人李廷寶氏已先有曲沃辨，謂今之沃即桓叔所封之沃，與余相左。余始就其明者辨之。寶曰：「魯成公六年，晉人謀去故絳注二十九，韓獻子曰：『不如新田土厚水深，君之不疾，有汾、澮以流其惡。』今澮水在沃南二里，汾水在沃西一十八里。故通考以曲沃爲春秋時晉所都新田之地。若今之聞喜則去汾、澮遠矣。」寶之此證，謂今曲沃即古新田誠是也，然以此證今之沃爲桓叔所封之沃，則非也。何者？桓叔所封之沃乃古曲沃也。既以今之沃爲新田，又以今之沃爲古沃，豈以新田、古沃爲一地乎？如其一地也，則晉人謀去故絳，當云復都曲沃，何以言遷于新田也？夫遷者違害就利，舍舊圖新之謂，未聞復故都而可謂之遷也。故都之水土，晉人知之當必熟矣，又何待韓獻子熟計之而後知也？寶蓋以通考之曲沃爲古曲沃，不惟失馬氏之意，且自爲矛盾甚矣。其他證亦多類此，要不俟乎余之贅也。

平定州志

程敏政謚議曰：關將軍羽仕漢封漢壽亭侯，謚壯繆，而今之祠扁止題曰「壽亭侯」，不書謚，意以漢爲國名，故不書；以「繆」爲惡謚，故削之，爲神諱也。以予觀之，書爵既已脫誤，而諱書謚者尤非。考之史、漢，壽本邑名，在犍爲。史稱費禕遇于漢壽，而唐人詩亦曰「漢壽城邊野草春」，是以知漢壽者封邑，而亭侯者爵也。東漢之制，有縣侯，有鄉侯，有亭侯，皆以寓食入之多寡。今去「漢」，而以「壽亭」爲封邑，誤矣。又昭烈勸進表其首列銜曰前將軍漢壽亭侯關某，若以「漢」爲國名，則不當以錯置於職名之下。至於謚法，武功不成曰繆，而繆、穆古通用，若秦穆公、魯穆公在孟子，漢穆生、晉穆彤在史，皆爲「繆」，蓋傷公之死國，故以壯繆節惠。而宋岳飛謚武穆，意與此同。今乃諱之以爲惡謚，豈理也哉！神之謚號，在古爲重，而世俗踵弊，殊無知者，故爲訂之。愚按，漢前將軍漢壽亭壯繆侯，將軍之本號也。宋徽宗始加崇寧真君，而胡元遂封義勇武安王，皆爲瀆禮，相沿已久。國朝程侍郎敏政辨論頗詳，故附諸此。

路史　辨帝舜冢

孟子曰：舜生於諸馮，即春秋之諸浮，冀州之地。遷于負夏，衛地。卒於鳴條，東夷之人也。在河中府安邑。或云：陳留平丘有鳴條亭。然湯伐桀，與三朡、昆吾同時。三朡在定陶，鳴條義不得在陳留。又安邑有昆吾亭，顯其非是也。諸馮、負夏、鳴條，皆在河南北，故葬于紀，所謂紀市也。詳紀中。紀在河中府皮氏。今帝墓在安邑。而安邑有鳴條陌，其去紀才兩舍。帝記言河中有舜冢，信矣。亦見廣川家學。而竹書、郡國志等皆言帝葬蒼梧，則自漢失之。禮記是。至鄭康成，遂以鳴條爲南夷之地，不已疏乎！孟子言諸馮、負夏、鳴條，伊訓言亳、鳴條、三朡，皆衛晉之地，豈得越在南夷哉。故竇苹云：舜卒鳴條，去所都蒲阪七十里。無緣葬於蒼梧四千里外。而司馬考異乃謂蒼梧爲在中國〔五〕，非必江南，然無明文，且謂江南，抑又疏矣。夫蒼梧自非五服，人風婐劃，地氣高瘴，在虞夏乃無人之境，豈巡狩之所至邪。方堯老舜攝也，於是乎有巡狩之事，今舜既已耄期勌劇，形神告勞，釋負而付禹，則巡狩之事，禹爲之矣，豈復躬巡狩於要荒之外也哉！云唐虞三代以五嶺百粵，五嶺二在桂，三在道。是以劉知幾之徒，得以摭厲王流彘、楚帝遷郴及夏桀、趙嘉之事，而疑舜禹之明德。泌嘗考之，象封有鼻，今道州。故墓在於始興幽明録云：始興有鼻天子冢，鼻天子城，即南康記南康縣鼻天子城者。亦見實賓録。蓋地後貫南康，昔人不明爲何人，乃象冢也。義均封于商，故女英之冢在商。事見劉禹錫嘉話廣記等。世紀云：「舜三妃，娥皇無子，女英生商均。女英蓋隨子均徙子封所而死，葬焉。有説別見。」其餘支庶或封巴陵，或食上虞，采西城邑池陽，與夫懷戎、衡山、長沙、無錫，故其墓或在江華，或在巴陵、上虞。荆湖之浙，虞帝之迹，徧所在有。風土記：「上虞有舜冢。」郡國志云：「上虞東有姚丘，舜葬之所。東又有谷林，云舜生之地。復有歷山，云舜耕于此，而嘉禾降之。」又越之餘姚，餘姚山記以爲舜父所封。而風土記乃云：「舜支庶之所封。」又會稽山有虞舜巡狩臺，臺下有望陵祠，云民思之而立。風土記云：「舜，東夷之人，生於姚丘嬀水之汭，損石之東。」今姚丘山在餘姚西六十上虞縣之東。本作桃丘。又始寧界有舜所耕田。始寧乃故上虞之南鄉也。今有吴北亭、虞濱，皆在小江裏，去縣五十，對小江北岸。臨江山上有立石，謂之損石，俗呼蔿公嶄〔六〕。又餘姚有漁浦湖，輿地、寰宇記以爲舜漁於此。沈稷謂湖今在上虞。而今冷道乃有舜廟。徐儉碑謂是舜之所都。而營浦南亦記有舜巡宿處。而道州學西有虞帝廟營，其它蓋不勝紀。如營、道廟舊在太陽溪，溪今不知處。漢以來，廟九疑山下，至唐不存，元結建之州西，置廟户，刻表勑并狀。僖宗時，士胡曾權延唐始復之九疑。國初，王繼勳奉詔修，歲春秋降祠版，蓋皆其後祠之。禹爲天子〔七〕，帝之諸子分適它國。其之巴陵者，登北氏蓋從之，故其墓在於巴陵。黄陵也。登北氏，帝之第三妃。帝之三妃不得皆後于帝死，育既葬于陳倉，則其先死矣。育即娥皇。漢志陳倉有黄帝孫舜妻育冢。既皇、英各自有墓〔八〕，則黄陵爲登北之墓審矣。世以湘陰黄陵爲舜妃墓，而臨桂縣城北十餘里有雙女冢，高十餘丈，周二里，亦云二妃之葬，俱繆，今江華太平鄉有舜寺，湘陰有大、小哀洲，圖經以爲二妃哭舜而名，亦妄，特舜女也。惟登北氏從徙巴陵，則其二女理應在焉。故得爲湘之神，而其光照於百里，是皆可得而考者，胡自氛氛而争爲堯之二女乎？舜之二女，一曰霄明，一曰燭光，登北氏之所生。有辨别見。雖然，虞帝之墳在在有之，何邪？海内南經蒼梧山，帝舜葬其陽。大荒南經帝舜葬岳山。又海内北經有帝舜臺之類，有陵臺，説别見。蓋古聖王久于其位，恩霑于倮隅〔九〕，澤及於牛馬，赴格之日，殊方異域，無不爲位而墳土，以致其哀敬而承其奉，是以非一所也。顓、嚳、堯、湯之墓傳皆數出，漢遠郡國皆起國廟，亦是若也。是則九疑之陵，或弟象之國所封崇爾。漢惠帝元年，令郡國諸侯王立高廟，今山陽縣西四十五高廟也。至元、成時，郡國祖宗園廟百六十七所。自高祖至悼皇考，各居陵旁立廟，并京百七十六，園中各有寢、便殿。不然，商均窆也。大荒南經云：「赤水之東，蒼梧之野，舜子叔均之所葬也。」而九疑山記亦謂商均窆其陰，豈非商均徙此，因葬之，後世遂以爲虞帝之墳邪？山海經，古書也，第首尾多衡決〔一〇〕，後世不考。按海内朝鮮記云：「南方蒼梧之泉，其中有九疑山，舜之所葬，在長沙零陵界中。」此世所憑信者。蓋後人所增長沙零陵名，出秦漢，非古明矣。嘗又訊之大傳符子之書，虞帝遜禹於洞庭，張樂成于洞庭之野，於是望韶石而九奏。則帝蓋嘗履洞庭而樂韶石，亦既遜位而歸國矣。遜禹後十八載乃崩。九山皆石，峻聳特立，亦謂之韶石。故集仙録言帝得修身之道、治國之要，瞑目端坐，冉冉乘空，而至南方之國，入十龍之門，泛昭回之河，其中有九疑山焉。歷數既往，歸理兹山。是則九疑之游，特夢想之所届者。是以蔡邕九疑碑辭乃云「解體而升」，而胡曾九疑碑圖且謂「今無復墓」，然則蒼梧之藏，有其語而已矣。真源賦云「因南狩，走馬逐鹿，同飛蒼梧，莫知所去」，蓋誕。河中之壠，焉可誣也。世遠論略，而諸生若信蒼梧之言爲出于經，而予之言亦難乎爲信也。李白云「重瞳孤墳竟何是」，則虞帝之冢不明，自昔以爲恨也。王充謂舜、禹皆以治水死，葬于外。按是時水平已久，柳璨闢劉知幾之説當矣，然謂舜因天下無事，肆覲南巡零陵、桂林，不期奄化，而因葬之，至比始皇、孝武、章帝之崩，載歸路寢而後成禮，又大妄矣。書云「陟方乃死」，説者以陟方爲巡狩。孔氏謂升道南方以死，韓愈非其説，曰地傾東南，南巡，巡非陟也，陟者升也。方乃死者，所以釋陟爲死者。蘇軾亦謂陟方猶升遐，「乃死」爲章句，後學誤以爲經文。書云商禮陟配天，「惟新陟王」，故汲紀年「帝王之没皆曰陟」，然則在位五十載，陟者爲紀帝之没明矣。蘇謂「陟方猶升遐」，誤矣，蓋未見紀年爾。解者又何必區區以非五服之地，巡狩所不至言哉。傳又謂伐苗民而崩于蒼梧。伐苗乃禹也。穎達云：時苗民已竄三危。

韓非曰：「商周七百餘歲，虞夏千餘歲，而不能定儒墨之真。今欲審堯、舜之道於三千歲之前，意者其不可必乎。無參驗而必之，愚也。非能必而據之，誣也。」故明據先生必定堯、舜者，非愚即誣也。予既考定有虞若三妃、有鼻諸孤之墓，一旦明白，歷歷可知如此，抑不知予之愚誣邪，韓子之愚誣邪？

芮城志

薛一鶚曰：「芮之田賦最重，然民力農作，自足以供之。但溝崩水衝及久逃失迷爲人所侵者，則有糧而無地；新墾山澗久退河灘，其沃壤特甚，則有地而無糧。貧家賣地欲其易售，則以有糧作無糧，以平地作坡沙，於是地去而糧存。黠者買地，稍增價銀，則以有糧作無糧，以平地作坡沙，於是糧少而地多。此田賦所以不平，而徵納者兩難也。嗚呼，革此弊者，其惟在於均地糧乎！近日之講求是矣。」又曰：「民逃之由有三，曰歲凶無儲蓄之素，曰牧民者不能節省而里甲之費侈，曰逃亡者之賦役不爲豁處而責見在者之代償，丁逃則令户代之，户逃則令甲代之，甲逃則令里代之是也。今有大家令僕夫十人者，各舉百斤之負，一孱者力不能支，潛遁去，此宜暫置其負，以招徠其人，或另補以人可也。乃併其負於九人，人愈少則負愈重，於是又有遁去者，則併其負於八人，於是又有遁去者，則併其負於七人，七人者不俱遁乎！嗚呼，此司牧者所宜念也。」

元毛麾康澤王廟碑記

水經云：「平水出平陽西壺口山，自壺口西南二百餘里曰平山，水潛出其下，曰平水。」州圖經亦曰：「晉水其源亂泉，如蜂房蟻穴，觱沸於淺沙平麓之間，未數十步，忽已驚湍怒濤，盈科漲溢，南北溉田數百頃，東匯爲湖，曰平湖。泉旁舊有龍祠，宋宣和中封康澤王。」

喬宇鼓堆泉記

自太原西南，其泉溉田最多，利民久者莫若晉祠之泉。自平陽西南其泉溉田最多，利民久者莫若龍祠之泉。自絳州以北其泉溉田最多，利民久者又莫若鼓堆之泉。其泉發源於九原山之西北，突有二山，高圓如鼓，則泉以形似而名。泉上有埠如覆釜形，履之聲如鼓，則泉以聲似而名。泉有清濁二穴，清在北，濁在南。北穴爲石口，尺五許，匯而爲池，幅員一丈，其深稱是。南穴爲土口，尺許，亦匯池，溢而北折，而東合於清流。泉之西則隆然高厚，其南北皆平疇低野，亦資泉而溉。其東則經連緯通，溉田至於絳州方五十里，而南並入於汾焉。穴上二山在西者，昔人樓其上，敞然三楹。壁間有唐宋石刻，樊宗師、司馬君實者皆在焉。

王翰遊三門記

三門集津在平陸縣治東六十里〔一〕，道由東西〔二〕，延至黄堆，循河東下，再行十里至其處。河南山脊峻下，其尾屬於北山，鑿山作三門，以通河流。南爲鬼門，中爲神門，北爲人門。又北爲開元新河，又以中爲夜叉門，北爲金門。新開河爲公主河，未詳其説也。鬼門迫窄，水勢極峻急。人門水稍平緩，直東可五十步。中流有小山，乃底柱也。東又十步，其水瀠迴，謂之海眼，深不可測。神門最修廣，水安妥，蓋唐宋漕運之道。山嵓上有閣道，且牽泐石，深尺許。正南下五步有石聳起，側視若香爐然。東又三十步，一峰可高數丈，不甚奇。新開河南北廣約計二丈，其岸石如甃，又直如繩取者。行百餘步，與神門水合。其南一峰壁立，度二百尺，極奇秀，石紋青黄相雜。其巔多鴿、鸛巢，壘石爲爐形，非飛舉者不可至，不知其始。有人謂老君煉丹爐，蓋以神之也。其新開河左就嵓石下刻宋、金人題名并詩，且刻「翠陰禹功」。二巖稍東刻「忠孝清慎」四字，字畫若顔魯公書者。其南山上有石，巉然如鴟蹲者，人號爲挂鼓石，蓋禹用以節時齊力也。自新開河東口涉水上山，上舊有開化寺，今不存。有小祠，像龍神，前碑剥落不可磨，不知何時立。祠檐下二石，其狀如碑，無字，上作三竅。一碑金興定十二年修禹廟記也。考之史，興定止五年，疑大定之誤。而至西可二里，上山謁禹廟而還。

河運。冀州，堯、舜、禹所都，三面距河，其八州貢賦皆以達河爲至。秦使天下飛芻輓粟，轉輸北河。漢興，張良以河、渭漕輓爲便。其後番係言漕更底柱之險，敗亡甚多，而底柱之東可無復漕。成帝綏和二年，求能浚川疏河者，特詔賈讓奏析底柱。隋開皇二年，沿河置倉，運米以給。長安陜州置常平倉，華州置廣運倉，遣倉部侍郎韋瓚向蒲、陜募人，能於洛陽運米四十石經底柱之險達于常平者，免其征戍。十五年六月，鑿底柱。唐亦轉東南，而河有三門底柱之險。貞觀十二年，帝發洛陽觀、底柱祠、禹廟。顯慶元年，苑西監褚朗議鑿三門山爲梁，可通陸運，發卒六千鑿之，不成。其後楊務廉又鑿爲棧，以輓漕舟。開元十八年，宣州刺史裴耀卿上漕事便宜〔一三〕，曰：「漢、隋漕路瀕河，倉廩遺跡可尋。可使江南之舟不入黃河，黃河之舟不入洛口，而河陽柏崖節級轉運，水通則舟行，水淺則寓於倉以待，則舟無停留，而物不耗矣。」玄宗未俞。二十二年，耀卿爲京兆尹，請罷陸運，而置倉河口。河口在鄭州，使江南漕舟至河口者，輸于倉，而官爲顧役，分入河、洛，置倉三門東西，漕舟輸其東倉〔一四〕，而陸運以輸西倉，復以舟漕以避三門之險。玄宗然之。至是以耀卿爲江淮、河南轉運使，置河口輸場，場東置河陰倉，西置柏崖倉，三門東置集津倉〔一五〕，西置鹽倉，鑿渠十八里，以陸運自江淮漕者皆輸河陰倉，自河陰西至太原倉。倉在陝州西六里，謂之北運，自太原倉浮渭以實關中。玄宗大悦。天寶元年，穿三門運渠。

開元新河在三門北。一小河，俗名公主河。唐陝郡太守李齊物鑿底柱爲門，以通漕，開其山巔爲輓路，燒石沃醯而鑿之，然棄石入河，激水益湍怒，舟不能入新門，候水長以人輓舟而上。米堆山在三門東。德宗時奏漕不可改，歲運經底柱多覆河中。有山號米堆。運舟入三門，雇平陸人爲門匠〔一六〕，執標指麾，一舟百日乃能上。集津，唐貞元二年李泌開運道成。泌爲陝虢轉運使，自集津至三門，鑿山開道十八里，以避底柱之險。益開集津倉山西徑爲運道，屬于三門倉治。上路以回空車〔一七〕，費錢五萬緡，下路減半。

潞安府志　關隘

漢書上黨郡有上黨關、魏寄氏縣有上黨谷，先屬猗氏，今屬屯留，此西關也。壺口關、今吾兒峪，先屬壺關，今屬黎城，此東關也。石研關、研，音陘。未詳何地。按上黨舊轄沾縣，北接井陘，亦轄涅氏，北通盤陀，皆右徑，故名。此北關也。天井關，今屬澤州。此南關也。當時全據諸險，足稱四塞之國，後雖割裂分屬，然亦隨要害之地而設守。長子有長平關，此必與高都、泫氏分裂後置也。有穀關，在羊頭山下。載魏史。有横水巡檢司。元置，西控平陽。襄垣有井谷關、後魏置，北齊廢。汫谷故關。見唐書。而後魏又載石井關，豈即石研關耶？今所存惟壺口關，即吾兒峪巡檢司。元更此名，今因之。正統間，撫臣請于五巑山置關。屬襄垣縣，駐虒亭鎮，北控沁州，後裁去。嘉靖中，青羊寇平，科臣夏言請置玉峽、虹梯二關，各設巡檢司。皆屬平順，東控林縣。夏言玉峽關銘序曰：「玉峽關舊曰風門口，在隆慮萬山之巔，爲兩河三晉之界，蓋天作之險也。前此弗設守，庸氓往往憑阻以拒命。吏乃即是關焉。」虹梯關銘序曰：「玉峽關西來餘百里，近蟻尖寨，千峰壁立，中通峭峽，狀如風門而小，下則無底之壑，石磴齒齒，盤迴霄漢，望之若虹霓然。比歲青羊之寇憑負以拒汴師者，此也。故號洪梯。予易以今名，亦因以關焉。」其山徑僅通人行者，有槲林隘口、在羊腸坂上，通輝縣。十八盤隘口、通林縣楊家石塘口。漳義隘口、兩山壁立，漳水通流，涯滸僅可人行，通林縣，俗稱漳義關。馬踏隘口，在竇口峪，亦僅容人行，俗稱馬踏關。皆在壺關、平順東境。潞、澤之交，横亘一山，起丹朱嶺，至馬鞍壑，有古長城一道，歲久傾頽，然遺跡尚在。登高望之，宛然聯絡。中有營壘，以詢土人，皆曰梁晉交兵，築以相拒。考之五代史，一夾寨書，一甬道書，未有長城百里而不書者。今陵川呼此山爲秦嶺，以爲秦築。以事考之，則長平之役，秦人遮絶趙救兵及芻餉而築也。當時秦爲客，趙爲主。客居主地，設伏出奇，引四十萬人入于計中四十七日，至于盡降盡坑，略不相聞，非其勢壓山川，安得咫尺千里，計此城必此時築，以限趙之南北也。

嘉靖間，邊患孔棘，各縣乃於民居繁衍村落，督建城堡，以保衛民。群雉雲連，崇墉棋布，似亦足恃以無恐。未幾而吏緣爲姦，索瘢擢髮，設爲不可結之局，以難居民，而要厚實，叫囂衝突，日夕不休。民怒不敢言，於是告併告廢，當道亦悉其不得已之情，而亟准之。民惟恐其壞之不速，而貽復舉之患也，相與隳其墉，平其基而後快，更不念異日邊患之再棘矣。是豈愚無遠慮哉？切于近憂故也。夫城以衛民，而乃益其禍，穴之足以穿墉也如此。

上黨初置郡時，奄有潞、澤、沁、遼之地，居太行之巔，據天下之脊。自河内觀之，則山高萬仞；自朝歌望之，則如黑雲在半天。即太原、河東亦環趾而處於山之外也。乃其勢東南絶險，一夫當關，萬軍難越，西北絶要，我去則易，彼來則難。夫非最勝之地哉。是以西伯戡黎，祖伊恐，以戒紂。秦取上黨，遂拔邯鄲而已山東諸國。何者？其勢去也。安史以後，河北連衡燕幽，海、岱之間，盡入於逆孽之手，而終不能越太行取尺寸地，則唐置昭義，扼吭拊背，其勢得也。不獨此耳。魏、齊、周、隋、梁、唐、晉、漢以及十六國之君，分方竊據，互相吞食，得此者昌，失此者蹙，先至者勝，後至者覆。匪直人謀，實勢之使然也。所恨元魏無謀，作俑分置，其後沿革無常，遂令昔時全勝之地，至今不能復合。澤分太行之南，沁、遼分太行之北。岳陽，穀遠地也，而入於河東；樂平，沾縣地也，而入於太原。則潞止據太行之東偏耳。澤州獨當一面，差足撑持。沁、遼偏落一隅，似難孑立，藩籬不固，堂奥中其得晏然而已乎？吾以爲天下之勢，當如視聽相資，呼吸相應，方其無事，各慎封疆而修内政，野無不耕之田，人有知方之勇，則深山大澤，皆金湯也，囷積窖藏，皆府庫也，農工樵牧，皆甲卒也。一有緩急，則電掣星馳，或觭或角，使一郡常蓄數郡之威，而敵不知其所攻，乃審勢乘便，更番迭出，使敵有顧此失彼之虞，而又不知其所守。以其餘力南下太行，可以援中州，東出磁、邢，可以援趙、魏，由間道可以援平陽，由驛途可以援大鹵。則上黨常爲天下之中堅，天下常恃上黨爲磐石矣。然瓜分而約之，終不能合，盍就今日之府而以三州復來屬，猶然故上黨郡也，爲力不更易哉。

周再勳壺關縣志序

壺在今日爲上黨偏僻下邑，當時重關天險，俯視中原，固籥括之通天，而秦、晉、燕、齊之門户也。自商封同姓爲黎侯，壺即在其境内，乃負固黨惡，西伯首戡之。克商之後，又欲築宫於五行之山，睠睠於上黨不置者，可見憑高扼險，以鞭弭宇内，雖古聖人不能易也。後滅于狄，復并于晉，又爲三晉裂而有之。先屬趙，後屬韓。野王之役，復歸於趙。遂有四十萬長平之禍，而山東之國以次兼併矣。鮑永誤用，田邑璧馬，遂輸於雒陽，而光武以興。拔鄴，進圍壺關，不能卒下，輒重魏武屠城之怒，豈非以其險要必争，得之則興，失之則亡也哉。故上黨不拔，天下不可以得志也，壺關不下，上黨不可得而拔也。自晉室南遷，遭劉、石、苻秦、慕容以至魏、齊、周、隋相侵相并，此爲要衝。昭義之設，唐以制河北，終唐世，河北之鎮，不能侵尺寸之地者，壺實爲虎豹金湯也。自宋改隆德軍爲無事之鎮，潞亦爲無事之州矣。張開及元兵之大戰也，即於壺關決勝。關保、虎林赤之過曹州賊也，亦大破於壺關。夫山河如故，設險依然，何以正德六年，薊賊踰太行，自壺關南界入潞郡，大掠雄山鄉而去？崇禎十五年，叛將任國琦夜踰壺口，襲北董等鎮，長驅歌舞而歸？所謂守或非其人，化爲狼與豺者非邪？嘗披往牒，壺亦嘗爲郡矣，但後世代有沿革，建置屢更，分割漸成，蕞爾其實，今之長治、潞城、黎城、平順，皆其故地也。自澤、潞分，壺遂獨爲咽喉重地。承平日久，武備寖弛，而壺口一關，今亦分析於黎城縣界，并無一騎一兵，城戍要害者，止有弓兵數人，譏商盤詰，然皆有名無實，不堪禦暴。未雨既紬繆，堤決從何堙塞，是在當事者熟思而早計之耳。

大同府志

土堡

聚落堡。在府城東六十里。天順二年建築，周圍三里一百二十步，高三丈一尺。門二，東曰鎮安，西曰懷遠。設站馬戍兵。弘治十三年，因增展北面添設倉場，以備屯兵之用。紅寺兒堡。在府城北五十里。正統元年建築，周圍一里二十步，高二丈三尺。遇警設兵。高山堡。在府城西六十里。天順二年建築，周圍三里十步，高三丈一尺。門二。設站馬戍兵。沙河堡。在府城西北六十里。正統初築，周圍二里三十餘步，高二丈五尺。前衛哨馬營。懷仁堡。在府城西南八十里。永樂九年築，周圍三百五十五丈八尺，高二丈七尺，壕深一丈七尺。趙麻堡。在府城南一百二十里。永樂九年築，周圍一百三十丈，高三丈，壕深一丈五尺。第三柞堡。在府城南一百二十里。洪武七年築，周圍一百三十丈，高二丈七尺。以上七堡俱大同前衛屯軍居。長安堡。在府城東南五十里，周圍二百二十四丈，高三丈。神泉堡。在府城東一百二十里。周圍一百二十丈，高三丈，壕深二丈四尺。原八門，今存一。漫流堡。在府城東一百四十里，周圍二百八十丈，高三丈，壕深二丈。原八門，今存一。以上三堡俱大同後衛屯軍居。鴉兒崖堡。在府城西一百二十里。永樂二十一年築。周圍二百丈，壕深三丈。原開八門，今塞六存二。平番鎮堡。在朔州城北六十里。永樂二年築，周圍一百八十五丈，高二丈五尺，壕深一丈二尺。遇警設兵。黑龍池堡。在朔州城東北六十里。周圍一百九十丈，高二丈四尺，壕深一丈二尺。九姑村堡。在朔州城西九十里。周圍一百九十四丈，高二丈二尺，壕深二丈。旱井堡。在朔州城西北九十里，周圍二百四十丈，高三丈，壕深三丈。西駱駝堡。在朔州城西北一百里。周圍一百三十九丈，高二丈六尺，壕深二丈餘。以上六堡俱朔州衛屯軍居。暖會堡。在朔州城西北七十里。周圍一百四十步，高一丈四尺。永樂二年築。本衛哨馬營。新城堡。在右衛城南二十五里。周圍一百九十丈，高二丈五尺，壕深一丈五尺。窩鋪十二座。大樹柳堡。在右衛城西南三十里。周圍一百九十六丈，高二丈五尺，壕深一丈三尺。窩鋪十二座。牛心堡。在右衛城東南四十里。周圍一百四十丈，高二丈五尺，壕深一丈五尺。窩鋪十二座。蒼頭河堡。在右衛城西南五十里。周圍一百三十丈，高二丈五尺，壕深一丈五尺。窩鋪十二座。以上五堡俱大同右衛屯軍居注三十。薛家馬營堡。在右衛城北二十里。王忠官屯。堡在右衛城南四十里。以上二堡俱大同右衛哨馬營。浄水瓶堡。在威遠衛城西北六十里。宣德間築，周圍一里八十步，高二丈八尺。門二，遇警設兵。白登堡。在陽和衛城南三十里。永樂九年築，周圍二里一百八十步，高三丈，壕深一丈五尺。門二。窩舖十二座。關頭堡。在陽和衛城北七十里。宣德間築，周圍二里四十二步，高三丈二尺。遇警設兵。以上三堡俱陽和衛屯軍居。猫兒莊堡。在陽和衛城北一百里。永樂元年築，周圍二里四十步，高一丈五尺。其北二十里有口子牆，高一丈五尺。本衛哨馬營。上畔莊堡。在天城衛城西南二十里。周圍一百九十七丈，高三丈，壕深二丈。門二。窩舖十三座。米辛關堡。在天城衛城南二十里。周圍三百二十丈，高三丈三尺，壕深二丈。門二。窩舖十二座。方城堡。在天城衛城南七十里。周圍二百四十丈，壕深一丈。門二。窩舖十二座。以上四堡俱天城衛屯軍居。長勝堡。在天城衛城北六十里。永樂元年築，周圍五百二十丈，壕深一丈。門二。本衛哨馬營。

續設：師子屯堡。南徐溝堡。永靖堡。窟坨屯堡。東井子堡。小石莊堡。白蛇口堡。上泉舊堡。永康堡。榆林堡。清順堡。沙嶺堡。按馬西溝堡。金盆屯堡。羅文皁堡。胡疃堡。金家莊堡。按馬東溝堡。楊太監堡。西師家堡。大石莊堡。吴屯新堡。小嶺兒堡。下富家堡。董家莊堡。以上堡寨共二十五座，俱陽和衛。橋頭堡。惡石村堡。滴滴水堡。李官人屯堡。田官人屯堡。上莊堡。吴家堡。楊家堡。盧花港堡。管家堡。東柳林堡。東師家堡。王官人屯堡。都司口堡。司報堡。石牆埡堡。上泉新堡。碾兒頭堡。趙家村堡。地石其寨。以上堡寨共二十座，俱高山衛。郭鎮堡。谷山東堡。谷山西堡。水桶寺堡。石莊兒堡。十里鋪堡。蕭家屯堡。許家堡。欒寨堡。雙寨兒堡。清河堡。張家莊堡。馬家阜堡。定安營堡。蝦蟆窊堡。上龍池堡。西要泉堡。王進堡。谷家堡。安家阜堡。枳楞屯堡。沙溝村堡。鮑家屯堡。河南堡。小澗村堡。中沙河堡。榆林屯堡。原家阜堡。風神廟堡。游家店堡。南孟家莊堡。北孟家莊堡。西坦坡堡。趙家溝堡。盆兒井堡。常家莊堡。楊家莊堡。大堡村寨。蘆子疃寨。以上堡寨共三十九座，俱天城衛。任家灣堡。李山堡。李家堡。永嘉堡。寒門堡。四方澗堡。朱山堡。抾兒嶺堡。蕭牆堡。長安堡。桃園堡。石羊莊堡。陰山下堡。谷家堡。神頭山堡。姜家屯堡。陰山上堡。喬子烟堡。武家莊堡。平安堡。東要泉堡。孃子城堡。柳樹屯堡。卞家屯堡。東馬房堡。二十里鋪堡。以上土堡二十六座，俱鎮虜衛。豆家坊堡。牆埡堡。青磁窯堡。王家莊堡。石佛寺堡。韓家嶺堡。駝子村堡。安祥寺村堡。乾河屯堡。趙家寨堡。劉晏莊堡。黄昏城堡。大要屯堡。上花園屯堡。友宰村堡。南家堡。西段莊堡。柳東營堡。鹽房營堡。羅家莊堡。周家堡。南息村堡。小石寺村堡。沈家莊堡。吉家莊堡。王銀莊堡。善利村堡。榆林村堡。上希莊堡。北山屯堡。艾家莊堡。利仁阜堡。小村兒堡。秦城村堡。姜女村堡。安家堡。白廟堡。麻峪口堡。晏頭村堡。龍花阜堡。利家莊堡。孃子城堡。裴家莊堡。水磨頭堡。雷家莊堡。貴人村堡。上深井村堡。甕城口堡。陽和坡堡。北信莊堡。上里店堡。米家莊堡。麥阜村堡。石山子堡。碾窯山子寨。以上堡寨共五十五座，俱大同前衛。三十里鋪堡。孤店堡。周士店堡。河村堡。邢家莊堡。北莊堡。上莊堡。解家莊堡。俞家峪堡。補村堡。神峪村堡。淺井堡。乾莊子堡。蔡家莊堡。積稔堡。許家莊堡。圪垯山堡。趙石場堡。水頭兒堡。東小村兒堡。高家莊堡。畢家阜堡。深井村堡。党留莊堡。鹹坡村堡。秋林堡。四十里鋪堡。東馬鋪堡。臥駝山堡。迎恩新堡。二十里鋪堡。西紫峯堡。東紫峯堡。康家店堡。唐家堡。官補子堡。賀家店堡。東平村堡。馬連莊堡。崔家水堡。峯稔山堡。惡峯澗堡。吴家窊堡。辛莊兒堡。杜家莊堡。千千村堡。米家莊堡。馬官人屯堡。水峪村堡。闕莊堡。白馬鎮堡。上莊堡。南莊堡。俞澗村堡。拒家山堡。水頭兒溝西堡。五十里鋪堡。彰家莊堡。吊兒嘴堡。養老窊堡。下莊堡。桃花莊堡。賈峪阜堡。李家寨。寺兒寨。駝子寨。于家寨。以上堡寨共六十七座，俱大同後衛。小金莊堡。馬道頭堡。羊圪墖堡。端午村堡。大峪河堡。南荆莊堡。繆家堡。石牆垣堡。窟沱店鋪堡。東留莊堡。東荆莊堡。樂安堡。韋家堡。榆林堡。大金莊堡。施家口堡。雙碾兒堡。白煙墩堡。施家堡。三十里鋪堡。紅岸兒堡。三井屯堡。南榆林屯堡。米家莊堡。瓦窯屯堡。小榆林堡。毛官人屯堡。磁窯屯堡。以上土堡二十八座，俱大同左衛。杜家莊堡。廖家堡。葫蘆屯堡。曾子房堡。以上土堡四座，俱雲川衛。東花石堡。沙家堡。張畫堡。窯子頭堡。觀音堂堡。張家堡。新屯堡。白指揮堡。金家窯子堡。草溝堡。蔡家堡。蔣家堡。十里鋪堡。雜不剌堡。雙山堡。北花園堡。西碾子堡。小猳子堡。麻黄頭堡。偏嶺堡。南花園堡。梁信堡。溝兒李堡。喇鷄屯堡。東油房頭堡。胡指揮堡。馬蓮灘堡。金家屯堡。西油房頭堡。東碾子頭堡。老幼屯堡。大獅子堡。八里莊堡。占官人屯堡。知士嶺堡。善家堡。黄土坡堡。張浩堡。緱家堡。偏嶺堡。駱駝山堡。破廟兒堡。蒲州營堡。破房兒堡。下泥溝堡。玉井堡。酸刺河堡。南祖堡。下石井堡。崔家堡。馬營兒堡。范官人堡。彭家堡。雙河堡。葉家堡。白頭李堡。劉家堡。石頭馬營堡。顧家堡。曹旗堡。破堡子堡。油房張堡。十百户營堡。姜家窯子堡。郁見官人堡。高罕屯堡。盤石嶺堡。老牆垣堡。秦祀堡。宣陽堡。以上土堡共七十座，俱大同右衛。三岔堡。係玉林衛。史家屯堡。郝官人屯堡。郝二官人屯堡。錢官人屯堡。善家溝堡。榆樹墩堡。後所鋪堡。以上堡七座，俱威遠衛。前乾溝堡。獅子村堡。西花板石堡。旺家村堡。小澗堡。石湖堡。破石槽堡。水頭兒鋪堡。以上堡共八座，俱平虜衛。細水兒堡。係井坪守禦千户所。蕎麥川堡。奶河堡。鄭家坡堡。張家堡。金城屯堡。裴家堡。王萬莊堡。榆林堡。上原觀堡。化家莊堡。沙楞河堡。旱井堡。金家莊堡。蔡家莊堡。東水峹堡。南槽村堡。塗臯堡。上紅崖堡。王家莊堡。面高堡。神武村堡。徐村堡。西石峯堡。旦子山堡。窯子頭堡。下小峯堡。水澗鋪堡。雙碾兒堡。東唱峪堡。窩窩會堡。下木角寨。中牌子寨。史家口寨。蔣家峪寨。槍峯嶺寨。曹家馬營寨。上中小峯寨。紅溝寨。白道溝寨。下井寨。勝佛崖寨。石虎山寨。以上寨堡共四十二座，俱朔州衛。白方子堡。係山陰守禦千户所。李磨疃堡。係馬邑守禦千户所。康興莊堡。赤堡村堡。穗稔堡。呂花疃堡。望孤堡。凍牛坡堡。莊窩村堡。閻家洞堡。吴見城堡。趙村山堡。馬營堡。以上土堡共十一座，俱安東中屯衛。占定橋堡。沙嶺堡。馬坊堡。侯大莊堡。獨角寺堡。北獨角寺堡。南言莊堡。温家莊堡。西豆家坊堡。下米莊堡。時家莊堡。店上村堡。陳家莊堡。秦城堡。徐疃堡。甕城口驛堡。西谷莊堡。西册田堡。董家莊堡。上高家莊堡。海里村堡。水泊村堡。獨樹兒堡。東長安村堡。半坡村堡。東沙窩堡。東窯子頭堡。大王村堡。惡石村堡。魚兒澗堡。東王家莊堡。下水地堡。東常城堡。上喻澗堡。上水地村堡。茹家村堡。西小窯子頭。安留莊堡。高家莊堡。康泉頭堡。平望堡。奉義堡。煤峪口堡。永定莊村山寨。厚子口山寨。拖家村寨。王家園山寨。以上堡寨共四十七座，俱大同縣。圪塔頭堡。四老溝堡。白垛村堡。趙馬寨堡。李八莊堡。黎家寨堡。西井村堡。河家堡。要集堡。蘆子口堡。半截橋堡。南安莊堡。曹四老莊堡。海子村堡。閃家砦堡。小寨兒堡。安七疃堡。趙家疃堡。劉晏莊堡。黑里寨村堡。北窯村堡。鵜毛口堡。夏石莊堡。邊家店堡。石家莊村堡。小白村堡。鹽房營堡。南家堡。東作莊堡。陶家寨堡。三臺嶺村堡。小峪口堡。南辛村堡。北辛村堡。新莊子村堡。日中城堡。田家莊堡。孟家莊堡。上南頭村堡。清水村堡。安大莊村堡。白家村堡。以上土堡共四十二座，俱懷仁縣。下團堡。高家莊堡。河會堡。以上土堡三座，俱朔州。西河底堡。鄯和堡。泥河堡。羊圈頭堡。狗圈堡。河林禽堡。紊罕鋪堡。舊廣武站堡。大堡村堡。祝家莊堡。張家口堡。王儀村堡。七里河堡。烟墩堡。以上堡共一十四座，俱馬邑縣。黄花營堡。安銀子堡。武家店堡。上馬峪堡。三門城堡。石橋兒堡。邊要村堡。黄嵬兒堡。賈莊堡。崔家莊堡。接馬峪堡。下社堡。北婁堡。楊家莊堡。砂城堡。胡疃堡。羅家莊堡。小石堡。茹越堡。東霸堡。拆裏堡。小站堡。北曹莊堡。橋頭堡。下馬峪堡。大北頭堡。馮家莊堡。劉義堡。東安峪堡。下社堡。望岩堡。以上堡共三十一座，俱應州。孫家莊堡。河頭村堡。别古寨堡。鄭家莊堡。下安銀子堡。張羊寨堡。辛留村堡。黄鬼子堡。北鹽池堡。高山疃堡。李朱莊堡。小大要堡。楊家莊堡。故驛堡。沙嘴堡。周家莊堡。雙山子堡。上安銀子堡。北辛寨堡。康家莊堡。大大要堡。黄昏城堡。沙嶺村堡。小圪塔堡。吴家莊堡。康院疃堡。羊圈頭堡。南崖莊堡。榆林子堡。神泉堡。涼亭村堡。以上堡共三十一座，俱山陰縣。李峪堡。荆家莊堡。下疃堡。北榆林堡。西留村堡。水磨疃堡。裴村堡。水頭堡。南榆林堡。西坊城堡。駝峯堡。田村堡。賈莊堡。下凌雲堡。王家莊堡。李道口堡。蔡村堡。吴城堡。窊裏堡。許村堡。河河堡。辛莊兒堡。西河口堡。郭家莊堡。東威毛堡。紫峯堡。畢村堡。花家疃堡。韓村堡。臧家莊堡。顧官堡。寇家寨堡。南陽莊堡。黎園堡。蔡家峪堡。下盤鋪堡。碾槽寨。羊頭崖寨。以上堡寨共三十八座，俱渾源州。故城堡。馬家莊堡。均子疃堡。下營村堡。沙澗堡。深澗堡。辛興堡。李鄰堡。王家莊堡。紅澗堡。楊家莊堡。陳家澗堡。南蘇家疃堡。暖泉堡。馮家嶺堡。宋家莊堡。中綾羅堡。周家莊堡。白家莊堡。南留莊堡。咸周村堡。崔家寨堡。懸空山堡。王良莊堡。大炭口堡。千里村堡。水北堡。北江堡。八空堡。雙塔堡。洗冀堡。西合合堡。坊城堡。小關子村堡。柳子疃堡。麥子疃堡。長寧堡。北蘇家疃堡。莎泉堡。木家莊堡。堝里堡。破寨。北口寨。五岔寨。郎牙寨。大寧古寨。以上堡寨共四十六座，俱蔚州。中焦山堡。西加斗堡。土嶺堡。馮家莊堡。羅家莊堡。榆林村堡。瓦房堡。八角村堡。作疃堡。井子窊堡。榆林莊堡。平水城堡。羊圈堡。殷家莊堡。舊一斗泉堡。前泉堡。西石門堡。東石門堡。宜興堡。新一斗泉堡。南百家疃堡。南村堡。梁家莊堡。風西村堡。直峪村堡。以上土堡共二十五座，俱廣靈縣。東河南堡。紅牆兒堡。落水河堡。三山村北雙堝堡。石家田村蔣家寨。溫子鋪村黑崖寨。白曠村雹峯寨。門頭村深溝寨。招栢村雍泉寨。劉家村賈金寨。大澗舊寨。石磻村。龐金寨。張家村高崖寨。下關順城寨。東駝水村溫石寨。趙壁村。觀音寨。花山村三桲寨。澤水河石角寨。以上堡寨共一十八座，俱靈丘縣。上屯堡。城子堡。上莊堡。周村堡。栲老寨。青雲寨。鵝橋寨。石門寨。孔隆寨。黄崖寨。雲川寨。賈見安寨。虎頭寨。木積寨。孟良寨。天齊寨。鬭機寨。以上堡寨共十七座，俱廣昌縣。創修塔兒村堡。下梁言堡。彭家屯堡。青河堡。大白鄧堡。燕窩堡。吴家河堡。北徐家屯堡。

四百户堡。洪順堡。賈峯屯堡。西嶺屯堡。蕭家屯堡。楊家屯堡。李家山堡。杏園兒堡。西王家堡。吴官人屯堡。以上土堡一十八座，俱陽和城。紅河頭堡。南平村堡。水頭村寨。馬啼溝寨。以上堡寨四座，俱朔州衛。老僧窊堡。係渾源城。施家會堡。秦城堡。堡村堡。惡石村堡。南宿溝堡。康石莊堡。箭插村堡。上神峪村堡。新莊兒堡。正峯澗堡。山自造堡。上東水地堡。西水地堡。東水地堡。解家疃堡。上駝房堡。古定橋堡。佛堂寺堡。王漸疃堡。南東莊堡。楊骨莊堡。別猾寨堡。小鹽房堡。謝家店堡。甕城口驛堡。落州營堡。魯溝村堡。下駝房堡。浮頭溝寨。以上堡寨二十九座，俱大同縣。東河堡。西河堡。吴家莊堡。王宜堡。户世莊堡。蕭家寨堡。以上土堡六座，俱應州。沙掘堨堡。係渾源州。草地村堡。長羅寺堡。以上土堡二座俱懷仁縣。帳頭堡。小洪濟堡。安居坊堡。蒯兒村堡。南小圪塔堡。北小圪塔堡。胡疃村堡。後羊圈頭堡。東小河堡。西小河堡。南馬河疃堡。户石莊寨。北麻疃寨。東五佛圖寨。西五佛圖寨。以上堡寨共一十五座，俱山陰縣。西漢莊堡。撅頭澗堡。高家莊堡。單後村堡。許家澗堡。白草窯堡。上陳莊堡。以上土堡七座俱蔚州。井窊莊堡。係廣靈縣。以上創修堡寨俱正德九年總制都御史叢蘭添設。

關塞

關市之設，以察異言異服之人。雲中京師右屏，迫於北虜險隘，戍守尤爲嚴密，具録于篇，以見設險守國之意，繫于苞桑之戒也。

大寺口。在府城北二十里。小寺口。在府城北二十里。石佛寺口。在府城西三十里，左衛東一百十里。有牆堡。東尖峪。在府城西南四十里。黑峪口。在府城西四十里。開山口。在府城東北五十里。山口有谷，名開山口。河西有大寺、小寺二口，又南有黑峪。兔毛河口。在府城西北二百里、右衛西北二十里。建牆堞一座。其西三十里又有小隘口。陽和口。在陽和衛城西北十五里，東西十五步，牆高一丈八尺，名前口。行東北二十里有將軍口，石牆高二丈。又東二十里，名後口，南北六十步，牆高二丈八尺。虎峪口。在陽和衛城東北二十里，東西十五步，牆高一丈。白坫口。有二。俱在陽和衛城東北，大口去城三十里，小口去城二十五里。東西各一百餘步。石牆各高二丈五尺。白楊口。在天城衛城北二十里，東西六十步，牆高二丈五尺。榆林口。在天城衛城西北三十里，東西五十步，牆高二丈五尺。甎磨口。在天城衛城西北三十里，南北五十步，牆高二丈五尺。偏嶺口。在懷仁縣城西南五十里，北有大峪、小峪、蘆子、阿毛四口。沙靖口。在朔州城北三十里。內正統十四年置巡檢司，今革。神池口。在朔州城西南九十里。正統十三年置巡檢司，東南有土城塞。楊六郎寨。在馬邑縣城西五十里，鴈門北口東山上。其西五里有佳吉寨。詳見太和嶺下。三崗四鎮。在應州城。東趙霸崗，去城二十五里；西黃花崗，去城二十里；南護駕崗，去城三十里；東安邊鎮，去城二十里；西司馬鎮，去城一十五里；南大羅鎮，去城四十里，北神武鎮，去城四十里。黃沙口。在應州城東南六十里，北接牛槽峪，南通代州大石口。龍灣峪口。在山陰縣城西南四十里，過東有五人、盆子注三十一、沙家、赤石四峪，俱南通代州胡峪口，過西有龍灣峪口，南通代州水峪口。又有東寺、西寺、白樹、棘料、石門、寬峪、當吊七口。水峪即代州水峪口。七口俱塞不通。磁窯口。

在渾源州城南十里，恒山右脇。路通靈丘縣。洪武九年置巡檢司。其西八里又有李峪口，西南十里又有小、大凌雲二口，南通代州北樓口。亂嶺關。在渾源州城東四十里，恒山右脇，路通蔚州。洪武七年，置巡檢司。大寨頭關。在渾源州城西南一百一十里，東南連紫荆關。洪武九年，置蔡家峪巡檢司。九宫口。在蔚州城東南三十里九宫山，路通易州。金章宗嘗避暑於此。國朝洪武間，置巡檢司。永樂十三年脩。其東有永寧、松子二口，俱塞不通。五叉山口。在蔚州城西北三十里五叉村，路通大同府，蔚州衛官兵守。石門口。在蔚州城西南四十里太白山，舊名隘口關，路通靈丘、廣昌二縣。宋朝楊將軍嘗守此。國朝洪武間置巡檢司。其東有軀峪，又名北名〔一八〕。路通廣昌縣。神山口。在蔚州城北五十里蘆子澗，路通保安左衛。蔚州衛官兵守。鴛鴦口。在蔚州城東七十里，近壺流河，兩山相峙如鴛鴦，故名。路通保安右衛。永樂十三年，置巡檢司，今革。美峪口。舊在蔚州城東一百二十里，其山秀麗，故名。路通保安州，直抵居庸關。永樂十三年，置巡檢司。十六年，徙建一百四十里董家莊。興寧口。舊在蔚州城東北一百二十里，路通大同宣府。永樂十三年，置巡檢司。天順間，知州史魁請徙北口關。平頂嶺。在蔚州城西北一百五十里，路通大同宣府。永樂十三年，置巡檢司，今革。焦山砦。在廣靈縣城東北十三里焦山村。洪武間築，周圍二里十步，牆高一丈五尺，壕深一丈五尺。南門。加斗砦。在廣靈縣城東南十五里加斗村，舊有遺址。洪武間築，周圍一里二百步，高二丈五尺，壕深二丈。南門。土嶺砦。在廣靈縣城西二十里。洪武間築，周圍二百步，牆高一丈五尺，壕深一丈。南門。瓦房砦。在廣靈縣城東北三十里瓦房村。洪武間築，周圍一百三十二步，牆高一丈五尺，壕深二丈五尺。南門。林關口。在廣靈縣城西南四十里林管山，路通靈丘縣。先置巡檢司，後革。今蔚州衛官兵守。景泰初，徙平嶺關巡檢司于其東。三十里有直峪口，其東十餘里有唐山口及樺澗嶺、火燒嶺二口。俱險峻。

三墁寨。在靈丘縣城北十五里，其頂有三墁，故名。水南寨。在靈丘縣城西南五十里，山高四里餘。其北有河水寨，在水南，故名。牛欄寨。在靈丘縣城東南六十里，高五里，以狀類名。觀音寨。在靈丘縣城西北六十里，上有觀音廟，故名。順城寨。在靈丘縣城南一百里，高五里。其寨峭㟞如城，故名。寧净口。在廣昌縣城東南三十里，接浮圖峪，路通易州五虎嶺。浮圖峪。在廣昌縣城東三十里鐵嶺下，路通紫荆關。以上二口俱景泰三年築堡，設戍兵。饅尖寨。在廣昌縣城東北三十里，以形似名。窟龍寨。其廣昌縣城西北三十里，其砦窟穴甚多，故名。孟良寨。在廣昌縣城東三十里，前宋孟良在此，故名。對節寨。在廣昌縣城南四十里，其山木枝節相對，故名。栲栳寨。在廣昌縣城西南四十里，以狀類名。夾鞍寨。在廣昌縣城注三十二西北四十五里，以形似名。倒馬關。在廣昌縣城南七十里，路通保定府唐縣。相傳前宋楊彦朗過此，倒其所騎之馬，故名。有舊城遺址。今有戍兵。其西十里有岳嶺口注三十三。

新志

陽和道所屬，新平路四堡，東路八堡。大市場二處。平遠堡，嘉靖二十五年築，隆慶六年甎包。新平堡，嘉靖二十五年築，隆慶六年甎包，係一處大市場，乃黄酋子松木、段奈、哈木、阿摺等台吉部落，每年一市，有賞宴。保平堡，嘉靖二十五年築，隆慶六年甎包。樺門堡，萬曆九年築，二十年甎包。以上新平路。永嘉堡，嘉靖三十七年築，萬曆十九年甎包。瓦窑口堡，嘉靖三十七年築，隆慶六年甃包。李家寨堡，嘉靖四十五年築，累土。鎮寧堡，嘉靖四十四年築，隆慶六年甃包。鎮口堡、鎮門堡，並嘉靖二十五年築，隆慶六年甃包。守口堡，嘉靖二十年築，隆慶六年甃包，係一處大市塲，乃允慎、擺腰、五路、把林等台吉部落，每年一市，有賞宴。靖虜堡，嘉靖二十二年築，隆慶六年甃包。以上東路。

分巡道所屬，北東路八堡。大市塲二處。得勝堡，嘉靖二十七年築，萬曆二年甃包。鎮邊堡、鎮川堡，並嘉靖十八年築，萬曆十九年甃包。弘賜堡，嘉靖十八年築，萬曆二年甃包，每歲與虜互市，巡撫總兵彈壓之所。鎮虜堡、鎮河堡，並嘉靖十八年築，萬曆十四年甃包。嘉靖十八年五月，城弘賜五堡。先是，張文錦以築堡致亂，水口諸堡遂廢。是後虜無歲不犯，犯無不至鎮城下。尚書毛伯温既總軍務，行邊還，歎曰：「國初置鎮于此，以北無山險獨當虜衝也，是謂可以藩蔽鴈門、紫荆矣，然鎮北屬堡不立，斥堠不施，其何以遏驅追奔相掎角邪？」奏言：「向張文錦之遇害，實用人之失當，而非爲謀之不臧。」備條上事宜，報可。于是巡撫史道、總兵梁震，奮然築弘賜、鎮邊、鎮川、鎮虜、鎮河五堡。鎮羌堡，嘉靖二十四年築，萬曆二年甃包，係一處大市塲，即得勝市，乃虜王東西兩哨部落，每年一市，有賞宴。拒牆堡，嘉靖二十四年築，萬曆二年甃包。以上北東路。嘉靖二十四年八月，城鎮羌四堡。自弘賜諸堡既立，鎮城賴以保障。至是，巡撫都御史詹榮、總兵周尚文復議于弘賜之北添設軍堡，以相掎角。城廢，水口堡改名鎮羌。廢宣寧縣，改名拒牆。廢亂草管堡，改名拒門。又于滅胡堡北增築拒馬堡，各募軍屯守。鎮羌、拒馬設守備，拒牆、拒門設把總指揮統之。是謂塞外四堡。

大同道所屬，北西路九堡，中路十一堡，威遠路四堡。小市塲共四處。助馬堡，嘉靖二十四年築，萬曆元年甎包。係一處小市塲，乃近邊諸夷一月一市，或二市，無宴賞。拒門堡、保安堡，並嘉靖二十四年築，萬曆元年甎包。滅虜堡，嘉靖二十一年築，萬曆元年甎包。寧虜堡，嘉靖二十一年築，萬曆元年甎包。係一處小市塲，乃近邊諸夷市，期宴賞，同助馬。破虜堡、威虜堡，並嘉靖二十二年築，萬曆元年甎包。嘉靖二十二年，總督翟鵬鑿長塹，既成，總兵周尚文曰：「塹威而無堡以守之，與無塹同。」于是於塹内城滅虜、靖虜、破虜、威虜、寧虜五堡，招募邊人爲軍，墾田資養，置把總指揮統之。後復城滅胡、破胡、殘胡、敗胡諸堡，布列塹内。雲岡堡，嘉靖三十七年築，累土，萬曆二年改建岡上。以上北西路。北西路尚少一堡，當是靖虜。三屯堡，隆慶二年築，累土。破胡堡、殘胡堡、馬堡，並嘉靖二十三年築，隆慶六年甎包。殺胡堡，嘉靖三十七年築，隆慶六年甎包。係一處小市塲，近邊諸夷市，期宴賞，同助馬。馬營堡，萬曆元年築，累土。鐵山堡，嘉靖三十八年築，隆慶六年甎包。紅土堡、黄土堡、牛心堡，並嘉靖三十七年築，隆慶六年甎包。雲陽堡，嘉靖三十七年築，累土。以上中路。雲石堡，嘉靖二十二年築，萬曆十年，總兵郭琥以堡山高無水，防守爲難，且離邊太遠，緩急無濟，乃於抵邊王石匠河另築堡一座，甎包，仍舊名。爲一處小市場，近邊諸夷市，期月或一或二，無宴賞。威胡堡，嘉靖二十二年築，萬曆十年甎包。威平堡、祁家河堡，並嘉靖四十五年築，累土。以上威遠路。

分守道所屬，西路三堡，井坪路四堡。小市場二處。

敗胡堡，嘉靖二十三年築，隆慶六年甎包。迎恩堡，嘉靖二十三年築，隆慶六年甎包。係一處小市場，近邊諸夷市，期月或一或二，無宴賞。阻胡堡，嘉靖二十三年築，隆慶六年甎包。以上西路。滅胡堡，嘉靖二十二年築，隆慶六年甎包。係一處小市場，雜夷市，期宴賞，同迎恩。將軍會堡，萬曆九年築，累土。乃河堡，嘉靖四十五年築，隆慶六年甎包。西安堡，嘉靖四十年築，萬曆二年甎包。以上井坪路。

高山城，嘉靖十四年築，萬曆四年甎包。雲西堡，嘉靖三十七年築，累土。上二堡不屬路，大同道所屬。

許家莊堡，嘉靖三十九年築，萬曆二十九年甎包，不屬路，分巡道所屬。

鄉堡內地村落與城相遠，因築城收保，以避虜患。或官築，或民自築，或兵守，或民自守，不一。

大同前衛堡寨五十五座。大同後衛堡寨六十七座。並同舊志。大同縣堡村二百一十處。懷仁縣堡村八十四處。朔州堡寨三十九座。馬邑縣堡村五十五處。應州堡寨一十七座。山陰縣堡村五十八處。渾源州堡寨七十座。蔚州堡寨一百三十四座。廣靈縣堡寨七十二座。靈丘縣堡寨二十六座。廣昌縣堡寨三十一座。並與舊志不同，今不能全録。東路參將駐天城城，所轄陽和、天城、靖虜、瓦窑、守口、永嘉、鎮口、鎮門、鎮寧九城堡。新平路參將駐本堡，所轄新平、平遠、保平、樺門四堡。北東路參將駐得勝堡，所轄得勝、鎮羌、弘賜、鎮川、鎮邊、鎮虜、鎮河、拒牆八堡。北西路參將駐助馬堡，所轄助馬、拒門、滅虜、威虜、寧虜、破虜、保安、雲西、雲崗九堡。中路參將駐右衛城，所轄左衛、右衛、殺胡、破胡、鐵山、牛心、殘胡、馬堡、雲陽、紅土、黄土、三屯、馬營河一十三城堡。威遠路參將駐本城，所轄威遠、雲石、威胡、威平、祁家河五城堡。西路參將駐平虜城，所轄平虜、迎恩、敗胡、陽胡四城堡。井坪路參將駐本城，所轄乃河、井坪、滅胡、將軍會、朔州、馬邑、山陰、應州、懷仁、西安十城堡。

洪武七年，置分巡按察司。永樂六年，置巡撫都御史。七年，置鎮守總兵官。洪熙元年初，命文臣贊理軍務。是年，置分守東路參將。宣德元年初，命御史巡按。七年，置協守副總兵。景泰元年，置分守中路參將。三年，置分守西路參將。五年，置分守冀北道，駐鎮城，後移駐朔州。天順元年，置户部督餉郎中。成化七年，置游擊將軍。弘治十三年，添置西路協守都指揮。嘉靖十八年，置分守北路參將。二十二年，置分守南路參將。二十五年，置朔州兵備道，後移駐陽和，爲陽和道。三十七年，置大同兵備道，駐左衛城。

成化二十一年夏四月，總督余子俊築長城，起大同中路，至偏頭關界，六百里。時子俊欲大築城增堡，而媒孽者以爲糜費，旋止。嘉靖二十一年，議脩大同邊垣，總督樊繼祖恐虜蹂躪不能築。巡撫龍大有謂外邊遠不可築，内邊又難爲力，俱乞停止。本兵張瓚覆言：「大同地方先年既設外邊，又設内邊，以界限華夷，尺寸皆金湯也。今圮壞不修，恐醜虜竊據，永無恢復之期。昔河套棄而陝右多事，西河棄而甘州多事，大寧棄而薊州多事，三岔河棄而遼東多事，懲前慮後，乃知兩邊修築，亦一時權宜。但地方廣遠，公私匱竭，果難爲力。」停止。二十五年春三月，築長城，總督翁萬達與巡撫詹榮議曰：「今堡寨雖備，而外拒守必得長城，長城必有臺利于旁擊，臺必置屋以處戍卒。近城必築堡，以休伏兵。城下數留暗門，以便出哨。自陽和至宣府李信屯舊無城，自丫角山至陽和舊有塹或城而不固。」于是議通築，補故創新，凡三百餘里，敵臺暗門如制。三十一年，詔補邊垣。時總督翁萬達建議：「邊垣自修築來，頗稱完固。後以通市，故爲虜撤毁，所在破缺。」兵部尚書趙錦請檄鎮巡官極力修補，給事中李幼滋因言敵壘卑小，宜于垣上增築高臺，營建房廬，以置火器兵械，乃詔撫鎮斟酌行之。三十七年，總督尚書楊博請築大同邊牆，以爲經久治安之策，約當用銀二十九萬，半取足本鎮，半請給内帑，乞下所司詳議。兵部覆言：「大同自併邊之議興，而三邊之斥堠漸疎，塞外之防廢，而右衛之藩籬不固，遂致胡馬長驅，憑陵近郊。前事不遠，後事之鑒也。博所請工鉅費少，誠救邊遠圖，宜發太倉銀十萬五千兩、太僕銀三萬五千兩，聽其隨宜經略。工完之日，俱籍以聞。」報可。

嘉靖二十年，虜欵大同塞求貢。時小王子部落俺答阿不孩彊盛，屢患苦邊。至是，遣所掠中國人石天爵、真夷肯切欵塞，言其父諰阿郎在先朝曾入貢，蒙賞賚，且許市易，漢達兩利。近以貢道不通，每歲入掠，邇因人畜多災，卜之，神言入貢吉。若許，即趣一人歸報，當約束其下，令邊民墾田塞中，夷衆牧馬塞外，永不相犯。否則徙帳北鄙，而縱精騎南掠。意雖誠懇，而語多要挾。撫臣史道疏請廷臣集議。時虜待命邊外，屢向哨卒詷進止。一日邀守墩百户李寶，以虜酒席地飲之，載以馬，擁入俺酋營，與之歡宴。虜營有執戍卒掠其衣糧者，俺酋痛懲之，遣夷使送哨卒衣糧還。巡按御史譚學復以聞，因請速定大計，准貢則後虞當防，不准則近害立至。且請多發兵糧，遣知兵大臣趣臨調度，相機綏勦。兵部覆議從之。八月，命樊繼祖總督宣、大，發帑金九十萬，遣科部官贊理。時邊備大疎，而繼祖又不能防，天爵逸去，具以我邊無備告虜酋。吉囊、俺答相繼入寇，大掠而去。紀功給事中張翔翼、徐爌言繼祖擁重兵厚餉而怯懦、縱寇深入不職狀，罷去。每歲虜寇鈔如故，不復言貢事矣。二十五年，俺酋遣夷使保兒寨等三人貢九白駝、九白牛白馬及金、銀鍋各一，講好申前約。而家丁董寶襲殺之，以首功報。總督翁萬達言虜入貢執物已有驗，寶妄殺邀功，請梟示。報可。明年夏，俺答復乞貢，督臣萬達爲請。巡按御史黄汝桂言虜自火篩爲梗，廢貢禮已四十餘年，往年石天爵倡入貢之請，屢踵詐謀，蹂掠不已，豈可輕信墮虜計中？乞嚴勑督撫防禦爲急。時曾銑謀復河套，上方向之，故力絀貢議，從之。十七年，求貢，拒之。十八年，求貢，拒之。萬達上言：「虜恥求貢不遂，將糾衆聚兵，甘心一逞。臣等雖奉嚴旨，計惟戰守，但兵家之事，必揆彼己，使虜匪茹連犬羊數十萬，肆其暴悍，則非牆塹兵敵可抵。乞廟謀從長遠斷，而虜亦以我兵積怯，射書來言，許貢則貢，否且入關，搶奪畿輔。」因潰入，攻毀大同左、右威遠塞堡五十餘所而去。明年庚戌八月，虜遂聚衆十餘萬窺大同。而咸寧侯仇鸞爲總兵，實無籌略，陰狡用厚賄賄虜無寇大同而移兵東。東即犯薊，潰邊牆，而入古北口，我兵莫禦，遂長驅逼京師。上乃大驚，募民間材力子及坊甲保伍合四萬餘，與在營軍老弱共可八九萬人城守，而檄四方勤王。仇鸞既使虜大入，提兵馳居庸首應檄。于是上以爲忠，令領中外諸軍事，進止一以付之。虜于城外掠御廐馬，執内臣坐演武堂上，陳所掠婦女滿前縱飲，焚官民廬舍，火日夜不絕。致嫚書於上，爲言貢事，廷臣噤無可否，相嵩猶謂賊搶食不足慮。于是禮部尚書徐階言，上莫拒其貢，以計緩其期，俟勤王師集而再議之。不然，逼而見許，何異城下之盟？而司業趙貞吉亦請下罪己詔，厚立賞格，人必自奮，捐金不十萬而虜可盡。俱報可。會虜先以輜重行，徐引衆出塞。鸞見虜退，乃侈言大舉北伐。于是，以大同副總兵徐珏爲總兵，而大括積儲，佐軍興以畀鸞。鸞帥重師并宣、大鎮兵，聲言擊虜，而不敢出塞，夜襲殺近邊老弱數級還。不問。虜雖數寇得利而實貪内地財物，猶每以貢市爲請。鸞亦欲啗虜得暫時無事，以塞已責。于是，密遣厮養時義結俺酋義子脱脱，使俺酋以貢市爲請。而鸞力主之，言皆永樂成化間故事。而本兵趙錦、相嵩議皆與鸞合，遂起前都御史史道主其事，開市場於大同塞内。虜驅馬至城下，計值取價，易馬二千四百餘匹。事竣，俺酋貢九良馬，朝廷降勑厚賚之。虜遂要求無已，又請以牛羊换米豆。朝議不可，召史道還。逾年，虜好遂絶，時時躙入，寇鈔益急。自壬子後十餘年間，或一入，或再入，無虚歲。虜不請貢，邊臣亦絶口貢市議。隆慶四年十月，把漢那吉挾其妻突入邊，總督王崇古留之，喜曰：「吾知所以制虜酋矣。」那吉俺答孫，少失父，育於酋，婦所鍾愛，因娶婦與俺酋相失，憤而潰入。酋婦日夜反唇索那吉甚急，而俺酋亦悔念泣，目盡腫。衆議猶謂孤豎，無關重輕，徒挑虜釁。崇古持之甚堅，曰：「吾拘留之以觀俺答之急不急，急則因以爲市，令盡執我叛人趙全等還我，而後遣之；弗急，我因得撫納那吉，俟俺酋老死，居之塞外，使招其故部落，我翼護之，以間黄台吉。」上亢廷議，獨是崇古。虜果悔禍，執叛人來獻，易還那吉，且願世服屬無貳。于是遂訂盟通貢，市馬如約。上乃御文華殿，與輔臣李春芳等議封貢事宜，一從崇古議，封俺答爲順義王，其妾爲忠順夫人，諸虜皆以次受封，比於屬國。初，虜酋貪我財貨，市其夙願，自以數寇掠得罪中國，那吉來歸，意必已甘心之，聞無恙，且喜且媿，于是一意貢市無變志矣。歲費馬價銀十萬兩，撫賞二萬二千兩，歲額貢馬五百匹，市馬一萬四千五百匹，輔臣、當事之臣俱各陞賞有差。于是，輔臣李春芳、高拱等疏言：「頃北虜欵塞，三陲晏然，邊氓釋戈而荷鋤，關城息烽而安枕。此自古希覯之會，實我皇上聖德誕被、神武布昭之所致也。嘉靖中，虜屢求貢，邊吏倉卒不知所策。于是，黠虜怨憤，擁衆大舉，直抵京畿，二十餘年無寧日，遂使邊境之民肝腦塗地，屯田荒蕪，鹽法阻壞，帑藏傾竭，士馬罷頓。是往歲失計之明驗也。今天祐國家，使其孫委命自至，賴朝廷處置得宜，彼遂感恩慕義，稱藩請貢。是朝廷安攘之機，天贊我也。且自庚子猖獗以來，先帝切宵旰之慮，屢詔修邊，尺寸未成，尋丈已壞，積歲糜費，不可勝紀。今虜既效順國家，閒暇得以積錢穀，修險隘，練甲兵，開屯田，理鹽法，出中國什一之富以收胡馬之利，招携貳之人，以散勾引之黨，即有沈機密畫，亦得次第行之。雖犬羊叛服靡常，無終不渝盟之理。然有一年之日力，則有一年之成功，得數年寧静，我安頓定而布置周，兵食充而根本固，常勝之機在我矣。彼尋盟則示以羈縻，背約則興問罪之師，伸縮進退，自有餘地。此要領之圖，謀國者本畫之所在也。若苟安旦夕，罔顧後患，則良時一過，不可復得，邊備寖弛，愈難振揚，卒然有變，將何以應？則臣等一念謀國之忠，反成他日誤國之罪，此在今日不敢不盡言者也。乞嚴勅督撫將領諸臣改絃易轍，務臻成效。每年特差才望大臣、風力科道，分投閱視，若錢糧，若險隘，若兵馬器械、屯田鹽法諸事，每歲拓廣整頓，條實具報。著有成績者，與擒斬同功，仍襲故常者，與失機同罪。則邊方之實政日興，中國之元氣日壯，天下幸甚。」俺酋封王十三年，以萬曆九年卒。子黄台吉以十年十月收婚，忠順襲封，十三年卒。子扯力艮收婚，忠順襲封，三十五年卒。扯酋長子朝兔台吉早亡，以故四年未封。而朝兔子卜石兔次宜嗣，亦以收婚酋婦聽封焉。

雲西地理圖説

韓應元

天下大鎮有九，而大同最爲要衝。大同爲道有四，而雲西尤爲要衝。蓋當迅掃胡元以來，國初既逐胡元於此，特設鉅鎮，北控沙漠，南障幽、冀，據天下上游，而諸衛所因以次開設。考之載籍，洪武二十三年，始於大同西南一百二十里建左衛一城，於左衛西北七十里建右衛一城。自東勝失守，雲川、王林等衛内遷，則西北一帶虜患，此獨當之矣。正統以後，虜勢日强，乃又於左衛正西六十里建威遠一城，天順間於左衛大同中界建高山城。四城相距，不遠百里，互爲聲援。此雲西一路之所防也。嘉靖二十三年，總兵周譩尚文者，憂應援之計又不足恃，廼刻意守禦，增築破虜、滅虜、寧虜、威虜四堡，皆在左衛之東北，又增破胡、殘胡、殺胡、威胡四堡，俱在右衛之左右。二十四年，建設助馬、拒門二堡，是於諸堡之外又增一藩籬也。二十五年，添建保安、馬堡二堡，内密之防，又增一屏障也。外守長邊，内固衛堡，星羅棋布之勢成。北虜百餘年來，不敢南向長驅者，誠以此思患詳、防守密也。自此，迨尚文没，俺酋遂爾無忌，大肆憑陵。兼以逆賊趙全、周源、宋錦、丘富、李自馨等叛入虜巢，每以子女玉帛歆紿俺酋。俺酋入其謀，動擁數萬騎，攻陷城堡，期於必克，恣掠漢財，以滿谿壑〔一九〕。復於豐州故境，營聚部落，號板升，以誘處我逋逆。遇入寇，則趙全統之爲先驅，蓋欲以華攻華，而彼得以休息。自是邊氓復不堪命矣。三十年，廟議乃移副總兵於左衛，統奇兵三千以備之。三十六年，全勸俺酋以大衆圍取右衛，俺酋遂移穹廬屯城南，以示久意。遊騎四掠，百里之外，無復行旅，凡歷數月，内外援絶，岌岌殆矣。賴我世皇明聖，納諫臣言，勑起兵部尚書楊公于居廬，而先命左侍郎江公任總督事，調山西宣、大之兵咸集於左衛。江公筮日禡祭，躬率諸將兵，冒雨直薄虜營。虜震恐不敢與戰，解圍遁去，數萬生靈，始獲更生。捷聞，召江公還，楊公即奉命至，經略其地，慮虜〔二〇〕。鎮城左右衛之間者，曰雲岡，曰雲西，曰雲陽，曰牛心，曰黄土，曰紅土，沿途則每二里許置一墩，外濬長壕，以防零騎侵掠。奏請添駐兵備憲臣一員，其副總兵同駐左衛，整飭兵餉戰守諸務。於是法紀昭布，形勝增雄，戰守有據，而醜虜圍困之謀少寢矣。三十八年，則增築祁家河堡於威遠之東。隆慶元年，則增築威平堡於威遠之西南。三年，又增築三屯堡於左衛之北。而馬營河堡則萬曆元年之增築也。宿兵置守，一如諸堡之例。總計雲西一道所轄城堡共二十有八，邊垣共二百五十三里。近看得各城堡，惟右衛砌以石，左威二城砌以甓，餘皆土築，且卑而薄，不堪保障。向者與虜日追逐於疆埸間，固未遑議此，今值諸酋欵貢，寔有閑暇可乘。已將右威二城鼎新高堅，仍砌以甓，其餘各堡，或石或甓，并所屬邊垣自某處起至某處止，亦俱增修過半。惟左衛爲費頗鉅，已經籌計於來歲肇工，竣事可待也。其助馬、寧虜、殺胡、雲石四堡則各有市口一區焉。夫雲西一道始惟三城耳，自國初迄今幾三百年，而增置至二十八者，良以馭夷之道，守禦爲先，隨時觀變，以伐虜謀，守邊者之長計也。然嘗考之地志，右衛之境，西距豐州僅三百里，自俺酋强逆，而此地密與之鄰，彼未必不視爲罝中兔也。戊午之役，論者謂使王師旬日不至，則右衛必不支，而全鎮將不知所終矣。其關係天下豈小哉！厥後把漢之降，雖自平虜入邊，而講通貢，虜使往來，皆經於此，寔以逼近故耳。故謂雲西特爲大同要衝者，非誣也。方今天威廟算，臣服北虜，貢琛獻表，比於諸藩。萬世治安，固在是矣。然萬一虜或改圖，則此地必先受敵，其勢然也，是可不加之意乎？綢繆牖户之謀，城復于隍之警，誠有一日不可弛者。備雲西所以備全鎮，備全鎮所以備天下也。非乎？然計阨塞，稽遠近，審形勢，匪圖莫彰，謹繪圖如右，而僭述其建置經畫之蹟於左，以俟經國大君子有考焉。

尹耕代國考

自漢以來，代國有三，曰山北也，山南也，山東也。山北之代舊國也，始於商湯，歷代因之。

齊桓之所服，趙襄之所并，代成、安陽之所封，公子嘉之所奔，趙歇、陳餘之所王，夏説之所守，王喜之所棄，陳豨之所監，皆是也，今蔚之廢城也。山南之代徙都也，始於高帝十一年，分山北爲郡，而稍割太原地益之，以自爲國。文帝之始封，中年之所徙，入繼之所自，臨幸之所復，以及子武、子參之所分，後武徙淮陽，子參之所合，皆是也，所謂晉陽、中都也。山東之代再徙也，始於武帝元鼎中。漢廣闢，以常山爲阻，徙代於清河，後王莽繼絶，改號廣宗。王義之所都，子年之所廢，如意之所復，皆是也，所謂清河也。

代郡考

古代郡，今蔚州也。考之前漢，代所領縣十八，代爲蔚，靈丘、廣昌爲今靈丘、廣昌，延陵、平舒爲今廣靈，東安陽爲蔚廢安定縣，馬城爲馬邑，陽原爲弘州。桑乾、參合、高柳皆近塞地，且如爲中部都尉治。鹵城近參合，當城直桓都，皆不在南。所不可考者，道人、班氏、狋氏、北平邑而已。後漢所領縣十一，皆前漢之故，而無延陵、且如、陽原、參合、靈丘、廣昌、鹵城。晉所領縣三，廣昌、平舒而加富城。後魏所領縣四，平城、太平、武周、永固。曷嘗南及代州邪？自烏桓、鮮卑之雜居，而邊土漸夷；建安、黄初之不競，而邊郡多廢。自茲以降，元魏屬之司牧，齊人止置靈丘，而代遂不郡矣。唐之初也，代陷于突厥，乃因隋改鴈門爲代郡也，則置代於鴈門，因後周置蔚州於靈丘也，則僑治蔚於陽曲，又僑治於秀容，皆非舊也。迨貞觀破突厥，置郡靈丘，而仍蔚舊稱。天寶更名，復號代郡，而仍鴈門舊地。自此以後，更變不常，要不出此，遂以代爲代，以蔚爲蔚，而不知蔚之舊爲代，代之舊爲鴈門也。

漢崔寔政論

曰：僕前爲五原太守，土地不知緝績，冬積草伏卧其中，若見吏以草纏身，令人酸鼻。吾乃賣儲峙得二十餘萬，詣鴈門廣武迎織師，使巧手作機，乃紡以教民織。

舊唐書唐休璟傳

超拜豐州司馬。永淳中，突厥圍豐州，都督崔智辯戰殁，朝議欲罷豐州，徙百姓于靈夏。休璟以爲不可，上書曰：「豐州控河遏賊，實爲襟帶。自秦漢已來，列爲郡縣，田疇良美，尤宜耕牧。隋季喪亂，不能堅守，乃遷徙百姓就寧、慶二州，致使戎羯交侵，乃以靈夏爲邊界。貞觀之末，始募人以實之，西北一隅，方得寧謐。今若廢棄，則河旁之地復爲賊有，靈夏等州人不安業，非國家之利也。」朝廷從其言，豐州復存。

李景略傳

豐州北扼回紇。時風言回紇將南下陰山，上以景略爲豐州刺史兼御史大夫、天德軍、西受降城都防禦使。迫塞苦寒，土地鹵瘠，景略約己節用，與士同甘苦，鑿咸應、永清二渠，溉田數百頃，公私利焉。二歲後，軍聲雄冠北邊。

張仁愿傳

朔方軍北與突厥以河爲界。河北崖有拂雲神祠，突厥將入寇，必先詣祠祭酹求福，因牧馬料兵而後渡河。時默啜盡衆西擊突騎施娑葛，仁愿請乘虛取漠南地，於河北築三受降城，首尾相應，以絶其南寇之路。太子少師唐休璟以爲兩漢以來，皆北守黄河，今於寇境築城，恐勞人費功，終爲賊虜所有。仁愿固請不已。中宗竟從之。仁愿表留年滿鎮兵以助其功，咸陽兵二百餘人逃歸，仁愿盡擒之，斬于城下，軍中股慄，役者盡力，六旬而三城就。以拂雲祠爲中城，南直朔方，西城南直靈武，東城南直榆林，與東西兩城相去各四百餘里。其北皆大磧也，皆據津濟，遥相應接，北拓地三百餘里，於牛頭朝那山北置烽候千八百所。自是突厥不敢度山放牧，朔方無復寇掠〔二二〕，減鎮兵數萬人。

臣按朔方軍即今河套地也。唐初與突厥以河爲界，則是固常守河矣。而張仁愿所築三受降城皆在黄河之北，大漠之南，史謂中城南直朔方，意今河套之地。西城南直靈武，意今寧夏之地。東城南直榆林，意今在綏、雲之間。今其故址無復可考，説者多謂東勝州，即古東受降城所在。其地今有斷頭山，地最肥腴，且宜馬，疑即史所謂牛頭朝那也。國朝設東勝衛於此，其後移於内地。宣德、正統間，往往有建議者欲復其故，然而卒不退焉。夫自古守封疆者必據險阻，然守險也，不守其險而守於險之外，若即險而守，則敵與我共其險矣。是以古人之守江也，必守淮，而河亦然。唐人禦突厥也，始以河爲界，其後張仁愿乃建三城于河之外焉。是即守江之意，蓋擇其要害之地，扼其吭而折其脅也。是以唐自有此城之後，朔方益無寇，歲省費億計，減鎮兵數萬，此其明驗也。今日邊城營堡，措置已定，固無可更革之理。然事有暫勞而久安，費少而效大者，古人亦不憚改作，在乎行之有其漸，處之有其道焉耳。臣故微舉其端，而不敢盡其説，以俟後之經國遠圖者云。

戰車總督軍務太子少保户部尚書余子俊成化二十二年造。

造車之法：輪，高四尺四寸，每隻輞九箇，厚二寸五分。車頭，每箇長一尺一寸，裏邊爲大頭，徑過一尺一寸五分，外邊爲小頭，徑過九寸五分。軸，長六尺。轅，長一丈二尺五寸。前頭推車横圓扛，一條長五尺五寸。廂，高一尺八寸，長五尺五寸，闊二尺九寸。周圍廂板，厚四分。廂前頭横軫木，高四寸，厚三寸五分，長四尺三寸。後頭横軫木，高五寸，厚三寸五分，長四尺三寸。廂内後頭向外陷砲三箇。其陷砲木，闊三尺一寸，入深二尺一寸，厚五寸，量砲之大小用之。廂四角立柱，在前者高一尺五寸五分，卯在外，在後者高一尺四寸五分，卯在外，立於前後横軫木之上。柱外用木陷。鐵椿，各高二尺二寸。四椿輪，用砲一箇。陷砲虎尾木，通長五尺二寸。廂後板畫虎頭，高二尺三寸，厚五寸。造榨之法：順身木，一根長五尺二寸，兩頭各徑過二寸七分，各用鐵箍鈎環。穿角木眼，闊一寸二分。榨角木，八根，上頭長二尺八寸，下頭長二尺四寸，各長五尺二寸，上鋭下齊。造椿之法：椿一根，長四尺三寸，上齊下鋭，上用鐵箍，下用鐏，中用貫繩，圓環二道。

【原注】

注一 平涼府志。今朱子注「大原」，讀大爲泰，以爲山西之太原，非也。獫狁侵西周，其去也宜從涇北平涼之大原以出，取道便易，安有渡黄河而至山西之太原者哉。劉向謂千里之鎬，非鎬京之鎬，則所侵當在平涼之北，無疑矣。

注二 保德州志。長城在州南偏橋村，西抵黄河，南接興縣，八十里。考關志秦并趙，築長城于嵐州紫塞。是時，雲中、五原皆爲郡，則宣、大之南，河保之北，皆爲内地，必不于嵐州别爲塞也。蓋趙肅侯嘗備三胡築長城矣。嵐州紫塞，此長城殆肅侯所築與？

注三 尹耕磨笄山辨節文。

注四 如淳曰：文紀言都中都，又文帝過太原復晉陽中都之歲，似遷都於中都也。正義曰：括地志云中都故城在汾州平遥縣西南十二里，秦屬太原郡。

注五 太原府志。三關舊守備三，游擊將軍一，總兵官一，兵備使一。總兵轄游守，各占信地，而兵備理糧餉，督撫駐太原，居中節制，不自涉邊境。嘉靖庚子後，虜頻歲入犯郊坰，都御史則自六月杪統標下軍三千人至代州防之，仍檄守巡等六七道畫地而分其防。無何，以諸道盡北，則太原虚，乃設寧武兵備道，改偏寧道爲岢嵐道，駐偏關，與雁平道遂成鼎足，各守信地。其都御史則至十月還太原，歲以爲常焉。

注六 今當移在普同關之後。

注七 方山城在永寧州北一百四十里。萬曆二十五年，巡撫魏　題請方山乃三晉要害之地，五縣不接之所，復築城池。

注八　梗陽在清源縣，不在榆次。

注九　元和志馬首故城在壽陽縣東南十五里。

注十　此冷泉關，下文所引酈注，則介休縣之雀鼠谷也，判然二處。

注十一　河會營即路澤營，在縣北四十三里。

注十二　州西二十二里。

注十三　唐宋于石嶺、赤塘二關皆戍兵，于州置防禦或團練使，實爲重鎮。國朝拓境既遠，邊防在雲中鴈門，此似爲內地。然近年虜勢猖獗，由寧武諸口入犯，此境最爲虜衝。或謂于此宜設兵戍，比石隰、平定諸處，況彼皆在腹裏，此近邊重地。顧獨不然與？又曰：國制凡地近邊塞要害，或險曠嘯聚多盜，皆設兵戍。此州近邊過于平定，多盜可方磁、隰，乃不設衛所防禦者，蓋緣昔時全盛，雲中守固，虜尠入寇，民亦殷阜，奸宄不作。近年邊烽常警，歲歲防秋，民窮財盡，盜亦繁興，則兵防爲恃亦甚急也。舊設惟有民兵三百，千、百長領之，巡捕官督之，以守城備盜。乃復每年調取其半赴邊，比蓋單弱，人情惟懼。今計防禦衛所卒難添設，惟姑將此民兵免調，使常全在州操備，庶少得濟。彼既有幇丁自備軍裝，資用不費公帑，甚爲便益。其戍邊省南諸處民兵自足，免此近邊一二處，豈即少此數也？舊志。

注十四　運司新志。近年鹽不生花，唯以畦種爲事，竭力澆曬，不能充額。

注十五　解州志一。

注十六　重加黄牛堰，以殺其勢。

注十七　苦池灘會洪洛渠、禹王廟之水，中條山、李綽堰之水合流一處，由楊家莊入渠，經安邑城北、運城北西流六十里，經解州北境，又西流六十里至臨晉五姓湖，又西達蒲州，入黄河。

注十八　安邑志十五。

注十九　唐開元中嘗於此置龍池宫。

注二十　解州志三河東運司志。

注二十一　湖廣巴陵人，舉人，以臨洮知府陞任。

注二十二　解州志二。

注二十三　以下運司新志。

注二十四　解州志四。

注二十五　在州之芮城縣西二十里，自蒲州經縣境東注平陸縣界。

注二十六　自黄河至沙澗，俱本解州志。

注二十七　解州志五。

注二十八　解州志六。

注二十九　曲沃志。自昭侯封成師而沃著，秦并天下，沃夷爲縣鄙，更名左邑，前漢因之。而元鼎間，帝駐蹕桐鄉，聞南粤之捷，遂縣聞喜。則今之聞喜猶我之桐鄉也。嗣是曰絳邑，仍曰曲沃。名隨代移，沃自若也。後周移治樂昌，隋再遷絳北，總之不離封域。而司馬貞注史記，顔師古注漢書，林堯叟注春秋，皆以古曲沃爲今聞喜，則誤矣。

注三十　止四堡，恐有遺漏。

注三十一　榆林口前有沙家寺及村壘，太尉沙公墓在焉。水峪口通代州南山，大小十餘口。

注三十二　北二十。

注三十三　威寧口在陽和衛西北七十里，東西五十步，牆高一丈五尺。水磨口在天城衛西北四十里，南北五十八步，牆高一丈五尺。四老口。鵞毛口。大峪口。鵓鴿峪口。陳家峪口。馬什嶺口。小磨口。石井口。吴道口。蘆子口。小峪口。紅山峪口。炭嶺口。上十三口俱懷仁縣。府新志。

【校勘記】

〔一〕而不於道里徒步之下也　「里」，原作「理」，據畿輔通志卷一一一引尹耕磨笄山辨及上文改。

〔二〕有族師焉校民之衆寡以起役　「族師」、「校」三字原空闕，據文獻通考卷一二職役考及上文補。

〔三〕三司遣市易吏行四路請買鹽引　「市」，原作「使」，據文獻通考卷一六征榷考改。

〔四〕解梁之東有大鹽澤　「大」，原作「六」，據文獻通考卷一六征榷考改。

〔五〕而司馬考異乃謂蒼梧爲在中國　「謂」，原作「爲」，據路史卷三六辨帝舜冢改。

〔六〕俗呼蔿公嶄　「蔿」，原作「爲」，據路史卷三六辨帝舜冢改。

〔七〕禹爲天子　「子」，原作「下」，據路史卷三六辨帝舜冢改。

〔八〕既皇英各自有墓　「既皇」原作「黄既」，據路史卷三六辨帝舜冢乙改。

〔九〕恩霑于倮隅　「隅」，原作「禹」，據路史卷三六辨帝舜冢改。

〔一〇〕第首尾多衡決　「衡」，原作「衝」，據路史卷三六辨帝舜冢改。

〔一一〕三門集津在平陸縣治東六十里　「治」原脱，據明文衡卷三一王翰遊三門記補。

〔一二〕道由東西　「由」，原作「迪」，據明文衡卷三一王翰遊三門記改。

〔一三〕宣州刺史裴耀卿上漕事便宜　「裴」，原作「石」，據新唐書卷五三食貨志及裴耀卿傳改。

〔一四〕漕舟輸其東倉　「輸」，原作「轉」，據新唐書卷五三食貨志改。

〔一五〕三門東置集津倉　「集」，原作「七」，據新唐書卷五三食貨志及雍正山西通志卷六〇古蹟改。

〔一六〕雇平陸人爲門匠　「雇」原作「顧」，據新唐書卷五三食貨志改。

〔一七〕上路以回空車　「路」原作「踏」，「回」原作「爲」，據上書改。

〔一八〕又名北名　「名」字疑誤，似當作「口」。

〔一九〕以滿谿壑　「谿」字疑誤，似當作「欲」。

〔二〇〕慮虜　此處疑有誤字或闕文。

〔二一〕朔方無復寇掠　「掠」原脱，「寇」旁原添「東」字，今據舊唐書卷九三張仁愿傳删補。